KB085712

한권으로 합격하기

2022

가장 많은 합격생들이 보고 추천하는
적중도 1위의 책

+10

이춘길 유통관리사

2급

名品강의!
合格예감!

이춘길 저

- ›» 최신 이론적용, 현장이론반영
- ›» 최신 출제경향 · 실전난이도
- ›» 최근 기출문제 완벽 분석

유통관리사 1 · 2 · 3급 전문양성교육
사단법인 한국유통관리사협회
www.kdma.kr | 02 353 6696

본서의 특징

01 유통관리사를 출제한 저자의 경험과 그동안 온라인과 오프라인을 통하여 오랜기간 수없이 많은 수험생들에게 강의한 내용 및 상담실에서 상담한 경험을 바탕으로 현재 유통관리사를 합격하기에 어떤 책이 가장 적합하고, 타당한지를 수험생입장에서 저술한 교재이기에 수험생이 보기에 부담 없고, 편한 이론을 전개하였다.

02 유통관리사 시험은 시중의 전문서적을 바탕으로 출제교수들이 문제화를 하기에 본서는 시중의 100여권이 넘는 전 기본교재 뿐만이 아니라 미국의 마케팅이론 책과 일본의 판매전문가자격증 책을 바탕으로 출제가능 부분만을 이론화하고 문제화 하였기에 적중도나 적합도 측면에서 다른 교재와는 비교할 수 없는 기본서가 될 것이다.

03 유통관리사를 공부하는 상당수의 수험생들이 아직도 독학으로 공부를 한다고 생각을 하여 가급적이면 전문수험용어를 듣기에 편하고, 보기에 쉬운 수험용어로 배열을 하여 공부를 하는데 부담감을 없애는데 많은 노력을 하였으며, 영어단어의 내용도 가급적 시험을 벗어난 이론은 배제를 하여 자신감을 향상시키고자 노력을 하였다.

초판 발행 2022년 1월 10일 | 인쇄 2022년 1월 5일
저자 이춘길 | 펴낸이 이경숙 | 펴낸곳 명품출판사 | 등록번호 311-2012-000032
주소 서울시 은평구 통일로 1010 포레스트게이트 2521호 | 전화 02-385-2002 | 팩스 02-384-2030
Email : luxurybooks@naver.com| Homepage : www.luxurybook.co.kr
■ 이 책의 어느 부분도 저자 승인문서 없이 이론의 무단전재 및 강의에 사용할수 없습니다.

ISBN 979-11-86999-09-7-13320

값 38,000원

머리말

21세기는 분명 경쟁의 시대다. 특히 급속한 산업의 발달로 인하여 보이지 않는 정보화 시대에서 앞서 가는 자(者) 만이 21세기의 새로운 강자로 떠오르게 될 것이다. 현재 국가적인 차원에서 우리나라를 동북아 물류 중심지인 허브(Hub)로서의 역할을 하기 위하여 신공항과 신항만 등을 계속 확충해 가고 있다. 어찌 보면 정보 그 자체도 어느 때, 어떤 방법으로 사용하는 것을 먼저 알아야 정보로서 가치(價值)가 있듯이 정보를 창출하고 전달하는 역할을 수행하는 사람들은 분명 그 시대의 중심에 서 있게 마련이다. 유럽을 정복한 칭기즈칸에게 빠르게 기동성을 갖출 수 있는 말이 없었다면 어찌 세계를 정복했겠는가. 13세기의 칭기즈칸은 21세기의 유통관리사라고 할 수 있다.

유통관리사(流通管理士)라는 자격증은 분명 자격증 그 자체 이상의 가치를 지니고 있으며 단순한 자격증이 아니다. 현 시대는 자격증의 시대이지만 자격증도 나름대로의 가치를 가지고 있는 것이다. 유통관리사는 현재 국내 20,000여개의 민간과 국가자격증 중에서도 30위권에 드는 국가자격증이다. 매년 4월, 7월, 11월에 3회 실시하는 유통관리사는 아직은 수요에 비해 공급이 부족한 상황이므로 지금 자격을 취득하는 것이 최적의 상황이 아닌가 생각이 든다.

현재 유통업체는 1984년부터 신규 회사형 연쇄화(連鎖化)사업자는 5명이상, 가맹점형 사업자는 3명 이상의 유통관리사를 확보해야 한다고 규정하여 권장하고 있다. 또한 '산업통상부장관, 지방자치단체의 장은 유통관리사를 고용한 유통사업자 및 유통사업자단체에 대하여는 그렇지 않은 단체 등에 우선하여 자금 등을 지원 할 수 있다'는 법규의 내용을 보더라도 유통관리사의 전망은 아주 밝다고 할 수 있다.

유통관리사시험은 1982년 판매사로 시작하여 2004년 유통관리사로 자격증명칭이 변경이 되었으며, 2012년부터는 기존의 4지선다에서 5지선다형으로 새로이 출제가 되었고, 2013년 부터는 90문항으로 줄었지만 지문이 길어짐에 따라서 수험생들이 나름대로는 수험전략을 확실히 세워서 나가야 합격하는데 지장이 없을 것이다.

따라서 본 저자는 이미 유통관리사를 출제교수/감수교수/검토교수를 역임한 경험을 바탕으로 수험생들에게 앞으로 출제될 새로운 이론까지 충분히 교재에 반영을 했으며, 지금까지 출제된 모든 기출문제를 완벽히 분석하여 빠짐없이 반영을 했으므로 유통관리사를 공부하는 수험생들에게 분명히 커다란 도움이 되리라 생각한다.

2022년 협회연구실에서 한국유통관리사협회 대표교수 이춘길 씀

유통관리사 (Distribution Manager)란?

(1) 유통관리사란?

유통업체의 전문화, 대형화와 국내 유동시장 개방으로 판매·유통전문가의 양성이 필수적으로 인식하게 되었다. 소비자와 생산자간의 커뮤니케이션, 소비자 동향 파악 등 판매현장에서 활약할 전문가의 능력을 평가하는 국가자격 시험에 합격한 자를 '유통관리사'라 한다.

(2) 유통관리사의 전망

현재 한국 기업들의 유통환경은 거센 변화의 바람이 일고 있으며, 유통업체의 전문화와 대형화, 기업형슈퍼마켓(SSM)과 골목길소상공인들 간의 갈등, 온라인 업체와 오프라인업체 간의 고객쟁탈전, 할인점 업태의 포화상태와 백화점업태의 쇠락, 지나치게 많은 창업을 하는 청년들과 퇴직의 베이비부머들 등 많은 유통업의 환경과 기업환경의 급격한 변화가 이루어지고 있다. 따라서 최소한의 유통지식을 갖추지 못하면 어디에서도 생존이 힘들다는 것을 보여주는 것이 유통환경이고 유통환경상의 변화는 그 파급범위와 영향이 심대할 것으로 보인다.

유통환경의 변화는 유통기능을 직접 수행하는 유통기구들은 물론 이들을 통하여 자사의 상품을 소비자 및 구매자들에게 전달하는 제조업체와 이들로부터 상품과 서비스를 제공받는 소비자들 모두에게 영향을 미친다. 따라서 유통 물류회사의 종합적인 관리책임자인 '유통관리사'는 대기업, 외국계 기업, 백화점, 대형 할인마트, 관공서 등을 비롯해 각 유통업체와 도매시장에서 책임자로 근무할 수 있어 취업 전망이 밝을 뿐 아니라 대부분 간부직원으로 근무할 수 있어 폭발적인 인기를 얻고 있다. 정부가 종업원의 일정비율 이상을 고용하도록 의무화하고 있을 뿐 아니라, 관련 업체에서도 유통관리사 확보에 열을 올리고 있어 취업전망은 양호하다.

(3) 주요 업무

소비자와 생산자 간의 커뮤니케이션과 소비자의 동향을 파악한다.

유통관리사 1급	유통업체의 경영자, 지점장급으로 경영 담당. 컨설턴트로 경영자문 역할
유통관리사 2급	유통업체의 매장 주임이나 감독자, 실장, 과장급으로 일선관리업무 담당
유통관리사 3급	고객을 직접 상대하는 일반판매원으로 고객응대업무 담당, 관리자보조업무

(4) 진출 분야

① 정부기관과 각 지방자치단체
② KBS, MBC 등 공중파방송과 홈쇼핑업체
③ 월마트와 같은 글로벌 유통업체와 물류업체
④ 전국의 대형 백화점과 대형할인점
⑤ 유명제조업체의 유통부서와 물류부서
⑥ 컨설팅업체와 같은 서비스제공업체
⑦ 전국의 수많은 물류센터 · 농 · 수 · 축협의 유통 관련 부서
⑧ 각 택배회사 및 물류 운송회사
⑨ 공항 · 부두 등의 물류 선적 및 하역 부서
⑩ 고속버스 터미널의 물류 부서
⑪ 각 대기업의 물류 관련 부서
⑫ 각 공장의 물류 관련 부서
⑬ 의류 · 보석 · 운동용품 · 서적 · 가전제품 · 가구 · 컴퓨터 · 한약재 · 포목 · 자동차 ·
　신발 · 목재 · 완구 · 철강제품 · 사무용품 · 화훼단지 · 농축산물 · 의약품 등의
　도매시장에서 유통관리분야 및 물류관리 분야의 책임자로 근무

(5) 시험 실시

① 주관 : 산업통상자원부
② 시행 : 대한상공회의소
③ 교육 : (사단법인)한국유통관리사협회(02-353-6696)

(6) 응시 자격

① 유통관리사 1급

　㉠ 유통분야에서 7년 이상의 실무경력이 있는 자
　㉡ 유통관리사 2급 자격을 취득한 후 5년 이상의 실무경력이 있는 자
　㉢ 중소기업진흥 및 제품구매촉진에 관한 법률 제31조 제1항의 규정에 의한 경영지도
　　사 자격을 취득한 자로서 실무경력이 3년 이상인 자

② 2급, 3급 : 제한 없음

(7) 시험 과목

등 급	시험방법	시험과목	문항수	출제형태	시험시간
1급	필기시험 (5지선다형)	유통경영	10	객관식 (100문항)	100분
		물류경영	10		
		상권분석	10		
		유통마케팅	10		
		유통정보	10		
2급	필기시험 (5지선다형)	유통 · 물류일반	25	객관식 (90문항)	100분
		상권분석	20		
		유통마케팅	25		
		유통정보	20		
3급	필기시험 (5지선다형)	유통 상식	20	객관식 (45문항)	45분
		판매 및 고객관리	25		

(8) 합격결정 기준

매과목 100점 만점에 과목당 40점 이상, 평균 60점 이상(절대평가)

(9) 접수방법

1급 : 시험장지역 상공회의소에 방문접수만 가능(최초현장접수이후는 인터넷접수가능)
2,3급 : 인터넷접수가 원칙(단, 접수기간중 해당지역 상공회의소 방문접수가능)

(10) 검정수수료

27,000원(부가세 포함, 인터넷접수시 수수료는 제외)

(10) 시험시작시간

⊙ 필기시험 입실시간(시험시작시간)
  ○ 1급 : 09 : 00
  ○ 2급 : 09 : 00
  ○ 3급 : 11: 10

⊙ 필기시험시간
  ○ 1급 : 09 : 15 ~ 10 : 55(100분)
  ○ 2급 : 09 : 15 ~ 10 : 55(100분)
  ○ 3급 : 11 : 25 ~ 12 : 10(45분)

기출문제분석과 각 과목별 수험전략

(1) 기출문제 분석

① 유통관리사 제도는 2004년에 처음 도입되어 그해 10월 30일 제1회를 시작으로 2012년 5지선다형으로 변경, 3013년 부터는 1,2급의 문항이 변경(자료참고)으로 지금까지 시험을 시행 하였다.

② 현재는 상당한 난이도를 유지하고 있고 수험 준비생은 공부를 하는 과정에서 6개월에서 3개월의 기간에 하루 1~2두 시간 정도의 이론을 습득해야 합격을 할 수 있을 것이다.

③ 유통관리사 2급은 현장에서 근무하는 중간관리자의 입장이기 때문에 유통업무의 기본적인 지식과 소양 및 자질을 검증하는 단계로 진행되고 있으며 가장 적합한 수험기조라고 생각한다.

④ 유통관리사 급수에 따른 각 과목은 특별히 어느 단원이라고 지칭할 것 없이 현대를 살아가는 일반인들이 알고 있으면 상당히 좋은 이론과 학문적인 지식을 어렵지 않게 열거를 하였으므로 상식적인 수준에서 풀 수 있는 문제도 있지만, 전문적인 용어가 상당수를 차지하고 있기에 심도 있는 학습자세가 필요하다.

⑤ 2012년 이후에는 시간적인 배분이 합격의 당락에 절대적인 의미를 차지할 것이므로 지문을 파악하고, 핵심적인 용어를 순발력 있게 정답과 연결하는 반복적인 학습이 필요할 것이다.

(2) 과목별 수험전략

① 제1과목:유통 · 물류 일반관리

ㄱ 유통 · 물류관리는 전체과목 중 가장 까다롭고 어려운 과목이므로 유통관리사 전체적인 흐름을 이해하고, 물류에 대해서도 일반적인 이론이 기출 되지만 유통관리 단원을 중점적으로 학습하여야 한다.

ㄴ 유통의 이해를 숙지하고 도 · 소매업의 형태와 분류 및 소매업에 대한 다양한 이론들을 명확히 파악하며, 소매업에서도 유형적인 설비를 갖춘 것과 무점포 소매업의 내용등도 분명하게 숙지하고 있어야 한다.

ㄷ 물류문제는 매회 5~6문제정도가 출제되고 있는데 교재의 기본적인 내용을 응용하는 수준까지 출제되고 있으며 또한 유통정보와 혼합되어 출제되는 소매정보 활용이라든가 유통관련법규 등도 반드시 숙지하고 있어야 한다.

② 제2과목: 상권분석

㉠ 상권분석은 소매입지와 입지 선택 및 상권조사로 구성되어 있다. 이중 소매입지 부문에서 약 40% 가량 출제되고 있으며, 그 외에서 60% 출제가 되고있다. 상권조사와 입지선택의 순서로 출제되는 경향을 보이고 있기 때문에 소매입지를 중점적으로 학습하여야 한다.

㉡ 입지유형별로 도심입지(CBDs), 노면독립입지(Free Standing sties), 복합용도개발지역 (MXDs), 스트립 쇼핑센터의 종류와 개념 및 장점과 단점에 대해서도 명확한 이해가 선행 되어야 한다.

㉢ 상권분석에서 기존점포와 신규점포의 중 어느 것이 정확하게 분석을 할 수있는 가에서부터 신규점포의 분석방법인 체크리스트, 유추법, 중심지이론, 레일리 법칙,허프모델은 거의 매 년 출제가 되고 있으며, 특히 컨버스이론과 허프모델에서는 계산문제가 지속적으로 출제가 되고 있기에 반드시 숙지를 하고 있어야 한다.

③ 제3과목: 유통 마케팅

㉠ 유통 마케팅은 시행기관의 출제기준표에는 점포관리와 상품관리 및 판매촉진 활동으로 구 성되어 있다. 하지만 명품유통관리사 기본서에는 마케팅총론을 넣었는데 이 챕터에서 9문 제정도가 출제가 되고 있다.

㉡ 유통 마케팅은 다른 과목에 비해 40문제가 출제되기 때문에 상대적으로 난이도가 어렵게 느껴질 수 있지만 전체적으로는 그리 큰 어려운 문제는 아니라는 것을 인지해야 한다.

㉢ 유통 마케팅 그 자체로서 마케팅의 이해를 바탕으로 한 소매점포의 조직이나 인사관리에 접근해야만 한다. 특히 점포의 레이아웃(Lay out) 문제나 무점포소매업의 관리 등에 대해 서도 보다 명확한 이해를 해야 한다.

㉣ 상품을 구성할 때 폭(width)과 깊이(depth)의 문제, 재고를 언제 발주하여 어떻게 보관해 야 효율적이 되는가. 또한 고객과의 커뮤니케이션이 얼마나 이루어져야 우리에게 높은 충 성도를 보이는지에 대해서도 명확한 인식이 필요하다.

④ 제4과목: 유통정보

㉠ 유통정보에는 유통정보를 이해하고.2013년 부터 추가된 지식경영같은 신이론을 중심으로 내용을 파악하고 있어야 한다.

㉡ 바코드(Bar Code)는 다양한 형태가 있지만 깊이 있는 공부를 할 필요는 없으며, EAN 코드·KAN-13·KAN-8·ISBN·EAN-14 등이 무엇인지를 알아야 한다. 또한 VAN·EDI·CALS 등의 유통·물류 일반관리에서 나오는 내용도 반복 숙지해야 한다.

㉢ 공급체인망 관리(SCM)은 다양한 측면에서 물을 수 있으며 고객관계 관리(CRM) 역시 간혹 출제되는 경향이 있다. 특히 e-Catalog 등의 신물류정보 시스템의 이해는 명확히 해야 하 고 전자결제 시스템의 다양한 화폐 종류는 반드시 숙지하고 있어야 한다.

목 차

 유통 · 물류 일반

목 차

01 유통 · 물류 일반

Chapter 1 유통의 이해

01 유통산업의 변화

1. 유통산업의 개념과 분류

(1) 유통산업의 역할

① 최근 한국유통산업은 소비자니즈의 변화와 함께 정보화, 지방화, 세계화라는 커다란 조류에 휩싸이면서 사상 최대의 변혁기를 맞고 있다.

② 우리경제가 선진국에 진입하기 위해서는 무엇보다도 '우리경제의 혈관'인 유통산업의 경쟁력을 강화해야 한다는 필요와 당위성을 정부 및 유통업체 모두 인식하고 정부차원에서 다각도로 규제완화 및 지원제도를 수립하고 있다.

③ 유통산업이 발전되어야만 생산자가 만든 좋은 품질의 상품을 소비자에게 값싸고 신속하게 전달할 수 있고, 생산 및 소비의 양과 질을 합리적으로 결정하며 정보와 재화의 흐름을 원활하게 할 수 있다.

(2) 유통산업의 의의

① 유통활동을 담당하는 산업으로 도매 · 소매 · 운송 · 보관 · 하역 · 정보 등 경제순환에 있어 생산과 소비를 연결하여 경제의 원활한 흐름을 유도하는 기능을 수행한다.

② 유통산업은 교환기능의 판매와 구매를 담당하는 상적유통산업, 수송이나 보관 등의 물류기능을 담당하는 물적유통산업으로 나눌 수 있다.

③ 상적유통산업에는 도매업 · 소매업 · 무역업 · 중개업 · 대리업 등이 있고, 물적유통산업에는 창고업 · 운송업 · 하역업 등이 있다.

④ 유통산업은 재화나 서비스가 생산자로부터 소비자(최종사용자)에게 이전되어 가는 과정에서 나타나는 산업활동으로 정의하며, 좁은 의미의 유통산업이란 상적유통을 영업으로 수행하는 기업집단을 말한다.

⑤ 유통산업발전법 제2조(정의) 1항 「유통산업」이란 농산물 · 임산물 · 축산물 · 수산물(가공물 및 조리물을 포함) 및 공산품의 도매 · 소매 및 이를 경영하기 위한 보관 · 배송 · 포장과 이와 관련된 정보 · 용역의 제공 등을 목적으로 하는 산업을 말한다.

(3) 유통산업의 내용

① 소매업은 개인용 · 가정용 소비를위해 상품을 변형없이 최종소비자에 재판매하는 산업 활동이며, 일반소매업과 종합소매업(백화점 · 슈퍼마켓 등)의 형태가 있다.

② 도매업은 소매업자나 다른 도매업자에 상품을 판매하거나, 광공업 · 운송업 · 통신업 등 산업사용자와 관공서 · 학교 · 병원 등 단체에 대량으로 상품을 판매하고, 광업 및 제조회사가 판매지부나 판매사업소 등을 설치하여 상품을 판매하는 것을 말한다.

(4) 유통산업변화의 전반적인 흐름

① 소비자의 욕구가 다양하지 않아서 제조업자의 판매부서나 독립 유통업자들에 의한 단순한 재분배기능의 수행만으로도 소비자의 욕구를 충족시킬 수 있었다.

② 초기 산업사회는 생산과 소비가 분리되면서 초보적인 유통기능이 발생하기 시작 하였으며, 후기 산업사회로 진행하면서 생산과 소비 사이의 유통기능이 더욱 강화되기 시작하였다.

③ 지식사회와 정보화사회로 사회구조가 발전하면서 정보와 지식을 유통하는 기업들의 역할은 불명확해지고 있으며, 지식과 정보의 생산 및 소비, 유통기능은 앞으로 더욱 분업화, 전문화되어야 한다.

④ 소비자의 욕구가 다양화되면서 이를 충족시키기 위해 제조업체들은 다품종 소량 생산시스템과 유연생산시스템으로 전환하게 되어 유통기능이 전문적으로 수행되는 경영 기능의 분업화가 이루어졌다

⑤ 최근에 제조부문보다 유통부문의 힘이 강해지는 이유는 제조업자 상표의 수가 증가 하면서 경쟁이 심화되고, 유통부문의 고객정보 수집이 기업의 성과에 중요한 영향을 미치며, 유통자체를 영위하는 기업의 등장과 성장 등을 들 수 있다.

⑥ 유통산업의 경제적 · 사회적 역할로서 제조업 발전을 높이고, 고용창출, 물가조정, 소비문화의 창달, 생산자와 소비자간 매개 역할을 수행한다.

(5) 유통경로의 부각

① 현대 경제사회는 상품 및 서비스가 생산자로부터 소비자에게 이동하는 유통현상에 의해 영위되고 있으며, 유통경로는 독립적경로가 아니라 상호 의존적경로의 형태를 보이고 있다.

② 유통경로는 생산자가 만든 상품이 유통기관에 의해 소비자 또는 최종수요자에게 이르기까지의 과정을 말하며, 고객이 공간적 편리를 적게 추구한다면 유통기관은 적어도 되지만, 크게 추구할수록 유통기관이 대형화되는 경향을 보이고 있다.

③ 상품의 소비는 인격적, 장소적, 시간적으로 각기 다르며 수량적, 품질적, 기능적으로 욕구와 만족이 반드시 일치하지 않는 것이 일반적이다.

④ 경제생활을 영위하기 위해서 상품을 생산하며 구입하고, 교환하며 소비하는 경향이 있으므로 현실적으로 생산과 소비를 한 사람의 인간이 행하게 되는 자급자족의 경우는 극히 적다.

⑤ 생산과 소비를 통합시키는 재화의 유통과정은 더욱 복잡하여 상당한 차이를 보이고 있다. 그러므로 유통은 수요와 공급의 적합성을 추구하고 재화의 효용성을 증가시키는 데 큰 의미가 있으며 이를 관리하는 유통경로관리의 중요성은 점차로 증가하고 있다.

⑥ 유통경로내 중간상은 제조업체로부터 공급받은 제품을 그대로 소비자에게 전달하는 단순한 역할을 수행하는 것이 아니라 제품이 지닌 가치에 새로운 가치를 추가하는 역할을 수행하며, 제품의 구매와 판매에 필요한 정보탐색의 노력을 감소시켜주고, 제조업자와 소비자의 기대 차이를 조정해주는 기능을 수행한다.

2. 유통산업의 미래

(1) 국가산업으로의 유통

① 정부는 전국경제인연합회와 함께 '2016유통 · 물류 산업발전 전략 세미나'에서 유통 발전 전략을 논의했는데 이에 따르면, 국내총생산(GDP)에서 유통산업이 차지하는 비중을 현재의 8~9% 수준에서 2025년에는 15% 이상으로 높이고, 국내 6개 유통 업체를 세계 100대 소매업체에 진입할 수 있는 수준으로 육성키로 했다.

② 유통산업분야는 '혁신기반 유통구조 고도화', '선진형 유통시스템 정비', '지식기반형 인프라 확충', '대 · 중소 유통 균형발전' 등 4대 발전 전략을 설정했다. 최근 우리나라 소매업의 발전추세는 소비용품 유통에서 제조업자의 파워가 증가하고 있다.

③ 구내유통시장의 발전이 가속화되어감에 따라서 SSM과 같은 고감도 소매업자(high-touch)가 번성하고 있고, 지역인력채용 등 사회적 책임을 중시하지만 소비자의 쇼핑환경은 개선되지 않았다.

(2) 국내유통산업의 환경변화

① 유통시장 전면 개방으로 다국적기업과 국내유통업 간의 무한 경쟁시대에 돌입하였고, 국내소매업 시장 역시 대형할인점 구도로 재편되었다. 2000년대 이후 유통업은 고도 성장시대에서 저성장시대로 전환이 불가피할 것이다.

② IT 산업발달과 정보화에 따른 인터넷 쇼핑몰이 고속 성장하고, 업태간 상호장벽이 무너지고 대형화 · 복합화가 추진되고, 국내유통시장 포화상태로 해외진출이 불가피하며, 가격, 품질, 서비스 측면의 업태 양극화가 심화될 것이다.

(3) 국내유통업태의 해외진출

① 유통업태들이 성장의 한계에 직면하면서 최근 유통업체들은 새로운 성장전략을 모색하도록 압력을 받고 있다. 이렇듯 국내시장에서의 성장잠재력 둔화라는 대내적 요인과 때마침 이루어진 중국과 베트남의 유통시장 전면개방에 따른 해외 신흥시장의 여건 개선이라는 대외적 요인이 복합적으로 작용하면서 최근 국내 유통업체들은 보다 적극적으로 해외진출에 나서고 있다.

② 유통업체의 해외진출은 시장을 확대함으로써 유통산업 자체의 외형 성장을 가능케 할 뿐만 아니라 글로벌 소싱(global sourcing)을 통해 국내시장에서의 경쟁력을 강화하고 또 국내 제조업체들에 해외 판로를 제공한다는 점에서 긍정적인 기능을 한다.

③ 현재 국내 유통업체의 해외진출은 유통산업의 새로운 도약을 위한 중요한 성장전략이자, 제조업 및 나아가 국민경제에도 긍정적인 영향을 미치는 계기가 될 수 있을 것이지만 진출국가가 중국, 베트남 등 아시아권에 한정되어 있다.

④ 우리나라 유통업체의 해외진출은 아직 시작단계에 불과하나, 국내 시장상황이나 해외진출이 국민 경제나 타 산업에 미치는 파급효과 등을 고려할 때 앞으로 더욱 촉진될 필요가 있다.

⑤ 국내유통업체들의 해외진출은 긍정적인 측면만이 있는 것이 아니다. 최근의 롯데가 중국의 백화점사업에서 수천억에 달하는 손해를 발생한 것에서 보듯이 그 지역의 상권분석이나 고객들의 특성을 무시하고, 성급하게 진입을 하는 결과는 실패를 야기할 것이다.

⑥ 해외시장에 대한 체계적인 정보제공 및 현지 정부에 관련 규제의 명확화 · 변경 · 철폐를 요청하는 각종 기업 활동에 대한 외교적 지원 등 유통업체들의 해외진출을 정책적으로 뒷받침할 필요가 있다.

02 유통의 기능

1. 유통기능의 개념과 역할

(1) 유통기능의 개념

① 유통기능(distribution function)의 가장 기본적인 역할은 생산자로부터 소비자까지 상품과 서비스를 인격적으로 이전시켜 적합하게 하는 경제적 활동과 그 과정이라고 말할 수 있다. 즉, 유통은 생산기업과 소비자 사이에서 상품의 흐름과 그에 따른 부수적인 흐름을 이어주는 가교 역할을 한다

② 유통기능은 크게 소유권 이전기능, 물류기능, 유통조성기능 등으로 구분할 수 있다. 현대 경제사회에서는 생산자와 소비자 사이에 경제적인 거리가 존재하기 때문에 그 간격을 합리적으로 통합할 기능이 필요하며, 사회생활의 안정에 공헌하거나 국민경제 생활의 발전에 기여할 수 있도록 유통기관 · 유통업자가 제도적으로 존재하게 된다.

③ 유통기능은 생산과 소비 등 인격적 통일기능인 수급적합기능(需給適合機能)으로서의 소유권이전기능이 있고, 장소적 · 시간적 통일기능인 물류기능(physical distribution function) 그리고 기타 유통조성기능 등으로 볼 수 있다.

(2) 유통기능의 분류

① 쇼(A. W. Shaw 교수는 재화의 유통문제에 대해 처음으로 과학적인 연구를 시도한 사람이다. 그는 상업기능으로서 중간상업자의 여러기능을 논하면서 첫째, 위험부담(sharing the risk), 둘째, 재화수송(transporting the goods), 셋째, 경영금융(financing the operations), 넷째, 판매(selling communication of the about the goods), 다섯째, 수집 · 분류 · 재발송(assembling, assorting and reshipping) 등 다섯 가지 기능으로 분류하였다.

② 유통의 의미는 영어로 말하면 distribution이지만, 이러한 용어는 경제학에서는 생산에 대응하는 분배라는 의미로 일반적으로 사용하고 있다.

2. 현대산업 사회에서의 유통변화

(1) 유통의 변화

① 중세를 거쳐 산업혁명이 일어났을 때까지 유통은 하나의 패턴 형성을 향해 발전했다. 이것이 '업종별유통'이다. 업종별유통이란 도·소매가 취급하는 상품을 특정의 범위에 한정시켜 전업화하고, 업종마다 다른 유통경로가 형성되는 것을 가리킨다.

② 제조업자가 만들어낸 주류는 주류도매를 거쳐 주류소매로 유통되며, 신선한 생선은 생선도매를 거쳐 생선소매로 유통된다. 간단히 말해 상품별로 수직적인 유통경로를 형성하는 것이다.

③ 업종별유통이 형성된 배경에는 생산기술이 미성숙하여 생산단계에서 제품을 완성할 수 없고, 유통과정에서 가공이 많이 필요했던 사정이 있다. 예를 들어 활어유통은 생산단계에서 생선의 몸통을 잘라 포장하는 것이 가능해진 것이 최근의 일이다.

④ 20세기 중반을 넘어서면서, 선진국에선 업종으로 설명할 수 없는 다품목 소매업태, 예를 들면 할인점이 대두했다. 그러자 이러한 할인점의 상품구색에 효율적으로 적응하기 위해 도매과정도 다품목화 되었다. 이것을 '업태형 유통'이라 부른다.

⑤ 업태형 유통의 출현배경은, 첫째 기술이 발달하여 생산단계에서 완성품을 만들 수 있게 됨으로써 유통업자가 상품의 가공에서 해방 되었다. 둘째, 생활이 다양해짐에 따라 일용품 따위의 쇼핑시간을 단축하는 것이 필요해졌고, 원스톱 쇼핑(한 자리에서 다품목을 구매하는 것)이 일반화 되었다.

(2) 현대 유통산업의 보조자

① 제조업자 : 제조업자는 생산자이며, 소비자가 원하는 제품을 생산하여 최종소비자가 사용하는데 다양한 효용을 창출하도록 불편없이 제품을 공급하는 것을 목적으로 한다.

② 운송업자 : 제조업자와 도매업자 사이의 거리, 제조업자 또는 도매업자와 소매업자 사이의 공간적인 차이를 해소시키기 위하여 운송로에 따라 운송을 담당하는 자를 말한다.

③ 도매업자 : 도매업자는 제조업자와 소매업자의 사이를 연결하는 역할을 1차적인 목적으로 하되, 상품의 수요와 공급을 원활하게 유지하여 소매업자나 소비자에게 상품을 공급하는데 부족함이 없도록 해야 한다.

④ 창고업자 : 재화를 최종소비자가 소비하기까지 보관하는 기능을 담당한다. 이는 생산과 소비 사이에서 발생할 수 있는 시간적 불일치를 해소하여, 제조업자와 최종소비자 사이의 시간적인 차이를 극복할 수 있게 해준다.

⑤ 금융업자와 보험업자 : 금융업자는 자금을 대여함으로써 유통기능을 원활하게 하며, 보험업자는 유통과정상 발생할 수 있는 재화에 대한 화재나 사고 등으로 인하여 발생할 수 있는 재산상의 손실을 보전함으로써 안전한 유통업무를 보장한다.

⑥ 소매업자 : 제조업자나 도매업자로부터 구입한 재화를 최종소비자에게 판매하는 것을 주된 목적으로 하며, 소매업자는 최종소비자의 효용을 극대화하도록 노력해야 한다. 최종소비자와 지리적으로 가깝게 있기 때문에 최종소비자의 정보를 얻기가 수월하다.

⑦ **정보유통 담당자** : 통신업자는 거리 간의 차이에 따른 여러 정보를 컴퓨터나 인터넷 등을 이용하여 신속하고 정확하게 전달기능, 정보처리업자는 유통활동에 관련된 여러 정보를 분석·처리하여 그 정보를 활용할 수 있도록 효율적으로 관리하는 기능을 수행한다.

⑧ **기타** : 유통활동은 상품이나 서비스가 생산자에서 소비자에 도달하기까지 여러 단계에서 교환, 분배하는 활동인 운송과 같은 활동이며, 유통조성기능은 금융, 보험, 정보통신 등을 통하여 생산자와 소비자에게 자금 융통, 위험으로 인한 손해 부담, 시장 정보제공, 상품의 질 저하 방지 활동 등으로 상품의 흐름을 원활하게 하는 기능이다.

03 소매업의 기능 및 특성

1. 소매기관의 개념

【생산자】

- 시장확대
- 재고유지기능
- 주문처리기능
- 시장정보제공기능
- 고객서비스대행

【소매상】

- 정보제공
- 금융제공
- 제품구색제공
- 서비스제공기능

【최종소비자】

◑ 소매상이 최종소비자를 위한 기능

◑ 소매상이 생산자를 위한 기능

(1) 소매업의 정의

① 소매업(小賣業, Retail trade, Retailing)이란 소비재를 타인으로부터 조달하거나, 스스로 제조하여 소비자에게 최종적으로 판매하는 일을 주 업무로 하는 유통업을 의미하며 소매상은 소매업을 직접 수행하는 상인을 지칭한다.

② 소매업이란 유통경로 마지막 단계에 위치하여 최종소비자에게 상품 및 서비스 등의 판매 활동을 수행하는 업종으로, 제조업자나 도매상도 소비자를 상대로 직접 소매 활동을 할 수 있으나 소매상이라고 하지는 않는다.

③ 소매업이라고 해서 규모가 소규모 판매 경영체는 아니다. 또한, 소매업은 원칙적으로 유형(有形)의 소비재를 취급하는 유통업이지만 최근에 와서는 무형(無形)인 서비스 겸영 형태로 영위해 나가는 경우가 많다.

④ 신세계백화점, E-마트가 소매상이라는 것은 잘 알고 있지만 삼성전자대리점, 롯데호텔, 변호사, 회계사, 의사 역시 소매상이며, 미국 AMA에서는 최종소비자에 판매하는 전체 판매액 가운데 비율이 50% 이상인 조직체를 소매상이라 정의하고 있다.

(2) 소매업의 개념적 분류

① 소매상의 주된 판매 대상은 최종소비자인 가계(개인)이며, 도매상이 상대하는 주된 고객은 최종소비자를 제외한 모든 개인 및 조직이라고 정의를 내릴 수 있다.

② 소매상이나 소매업의 본질적 특성은 '최종소비자에 대한 판매액이 수입의 50% 이상인 점', '상품 판매량의 다소(多少)에는 관련이 없다는 점', '점포나 상점의 존재를 반드시 그 전제로 하지 않는다는 점'에서 찾을 수 있다.

③ 소매활동이 상점을 위주로 이루어질 때 이 점포를 소매점이라고 한다. 소매활동은 이 밖에도 사람·우편·전화 또는 자동판매기와 같은 판매방법에 따라 수행되기도 하며, 거리나 소비자의 집에서 이루어지는 경우도 있다.

④ 좁은 의미로 소매업은 대규모 소매조직(백화점, 연쇄점, 할인점 같은 신업태 등)은 제외하고, 소규모 일반 소매조직만을 설명하는 경우도 있기는 하다.

⑤ 넓은 의미로 소매업은 상품(소비재와 생산재) 및 서비스를 최종소비자에게 유통시키며 좁은 의미로는 소비재 상품(생활용품)과 서비스를 최종소비자(일반가계)에게 유통시키는 상업이다.

(3) 소매상의 업종·업태

① 업종과 업태에 따른 분류는 산업구조와 변화 파악을 위해 통계청의 한국표준산업분류표를 참조하면 해당 종목과 관련한 종목들을 항목별로 상세하게 분류해 놓았다.

② AMA(미국마케팅협회)에서의 분류는 업종(type of business)이란 의류점, 식품점, 서점 등과 같이 주로 무엇을 판매하고 있는가에 의한 분류이고, 업태(type of operation)란 판매방법이나 점포의 운영형태의 차이를 기준으로 한 분류로 유통기업이나 점포가 상품을 판매하기 위한 전략을 기준으로 분류한다.

③ 소비자 욕구의 다양화로 이에 대응하고자 하는 유통기업이 상품의 판매방법과 가격 그리고 제공하는 서비스 등을 다른 기업과 차별화하고자 하는 경향이 증가하고 있는 것은 업태개념이다.

④ 점포가 취급하는 상품의 물리적 특성을 강조하여 판매하는 방식에서 탈피하여 소비자의 편익이나 가치를 중시하는 경영방식이 기업의 성과에 있어 중요한 영향을 미친다는 인식이 확산되고 있는 것은 업태개념이다.

(4) 인터넷 소매업

① 인터넷상에서 수행하는 소매업으로서 온라인소매업의 경우 채널지원형보다는 카테고리킬러형을 추구하는 것이 더욱 안전하다.

② 온라인과 오프라인채널은 서로 경쟁 혹은 적대적인 관계라기보다 상호 보완적인 관계로 시너지효과가 나올 수 있도록 활용하는 것이 바람직하다.

③ 인터넷소매업은 제품전략과 연계하여 제품과 서비스의 묶음(bundling)판매, 관련 제품의 교차판매(cross-selling) 등을 추구하는 것이 바람직하다.

④ 인터넷소매업은 표적고객 및 시장의 특성에 맞추어 온라인과 오프라인 채널을 차별적 · 차등적으로 적용하는 것이 유용한 전략이 될 수 있다.

(5) 소매상의 기능

① 소매상은 소비자가 원하는 상품구색을 제공하며, 여러 공급업자들로부터 제품과 서비스를 제공받아 다양한 상품구색을 갖춤으로써 소비자들에게 제품선택에 소요되는 비용과 시간을 절감할 수 있게 하고 선택의 폭을 넓혀준다.

② 소매상은 소비자에게 필요한 정보를 제공하는 것이 중요하고, 소매광고, 판매원 서비스, 점포 디스플레이 등을 통해 고객에게 제품관련 정보를 제공하여 소비자들의 현명한 제품구매를 돕게 되며, 시장확대기능으로 새로운 고객을 창출한다.

③ 소매상은 자체의 신용정책을 통하여 소비자의 금융부담을 덜어주는 기능을 수행하며, 제조업체 대신 소비자와의 거래에서 발생하는 여러 유형의 비용을 부담한다든지 고객에게 신용이나 할부로 판매하는 등의 기능을 수행한다.

④ 소매상이 수요자에게 기존상품, 새로운상품 및 시장의 트렌드에 관한 정보를 제공하는 것은 고객인 소비자에 대한 소매상의 컨설팅(정보전달)기능이며, 정보제공기능으로 사전 동의한 고객 정보를 제조업자에게 제공할 수 있고, 재고유지기능으로 고객의 욕구를 충족시키기 위해 일정량의 재고를 유지하며, 주문처리기능으로 점포 내 POS시스템을 활용하여 주문처리가 가능 하도록 한다.

⑤ 소매상은 유통경로 상 소비자와 가장 가까운 장소에서 다양한 상품구색을 소비자에게 제공함으로 공급선의 비용감소와 소비자의 구매편의를 돕는 업무를 수행함으로써 소비자들이 상품소비로부터 다양한 효용을 추구하는데 가장 중요한 의미를 부여한다. 소매상이 통제할 수 있는 내부자원의 평가를 통해 강점과 약점을 파악하고, 통제할 수 없는 외적인 요인을 분석하여 위협과 기회요인을 파악한다.

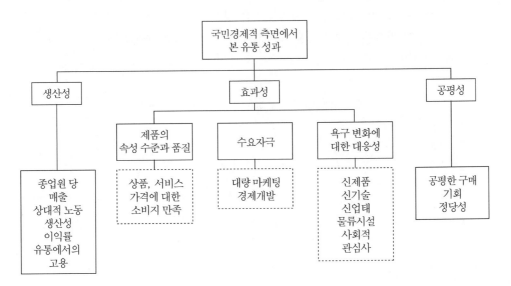

【국민경제적 측면에서 유통성과에 대한 평가】

2. 소매업태의 변화이론

(1) 소매업 아코디언 이론(Retail Accordion Theory)

① 소매업 아코디언 이론의 내용

　　㉠ 미국의 홀랜더(S. C. Hollander) 교수에 의해 처음으로 주장되었다. 소매업체들이 다양한 카테고리 제품을 취급하는 종합점 유형에서 한 두 종류의 전문제품에 집중하는 전문점으로 전환하는 형식으로 발달한다는 이론이다.

　　㉡ 종합상품계열을 가진 유통기관은 한정된 상품계열을 가지는 기관에 대체되고, 다시 종합상품계열을 가진 기관에 대체되는 과정이 순환적으로 빈복된다. 가격파괴 할인점에 이어 한정된 상품 계열을 가지는 카테고리 킬러가 등장하고, 다시 슈퍼센터나 파워센터처럼 종합상품계열을 갖춘 업태가 번갈아 가며 등장한다.

　　㉢ 상품구색 측면에서 수축과 확장을 반복하면서 업태의 발달과정이 전개되고 있다고 설명하는 소매업 발달이론이며, 상품구색이 넓은 소매상(종합점)에서 상품구색이 좁은 소매상(전문점)으로, 다시 되풀이하는 것으로 마치 악기인 아코디언처럼 제품구색이 늘었다 줄었다 하는 과정을 되풀이하는 이론이다.

　　㉣ 유통기관이 취급하는 상품계열의 구색, 즉 광협(廣狹)에 따라 설명하려는 이론으로 종합상품계열을 가진 유통기관은 보다 전문화된, 즉 한정된 상품계열을 가지는 기관으로 대체되고, 이는 다시 종합상품계열을 가진 기관에 대체되어 순환적으로 반복된다고 본다.

② 소매업 아코디언 이론의 한계점

　　㉠ 저관여 상품을 구매할 때 소비자는 한꺼번에 많은 품목을 동시에 구매하기를 원하기 때문에 슈퍼마켓이나 대형마트의 품목수는 증가하는 측면이 있다.

　　㉡ 고관여 상품을 구매할 때는 특정 상품의 다양한 모델의 동시비교를 원하기 때문에 카테고리킬러와 같은 좁고, 깊은 상품구색을 갖춘 소매업태가 발전하게 되지만, 이 가설은 저관여상품 소매업태의 발전과정을 구분하지 못한 결정적인 한계를 지니고 있다.

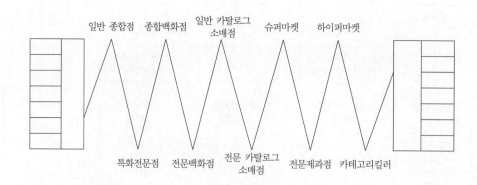

(2) 소매업 수레바퀴 가설(소매차륜가설, The Wheel of Retailing Hypothesis)

① 소매업 수레바퀴 가설의 내용

　㉠ 소매상이 시장진입을 하기 위해서는 초기에 저(低)가격, 저(低)마진, 저(低)서비스의 가격전략으로 소매시장에 진입하고, 이론 내용은 저비용구조에 바탕을 둔 저가격을 기반으로 새로운 시장에 침투한다고 맥나이어(McNair) 교수는 주장하였다.

　㉡ 기존시장의 고(高)가격, 고(高)마진, 고(高)서비스의 다른 소매업태와 경쟁으로 성공적인 시장진입을 하면 동일유형의 소매점 사이의 경쟁이 격화되고, 경쟁적 우위를 확보하기 위하여 다른 소매업태와 차별화를 시도한다.

　㉢ 차륜(車輪)가설이론이라고도 하며, 목표시장(소매업계)진입에 성공하고 나면, 이 새로운 소매기관은 고급화 과정에 접어들게 되고, 차별화를 위해 세련된 설비와 서비스를 더해가며, 고가격, 고비용, 고서비스의 소매점으로 변화를 하게된다.

　㉣ 시장진입에 성공한 신업태의 고급화는 또 다시 새로운 소매업태의 혁신적인 등장을 불러 일으킨다. 이론은 새롭고 혁신적인 업태로 시작하여 새로운 아이디어를 가진 차세대 소매업태에 의해 끝나게 된다는 것이다.

　㉤ 수레바퀴이론에 부합하는 업태는 TV홈쇼핑, 회원제 창고형 소매점, 인터넷 전자상거래, 카테고리킬러형 전문점 등이 있지만, 편의점은 해당하지 않는다.

② 소매업 수레바퀴 가설의 한계점

　㉠ 이론 전개과정을 비용 개념만을 중심으로 설명하기 때문에 백화점과 같은 고급점포나 자동판매기 같은 고마진 및 고가격으로 시장에 초기부터 진입을 하는 새로운 소매상에 대하여는 충분히 설명할 수 없다.

　㉡ 소매상이 언제 또는 어떤 속도로 발전할 것인지를 예측할 수 없으며 유통 후진국의 경우 유통 선진국에서 다양한업태가 시대를 무시하고 무차별하게 도입되어 소매 변천과정을 순서대로 설명하기에는 한계가 있다.

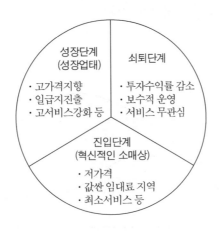

【소매기관 변천단계】

(3) 변증법 이론(Dialectic Theory)

① 소매기관의 변증법적이론은 두개의 서로 다른 경쟁적인 소매업태가 하나의 새로운 소매업태로 합쳐지는 소매업태 혁신의 합성이론을 의미한다.

② 소매업태가 발전해 나가는 모습이 마치 변증법의 正(thesis), 反(antithesis), 合(synthesis)의 논리에 따라 변화가 이루어짐을 설명하려는 것이다.

③ 전문점, 백화점이 '정'이라면 할인점은 '반'이 되고, 종합 할인점은 '합'이며, 전문점과 백화점이 고마진, 저회전율, 고가격, 고서비스 수준을 갖고, 상대적으로 좁은 상품의 폭과 깊은 구색을 갖는다면, 할인점은 저마진, 고회전율, 저가격, 저서비스 수준을 갖고, 상대적으로 상품의 다양성을 지닌다고 본다.

【변증법이론 전개과정】

(4) 소매 수명주기 이론(Retail Life Cycle Theory)

① 소매 수명주기 이론에서 소매상은 유통업태가 시간이 지남에 따라 일정한 단계(도입기 → 성장기 → 성숙기 → 쇠퇴기)를 거쳐 발전한다는 이론이다.

② 최근에는 소비자의 욕구 다양화와 경쟁심화로 인해 소매업태들의 수명주기가 점차 짧아지고 있다는 특징을 보이고 있다.

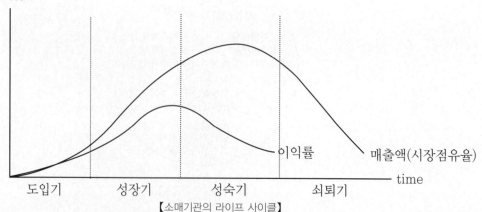

【소매기관의 라이프 사이클】

③ 도입기

    ㉠ 도입기를 '혁신기'라고도 하며 일반적인 소매업태는 시장진입의 경우 소매업 수레바퀴가설을 이용하여 진입을 시도하며, 경쟁사 수는 소수이다.

    ㉡ 도입초기이기 때문에 점포설비의 비용 회수나 규모의 경제를 실현할 만큼 매출액이 증가하지 못하고, 말기에 가서야 겨우 이익이 조금씩 증가하는 단계이다.

④ 성장기

    ㉠ 경쟁사 수의 증가로 충성고객의 확보와 취급 상품계열의 확대를 통해 시장점유율을 높이는 것이 강조된다. 소매상의 매출액과 이익률이 급속히 증가하며, 기존의 소매상은 급격한 경쟁으로 심각한 타격을 받아 적절한 대응책을 강구한다.

    ㉡ 소매상은 이 기간 중에 이익률은 최대를 달성하지만, 말기로 갈수록 이익의 증가보다 비용압박이 커져 매출액은 계속 증가하나 이익률은 답보상태에 들어간다.

⑤ 성숙기

    ㉠ 성숙기에는 경쟁사의 수가 다수 이며, 시장점유율이 최대로 되고 매출액 역시 최대가 되며, 조직의 비대화로 인해 통제상 애로점이 발생하고, 새로운 혁신적인 소매업태가 도입되어 경쟁이 격화됨으로써 이익은 계속 감소하게 된다.

    ㉡ 기존의 소매업태는 생존을 위한 벤치마킹, 다운사이징, 리스트럭처링, 리엔지니어링 등의 새로운 혁신적인 조직도입을 위한 새로운 경영기법을 구사하여야 한다.

⑥ 쇠퇴기

    ㉠ 다른 혁신적인 소매업태가 상권(商圈)을 장악함으로써 매출액과 수익성 마케팅 기법이나 시장의 리포지셔닝 정책을 통하여 어느 정도까지는 영업을 계속할 수 있지만 시장에서는 더 이상 존속가능성이 희박하다.

    ㉡ 쇠퇴기에 혁신적인 신업태의 장점을 도입하거나 창안하지 못하면 그 기업은 쇠퇴할 수밖에 없게 된다는 이론이며, 경쟁사의 수도 감소한다.

(5) 소매기관의 적응행동 이론(Adaptive Theory)

① 소매변천 원인을 환경적 변수에서 찾고 있는데 소매기관을 둘러싸고 있는 환경변화(소비자의 구매행동, 구매욕망, 과학기술, 환경 등)에 가장 효율적으로 적응할 수 있는 소매상만이 살아남아 번창한다.

② 적응행동이론은 자연도태설에서 추출한 이론으로, 환경에 적응하는 소매상만이 생존 · 발전하게 된다는 이론으로 급격하게 변화하는 시장상황에 따른 변화의 중요성을 언급한 이론이다.

(6) 닐센(O. Nielsen)이론 또는 진공지대이론(Vacuum Zone Theory)

① 이론의 전개과정

    ㉠ 진공지대이론은 소비자의 소매점 선택에 점포가 제공하는 서비스의 정도가 상품의 가격에 영향을 미친다는 가설을 설정하여 새로운 업태의 출현을 설명하는 이론이다.

ⓛ 진공지대이론은 동일한 시장에 소비자 집단이 있다는 것을 가정하고 있으며, 특정제품 계열의 상품을 판매하는 복수의 소매점이 있고, 이들 소매점이 제공하는 서비스정도는 각각 상이한 수준에서 행해지고 있다.

ⓒ 서비스량이 극소한 상태에서 서비스를 증가시키면 가격은 높아지고 소비자의 선호는 증가한다. 하지만 서비스 증가가 어느 한도를 넘으면 그것 때문에 높아진 가격이 바람직하지 않다고 평가하는 소비자가 증가하게 되므로 소비자의 선호는 감소하게 된다.

ⓔ 서비스의 제공은 그 점포의 평균 판매가격 수준에 반영되어 서비스가 고도화 될수록 그만큼 가격은 높아지고, 서비스가 낮아 질수록 그만큼 가격은 낮아진다. 원래의 가격과 서비스 수준을 제공하던 점포의 특색은 없어진다고 해서 진공지대이론이라 한다.

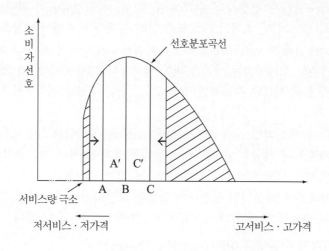

② 이론의 내용

ⓖ 닐센이론을 나타내면 위의 그림과 같은 선호분포곡선을 그릴 수 있다. 지금 소매점 A, B, C가 있다고 하면 매출을 늘리기 위해서 A와 C는 가장 선호되고 있는 B쪽으로, B와의 차이가 인정되는 한도까지 접근한다.

ⓛ 그렇게 되면 선호를 얻기 위해 경쟁이 심화되는 동시에 양 끝에 「진공」을 발생시켜 그곳에 새로운 혁신자의 진입이 일어난다고 설명한다. 또한 이 곡선이 소득수준상승이나 불황 등으로 좌우로 움직임으로써 사회기회가 증대되거나 감소한다는 것도 주목해야 한다.

ⓒ 이러한 이론을 배경으로 하여 국내에서도 가격파괴의 선두주자인 E마트 등이 유통업태의 진공지대를 파고드는 틈새전략으로 출발하여 시장진입에 성공하였고, 지금은 대한민국에서 규모면에서 1위라는 위치를 획득하고 있다.

3. 소매업의 기능

(1) 소비자에 대한 기능

① 소매상은 여러 공급업체로부터 제품과 서비스를 제공받아 다양한 상품구색을 갖춤으로써 고객이 선택할 수 있는 폭을 넓혀준다.

② 소매상은 광고, 판매원, 매장 내 진열 등을 통하여 고객에게 제품과 관련된 정보를 제공해 준다.

③ 소매상은 소비자에게 A/S나 제품의 배달, 설치, 사용방법의 교육 등과 같은 서비스를 제공한다.

④ 소매상은 신용판매나 할부판매와 같은 방법을 통하여 고객의 금융부담을 덜어주는 기능을 수행한다.

⑤ 소비자가 언제, 어디서든지 제품을 구매할 수 있도록 교통이나 생활환경이 적합한 곳에 위치해야 한다.

(2) 생산자 및 공급자에 대한 기능

① 생산자, 도매상들이 소비자 가까이에서 접촉할 수 있게 인력과 점포를 제공하고, 소비자의 요구를 파악하여 공급선에 제공한다.

② 공급선의 상품을 판매하기 위한 광고, 상품 진열 등을 제공하며, 소매상은 상품구색에 대한 재고를 부담함으로써 공급선의 비용감소와 소비자의 구매편의를 돕는다.

③ 도매업이 담당하는 상품의 구입과 판매시점까지의 보관기능을 수행함으로써, 이에 따르는 위험과 비용을 부담하게 되어 도매업자나 생산자의 부담을 덜 수 있다.

④ 소매업이 자신들의 판매를 증대시키기 위하여 스스로 소비자들에게 여러 광고를 하는데, 이러한 효과는 결과적으로 생산자 및 도매업자들의 판매촉진을 도와주게 된다.

(3) 공급업체가 유통업체를 평가하는 기준

① 경제성 : 유통업체의 판매액, 비용, 수익성 등

② 통제성 : 공급업체의 상품에 대한 유통업체의 마케팅 전략을 조정할 수 있는 정도

③ 적응성 : 환경변화에 적응하여 유통업체와의 관계를 유연하게 조정할 수 있는 정도

4. 소매업 경영

(1) 소매업경영(Retail Management)의 변화

① 소매업 경영 측면에서 '무엇을 팔 것인가'를 고민하는 업종 중심적 점포에서 '어떻게 팔 것인가'를 고민하는 업태 중심적 점포로 변화하고 있다.

② 상품을 보는 관점이 생산자 측면에서 소비자 측면으로 변화하고, 상품의 수납 및 배포보다 새로운 생활 가치에 대한 창조 및 제안을 중시하는 것으로 변화하는 것이다.

③ 제조기업으로부터 상품을 제공받고 소비자에게 전달하는 형식의 정태적인 점포에서 새로운 가치를 창조하고 제안하는 형식을 취하는 동태적인 점포로 이미지 변화를 하고 있다.

④ 일정한 상태로 머물러있기보다 시장의 변동에 능동적으로 대응하는 것으로 변화하는 것이며, 상품 자체가 지니고 있는 가치보다 소비자의 요구와 기호를 중시하는 것으로 변화하는 것이다.

⑤ 소매업체에서 사용하는 성과척도 중 상품관리와 관련된 지표로는 재고수준, 광고비, 순매출액, 재고회전 등을 고려한다.

(2) 소매업의 해외진출전략

① 소매업체들이 해외시장으로 진입하는 방식인 직접 투자의 경우 높은 수준의 투자를 요구하며, 높은 잠재적 수익을 가지거나 소매업체가 운영에 대한 완전한 통제권을 가진다.

② 전략적제휴는 독립기업들 사이의 공동관계를 말하며, 합작투자의 경우 진입하는 소매업체는 그 지역 현지 소매업체와 자원을 공동으로 이용하게 된다.

(3) 소매업의 High tech/touch 전략

① 최근 소매업 변화현상의 하나로 소매업(태)의 양극화현상이 확대되고 있음을 들 수 있다. 양극화현상에서 양극화 소매형태는 모두 높은 성장률과 매력적인 이익률을 기대하지만 첨단기술을 이용하더라도 고회전율과 고수익률을 추구할 수는 없다.

② 할인점, 홈센터, 카테고리킬러의 성장 등 초대형 점포의 성장이 두드러지는데 이는 전형적인 하이테크(high-tech)형 소매업의 성장이라 할 수 있다.

③ 하이테크 소매업은 대형점포 진열기술 및 보관기술 등의 기술적 노하우를 바탕으로 상대적으로 낮은 마진과 대량구매 위주의 셀프서비스 방식을 지향한다.

④ 제한된 제품계열, 철저한 관리, 고도로 집중화된 형태인 하이터치(high touch)형 소매업태는 전문점을 예로 들 수 있다. 고급 레스토랑이나 패션숍 등은 앞으로 더욱 하이터치형 사업전략을 강화하여 성장할 것이다.

(4) 국내 소매유통업의 상품계획

구 분	제품 분류			
	편의품	선매품	전문품	비탐색품
고객의 구매 전 계획정도	거의 없음.	약간 있음	상당 수준	상당 수준
브랜드선호정도	거의 없음.	브랜드 비교	특정브랜드 선호	특정브랜드 선호
고객쇼핑노력	최소한의 노력	보통의 노력	최대한의 노력	상황에 따라 다름.

① 편의품 : 구매에 별다른 노력을 기울이지 않는 제품으로 빵, 우유, 사탕, 과자, 음료수 등과 같은 제품이다.

② 선매품 : 고객이 적당한 노력을 기울여서 몇 가지 브랜드를 비교해 보고 구매하는 것으로 가구, 자동차, 의류 등이다.

③ 전문품 : 구매에 많은 노력을 기울이는 제품으로 고급시계, 고급자동차, 스포츠 의류 등이다.

④ 비탐색품 : 일반적으로 상당한 노력을 기울여서 구매하는 것으로 결혼예식드레스, 장의용품 등으로 선택적인 면에서 제약이 많다.

5. 소매업 경영의 이해

(1) 상품구성정책과 구색

① 전문성 : 구색이라고도 하며, 특정 카테고리 내에서 단품의 수를 말한다.
② 가용성 : 특정 단품의 수요에 대해 충족되는 비율을 나타내는 것을 말한다.
③ 다양성 : 한 점포내 또는 부문 내에서 취급하는 상품 카테고리 종류의 수를 말한다.

(2) 취급상품의 다양성(variety)

① 상품의 넓이(너비) 또는 폭(goods width) : 상품의 종류가 많다는 것을 의미하며 해당 제품 내의 다양한 브랜드의 수를 말한다.
② 상품의 깊이(goods depth) : 각 브랜드 중 한 가지의 단위에서 얼마나 깊이 있는 상품이 있는지를 말한다.
③ 상품의 구색(goods assortment) : 상품브랜드의 폭과 깊이를 어느 정도 제대로 갖추어져 있는지를 의미하며, 백화점과 할인점의 구색이 다르다.

(3) 마진과 회전율에 의한 소매상의 구분과 전략

① 소매상의 재무적능력은 상품의 수(이)익률(margin)과 상품의 회전율(turn over)을 기반으로 결정된다.
② 일반적으로 상품의 회전율 높으면 상품의 수익률이 높은 비례관계를 갖는 경우가 많지만 반드시 그렇다고 볼 수 없다.

회전율	높음	할인점 창고형점포 슈퍼 마켓	편의점
	낮음	손해(퇴출)	고급전문점 고급백화점
		낮음 서비스(마진)	높음

(4) 상품의 깊이(depth)와 넓이(width)에 관한 의사결정

① 상품의 넓이와 깊이에 대한 의사결정은 표적 구매자들의 기대를 일치시키면서 동시에 다른 소매상과 차별화할 수 있어야 한다.
② 할인점과 백화점을 상품의 깊이와 넓이 측면을 비교할 경우 할인점이 상품구색이 넓고, 깊이는 백화점이 더 깊은 구색의 상품정책을 추구하고 있다.
③ 전문점의 경우 상품의 넓이는 다른 업태보다 적지만 편의점이나 동네슈퍼에 비해 상품의 깊이는 훨씬 더 깊다.

④ 유(형)점포와 무(형)점포의 비교에서 상품의 깊이나 넓이측면의 확장가능성으로 보면 무점포업태가 유점포업태보다 비용측면에서 더욱 유리하다고 할 수 있다.

(5) 소매상 사용 용어

① **분류(sorting out)** : 생산과정에서 다양한 공급원으로부터 제공된 이질적 제품들을 상대적으로 동질적 집단으로 구분하는 것을 말한다. 즉, 이질적인 생산물을 동질적인 단위로 나누는 과정을 말한다.

② **구색(assortment)** : 상호 연관성이 있는 제품들로 일정한 구색을 갖추어 함께 취급하는 것을 말하는데 즉, 이질적인 것이 모두 다시 모이는 단계를 말한다. 하지만, 반드시 이런 뜻만 있는 것은 아니라는 것을 알아야 한다.

③ **수합(accumulation)** : 다양한 공급원으로부터 소규모로 제공되는 동질적 제품을 한 곳에 모아 대규모 공급이 가능하게 만드는 것을 말한다.

④ **분배(allocation)** : 수합된 동질적 제품들을 구매자가 원하는 소규모단위로 나누는 것을 말한다.

04 소매 업태별 특징

1. 전통적 소매 업태

(1) 잡화점(General Store)

① 식료품 및 각종 생필품인 일용잡화를 제한된 지역내에서 독점적으로 운영하던 가장 오래된 소매상이다.

② 점포 주인의 배타적이고 비효율적인 운영으로 상품지식이 부족하고, 교통의 발달로 도시와 농촌의 거리가 축소되면서 쇠퇴되었다.

③ 동네슈퍼(Pom&Mom)는 식료품, 세탁용품, 가전용품 들을 중점적으로 취급하는 소매점으로, 마진이 낮지만 회전율이 높은 상품을 중심으로 소량 취급하고 지역주민 친화적 서비스를 특징으로 하는 소매점이다.

(2) 백화점(Department Store)

① 백화점의 정의

㉠ 백화점이란 하나의 매장내에 일괄구매와 비교가 가능하도록 상품 부문별로 구색을 갖추어 진열, 판매하는 대규모 소매상으로는 가장 오래된 소매기관이다. 한국의 백화점은 도심지역에 위치한 형태가 많으며 취급상품과 서비스를 고급화하여 다른 업태와 차별화한다.

ⓛ 백화점은 의류, 가정용 설비용품, 신변잡화류 등의 각종 상품을 부문별로 구성하여 소비자들이 일괄구매를 할 수 있도록 하고 주로 직영으로 운영하는 대규모 소매점포를 의미하지만, 국내는 입점업체들의 비율이 더 높다.

ⓒ 백화점은 선매품(選賣品)을 중심으로 편의품에서 전문품에 이르기까지 다양한 상품구색을 갖추고 대면(對面)판매, 현금 및 신용(크레디트카드)에 의한 정찰(正札)판매, 그리고 풍부한 인적·물적 서비스를 제공함으로써 판매활동을 전개하는 상품계열별·부문적으로 조직화된 대형소매상이다.

ⓔ 백화점은 의류, 가정용품, 장식품 등 다양한 상품을 폭넓게 취급하는 점포로서 각종 상품을 부문별로 구성하여 최종소비자가 일괄 구매할 수 있도록 직영형태로 운영되는 대규모점포이다. 우리나라의 경우 매장면적이 1,000평(지방 700평)이상이고 30%이상을 직영으로 운영되어야 한다는 원칙이 있으며, 물론 면적을 나타날때는 평(坪)보다는 제곱미터(㎡)를 써야한다.

② 백화점의 효용
　ⓖ 소비자에게 다양한 제품구색, 편리한 입지, 쾌적한 쇼핑공간을 제공한다.
　ⓛ 소비자에게 백화점에서의 제품구매가 사회적 지위와 관련된 만족을 줄 수 있다는 것도 백화점의 주요 경쟁우위의 원천이다.

③ 백화점의 입지선정 및 백화점경영
　ⓖ 국내 백화점의 입지유형은 도심(입지)형 백화점(중심상업지역)이나 부심권 입지형(지역쇼핑센터) 또는 신도시입지형과 버스터미널 및 기차역과 연계된 역사입지형 등으로 나누어 볼 수 있다.
　ⓛ 중심상업지역에 위치한 도심(입지)형 백화점의 경우 신업태의 출현과 교통체증, 주차공간의 부족 등에 의해 고객들이 구매를 기피하는 경향이 높아지고 있으며 이러한 문제를 해결하기 위해 많은 백화점들이 도시외곽으로 입지를 옮기거나 지방에 지점을 개설하는 다점포경영(multi store operation)전략을 시도하고 있다.
　ⓒ 최근의 백화점은 상품의 다양성과 원스톱쇼핑의 편리성을 뛰어넘어 소비자에게 차별화되고 고급화된 매장분위기를 통한 상품체험쇼핑을 제공함으로써 대형할인점 및 신업태와의 경쟁에서 우위를 확보하고자 노력하고 있다.

④ 백화점의 성장요인
　ⓖ 지하철과 버스노선이 복합된 편리한 입지선정, 자동차 이용의 대중화로 주차장이 완비된 교통소통의 원활화가 있었다.
　ⓛ 대도시 인구의 교외로의 이전 및 교외의 발전과 주변인구의 증가로 인해 구매력이 증가되었다.
　ⓒ 가처분소득의 증가로 소비자 라이프스타일이 고도화·개성화·차별화·소비의 다양화가 되었으며, 다양한 상품의 구색갖추기와 저렴한 자사상표 개발, 각종 서비스를 제공하였다.

ⓔ 정보화 사회의 진입에 따라 각종 정보 통신수단(TV, PC, CATV, EDI, 인터넷)을 통해 소비자에게 상품 정보를 신속하게 전달하는 대중매체의 발전과 정보화의 발달이 있었다.

⑤ 백화점의 경영(판매)방식

ⓐ 고객서비스의 수준이 다른 소매업태에 비해 매우 높은 편이다.

ⓑ 다양한 소매업태 가운데 비교적 구색의 넓이와 깊이를 구비하고 있다.

ⓒ 다른 업태와 비교하여 매출총이익률이 높지만 회전율은 현저하게 떨어진다.

ⓓ 특정매입의 비중이 높기 때문에 경기변동에 민감하며 매출액 변화의 기복도 큰 편이다.

(3) 슈퍼마켓(Supermarket)

① 슈퍼마켓의 기원

ⓐ 슈퍼마켓은 대공황으로 절약소비패턴이 확산되던 시기였던 1930년 마이클커렌이 미국의 뉴욕에 킹 커렌(King Kullen)을 개점한 것이 효시이다.

ⓑ 슈퍼마켓(Supermarket)은 식료품, 세탁용품, 가정용품 등을 중점적으로 취급하는 소매점으로 규모가 크고, 마진이 낮으며, 다양한 상품을 대량으로 취급하고 셀프서비스를 특징으로 하는 소매업태를 말한다.

② 슈퍼마켓의 특징

ⓐ 일용잡화 · 화장품 · 잡지 · 필름 · 전기기기 · 시계 · 스포츠용품 · 내구소비재 등을 판매하는 부분별 관리방식을 기본으로 하는 종합점이다.

ⓑ 생산자나 도매상으로부터 상품을 저가로 대량 구매하여 초저가로 판매하고, 셀프서비스와 현금정찰제의 고회전주의를 고수하는 특징을 지니고 있다.

ⓒ 취급품목 수를 늘리면서 매장면적을 확대하고 있으며, 타 업태와 경쟁에 있기 때문에 비교적 넓은매장을 보유하고 있으며 대규모화하고 있다.

ⓓ 체인형태로 있기 때문에 체인본부에서 상품을 일괄적으로 집중구매하며, 최근에는 벤더업체(물류도매업체)로부터 일괄구매하는 경우도 있다.

(4) 전문점(Specialty Store)

① 전문점의 정의

ⓐ 전문점이란 고객에게 제공하고자 하는 상품이나 서비스를 전문품으로 집약하여 판매하는 소매업태로, 하나의 제품계열을 취급하기도 하고, 소수의 제한된 제품계열을 취급하는 특정품 판매점을 의미한다.

ⓑ 전문점은 취급하는 제품계열이 한정되어 있으나 해당 제품계열 내에서는 매우 다양한 품목들을 취급하며, 취급하는 제품계열의 폭의 정도에 따라 세분화가 가능하다.

② 전문점의 특징

ⓐ 전문점의 경쟁적우위는 제품의 전문적구색과 서비스제공에 있다. 어떤 형태든지 간에 전문점이 가지는 특징은 특정제품 계열에 대하여 매우 깊이있는 제품구색(assortment)을 갖추고 있다는 것이다.

ⓛ 최근에는 기존의 의류, 가전, 전기, 컴퓨터의 전문점 이외에 스포츠의류 전문점, 액세서리 전문점, 커피, 외식점문점 등이 급속히 확산되고 있는 추세이다.

ⓒ 전문점이 취급하는 제품계열이 한정되어 있지만, 취급하는 해당 제품계열 내에서는 매우 깊이있는 몇몇 품목들을 취급하며 할인점이나 대형마트 보다는 높은 인적 서비스 수준을 제공한다.

(5) 편의점(Convenience Store: CVS)

① 편의점의 정의

ⓐ 최초의 편의점은 미국의 seven-eleven으로 오전 7시에서 오후 11까지 영업을 한다고 해서 붙여진 이름이며, 한국 최초 편의점 1호는 서울 방이동 올림픽 선수촌 아파트 상가에 개점을 시작한 '세븐일레븐'이 우리나라 최초 편의점이다.

ⓑ 편의점은 상대적으로 소규모매장으로 인구밀집지역에 위치해서 24시간 영업을 하며 재고회전이 빠른 식료품과 편의품 등의 한정된 제품계열을 취급한다.

ⓒ 편의점은 연중무휴 24시간 영업이라는 시간편리성, 접근이 용이한 지역에 위치하는 공간편의성(아파트단지 등 주택밀집지역이나 유동인구 및 야간활동 인구가 많은 지역)의 특색을 가지고 있다.

ⓓ 편의점은 다품종 소량의 편의품을 주로 취급하는 고객편의성을 특징으로 하고 있다. 가격에 있어서는 편의점은 할인점, 슈퍼마켓보다 다소 높은 가격을 유지한다.

ⓔ 편의점의 특징의 하나는 프랜차이즈 시스템(가맹점 제도)의 도입이다. 편의점 본부는 효율적 운영을 위해 초기에 유통정보시스템의 개발과 설치에 많은 고정투자를 필요로 하는데, 이러한 초기고정투자비의 분산을 위해 체인화를 통한 다점포전략을 추구하고 있다.

② 편의점의 효용

ⓐ 24시간 영업으로 시간적 편리성을 소비자에 주고 있다.

ⓑ 근린형으로서 거리상의 편리성을 소비자에 주고 있다.

ⓒ 상품배치의 단순화로 상품선택의 편리성을 소비자에 주고 있다.

ⓓ 상품구색의 테마가 명확하여 이용에 편리성을 소비자에 주고 있다.

2. 가격파괴형 신(新)유통업태

(1) 할인점(Discount Store: DS)

① 할인점의 정의

ⓐ 할인점은 박리다매원칙에 입각하여 상품을 일반상점보다 항상 저렴한가격(EDLP)으로 판매하는 대규모점포로 고객서비스는 셀프서비스를 원칙으로한다.

ⓑ 소비재를 중심으로 잘 알려진 브랜드를 판매하지만 최근에는 유통업자상품(PB)의 구색을 높이고 각 제품군내에서는 상품회전율이 높은 품목을 중심으로 취급한다.

ⓒ 한국형 할인점의 주요 특징으로는 식품류와 비식품류의 취급, 대량판매, 저가격, 입점업체의 인력파견, 매장설비의 저렴화, 최대한의 경비절감 등을 들 수 있다.

② 할인점 특징

㉠ 할인점 특성은 저렴한 가격, 일반브랜드 판매, 셀프서비스, 건물임대료가 저렴한 지역에 위치, 평범한 내부시설과 강력한 매일저가정책(EDLP)을 추구함에 있다.

㉡ 할인점은 점차적으로 자체 브랜드상품(PL: Private Label, PB:Private Brand)의 비중을 높이고 있다. 영국의 막스엔스펜서는 100%, TESCO Home Plus는 55%, 월마트는 45%의 비율이고, 우리나라의 E-MART도 2025년까지 최대 50%까지 높인다는 계획이다.

㉢ 할인점은 정규적으로 저가격(약 10~20% 정도)으로 대량판매한다. 따라서 바겐세일, 점포정리세일, 특별가격 할인과 같이 비정규적인 저가격 판매점포는 할인점이 아니다.

㉣ 할인점은 대량으로 판매하기 위하여 저가의 가격정책을 취하고 있기 때문에 낮은 마진율을 가져오지만, 대량판매로 구매력이 신장되고 제품의 회전율이 향상됨으로써 재고비용의 감소를 가져오게 된다.

(2) 회원제 창고형 도소매점(Membership Wholesale Club : MWC)

① 회원제 도소매점의 정의

㉠ 회원제 도매클럽은 일정한 회비를 정기적으로 내는 회원들에게만 30~50%의 할인된 가격으로 정상적인 제품들을 판매하는 유통업태를 말한다. 우리나라의 대표적인 업태로 코스트코(Costco)와 롯데 빅(Vic)마켓이 있다.

㉡ 회원가입에 의한 회원판매를 주로하며, 진열비용을 대폭삭감하여 할인점보다 20~30% 싼가격으로 제공하는 회원제 창고형 도·소매업태로서 카드(현금)판매 무배달(無配達)창고형 점포로, 진열방식은 팔레트 쌓기방식을 채용하는 점포 레이아웃 개념을 채택하였다.

② 회원제 도소매점의 특징

㉠ 회원제 할인점은 회원들에게 회비를 받고 낮은가격으로 제품을 공급하는 점포로 넓은 매장을 필요로 하고, 고객서비스 수준은 최소로 제공한다.

㉡ 취급제품은 가공식품, 잡화 가정용품, 가구, 전자제품 등을 중심으로 4~5천 품목 정도이며 매장은 거대한 창고형으로 실내장식은 거의 없다.

㉢ 진열대에 상품을 상자단위로 쌓아놓고 고객이 직접 고르게 하는 묶음 판매를 통해 점포 운영비를 최소화하고 있다.

(3) 드럭 스토어(Drug Store)

① 드럭스토어의 정의

㉠ 드럭스토어는 일반적으로 의약품과 화장품, 건강보조식품 등 다양한 상품을 파는 업태로 선진국에서는 일반화된 업태이다.

ⓛ 국내에서는 약사법 규정으로 인해 의약품중심의 드럭스토어로 발전하지 못하고 화장품이나 건강보조식품을 위주로 판매하는 헬스&뷰티 스토어로 발전하고 있다.

② 드럭스토어의 특징

 ㉠ 국내시장은 CJ(Olive&young), GS(Watsons), 코오롱웰케어(W-care)그룹 계열이 운영하는 3개의 브랜드가 주도를 하고 있다.

 ⓛ 일반 의약품의 판매가 약국이 외에서 판매범위가 확대될수록 H&B스토어로 대표되는 한국형드럭스토어는 선진국과 같은 의약품 중심의 업태로 발전할 것이다.

(4) 하이퍼마켓(Hyper Market : HM)

① 하이퍼마켓의 정의

 ㉠ 하이퍼마켓은 슈퍼마켓, 할인점, 창고소매점의 장점을 결합한 소매업태인데, 대형화된 슈퍼마켓에 할인점을 접목시켜 식품과 비식품을 저렴하게 판매하는 소매업태로서 1963년 Carrefour가 파리 근교에서 최초로 시작을 하였다.

 ⓛ 국제셀프서비스학회는 '식품 및 비식품을 풍부하게 취급하고 대규모의 주차장을 보유한 매장면적 2,500m² 이상 소매점포'로 정의하고 있다.

② 하이퍼마켓의 특징

 ㉠ 상품은 주로 구매빈도가 높고 널리 알려진 국내외의 상품이며, 유통업자제품(PB) 역시 많고 중·저가의 편의품을 중심으로 선매품 및 전문품도 취급하고 있다.

 ⓛ 취급상품의 품목수는 대략 75,000~100,000품목에 이르고, 전자품목·정원용품·차량연료 등은 별도의 설비가 갖추어진 전문점 또는 직영매점을 통해서 판매되고있어 주 매장의 상품구색을 보완하고 있다.

 ⓒ 회원제 창고점의 상품진열에서 취약했던 식품비율을 강화하고, 낮은 마진과 높은 회전의 경영을 지향한다. 주로 교외에 입지하며 매장구성은 창고형태로 운영하며, 소매상과 외식업자를 대상으로 하는 전형적인 유럽형 슈퍼마켓이다.

(5) 아웃렛점(Outlet Store)

① 아웃렛점의 정의

 ㉠ 아웃렛점은 상설할인매장(Factory Outlet)이라고도 하며 메이커와 백화점의 비인기 상품, 재고품, 기획상품, 하자(瑕疵)상품 및 이월(移越)상품 등을 주로 취급하고, 스스로 고객을 흡인할 수 있는 규모와 점포구성을 가진다.

 ⓛ 제조업자가 소유 및 운영하는 염가매장으로 자신의 회사 명의로 대폭적인 할인가격(30~70%)에 판매한다. 상설 할인매장들은 특정지역에 밀집되어 상설할인몰 또는 할인소매센터가 형성되기도 한다.

② 아웃렛점의 특징

 ㉠ 아웃렛은 수십 개 또는 수백 개의 동점점포가 출점하여 쇼핑센터를 이루는 업태로서 재고상품이 집하되는 물류센터 주변에 위치하는 것이 대부분이다. 또한 기존의 유통구조의 반발을 피하기 위해 주로 도심외곽에 입지하게 된다.

ⓛ 최근의 상설할인 매장은 교통이 불편한 도시외곽에 위치함에도 불구하고 주말을 이용하여 유명제조업체 상표를 저렴하게 구매할 수 있는 상설할인 매장을 방문하고자 하는 소비자들이 점점 증가하고 있다.

③ 국내 상황

㉠ 우리나라에도 2007년 6월에 문을 연 여주의 신세계와 미국의 첼시가 합작으로 설립한 신세계첼시가 최초의 전통적인 아웃렛점이라고 할 수가 있으며, 2013년12월에 개장한 경기도 이천의 롯데아울렛은 아시아최고 숫자의 매장을 보유하고 있다.

ⓛ 아웃렛은 아직도 몇몇의 유명 메이커들이 입점을 하지 않아 원래의 취지가 약간 퇴색한 느낌이 들고, 국내의 라이벌 경쟁업체인 롯데와 신세계의 업체끼리의 경쟁측면에서 입지를 선택하기에 고객의 접근적인 편리성은 무시하고 있다.

(6) 카테고리킬러(Catagory Killer)

① 카테고리킬러의 정의

㉠ 카테고리킬러는 전문품할인점(Special Discount Store)이라고도 하는데, 한 가지나 한정된 상품군을 깊게 취급하며 할인점보다 저렴한 가격으로 판매하는 소매업태이며, 선택폭을 높일 수 있도록 품목을 다양하게 다량으로 진열한다.

ⓛ 카테고리킬러는 특정제품 계열에 특화하여 대량구매와 대량판매, 저비용으로 저렴하게 상품가격을 소비자에게 제시함으로 경쟁우위를 추구하는 소매업태 이다.

㉢ 카테고리킬러는 깊이있는 제품구색, 우수한 고객서비스, 고가격의 점포특성을 가지는 전문점과 차별되며, 어느정도 깊이를 가진 다양한 상품군들을 취급하는 할인점 및 양판점과도 차별화되는 점포형태이지만 매장은 할인점과 비슷하다.

㉣ 카테고리킬러에 해당되는 제품 판매방법을 선택할 때 고려해야 하는 점은 넓은 매장을 갖추어야 하는 점과 고객이 쉽게 접근해야 하는 점을 절충하여 입지를 선택해야 한다는 것이다. 즉, 매장면적의 대형화로 저가지역에 점포를 설치한다.

② 카테고리킬러의 기원

㉠ 미국에서의 전문할인점은 주로 미국에서 1970년대에 처음 등장하였으며, 1980년대 후반과 1990년대 초반에 급격하게 성장한 업태이다.

ⓛ 토이저러스(Toys 'R' Us)와 같은 완구류, 리미티드(Limited), 갭(The Gap), 마셜(Marshall)과 같은 의류, 서킷시티(Circuit City)와 같은 가전, 스테이플즈(Staples), 오피스 맥스(Office Max)로 대표되는 문구, 홈디포(Home-depot)와 같은 홈센터 등을 중심으로 발전해 왔다.

③ 카테고리킬러의 특징

㉠ 전문할인점의 특징은 저가격과 한정된 상품군 내의 다양하고 풍부한 구색을 들 수 있다. 토이저러스는 미국에서 웬만큼 팔리는 거의 모든 장난감을 취급하고 있다.

ⓛ 체인화로부터 오는 규모를 살려서 원가를 절감하고 있으며, 의류제품의 경우에는 재고품이나 하자품을 파는 경우도 있으나 대부분은 유명 브랜드를 판매하고 있다.

ⓒ 비용절감과 저(低)마진정책으로 가격을 백화점의 30%~70% 수준으로 유지하고 있다. 높은 할인율로 인해 저마진 이지만 높은 회전율로 이러한 저마진을 보충하여 이익을 추구하고 있다.

④ 국내 상황

㉠ 국내에서도 특정부류의 제품을 대량으로 저가판매하는 전문할인점도 속속 등장하고 있다. 1994년 4월 서울 영등포구 당산동에 개점한 이랜드그룹의 2001아웃렛은 이랜드의 각종 재고의류상품을 60~80%까지 할인된 가격으로 판매하여 국내 의류업계의 가격파괴를 유발한 계기가 되었다.

㉡ 국내의 경우 패션용품, 사무용품, 스포츠용품 등 상품별로 전문할인점이 도입되고 있는데 전자제품 전문할인매장인 하이마트와 전자랜드21, 장난감 전문할인매장인 토이월드, E-마트가 운영하는 스포츠용품 전문할인점인 스포츠데포 등이 이에 해당 된다.

㉢ 우리나라의 소비환경을 보면 소비가 다양화·합리화와 효율성 추구의 경향을 띠고 있는데, 이러한 소비환경에 대해서 저가격과 한정된 제품군 내의 깊은구색으로 특징 지어지는 전문할인점의 성공가능성이 높다고 판단된다.

(7) 목적형 점포(Destination Store)

① 목적형 점포의 정의

㉠ 목적형 점포는 슈퍼마켓이나 Drug Store, 할인점, 종합 양판점 등의 종합소매업체가 생활의 토대로서 널리 보급되고 정착되어 가면서 미국소비자들은 좀 더 특별한 목적에 맞는 특화된 쇼핑장소로 눈길을 돌리게 되었다.

㉡ 1980년대 들어서 목적형의 파워업태가 등장하게 되었는데, 매우저렴한 가격과 다양한 구색을 갖춘 강력한 힘을 가진 대형소매업태가 여러 분야에서 출현하게 되었다. 이런 목적형 점포시대의 도화선은 프라이스클럽이다.

㉢ 프라이스클럽은 물류센터를 갖지 않고, 점포에 재고창고를 갖고 있지 않으며, 취급상품에 대한 광고나 선전, 구매후 서비스를 일체 하지 않는다는 특징을 가졌다.

② 목적형 점포의 특징

㉠ 회원제 도매업의 가격할인기법은 순식간에 소매업 전체로 퍼지고 창고형 홈센터, 창고형 슈퍼마켓, 하이퍼 마트, 카테고리킬러 등의 탄생에 결정적인 계기가 되었다.

㉡ 목적형 점포의 대표적모형인 홈데포(Home-depot)는 업무용품을 비롯하여 일반소비자의 DIY(Do It Yourself) 상품까지를 포함하여 상품군의 폭을 지속적으로 넓힘으로써 전문업자에게 이용되도록 전문성을 확보하고, 이들의 원스톱쇼핑을 유도하고 있다.

㉢ 상품의 선택과 판매된 상품의 실제소비를 돕기 위해 관련지식이나 기술 등의 정보를 전문성을 가진 매장직원들이 정성스럽게 제공하였고, 가격파괴를 통해 DIY life를 통한 고객의 비용 삭감노력에 부응하였다.

ⓔ 1980년대 이후 미국에서 크게 부각되고 있는 목적형 소매업은 과거의 할인 업태와는 다른 성격의 새로운 시장수요를 창출하고 소비자의 필요와 욕구를 진화시켜 갔다.

3. 무점포 소매상

(1) 무점포 소매상의 개념

① 무점포소매상은 점포를 가지고 있지 않으며 소매업을 운영한다는 개념으로 비교적 최근에 도입되고 있는 소매업태이지만 교통난·맞벌이 등으로 쇼핑시간의 여유가 없는 소비자들에게 시간을 절약해 주는 효용을 제공해 주고 있다.

② 소매업자 입장에서는 무점포이므로 점포비용이 절감되며, 입지조건에 관계없이 목표고객에게 접근이 가능하고, 고객의 잠재수요를 자극할 수 있는 이점을 가진다는 점에서 앞으로 계속된 성장이 예상된다.

(2) 무점포 소매상의 종류

① 무점포소매상의 종류를 크게보면 직접마케팅(Direct Marketing), 직접판매(Direct Selling), 자동판매기(Automatic Vending) 등으로 분류하고 있다.

② 직접마케팅은 통신(우편)판매(Direct Mail), 카탈로그판매(Catalog Marketing), 텔레마케팅(Telemarketing), 홈쇼핑(Television Marketing), 전자마케팅(Electronic Marketing) 등으로 나누어진다.

③ 온라인(on-line) 소매업인 TV 홈쇼핑은 단순히 카탈로그 마케팅과 텔레마케팅을 결합한 효과가 있다.

(3) 텔레마케팅(Telemarketing)

① 텔레마케팅의 정의

ㄱ 텔레마케팅(telemarketing)은 텔레커뮤니케이션(telecommunication)과 마케팅(marketing)을 합성한 용어로 고객과의 1대1 커뮤니케이션을 통하여 고객유지, 고객만족 향상, 신규고객 확보를 실현하는 데 사용되는 마케팅 수단이다.

ㄴ 텔레마케팅은 전화를 이용하여 표적고객에게 제품정보를 제공한 후 제품판매를 유도하거나, 고객이 TV·라디오 광고나 우편광고를 보고 수신자부담 전화번호(080)를 이용하여 주문하는 소매유형이다.

② 텔레마케팅의 전개과정

ㄱ 텔레마케팅은 다양한 관점에서 분류할 수 있다. 일반적으로 전화를 거는 주체가 누구냐에 따라 인바운드 텔레마케팅(In-bound Telemarketing)과 아웃바운드 텔레마케팅(Out-bound Telemarketing)으로 구분된다.

ㄴ 인바운드 텔레마케팅(in-bound telemarketing)은 고객이 외부에서 기업으로 전화를 거는 경우를 말하며, 이는 고객의 능동적인 참여를 전제로 하고 있다.

물류·유통

ⓒ 아웃바운드 텔레마케팅(out-bound telemarketing)은 기업이 고객이나 잠재고객에게 전화를 걸어 적극적으로 마케팅 활동을 실행하는 것을 말한다.

ⓔ 자동화된 텔레마케팅시스템은 자동다이얼 장치에 의해 자동으로 특정고객의 전화번호를 돌린 후 제품정보를 들려주고 그 제품에 관심이 있는 고객으로 하여금 주문을 할 수 있도록 하는 장치이다.

(4) 소셜미디어(Social Media)

① 소셜미디어의 정의

ⓐ 소셜미디어를 새로운 유통경로 및 직접적인 판매도구로 활용하는 기업들도 증가하고 있다. 소셜커머스(social commerce)라고도 한다.

ⓑ 소셜미디어 기반 판매원형이라고 할 수 있는 공동구매는 이미 오래전부터 파워블로그나 카페·커뮤니티를 통해 진행되어 왔다.

ⓒ 인지도가 낮은 중소기업이나 하위브랜드가 제품력이 있는 상품을 효과적으로 홍보하고 판매하는 경로로서 독특한 역할을 수행하고 있다.

② 소셜미디어 마케팅의 전개과정

ⓐ 소셜미디어 및 온라인미디어를 연계하여 소비자의 인맥을 마케팅이나 제품판매에 활용하는 e-커머스 워킹서비스와 주로 결합함으로 실시간 성과 확산성을 띠는 것이 특징이다.

ⓑ 공급자와 소비자가 1:1 방식이 아닌, 1:다수(多數)의 구매방식으로 거래를 하게 되고, 소비자의 관심과 참여가 거래의 성사는 물론 가격에까지 영향을 미치며, 소비자간 활발한 커뮤니케이션과 의견교환이 제품의 품질과 A/S와 같은 고객서비스까지 영향력을 행사하게 된다.

(5) 자동판매기(Automatic Vending)

① 자동판매기의 정의

ⓐ 미국은 1950년대 후반 주로 저가의 편의품을 판매하기 위해 도입된 후 점차 확대되었으며, 한국은 1980년대 이후 급성장하는 무점포형 소매업의 하나이다.

ⓑ 점포를 통해 판매하기 어려운 장소와 시간에 제품을 24시간 기계를 이용하여 24시간 판매가 가능한 소매방식이다. 자동판매기의 경우 편의성을 추구하려는 소비자의 욕구를 잘 이용한 것이라 볼 수 있다.

② 자동판매기의 전개과정

ⓐ 자동판매기는 커피와 음료, 담배, 인스턴트 식품, 휴지 등과 같은 일회용품이 주로 판매되고 있지만 은행의 현금지급기는 현금을 제공하기도 하며, 비디오 게임기계는 오락과 같은 서비스를 제공하고 있다.

ⓑ 자동판매기는 주로 공장, 사무실, 공공장소, 대학 등과 같은 장소에 설치되지만 이제는 사람의 통행이 잦은 곳이면 어디든 설치되는 경향이 있다. 우리나라도 선진국처럼 판매하는 상품의 수가 앞으로는 다양하게 전개될 것이다.

제1장 유통의 이해   0027

(6) 온라인 마케팅(On-line marketing)

① 인터넷 소매업체들은 IT기술의 발달로 전 세계 어느 곳이든 시간과 공간을 초월해 인터넷상에서 마음에 드는 상품을 화면의 주문요령에 따라 주문할 수가 있다.

② 신용카드를 이용하여 대금결제를 치르고 나면 구매절차가 끝나는 이러한 가상현실 속에서의 구매형태로서 무점포 구매 분야의 새로운 총아로 떠오르고 있으며, 고객과의 쌍방향 커뮤니케이션이 가능한 인터넷의 web site를 이용한 마케팅과 광고로 소비자에게 직접 다가갈 수 있다.

③ 고객에게 상품을 제대로 인도하는 것이 온라인 거래에서 매우 중요하므로 어떻게 효율적으로 배달할것인가와 함께 어떻게 인수, 반품 받을 것인가도 함께 생각하여야 한다.

④ 재고투자 등에 제약이 적으므로 오프라인 소매업에 비해 높은 수준의 다양성과 구색, 상품 가용성을 제공할 수 있으며, 오프라인 소매업과는 달리 취급 품목에 대한 안전재고를 최적수준으로 보유하면 된다.

⑤ 표적 고객이 어느 정도의 전문성과 다양성을 원하는가에 대한 분석을 통해 구색을 결정해야 한다. 점포에 대한 투자는 줄일 수 있지만, 기술부 문과 소량 주문을 처리할 수 있는 물류에 대한 투자 등이 많이 소요된다.

(7) 통신(우편) 판매(Direct Mail)

① 통신 판매의 정의

㉠ 통신판매란 공급업자가 광고매체인 주로 우편으로 보낸 카탈로그를 통하여 판매하고자 하는 상품 또는 서비스에 대한 광고를 하고 판매를 하는 것을 말한다.

㉡ 고객으로부터 통신수단(전화, 팩스, 인터넷 등)으로 주문을 받아서 직접 또는 우편으로 상품을 배달하는 판매방식이다.

② 통신 판매의 전개과정

㉠ 통신판매에서 성공을 위한 중요한 내용은 목표고객의 선정과 리스트수집 및 적절한 상품의 선정 등이며, 취급하는 상품은 변질가능성이 있는 식료품 이외의 모든 제품이 가능하나 일반적으로 표준화, 규격화된 제품이 주류를 이루고 있다.

㉡ 국내통신판매는 선진국에 비해 부진한 편이다. 이는 대부분의 국내 소비자들이 실물을 보고 구매하려는 경향이 강하고, 업체 측에서 고객정보에 대해 수집, 분석능력이 미약하여 잠재고객의 통신판매에 대한 수요를 개발하지 못하고 있다는 점과 통신판매용 제품에 대한 기획능력을 갖춘 전문가의 부족 등이 그 원인이다.

㉢ 통신판매업자는 제품의 광고를 위해 통신판매 책자를 만들어 소비자에게 발송하고, 소비자가 구매의사를 표시하는 판매방식은 카탈로그 판매(Catalog marketing) 구매이다. 우편판매는 각종 제조업체나 백화점을 포함하는 점포형 도ㆍ소매상들에 의해 기존의 판매방식을 보완하는 수단으로 많이 사용된다.

(8) 텔레비전 홈쇼핑(TV Home shopping)

① 우수한 중소기업의 상품을 PB로 개발, 판매하는 등 중소기업의 판로개척에 도움을 주기도 한다.

② TV 홈쇼핑의 큰 단점은 고객들이 원할 때 볼 수 있는 것이 아니라 상품이 제시될 때까지 기다려야 한다는 것이다.

③ 케이블방송을 통한 홈쇼핑의 내용에는 정보형광고(informercials), 직접반응광고(direct response advertising)를 모두 일컫는다.

④ 일반적으로 가격이 저렴한 염가나 고가의 상품을 판매하며 홈쇼핑 채널에 대한 소비자의 충성도가 다양하여 다른 유형의 소매점들에 비해 경쟁이 높은 편이다.

⑤ 소비자들이 소매점까지 방문하지 않고도 TV 화면을 통해 제품의 특징을 확인할 수 있어, 시간 절약이 가능할 뿐만 아니라고 직접구매하지 않더라도 상품에 대한 정보를 얻을 수 있다.

(9) 방문 판매(Direct Selling)

① 방문 판매의 정의

㉠ 인적구성원인 방문판매사원을 이용한 방문판매는 가장 오래된 역사를 가진 무점포형 소매업이다.

㉡ 국내의 경우 조선시대에 집집마다 돌아다니며 신변 잡화류를 판매하였던 방물장수가 방문판매의 효시라고 본다.

㉢ 조선시대의 봇짐장수와 등짐장수로 구분되는 보부상은 임방을 구성하여 전국 각지의 장시를 돌며 지역 간의 상거래를 수행하던 방문판매 사원이다.

㉣ 유제품의 한국 야쿠르트, 학습지의 판매와 교육을 동시에 하고 있는 웅진과 대교 등의 출판업계와 1980년대 중반까지의 화장품 업체들의 주된 판매방식이었다.

② 방문 판매의 특징

㉠ 불필요한 재고나 반품이 적게되어 생산계획을 쉽게 세울 수 있으며 중간 상인에게 유통마진을 지불하지 않아 그만큼 가격을 인하할 수 있어, 판매자와 소비자 모두에게 이득이 된다.

㉡ 직접소비자와 대면을 하므로 제품에 대한 최신정보와 제품의 영향에 대한 정보를 상세히 설명할 수 있다.

③ 방문 판매 전제요건과 최근 추세

㉠ 전문세일즈맨을 양성하고, 강한 설득력을 보여주어야 소비자가 제품에 대하여 신뢰를 하게 된다. 지명도가 있는 제품이나 이익률이 높아야 방문 판매에 적합하다.

㉡ 네트워크마케팅(Network Marketing) 또는 다단계 판매(Multi-level Marketing)이다. 1995년 7월 개정된 「방문판매 등에 관한 법률」을 통해 다단계 판매방식이 법적으로 허용되고 피라미드 판매방식이 금지됨에 따라 많은 대기업들이 다단계 판매로의 진출 여부를 적극적으로 검토하고 있다.

(10) 최근 업태별 쇼핑행태

① TV홈쇼핑을 포함한 온라인 쇼핑업태의 경우 오프라인 업태에서 쇼핑의 사각지대인 오전이나 새벽시간대(0~9시)구입은 증가하고 있다. TV홈쇼핑에는 직접반응광고를 이용한 주문방식과 홈쇼핑채널을 이용한 주문방식을 포함한다.

② 인터넷쇼핑몰과 오픈마켓에서는 가전, 전자, 통신기기가 가장 많이 판매된 반면, TV홈쇼핑과 카탈로그쇼핑에서는 패션관련상품의 비중이 가장 높다.

③ 편의점의 경우 21~30세 고객이 가장 많은 반면, 백화점, 할인점 및 슈퍼마켓에서는 30~40대 고객의 비중이 가장 높다고 조사되고 있다.

④ 상품부문별로 매출구성비를 살펴보면 업태에 따라 차이가 있다. 슈퍼마켓은 생식품, 할인점은 가공식품, 백화점은 의류부문이 가장 높은 비중을 차지하고 있다.

05 도매업과 도매상

1. 도매업의 개념 및 기능

(1) 도매업의 개념

① 도매업을 지칭하는 가장 넓은 의미로는 제조업을 제외한 소매업 외의 모든 매매업을 말하며, 여기에는 수집상업, 중계상업, 분산상업 및 무역상업 등 모두 포함한다.

② 넓은 의미는 위의 무역상업을 제외한 모든 종류의 매매업이 도매업의 분류에 속한다고 할 수 있다. 상인도매상은 판매시까지 취급상품의 소유권을 가지고 독립적으로 대부분의 도매기능을 수행하는 도매상의 유형이다.

③ 좁은 의미는 상품유통 분류에 따라 분배상업에 속한다고 할 수 있으며, 소매상업에 대해 최종적으로 상품을 공급하는 단계의 도매업을 지칭한다. 도매업을 수행하는 상인을 도매상이라고 한다.

④ 특정 유형의 제품만을 취급하며, 일반 도매상들이 집단화 되어 제품의 다양성을 갖춤으로써 구매자들의 다양한 욕구를 충족시키는 도매상을 전문도매상이라한다.

⑤ 도매업은 상품을 대량으로 매입하거나 수집하여 다수의 소매상에게 소량으로 분산하여 판매하는 업태로, 거래수량 및 매매단위 원칙에서 비교적 규모가 큰 유통업태를 지칭한다.

⑥ 도매상의 경쟁력을 향상시키기 위한 방법으로 한정된 품목의 상품을 전문화하는 틈새시장 마케팅을 실시하고, 도매업의 기계화, 자동화를 추구한다. 경영합리화를 위해 온라인주문을 도입하며, 독점적 브랜드의 상품을 개발하여 시장경쟁의 우위를 확보한다. 소매상과 비교할 때 도매상 특징은 경로의 다양성을 들 수 있다.

❖ 재화(상품)나 서비스의 흐름

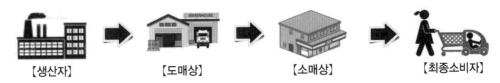

【생산자】 　　 【도매상】 　　 【소매상】 　　 【최종소비자】

(2) 도매업의 기능

① 도매업은 제조업자를 위한 기능과 소매업자를 위한 기능으로 나눌 수 있는데 제조업자를 위한 기능에는 시장확대, 재고유지, 주문처리, 시장정보제공, 고객서비스 대행 기능 등이 있다.

② 도매업이 소매업을 위한 기능으로는 소단위판매, 신용과 금융제공, 기술지원 및 상품의 구색을 갖추는 기능 등이 있으며, 도매상은 소매상에 대하여 할인판매나 경영원조·조언·지도를 실시한다.

③ 중간도매상인(merchant intermediaries)과 중간대리인(agent intermediaries)을 구분하게 해주는 가장 중요한 기준은 소유권 이전의 유무이다. 전자는 자신의 소유로 거래를 하지만, 후자는 자신의 소유가 아닌 양 당사자들의 소유로 하되 거래만을 중개해주는 기능을 수행한다.

④ 도매업에는 일반적으로 전문업종이 많고 이익의 폭도 그리 많은 것은 아니다. 그 이유는 특정품목을 대량으로 거래하거나 소매상에 대하여 재 판매 목적으로 하기 때문에 이익의 추구에는 한계를 가질 수 밖에 없다.

(3) 도매상의 특징

① 도매상의 집중저장의 원칙은 도매상에 집중하여 저장을 하게 되면 효율적인 재고관리가 이루어진다는 것이다.

② 도매상(중간상)들은 생산자가 생산한 제품의 구색을 소비자가 원하는 구색으로 전환시켜주는 기능을 한다.

③ 도매상은 특수한 상품인 약품·부품·서적 등과 산업용 및 업무용 사용자에 대해서는 소량 거래하는 경우도 있다.

④ 도매상은 온라인 주문과 발주시스템, 향상된 재고관리, 창고자동화 등의 새로운 유통기술을 채택하여야만 한다.

⑤ 도매상은 소매업을 대신하여 상품의 보관기능, 금융기능 및 위험 부담기능 외에도 조직자(organizer function)로서의 기능도 수행한다.

⑥ 도매상은 제조업자를 위하여 소비자의 특징 변화에 대한 최신성있는 정보를 제공할 수 있으며, 제조업자와 소매상 간의 거래 숫자를 최소로 줄어들게 한다.

⑦ 도매상은 상품유통을 원활하게 함으로써 경기변동에서 조정 역할을 수행한다. 도매상이 기여하는 경제적 효과는 장소적효용(운송), 시간적효용(보관), 소유상효용을 가지고 있다.

(4) 도매상의 수행기능

① 도매상은 소매상과 소유권이전 기능을 담당하며, 총 거래수 최소의 원칙으로 유통경로상 도매상이 없는 경우에 비해서 도매상(중간상)이 존재함으로 제조업자와 소매상 간 거래숫자가 최소로 줄어들게 한다.

② 집중저장의 원칙은 대부분 소매상이 제각각 재고를 보유하기보다는 도매상에 집중하여 저장을 하게 되면 효율적으로 재고관리가 이루어진다는 원칙이다.

③ 소매상에서 마케팅의사결정 내용과 비교했을 때 도매상의 마케팅의사결정 내용에 있어서 판매촉진에 관한 의사결정, 상품판매가격에 관한 의사결정, 판매상품의 넓이(범위)와 깊이에 관한 의사결정이 중요하다.

④ 재판매를 위해 제품들을 특정한 제품군으로 통합하는 구색(assortment)기능 수행과 이질적인 제품들을 동질적인 몇개의 제품군으로 조정하는 분류(sorting out)기능 수행 역시 중간상의 기능에 속한다.

⑤ 도매상은 소매상에 비해 비교적 넓은상권을 대상으로 하기 때문에 1회 거래규모가 일반적으로 소매상보다 월등히 크며, 소매상과 달리 상이한 법적규제와 세법이 적용되고, 최종소비자보다 주로 재판매고객과 거래를 하는 경우를 의미한다.

(5) 도매상이 생산자를 위해 수행하는 기능

① 제조업자를 대신해 다양한 업태의 소매상에 대응하여 합리적인 비용으로 거래관계를 수행하는 시장담당기능은 제조업자에게 커다란 도움이 된다.

② 도매상이 특정지역이나 전체 시장의 판매를 대행해 준다면, 제조업자는 적은 수의 도매상과 판매접촉을 수행하면 되므로 비용절감 효과를 얻을 수 있다.

③ 제조업자를 대신해서 도매상이 재고를 갖게 되기 때문에 제조업자는 재고관리를 효율적으로 수행할 수 있어 재고비용을 줄일 수가 있다.

④ 도매상이 소매상의 주문을 대신한다면 주문량의 크기는 대량주문이 될 것이고 이에 따라 주문처리 업무도 보다 체계적이고 일상적인 업무가 되어야 할 것이다.

⑤ 제조업체에서 보유해야 하는 재고의 일부를 도매상이 대신 보유하게 됨으로써 제조업체의 재정적인 부담을 감소시킨다.

⑥ 소비자들이 제품을 반품, 제품수리 의뢰는 제조업자가 처리해야 할 업무중 중요한 것인데, 이를 도매상이 대신해 주게 되면 소비자에게 제공하는 비용을 절감하게 된다.

(6) 도매상이 소매상을 위해 수행하는 기능

① 도매상이 완제품, 부품, 반제품을 소매상에게 제공하는 것은 제조업자가 수행하는 것보다 효율적일 수 있다.

② 제조업자가 개입하여 구색을 완성하기보다는 도매상이 각각의 소매상에게 적합한 구색을 일시에 제공한다면 대단히 효율적일 것이다.

③ 도매상이 대량으로 구매한 제품을 소량으로 나누어서 소매상에게 필요한 양 만큼씩 공급하게 된다.

④ 도매상은 소매상이 구매하게 될 때까지의 재고비용을 대신 부담해 주는 신용 및 재무기능을 수행한다.

⑤ 도매상이 제조업자를 대신하여 배달, 수리, 품질보증 등과 같은 서비스를 효율적으로 수행함으로써, 소매상의 판매노력을 상당히 경감시켜주는 효과가 있다.

⑥ 도매상은 제품에 대한 기술적인 문제, 판매현장에서의 문제에 대처하는 방법, 그리고 판매원 교육과 관리에 관련되는 문제 등에 대해 소매상에게 조언해 줄 수 있다.

2. 도매상적 기능의 유형

(1) 중간상

① 중간상(仲間商)은 제조기업과 소매상이나 최종소비자 사이에 존재하므로 중간상(소매상 또는 도매상)이라 한다.

② 중간상은 중요한 신제품 아이디어를 생산자에 제공하고 시장의 반응을 빠르게 전달하는 등 정보원천의 역할을 한다.

③ 중간상의 수가 많은 경우 제조업체는 이들에게 적시에 공급할 수 있어야 하기 때문에 매출이 증가하면 제조업체의 재고비용은 증가하여 실제이익은 감소할 수 있다.

④ 중간상은 제조업체로부터 공급받은 제품을 그대로 소비자에게 전달하는 단순한 역할을 수행하기도 하지만 제품이 지닌 가치에 새로운 가치를 추구하는 역할을 수행하는 경우가 더 많다.

⑤ 중간상은 생산자가 제시하는 구색수준과 소비자가 요구하는 구색수준의 차이를 극복해주는 '분류기능'을 수행하는데, 동질적인 제품을 소량의 단위로 축소하는 분할(allocation)기능수행이 이에 속한다고 할 수 있다.

⑥ 중간상은 제품구매와 판매에 필요한 정보탐색 노력을 감소시켜, 제조업자 기대와 소비자 간의 차이를 조정해 주며, 제조업자와 소비자 사이에 구매와 판매를 보다 용이하게 해주고, 교환과정에 있어 거래비용 및 거래 횟수를 감소시켜 주고 있다.

(2) 제조업자 도매상

① 제조업자가 소유하고, 제조업자 자신이 구매자에 대한 마케팅을 계획하거나 수정하여 판매에 직접적으로 관여를 한다.

② 제조업자가 운영하는 도매상으로 제조업자 지점과 판매사무소가 있다. 판매지점에는 창고시설을 갖추고 본사의 지휘를 받아서 제품 재고를 보유하면서 판매원을 두고 있다.

(3) 브로커(거간)

① 브로커는 주로 거래를 알선하는 중개기능을 수행하는데, 소유권이 없기 때문에 위험을 부담하지 않으며, 금융기능도 수행하지 않는다.

② 소유권을 취득하지 않고 제3자의 입장에서 구매자와 판매자를 찾아서 거래를 성사시켜 거래 양 당사자로부터 수수료를 받는 전문적인 도매상이다.

③ 시장의 상황이나 정보를 미리 파악하고 있다가 적절한 시기에 매매를 성사시키고, 수시로 판매자에게 정보를 제공하게 된다.

④ 브로커와 의뢰자와의 관계는 단 한번의 거래를 위한 단기적인 관계이며, 소비자들이 접하게 되는 가장 흔한 형태의 브로커는 부동산 중개인이다.

(4) 위탁 상인

① 위탁상인(commission agent)은 객주라고도 하며, 제조업자가 위탁한 상품제품을 자기명의로 자기책임 아래에서 위험을 부담하면서 직접보관하며 판매를 진행시키는 도매상이지민 소유권을 갖는것이 아니라 일정한 수수료를 받고 상행위를 한다.

② 배달을 조정하고 가격을 협상하며, 수송편의를 제공한다. 판매가 종료되면 수수료, 수송비 그리고 기타 비용을 제하고 남은 판매대금을 제조업자 등에게 지급한다.

③ 위탁상인의 업무내용은 브로커보다는 비교적 많은 기능을 수행하는데 판매, 보관, 등급화, 재포장, 금융기능 등을 주된 업무로 하고, 제조업자 등이 제시한 판매조건에 따라야 하기 때문에 브로커보다는 덜 자유롭다.

④ 브로커가 거래 양 당사자를 대신하여 상행위를 한다면, 위탁상인은 주로 판매자나 구매자인 위탁주인 한쪽에만 대표하게 되고, 제품에 대한 물리적 통제를 한다는 점과 가격과 판매조건을 통제할 수 있다는 특징을 지닌다.

(5) 판매 대리인

① 판매대리인(selling agent)은 기업의 마케팅 부서와 같은 기능을 수행하는 도매상으로, 경쟁자가 아닌 몇개의 제조업자를 대신하여 비교적 넓은지역을 대상으로 제조업자의 제품계열의 전부 또는 일부를 판매하는 독립적인 사업가들이다.

② 가격, 촉진, 포장 등에 대해 제조업자의 통제를 받게 되지만, 자체적 시장조사를 통해 제조업자와 경쟁상태, 소비자 욕구변화, 제품의 개선방향을 논의하기도 한다.

③ 판매대리인은 전량도 취급하지만, 제조업자대리인은 일부 제품만을 취급한다. 제조업자대리인보다는 활동 범위가 넓고 비교적 자율적인 의사결정이 가능하다.

④ 제품소유권을 직접 가지지 않고, 구매자나 판매자 한쪽을 대표하며, 일반적으로 이들과 비교적 장기적인 거래관계를 가지면서 상품매매를 촉진하고 거래가 성사되는 대가로 판매가격의 일정비율을 수수료로 받는다는 것은 대리점의 특징이다.

(6) 산업재 유통업자

① 산업재 유통업자(industrial distributor)는 도매상의 형태로 볼 수 있으며, 산업재 제조업체들과 긴밀한 관계가 형성되어 있다.

② 소매상보다 제조업체나 기관을 상대로 주로 영업하며, 마케팅지향적 성향보다 기술지향적 성향이 강하다.

③ 연구개발 부문에도 자원을 할당하며, 소비재와 마찬가지로 고객과의 관계마케팅을 중요시 한다.

3. 도매상의 종류

(1) 도매상의 유형

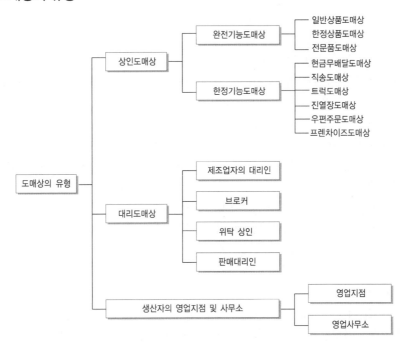

(2) 완전기능(서비스형) 도매상(Full Service Wholesaler)

① 일반상품 도매상

　㉠ 일반상품 도매상(general merchandise wholesaler)은 서로 간 관련성이 없는 다양한 제품을 취급하는 도매상이다.

　㉡ 전문적인 제품이 아닌 일반적인 잡화에 해당하는 전기제품, 전자제품, 농기계, 가구제품, 주방용품 등 다양한 품목을 거래한다.

② 한정상품 도매상

　㉠ 한정상품 도매상(general line wholesaler)은 서로 연관되어 있는 소수의 상품라인을 집중적으로 취급하는 도매상을 말한다.

　㉡ 철물이나 가구처럼 어느 정도 연관성이 있는 상위의 제품들을 몇 가지 동시에 취급하는 도매상을 말한다.

③ 전문품 도매상

　㉠ 전문품 도매상(specialty wholesaler)은 한 두가지 전문품 라인만 취급하기 때문에, 제품 라인에서는 거의 모든 제품을 갖추는 구색의 깊이에 철저한 경향이 있다.

　㉡ 폭이 좁고 깊이가 깊은 구색에서 전문적인 시장정보와 수준 높은 대 고객서비스의 제공이 가능하다.

(3) 한정기능(서비스형) 도매상(Limited-service Wholesaler)

① 현금무배달 도매상

  ㉠ 현금거래도매상(cash and carry wholesaler)이라고도 하며, 재고회전이 빠른 한정된계열 제품만을 소규모소매상에게 현금지불을 조건으로 판매를 하며 배달은 하지 않는 도매상이다.

  ㉡ 소매상에게 신용을 제공하지 않기 때문에 거래대상 소매상이 제한적이기는 하지만 재무적인 위험을 질 염려가 없다.

② 직송 도매상

  ㉠ 직송도매상(drop shipper)은 상품을 구매하고자 하는 소매상 고객들과 협상을 통해 계약을 체결하고, 제조업자가 고객에게 직접 제품을 선적 및 운반하며, 상품에 대한 소유권을 갖지만 직접재고를 유지하지 않는 도매상으로 주로 석탄, 목재, 중장비 등을 취급하는 도매상이다.

  ㉡ 스스로가 제품을 창고에 보관하지 않기 때문에 일반관리비와 인건비를 줄일 수 있으며, 보관이 어렵거나 비싼 제품인 경우에는 물리적인 소유를 함으로써 생길 수 있는 위험을 부담하지 않게 된다.

③ 트럭 도매상

  ㉠ 트럭 도매상(truck jobber)은 거래 소매상들에게 직접 제품을 수송하는 도매상으로, 이들은 주로 과일과 야채 등의 신선식품을 취급하며 소규모의 슈퍼마켓을 비롯하여 소규모 채소상인이나 병원 및 호텔 등을 순회하며 현금판매를 실시하는 도매상이다.

  ㉡ 과일이나 야채 등과 같은 부패성이 있는 제품이나 식료품을 공급하는데, 주로 정해진 경로를 따라서 정해진 소매상을 찾아 이동하는 형태로서 상대적으로 영세하고 소자본으로 유지된다.

④ 진열장 도매상

  ㉠ 진열장도매상(rack jobber)은 소매상들에게 매출비중이 높지 않으면서 회전율이 높은 캔디, 껌, 건강미용 용품 등을 판매하며 소매점포까지 직접 트럭배달을 해주면서 소매상을 대신하여 진열대에 진열하거나 재고를 관리해주는 도매상이다.

  ㉡ 도매상이 진열해 준 제품이라도 판매가 된 제품에 대해서만 값을 치르고, 팔리지 않은 제품은 반품도 할 수 있기 때문에 소매상이 제품진부화로 인해 감당해야 할 위험도 최소화시켜 준다.

⑤ 우편주문 도매상

  ㉠ 우편주문 도매상(mail-order wholesaler)은 우편을 통하여 카탈로그와 제품주문서 등을 발송하여 주문을 접수하여 제품을 배달해 주는 도매상이다.

  ㉡ 유행하는 제품이나 부패성이 있는 제품은 피하고 주로 가구, 의류, 액세서리, 보석류, 기호 및 건강식품, 기계류 등을 취급한다.

4. 도매상의 전략

(1) 제품구색과 서비스 결정전략

① 일반적으로 도매상은 언제나 소매상 주문에 대응하여 상품구색과 서비스 수준을 결정하여야 하며, 재고수준에 대하여는 A, B, C 분류방법에 따라 수익성 있는 상품을 구분하여 수익성을 유지하는 데 주안점을 둔다.

② 주로 소매상인 표적고객에게 최대한 서비스 수준을 유지할 수 있는 의사결정도 수행하게 된다.

(2) 가격결정전략

① 도매상은 제조업체 가격결정방법과 달리 원가산정방식에서 소요비용과 일정 마진율을 가산하여 가격을 결정하게 된다.

② 제조업체나 소매상과 같이 거래 규모나 시기에 따라 매출증대와 재고처분을 위해 가격할인이나 가격인하를 단행하는 경우도 있다.

(3) 판촉결정전략

① 도매상의 판촉전략은 최종소비자를 대상으로 하는 것이 아니기 때문에, 제조업체나 소매상에 비해 판매를 위한 판촉활동이 뒤떨어진다.

② 주로 인적 판촉수단이나 소매상 판촉에 주력하게 되며, 도매상가나 도매센터에서는 공동판촉을 전략으로 한다.

(4) 도매상의 상권(입지) 결정전략

① 도매상은 최종소비자를 대상으로 하는 영업이 아니기 때문에 입지·상권전략은 중심 상가지역이 아니어도 영업에 큰 지장이 없다.

② 도매상의 입지선택으로는 대체로 임대료가 싸거나 도매단지가 조성된 교외지역이나 도시 변두리 지역에 입지를 선정하는 전략을 사용한다.

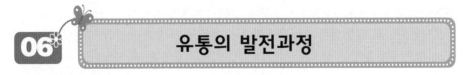

06 유통의 발전과정

1. 유통경제의 발전사

(1) 원시경제사회

① 원시시대는 대부분 집단공동체 생활을 영위하면서 지냈다. 경작법을 몰랐기 때문에 자연적 생산물을 그 자체로 채취하거나 수렵·어로 생활로서 최소한의 물자를 자급자족하였다.

② 집단공동체와 씨족공동체를 거쳐 부족공동체 체제에서는 약탈거래나 침묵거래 (Silent- trade)가 행해졌으며, 여러가지 도구나 농사기법의 발달로 생산량이 증대 되면서 소비하고 남는 생산물은 다른 부족과 교환하는 협상거래가 행해지게 되었다.

(2) 고대경제사회

① 한국 시장(市場)의 기원은 신라의 경사시(京師市)며, 고려시대 중기까지 상설적인 점포없이 행상과 소규모 생산자들이 모여 포(布)와 미(米)를 가지고 거래하는 단 계였으며, 조선시대에 처음으로 한양성 내에 육의전(六矣廛)을 상설화하였다.

② 현물을 거래하는 물물교환이 점차 쇠퇴하고 생산물을 가치화한 화폐라는 것이 출현 하게 된다. 이러한 화폐의 출현으로 교환은 급속하게 발전하게 되는데, 이것은 공급 자와 수요자 간의 시간적 · 공간적 불일치를 동시에 해소하는 획기적인 사건이었다.

(3) 현대경제사회

① 현대경제사회는 전자상거래를 비롯하여 유통 정보와 대금 지급 방법 및 전자화폐 등이 보편화된 사회이다. 이러한 고도산업사회로 이행하면서 드디어 제조 · 유통 · 소비가 분리되기 시작하였다.

② 현대경제사회의 소비자들은 가처분 소득이 증가하고, 욕구의 다양화로 대량생산체 제에서 다품종소량생산과 유연생산체제(flexible production system)로 빠르게 전 환되었으며, 제조업과 유통업의 기능이 명백하게 분화되는 시기다.

③ 기업이 이해당사자들에게 갖는 책임에는 투자자들을 위한 이윤을 창출하는 것, 종 업원들에게 일자리를 제공하고 안정성을 도모하는 것, 가치가 있는 제품과 서비스 를 통해 고객을 만족시키는 것, 사회적 정의를 촉진시키며 기업의 근무환경을 더 나 은 곳으로 만들려는 노력 등이 있다.

(4) 정보산업사회

① 20세기 말 정보통신의 하드웨어와 소프트웨어의 비약적인 발전으로, 유통산업은 소 비자와 직결되어 각종 가격파괴 및 새로운 창조나 비용파괴를 주도하게 되었으며, 실질적으로 제조업을 리드하는 유통업 우위시대가 도래하게 되었다.

② 정보산업사회의 유통업체는 다국적화가 급속하게 진행되고 산업 경쟁력과 경제발전 을 실제로 뒷받침하는 새로운 서비스 산업으로 각광을 받게 되었다.

2. 한국 유통업의 발전과정

(1) 한국 유통업의 개요

① 대부분의 후발 산업국가들에 있어 산업화 초기에는 제조업을 중심으로 경제발전을 추구하게 되므로 일단 산업자본이 형성된 후에 상업자본이 형성되는 과정을 거치게 된다. 따라서 일단 산업화가 어느 정도 진전된 연후에야 비로서 유통업의 근대화 및 발전에 관심을 갖게 되는 것이 일반적이다.

② 우리나라의 경우도 예외는 아니어서 정부가 제1차 경제개발 5개년 계획을 수립한 '62년 이후 제조업 발전에 대한 본격적인 추진은 이루어져 왔지만 유통산업에 대해서는 '72년에 시작된 제3차 경제개발 5개년 계획에서 비로소 유통근대화계획이 경제개발 계획에 포함될 정도였다.

③ '1986년에는 기존의 시장법을 개정하여 도·소매업진흥법을 제정하고, 이 법에 따라 '1987년부터 '1991년에 이르기까지의 중장기적인 유통산업 발전에 대한 계획과 정책개발이 추진되었다. 아울러 낙후되었던 유통망이 근대화 되면서 제조업체의 마케팅 수단으로서의 유통기능 또한 크게 부각됨에 따라서 제조업체들의 유통부문에 대한 진출도 상당히 활발해졌다.

(2) 한국 유통업의 단계별 발전

① 한일합병에 의한 일본상업자본의 침투

㉠ 한일합방 이후 일본인의 서울 진출이 크게 늘어나 '20년대 들어서면서 충무로를 중심으로 명동과 진고개 일대에 일본인 상인들의 밀집지대가 형성되었다. 주로 포목점과 식품중심의 잡화점이 일본인을 상대로 점포수를 늘려갔으며, 이때부터 충무로를 중심으로한 남촌상가, 종로를 중심으로한 북촌상가가 형성되었다.

㉡ 근대적 의미의 백화점은 '1930년 현재의 신세계백화점 자리에 세운 미쓰코시 경성지점이 최초였다. 당시 미쓰코시 백화점은 국내에서 가장 큰 상가였으며, 파는 상품도 다양했을 뿐 아니라 철저한 가격표시제 판매로 서유럽 백화점의 영업형태를 갖춘 근대적 의미의 백화점이었다. 미쓰코시 백화점은 가격표시제 판매외에도 반품·환급제를 실시하였으며, 계산기에 의한 영수증도 발급하였다.

㉢ 미쓰코시가 성공하자 그동안 포목점으로 부를 축적한 일본계 포목점들이 매장을 확장하여 백화점 형태를 갖추기 시작하였다. 조지야(정자옥)백화점은 예전의 미도파 자리에 '1935년 현대식 백화점을 개점하였으며, 미나카이(삼중정)는 '1932년 충무로에 의류를 중심으로한 백화점을 경영하였다. 히라타(평전)는 타백화점과 달리 재고품 위주의 저가격 상품들을 취급하였는데 상품가격이 미스코시의 50% 수준으로 많은 인기를 끌었다.

② 민족계 백화점 화신·동아백화점

㉠ 1931년 지물업으로 자본을 축적한 박흥식씨는 종로네거리의 화신상회를 인수함으로써 충무로의 일본인 상권에 대응해 종로상권을 부흥시킨 계기가 되었다. 그는 종래의 화신이라는 상호를 유지한 채 점포의 외관을 일신하여 낡은 2층 목조건물을 3층 콘크리트 건물로 증·개축하고 쇼윈도우를 설치했다.

㉡ 규모가 작고 상품이 다양하지는 못했지만 경영방식은 미쓰코시에 비해 손색이 없었다. 오히려 한국사람들에게는 민족자본으로 일어난 최초의 백화점이라는 점에서 호소력이 있었다.

ⓒ 1932년 화신 바로 옆 빌딩에 동아백화점이 등장, 종로상권은 일대 전기를 맞는다. 두 백화점은 치열한 상권다툼을 하면서 고객유치에 열성을 다했지만 동아백화점의 주먹구구식 운영으로 6개월만에 화신백화점이 동아백화점의 상호와 상품 및 경영권 일체를 양도 받았다.

ⓔ 동아백화점을 인수한 박흥식은 화신과 동아건물을 연결하는 육교를 설치하여 고객들이 자유로이 양 건물을 오가며 쇼핑하도록 했다. 동아백화점을 물리친 이 때를 계기로 자신감을 얻게 되었고 훗날 연쇄점 사업에 뛰어들 수 있게 되었다.

③ 상권의 다핵화와 대기업이 유통업 진출

ⓖ 유통업계는 직영백화점의 급성장과 임대백화점의 약화가 두드러지게 나타났으며, 지방 정기시장의 퇴조가 눈에 띄었다. 대기업의 유통업 진출과 상권의 핵분열 또한 이 기간중에 일어난 변화라 할 수 있다.

ⓛ 서울시의 경우 도시개발, 주택정책 등의 영향으로 강남을 중심으로 한 신흥도시개발이 '1970년대 들어 본격화 되고, 대규모 아파트단지가 조성되면서 상권은 강북과 강남으로 양극화되기 시작하였다. 고소득층의 강남 이주로 대형소매기구가 발전하였고, 고속버스터미날이 강남에 위치하자 유동인구를 흡수하면서 새로운 상권이 형성되었다. 강북의 기존상권도 지하철을 중심으로 재개편되는 양상을 띠었다.

ⓒ 삼성과 대농의 신세계, 미도파 이외에도 롯데쇼핑이 '1979년에 오픈하고 기타 재벌기업군들도 기존 슈퍼체인, 연쇄점을 인수하거나 신규 개설하여 유통업에 참여하였다. 주택업체를 중심으로 한 대형건설업체도 아파트 단지내 상업시설을 만들어 유통업에 진출하기 시작하였다. (주)한양이 여의도아파트를 건설하면서 여의도 쇼핑센터를 개점하였고, 이후 뉴코아, 우성, 현대, 한신공영, 동아건설, 벽산건설 등 건설업체의 백화점 진출이 크게 늘어났다.

④ 유통시설의 대형화, 다점포화, 업태 다양화

ⓖ 1990년 이후 국내경제가 안정성장기로 접어들었고, 대외적으로는 세계화가 급진전되면서, '1996년 1월 국내 유통시장이 전면 개방되었다. 한편, 서울을 중심으로 베드타운 성격의 신도시들이 개발되면서 도심인구의 교외이전이 급속히 진행되고 있는 가운데 기존 유통업체와 대기업그룹의 점포확장 경쟁이 가열되고 있다. 특히 유통시설이 과거 서울·수도권 중심에서 지방도시 및 신도시에 대형으로 출점함에 따라 지방화, 다점포화, 대형화 추세가 뚜렷이 나타나고 있다.

ⓛ 신업태인 할인점의 개발도 신세계의 슈퍼센터형 할인점 E-Mart 도입을 시작으로 회원제 창고형 도매업인 프라이스클럽 및 킴스클럽 그리고 아웃렛(2001아웃렛)등이 본격적으로 도입되어 발전하고 있고, 하이퍼마켓·홈센터·복합상업시설 등이 도입되고 있는 등 소매업태의 다양화가 시도되고 있다.

ⓒ 정보화의 급속한 진전으로 국민생활과 산업전반에 걸쳐 광범위한 변화가 일어나고 있으며, CATV홈쇼핑, 모바일, 사이버쇼핑몰 등의 무점포 첨단 판매수단이 등장하면서 유통업태가 보다 다양화·고도화되고 있다.

㉣ 정부도 유통산업의 위상을 재인식하고 유통산업에 대한 각종 제도보완과 규제완화를 통해 국내 업체의 경쟁력 향상을 유도하는 등 '2000년대의 한국 유통업은 2030년대를 향한 새로운 도전에 직면하고 있는 전환기적인 환경을 맞고 있다.

(3) 한국 유통업태의 흐름

① 잡화점(General Store)

㉠ 잡화점은 식료품 및 각종 생활필수품인 일용잡화를 제한된 지역내에서 독점적으로 운영하던 가장 오래된 소매상으로서 이는 교통이 발달하지 못하고 경쟁이 제한된 상태에서 그 지역고객이 반 강제적으로 유인될 수 있다.

㉡ 점포주인의 배타적이고 비효율적인 점포운영과 상품지식의 부족, 교통의 발달로 서서히 사양길로 접어들게 되었다.

② 편의점(CVS: ConVenience Store)

㉠ 국내의 경우에는 1989년 올림픽 선수촌에 등장한 7-Eleven이 본격적인 최초의 CVS이고 이후에 CVS가 급속한 성장을 이루어 2022년 현재 전국에53,000여개의 편의점이 있다.

㉡ 편의점들은 전통적인 구멍가게를 대체하는 한편 야간에도 상품구입을 가능케 하고, 도심권내에 구멍가게가 들어가기 어려운 곳에 진입함으로써 신 수요를 개발하는 역할을 하고 있다.

③ 슈퍼마켓(Supermarket)

㉠ 국내의 경우에는 1960년대 들어 슈퍼마켓(한국 슈퍼마켓(1964), 뉴서울 슈퍼마켓(1968))이 처음으로 생성되었으나 1970년대 들어 정부가 유통산업 근대화를 위해 일정기준을 충족시키는 슈퍼마켓을 체인업체로 지정해줌에 따라 럭키, 한양, 삼양 등 대기업들이 슈퍼마켓시장으로 진출하였고, 이로 인해 본격적인 도입기를 맞이하게 되었다.

㉡ 1990년대 중반 이후 유통시장의 전면개방과 편의점, 할인점 등의 신업태의 출현으로 인해 중소 슈퍼마켓들은 경영상의 어려움을 겪고 있다. 슈퍼마켓업체들의 경영 비효율성은 백화점, 편의점 등의 다른 소매업태들에 비해 평당 매출액, 매출 총이익률 등이 상대적으로 낮은 것에서 잘 나타나고 있다.

④ 기업형 슈퍼마켓(SSM: Super Supermarket)

㉠ SSM(Super Super Market)은 대형할인점들이 대규모 부지확보와 기존업체의 경쟁으로 인하여 점포를 확대하는 것도 슈퍼마켓을 위협하는 한 요인이 되고 있다.

㉡ SSM은 기존 슈퍼마켓과 할인점의 중간형태를 띤 업태로서, 고객의 편리한 쇼핑을 위해 100대 정도의 주차공간을 갖춘 $1,650m^2$~$3,000m^2$ 미만의 규모인 대형슈퍼를 말한다.

㉢ SSM이 매출의 70% 이상을 식품에서 올리려고 한다는 점에서 슈퍼마켓의 강력한 경쟁자로 부각되고 있다. 2009년 8월 5일 중소기업청은 SSM(Super Supermarket)에 관한 사업조정권한을 시 · 도지사에 위임하고 있다.

ⓐ 권한 위임 업종에는 음식료품 위주 종합소매업뿐만 아니라 아스콘, 레미콘 업종도 포함된다. 하지만 실질적으로 영업을 개시한 이후에는 사업조정을 신청할 수 없다.

ⓜ 중소기업단체는 사전조사신청제도를 통하여 대기업의 시장진출 정보를 제공 받을 수 있다.사업조정은 법률에 의한 강제적인 방법보다 지역실정에 따른 이해관계자간의 자율조정을 통한 해결이 보다 중요함에 따라 대형유통업체, 지역 소상공인, 지역 주민 모두의 상생방안을 이끌어 낼 수 있도록 종합행정권한을 갖는 시·도지사에게 자율조정권 부여하는 것이다.

ⓑ SSM관련해 각 시·도에 「사전조정협의회」를 설치·운영하여 자율조정 촉진 중에 있고, 「사전조사신청제도」를 새로이 도입하여 대기업의 시장진출 정보를 중소기업에게 제공하고 있다. 따라서 일정한 권고에 따른 처벌규정이 있다.

⑤ 백화점(Department Store)

ⓐ 한국의 경우에는 1960년대 들어 신세계 백화점(1964)과 미도파 백화점(1967)이 각각 직영체제를 도입함에 따라 본격적인 도입기가 시작된 후 지금까지 지속적인 성장을 보이고 있다. 특히 1979년 롯데 명동점의 개점과 서울 강남 백화점의 잇따른 개점은 백화점의 대형화와 다점포화를 가속하였다.

ⓛ 소비자에게 백화점에서의 제품구매가 사회적 지위(status)와 관련된 만족을 줄 수 있다는 것이 현재까지 백화점의 주요 경쟁우위의 원천이다. 예를 들어, 소비자가 동대문 시장에서 의류를 구입하지 않고 백화점에서 구입하는 이유는 제품에 대한 높은 신뢰성, AS의 보장 이외에 사회적 지위에 대한 심리적인 만족감을 줄 수 있다는 점 때문이다.

ⓒ 백화점과 재래시장 사이에 존재하는 저가격소구의 양판점, 할인점, 아웃렛 등의 신업태가 지속적으로 성장할 것으로 예상되기 때문에 백화점은 새로운 성장전략을 모색하여야 할 것으로 보인다.

⑥ 할인점(Discount Store)

ⓐ 국내의 경우 할인점은 1993년 11월에 신세계에 의해 출점된 서울 도봉구 창동의 E-마트로 볼 수 있다. E-마트는 점포시설투자와 고객서비스를 대폭 축소하는 대신 식료품과 생활용품을 중심으로 연중 통상적인 소매가격보다 20~30% 정도 할인된 가격으로 판매하는 항시저가격정책(EDLP:Every Day Low Price)을 채택함으로써 가격파괴의 기폭제가 되었다.

ⓛ 국내 할인점시장은 E-마트, 롯데마트, 킴스클럽과 같은 국내업체와 까르푸, 홈플러스, 월마트 등의 외국계 할인점으로 양분되어 치열한 경쟁을 벌여 왔으나 2006년 들어 까르푸와 월마트가 잇달아 철수함에 따라, 시장선도 기업인 E-마트를 포함한 토종 할인업체들이 할인점시장을 지배하게 되었다.

ⓒ 국내 할인점업체들이 국내시장에서 확고한 경쟁우위를 갖고 있지만, 글로벌 할인점시장에서의 경쟁에서 자금력, 전문지식, 경영노하우, 유통시스템, 그리고 유통전문인력 등이 외국계 할인점에 비하여 취약함을 의미한다.

⑦ 전문점(Specialty Store)
　　㉠ 전문점의 경쟁적 우위는 제품의 전문적 구색과 서비스 제공에 있다. 예를 들어, 오디오 구매자들은 백화점이나 가전대리점, 혹은 오디오전문점 중에서 원하는 오디오를 구매하게 된다.
　　㉡ 오디오전문점에서 구매하는 소비자들이 전문점을 이용하는 이유는 백화점이나 가전대리점에 비해 전문점이 깊은 제품구색을 보유하고 있으며 전문적인 서비스를 제공하기 때문이다.
　　㉢ 전문점은 특정한 수요층이 필요로 하는 다양한 제품을 구비하여 일괄구매(one-stop shopping)를 유도하기 위한 것으로 최근의 신세대, 실버계층, 미시족 등이 주요 목표가 되고 있다.
⑧ 전문할인점(Special Discount Store: Category Killer)
　　㉠ 국내의 경우 패션용품, 사무용품, 스포츠용품 등 상품별로 전문할인점이 도입되고 있는데 전자제품 전문할인매장인 하이마트와 전자랜드 21, 장난감 전문할인매장인 토이월드, E-마트가 운영하는 스포츠용품 전문할인점인 스포츠데포 등이 이에 해당되며 매장이 할인점과 비슷하다.
　　㉡ 깊이 있는 구색을 가진 한정된 품목을 저가격, 대량으로 판매하는 업태로 국내 소비환경에 대해서 저가격과 한정된 제품군내의 깊은 구색으로 특징지어지는 전문할인점의 성공가능성이 높다고 판단된다.

(4) 유통산업의 과제
① 유통산업의 당면과제
　　㉠ 계계제질서는 과거와는 본질적으로 다르게 변모하고 있으며, 그 변화도 전례없이 빠르고 깊은폭으로 진행되고 있다. 동서 냉전체제가 종식되고 각국의 경제체제가 시장경제체제로 통합되면서 세계경제질서는 업경쟁력의 우위를 바탕으로 재편되고 있다.
　　㉡ WTO체제가 본격화되면서 자유·공정무역을 촉진시키고 세계무역의 성장에 기여하고 있지만, 각국의 국경문턱이 낮아지면서 세계시장을 선점하기 위한 국가간, 기업간 치열한 경쟁이 전개되고 있다. 특히, 환경·노동·경쟁정책 등 새로운 분야에 대한 '다자규범화' 논의가 활발하게 진행되고 있어 앞으로 이들 분야는 우리산업에 많은 영향을 미칠 것으로 전망된다.
　　㉢ 세계경제질서의 급속한 변화속에서 우리 유통산업을 둘러싼 대내외 환경 변화도 지금까지와 질적으로 다른 양상을 보이고 있다. 특히, 유통시장의 전면개방은 우리나라 유통구조의 혁신을 앞당기고 있으며, 막강한 자본력과 경영노하우로 무장한 외국기업과 대항하기 위한 개별업체의 경쟁력강화는 유통업계의 초미의 관심사가 되고 있다. 더구나 소비자의 다양한 욕구 충족을 위한 다양한 신업태의 개발 및 상업집적 제공은 유통산업의 중요한 과제가 되고 있다.

② 소비자 만족을 위한 유통
  ㉠ 유통의 기본역할 및 사명인 질(質)좋은 제품을 소비자에게 안정적으로 값싸게 공급함으로써 국민생활에 풍요로움을 주어야 한다.
  ㉡ 소비자가 요구하는 다양한 업태 및 상업 집적시설을 제공하고, 가격지향적인 할인점, MWC, 카테고리킬러 등 가격파괴업태가 성장하여 가격 민감 소비자층을 만족시켜야 한다.
  ㉢ 품질중시, 개성화에 맞게 전문점 등 다양한 유통업태가 성장하여 품질을 중시하고 개성화욕구가 강한 소비자층을 만족시켜야 한다.
  ㉣ 공간적 편리성을 위한 자동차 보급 확대에 따라 간선도로변에 유통시설이 개발될 필요가 있고, 교외형 상업집적지에도 유통시설이 개발될 필요가 있다.
  ㉤ 시간적 편리성을 위하여 여성의 사회진출, 맞벌이 층의 증가로 24시간 편의점 선호현상, 할인업태 영업시간 연장 등이 고려되어야 한다.
  ㉥ 원스톱쇼핑의 복합쇼핑센터, 파워센터 등의 개발이 필요하고, 시간소비 지향에 맞게 쇼핑센터내 문화시설 복합으로 시간소비니즈에 대응할 필요가 있다.

07 유통산업의 환경

1. 유통경영환경

(1) 국내유통산업의 환경변화
  ① 유통시장 전면개방으로 다국적기업과 국내유통업 간의 무한 경쟁시대에 돌입하였고, 국내소매업 시장 역시 대형할인점 구도로 재편되었다. 90년대 중반 이후 유통업은 고도성장시대에서 저성장시대로 전환이 불가피할 것이다.
  ② IT 산업발달과 정보화에 따른 인터넷 쇼핑몰이 고속 성장하고, 업태 간 상호장벽이 무너지고 대형화·복합화가 추진되고, 국내유통시장 포화상태로 해외진출이 불가피하며, 가격, 품질, 서비스 측면의 업태 양극화가 심화될 것이다.

(2) 국내유통업체의 해외진출
  ① 유통업태들이 성장의 한계에 직면하면서 최근 유통업체들은 새로운 성장전략을 모색하도록 압력을 받고 있다. 이렇듯 국내시장에서의 성장잠재력 둔화라는 대내적 요인과 때마침 이루어진 중국과 베트남의 유통시장 전면개방에 따른 해외 신흥시장의 여건 개선이라는 대외적 요인이 복합적으로 작용하면서 최근 국내 유통업체들은 보다 적극적으로 해외진출에 나서고 있다.

② 유통업체의 해외진출은 시장을 확대함으로써 유통산업 자체의 외형 성장을 가능케 할 뿐만 아니라 글로벌 소싱(global sourcing)을 통해 국내시장에서의 경쟁력을 강화하고, 국내 제조업체들에 해외 판로를 제공한다는 점에서 긍정적인 기능을 한다. 이런 측면에서 볼 때 현재 국내 유통업체의 해외진출은 유통산업의 새로운 도약을 위한 중요한 성장전략이자, 제조업 및 나아가 국민경제에도 긍정적인 영향을 미치는 계기가 될 수 있을 것이다.

③ 유통기업이 글로벌화 전략을 추구할 경우, 시장거래, 중간적거래, 위계적거래의 세가지 조직적 측면에서 대안이 있다. 조직적 측면의 대안 중 합작투자, 투자지분제휴, 비지분제휴, 라이선싱은 공동투자형식으로 성격이 같지만, 기업의 인수 (acquisition)란 한 기업이 다른 기업의 주식이나 자산을 취득하면서 경영권을 획득하는 것을 말한다.

(3) 해외 유통산업의 환경변화

① 유통산업의 글로벌(Global)화가 가속되고, 유통산업이 제조업파워를 누르고 산업의 새 리더로 등장하며, 한국, 중국, 일본을 중심으로 한 아시아 유통시대가 도래할 것이다. 유통업은 서비스업이므로 인적자원의 활용이 성공의 중요한 환경요소이다.

② 국경에 따라 시장을 구분하는 방식에서 탈피해, 전 세계를 하나의 시장으로 단일화하는 글로벌경영이 증가하는 이유는 규모의 경제를 실현하고, 무역장벽이 상대적으로 낮아졌으며, 고객 수요가 동질화되는 경향과 막대한 제품개발 비용의 회수를 위해서 필요하다.

③ 중국 유통시장은 다국적 유통기업의 각축장으로 변신될 것이고, 월마트(wal-mart)는 미국 및 세계 1위 유통기업의 위치에 변함이 없으며, 유럽의 까르푸는 자국의 프로모데스를 인수 합병하여 월마트의 프랑스 진출을 견제하게 될 것이다.

④ 글로벌라이제이션(Globalization), 즉 세계화란 무역 · 자본자유화의 추진으로 재화 · 서비스 · 자본 · 노동 및 아이디어 등의 국제적 이동 증가로 인한 각국 경제의 통합화 현상을 지칭한다.

⑤ 지역 소비자의 기호에 맞게 제품을 생산 · 공급하는 '다국적(multinational) 기업' 시대는 가고, 생산, 분배, 마케팅 등에서 '규모의 경제(economics of scale)'를 실현한 글로벌 기업들이 활약하는 세상이 올 것이라고 예측했으며, 이후 '세계화'는 경제, 정치, 사회 등에서 가장 널리 사용되는 용어가 되고 있다.

(4) STEP 산업환경 분석모델

① STEP모델은 분석대상영역을 사회문화(Sociocultural)환경, 기술(Technological)환경, 거시경제(macro Economic)환경, 정책규제(Political regulatory)등 4개 영역으로 크게 나누어 각 단어의 영문 이니셜만 따서 STEP모델이라 한다.

② 추가적으로 정책이나 규제환경 분석은 법적규제, 정책개정, 무역규제 완화, 규제폐지 등을 포함한다.

③ 사회문화적 환경을 구성하는 요소로는 인구증가율 추이, 소비자 라이프스타일 변화, 환경에 대한 사회적 인식변화, 여성의 사회적 진출 등이 있다.

④ 기술적 환경에는 정보기술, 기술발전 가능성, 새로운 제품혁신, 대체기술 개발가능성 등을 포함하여 분석한다.

⑤ 거시경제적 환경에서 분석해야하는 변수로는 GDP성장률, 물가상승률, 이자율, 환율, 에너지가격 동향 등이 있다.

(5) 국내외 환경변화요인

① 소비사의 다양한 트렌드 변화와 산업 및 기업의 변화로 경영환경이 다변화되었으며, 국제 경영환경의 변화로 글로벌화가 급속히 추진되고 있다.

② IT기술발달과 정보화로 인프라가 구축되었고, 새로운경영기법과 시스템구축으로 유통경영이 과학화되고 있으며, 유통산업경영환경은 사업다각화와 고도화가 빠르게 이루어지고 있다.

③ 리엔지니어링은 팀에서 고객가치를 추구하는 과정을 관리하도록 위임하고, 또한 기능 부서들 간의 장벽을 무너뜨리려고 시도하는 것을 말한다.

④ 벤치마킹은 기업의 성과를 향상시키기 위해 "최상의 혹은 가장 모범적인 기업이나 조직"을 연구하는 것을 말한다.

⑤ 권한위양화란 많은 아이디어를 창출하고 또한 보다 창의력을 발휘하도록 종업원들을 고무하고 권한과 책임을 하부로 위임하는 것을 말한다.

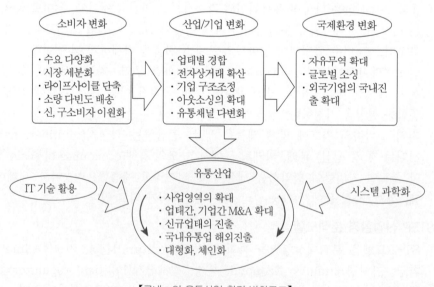

【국내 · 외 유통산업 환경 변화구도】

현대유통산업의 유통경로

1. 유통경로의 필요성

(1) 유통경로의 개념

① 일반적으로 생산단계에서 산출된 재화(財貨)가 최종의 소비자에게 전달되기까지의 과정을 유통경로(流通經路, Distribution Channel)라고 하며, 이러한 과정을 정태적 상태에서 바라보는 것을 유통이라고 한다.

② 유통경로는 일단 구축되면 이를 변경하기가 쉽지 않아 다른 마케팅믹스 요소에 비해 보다 신중한 관리가 필요하다. 유통경로 수준이란 생산자와 최종소비자 사이에 중간상이 몇 단계에 걸쳐서 개입하는가를 말한다.

③ 유통경로내 갈등관리측면에서 보면 적정수준의 갈등은 적절한 해결메커니즘의 활용을 통해 전체 유통시스템에 긍정적인 영향을 미치기도 한다.

④ 넓은 의미의 유통은 화폐·선물·금·은 등의 경제주체들 사이에서 사회적으로 이전하는 것을 말하며, 협의의 유통이라고 하는 것은 재화(상품)의 유통을 말한다. 이보다 넓은 의미로는 도·소매업(상적유통)과 운수·창고업(물적유통)을 지칭한다.

⑤ 넓은 의미로 유통산업을 살펴보면 정보처리업 및 광고통신업(정보유통)과 각종 금융업(금융유통) 등을 모두 포함한다.

⑥ 유통(Distribution)은 상업(Commerce)이나 마케팅(Marketing)과는 구분되는 내용이고, 본원적기능은 상품 및 서비스를 생산자로부터 최종소비자에게 이동시키는 것이다.

(2) 고객 지향적 유통경로설계과정 단계

① 제품과 서비스의 가치분석단계로는 소비자의 선호에 맞는 경쟁우위의 제품과 서비스를 선택한다.

② 최종고객을 위한 점포설계단계로는 고급점, 할인점, 편의점 등 서비스요인의 묶음을 충족시키는 점포유형을 설계하고 컨셉을 정립한다.

③ 이상적인 경로시스템의 설계단계로는 각 세분시장에 대한 점포유형이 그 시장내 고객이 원하는 서비스요인을 충족하는지 현실적인 제약조건을 조사한다.

④ 유통경로설계시 표적시장을 결정하는 시장요인으로는 제품 및 서비스의 생산단계와 최종적인 소비단계 사이에 존재하는 물량, 구색, 시간, 공간, 정보, 소유권 등의 격차가 클수록 유통경로는 길어진다고 보았고, 작을수록 경로의 직접성이 높아진다고 보았다.

(3) 생산과 소비의 불일치

① 사회적 분업이 발달하면 생산과 소비 사이에 다양한 불일치가 발생한다. 세계의 음식을 먹고 싶다고 해서 세계를 여행하며 세계의 음식을 모으는 것은 엄청난 낭비이다. 그래서 보수를 지불하고 세계의 음식 재료를 모으거나, 운반하거나, 상품을 조합하는 일을 그 분야의 전문업자가 전문적으로 담당한다.

② 유통이란 이렇게 생산과 소비의 격차나 차이를 극복하고, 조달하고, 해소하는 활동이라 할 수 있다. 주된 생산과 소비의 불일치는 크게 세 가지로 구분할 수가 있다.

(4) 불일치의 원인

① 인적 불일치

    ㉠ 상품의 생산자와 소비자가 다른 것이 '인적 불일치'이다. 고창에서 수박을 생산하는 '김고창'씨와 서울에서 수박을 소비하는 '이서울'씨는 동일인이 아니고, 이서울씨가 수박을 먹고싶다고 하여 직접 수박을 재배할 필요가 없다.

    ㉡ 생산자에게 수박을 구입하여 소비자에게 판매하는 활동을 담당하는 사람이 있기 때문이다. 이러한 인적불일치를 해소하는 활동이 바로 '매매(賣買)'이다.

② 장소적 불일치

    ㉠ 상품의 생산지와 소비지가 다른 것은 '장소적 불일치'이다. 서울 사람이 영덕의 대게나 부산의 복어를 바로 먹을 수 있는것은 생산지에서 소비지까지 대게나 복어를 운반하는 사람이 있기 때문이다.

    ㉡ 장소적 불일치를 해소하는 운송활동에는 '수송'과 '배송'이 있는데, 단일 상품을 운반하는 것을 '수송'이라 하고, 상품조합을 포함하여 상품을 유통경로의 끝까지 운반하는 것을 '배송'이라고 한다.

③ 시간적 불일치

    ㉠ 상품의 생산시간과 소비시간이 다른 것이 '시간적 불일치'이다. 가을에 수확한 쌀을 일년내내 먹거나, 공장에서 만든 라면을 먹고 싶을 때 먹는 것이 가능한 것은 생산시간부터 소비시간에 이르기까지 쌀과 라면을 저장하는 활동을 수행하는 사람이나 기구가 있기 때문이다.

    ㉡ 시간적 불일치를 해소하는 활동을 '보관'이라 하고 이러한 업태를 영위하는 업태를 '창고업'이라고 한다.

2. 유통의 시대적 사명

(1) 다양한 사회적 욕구에의 부응

① 소비자 만족 증대 : 상품의 안정성 보장 및 소비자 불만처리 제도의 강화가 필요하다.

② 도시개발 문제에 대응 : 신도시개발이나 도심 재개발시 도시의 활기와 풍요를 창출할 수 있도록 유통업의 역할 확대가 필요하다.

③ 환경에 대응 : 도시폐기물처리 문제, 점포주변 교통정체, 소음 등 환경문제를 고려한 유통시스템 구축(환경조화형 상품조달, 포장 간소화, 폐기물 재활용 등)이 필요하다.

④ 고령화 사회에 대한 대응 : 고령자, 장애인을 배려한 개별점포의 시설확충과 이들의 쇼핑 편의를 위한 홈쇼핑 등 새로운 업태개발이 필요하다.

⑤ 국제화 진전을 위한 역할분담 : 개방화시대에 있어서 가격 및 품질경쟁으로 산업경쟁력을 강화하고, 해외점포망 확보로 제조업체의 수출 기반 및 판로 확보가 필요하다.

⑥ 쾌적한 노동환경 실현 : 근로시간, 근로환경의 개선으로 우수인력 확보가 필요하며 파트타이머의 고용활성화 및 여성인력의 효과적 채용을 위한 각종 제도 정비, 전문인력 양성 및 능력 · 업적주의 임금체계 도입 등이 필요하다.

(2) 경제사회 발전에 기여

① 유통시장의 확대로 고용창출 : 종합할인점, 카테고리킬러 등 신업태의 성장 및 기타 다양한 업태의 발전, 대형점의 지방네트워크화 및 다양한 점포개발로 고용인구를 확대할 필요가 있다.

② 물가안정과 소비자의 실질소득증가 예상 : 중산층의 확대에 따른 소비자의 의식구조 합리화와 라이프스타일 변화로 할인업태는 계속 확대될 것이며, 이에 따른 파격적인 가격 하락은 소비자의 실질소득 증가와 국민의 생활수준을 향상시키는 효과를 가져 오며, 물가안정에도 크게 기여할 것이다.

③ 국내 경기활성화의 견인차 역할 : 할인업태의 계속적인 등장으로 소비자의 구입가격대가 하향 이동하고, 이것이 가격파괴를 더욱 가속화시키면서 물가안정과 실질소득의 증가로 연결, 국민경제 전체의 수요창출과 이에 따라 제조업체에게도 좋은 영향을 미치게 될 것으로 보인다.

④ 중소기업의 판로 확대 : 가격주도권을 갖고 있는 대기업의 유명브랜드로서는 할인점의 최대 무기인 '저가격'정책을 유지하기 힘들기 때문에 유통업 자체브랜드를 개발하기 위해 유망 중소기업을 발굴하여 협력관계를 지속해 나갈 수밖에 없다. 또 이들 중소기업의 판로를 확대하는 할인점은 대량판매가 가능하기 때문에 물류비, 인건비 등 판매 부대경비를 절감할 수 있다.

(3) 유통구조의 개선 및 효율화

① 지금까지 유통업체가 영세성과 전근대성을 면하지 못한 상태에서 상품의 가격결정권을 제조업체가 지배하는 구조였으나 앞으로는 유통업이 가격을 선도하는 구조 내지는 공존공영의 유통구조로 변화할 것이다.

② 공급업체와 유통업체가 장기적 협력관계를 구축하려고 할 경우, 공급업체가 유통업체를 평가하는 기준은 경제성(유통업체의 판매액, 비용, 수익성 등), 통제성(공급업체의 상품에 대한 유통업체의 마케팅전략을 조정할 수 있는 정도), 적응성(환경변화에 적응하여 유통업체와의 관계를 유연하게 조정할 수 있는 정도)을 들 수 있다.

(4) 제조업의 경쟁력 강화 촉진

① 개방화, 국제화가 진전되면서 대외경쟁력 강화를 위해 업종, 규모에 관계없이 모든 민간기업이 가격인하를 강요받고 있으며, 이러한 환경하에서 한발 앞서 가격을 인하하는 기업은 단기간내에 새로운 고객을 끌어 모으고 있다.

② 제조업자가 유통경로 구성원에 대한 성과를 평가할 경우, 평가의 자료 범위와 이에 미치는 영향요인으로는 제품이 복잡할수록 평가의 범위가 넓어질 것이며, 경로 구성원에 대한 제조업자의 통제 정도가 높으면 통합적인 평가를 수행할 수 있다.

(5) 사회적 비용의 절감

① 할인점은 도심이 아닌 교외지역에서도 충분한 경쟁력을 발휘할 수 있는 업태로서, 국가적 차원에서는 도심교통난 완화 및 유휴토지의 효율적 활용이 가능하며, 박스 단위의 대량판매로 제조업체의 물류비 절감효과와 환경보호에도 기여한다.

② 소비자입장에서는 일괄구매로 절약된 쇼핑시간을 다른 생산적인 부문에 투자할 수 있어 부가적 이득을 누릴 수 있다.

2. 유통혁명의 완성과 인터넷유통

(1) 국내 상황

① 우리나라에서는 1990년대부터 할인점, 편의점 등이 급성장하면서, '업종별유통'에서 '업태형유통'으로 유통시스템이 크게 바뀌었다. 이것을 '유통혁명'이라고 한다.

② 현재 업종별유통이 크게 후퇴했고, 업태형유통이 일반화되는 경향이며, 이러한 의미에서 유통혁명은 완성기에 접어들었다. 다른 한편 유통시스템에 변화가 시작되었으며, 인터넷의 발달을 배경으로 한 인터넷유통과 모바일유통의 출현이다.

(2) 업종(태)별 유통의 특징

① 업종별유통의 특징은, 첫째 많은 소매업자가 점포를 하나만 경영하며, 둘째 도매업자와 소매업자가 비교적 명확히 구분된다는 점이다.

② 업태형유통의 특징은 체인오퍼레이션 등으로 도매와 소매가 결합되고, 다점포를 경영하는 제조업자이며, 체인오퍼레이션은 유통을 효율화하는 데 큰 역할을 했을 뿐만 아니라 지역수요를 정확하게 파악하기 위한 정보처리능력을 높이는 데에도 기여했다.

(3) 온라인 유통

① 최근에는 인터넷을 활용한 새로운 유통시스템이 급성장하고 있다. 이는 제조업자나 도매, 소매도 인터넷을 통해 소비자와 직접 연결되어 거래를 할 수 있는 시스템이다.

② 기존의 「제조업자 → 도매 → 소매」 같은 유통이 아니라 소비자와 직결된 제조업자가 유통을 조직화하기 때문에, 어떻게 개별 소비자와 상호 교류할 수 있는지가 중요해진다. 즉, 한 사람 한 사람 소비자의 특성을 파악할 수 있는 유통이 그려진다.

③ 온라인과 오프라인 유통채널 간의 갈등을 최소화하기 위한 통합적 채널관리 전략으로 오프라인에 투입된 인력을 부가가치가 높은 업무에 집중시키고 주문접수와 같이 비교적 단순한 업무는 인터넷을 적극 활용한다.

④ 전통적인 시장세분화에 활용되는 세분시장별 차별화원칙을 인터넷에서도 적용시킨다. 온라인와 오프라인 유통채널에 따라 고객가치에 있어 차별화된 제품을 제공하며, 유통채널 간의 갈들을 최소화하기 위해 때로는 주문가능 지역을 제한하기도 한다.

09 유통산업의 사회·경제적 역할

1. 유통산업의 사회적 역할 개념

(1) 사회적 유통역할의 의의

① 유통은 풍요로운 사회에 공헌을 하는데 과거의 유통업은 일방적으로 제조업체의 제품을 전달만 하는 기능적 역할이 전부였다. 오늘날의 유통업은 질(質) 좋은 제품을 소비자에게 안정적으로 값싸게 공급함으로써 풍요로운 국민생활에 공헌함을 기본 사명으로 하고 있다.

② 소비문화의 창달을 들 수 있는데 유통시설은 도시번화가 상업시설의 핵심을 이루면서 도시발전의 지표와 심볼역할을 하며, 소비자의 소비·쇼핑패턴의 변화는 사회 전체의 소비문화를 결정짓는 중요한 요소가 되고 있다.

(2) 사회적 역할의 중요성

① 최근 한국유통산업은 소비자니즈의 변화와 함께 정보화, 지방화, 세계화라는 커다란 조류에 휩싸이면서 사상 최대의 변혁기를 맞고 있다.

② 우리경제가 선진국에 진입하기 위해서는 무엇보다도 '우리경제의 혈관'인 유통산업의 경쟁력을 강화해야 한다는 필요와 당위성을 정부 및 유통업체 모두 인식하고 현재 정부차원에서 다각도로 규제완화 및 지원제도를 수립하고 있다.

③ 유통산업이 발전되어야만 생산자가 만든 좋은 품질의 상품을 소비자에게 값싸고 신속하게 전달할 수 있고, 생산 및 소비의 양과 질을 합리적으로 결정하며 정보와 재화의 흐름을 원활하게 할 수 있다.

(3) 유통의 사회적 역할의 기능

① 사회·경제적 역할에 대한 긍정적인 역할로는 '교환과정의 효율성 제고', '분류기능의 효율적 수행', '거래 반복화의 용이성' 등을 중요한 역할로 인식하고 있다.

② 소비자와 생산자, 그리고 그 중간에 위치한 도매업자와 소매업자 등의 경쟁·충돌 관계 혹은 협조 관계를 수반하면서 사회적인 유통기구가 형성되는 것이다.

③ 유통은 사회적 기능을 수행하고 있는데, 매매기능, 보관기능, 운송기능, 금융기능, 보험기능, 정보통신 등의 기능을 수행함으로써 사회적 역할을 충실히 수행하고 있다.

④ 과거의 유통업은 일방적으로 제조업체의 제품을 전달만 하는 기능적 역할이 전부였으나, 오늘날의 유통업은 질 좋은 제품을 소비자에게 안정적으로 값싸게 공급함으로써 풍요로운 국민생활에 공헌하고, 소비문화의 창달 등도 담당하고 있다.

⑤ 유통시설은 도시번화가 상업시설의 핵심을 이루고, 도시발전의 지표와 심볼 역할을 하며, 소비·쇼핑패턴 변화는 사회전체의 소비문화를 결정짓는 중요요소가 된다.

2. 유통산업의 경제적 역할 개념

(1) 경제적 역할의 의의

① 생산자와 소비자가 직접 거래할 경우에 발생하는 제반 비용을 감소시켜 주고, 양자의 중간에서 각각의 정보를 상대방에게 제공함으로써 소비자니즈에 맞는 제품을 생산할 수 있도록 생산자와 소비자 간 매개 역할을 한다.

② 유통은 3차산업 중 가장 비중이 높고, 고용창출, 물가조정, 생산자와 소비자간 매개역할, 제조업 발전 등 앞으로 지속적인 성장으로 높은 고용창출 효과가 기대된다.

③ 유통구조가 효율화되면 제품의 최종소비자가격은 낮아지고, 제조업의 유통경로에 대한 투자위험을 흡수할 수 있다. 또한 유통업체 간, 제조업과 유통업체 간 경쟁을 촉진함으로써 물가조정역할을 담당한다.

④ 유통부문이 신규시장을 활발히 개척하면서 제조업체에 대한 유통업의 거래교섭력이 증가하고 있다. 이는 제조업체 간 경쟁을 촉발시키고 따라서 제조업 전체의 경쟁력이 높아질 수 있어 전체적인 산업발전의 촉매 역할을 한다.

(2) 경제적 역할의 기능

① 재화 · 서비스(Goods and Service)의 소유권을 이전하기 위한 여러가지 활동을 포함하며, 거래처를 결정하고 상품을 선택하며 가격을 정함과 동시에 대금의 지불방법을 수반하게 된다. 이러한 소유권이전 기능은 유통의 가장 기본적인 매매기능이라고 할 수 있으며 이 기능은 주로 도매상과 소매상이 담당한다.

② 다량의 상품 소유나 서비스 내용을 보유하고 있는 것은 약간의 위험을 가지게 되는데 소유 상품이 적절한 것인지에 대한 여부, 거래 조건이 유리한 지 불리한 지에 대한 판단, 소유기간 중의 재해 등에 의한 목적 가치의 감소, 유행 등의 경과로 인한 경제적인 가치의 감소 등을 들 수 있다. 이러한 유통과정상의 위험을 생산이나 매매업무가 안전하게 이루어질 수 있도록 하는 기능은 보험기능이 담당한다.

③ 재화 · 서비스 등을 다른 지역간에 이동하기 위한 여러가지 활동을 말한다. 운송을 위한 포장, 자동차나 선박에 싣고 내리는 하역, 그리고 구체적으로 두 지점을 운반하는 수송 등의 활동이 있으며, 이는 생산과 소비 사이의 장소적 차이를 극복하기 위해 생산지와 소비지 사이의 간격을 좁혀주는 역할을 수행하는 운송기능이 있다.

④ 상품을 서로 다른 시점간에 그 가치가 손상되지 않도록 보전하기 위한 여러가지 활동을 말한다. 이러한 보관에는 포장하고, 쌓고, 내리며, 선별하는 등의 활동을 포함하며, 생산과 소비사이의 시간적분리를 극복하기 위하여 상품을 생산시점부터 소비시점까지 안전하게 보관하는 보관기능이 있다.

⑤ 상품의 공급에 관한 정보는 상품흐름 방향으로 향하고, 상품의 수요에 관한 정보는 그것과는 반대로 향하게 된다. 이러한 여러가지 활동들이 정보이며, 생산자와 소비자 간의 정보를 수집하고 전달하여 서로 원활한 의사소통을 가능하게 하는 기능을 정보통신기능이라 한다.

(3) 유통기한

① 유통기한(sell by date)은 상품(음식)이 만들어지고 나서 유통될 수 있는 기간을 뜻하며, 식품의 신선도를 나타내기도 하고, 일반적으로 가공식품의 유통기한이 비가공 일반식품보다 긴 편이다.

② 유통업체 입장에서는 식품 등의 제품을 소비자에게 판매해도 되는 최종시한을 말하며, 이 기한을 넘긴 식품은 부패 또는 변질되지 않았더라도 판매를 할 수 없어, 제조업체로 반품하여야 한다.

③ 판매시한을 의미하는 유통기한과 먹을 수 있는 기한, 즉 소비기한은 구분을해야 한다. 때문에 유통기한 대신 먹을 수 있는 소비기한을 표시하는 방안이 검토되고 있다.

10 유통경로의 다양성

1. 유통경로의 개념

(1) 유통경로의 필요성

① 일반적으로 제조업자는 규모의경제를 실현하기 위해 가능한 한 소수의 제품라인을 대량생산하려고 한다. 이에 비해 구매자들은 가능한 많은 대안들 중에서 특정제품을 선택하고 싶어 한다.

② 유통경로는 공급자인 제조업자나 구매자인 소비자들 양자의 욕구는 상충될 수 있으며, 이는 유통경로에 의해 충족시킬 수 있다.

③ 유통경로는 대표적인 마케팅믹스(4P)중 하나(place)이다. 제품이나 서비스 자체의 흐름을 중심으로 이해하는 것은 물류라 하고, 유통경로에 참여하여 일정한 역할을 하는 기관을 중심으로 고찰하는 것을 일반적인 유통이라 한다.

④ 가장 일반적인 유통기관으로는 재판매를 목적으로 하는 도매상과 최종소비를 목적으로 하는 고객을 대상으로 영업을 하는 소매상이 있다. 이들 중간상들의 손을 거쳐서 최종 구매자에게 제품과 서비스가 판매된다. 유통경로의 기능은 교환과정의 단순화를 통해 거래의 비효율성을 낮추게 된다.

(2) 유통경로의 설계

① 유통경로를 설계하기 위해서는 우선 유통경로의 목표를 세우는 것이 필요하며 기업의 전반적인 목표와 마케팅목표가 일치하여야 한다.

② 최종사용자 혹은 고객의 기대를 잘 충족시키는 것을 목적으로 하며, 최적 의사결정을 위해서 유통경로의 형태와 집약도를 결정해야 한다. 대개 장기간에 걸쳐서 수정가능 하고, 그 수정에는 많은 시간과 자본이 요구된다.

③ 유통경로상의 이해관계가 상충(trade-off)되는 경우에 제조업체가 유통업체(중간상)를 효과적으로 관리하기 위한 조치로는 유통업체와의 장기적인 파트너십 구축, 효율적인 커뮤니케이션, 유통업체에 대한 적절한 보상 및 판매실적기준의 최소화, 판매실적의 공정한 평가를 들 수 있다.

(3) 유통경로배열원리

① 경로구성원은 배제할 수 있어도 경로기능흐름은 배제할 수 없다는 것으로 유통경로 배열에 있어 경로구성원의 제거 혹은 대체는 가능하다.

② 경로구성원이 수행하는 기능흐름은 제거할 수 없다는 것은 특정한 경로구성원이 제거되었을 때 해당 경로구성원이 수행하였거나 수행하여야 하는 기능흐름은 경로배열 상의 전방 또는 후방의 경로구성원에게 이전된다는 것이다.

(4) 유통경로의 효용

① 유통경로는 생산자부터 소비자까지의 전과정을 볼때 일반적으로 수집과정, 중계과정, 분산과정의 단계로 구분한다. 유통경로상 중간상인 도매기관과 소매기관이 개입하게 되면, 이론적으로는 중간 마진으로 인하여 상품과 서비스의 가격만 인상된다고 생각하기 쉬우나 긍정적인 측면도 있다.

② 교환과정의 단순화를 통해 거래의 비효율성을 낮추게 된다. 중간상이 창출하는 효용, 즉 시장메커니즘의 원활한 운용과 사회적인 수급 조정 및 거리적 · 장소적 · 시간적 간격을 축소시켜, 결과적으로 생산자나 소비자에게 커다란 경제적 혜택을 준다.

③ 유통경로시스템에서 자사의 중간상을 관리하는 전략 중 하나로서 푸시(push)전략은 제조업자가 유통업자들을 대상으로 하는 촉진정책이다. 유용한 경우는 비정기적으로 구매되는 상품, 계획적으로 구매되는 선매품, 특성파악이 어려운 상품, 최종구매자들의 상표애호도와 선호도가 낮은 상품, 관여도가 낮은 상품의 경우에 더욱 적합하다. 충동구매가 잦은 상품의 경우에 사용하며, 브랜드에 대한 선택이 점포 안에서 주로 이루어지는 경우에 더욱 적합하다.

(5) 제조기업의 다양한 유통채널 선호이유

① 여러 유통채널 간의 시너지 효과를 기대할 수 있다.

② 새로운 고객층의 개발 및 다양한 고객욕구에 부응할 수 있다.

③ 각 유통채널별로 다양한 표적고객에 대한 전문화가 가능하다.

(6) 최근 유통환경의 변화

① 고객이 직접 해외에서 구매하는 현상이 증가하고 있다.

② 시간의 효율적 사용을 원하는 고객의 요구가 증가하고 있다.

③ 1인 가구의 증가로 인해 기존의 유통트렌드가 변화하고 있다.

④ 구매의사결정과정에서 온라인과 오프라인간의 경계가 더욱 모호해졌다.

⑤ 남여 성별 고정역할의 구분이 약해짐으로 인해 소비시장도 변하고 있다.

2. 유통경로상 중간상 필요원칙

(1) 중간상의 필요성

① 유통경로내 중간상은 제품의 구매와 판매에 필요한 정보탐색의 노력을 감소시켜 주고, 제조업자와 소비자의 기대차이를 조정해 준다.

② 유통경로내 중간상은 반복적인 거래를 가능하게 함으로써 구매와 판매를 보다 용이하게 해주고, 교환과정에 있어 거래비용 및 거래횟수를 줄임으로써 효율성을 높여준다.

③ 유통경로내 중간상은 공급받은 제품을 그대로 소비자에게 전달하는 단순한 역할을 수행하는 것이 아니라 제품이 지닌 가치에 새로운 가치를 추가하는 역할을 한다.

④ 생산자와 소비자 사이에 발생하는 공간적, 시간적 불편을 줄일 수 있고, 생산자와 소비자 상호간의 정보 불일치에 따른 불편을 줄이게 된다.

⑤ 유통경로에서 중간상 존립근거는 거래상의 탐색과정을 수행하고, 거래과정의 효율성을 개선시킨다. 분류과정을 통한 구색상의 차이를 조정하여 거래를 정례화시켜 경로구조를 지속하게 한다.

(2) 총 거래수 최소의 원칙

① 중간상의 참여는 생산자와 소비자간의 직접거래에 비해 거래빈도의 수 및 이로 인한 거래비용을 낮춘다. 생산자로부터 소비자에게 전달되는 유통경로상에 중간상이 개입함으로써 거래수가 결과적으로 단순화·통합화되어 실질적인 거래수와 거래비용이 감소하게 되어 유통의 효율화를 증대한다.

② 중간상이 개입하지 않을 경우에는 제조업자와 소비자가 직접 거래를 할 수밖에 없으므로 총 거래수가 증가를 하나 중간상의 개입으로 거래의 총량이 감소하게 되어 제조업자와 소비자 양자에게 실질적인 비용감소를 제공하게 된다.

③ 제조업체 입장에서 볼 때, 소매상과 직접 거래하는 것보다는 도매상을 거치는 것이 교환 과정에 있어 필요한 거래 수의 감소를 가져온다. 만일 제조업체가 3곳, 도매상이 1곳, 소매상이 6곳일 경우 총 거래의 수는 9곳이지만, 제조업체가 3곳, 도매상이 2곳, 소매상이 6곳일 경우 총 거래의 수는 18곳이 되므로 잘 판단하여야 한다.

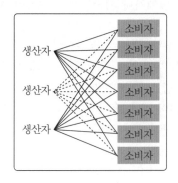
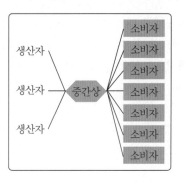

【총거래수 최소의 원칙】

(3) 분업의 원칙

① 유통업에서도 제조업에서와 같이 유통경로상 수행되는 수급조절, 수·배송, 보관, 위험부담 및 정보수집 등을 생산자와 유통기관이 상호 분업(分業)의 원리로 참여한 다면 보다 사회적 경제성과 능률성을 제고시킬 수 있다는 원칙이다.

② 제조업자는 생산과 유통을 전문화함으로써 보다 경제적이고 효율적인 유통기능의 수행이 가능하다는 것이다.

(4) 변동비 우위의 원칙

① 제조입제에서는 고정비(Fixed Cost)와 변동비(Variable Cost)를 구분할 때 고성비가 차지하는 비중이 변동비보다 크기 때문에 생산량이 증가할수록 단위당 생산비용이 감소하는 규모의 경제에는 유리하다.

② 유통분야에서는 제조업과는 다르게 변동비의 비중이 상대적으로 커서 제조분야와 유통분야를 통합하여 판매하여도 큰 이익을 기대하기 어려우므로, 무조건 제조분야와 유통분야를 통합하여 대규모화하기 보다는 제조업자와 유통기관이 적당히 역할을 분담한다면 비용면에서 훨씬 유리하다는 원칙이다.

(5) 집중준비의 원칙

① 도매상은 상당량의 브랜드상품을 대량으로 보관하기 때문에 유통경로상 가능하면 많은 수의 도매상을 개입시킴으로써 각 경로 구성원에 의해 보관되는 제품의 수량이 감소될 수 있다는 원리를 집중준비의 원칙이라고 한다.

② 유통경로에서 가능하면 많은 수의 도매상을 개입시킴으로 그렇지 않은 경우보다 각 구성원에 의해 보관되는 상품의 총량을 감소시킬 수 있다. 소매상은 소량의 적정량만을 보관함으로 원활한 유통기능을 수행할 수 있다는 원칙이다.

3. 유통기능의 경로 시스템

(1) 유통경로 시스템의 개념

① 유통경로시스템은 표적고객에게 제품이나 서비스가 가장 원활하게 도달하도록 경로 내에서 발생할 수 있는 다양한 잡음들을 없애거나 최소화하기 위하여 경로구성원들이 인식해야 할 다양한 체제를 말한다.

② 유통경로에서 유통서비스의 창출을 위한 유통기능은 경로 구성원 중 누군가가 수행해야 하며, 그 기능을 제거할 수는 없다. 즉, 유통경로 구성원 중 도매상 또는 소매상을 제거할 수는 있어도 유통경로나 유통시스템 그 자체를 제거할 수 없다는 것이다.

③ 유통경로는 마케팅믹스 요소 중 시장변화에 따른 유연성이 가장 약하므로 유통경로의 변경이 요구되는 경우 장기적 의사결정이 요구된다. 제조기업이 유통부문에 대한 소유권과 통제력을 갖는 것을 전방통합 이라한다.

(2) 유통경로 시스템의 9가지 기능

① 유통기능별 9가지 기능은 유통경로가 실제로 아홉 가지의 유통경로로 나누어질수 있음을 의미하는데 예를 들면 상품경로 · 촉진경로 · 주문경로 등을 들 수 있으며, 이와 같은 9가지 유통기능별 분석은 전략수립에 있어서 매우 중요한 부분이될 것이다.

② 유통경로상에서 구매자와 판매자간의 거래관계에 대한 변화추세로 팀 의사결정 (cross functional teams), 공급자수의 감축(supply base rationalization), 부품과 반 조립품의 구매(component & subassembly acquisition)등을 들 수 있다.

(3) 유통경로 시스템의 기능

① 유통경로 구성원들이 수행하는 유통기능은 그들이 작용을 하는 기능에 따라 크게전방기능흐름, 후방기능흐름, 양방기능흐름의 3가지로 분류할 수가 있다.

② 전방기능흐름은 수송 · 보관 같은 물적 소유권이나 촉진과 같은 기능들은 생산자로부터 최종소비자의 방향으로 흐르는 것을 말한다.

③ 후방기능흐름은 주문이나 화폐(상품대금), 대금결제와 같이 최종소비자로부터 소매상 · 도매상 · 생산자의 방향으로 흐르게 된다.

④ 양방기능흐름은 거래를 협상하거나 정보 · 금융 · 위험부담과 같은 기능들을 말한다.정보는 양방기능이라고 말할 수 있지만, 생산자에 대한 정보는 전방기능, 소비자에대한 정보는 후방기능으로 판단을 한다.

【유통경로 시스템의 9가지 기능】

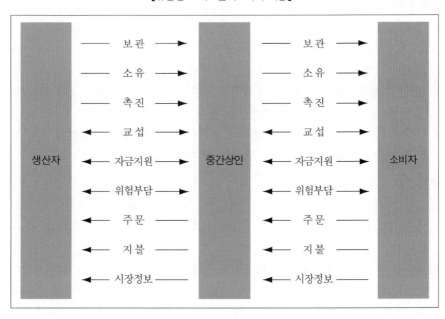

11 유통경로의 형태

1. 유통경로의 종류

(1) 유통경로의 개념

① 유통은 상품과 서비스(Goods and Service)를 생산자로부터 최종소비자까지 유통경로(Channels of Distribution)를 통하여 이동하게 된다. 유통경로의 길이(length)는 생산자와 구매자 사이에 개입하는 중간상 수준(level)의 수를 의미한다.

② 유통경로에서 제공되는 서비스나 아이디어는 소비자나 중간상뿐만 아니라 상품 생산자들에게도 중요하며, 유통경로의 구성원들은 재화를 수송운반, 저장하며 정보수집 및 쌍방향으로 정보를 교환한다.

③ 마케팅믹스 요소 중 시장변화에 따른 유연성이 가장 약하므로 유통경로의 변경이 요구되는 경우에는 장기적인 의사결정이 요구된다. 유통경로내의 구성원은 후방구성원, 전방구성원이 누구냐에 따라, 이들에게 제공되는 정보의 수준과 양이 다르다.

④ 제품이나 서비스는 다양한 경로를 거쳐 최종고객에게 전달되거나 소비되고 있는데, 어떤 상품을 최종구매자가 쉽게 구입할 수 있도록 만들어 주는 과정으로 이다.

⑤ 소비자가 제품·서비스를 사용할 수 있는 권한을 갖도록 유통경로가 도와줌으로 발생하는 효용이 소유효용이며, 제조업체를 대신하여 고객들에게 신용판매나 할부판매를 제공함으로 제조업자에게서 소비자에게 사용권한이 이전되는 것을 돕는다.

(2) 유통경로의 기본구조

① 싱글채널(단순채널) : 고객은 오직 오프라인 점포에서만 상품을 구입한다.

② 멀티채널(다중채널) : 고객은 온라인과 오프라인에서 원하는 상품을 구입하므로 온라인업체와 오프라인 업체는 경쟁적인 상황이 된다.

③ 크로스채널(중복채널) : 고객은 온라인과 오프라인을 비교하여 상품을 구입하고, 온라인과 오프라인 업체는 서로 보완적인 관계를 보이고 있다.

④ 옴니채널 : 고객은 자신의 구입행동에 온라인(구매)과 오프라인 업체(물건 확인)들이 상생적인 측면에서 고객만족을 위해 노력한다.

(3) 유통경로의 기본구조

① 유통경로는 하나의 경로가 아니라 다양한 유형이 존재하고, 사회와 국가의 사회적 또는 문화적 특성을 반영하므로 일률적이지 않다. 각 나라의 상황에 따라 특수한 형태들이 존재하고 있다.

② 제품을 분류과정에 소비재 유통경로와 산업재 유통경로가 있다. 소비재의 경우에는 개별소비자의 지역적 분산, 소량의 빈번한 구매 등의 특성을 가지며 소비자는 가능한 한 최소의 재고를 유지하려고 하므로 긴 유통경로를 띄게 된다. 유통경로의 길이는 제품특성, 수요특성, 공급특성, 유통비용 구조 등의 영향을 받는다.

③ 유통경로는 제조업체, 도매상, 소매상으로 구성되는 상적부문(commercial sector)과 소비자부문(consumer sector)으로 구성되며, 소비자는 원자재 공급업체에서 제조업체, 도·소매상으로 이어지는 상적부문에서 제공되는 총가치의 양에 의해 자신의 구매여부를 결정한다.

④ 유통경로는 경로구성원들의 관계가 독립적인 존재가 아니라 상호 의존적인 조직들의 집합체라고 보며, 경로구성원이 수행하는 활동은 연속적인 과정(process)으로 이해되어야 한다.

⑤ 유통경로는 제품이나 서비스를 고객이 사용 또는 소비하도록 하기 위해 필요한 것으로 소비자는 개별 소매상으로부터 상품을 구매하는 것이 아니라 공급업자에서 제조업체, 중간상으로 이어지는 하나의 상적시스템에서 제공되는 가치를 구매하는 것이다. 다(多)유통경로전략(multi-channel strategy)은 하나 이상의 유통경로를 통해 고객에 도달하는 것을 말한다.

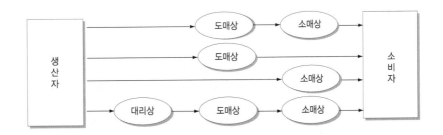

2. 유통경로의 성격

(1) 유통경로의 활용

① 유통경로의 기능

㉠ 유통기능(Distribution Function)의 가장 기본적인 역할은 생산자로부터 소비자까지 상품과 서비스를 인격적으로 이전시켜 적합하게 하는 경제적 활동과정이다.

㉡ 유통경로의 기능은 유통의 기본적인 기능을 바탕으로 하여 교환 촉진기능, 제품구색의 불일치 완화기능, 거래의 표준화 기능, 소비자와 메이커 간의 연결기능, 고객에 대한 서비스기능 등으로 나눌 수 있다.

㉢ 유통업자는 소비자가 필요로 하는 재화를 구매하여 소비자에게 여러가지 상품과 서비스를 공급하고, 소비자가 필요로 하는 재화를 소비자의 구매시점까지 잘 보관해주는 기능이 있다.

㉣ 상품의 품질이나 가격 등의 정보는 소비자에게 제공하고, 소비자의 구매성향 등의 정보는 공급자에게 제공해주며, 자신이 제조한 상품을 직접 판매할 경우 비용부담이 많이 되기 때문에 유통업자가 제조업자를 대신하여 거래장소를 제공해준다.

② 유통경로의 구성

㉠ 유통경로는 구조적으로 생산자, 도매상, 소매상의 세 단계로 구성되어 있다. 생산자는 도매상에 제품과 서비스를 판매하며, 도매상은 소매상에, 그리고 소매상은 최종소비자에게 제품및 서비스를 판매한다.

㉡ 생산자라 하여 항상 도매상에만 판매하는 것은 아니며, 도매상이라고 해서 소매상에만 판매하는 것은 아니다. 생산자가 도매상 이외의 소매상이나 최종소비자에게 제품을 판매하기도 하며, 도매상도 직접 최종소비자에게 판매하기도 한다.

③ 경로성과평가기준

㉠ 시스템의 효과성(system effectiveness)은 유통활동의 최종산출물에 대한 표적고객의 욕구를 특정의 유통시스템이 어느 정도 잘 충족시켰는지를 측정한다.

㉡ 상품의 속성수준과 품질, 수요자극, 고객욕구 변화에 대한 대응성이라는 3가지 차원에서 살펴볼 수 있다.

(2) 산업별 유통경로

① 소비재 유통경로

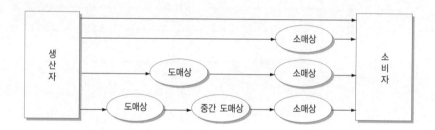

㉠ 생산자 ⇨ 소비자

㉡ 생산자 ⇨ 소매상 ⇨ 소비자

㉢ 생산자 ⇨ 도매상 ⇨ 소매상 ⇨ 소비자

㉣ 생산자 ⇨ 도매상 ⇨ 중간 도매상(2차 도매상) ⇨ 소매상 ⇨ 소비자

② 산업재 유통경로

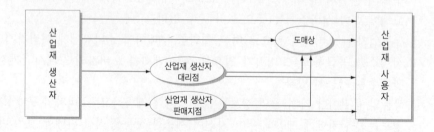

　㉠ 산업재 생산자 ⇨ 산업재 사용자

　㉡ 산업재 생산자 ⇨ 도매상 ⇨ 산업재 사용자

　㉢ 산업재 생산자 ⇨ 산업재 생산자 대리점　⇨ 도매상　⇨ 산업재 사용자

　㉣ 산업재 생산자 ⇨ 산업재 생산자 대리점　⇨ 산업재 사용자

　㉤ 산업재 생산자 ⇨ 산업재 생산자 판매지점 ⇨ 도매상　⇨ 산업재 사용자

　㉥ 산업재 생산자 ⇨ 산업재 생산자 판매지점 ⇨ 산업재 사용자

③ 서비스 유통경로

　㉠ 서비스는 눈에 보이지 않기 때문에 유형적인 재화와 달리 무형적인 특징을 지니고, 서비스를 생산하는 자와 제공하는 자가 동일성을 갖는다. 일반적으로 유통경로의 길이가 짧고 단순하다.

　㉡ 서비스는 유통점포 간 품질관리 및 품질의 일관성 유지가 어렵고, 특수한 경우를 제외하고는 중간유통상이 존재하지 않는다. 병원 의사들의 치료행위나 학원에서의 강의 등의 서비스는 생산과 동시에 소비되는 특징을 갖는다.

　㉢ 서비스는 무형성을 가지고 있으므로 재화나 상품과 같이 창고에 보관하거나 운송한다는 개념이 적용될 수 없는것이 일반적이지만, 고속철도같이 운송 그 자체를 서비스로 하는 분야에서는 일정시간까지는 유통개념이 적용된다.

　㉣ 고객이 이용할 수 있는 구색 또는 제품의 다양성이 많아질수록 유통경로가 고객에게 제공하는 서비스의 성과가 높아지며, 반면에 유통비용도 같이 높아지는데, 이는 구색이 다양하고 많아질수록 재고가 많아지기 때문이다.

④ 농·수산물 유통경로

　㉠ 농수산물의 유통은 공산품의 유통경로에 비해 상대적으로 길다는 특징이 있다. 이를 농산품이 부패성이 있으므로 유통경로가 짧아야한다는 기준적용을 하면 않된다. 상품특성의 기준과 시스템상의 기준구분은 분명해야 한다.

　㉡ 농수산물의 유통은 농수산물의 특징상 기상·부패·변질 등의 불리한 조건으로 인해 수송·저장 등의 물적 유통비용이 많이 소요된다.

　㉢ 농수산물의 유통경로는 공산품에 비해 길고 복잡하며 유통마진이 과다하여 생산자 수취가격은 낮은 반면, 최종소비자가격은 소비금액은 높게 형성되는 가격구조를 보여 소비자물가의 불안요인으로 작용하기도 한다.

　㉣ 농수산물의 유통경로는 '생산자-농업협동조합(농협)의 회원조합-농협집배 센터-슈퍼마켓·(대형)소매점-소비자' '생산자-산지수집상-도매시장-슈퍼마켓·(대형)소매점-소비자' '생산자-슈퍼마켓·대형소매점-소비자 등의 유형이 있다.

　㉤ 공산품 유통과 비교한 농산물 유통의 특징으로는 보관시설 등이 잘 갖추어지지 않은 경우 작황에 따른 가격 등락폭이 심하게 나타나며, 보관 및 배송 등에 소요되는 유통비용이 상대적으로 더 크다. 부패하기 쉽기 때문에 적절한 보관과 신속한 배송 등이 더 중요하고, 크기, 품질, 무게 등에 따라 표준화하고 등급화하기가 더 힘들며, 가격 변동이나 소득 변동에 따른 수요변화가 더 비탄력적이다.

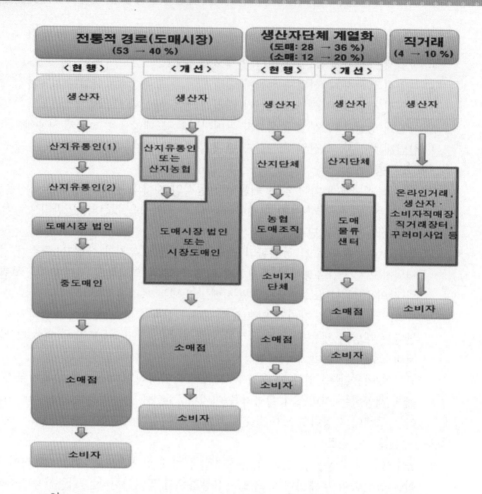

12 전략적 유통경로관리

1. 유통경로의 특징

(1) 비탄력적인 유통경로

① 다른 마케팅믹스 요소들에 비하여 한번 결정된 유통경로는 다른 유통경로로 전환이 용이하지 않기 때문에 유통경로의 선정은 기업의 성공에 상당한 영향을 미치게 된다. 유통경로는 제품·가격·유통경로·촉진으로 구성되는 마케팅믹스 중에서 유연성이 가장 낮다.

② 경영자의 의사결정에 따라서는 제품의 수정이나 폐기, 가격의 수정, 광고나 판매촉진의 변경 등은 쉽게 수정이 가능하고 시장상황에 맞추어 탄력적인 적용이 가능하다. 그러나 한 번 결정된 유통경로의 구조는 장기간에 걸쳐서만 수정이 가능하고 시장상황에 맞추어 탄력적인 적용에 한계가 있다.

(2) 지역에 고착화된 유통경로

① 일반적인 유통경로는 각 나라의 고유한 역사적 배경과 시장환경에 의하여 영향을 받게 되므로 유통경로는 각국의 특성에 따라 고유한 유통경로가 존재한다. 국가에 따라서는 상당히 다른 특성을 가지고 있다.

② 미국은 광활한 영토를 가지고 있어 제조업자 자신의 유통망으로 모든 소비자에게 접근하는 것이 어려우므로 일찍부터 중간상들이 발달했다. 미국기업이 일본시장에 진출하는 데 있어 가장 결정적인 장애물 중의 하나가 일본 유통경로의 복잡성과 이질성임을 지적하였다.

③ 국토의 협소함과 제조업자의 유통지배력에 대한 강한욕구 때문에 우리나라의 유통경로의 특성은 도매상이 매우 취약하고 제조업자의 유통지배력이 매우 강했다.

④ 국내는 자동차 보급의 미비와 교통의 복잡함의 원인으로 인해 주로 시내 중심가나 부심권에 대규모 소매점이 위치하였고 주거지역에는 소규모 소매점이나 시장 등이 발달되었다.

(3) 하이브리드 유통경로

① 기업은 다양한 경로를 통해 소비자와 커뮤니케이션을 한다. 요즘 기업의 오프라인 유통 채널이 가진 비용상의 약점과 온라인 채널이 가진 태생적인 한계를 돌파하기 위해 만들어진 하이브리드(hybrid · 잡종)채널이 관심을 모으고 있다.

② 하이브리드 채널은 오프라인과 온라인 채널의 단점을 제거하면서도 멀티채널이 갖는 채널간의 갈등을 없애기 위해 다수의 채널이 가진 장점만을 효과적으로 재배치한 새로운 채널이다.

③ 흥미를 가진 고객에게는 각종 상품정보를 인터넷으로 제공하기도 하고(온라인 채널) 또는 상품을 직접 만져보게 하기위해 가까운 대리점(오프라인 간접채널)을 안내해 주기도 한다.

④ 고객의 '흥미유발 – 각종 상품정보제공 – 구매 – 주문처리'의 각 단계에 대응하여 '온라인 – 온라인/오프라인 – 온라인 – 오프라인'의 각 채널을 탄력적으로 대응시키고, 하이브리드 채널은 '정보 공유형'과 '역할 분담형' 등 크게 두가지 형태로 나눠 볼 수 있다. 정보 공유형 채널은 한 마케팅 채널에서 획득한 고객 정보를 다른 마케팅 채널에서 이용할 수 있도록 하는 것이다.

2. 유통경로전략과 관리적과정

(1) 유통경로의 전략적과정

① 유통경로 주변에 영향을 미치는 다양한 환경분석을 전략적 유통관리를 통하여 이루어진다. 유통범위결정과 관련한 전략으로는 개방적, 전속적, 선택적유통경로가 있다.

② 유통경로를 장기적인 관점에서 관리하여 경쟁우위를 가지고자 하는 것이 일반적인 전략적과정의 일환이다.

③ 경로커버리지전략을 실행함에 있어 경로설계자는 판매망을 직접 소유하고자 할 경우 막대한 자금이 소요되기 때문에 특히 단기간에 광범위한 시장을 커버하기 위해서는 독립된 중간상을 이용하는 것이 보다 경제적이다.

④ 경로집약도(channel intensity)와 관련하여 경로설계자가 선택할 수 있는 경로커버리지 대안으로 크게 집약적유통, 선택적유통, 전속적유통 시스템을 들 수 있다.

(2) 유통경로의 관리적과정

① 관리적과정은 유통경로를 설계하고 조직하여 조정하고, 커뮤니케이션관리 및 평가하는 것으로 정해진 전략 및 방향에서 유통경로의 효율성을 극대화하여 유통경로가 지니고 있는 목적을 달성함을 기본으로 하고 있다.

② 유통경로관리에서 시장 관련 요인은 집중도가 낮은 시장은 직접적인 마케팅 경로를 설계할 가능성이 낮다. 유통경로의 통합적 채널관리전략은 오프라인 유통업체에 있어서 최근 온라인 유통채널의 추가도입이 확장되고 있는 추세이지만 기존의 오프라인 채널과 새로이 도입되는 온라인 채널간의 갈등이 가시화되고 있다.

③ 갈등을 최소화하기 위해 사용할수 있는 통합적 채널관리전략으로 채널기능의 차별화, 고객가치의 차별화, 표적시장의 차별화 등이 있다.

(3) 유통경로관리의 전략적결정

① 유통업의 환경·경쟁분석은 일정한 범위내의 상권에서는 정해진 수의 소매점으로 하여금 오로지 자신이 만든 제품만을 취급하게 하며, 일정한 인센티브제도를 도입하는 것을 말한다.

② 제조업자가 자사의 제품이 타사의 제품에 비하여 시장에서 어느정도의 경쟁력을 보유하고 있는지를 알아보는 것이 가장 중요하다.

③ 소매업체와 공급업체간의 전략적 파트너십을 성공적으로 유지하기 위해서는 개방적인 의사소통을 하여야 하고, 공동목표는 설령 기대한 이익이 실현되지 않더라도 파트너십을 지속시키는 데 도움을주며, 관계에 대한 가시적 투자가 전제되어야 관계가 더 지속적으로 발전할 수 있다.

④ 경로성과측정 요소는 효율(능률)성, 생산성, 수익성은 효과성과는 다른 성격이며, 경로 성과측정에 있어 정성적척도(qualitative measures)에 속하는 것으로는 경로협력의 정도, 경로통제의 능력, 경로과업의 반복화 수준이 있고, 정량적척도(quantitative measures)에 해당하는 것으로는 새로운 유통업자의 수와 비율이 있다.

3. 유통경로상 중간상의 수(Level) 결정

(1) 전속적(배타적) 유통(Exclusive Distribution)경로

① 각 판매 지역별로 하나 혹은 극소수의 중간상에게 자사제품의 유통에 대한 독점권을 부여하는 것이다. 전속적유통은 소비자들이 상품구매를 위해 적극적인 정보탐색

을 하고 그 제품을 취급하는 점포까지 기꺼이 쇼핑을 하고자 하는 특성을가진 전문점에 적절한 전략이다.

② 전속적유통은 중간상들에게 독점판매권과 함께 높은 이익을 제공함으로써 이들의 적극적인 판매노력을 기대 하지만, 제품을 촉진시키고자하는 경로구성원들의 동기를 감소시키기도 하며, 전문품을 적극적으로 마케팅할 필요가 있는 경우에 사용을 한다.

③ 제조업자가 중간상에 대한 통제를 강화하고자 하는 경우나 중간상으로 하여금 해당 상품을 적극적으로 촉진시키고자 하는 경우, 유통업자가 상품설치 및 수리서비스를 수행해야 하는 경우, 소매업자가 재고를 대규모로 유지할 필요가 있는 경우에도 유리하다.

④ 중간상의 판매가격, 신용정책, 서비스 등에 관해 강한 통제를 할 수 있다는 장점이 있으며, 또한 자사제품의 이미지에 적합한 중간상들을 선택함으로써 브랜드 이미지를 강화시킬 수 있다. 이러한 제품을 취급하는 점포까지 기꺼이 쇼핑을 하고자 하는 특성을 가진 제품으로 이러한 제품의 종류에는 대부분 고가품인 고급 자동차 · 귀금속 · 고급의류 · 고급가구 등에 적용이 가능하다.

(2) 집약(중)적 또는 개방적 유통(Intensive Distribution)경로

① 집약적유통은 가능한 많은 소매상들로 하여금 자사제품을 취급하도록 함으로써 포괄되는 시장의 범위를 최대화하려는 전략이다. 소비자가 특정점포 및 브랜드에 대한 애호도가 낮은 경우에 선호되며, 제품에 대한 인지도를 신속하게 높일 수 있는 장점이 있다. 소비자의 구매편의성을 증대시키기 위해 가능한 한 많은 유통점포들이 자사제품을 취급하게 하는 전략이다.

② 소비자들의 충동구매를 증가시킬 수 있으므로 매출수량 및 매출액 상승효과가 발생할 수 있다. 집약적유통은 대량판매를 발생시키지만, 브랜드광고와 많은 영업사원의 유지에 비용이 들고, 중간상들로 하여금 자사제품을 보다 적극적으로 판매하도록 동기부여를 하는데 어려움이 있다.

③ 소비자들은 가장 가까운 상점에서 가장 쉽게 제품을 구매하고자 하며, 방문한 상점에 진열된 제품 중에서 구매를 결정하고, 다른 상점으로 옮겨가서 구매하려 하지 않는다. 소비자들은 주로 생활편의품을 이러한 상점에서 구매하는 경향을 보인다.

④ 집약적유통은 중간상의 수가 많아질수록 경쟁이 치열해지기 때문에 새로운 중간상은 제조업체가 희망하는 가격보다 저가로 제품을 판매할 가능성이 커져 제품판매를 위한 동기부여가 감소할 수 있다. 소비자의 편의성은 높아지지만, 중간상 통제가 어려운 전략 이라할 수 있고, 이런경로를 이용하는 상품은 주로 청량음료, 비누, 껌 등이다.

(3) 선택적유통(Selective Distribution)경로

① 제조업자가 한 지역에 제한된 수의 점포들에게 판매권을 주는 형태로, 판매지역별로 자사제품을 취급하고자 하는 중간상들 중에서 자격을 갖춘 하나 이상의 소수의 중간상들에게 판매를 허용하는 전략이다. 이러한 전략은 소비자들이 구매 전에 상표 대안들을 파악하고 이들을 비교 · 평가하는 특성을 가진 선매품에 적절하다.

② 선택적유통경로는 전속적유통경로에 비해 제품에 대한 노출이 확대되며, 개방적 유통경로에 비하여는 소매상의 수가 적기 때문에 유통비용이 절감된다. 이러한 유통경로를 선택하는 제품에는 화장품, 의류, 산업재 부속품, 의류·가구 및 가전제품 등이 있지만 상품의 특징이나 수는 전문품과 비교하는 것이 어렵다.

③ 선택적유통경로를 사용하는 제조업자는 판매력이 있는 중간상들만 유통경로에 포함시키므로 만족스러운 매출과 이익을 기대할 수 있다. 또한 선택된 중간상들과의 우호적인 거래관계의 구축을 통해 적극적인 판매노력을 기대할 수 있다.

④ 선매품을 유통하기 위해 선택할 수 있는 전략으로는 유행을 주도할 수 있는 경로를 선택하고, 차별성 제고를 위한 독점적경로를 선택하며, 유통경로의 수직적통합을 모색한다. 하지만 가격지향 선매품은 개방적 유통전략을 채택하는 경향이 있다.

4. 유통경로 길이의 선택조건

(1) 짧은 유통경로를 선택하는 경우

① 부패성이 있으며, 표준화가 되어 않은 제품 및 기술적으로 복잡한 전문품과 구매단위가 크고, 구매빈도수는 낮으며, 비규칙적인 제품 등이 짧은 유통경로를 선택하는 제품의 특징을 지니고 있다.

② 생산자의 수는 적으며, 공급자의 시장진입과 탈퇴에는 제한이 있고, 지역적으로 집중적인 생산이 되며, 유통비용 측면에 있어서는 장기적으로 불안정하다.

③ 기술적으로 복잡한 상품의 경우 고객에 대한 설명을 위해 직접적인 유통경로가 필요하며, 표준화의 정도가 낮을수록 유통경로에서 보다 많은 기술적인 지식과 서비스가 제공되어야 한다. 자사의 재무능력이 좋고, 규모가 클수록 중간상에게 덜 의존하게 된다.

(2) 긴 유통경로를 선택하는 경우

① 부패성이 없으며, 표준화가 되어있는 제품 및 기술적으로 단순한 편의품과 구매단위는 작고, 구매빈도수는 높으며, 규칙적인 제품 등이 긴 유통경로를 선택하는 제품의 특징을 가지고 있다.

② 생산자의 수는 많으며, 공급자의 시장진입과 탈퇴에 제한이 없고, 지역적으로 분산생산이 되며, 유통비용 측면에서는 장기적으로 안정적이다.

③ 고객들의 유통서비스 요구가 세련되고 복잡할수록, 고객이 원하는 1회 구매량이 적을 수록 유통경로가 길어진다. 즉, 고객이 부수적 서비스를 많이 원할수록 유통경로의 길이는 길어진다.

④ 중간상이 제조업자보다 마케팅기능을 저렴하게 수행 할 수 있다면, 제조업자는 원가우위가 있는 제조부분만을 수행하고 나머지 마케팅기능들은 중간상에게 위임함으로서 유통경로가 길고, 제품의 단위 가치가 낮을수록 유통경로는 길어진다.

(3) 유통경로구조 결정이론

① 연기-투기(Postponement-speculation)이론

㉠ 경로구성원들 중 「누가 재고보유에 따른 위험을 감수하는가?」에 따라 서비스의 제공, 제품 분류작업의 이행, 경로구성원 사이의 적절한 이윤이 이루어진다

㉡ 유통경로에서 연기가 투기를 지배한다면 제조업자가 직접 소비자에게 상품을 전달할 것이므로 유통경로는 짧아진다.

㉢ 유통경로에서 투기가 연기를 지배한다면 유통경로에는 많은 중간상들이 이득을 노리고 진입을 할 것이므로 유통경로는 길어진다.

② 기능위양(Functional spinoff)이론

㉠ 각 유통기관은 비용우위론을 갖는 마케팅 기능들을 수행하고, 기타 마케팅 기능들은 이를 보다 저렴하게 수행할 수 있는 경로구성원에게 위양한다는 이론이다.

㉡ 제조업자가 유통구성원을 직접고용하는 경우에는 중간상을 이용하는 것보다 매출증가에 따른 평균유통비용이 감소하는 경향이 있다.

㉢ 「누가 어떤기능을 얼마나 효율적으로 수행하는가?」 업무를 수행하는 데 소요되는 마케팅비용 또는 유통비용을 가장 적게 필요로 하는 유통경로기관이 해당 업무를 수행하는 방향으로 유통경로의 구조가 결정된다고 설명하는 유통경로구조이론이다.

③ 게임이론(Game Theory)

㉠ 게임이론은 상호작용을 연구하는 모델들을 사용하는 수학(Mathematics)의 한 분야 이다. 이 이론의 가장 큰 특징은 경기자들이 나쁜 결과 중에서도 더 나은 것을 좋아 한다는 점에서 그들 모두를 이성적(rational)이라고 가정한 것이다.

㉡ 이론은 경쟁관계에 있는 구성원들이 어떻게 자신의 이익을 극대화하는가? 경기자들은 각자의 목표가 있으며, 결과에 가치를 부여하고, 순서를 매긴다고 가정한다. 게임은 두 명 이상이 상호 연관 관계속에서 자신의 이익을 추구하고 있으며 어느 누구도 상대방을 마음대로 좌지우지할 수 없는 경쟁적 상황에서 전개된다.

㉢ 게임을 구성하는 요소는 경쟁자(player), 전략(strategy), 그리고 게임의 보수(payoff) 등을 들 수 있으며, 어떤 게임의 특성은 이와 같은 요소들이 어떻게 결합되느냐에 의해서 결정된다.

㉣ 게임이론은 수직적으로 경쟁관계에 있는 제조업자와 중간상이 각자 자신의 이익을 극대화하기 위해 자신과 상대방의 행위를 조정하는 과정에서 유통경로구조가 결정된다는 것이다. 특히 이 이론은 수리적 모형이 지니는 제약으로 인해 지나치게 가격 혹은 수량에 의존하여 유통 구조를 설명하려는 한계를 지니고 있다.

④ 거래비용분석(Transaction cost analysis)

㉠ 유통경로구조이론 중 거래비용분석을 하는것을 말한다.

㉡ 이론에서 시장실패를 설명하는 가정이나 변수는 거래의 반복발생빈도, 불확실성, 자산 특유성, 기회주의 등이 있다.

5. 유통경로의 통제와 통합

(1) 유통경로의 통제

① 유통경로에 대한 통제수준이 높다면 유통경로에 대한 수직적통합의 정도가 강화되고 이러한 경우에는 기업에 의하여 지배받게 된다. 유통경로에 대한 통제수준이 낮다면 독립적인 역할을 수행하는 중간상을 이용하는 것이 효과적이다.

② 높고 낮은 유통경로 통제수준을 적절히 가미한 프랜차이즈(가맹점)계약이나 합자방식의 통합도 있다.

③ 유통단계를 축소하더라도 해당 경로구성원이 수행하는 경로기능 자체가 없어지지는 않으며 시장 포괄범위가 커질수록 개개 중간상의 역할은 축소된다.

(2) 유통구조의 수직적통합 이론

① 제조업자가 유통경로를 수직적으로 통합할 경우, 제조업자와 유통업자의 다양한 이점은 상품의 적기적량을 공급하거나 확보할 수 있는 거래처를 확보할 수 있고, 생산과 유통활동을 조정함으로써 유통경로의 효율성을 높일 수 있다.

② 제조업자는 제품의 품질 및 고객유지 등을 통제할 수 있어 일관된 서비스 제공이 가능하다. 구매자와 공급자 간의 거래가 일회성에서 그치는 것이 아니라 반복적일 경우 수직적통합을 선호하게 된다.

③ 불확실한 상황 아래에서 수직적통합은 거래 상대방에 대해 높은 수준의 통제력을 발휘할 수 있고 기회주의적인 행동을 방지할 수 있다. 수직적통합 형태 중 가장 흔한 것이 계약통합의 형태이다. 유통경로 구성원에 대한 통제가 쉽다.

④ 가격과 같은 시장정보가 자유롭게 노출되기 보다는 소수의 집단에게만 공유되어 있는 경우, 정보의 비대칭성이 발생하므로 이를 해소하기 위해 수직적통합을 시도하게 된다. 이런통합은 경제성과 시장커버리지를 효과적으로 달성하기 위해 고안된 것이다.

⑤ 유통경로를 수직적으로 통합하였을 때 나타나는 문제점은 전환장벽의 극복비용(cost of overcoming mobility barriers), 운영레버리지의 증대(increased operating leverage), 자본투자의 필요성의 증대 등이 있다.

(3) 시장커버리지 정책(Market coverage policies)

① 유통범위(market coverage)라고도 하며, 집약적유통경로, 선택적유통경로, 전속적유통경로 등의 세가지 전략적선택이 있다. 유통경로가 집약적유통경로에서 선택적유통경로로, 나아가 전속적유통경로로 옮겨갈수록 시장커버리지는 넓어지고, 유통경로가 전속적 유통경로에서 선택적 유통경로로, 나아가 집약적 유통경로로 옮겨갈수록 제품을 취급하는 중간상의 수(level)는 증가한다.

② 유통경로내에서 중간유통기관의 수를 얼마나 할 것인가를 결정하는 것으로 주어진 영역내에서 중간유통기관을 어느정도 밀집시키느냐 하는 것이다. 경제정책적인 측면에서 관심을 가지는 문제는 브랜드내 경쟁을 약화시키는 영역(지역)제한이 특정시장에서의 브랜드간 경쟁을 약화시키고 있는지에 대한 판단이다.

③ 브랜드내 경쟁을 약화시키고자 하는 기업의 의도는 자사브랜드를 취급하는 중간상 중 특정인을 보호하여 이들로 하여금 상이한 브랜드를 취급하는 중간상과의 경쟁에 효과적으로 대응하도록 하는 데 있다.

④ 유통경로갈등의 원인중 지각불일치(perceptual differences)란, 동일한 사실이나 사안을 놓고도 경로구성원들 간에 서로 인식을 다르게 함으로써 발생하는 갈등의 원인을 말한다.

⑤ 시장커버리지정책이나 고객커버리지정책은 브랜드내 경쟁과 직접적으로 관련을 맺고 있으며 이들 정책은 해당정책이 없을 때에 비해 가격상승을 유발하는 간접적 효과를 지니고 있다.

⑥ 고객커버리지 제한에 대한 사법부의 독점규제도 시장커버리지 제한의 경우와 유사하게 적용된다. 즉 고객커버리지 제한정책은 경쟁을 상당히 감소시키는 효과를 보일 때 불법적인 것으로 간주된다.

(4) 시장 커버리지 정책의 영역제한

① 특정 제조업체가 오프라인 중간 유통상으로 하여금 자사 취급제품에 대한 인터넷 판매를 금지하는 행위는 영역제한(territorial restrictions)의 범주에 포함된다. 영역제한은 유통경로상 상이한 수준에서 이루어지는 수직적제한과 동일수준에서 이루어지는 수평적제한으로 구분된다.

② 시장커버리지정책에서 유통업체가 제조업체보다 비교적 우위의 시장정보를 가지고 있는 경우(information asymmetry)에는 제조업체가 영역제한을 하는 경우에는 브랜드 내 경쟁이 약화되며, 따라서 유통업체는 시장조건에 적합한 가격을 제시할 수 있게 된다.

③ 유통업체의 영역제한 위반사실을 찾아내기 어려운 경우 제조업체는 영역제한을 사후에 활용할 가능성이 높고, 유통업체가 제조업체와의 거래에서 (특유)투자가 많을수록 유통업체의 기회주의적 성향은 감소하며 결과적으로 제조업체가 유통업체에 대해 영역제한을 강제할 수 있는 능력은 강화된다.

④ 제조업체간 경쟁이 치열할수록 제조업체는 영역제한을 통해 브랜드내 경쟁을 감소시킬 수 있으며 이를 통해 제조업체간 가격경쟁을 피할 수 있지만 제조업체가 독점사업자인 경우에 영역제한을 통해 브랜드내 경쟁을 감소시키는 것은 제조업체에 별다른 의미가 없다.

(5) 제조업체의 유통집약도 결정요인

① 다른 조건이 동일하다면 편의품의 경우 유통집약도 증가는 시장점유율과 매출의 증대로 이어진다.

② 판매상의 수와 상표내 경쟁력을 제한하여 중간상의 이윤을 보장함으로써 제조업체 보상적 힘은 증가한다.

③ 표적시장이 특수하고 범위가 좁을수록 제조업체는 시장특성에 적합한 중간상들로 하여금 판매상을 제한하는 전략이 필요하다.

④ 시장포괄도를 높이기 위해 취급 점포수를 확대할 경우 제품의 고급 이미지와 고급 제품 포지셔닝을 해치게 되므로 제한적 유통시스템이 요구된다.

(6) 거래비용 이론(Transaction Cost Theory)

① 거래비용(transaction cost)은 특정 재화 또는 서비스 등을 거래하는데 수반되는 비용으로 시장에 참여하기 위해 드는 비용이라 할 수 있다. 거래비용이란 거래 당사자들 간의 협상, 거래에 필요한 정보의 수집 및 처리, 감시와 통제비용 등을 의미한다.

② 코즈(coase)의 관점에서 기업이 존재하는 이유는 시장을 통한 거래비용이 기업조직을 통한 경제활동비용에 비해 훨씬 더 높기에 내부조직이 생겨난다는 것이다.

③ 효율적인 경제조직이란 거래비용을 절감해서 개인적인 편익을 사회적인 편익에 근접시키는 제반제도이다. 여기에서 '거래비용'은 재화의 교환에 따르는 탐색비용, 교환 조건에 따르는 교섭비용, 계약을 실시하기 위한 실시비용 등을 포함하는 것으로 정의된다.

④ 거래비용은 가치의 가격뿐 아니라 거래 전에 필요한 정보수집단계, 협상단계, 계약이 준수하는데 필요한 비용, 처음 계약의 불완전으로 인한 비용 등 전체적인 면에서의 비용을 모두 포함한다.

⑤ 거래비용이론에 의하면 불확실한 환경에서 거래당사자간의 기회주의적 성향을 통제하기 위해서는 시장을 통합해야하며, 유통경로시스템 구성원들 간의 기회주의적 행동경향을 기본적인 가정으로 하고 있으므로, 거래비용으로 인하여 시장실패의 가능성을 초래할 수 있음을 주장하고 있다.

⑥ 거래비용이론에서 설명하고 있는 소위 수직적 계열화가 발생하는 이유는 유통시장에 소수의 거래자만이 참가하고 있을 경우나 자산의 특수성 또는 거래 특유자산이 존재하는 경우, 경로구성원들 간에 기회주의적인 행동이 발생할 경우 때문이다.

⑦ 거래비용이론은 유통경로구조의 수직적통합여부를 설명하는데 있어서 유용한 이론으로 효율성과 비용이라는 경제적인 측면에서 기업의 통제메커니즘과 시장교환에서의 가격통제메커니즘과 위계적 지배구조의 권위통제 메커니즘을 설명하고, 거래당사자들 간의 협상, 거래에 필요한 정보의 수집 및 처리, 감시와 통제 비용 등을 의미한다.

⑧ 효율적시장에서는 외부조달원의 성과를 평가하여 부족한 경우 다른구성원으로 대체함으로 시스템의 효율성을 높일 수 있지만, 외부 조달원의 성과측정이 어려우면 외부조달의 효율성을 감소시키게 되므로 수직적통합이 촉진된다.

(7) 대리인이론 (Agency Theory)

① 젠센(Jensen)과 맥클링(Meckling)에 의해 1976년에 제기된 대리인이론에서는 조직을 계약관계(contractual relationship)의 연속으로 계약의 당사자를 주인(principal)과 주인의 부(wealth)를 대신하여 극대화하려고 노력하는 대리인(agent)으로 구분하였다.

② 어느사회나 조직에서든지 한 사람이 모든 일에 책임을 지고 일을 수행하는 경우는 많지 않다. 예를 들어 국가 구조에 있어서 국민은 궁극적으로 주인이고 위임자이며 국회와 대통령은 대리인이라고 볼 수 있으며, 관료제 계층구조에 있어서 상급자는 하급자의 위임자이며 하급자는 상급자의 대리인이라고 할 수 있겠다.

③ 대리인이론의 가장 중심이 되는 가정은 첫째, 본인과 대리인의 이해관계는 서로 상충하는 경우가 많다는 것이고 둘째, 본인과 대리인은 모두 자신들의 이익, 즉 효용을 극대화하는 존재라는 것이며 셋째, 본인은 대리인이 알고 있는 정보를 알고 있지 못하거나 대리인의 행동을 관찰할 수 없다는 것이며 넷째, 본인과 대리인은 불확실한 환경 하에서 서로 업무에 대한 계약을 체결한다는 사실이다.

④ 주인은 어떻게 하면 대리인으로 하여금 최대한 본인의 이익을 위하여 업무를 수행할 수 있도록 할 것인가 하는 것이 대리인이론이 갖는 근본 물음 중의 하나이다. 지금까지 제기되고 있는 대리인 문제의 유형은 바로 이러한 물음에서 출발하는데, 대부분의 학자들이 정보의 비대칭성(asymmetric information)을 중심으로 역선택(adverse selection), 도덕적해이(moral hazard), 사적목표(internality) 등을 들고 있다.

13 직접유통경로와 간접유통경로

1. 직접유통경로의 선호

(1) 직접유통경로의 선호이유

① 직접유통경로는 유통기능의 통제수준을 높일 수 있는 장점이 있으며 유통촉진기구들을 적절히 활용할 때 유통비용을 절감할 수 있다. 제품이 무겁고 부피가 크면 직접 경로가 유리하다.

② 거래수가 많을 수록 생산자와 소비자 사이에 상품유통에 소요되는 시간도 길어지고 비용도 많이 들며, 경우에 따라서는 상품의 효용을 감퇴시킬 수도 있다.

③ 유통경로가 직접적일수록 생산자는 자신이 생각했던 제품사용의 효용이나 다른 제품과의 차별성을 직접 소비자에게 설명할 수 있으므로 마케팅 활동을 효과적으로 수행할 수 있다.

④ 시장이 일정한 곳에 집중되어 있고, 생산자의 직접 판매량이 큰 경우에는 유통비용이 상당히 감소하게 된다. 이러한 경우에 중간상이 과도하게 개입하게 되면 유통비용이 증대되므로 직접유통을 하는 것이 생산자와 소비자 모두에게 유리하다.

⑤ 신선상품의 경우 이동과 취급이 지연될수록 부패의 위험이 증가하므로 직접적 유통경로가 필요하며, 중량이 많이 나가거나 취급에 어려움이 있는 경우에도 직접유통경로를 이용하는 것이 좋다.

(2) 유통시설의 발달

① 유통관련시설의 발달은 직접유통으로 이루어지게 된 중요한 요인이다. 특정지점의 영업창고는 특정시장에서 수요량이며, 시장이 지역적으로 분산되어 있는 경우라면 생산자에게는 간접유통을 하는 것이 직접유통의 경우보다 훨씬 유리하다.

② 현대적 대규모의 상품전시실은 소매상품을 대상으로 하는 상품전시 및 보관기능, 생산자에 대한 직접주문 등은 도매상이나 중간상의 개입도 필요성이 점차 감소하게 되는 원인이 되기도 하였다.

(3) 생산자의 중간상에 대한 불만

① 생산자의 불만은 중간상과 도매상이 부당한 이윤을 얻고 있다는 전제하에 직접유통을 촉구하는 중요한 원인이 되었다.

② 유행성이 강한 상품은 생산자가 시장상황을 직접 파악하기 위하여 소매상과 직접 접촉하려고 하고, 부패성이 있는 상품은 그 상품의 특성상 시설 면에서 특수한 보관 설비가 요구되므로 직접유통을 해야 할 필요성을 느끼게 되었다.

③ 시장에서 생산자상표(National brand, Manufacturer's brand)와 도매상이나 중간상 상표(Distributor's brand, Private brand)를 사용하는 경우에 경쟁관계에 놓이며, 생산자는 중간상을 기피하여 직접유통을 시도하는 계기를 마련하게 되었다.

(4) 적극적인 소매상의 촉진정책

① 백화점, 연쇄점, 슈퍼마켓, 할인점 등 자본력이 크고 보관시설도 충분히 갖춘 대규모 소매상들의 발달은 소매상측의 직접유통을 촉구하게 되었다.

② 급속한 교통시설의 발달로 농어촌 소비자들의 대도시 왕래가 용이하며, 상권이 대도시 중심으로 형성되어 대도시의 소매상들이 더욱 대규모화하여 생산자와 직접 거래하는 요인이 되었다.

(5) 유통업체의 경로 지배권 강화현상

① 새롭게 등장한 대형 소매업체들은 특히 소비재시장에서 도매상들의 존재 의의를 부정하며 직접적으로 제조업체와 협상할 뿐만 아니라 경로지배력을 강화하고 있다.

② 일반 소비재시장에서 대형화된 소매업체(백화점)의 경로리더십은 전문품의 경우 보다 선매품의 경우에 더욱 두드러지게 나타나는 현상이다.

③ 다점포 경영이 확대되면 확대될수록, 유통(소매)상이 체인화 혹은 조직화되면 될수록 소매상의 경로지배력은 강화된다.

④ 고객지향적 마케팅을 실행하기 위해서는 고객욕구 파악이 가장 중요하며, 이러한 관점에서 유통경로상에서 가장 우위에 서 있는 유통(소매)업체의 협상력은 더욱 강화되는 추세이다.

2. 간접유통경로의 선호

(1) 간접유통경로의 근거

① 총 거래수 최소(감소)의 원칙과 집중저장(불확실성 풀)의 원칙에 의하면 도매상과 중간상의 사회적 존립 타당성을 인정할 수 있으며, 탐색과정의 효율성 제고, 거래의 일상화, 구색 및 수량의 불일치 해소는 간접유통의 이론적 근거이다.

② 유통기관의 비용은 회계학적 비용의 측면에서 보면 고정비가 상대적으로 적고, 변동비의 비율이 높다. 이러한 측면으로 볼 때 유통기관이 대규모화 하더라도 평균 비용이 그다지 저하하지 않으므로, 유통기능의 통합에 의하여 중간상이나 도매상이 배제되는 것이 반드시 유리하다고 볼 수 없다.

③ 중간상이나 도매상이 배제되는 경우에는 일종의 유통경로의 독점이 발생하여 유통 비용의 하나인 특화에 의한 능률화 등의 이점도 없어지게 된다. 따라서 사회적 측면 에서도 간접유통이 타당하다.

④ 중간상이 배제됨으로써 종래 특화에 의하여 유통기능을 수행하면서 유통과정에 개재하던 많은 중간상이 실업을 당하게 되어 사회적 불안을 조장할 수도 있으므로, 간접유통이 유리하다는 것이다.

(2) 간접유통경로의 효과

① 시장의 전부 또는 일부가 분산되어 있고 생산자의 직접 판매량이 적은 경우에는 중간상이나 도매상을 이용하는 것이 보다 경제적인 이득을 얻을 수 있다.

② 생산자와 수요자 사이에서 직접거래에 비해 간접거래의 경우 거래비용이 감소될 수 있는 장점이 있다.

③ 간접유통경로에 있어서 유통경로에 대한 의사결정의 핵심은 업태 선정에 대한 의사 결정과정으로 볼 수 있다.

④ 직접유통에 비하여 간접유통은 유통기능의 특화를 초래하여 전체적인 생산성 향상 을 증가시키게 된다.

⑤ 간접유통에서는 유통과정에서 발생하는 위험을 중간상이나 도매상이 부담하므로 직접유통으로 인한 생산자의 위험이 거의 없게 된다.

(3) 간접유통경로의 이론적 근거

① 총 거래수 최소의 원칙

㉠ 총 거래수 최소의 원리는 도매상이 개입하면 생산자가 다수의 소매상과 거래하는 경우에 비하여 총 거래수가 감소하게 된다는 원칙이다.

㉡ 유통경로상에서 생산자와 소비자 사이의 거래에 필요한 시간과 노력 및 거래 비용, 사회적 비용을 절약시켜 준다는 이론이다.

② 집중저장(불확실성 풀)의 원칙

㉠ 유통경로에 도매상이 존재함으로써 소매상의 평균 재고량을 감소시켜 투하 재고 자본을 절감시켜 준다는 것이다.

　　ⓛ 사회에서의 재고 총량이 보다 적어도 되게 해줌과 동시에 도매상이 재고를 집중 저장, 준비함으로써 변화하는 수요에 적절하게 대처할 수 있다는 것이다.

3. 유통경로결정의 일반적요인

(1) 시장의 요인

① 최종사용자의 수가 적거나, 고객의 지역적 범위가 낮으며, 고객밀집도 높으면 직접경로가 유리하다.

② 평균주문의 크기가 크거나 거래완결시간이 장시간 길리며, 고객의 시비스요구가 높은 경우에는 직접경로를 선택한다.

(2) 제품의 요인

① 제품의 배분단위의 크기(bulk)가 클수록 유통경로의 직접성이 높아지며 배분단위가 크면 본질적으로 생산과 소비 사이가 줄고, 비용의 상승 등의 비효율성 때문이다.

② 부패가능성이나 소멸성이 높거나 표준화 정도의 낮음, 기술적인 복잡성의 높음, 단위가치의 높음, 마진 폭의 낮은 경우에는 직접경로가 유리하다.

(3) 기업의 요인

① 기업의 규모와 자본력이 크거나 제품계열이 넓고, 또한 신제품을 적극적으로 개발 하려는 경우, 경영자의 경험이 풍부한 경우에도 직접유통의 경우가 좋다.

② 통제의 필요성이 높거나, 규모가 크고, 자금능력이 높은 경우 및 관리적인 숙련도가 높고, 고객에 대한 정보력이 높은 경우에는 직접유통의 경우가 좋다.

(4) 중간상의 요인

① 중간상 이용가능성이 낮거나, 비용이 높고, 질적수준이 낮은 경우 및 유통경로에 바람직한 유형의 중간상(도/소매상)이 없는 경우에는 직접유통의 경우가 좋다.

② 적합한 중간상이 있다고 하더라도 그 이용 가능성이 없는 경우에는 직접유통을 하거나 새로운 유통형태를 개발하게 된다.

4. 유통경로결정의 전략적요인

(1) 경로커버리지 정책 요인

① 경로관리에서 핵심적인 관점 가운데 하나는 얼마나 많은 수의 점포를 특정지역에 설립해야 하고, 경로흐름에서 어떤 유형의 경로구성원이 필요한지를 결정하여 이를 통해 실재고객과 잠재고객의 욕구를 실현하는 것이다.

② 경로 내 중간상 또는 점포의 수가 증가한다고 하여, 반드시 시장점유율이나 매출액 의 증가가 비례적으로 증가한다고 볼 수 없다.

③ 경로집약도(intensive)에 대한 결정은 각각의 개별경로의 형태에 있어서 얼마나 많은 수의 경로 구성원을 활용할 것인가를 결정하는 것이다.

(2) 경로커버리지 요인

① 경로커버리지전략 선택에 있어 마케터는 점포에서의 고객쇼핑(구매)행동, 기업의 경로통제행동의 욕구, 점포의 포화정도와 같은 요인들을 고려해야 한다.

② 소비자들이 내구용품 구매시 '선매품–선매점형'의 쇼핑행동을 보이게 되었고, 그 동안 전속적경로커버리지 전략을 추구해왔다면, 선택적경로채택이 안되면 차라리 집중적경로커버리지 전략을 도입하는 것이 더욱 바람직하다.

③ 중저가 립스틱을 저가매장이나 편의점에서 구매하려는 소비자집단과 랑콤립스틱을 고급백화점이나 명품관에서 구매하려는 소비자집단의 구매행동은 동일하지 않으므로 어떤 소비자집단을 표적시장으로 선택할 것인지에 따라 이에 알맞은 경로커버리지 전략을 선택해야 한다.

④ 기업이 표적시장내에 지나치게 적은 수의 점포를 가진다면 높은 매출액 및 시장점유율의 성장을 달성하는 것은 어려운 반면, 너무 많은 점포들이 존재한다면 동일한 고객을 상대로 점포간 과다경쟁이 일어나게 된다.

⑤ 편의품을 전문점에서 취급하는 경우, 소비자는 어떤 상표를 구매하더라도 상관없지만 특정점포에 대한 애호도가 높기 때문에 집약적경로보다는 선택적/전속적 유통경로 커버리지전략을 사용하는 것이 바람직하다.

(3) 경로구조상 요인

① 경로구조는 특히 경로의 노출 정도와 관련이 있다. 집약적유통(intensive distribution)과 같은 다수의 도매상을 활용하는 경로의 길이가 긴(long) 경로구조는 폭넓은 분산된 시장을 획득할 수 있는 것에 비해, 경로구조가 짧은(short) 직접경로의 유통은 시장을 유지시키는 데 적합하다.

② 경로구조는 할당된 유통기능들을 담당하는 경로구성원들의 집합으로 정의된다. 다중 유통경로정책이 주는 단점의 하나로 경로간 갈등이 최대화된다는 점을 들 수 있으며, 기업형 유통경로는 관리비의 상승과 투자비용이 증가하는 단점이 있다.

③ 유통경로는 일단 구축되면 이를 변경하기가 용이하지 않으므로 마케팅 4P믹스 구성요소 중 가장 신중한 관리가 필요하다.

④ 유통경로내의 중간상은 제조업체로부터 공급받은 제품을 그대로 소비자에게 전달하는 단순한 역할을 수행하는 것이 아니라 제품이 지닌 가치에 새로운 가치를 추가하는 역할을 수행한다.

(4) 제조업체의 유통경로 지배방법

① 제조업체는 광고를 통해 강력한 브랜드이미지를 구축한다.

② 제조업체의 방침에 따르지 않는 유통업체에게 제품 판매를 중단하기도 한다.

③ 중간상들에게 정기적으로 시장정보를 제공하여 중간상의 경쟁력 향상을 지원한다.

(5) 유통 경로구조 설계시 고려사항

① 충분한 제품정보와 다양한 제품구색을 동시에 기대하는 고객을 위해서는 직접경로와 간접경로의 절충형 경로가 최적의 경로구조가 될 수 있다.

② 직접유통경로와 간접유통경로의 선택에 있어서 중요한 결정요인의 하나는 세분시장의 고객이 기대하는 서비스 산출이며, 예로서 제품정보에 대한 서비스기대가 높으면 높을수록 직접경로선택이 더욱 유리하다.

③ 제품규격이나 용도 등 제품명세에 대한 고객욕구가 다양하고 하나의 제품과 연관된 여러 제품(보안재)들이 공급되어야 할 경우 직접유통경로보다 간접유통경로가 선택될 확률이 더욱 높다.

■ 유통경로의 성과척도

❖정량적 척도(Quantitative measures)	❖정성적 척도(Qualitative measures)
1.단위당 총유통비용, 수송지, 창고비, 생산비	1.경로조정의 정도
2.재고부족방지를 위한 관련비용	2.협동과 갈등의 정도
3.재고부족단위의 비율	3.역할에 대한 의견일치의 정도
4.진부화된 재고 제품의 비율	4.최상위 목표에 대한 인식
5.부실채권의 비율	5.경로과업의 반복화 수준
6.제품별/세분시장 부분별 대고객 서비스 수준	6.기능적인 중복의 정도
7.판매예측의 정확도	7.경로에 대한 몰입의 정도
8.주문처리의 오류횟수	8.힘의 개발정도
9.새로운 시장에 참여한 횟수	9.기능적 이전의 유연성
10.새로운 참여시장에서의 매출액 비율	10.시장상황정보의 획득 가능성
11.가격인하제품의 비율	11.경로내의 유통의 혁신
12.거래를 중단한 유통중간상들의 수와 비율	12.상표내의 경쟁의 정도
13.새로운 중간상들의 수와 비율	13.일상화된 경로과업의 정도
14.손상된 제품의 비율	14.적정재고 표준의 사용정도
15.잘못된 주소지로 선적된 비율	15.협회나 소비자 집단과의 관계
16.주문의 크기	16.다음의 정보획득 가능성
17.자료전송과 같은 신기술의 도입 능력	1) 물적 재고량
18.공차 대 실차의 비율	2) 재품 특징
19.고객 불평 횟수	3) 가격 정책의 구조
	4) 시장여건
	5) 획득가능한 서비스
	6) 조직의 변화
	7) 촉진자료
	- 인적판매자료, 광고, 구매시점 진열과 전시, 특별 촉진

유통경로 환경

1. 유통경로 환경의 의의

(1) 유통경로 환경의 개념

① 유통경로를 둘러싸고있는 내적·외적 힘과 영향있는 단체들의 총합을 유통경로의 환경이라 말하며, 거래 쌍방과 이를 둘러싼 외부 환경요소에 의하여 하나의 유통 경로 시스템이 구성된다.

② 유통경로시스템의 외부환경은 근접성, 즉 거래 쌍방에 직접 영향을 미치는 정도에 의하여 1차 과업환경, 2차 과업환경, 거시환경으로 구성된다.

③ 유통환경의 내부분석은 원재료공급업자의 가격정책을 주시하고, 새롭게 등장하는 소매업태가 무엇인지, 적절히 분석하고 대응해야 하며, 고객의 구매편의성 증대로 소매점포수 확대나 적정 재고유지가 중요해졌다.

(2) 유통경로 환경의 유형

① 1차 과업환경(Primary task environment)은 거래 쌍방의 1차공급자와 고객으로 구성된다. 일부 경로에 있어서는 규제기관과 경쟁사가 거래 쌍방 간의 교환에 직접 개입하기 때문에 1차 과업환경요소로 분류되기도 한다.

② 2차 과업환경(Secondary task environment)은 2차공급자(1차공급자에게 제품을 공급하는 공급자)와 2차고객(1차 고객으로부터 제품을 구매하는 고객), 규제기관, 이해집단, 경쟁사 등으로 구성된다.

③ 거시환경(Macro environment)은 1차 과업환경과 2차 과업환경에 영향을 미치는 사회, 경제, 정치, 법률적, 기술, 인구통계적, 환경 등을 말한다.

④ 경제환경이 인플레이션기에 접어든 경우에는 생산성이 낮은 인력이나 시설은 정리 하고, 자가상표의 비중을 가급적 증대하며, 비용절감을 위한 노력으로 재고비용과 수송비용 등을 축소해야한다.

(3) 프렌치와 라벤(French & Raven)의 유통경로구성원 간에 발생하는 힘(power)의 유형

① 보상력(Reward Power) : 물질적, 심리적, 보호적 보상을 제공할 수 있는 능력을 말한다.

② 강권(압)력(Coercive Power) : 상대방이 말을 듣지 않거나 영향력 행사에 따르지 않을 때 처벌이나 제재를 가할 수 있는 능력을 말한다.

③ 전문력(Expert Power) : 상대방이 중요하게 인식하는 우수한 지식이나 경험 혹은 정보의 제공 능력을 말한다.

④ 준거력(Reference Power) : 소매상이 어떤 브랜드 상표를 취급하는 것 자체(명품 취급 이나 백화점 입점)를 자랑스럽게 생각하는 경우나 특정집단에 일체감을 갖고 있거나 갖게 되기를 바라기 때문에 발생하는 능력을 말한다.

⑤ 합법력(Legitimate Power) : 오랜 관습 또는 공식계약에 의해 상대방에게 행동을 준수하도록 정당하게 요구할수 있는 능력을 말한다.

⑥ 정보력(Information Power) : 정보를 많이 가진 측이 협상에서 유리한 위치를 가진다는 능력을 말한다.

2. 유통경로의 소비자 환경

(1) 소득수준의 향상

① 산업의 발달로 인하여 소득수준이 향상되고 소비자들은 고급화·다양화된 상품과 서비스를 요구하고 문화, 교육, 오락, 여가활동에 대한 관심을 증가시키게 되었다.

② 소비자들의 선택에 의해 전근대적인 재래시장과 구멍가게가 쇠퇴하게 하였고, 현대적 시스템을 갖춘 백화점, 편의점, 대형 슈퍼마켓 등과 같은 업태가 급격히 성장하였다.

(2) 젊은층의 구매력 향상

① 10대와 20대의 젊은층이 마케팅 커뮤니케이션 담당자들의 주요 관심이 되고 있다. 젊은층의 브랜드 로열티가 형성되면 중·장년층에 비하여 상대적으로 기업의 이윤 창출에 기여하는 정도인 고객생애가치(lifetime value)가 커서 고객으로서의 무한한 잠재력을 가지게 된다.

② 최근 신세대를 주 고객으로 한 복합의류매장인 밀리오레나 두산타워 등이 크게 호황을 누리는 것과 상당한 관련이 있다.

(3) 주부들의 구매력 향상

① 주부들의 취업으로 인하여 소득수준이 향상되었고, 가정용기기의 발달, 출산자녀수의 감소 등으로 가사노동이 경감되었다.

② 특징적인 변화는 이들의 역할 확대로 인한 소비스타일의 다양한 변화를 들 수 있다.

(4) 고객니즈(Needs)의 향상

① 정보기술의 발전으로 소비자의 목소리가 커져서 프로슈머가 등장하고, 생활방식의 변화로 소량 포장이 각광받고 있다. 건강에 대한 관심이 높아져서 친환경 농산물 및 관련 제품이 인기이다.

② 1인 10색에 대한 니즈(needs)는 고객의 당연한 권리로서 체계적인 잠재니즈 개발에 대한 연구가 필요하며, 시장세분화와 단순한 친절이나 A/S 강화에서 발전하여 고객이 원하는 것을 제품과 서비스에 반영시키고자 하는 노력이 강화되어야 한다.

(5) 간편함의 향상

① 현대의 소비자들은 점점 더 작고, 간단한 것에 관심을 기울이고 있기 때문에 현재의 소비성은 간단한 방법과 편리함을 선호하는 방향으로 발전하고 있다.

② 생산자들이 고객에게 접근하는 방향으로는 가구, 주거 등의 고가 내구재를 비롯하여 소형·고성능 제품의 간편함을 소비자들에게 선보이고 있다.

(6) 환경의식의 향상

① 국내 민간소비단체를 중심으로 환경문제에 대한 시민운동이 확산되고 있으며 소비자들의 환경 친화적인 활동이 본격화되면서 환경에 부정적인 제품과 서비스에 대한 불매운동 등 환경에 대한 행동실천으로 전개될 것이 예측된다.

② 제품 자체 및 포장재에서 감량할 수 있는 과잉포장 및 과잉서비스의 축소, 자원재활용 등의 소극적 대응에서 장기적으로는 그린제품 개발 등 자연친화성의 강화와 함께 소비자에게 편리성, 경제적 이득을 제공할 수 있도록 대응하는 전략이 필요하다.

(7) 현재와 미래의 유통 환경변화

① 인구성장 정체로 인해 상품시장의 양적 포화와 공급과잉을 초래하게 될 것이다. 노인 인구 증가와 구매력을 동반한 노인인구 증가는 건강과 편의성을 추구하는 새로운 수요를 만들 것이다.

② 나홀로가구 증가로 인해 소용량제품, 미니가전제품 등 1인가구를 위한 서비스가 등장하고 있고, 소비자가 제품개발과 유통과정에도 참여하는 등 능동적인 소비자가 나타났으며, 블로거 마케터 등 온라인마케터의 영향력이 커져 프로슈머의 필요성은 점차 증가하고 있다.

3. 유통경로 갈등환경

(1) 유통경로의 갈등의 원인

① 경로갈등은 한 경로구성원이 다른 경로구성원의 목표달성 노력을 저해하는 행위를 한다고 생각할 때 발생된다. 유통경로에서 구성원들 간의 갈등원인으로, 목표의 불일치, 현실인식의 불일치, 영역의 불일치, 커뮤니케이션의 단절 등을 들 수 있다.

② 제품 획득가능성과 관련한 문제, 중간상간의 경쟁수준과 관련한 문제, 교육훈련비용 부담에 대한 문제, 신제품 출시시기에 대한 문제 등은 목표의 불일치 때문에 갈등이 발생한다고 본다. 갈등을 관리하는 행동적 방식으로는 당면 문제해결, 상대방 설득과 협상, 중재 등을 통한다.

③ 유통경로 과정 중 동일한 단계에서 발생하는 갈등을 '수평적 갈등'이라 말하며, 도매상과 소매상 사이 또는 중간상과 소매상의 서로 다른 단계 구성원들과 구성원들 사이에 발생하는 갈등을 '수직적 갈등'이라 말한다.

④ 유통경로상 경로갈등은 한 경로구성원이 다른 경로구성원의 목표달성 노력을 저해하는 경로구성원의 목표들 간의 양립불가능성 행위를 한다고 생각할 때 발생되며, 예로서 소비자가격을 책정하려고 할 때 대규모 제조업체는 신속한 시장침투를 위해 저가격을 원하나 소형 소매업자들의 경우 수익성 증대를 위해 고가격을 원하는 경우이다.

⑤ 토마스(K. Thomas)는 '조직의 한 단위가 다른 단위로 인해 자기 관심사가 좌절되었거나, 좌절될 것을 자각할 때 생기는 과정'이라고 말한다. 경쟁, 회피, 공유, 협동을 타인의 요구(이익)에 대한 관심과 자신의 요구(이익)에 대한 관심을 기준으로 분류했다.

(2) 유통경로 갈등의 유형

① **수평적(horizontal) 갈등** : 유통경로의 동일한 위치나 단계에 있는 경로 구성원들 간의 갈등을 말하는 것으로, 백화점과 백화점 간, 도매상과 도매상 간, 제조업자와 제조업자 간의 갈등을 들 수 있다.

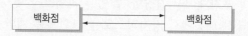

② **수직적(vertical) 갈등** : 유통경로의 다른 단계에 있는 경로 구성원들 간의 갈등을 말한다. 예를 들면 화장품의 도매상이 대규모로 소매상에 공급하는 생산자와 경쟁할 수 있다. 대규모 소매상의 급성장으로 제조업자가 도매상을 통하지 않고 소매상에게 직접 공급하는 경향이 뚜렷이 나타나고 있는 예가 대표적이다. 최근 유통업체 상표의 확산으로 제조업체 상표가 경쟁의식을 느끼는 현상은 수직적 경쟁의 사례라 할 수 있다.

③ **업태 간(intertype) 갈등** : 유통경로상은 같은 단계이지만 다른 유형의 경로 구성원들 간의 갈등을 말하는 것으로, 최근 백화점과 할인점 간의 갈등이 그 예가 될 수 있다. 제조업자는 종종 그들의 판매를 극대화하기 위하여 다양한 유형의 소매상을 통해 판매할 수 있는데, 예를 들어 삼성전자의 벽걸이 TV를 백화점을 통해서 판매할 수도 있고, 할인점을 통해서 판매할 수도 있다. 이러한 경우 흔히 가격경쟁으로 인해, 이 두 업태간의 경쟁이 가속화될 수도 있다. 가전제품 전문점과 할인점 가전코너의 경쟁은 업태간 경쟁(intertype competition)이라고 한다.

(3) 유통경로파워

① 특정 경로 구성원이 다른 경로 구성원에 기여한 매출액과 이익이 크면 클수록 경로 파워가 증가하게 된다. 경로파워는 한 경로 구성원이 다른 경로 구성원의 마케팅 의사결정에 영향력을 행사할 수 있는 능력으로 정의한다.

② 유통업체들의 경로파워가 강해진 이유는 유통업체들이 대형화, 다점포화가 되었고, 정보기술발달 덕분에 재고관리, 주문단계에서 운영효율성이 증가하여 고객 및 공급업체 관계에서 주도권을 쥐게 되었다. 가격이 전략적 무기가 됨에 따라, 유통업체들이 규모의 경제를 추구하게 되었다.

③ 소비자들이 일괄구매(one-stop shopping)를 선호함에 따라 대형 유통매장이 전국적으로 확산될 수 있었다. 많은 소비용품 시장이 성숙기에 들어섬에 따라, 제조업자

들이 유통업체에게 보다 많고 다양한 판매촉진을 경쟁적으로 제공하였으며, 유통정보기술의 발달로 인해 재고관리, 배송, 주문 등에서 기술혁신을 이뤄 효율적 경영이 가능해지고 가격경쟁력이 생겼다.

(4) 유통경로 구성원간에 발생하는 갈등

① 경로갈등은 유통시스템을 비효율적으로 만들기도 하지만, 적절한 수준의 갈등은 건설적인 경로성과를 가져다주기도 한다.

② 유통경로를 수직적으로 통합함으로써 유통경로 구성원간의 목표의 불일치를 해소하거나 사전에 방지할 수 있다.

③ 유통경로 구성원간 목표불일치(goal divergence)는 제조업체의 입장에서 유통점 내 좋은 위치에 진열하고 싶어하지만, 유통점의 입장에서는 판매에 도움이 되는 다른 제품을 그 위치에 두고자 하는 경우가 이에 해당한다.

④ 경로 구성원간 상권의 범위결정과 그 상권내에서의 역할에 대한 견해차이가 발생하는 경우를 영역불일치(domain divergence)라 한다. 경로상 영역불일치에 의한 갈등이 발생하게 되는 원인은 각 중간상이 거래하는 고객이 중복되기 때문이다.

(5) 유통경로의 갈등의 해결의 중재

① 유통경로상에 발생하는 갈등해결방법 중의 하나인 중재(conciliation)는 제3자를 개입시켜 경로갈등을 해소하기 위한 분쟁해결제도이다.

② 중재인은 판사, 교수, 컨설턴트, 기업인 등 전문가 중에서 선정하므로 중재판정의 객관성과 전문성이 확보될 수 있다는 장점을 지닌다.

③ 중재(conciliation)는 단심제로 운영되기 때문에 비용과 시간을 절약할 수 있으며, 소송(재판)의 결과와 유사한 수준의 구속력이 발생한다는 장점을 지닌다.

④ 유통채널간 갈등원인이 유통채널 간의 영역 중복에서 비롯되는 경우, 채널별 브랜드를 차별화하거나 채널별 제품을 차별화함으로 갈등을 해소할 수 있다.

⑤ 갈등을 해결하기 위한 전략으로는 회피, 수용, 경쟁, 타협, 문제해결 등이 있다. 그 중 회피는 가장 수동적 성격의 전략으로 두 구성원간의 상호의존도가 거의 없는 경우에 사용가능하다.

4. 수직적 마케팅 시스템(VMS: vertical marketing system)

(1) 수직적 마케팅 시스템의 개념

① 마케팅경로에서 지도자격인 구성원이 전문적으로 관리되고 집중적으로 계획된 유통망을 주도적으로 형성하여 유통경로상 서로 다른 단계에서 활동하는 경로구성원들의 수직적결합을 수직적마케팅 시스템이라고 한다.

② 수직적통합을 통해 무질서하게 산재된 도소매상들의 연계관계를 형성시키고 경로 내의 유통기관에 대한 통제력을 강화하여 최대의 시장영향력을 발휘할 수 있도록 하여 유통기능 수행의 경제성을 달성하게 된다.

③ 수직적마케팅 시스템은 마케팅경로상에서 지도자격인 중앙(본부)에서 계획된 프로그램에 의해 경로구성원이 전문적으로 관리되고, 집중적으로 계획된 유통망을 주도적으로 형성하며, 상이한 단계에서 활동하는 경로구성원들을 전문적으로 관리, 통제하는 네트워크 형태의 경로조직이다.

④ 최적의 경제성을 달성하고 최대한 시장에 영향을 주기 위해, 중앙에서 통제하여 전문적으로 관리하고 수평적으로 조성되며 수직적으로 정리된 설비들로 구성된 경로시스템을 수직적마케팅 시스템 경쟁이라고 정의할 수 있다.

⑤ 수직적 마케팅 시스템이 계약형 경로에 해당하는 깃은 소매상 협동조합, 제품 유통형·사업형 프랜차이즈, 도매상 후원 자발적 연쇄점 등이 있다.

⑥ 수직적마케팅 시스템을 통해 경로효율과 성과를 높일 수 있도록 경쟁을 줄일 수도 있지만, 이렇게 형성된 수직적마케팅 시스템 간의 경쟁이 일어날 수 있다.

(2) 기업형 VMS(corporate VMS)

① 생산과 유통의 연속적인 단계를 하나의 소유권이나 자본참여를 통하여 결합하는 형태이다.

② 경로구성원간의 역할과 갈등을 공식적인 규정에 따라 내부적으로 조정할 수 있다.

(3) 계약형 VMS(contractual VMS)

① 공식적인 계약을 근거로 생산과 유통의 연속적인 단계에 참여하는 경로구성원들을 결합하는 형태이다. 규모의 경제와 마케팅노력의 상호조정을 목표로 하지만, 관리형의 경우에서 처럼 각 경로구성원은 독립적인 기관들임에 유의해야 한다.

② 계약형VMS의 대표적인 형태로 도매상후원의 자발적인 연쇄점형태와 소매상협동조합, 프랜차이즈시스템을 들 수 있다.

(4) 관리형 VMS(administered VMS)

① 동일자본이거나 공식적이고 명문화된 계약 배경이 없어도, 경로구성원들 중에서 가장 규모가 크거나 시장영향력이 큰 구성원(경로지도자, channel captain)이 다른 구성원들에게 비공식적으로 영향을 미쳐 생산이나 유통활동을 조정하는 형태이다.

② 관리형VMS의 근거는 소유나 자본참여가 아니라 규모나 시장에 대한 영향력이며 비공식적으로 작용하는 것이 특징이다. 경로구성원들의 활동에 대한 통제정도는 「기업형 VMS 〉 계약형 VMS 〉 관리형 VMS」의 순으로 통제정도의 강도가 형성된다.

③ 수직적마케팅 시스템의 한 형태로서 본부의 통제력을 기준으로 보면 통제정도가 낮은 시스템으로 경로구성원들 간의 상호이익을 바탕으로 맺어진 협력시스템이라고 볼 수 있으며 명시적인 계약에 의하여 형성된 협력관계라기보다는 묵시적인 협력관계로 형성된 시스템이라고 볼 수 있다.

5. 새로운(新) 유통이론

(1) 옴니채널(Omni-Channel)

① 옴니채널이란 온라인, 오프라인, 모바일 등 고객을 둘러싸고 있는 모든 쇼핑채널 들을 유기적으로 연결해 고객이 어떤 채널에서든 같은 매장을 이용하는 것처럼 느낄 수 있도록 한 매장의 쇼핑환경을 말한다.

② 온라인(모바일 포함)·오프라인을 넘나들면서 제품의 정보를 수집하여 최적의 제품 을 찾아내는 소비자를 크로스쇼퍼(cross-shopper)라고도 한다.

③ 옴니채널은 소비자가 온라인, 오프라인, 모바일 등 다양한 경로를 넘나들며 상품을 검색하고 구매할 수 있도록 한 서비스를 말하며, 각 유통채널의 특성을 합쳐, 어떤 채널이든 같은 매장을 이용하는 것처럼 느낄 수 있도록 한다.

④ 최근 유통산업은 멀티채널에서 옴니채널로 진보하고 있다. 옴니채널은 스마트폰 근 거리 통신기술을 이용하여 편의점을 지나는 고객에게 할인쿠폰을 지급하는 형태로 도 활용되며, 옴니채널은 고객중심의 유기적 채널로 온오프라인이 상생관계이다.

⑤ 현재까지는 이런 변동 속에서 가장 큰 혜택을 누리는 것은 소비자다. 빠르게 변화 하고 있는 e-커머스 환경 속에서 소비자를 공략하기 위해 기업에게 필요한 것은 바 로 소비자들의 변화되는 행태에 적극 대응할 수 있는 새로운 서비스를 만들어내는 '실험정신'과 그것을 빠르게 필드에 실현시키는 '스피드'일 수 있다.

(2) 쇼루밍(Showrooming)

① 옴니채널 소비패턴 속에서 최근 주목 받고 있는 키워드는 바로 '쇼루밍'이다. 쇼루밍 이란 오프라인 매장이 온라인 쇼핑몰의 전시장(showroom)으로 변하는 현상을 말 하는데, 소비자들이 오프라인 매장에서 제품을 살펴보고, 실제 구매는 보다 저렴한 온라인이나 전화, 방문판매 등 다른 유통 경로를 이용하는 것을 말한다.

② 소비자들이 쇼루밍을 하는 주된 이유는 온라인 상에서 보다 저렴한 가격에 제품을 구매하기 위함이지만, 기업은 소비자들이 원하는 것이 단지 '저렴한 가격'만은 아니 라는 것에 주목할 필요가 있다. 쇼루밍은 취향에 맞고 품질도 좋은 제품을 합리적인 가격에 구매하려는 일종의 '가치 소비' 행위라고 할 수 있다.

③ 리버스 쇼루밍(Reverse Showrooming)'이란 간단하게 역쇼루밍이라고도 불리는 데, 물건에 대한 정보를 인터넷 등 온라인에서 취합한 후 직접 오프라인 매장에서 구매하는 것을 말한다.

④ 뉴욕에 있는 오프라인 유통업체인 메이시스(Macys) 백화점의 경우에는 리버스 쇼 루밍족을 사로잡기 위하여 매장에서 고객이 다양한 브랜드의 의류를 입어보고 구매 를 할 수 있도록 증강현실 기술을 사용한 서비스를 제공하고 있다. 바로 가상 피팅 룸 '매직 미러(Magic Fitting Room)'인데, 이 대형 스크린을 통해 소비자는 자신 이 마음에 드는 옷을 고르고 직접 입어보지도 않아도 입은 후 자신의 모습을 손쉽게 볼 수 있다.

15 국내 유통시장의 개방

1. 국내 유통시장 개방의 의의

(1) 국내 유통시장의 개방배경

① 1989년부터 시작된 국내 유통서비스 시장개방은 1995년까지 단계적으로 이루어졌고 마침내 1996년에 국내유통시장은 사실상 전면 개방이 되었다. 이러한 개방조치로 유럽계 마크로(96년)와 까르푸(96년), 그리고 미국의 월마트(98년) 등 외국 대형 유통업체들이 대거 국내시장으로 진출하였다.

② 정부는 유통산업개방의 기본목표인 선진화된 유통기술의 도입과 경쟁촉진에 따른 효율성 제고, 유통산업의 근대화를 촉진시킨다는 명분으로 유통시장을 개방하였다. 이에 따라 국내에 진출하려는 외국 유통업체들은 매장면적과 점포수에 아무런 지장 없이 국내시장에 진출할 수 있게 되었다.

③ 국민경제상의 중요성에도 불구하고 국내 유통산업은 규모가 영세하여 구조적으로 취약하고 아직도 전근대적인 유통환경이나 물류체계도 낙후되어 있는 상황이다.

④ 국내 유통시장은 그동안 정책적으로도 소비성 서비스업으로 인식되어 규제는 많고 지원은 거의 없어 경쟁력이 낙후되어 있는 실정이었다.

(2) 국내 유통시장 개방의 장점

① 국내 소비자들의 상품선택의 다양성을 제공하며, 국내업체들도 선진유통기법을 습득하고 경쟁력 강화를 위해 조직화, 정보화, 시스템화 등의 혁신 노력을 계속함으로써 유통비용절감, 대고객서비스 향상 등 유통구조의 효율성이 제고될 수 있는 기회요인으로 작용할 것이다. 또한 유통구조의 혁신으로 유통마진이 줄어들고 물가안정과 소비자 선택의 폭이 넓어질 것으로 기대된다.

② 선진 유통업체의 국내 진출로 선진국 제조업체의 제품이 국내에 수입되기 때문에 국내시장에서 국산품과 외제상품이 치열하게 경쟁하게 될 것이고, 이는 궁극적으로 국내 제조업체의 경영기술 및 경쟁력을 향상시켜 소비자 후생의 증대로 연결될 것이다.

③ 유통시장의 개방으로 외국업체가 국내시장에 진출하듯이 국내업체의 외국시장 진출의 기회도 확대되어 유통 국제화가 진전될 것이고, 외국 유통업체가 국산품을 국제적인 유통망을 통해 판매할 가능하게 됨으로 국산품의 인지도가 높아지게 될 것이다.

(3) 국내 유통시장 개방의 단점

① 외국유통업체들이 국내 도매업자를 거치지 않고 직접 최종소비자를 상대하고, 가격 하락 폭이 클 것이므로 수입확대 및 무역적자의 심화를 초래할 수 있다.

② 개방화와 함께 대형화가 추진되면서 중소유통업체가 타격을 받고 막강한 자본력을 바탕으로 외국의 유통업체는 자국 상품을 국내에 싼 값으로 공급할 것이므로, 경쟁 력이 약한 국내 영세업체들은 상당한 타격을 받을 것이다.

③ 유통산업은 입지산업이며 공간활용 업종이다. 따라서 점포망 확대가 필수적이며, 수요 확대에 따라 부동산 가격이 상승할 것으로 예상된다.

④ 상품을 판매하는 점포는 소비자와 상품이 만나는 장소이다. 따라서 한 나라의 소 비문화를 결정하고 그 문화에 강력한 영향을 미치므로 유통시장의 개방은 급속한 외래문화의 도입을 가져오게 될 것이다.

2. 국내 유통시장 개방에의 대응

(1) 유통정보의 강화

① 유통시장의 개방에 효과적 대응은 유통기능 중에서 가장 낙후된 물류기능과 정보 기능을 확충하고, 물류센터 건립이 활성화될 수 있도록 정부는 정책적으로 지원 을 해야 한다.

② 정부 차원에서 공동물류센터의 설립 등을 추진해야 함과 동시에 현대적 유통의 관 건인 정보시스템을 효율적으로 구축하기 위해서는 POS · VAN 등의 선진 유통기법 을 통한 정보기능의 확보가 시급하다.

(2) 유통 전문인력의 양성

① 유통업은 서비스업이기 인적구성원의 능력이 상당히 중요한데 제조업에 비해 우수 한 인적자원의 수준이 상대적으로 낮은 실정이다.

② 유통 전문인력을 양성할 수 있는 기관을 설립하고 유통인력의 처우개선 등을 통하 여 전반적인 질적 수준을 제고하여야 한다. 따라서 '유통관리사'와 같은 국가자격증 을 보유한 국민들의 취업을 우선하며, 승진에서도 일정한 가산점을 부여하고 있다.

(3) 거래의 투명성과 전문도매업체를 양성

① 무자료거래는 세수감소와 과세형평성의 문제를 야기할 뿐만 아니라 유통산업의 근 대화를 가로막는 중요한 장애요인으로 작용하고 있다. 따라서 무자료거래에 대한 세정강화 등을 통해 공정경쟁에 바탕을 둔 유통질서를 확립하는 데 주력해야 한다.

② 재래시장을 각각의 입지특성에 따라 생활필수품시장, 전문시장, 관광시장 등 차별 적으로 육성하고 전문화된 현대식 쇼핑센터로 전환하여야 한다.

01 유통에서 협의의 유통이라고 하는 것은 재화(상품)의 유통을 말한다. 다음 중 유통경로에 대한 설명으로 가장 거리가 먼 것은?

① 유통경로는 일단 구축되면 이를 변경하기가 용이하지 않으므로 다른 마케팅믹스 요소에 비해 보다 신중한 관리가 필요하다.
② 유통경로는 고객이 제품이나 서비스를 사용 또는 소비하는 과정에서 참여하는 독립적인 조직들의 집합체로서, 경로구성원은 자신의 활동을 수행함에 있어 다른 경로구성원에 영향을 주거나 받지 않아 효율성이 높다.
③ 유통경로에서 경로구성원들 중 누가 재고보유에 따른 위험을 감수하느냐에 의해 경로구조가 결정된다고 설명하는 유통경로구조 이론을 연기(지연)-투기(postponement-speculation)이론이라고 한다.
④ 옴니채널(omni channel)은 각 유통 채널의 특성을 결합시킴으로써 고객이 다양한 경로를 넘나들며 상품을 검색하고 구매할 수 있도록 하는 쇼핑 환경을 말한다.
⑤ 유통경로내의 중간상은 제조업자와 소비자 사이에 구매와 판매를 보다 용이하게 해주고, 교환과정에 있어 거래비용 및 거래 횟수를 감소시켜 주고 있다.

 유통경로는 일반적으로 생산단계에서 산출된 재화(財貨)가 최종의 소비자에게 전달되기까지의 과정을 유통경로(流通經路:distribution channel)라고 정의하며, 고객이 제품이나 서비스를 사용 또는 소비하는 과정에서 참여하는 종속적인 조직들의 집합체이다. 경로구성원중 중간상들은 자신의 활동을 수행함에 있어 다른 경로구성원에 영향을 주거나 받아(독립적이 아니라 종속적) 경로커버리지 정책이 필요하다.

02 다음 중 중간상이 유통과정에서 창출하는 효용에 대한 설명으로 옳지 않은 것은?

① 생산자와 소비자간 교환과정에 있어 생산자들과 구매자들 사이에서 거래의 수를 대폭 증가시켜 가치를 창출한다.
② 중간상은 생산자들로부터 다수의 제품라인을 대량으로 구매하여 소비자들에게 묶어서 판매하기 때문에 직접구매에 비해 가격을 저렴하게 판매하기도 한다.
③ 중간상은 교환에 필요한 다양한 거래사항을 표준화를 통해 거래의 단순화로 거래를 촉진하고 주문관련비용을 감소시키는 기능을 한다.
④ 중간상은 고객정보를 생산자들로부터 소매상으로부터 얻음으로서 고객탐색의 비용과 시간을 감소시킬 수 있다.
⑤ 중간상은 유통경로상의 중간에 위치하여 분류기능을 통해 생산자와 소비자 사이의 제품구색의 차이를 최소화 시키려는 노력을 한다.

 중간상들은 생산자가 생산한 제품의 구색을 소비자가 원하는 구색으로 전환시켜주는 기능을 한다. 교환에 필요한 다양한 거래사항을 표준화를 통해 거래의 단순화로 거래를 촉진하고 생산자들과 구매자들사이의 거래의 수를 대폭 감소시켜 가치를 창출한다.

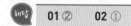 정답 **01** ② **02** ①

03 소매업(retail trade, retailing)이란 유통경로상 유통경로 마지막 단계에 위치하여 최종소비자에게 상품 및 서비스 등의 판매활동을 수행하는 업종으로, 소매상은 소매업을 직접 수행하는 상인을 지칭한다. 이에 대한 설명으로 가장 옳지 않은 것은?

① 미국 AMA에서는 최종소비자에게 판매하는 전체판매액 가운데 비율이 50% 이상인 조직체를 소매상이라 정의하고 있다.

② 소매상의 주된 판매대상은 최종소비자 즉 가계가 되며, 도매상이 상대하는 주된 고객은 최종소비자를 제외한 모든 개인 및 조직이다.

③ 소매활동은 사람·우편·전화 또는 자동판매기와 같은 판매방법에 따라 수행되기도 하지만, 거리나 소비자의 집에서는 이루어지지는 않는다.

④ 소매업은 소비재 및 서비스를 최종소비자에게 유통시키며 좁은 의미로는 소비재 상품(생활용품)과 서비스를 최종소비자(일반가계)에게 유통시키는 상업이다.

⑤ 온라인과 오프라인채널의 소매업은 서로 경쟁 혹은 적대적인 관계라기보다 상호 보완적인 관계로 시너지효과가 나올 수 있도록 활용하는 것이 바람직하다.

 소매활동은 사람·우편·전화 또는 자동판매기와 같은 판매방법에 따라 수행되기도 하며, 거리나 소비자의 집에서 이루어지는 경우도 있으며, 방문판매가 대표적인 사례이다.

04 최근의 유통경로 구성원들의 기능과 역할에 대한 설명으로 가장 옳은 설명은?

① 유통경로구성원들은 다양한 기능을 수행하며, 이 기능들은 제조업체로부터 최종 사용자에 이르기 까지 연결된 흐름(flows)으로 실행되게 마련이다.

② 유통경로는 제품이나 서비스를 최종적인 사용을 하게 하거나 소비가 가능하도록 만들어주는 과정에 관여하는 상호 독립적인 조직체들의 집합체이다.

③ 제품 또는 서비스가 최종사용자나 소비자에게 전달되기 까지는 판매, 정보수집, 물류, 금융, 위험부담, 등 활동들이 하나의 단독적인 사건이다.

④ 유통경로 구성원들인 제조업체, 도매상, 소매상 등의 역할은 최종사용자나 소비자의 만족보다는 자신들의 만족을 위해 시스템을 최적화해야 한다.

⑤ 제품이나 서비스의 유통과정에서 발생하는 위험은 유통경로의 구성원의 부담보다는 최종사용자나 소비자의 부담으로 돌리는 것이 타당하다.

유통경로는 제품이나 서비스를 최종적인 사용을 하게 하거나 소비가 가능하도록 만들어주는 과정에 관여하는 상호 의존적인 조직체들의 집합체이다. 제품 또는 서비스가 최종사용자나 소비자에게 전달되기 까지는 판매, 정보수집, 물류, 금융, 위험부담, 등 활동들이 하나의 연속적인 과정으로 진행되기 마련이다. 유통경로 구성원들인 제조업체, 도매상, 소매상 등의 역할은 최종사용자나 소비자의 만족을 위해 시스템을 최적화해야 한다. 제품이나 서비스의 유통과정에서 발생하는 위험은 유통경로의 구성원의 부담으로 하는 것이 타당하다.

 03 ③   **04** ①

05 유통경로구조 결정이론의 내용 중 어떤 이론에 대한 설명인가?

> ※ 이 이론은 수직적으로 경쟁관계에 있는 제조업자와 중간상이 각자 자신의 이익을 극대화하기 위해 자신과 상대방의 행위를 조정하는 과정에서 유통경로구조가 결정 된다는 것이다.
>
> ※ 특히 이 이론은 수리적 모형이 지니는 제약으로 인해 지나치게 가격 혹은 수량에 의존하여 유통 구조를 설명하려는 한계를 지니고 있다.

① 게임이론
② 연기−투기이론
③ 대리이론
④ 정치−경쟁관심이론
⑤ 기능위양이론

 게임이론(Game Theory)은 형식화된 유인구조 (formalised incentive structures) 즉 게임 ("games") 의 상호작용을 연구하는 모델들을 사용하는 수학(Mathematics)의 한 분야이다. 이 이론의 가장 큰 특징은 경기자들이 나쁜 결과 중에서도 더 나은 것을 좋아한다는 점에서, 그들 모두가 이성적 (rational) 이라고 가정한 것이다(합리성 (Rationality). 또한 이 이론은 경기자들은 각자의 목표가 있으며, 결과에 가치를 부여하고, 순서를 매긴다고 가정한다. 게임은 두 명 이상이 상호 연관관계속에서 자신의 이익을 추구하고 있으며 어느 누구도 상대방을 마음대로 좌지우지할 수 없는 경쟁적 상황에서 전개된다. 게임을 구성하는 요소는 경쟁자(player), 전략(strategy), 그리고 게임의 보수 (payoff)등을 들 수 있으며, 어떤 게임의 특성은 이와 같은 요소들이 어떻게 결합되느냐에 의해서 결정된다.

06 유통경로 구조에 관련된 '거래비용이론'에 대한 설명으로 가장 거리가 먼 항목은?

① 거래비용이론에 의하면 불확실한 환경에서는 거래당사자간의 기회주의적 성향을 통제하기 위해서는 시장을 통합해야 한다고 주장한다.

② 거래비용이론은 유통경로시스템 구성원들간의 기회주의적 행동경향을 기본적인 가정으로 하고 있으며, 거래비용으로 인하여 시장실패의 가능성을 초래할 수 있음을 주장하고 있다.

③ 거래비용이론에 의하면 기회주의적 행동은 관계규범에 의해 자율적인 규제가 가능하므로, 거래비용을 감소시키기 위해서 법률적규범보다는 자율적규제가 앞서야 한다고 주장한다.

④ 거래비용이론에 의하면 거래 특유적자산이 이전될 경우 교환파트너의 기회주의적 행동에 의한 피해 가능성이 높아져, 철저한 감시체계나 타율적 제재 등 권위통제메커니즘을 통한 보호장치의 필요성을 증가시킴으로써 수직적통합의 가능성을 높인다.

⑤ 효율적시장에서는 외부조달원의 성과를 평가하여 미흡할 시에는 다른 구성원으로 대체함으로써 시스템의 효율성을 높일 수 있지만, 외부조달원의 성과측정이 어려우면 외부조달의 효율성을 감소시키게 되므로 수직적통합이 촉진된다.

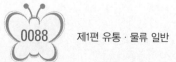

거래비용(Transaction Cost)은 어떠한 재화 또는 서비스 등을 거래하는 데 수반되는 비용이다. 다른 말로 하면, 시장에 참여하기 위해 드는 비용이라 할 수 있다. 가치의 가격뿐 아니라 거래 전에 필요한 정보 수집단계, 협상단계, 계약이 준수하는 데 필요한 비용, 처음 계약의 불완전으로 인한 비용 등 전체적인 면에서의 비용을 모두 포함한다. 법률적 규제가 기회주의적 행동을 규제할 수 있다.

07 중간상이 수행하는 '분류기능'을 세부화한 것이다. 각 개념들에 대한 적절한 용어를 (가)~(라) 순서대로 바르게 나열한 것은?

> (가) 다양한 생산자들로부터 공급된 이질적 제품들의 색, 크기, 용량, 품질 등에 있어 상대적으로 동질적인 집단으로 구분한다.
> (나) 도매상은 소매상들을 위해, 소매상들은 소비자들을 위해 다양한 생산자들로부터 제공되는 제품들을 대규모 공급이 가능하도록 다량으로 구매한다.
> (다) 유통과정상에서 도매상은 소매상이 원하는 단위로 소매상에게, 소매상은 소비자가 원하는 단위로 소비자에게 연속적으로 나누어 제공한다.
> (라) 중간상은 다양한 생산자들로부터 제품을 구매하여 소비자가 원하는 제품을 구비한다.

① 분류-수합-분배-구색 갖춤 ② 구색 갖춤-수합-분배-분류
③ 구색 갖춤-분배-수합-분류 ④ 분류-분배-수합-구색 갖춤
⑤ 분배-수합-구색 갖춤-분류

 중간상은 생산자가 제시하는 구색 수준과 소비자가 요구하는 구색 수준의 차이를 극복해주는 '분류기능'을 수행하는데, 동질적인 제품을 소량의 단위로 축소하는 분할(allocation)기능 수행이 이에 속한다.

08 소매업태들은 다양한 유형이 있다. 다음 중 우리나라 소매업태들의 특징으로 옳지 않은 것은?

① 다른 업태들에 대해 편의점의 경쟁우위인 장소효용과 24시간 구매가 가능한 시간상의 편리성 등이 편의점에서 판매하는 상품의 높은 가격을 상쇄한다.
② 전문점은 취급하는 제품계열이 한정되어있으나 해당 제품계열 내에서는 매우 다양한 품목들을 취급하며 할인점이나 대형마트보다 높은 인적서비스 수준을 제공한다.
③ 동네슈퍼(Pom&Mom)는 식료품, 세탁용품, 가전용품 들을 중점적으로 취급하는 소매점으로, 마진이 낮지만 회전율이 높은 상품을 중심으로 소량 취급하고 지역 주민 친화적 서비스를 특징으로 하는 소매점이다.
④ 슈퍼슈퍼마켓(SSM)은 대체로 대형 유통업체의 소속인 경우가 많고, 규모면에서는 $3,000m^2$ 이상이며, 가공식품위주의 상품으로 주로 취급하면서 마진율과 회전율이 대형마트에 비해 높은 특징을 지닌다.

 07 ① **08** ④

⑤ 대형마트는 저렴한가격, 잘 알려진 브랜드, 셀프서비스 등의 특징을 지닌다. 또한 여러 다양한 제품군들을 취급하지만, 각 제품군내에서는 상품회전율이 높은 품목을 중심으로 취급한다.

 슈퍼슈퍼마켓은 대체로 대형 유통업체의 소속인 경우가 많지만, 규모면에서는 3,000m² 이하이며, 가공식품위주의 상품으로 주로 취급하면서 마진율과 회전율이 대형마트에 비해 높지는 않다.

09 다음은 중간상의 필요성을 강조하는 어떤 원리에 대한 설명인가?

> 유통경로상에서 가능하면 많은 수의 도매상을 개입시킴으로서 그렇지 않은 경우보다 각 구성원에 의해 보관되는 상품의 총량을 감소시킬 수 있다.

① 변동비 우위의 원리　　　　② 분업의 원리　　　　③ 집중준비의 원리
④ 총거래수 최소화의 원리　　⑤ 수직적 계열화의 원리

 도매상의 존재 가능성을 부각시키는 원칙으로, 도매상은 상당량의 브랜드 상품을 대량으로 보관하기 때문에 유통경로상에 가능하면 많은 수의 도매상을 개입시킴으로써 각 경로 구성원에 의해 보관되는 제품의 수량이 감소될 수 있다는 원리를 집중준비의 원리라고 한다.

10 소매업 경영 측면에서 '무엇을 팔 것인가'를 고민하는 업종 중심적 점포에서 '어떻게 팔 것인가'를 고민하는 업태 중심적 점포로 변화하는 현상에 관련된 설명으로 가장 옳지 않은 것은?

① 상품을 보는 관점이 생산자 측면에서 소비자 측면으로 변화하는 것이다.
② 일정한 상태로 머물러있기보다 시장의 변동에 능동적으로 대응하는 것으로 변화하는 것이다.
③ 상품 자체가 지니고 있는 가치보다 소비자의 요구와 기호를 중시하는 것으로 변화하는 것이다.
④ 상품의 수납 및 배포보다 새로운 생활가치에 대한 창조 및 제안을 중시하는 것으로 변화하는 것이다.
⑤ 제조기업으로부터 상품을 제공받고 소비자에게 전달하는 형식의 동태적인 점포에서 새로운 가치를 창조하고 제안하는 형식을 취하는 정태적인 점포로 이미지 변화를 하고 있다.

 소매업 경영 측면에서 '무엇을 팔 것인가'를 고민하는 업종 중심적 점포에서 '어떻게 팔 것인가'를 고민하는 업태 중심적 점포로 변화하는 현상은 상품에서 점포운영방법으로 변화를 의미한다. 동태적인 점포에서 정태적인 점포로 이미지 변화는 업태의 개념적인 설명을 할 뿐이다.

정답　**09** ③　　**10** ⑤

11 유통경로전략 중 '개방적 유통전략'에 가장 적합한 것만 모아놓은 것은?

> 가. 경로구성원과의 긴밀한 관계를 더욱 강화할 수 있는 전략
> 나. 특정 점포에 특정 제품을 제공하는 전략
> 다. 제품이 가능한 한 많은 소매점에서 취급되는 전략
> 라. 제품의 독특함, 희소성, 선택성 등의 이미지를 부여하고자 할 때 구사하는 전략
> 마. 제품과 연관된 배타성과 유일한 이미지를 더욱 효과적으로 부각 할 수 있는 전략

① 가 ② 나 ③ 다 ④ 라 ⑤ 마

 집약(중)적 또는 개방적 유통(Intensive Distribution)은 가능한 많은 소매상들로 하여금 자사제품을 취급하도록 함으로써 포괄되는 시장의 범위를 최대화하려는 전략이다. 소비자가 특정 점포 및 브랜드에 대한 애호도가 낮은 경우에 선호되며, 제품에 대한 인지도를 신속하게 높일 수 있는 장점이 있다. 소비자의 구매 편의성을 증대시키기 위해 가능한 한 많은 유통 점포들이 자사제품을 취급하게 하는 전략이다.

12 유통산업변화의 흐름에 대한 전반적인 설명으로 가장 올바르지 않은 것은?

① 초기산업사회는 생산과소비가 분리되면서 초보적인 유통기능이 발생하기 시작 하였으며, 후기산업 사회로 이전하면서 생산과 소비사이에서 유통기능이 더욱 강화되기 시작하였다.

② 초기산업사회는 소비자의 욕구가 다양하지 않았으므로 제조업자의 판매부서나 독립 유통업자들에 의한 단순한 재분배기능의 수행만으로도 소비자의 욕구를 충족시킬 수 있었다.

③ 지식사회/정보화 사회로 사회구조가 발전하면서 정보와 지식을 유통하는 기업들의 역할이 더욱 명확해지고 지식/정보의 생산 및 소비, 유통기능이 더욱 분업화, 전문화되고 있다.

④ 소비자의 욕구가 다양화되면서 이를 충족시키기 위해 제조업체들은 다품종 소량생산 시스템과 유연생산시스템으로 전환하게 되어 유통기능이 전문적으로 수행되는 경영 기능의 분업화가 이루어졌다

⑤ 최근 제조부문보다 상대적으로 유통부문의 힘이 강해지는 이유는 제조업자 상표의 수가 증가 하면서 경쟁이 심화되고, 유통부문의 고객정보 수집이 기업의 성과에 중요한 영향을 미치며, 유통자체를 영위하는 기업의 등장과 성장 등을 들 수 있다.

 지식사회/정보화 사회로 사회구조가 발전하면서 정보와 지식을 유통하는 기업들의 역할은 일반적으로 불분명해지고 있다.

 11 ③ **12** ③

13 다음은 KBS 9시뉴스시간의 방송국 기자의 리포트 내용이다. ( )에 들어갈 가장 적합한 용어는 몇 번인가?

〈앵커 멘트〉
식품을 살 때 가장 중요시하는 건 보통 유통기한이죠?
하지만 유통기한이 다는 아니라고 합니다.
유통기한 지나지 않았도 적정 온도 등에서 보관을 잘 해야 피해를 막을 수 있습니다.
이유동 기자의 보도입니다.
〈리포트〉
우유같은 제품을 고를 때면, 으레 진열대 안쪽으로 손을 넣게 됩니다.
최대한 유통 기한이 많이 남은 신선한 걸 원하는 겁니다.
이런 노력에도 지난 3년간 유통기한이 지난 식품을 먹고 복통 등 피해를 봤다는 신고가 360여 건에 이른다고 소비자원은 밝혔습니다.
〈유통전문가 인터뷰〉"안전이 우려되고 냉장보관온도도 매우 우려가 되는 식품들에 대해서는 '이 기간이 지나면 바로 버리세요'라는 정보를 줄 수 있는 기한 제도로 가고..."
따라서 유통기한보다 보관 상태, 여부를 살펴야 한다는 겁니다.
〈리포트〉
실제로 소비자원 시험결과 우유는 유통기한 뒤 최고 50일, 식빵 20일, 치즈는 70일까지도 먹을 수 있는 것으로 나타난 바 있습니다.
때문에 ( )대신 ( )을(를) 표시하는 방안이 검토되고 있습니다.

① 유통기간-유통기한
② 소비기간-유통기한
③ 유통기간-소비기간
④ 유통기한-소비기한
⑤ 소비기간-소비기한

 최근에는 유통기한 대신 소비기한을 표시하는 방안이 검토되고 있다.

14 소셜미디어(Social Media)유통형태에 대한 설명으로 가장 옳지 않은 것은?

① 급격한 외형성장을 이루게 된 데는 트위터나 카페, 페이스북과 같은 소셜미디어의 힘이 매우 크게 작용을 했다.
② 트위터나 카카오, 라인 등과 같은 SNS뿐만이 아니라 사용자간에 상호작용과 콘텐츠 생성이 일어나는 모든 형태를 포함한다.
③ 소비자의 인맥을 마케팅이나 제품판매에 활용하는 e-커머스 워킹서비스와 주로 결합 함으로써 실시간 성과 확산성을 띠는 것이 특징이다.

 13 ④ 14 ④

④ 공급자와 소비자가 (다수:다수)방식이 아닌, 오직(1:1)의 구매방식으로 거래를 하게 되고, 소비자의 관심과 참여가 거래의 성사는 물론 가격에까지 영향을 미친다.

⑤ 소비자간의 활발한 커뮤니케이션과 의견교환이 제품의 품질과 A/S와 같은 고객서비스까지 영향력을 행사하게 된다.

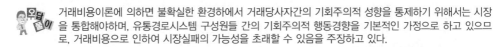

공급자와 소비자가 1:1 방식이 아닌, 1:多의 구매방식으로 거래를 하게 되고, 소비자의 관심과 참여가 거래의 성사는 물론 가격에까지 영향을 미치고 있다.

15 유통경로를 설명하는 거래비용이론(transaction cost theory)에 대한 내용으로 가장 옳지 않은 것은?

① 거래비용이론은 유통경로구조의 수직적통합여부를 설명하는데 있어서 유용한 이론이다.

② 거래비용이론은 유통경로시스템 구성원들 간의 합리적이고 정직한 행동 경향을 가정한다.

③ 거래비용이론은 효율성과 비용이라는 경제적인측면에서 기업의 통제메커니즘을 설명한다.

④ 거래비용이론은 시장교환에서의 가격통제 메커니즘과 위계적 지배구조의 권위통제 메커니즘을 설명한다.

⑤ 거래비용이란 거래당사자들 간의 협상, 거래에 필요한 정보의 수집 및 처리, 감시와 통제 비용 등을 의미한다.

거래비용이론에 의하면 불확실한 환경하에서 거래당사자간의 기회주의적 성향을 통제하기 위해서는 시장을 통합해야하며, 유통경로시스템 구성원들 간의 기회주의적 행동경향을 기본적인 가정으로 하고 있으므로, 거래비용으로 인하여 시장실패의 가능성을 초래할 수 있음을 주장하고 있다.

16 오프라인 유통업체에 있어서 최근 온라인 유통채널의 추가도입이 확장되고 있는 추세이다. 이를 계기로 기존의 오프라인채널과 새로이 도입되는 온라인채널간의 갈등이 가시화되고 있으며 이러한 갈등을 최소화하기 위해 사용할 수 있는 통합적 채널관리전략과 가장 거리가 먼 것은?

① 채널기능의 차별화　　　　　② 판매가격의 차별화
③ 고객가치의 차별화　　　　　④ 표적시장의 차별화
⑤ 기대가치의 차별화

오프라인채널(Off-line channel)과 온라인채널(On-line channel)간의 갈등이 가시화되고 있으며 이러한 갈등을 최소화하기 위해서는 통합적인 채널관리를 해야 하는데 그 방법 중의 하나가 차별화이다. 이러한 차별화에는 시장, 고객 등을 들 수 있으며 판매 가격차별화는 이러한 전략과는 거리가 멀다.

 15 ② 　**16** ②

17 유통경로 길이에 대한 설명으로 가장 적합한 것은?

① 직접유통은 유통경로의 길이가 비교적 짧은형태로, 소매상을 배제하고 도매상이 최종소비자들에게 직접판매하는 것이다.

② 직접유통경로는 생산자가 소비자를 위한 모든 유통기능들을 수행하기 때문에 경로 의 전문화가 이루어진다.

③ 직접유통경로는 유통기능의 통제수준을 높일 수 있는 장점이 있으며 유통촉진기구 들을 적절히 활용할 때 유통비용을 절감할 수 있다.

④ 고객들의 유통서비스욕구가 세련되고 복잡할수록 유통기능의 전문화보다 종합화가 필요하므로 상대적으로 긴 유통경로가 나타나게 된다.

⑤ 유통단계가 늘어날수록 단계별로 경로구성원의 책임이 명확해지므로, 짧은 유통경로 에 비해 커뮤니케이션이 복잡하지 않고 할당된 유통기능의 통제와 조정이 용이다.

 유통경로는 중간상의 개입여부에 따라 직접·간접으로 구분을 할 수가 있는데 직접유통경로는 통제수준 이나 비용을 절감할 수 있다.

18 다음 중 (가)~(마)의 설명과 가장 일치하는 도매상의 유형을 순서대로 나열한 것은?

> 가. 제품에 대한 소유권을 직접적으로 보유하지 않는다.
>
> 나. 특정 유형의 제품만을 취급하며, 일반 도매상들이 집단화되어 제품의 다양성 을 갖춤으로써 구매자들의 다양한 욕구를 충족시켜준다.
>
> 다. 구매자나 판매자 한쪽을 대표하며, 이들과 비교적 장기적인 거래관계를 갖는 게일반적이다.
>
> 라. 제조업자가 소유하고, 제조업자 자신이 구매자에 대한 마케팅계획/수정하여 판매에 직접적으로 관여한다.
>
> 마. 상품 매매를 촉진하고 거래가 성사되는 대가로 판매가격의 일정비율을 받는다.

① 대리점-전문도매상-대리점-제조업자도매상-대리점

② 전문도매상-대리점-브로커-제조업자도매상-대리점

③ 대리점-브로커-전문도매상-제조업자도매상-대리점

④ 제조업자도매상-전문도매상-대리점-대리점-대리점

⑤ 대리점-전문도매상-브로커-제조업자도매상-대리점

 사각형의 가,나,다,라,마의 순서는 '대리점-전문도매상-대리점-제조업자도매상-대리점'의 순서이다 .

17 ③   **18** ①

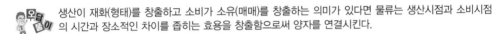
19 다음 중 아래의 (가), (나), (다), (라)에 들어갈 적합한 내용(용어)을 순서대로 올바르게 나열한것은?

> 생산이 (가)을(를) 창출하고 소비가 (나)를(을) 창출하는 의미가 있다면 물류는 (다)과(와) (라)를(을) 창출함으로써 양자를 연결시킨다.

① 형태효용–시간효용–소유효용–장소효용
② 형태효용–소유효용–시간효용–장소효용
③ 장소효용–시간효용–소유효용–형태효용
④ 시간효용–장소효용–소유효용–장소효용
⑤ 소유효용–형태효용–장소효용–시간효용

 생산이 재화(형태)를 창출하고 소비가 소유(매매)를 창출하는 의미가 있다면 물류는 생산시점과 소비시점의 시간과 장소적인 차이를 좁히는 효용을 창출함으로써 양자를 연결시킨다.

20 다음 중 집약적 혹은 집중적 유통(intensive distribution)의 장점을 설명한 내용으로 가장 거리가 먼 것은?

① 소비자들의 충동구매를 증가시킬 수 있으므로 매출수량 및 매출액 상승효과가 발생할 수 있다.
② 제조업체는 다른 유통형태에 비해 유통경로 구성원에 대한 통제가 용이하여 자사의 마케팅 전략 및 정책을 일관되게 실행할 수 있다.
③ 소비자가 특정점포 및 브랜드에 대한 애호도가 낮은 경우에 선호되며, 제품에 대한 인지도를 신속하게 높일 수 있는 장점이 있다.
④ 소비자의 구매편의성을 증대시키기 위해 가능한 한 많은 유통점포들이 자사제품을 취급하게 하는 전략이다.
⑤ 집약적유통은 가능한 많은 소매상들로 하여금 자사제품을 취급하도록 함으로써 포괄 되는 시장의 범위를 최대화하려는 전략이다.

 집약적유통 또는 집중적 유통(intensive distribution)은 다수의 도매상을 활용하는 경로의 길이가 긴(long) 경로구조는 폭넓은 분산된 시장을 획득할 수 있는데 비해, 경로구조가 짧은(short) 직접경로의 유통은 시장을 유지시키는 데 적합하다. 집약적유통은 많은 중간상들을 이용하기에 통제가 어렵고, 마케팅정책의 일관성이 부족하다.

 19 ② **20** ②

21 다음 중 유통경로(Channels of distribution)에 대한 설명으로 가장 적합하지 않은 것은?

① 유통경로의 길이(length)는 생산자와 구매자 사이에 개입하는 중간상수준(level)의 수를 의미한다.

② 유통경로는 다양한 경로가 아니라 단일의 유형이 존재하고, 사회와 국가의 사회적 또는 문화적 특성을 반영하므로 일률적이다.

③ 유통경로내의 특정 구성원은 후방구성원이나 전방구성원이 누구냐에 따라, 이들에게 제공되는 정보의 수준과 양이 다르다.

④ 유통경로의 기능은 교환촉진기능, 제품구색의 불일치 완화기능, 거래의 표준화기능, 소비자와 메이커간의 연결기능, 고객에대한 서비스기능 등이 있다.

⑤ 제품이나 서비스는 다양한 경로를 거쳐 최종고객에게 전달되거나 소비되고 있는데, 어떤 상품을 최종구매자가 쉽게 구입할 수 있도록 만들어 주는 과정이다.

 유통경로는 하나의 경로가 아니라 다양한 유형이 존재하고, 사회와 국가에 존재하는 사회적 또는 문화적 특성을 반영하므로 일률적이지 않다.

22 다음은 소매업태의 변화이론 중 어떤 가설에 대한 비판인가?

> 저관여 상품을 구매할 때 소비자는 한꺼번에 많은 품목을 동시에 구매하기를 원하기 때문에 슈퍼마켓이나 대형마트의 품목수는 증가하는 반면, 고관여 상품으로 구매할 때는 특정 상품의 다양한 모델의 동시 비교를 원하기 때문에 카테고리킬러와 같은 좁고 깊은 상품구색을 갖춘 소매업태가 발전하게 된다. 그러나 이 가설은 저관여 상품 소매업태의 발전과정을 구분하지 못한 결정적인 한계를 지니고 있다.

① 소매 아코디언이론
② 소매 수명주기가설
③ 소매업 변증법가설
④ 소매업 수레바퀴가설
⑤ 소매업 자연도태가설

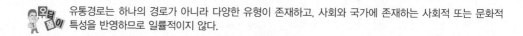 소매아코디언이론(Retail Accordion Theory)은 상품구색 측면에서 수축과 확장을 반복하면서 업태의 발달과정이 전개되고 있다고 설명하는 소매업 발달이론으로 상품구색이 넓은 소매상(종합점)에서 상품구색이 좁은 소매상(전문점)으로, 다시 되풀이하는 것으로 악기인 아코디언처럼 제품구색이 늘었다 줄었다 하는 과정을 되풀이하는 이론이다.

 **21** ② **22** ①

23 온라인(On-line)과 오프라인(Off-line) 유통채널 간 갈등을 최소화하기 위한 통합적 채널관리 전략과 가장 거리가 먼 것은?

① 오프라인에 투입된 인력을 부가가치가 높은 업무에 집중시키고 주문접수와 같이 비교적 단순한 업무는 인터넷을 적극 활용한다.

② 전통적인 시장세분화에 활용되는 세분시장별 차별화원칙을 인터넷에서도 적용시킨다.

③ 온라인와 오프라인 유통채널에 따라 고객가치에 있어 차별화된 제품을 제공한다.

④ 유통채널간의 시너지효과를 높이기 위해 동일한 고객을 목표로 할 때 효과가 가장 높다.

⑤ 유통채널간의 갈등을 최소화하기 위해 때로는 주문가능지역을 제한한다.

 온라인과 오프라인간의 동일한 고객에게 차별된 제품을 제공하면 안되지만 고객가치에 따라 차별적인 제품공급은 용인이된다. 유통채널간의 시너지효과를 높이기 위해 동일한 고객을 목표로 할 때는 고객이 중복되기 때문에 시너지효과는 떨어지고 오히려 갈등이 발생할 수 있다.

24 상품믹스에 따라 유통업태의 변화를 설명하는 이론인 소매업 아코디언이론(Retail Accordion Theory)에 대한 설명으로 적합하지 않은 것은?

① 소매업체들이 다양한 제품을 취급하는 종합점포유형에서 몇몇 종류의 전문제품에 집중하는 전문업체유형으로 변했다가 다시 다양한 제품을 취급하는 종합점포로 전환하는 형식으로 발달한다는 이론이다.

② 상품구색이 넓은 종합점소매상에서 상품구색이 좁은 전문점소매상으로, 다시 반복하여 되풀이하는 것으로 아코디언처럼 제품구색이 늘었다 줄었다 하는 과정을 되풀이 하는 이론이다.

③ 일단 목표시장(소매업계)에서 받아들여지면 이 새로운 소매기관은 고급화 과정에 접어든다. 차별화를 위해 세련된 설비와 서비스를 더해가고, 고가격, 고비용, 높은 서비스의 소매점으로 전환된다.

④ 유통기관이 취급하는 상품계열의 성격, 즉 광협(廣狹)에 따라 설명하려는 이론으로 종합상품계열을 가진 유통기관은 보다 전문화된, 즉 한정된 상품계열을 가지는 기관으로 대체된다고 보았다.

⑤ 소매업태의 변화는 가격이나 마진이 아니라 상품의 변화에 따르고 다양한 상품계열을 취급하는 소매업태에서 전문적이고 한정적인 상품계열을 취급하는 소매업태로 시간의 흐름에 따라 다시 다양한 상품계열을 추구하게 되는 현상이 반복적 나타난다.

 일단 목표시장(소매업계)에서 받아들여지면 이 새로운 소매기관은 고급화 과정에 접어든다. 차별화를 위해 세련된 설비와 서비스를 더해가고, 고가격, 고비용, 높은 서비스의 소매점으로 전환된다는 이론은 소매업 수레바퀴가설(The Wheel of Retailing Hypothesis)이론의 내용이다.

 23 ④　　**24** ③

25 다음 중 글 상자의 유통업태 발전이론과 가장 관련이 깊은 것은?

> 가. 업태의 변화는 가격이나 마진이 아니라 상품의 변화에 따른다.
> 나. 다양한 상품계열을 취급하는 소매업태에서 전문적이고 한정적인 상품계열을 취급하는 소매업태(전문점)로 변모해간다.
> 다. 한정된계열을 추구하는 전문점들은 시간의 흐름에 따라 다시 다양한 상품계열을 추구하게 된다.
> 라. 위와 같은 현상이 순환적으로 반복적 나타난다.

① Dialectic Theory
② Accordion Theory
③ Vacuum Zone Theory
④ Retail Life Cycle Theory
⑤ Wheel of Retailing Theory

 소매업 아코디언이론(Retail Accordion Theory)은 상품믹스에 따라 유통업태의 변화를 설명하는 이론이다. 소매업체들이 다양한 제품을 취급하는 종합점포유형에서 몇몇 종류의 전문제품에 집중하는 전문업체 유형으로 변했다가 다시 다양한 제품을 취급하는 종합점포로 전환하는 형식으로 발달한다는 이론으로 미국의 홀랜더(S. C. Hollander) 교수에 의해 처음으로 주장되었다.

26 최근 국내시장을 주도하고 있는 CJ(Olive&young), GS(Watsons)과 같은 업태를 가장 잘 설명하고 있는 것은?

① 아웃렛점(Outlet Store)으로 기존의 유통구조와의 반발을 피하기위해 주로 도심 외곽에 입지하게 된다.
② 드럭스토어(Drug Store)로서 화장품이나 건강보조식품을 위주로 판매하는 헬스 & 뷰티스토어로 발전하고 있다.
③ 회원제창고형 도소매점(MWC)으로 일정한 회비를 정기적으로 내는 회원들에게만 30~50%의 할인된 가격으로 정상적인 제품 들을 판매한다.
④ 편의점(Convenience Store)으로 인구밀집지역에 위치해서 24시간 영업을 하며 재고회전이 빠른 식료품과 편의품 등의 한정된 제품계열을 취급한다.
⑤ 할인점(Discount Store)으로 박리다매의 원칙에 입각하여 상품을 일반상점보다 항상 저렴한 가격으로 판매하는 대규모점포를 말한다.

최근 급격한 발전을 보이고 있는 드럭스토어(Drug Store)는, 화장품이나 건강보조식품 위주로 판매하는 헬스&뷰티 스토어로 발전하고 있는 내용이 국내상황이다.

해답 **25** ② **26** ②

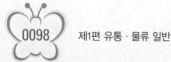

27 유통경로에서는 다양한 갈등이 발생하는데 유통경로상 발생하는 갈등 해결 방법 중의 하나인 중재 (conciliation)에 대한 설명이다. 가장 옳지 않은 것은?

① 유통경로에서 발생하는 갈등을 해결하는 방법으로 제3자를 개입시켜 경로갈등을 해소하기 위한 분쟁해결제도이다.

② 단심제로 운영되기 때문에 비용과 시간을 절약할 수 있으며, 소송(재판)의 결과와 유사한 수준의 구속력이 발생한다는 장점을 지닌다.

③ 중재인은 판사, 교수, 컨설턴트, 기업인 등 전문가 중에서 선정하므로 중재판정의 객관성과 전문성이 확보될 수 있다는 장점을 지닌다.

④ 중재는 여러가지 장점을 지니고 있음에도 불구하고, 결정적으로 중재과정에 대해 공개주의를 추구한다는 단점을 지니고 있다.

⑤ 중재판정을 내리는 중재인은 법원의 법관처럼 법률적 판단을 할 수 있는 능력뿐 아니라 실체적 거래관계를 파악할 수 있는 전문적식견이 필요하다.

 중재는 여러가지 장점을 지니고 있으며, 중재과정에 대해 비 공개주의를 추구한다.

28 다음은 유통경로에 대한 설명이다. 바른 설명을 모두 고른 것은?

> ㉠ 유통경로의 구성원들은 재화를 수송운반, 저장하며 정보수집 및 쌍방향으로 정보를 교환한다.
>
> ㉡ 중간상들은 생산자가 생산한 제품의 구색을 소비자가 원하는 구색으로 전환시켜 주는 기능을 한다.
>
> ㉢ 유통경로의 길이(length)는 생산자와 구매자 사이에 개입하는 중간상 수준(level)의 수를 의미한다.
>
> ㉣ 유통경로에서 제공되는 서비스나 아이디어는 소비자나 중간상뿐만 아니라 상품생산자들에게도 중요하다.
>
> ㉤ 유통경로과정 중 도매상·중간상 등의 동일한 단계에서 발생하는 갈등을 수직적 갈등이라 말하며, 이러한 갈등은 자신들이 추구하는 목적이 서로 상이하기 때문에 발생하게 된다.

① ㉠   ② ㉠, ㉡   ③ ㉠, ㉡, ㉢

④ ㉠, ㉡, ㉢, ㉣   ⑤ ㉠, ㉡, ㉢, ㉣, ㉤

 현대의 경제사회는 상품 및 서비스가 생산자로부터 소비자에게로 이동하는 유통현상에 의해 영위되고 있으며 이를 유통경로라고 한다. ㉤은 동일한 단계에서 발생하는 갈등을 수평적갈등이라 한다.

해답 27 ④   28 ④

29 유통경로의 설계 및 관리에 관한 다음의 설명 중 옳은 것으로만 구성된 것은?

> a. 하이브리드 마케팅시스템(hybrid marketing system)은 유통경로 기능들 중의 일부는 제조기업이 수행하고, 나머지는 유통기업이 수행하는 유통경로를 말한다.
> b. 중간상이 제조기업에 대해 일체감을 갖고 있거나 갖게 되기를 바라기 때문에 발생하는 파워를 준거적파워(referent power)라 한다.
> c. 유통경로 갈등의 원인 중 동일한 사실을 놓고도 경로구성원들이 인식을 다르게 하는 경우 발생하는 갈등의 원인을 지각불일치(perceptual differences)라 한다.
> d. 경로커버리지 전략 중 전속적유통(exclusive distribution)은 중간상의 푸시(push) 보다는 소비자의 풀(pull)에 의해서 팔리는 상품(예컨대, 저가의 생활용품)에 적합하다.
> e. 유통은 바톤패스(baton pass)와 유사하다. 즉 제조기업이 유통기업에게 바톤을 넘기듯이 모든 유통기능을 맡기는 것이 적절하다.

① a, b, c　　② b, c, d　　③ c, d, e
④ a, c, e　　⑤ b, d, e

 d. 전속적유통(exclusive distribution)은 중간상의 푸시(push)보다는 소비자의 풀(pull)에 의해서 팔리는 상품(예컨대 고가의 상품)에 적합하다.
e. 제조기업이 유통기업에게 바톤을 넘기듯이 모든 유통기능을 맡기는 것에는 한계가 있다.

30 전형적인 유통경로인 '제조업체–도매상–소매상–소비자'에서 도매상의 역할로 가장 바르지 않은 것은?

① 도매상은 제조업체를 대신하여 광범위한 시장에 산재해 있는 소매상들을 포괄한다.
② 도매상들은 생산자보다 더 고객과 밀착되어 있으므로 고객의 욕구를 파악하여 전달하는 기능을 담당한다.
③ 도매상은 소매상 지원기능을 통해 제품구매와 관련한 제품교환, 반환, 설치, 보수 등의 다양한 서비스를 제조업체 대신 소매상에게 제공한다.
④ 도매상은 소비자와 가까운 장소에서 다양한 상품구색에 대한 재고부담을 함으로써 공급선의 비용감소와 소비자의 구매편의를 돕는다.
⑤ 도매상은 제품사용에 대한 기술적지원과 제품판매에 대한 조언 등 다양한 서비스를 소매상에게 제공한다.

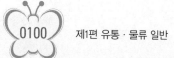 소비자와 가까운 장소에서 다양한 상품구색을 소비자에게 제공함으로써 공급선의 비용감소와 소비자의 구매편의를 돕는 업태는 소매상들이 수행한다.

29 ①　30 ④

31 유통경로에서 중간상은 불필요한 개입으로 상품가격만 높이고 있다는 비판을 받기도 하지만, 중간상의 필요성 즉, 존재가치는 다양한 측면에서 인정되고 있다. 다음 중간상의 존재가치에 대한 설명으로 올바르지 않은 것은?

① 중간상의 참여는 생산자와 소비자간의 직접거래에 비해 거래수 및 거래비용을 낮추는 효과가 있다. 이를 두고 총 거래수최(감)소의 원칙이라고 한다.

② 분업의원리에 비추어 유통경로에서 다양하게 수행되는 기능들(수급조절기능, 보관기능, 위험부담기능, 정보수집기능 등)을 제조기업보다 더욱 전문성을 갖춘 유통기업에게 맡김으로써 경제적일 수 있다.

③ 고정비우위의 원리 즉 제조업체의 경우 생산량이 증가할수록 변동비의 비중이 고정비보다 상대적으로 높은 반면 유통업체의 경우 제조업에 비해 고정비가 높아 제조와 유통의 통합보다는 중간상에게 유통기능을 분담시키는 것이 비용면에서 더욱 유리하다.

④ 유통경로상에 가능하면 많은 수의 도매상을 개입시킴으로써 각 경로 구성원에 의해 보관되는 제품의 수량이 감소될 수 있다는 원리를 집중준비의 원리라고 한다.

⑤ 변동비우위의 원칙은 제조분야와 유통분야를 통합하여 대규모화하기 보다는 제조업자와 유통기관이 적당히 역할을 분담한다면 비용면에서 훨씬 유리하다는 원칙이다.

 유통분야에서는 제조업과는 다르게 변동비의 비중이 상대적으로 커서 제조분야와 유통분야를 통합하여 판매하여도 큰 이익을 기대하기 어려우므로, 무조건 제조분야와 유통분야를 통합하여 대규모화하기 보다는 제조업자와 유통기관이 적당히 역할을 분담한다면 비용면에서 훨씬 유리하다는 원칙은 변동비 우위의 원칙이다.

32 경로구조는 할당된 유통기능들을 담당하는 경로구성원들의 집합으로 정의된다. 다음 경로구조에 관한 설명들 중 올바른 설명과 가장 거리가 먼 것은?

① 전체시장 포괄범위가 커질수록 개개 중간상의 역할은 축소된다.

② 고객들의 유통서비스에 대한 요구가 세련되고 복잡할수록 유통경로가 길어진다.

③ 유통경로상에서 중간상은 불필요한 개입은 상품가격만 높이고 있다는 비판을 받기도 한다.

④ 유통단계를 축소하더라도 해당 경로구성원이 수행하는 경로기능 자체가 없어지지는 않는다.

⑤ 전문품, 고가품일수록 집약적유통(intensive distribution)을 선택하는 것이 더욱 바람직하다.

 유통경로(channels of distribution)란 하나의 채널시스템으로 상품이 이동하는 통로를 말한다. 집약적유통(intensive distribution)은 생산업자가 자신의 제품을 가급적 전국적인 소매상에서 판매하는 것을 주요한 정책으로 하며, 일종의 개방적 유통경로 정책이다. 이러한 정책은 일상품인 편의품 같은 저가품에 유리한 것이다.

33 다음 중 유통경로에 대한 설명으로 가장 올바르지 않은 것을 고르시오.

① 일반적으로 유통경로는 사회와 국가의 사회적 또는 문화적 특성을 반영하므로 일률적이지 않다.

② 일반적으로 유통경로의 유형에는 제품을 분류하는 과정에 따라 소비재유통경로와 산업재유통경로가 있다.

③ 유통경로내의 특정구성원은 후방구성원이나 전방구성원이 누구냐에 따라, 이들에게 제공되는 정보의 수준과 양이 다르다.

④ 유통경로는 마케팅믹스 요소 중 시장변화에 따른 유연성이 가장 약하므로 유통경로의 변경이 요구되는 경우 장기적의사결정이 요구된다.

⑤ 제조기업은 제품생산량에 따른 변동비의 비중이 높은 반면에 유통기업은 내부기업의 수에 따른 고정비의 비중이 높기 때문에 제조기업에 비해 유통기업이 규모의 경제를 실현하기에 용이하다.

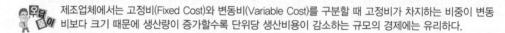 제조업체에서는 고정비(Fixed Cost)와 변동비(Variable Cost)를 구분할 때 고정비가 차지하는 비중이 변동비보다 크기 때문에 생산량이 증가할수록 단위당 생산비용이 감소하는 규모의 경제에는 유리하다.

34 유통구조에서 중간상의 필요성인 존재가치는 다양한 측면에서 인정되고 있다. 이에 대한 다음 설명 중 옳지 않은 것은?

① 생산자와 수요자 사이에서 직접거래에 비해 간접거래의 경우 거래비용이 감소될 수 있는 장점이 있다.

② 다중 유통경로정책이 주는 장점의 하나로 경로간 갈등을 최소화할 수 있다는 점을 들 수 있다.

③ 간접유통경로에 있어서 유통경로에 대한 의사결정의 핵심은 업태선정에 대한 의사결정과정으로 볼 수 있다.

④ 유통경로상에 가능하면 많은 수의 도매상을 개입시킴으로써 각 경로구성원에 의해 보관되는 제품의 수량이 감소될 수 있다는 원리를 집중준비의 원리라고 한다.

⑤ 유통경로에서 도매상이 재고를 대량으로 보관함으로써 소매상은 적정량만 재고를 보관하여, 사회전체적으로 보관되는 제품의 총량을 감소시킬 수 있다는 것이 집중준비의 원리이다.

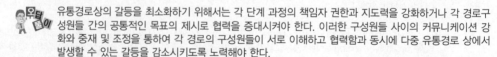 유통경로상의 갈등을 최소화하기 위해서는 각 단계 과정의 책임자 권한과 지도력을 강화하거나 각 경로구성원들 간의 공통적인 목표의 제시로 협력을 증대시켜야 한다. 이러한 구성원들 사이의 커뮤니케이션 강화와 중재 및 조정을 통하여 각 경로의 구성원들이 서로 이해하고 협력함과 동시에 다중 유통경로 상에서 발생할 수 있는 갈등을 감소시키도록 노력해야 한다.

해답 **33** ⑤   **34** ②

35 경로 구성원들중 누가 재고보유에 따른 위험을 감수하느냐에 의해 경로구조가 결정된다고 보는 이론으로 가장 올바른 것은?

① 기능위양(functional spinoff)이론　　　② 대리(agency) 이론
③ 거래비용(transaction cost) 이론　　　④ 게임(game) 이론
⑤ 연기-투기(postponement-speculation) 이론

 연기-투기(postponement-speculation)이론은 경로구성원들 중 누가 재고보유에 따른 위험을 감수하느냐에 의해 경로구조가 결정된다고 보는 이론으로서, 유통경로에서 연기가 투기를 지배한다면 제조업자가 직접 소비자에게 상품을 전달할 것이므로 유통경로는 짧아지고 반대는 길어진다.

36 일반적으로 제조기업이 선택할 수 있는 유통집중도의 유형에는 집중적유통, 선택적유통, 전속적유통이 있다. 다음 중 제조기업이 자사의 제품을 유통시키기 위해 집중적유통을 채택하는 이유와 가장 밀접한 것을 고르시오.

① 다른 경쟁회사의 상표들과 효과적인 경쟁이 필요한 경우
② 고객들이 제품구매시 고도의 관여를 필요로 하는 경우
③ 제조기업이 유통경로 구성원에 대한 고도의 통제가 필요한 경우
④ 고객들이 자주 구매하며 구매시 최소의 노력을 필요로 하는 경우
⑤ 소비자들이 상품구매를 위해 적극적인 정보탐색을 필요로 하는 경우

 집중적유통(intensive distribution)은 소비자의 구매 편의성을 증대시키기 위해 가능한 한 많은 유통점포들에게 자사제품을 취급하게 하는 전략이다. 이는 고객들이 자주 구매하며, 구매시 최소의 노력을 필요로 하는 경우이다.

37 제조업체의 유통경로정책을 크게 유통 집약적, 유통 선택적, 유통 전속적으로 분류할 때, 유통 집약적의 특징이라고 가장 보기 어려운 것은?

① 중간상의 숫자가 많아져서 경쟁이 심해지므로 제품판매를 위한 동기부여 수준이 높아진다.
② 품질보증이나 수리 같은 부수적 서비스의 수준이 낮아질 수 있다.
③ 중간상의 경쟁이 심해져 별도의 촉진프로그램을 통해 동기부여를 할 필요가 생긴다.
④ 중간상의 숫자가 많아지므로 제조업체는 이들에게 적시에 상품을 공급하기 위해 충분한 재고를 항상 보유하여야 한다.
⑤ 가능한 많은 소매상들로 하여금 자사제품을 취급하도록 함으로써 포괄되는 시장의 범위를 최대화하려는 전략이다.

 중간상의 숫자가 많아지고, 경쟁이 심해지며, 제품판매를 위한 동기부여 수준은 낮아진다.

 35 ⑤　**36** ④　**37** ①

38 유통산업에서 경제적 환경변화는 유통기업의 전략적 의사결정에 많은 영향을 미치게 된다. 다음 중 전반적으로 경제환경이 인플레이션기에 접어든 경우, 유통기업이 특히 중점적으로 취해야할 올바른 방법에 해당하는 것으로 묶인 것을 고르시오.

> (1) 고급 · 고가 상품의 확대
> (2) 포장비와 같은 촉진비용의 확대
> (3) 생산성이 낮은 인력이나 시설 정리
> (4) 부가석 상품서비스의 확내
> (5) 자가상표의 비중 증대
> (6) 재고비용/수송비용의 축소

① (1)-(2)-(4)   ② (3)-(5)-(6)
③ (1)-(2)-(5)   ④ (2)-(5)-(6)
⑤ (3)-(4)-(6)

오답이 인플레이션(Inflation)은 화폐가치가 하락하여 일반 물가수준이 지속적으로 상승하는 현상을 말한다. 경제환경이 인플레이션기에 접어든 경우에는 생산성이 낮은 인력이나 시설을 정리하고, 자가 상표의 비중을 가급적 증대하며, 비용절감을 위한 노력으로 재고비용과 수송비용 등을 축소해야 한다.

39 다음 중 유통구조의 수직적통합에 대한 이론적 근거로서 가장 옳지 않은 것을 고르시오.

① 유통경로에 대한 통제수준이 높다면 유통경로에 대한 수직적통합의 정도가 강화되고, 이러한 경우에는 기업에 의하여 지배받게 된다.
② 가격과 같은 시장정보가 자유롭게 노출되기 보다는 소수의 집단에게만 공유되어 있는 경우, 정보의 비대칭성이 발생하므로 이를 해소하기 위해 수직적통합을 시도하는 경우가 일반적인 특색이다.
③ 인간은 계약과 관련된 복잡한 상황을 다룰 수 있는 합리성을 기본적으로 지니고 있으므로 시장에서 수직적통합을 선호하게 된다.
④ 구매자와 공급자간의 거래가 일회성에서 그치는 것이 아니라 반복적일 경우 수직적통합을 선호하게 된다.
⑤ 불확실한 상황 하에서 수직적통합은 거래 상대방에 대해 높은 수준의 통제력을 발휘할 수 있고 기회주의적인 행동을 방지할 수 있다.

오답이 인간은 계약과 관련된 복잡한 상황을 다룰 수 있는 합리성을 기본적으로 지니고 있다면 시장에서 수평적 통합을 선호하게 된다.

40 다음 중 유통경로의 분류기능에 대한 설명 중 옳지 않은 것은?

① 일반적으로 등급의 예는 귤을 크기와 보관 상태에 따라 구분하는 것이다.
② 분류기능을 수행함으로써 중간상은 형태, 소유, 시간, 장소 등의 효용을 창출한다.
③ 분배는 생산자에서 소비자에 이르는 유통과정에 있어 중요한 기능이라 할 수 있다.
④ 구색화는 소매상이 소비자가 원하는 구매단위로 나누어 판매하는 것을 말한다.
⑤ 수합은 다양한 공급원으로부터 소규모로 제공되는 동질적인 제품들을 한데 모아 대규모 공급이 가능하게 만드는 것이다.

 구색화는 재판매를 위해 제품들을 특정한 제품군으로 구분과 통합하는 과정과 절차를 말한다.

41 다음 중 유통경로의 결정시 영향을 줄 수 있는 요인에 대한 설명으로 옳지 않은 것은?

① 부패성이나 유행성이 강하다면 직접유통의 정도가 높다.
② 기업규모와 자본력이 큰 경우에는 직접유통의 경향이 있다.
③ 시장범위가 좁아 구매자 수가 적은 경우에 간접유통형태를 채택한다.
④ 바람직한 유형의 도·소매상이 없는 경우에는 새로운 유통형태를 개발할 수 있다.
⑤ 경로커버리지 대안으로 크게 집약적유통, 선택적유통, 전속적유통 유통시스템을 들 수 있다.

 유통경로의 결정요인으로 시장특성을 보면, 시장의 범위가 좁거나 구매자 수가 적으며, 구매자가 집중되어 있어 구매패턴, 즉 구매빈도가 높은 경우에는 직접유통 형태를 취한다.

42 수직적 마케팅시스템의 유형은 관리형, 계약형 및 기업형수직적 마케팅시스템으로 분류된다. 다음 중 관리형 수직적 마케팅시스템(Administrative Vertical Marketing System)에 관한 설명으로 올바른 것은?

① 도매상 주도 자유연쇄점, 소매상협동조합, 프랜차이즈시스템 등으로 구분된다.
② 수직적 마케팅시스템 유형중 경로구성원들의 활동에 대한 통제정도가 가장 낮다.
③ 한 경로 구성원이 다른 경로 구성원들을 법적으로 소유하고 관리하는 유형을 말한다.
④ 경로구성원들이 계약에 의해 각자가 수행해야 할 마케팅 기능들을 공식적으로 결정하여 경로관계를 형성하는 경로조직이다.
⑤ 관리형 VMS의 근거는 규모나 시장에 대한 영향력 아니라 소유나 자본참여가 비공식적으로 작용하는 것이 특징이다.

경로구성원들 중에서 가장 규모가 크거나 시장영향력이 큰 구성원(경로지도자, channel captain)이 다른 구성원들에게 비공식적으로 영향을 미쳐 생산이나 유통활동을 조정하는 형태로 수직적 마케팅 시스템 유형중 경로 구성원들의 활동에 대한 통제정도가 가장 낮다.

43 다음 중 마케팅시스템의 수직적통합에 관한 설명으로 옳지 않은 것은?

① 관리통합, 임의적조직, 프랜차이즈시스템 등이 계약통합에 해당된다.
② 마케팅시스템의 수직적통합형태 중에서 가장 흔한 것이 계약통합의 형태이다.
③ 수직적통합은 경제성과 시장 커버리지를 효과적으로 달성하기 위해 고안된 것이다.
④ 기업통합의 예로 일본의 종합상사가 여러 제조회사를 소유하고 있는 것을 들 수 있다.
⑤ 구매자와 공급자 간의 거래가 일회성에서 그치는 것이 아니라 반복적일 경우 수직적 통합을 선호하게 된다.

 수직적통합은 경제성과 시장 커버리지를 효과적으로 달성하기 위해 고안된 것으로 수직적 마케팅 시스템 에는 통합의 정도에 따라 기업형, 관리형, 계약형의 유형으로 나눌 수 있다. 프랜차이즈 시스템 등이 계약 통합에 해당이 되겠지만 나머지는 해당 사항이 없다.

44 유통(소매)업체의 경로지배권 강화 현상에 관한 설명으로서 가장 거리가 먼 것은?

① 새롭게 등장한 대형소매업체들은 특히 소비재시장에서 도매상들의 존재를 부정하며 직접적으로 제조업체와 협상할 뿐만 아니라 경로지배력을 강화하고 있다.
② 일반 소비재시장에서 대형화된 소매업체의 경로리더십은 선매품의 경우보다 전문품의 경우에 더욱 두드러지게 나타나는 현상이다.
③ 다점포경영이 확대될수록, 유통(소매)상이 체인화 혹은 조직화 될수록 소매상의 경로지배력은 강화된다.
④ 고객지향적 마케팅을 실행하기 위해서는 고객욕구 파악이 가장 중요하며, 이러한 관점에서 유통경로상에서 가장 우위에 서 있는 유통(소매)업체의 협상력은 더욱 강화되는 추세이다.
⑤ 유통경로가 직접적일수록 생산자는 자신이 생각했던 제품사용의 효용이나 다른 제품과의 차별성을 직접 소비자에게 설명할 수 있으므로 마케팅 활동을 효과적으로 할 수있다.

 일반소비재시장에서 대형화된 소매업체의 대부분은 대형유통업체를 말하는 것이다. 즉, 백화점은 선매품 (選賣品)을 중심으로 편의품에서 전문품에 이르기까지 다양한 상품구색을 갖추고 대면(對面) 판매하지만 취급품목 대부분이 선매품이 중심을 이루고 있다.

해답 43 ① 44 ②

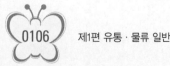 0106 제1편 유통 · 물류 일반

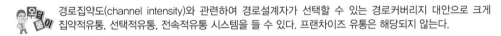

45 다음 중 유통경로커버리지와 관련된 설명내용 중 올바르지 않은 것은?

① 경로커버리지전략을 실행함에 있어 경로설계자는 판매망을 직접 소유하고자 할 경우 막대한 자금이 소요되기 때문에 특히 단기간에 광범위한 시장을 커버하기 위해서는 독립된 중간상을 이용하는것이 보다 경제적이다.

② 집약적유통은 대체로 일상 생활용품이나 편의품과 같이 자주 구매되거나 중간상에게 요구되는 마케팅기능이 그다지 중요하지 않은 제품이나 서비스에 적합한 전략 형태이다.

③ 선택적유통은 소수의 제한된 유통판매망을 활용하는 전략을 의미함으로 고객이 선택 가능한 지역시장내에 경쟁제품이 존재하거나 이들 경쟁제품에 대한 정보를 고객이 어느정도 추구하는 경우에 적합한 전략이다.

④ 경로집약도(channel intensity)와 관련하여 경로설계자가 선택할 수 있는 경로커버리지 대안으로 크게 집약적유통, 선택적유통, 전속적유통 및 프랜차이즈 유통시스템을 들 수 있다.

⑤ 각각의 개별경로형태에 있어 얼마나 많은 수의 경로 구성원을 활용할 것인가를 결정하는 것이 경로집약도에 관한 결정이다.

 경로집약도(channel intensity)와 관련하여 경로설계자가 선택할 수 있는 경로커버리지 대안으로 크게 집약적유통, 선택적유통, 전속적유통 시스템을 들 수 있다. 프랜차이즈 유통은 해당되지 않는다.

46 다음 설명 중 경로커버리지 결정에 관한 설명으로 옳지 않은 것은?

① 집약적유통을 선택하는 것이 매출액증가 측면에서 가장 바람직하다.

② 전자상거래는 거래대상지역이 광범위하지만 유통경로커버리지는 반드시 필요하다.

③ 만약 각 중간상이 거래하는 고객이 중복되는 경우, 영역불일치에 의한 갈등이 발생하게 된다.

④ 중간상(혹은 점포)의 수가 증가한다고 반드시 시장점유율이나 매출액이 이에 비례하여 증가하는 것은 아니다.

⑤ 각각의 개별경로형태에 있어 얼마나 많은 수의 경로구성원을 활용할 것인가를 결정하는 것이 경로집약도에 관한 결정이다.

 유통경로의 목표 및 전략설정에 있어서 전속적유통경로(배타적 유통경로)는 일정한 지역 내에 소재하고있는 도매상과 소매상에 대해 오로지 특정기업의 제품이나 특정물만을 취급하도록 하는 경로이다. 따라서 지역적인 위치에 상관없이 모든 점포에서 취급하도록 하는 개방적 유통경로에 비하여는 매출액 증가측면에서는 분명한 한계점을 지니고 있다.

 45 ④ 46 ①

47 유통경로 구조의 결정이론과 그에 대한 설명으로 옳지 않은 것은?

① 연기-투기이론 : 누가 재고보유에 따른 위험을 감수하는가?
② 기능위양이론 : 누가 어떤 기능을 얼마나 효율적으로 수행하는가?
③ 대리이론 : 의뢰인에게 최선의 성과를 가져다주는 효율적인 계약인가?
④ 게임이론 : 경쟁관계에 있는 구성원들이 어떻게 자신의 이익을 극대화하는가?
⑤ 거래비용이론 : 기업이 어떤 유통경로 구조의 수평적 통합을 통해 경로 구성원들과의 시너지효과를 창출하는가?

 거래비용(Transaction Cost)는 특정한 재화 또는 서비스 등을 거래하는데 수반되는 비용으로 시장에 참여하기 위해 드는 비용이라 할 수 있다. 코즈(Coase)의 관점에서는 기업이 존재하는 이유는 시장을 통해 시장을 통한 거래비용이 기업조직을 통한 경제활동비용에 비하여 훨씬 더 높기에 내부조직이 생겨난다는 것이다.

48 다음 중 유통경로에서 전방기능 흐름만으로 묶인 것은?

① 주문, 협상
② 금융, 위험부담
③ 소유권이동, 주문, 대금결제
④ 물적소유 이동, 금융, 대금결제
⑤ 물적소유 이동, 소유권이동, 판매촉진

전방기능 흐름은 수송 · 보관과 같은 물적 소유권이나 촉진과 같은 기능들은 생산자로부터 최종 소비자의 방향으로 흐르는 것을 말한다.

49 유통경로 구성원들이 수행하는 유통기능은 그들이 작용을 하는 기능에 따라 크게 전방기능흐름, 후방기능흐름, 양방기능흐름의 3가지로 분류할 수가 있다. 다음 중 양방흐름의 내용으로 옳은 것은?

① 생산자정보의 흐름 : 원료공급자-생산자-중간상인-소비자
② 재화의 흐름 : 원료공급자-생산자-중간상인-소비자
③ 판매촉진의 흐름 : 원료공급자-생산자-중간상인-소비자
④ 정보의 흐름 : 원료공급자-생산자-중간상인-소비자
⑤ 소유권의 흐름 : 원료공급자-생산자-중간상인-소비자

정보의 양방 흐름의 기능이 된다.

50 현대산업에서 유통경로의 중요성은 상당하다. 다음 유통경로에 대한 다양한 이론중에서 가장 옳지 않은 것은?

① 유통경로에서 제공되는 서비스나 아이디어는 소비자나 중간상뿐만 아니라 상품생산자들에게도 중요하며, 유통경로의 구성원들은 재화를 수송 운반, 저장하며 정보수집 및 쌍 방향으로 정보를 교환한다.
② 유통경로는 대표적인 마케팅믹스(4P)중 하나이다. 제품이나 서비스자체의 흐름을 중심으로 이해하는 것은 물류라 하고, 유통경로에 참여하여 일정한 역할을 하는 기관을 중심으로 고찰하는 것을 일반적인 유통이라 한다.
③ 유통경로는 하나의 경로가 아니라 다양한 유형이 존재하고, 사회와 국가의 사회적 또는 문화적특성을 반영하므로 일률적이지 않다. 각 나라의 상황에 따라 특수한 형태들이 존재하고 있다.
④ 유통경로의 기능은 유통의 기본적인 기능을 바탕으로 하여 교환촉진기능, 제품구색의 불일치 완화기능, 거래의 표준화기능, 소비자와 메이커 간의 연결기능, 고객에 대한 서비스기능 등으로 나눌 수 있다.
⑤ 서비스는 눈에 보이지 않기 때문에 유형적인 재화와 달리 무형적인 특징을 지니며, 서비스를 생산하는 자와 제공하는 자가 동일성을 갖는다. 일반적으로 유통경로의 길이가 길고 복잡하다.

오답풀이 서비스의 유통경로는 유통경로의 길이가 짧고 단순하다.

51 다음 중 유통경로가 창출하는 효용으로 가장 옳지 않은 것은?

① 시간적 효용(time utility)
② 심리적 효용(psycho utility)
③ 장소적 효용(place utility)
④ 소유적 효용(possession utility)
⑤ 형태적 효용(form utility)

오답풀이 유통경로가 창출하는 효용성
1. 시간적 효용(time utility):시간의 제약요소가 없다.
2. 장소적 효용(place utility):어디서든지 효용을 얻는다.
3. 소유적 효용(possession utility):리스나 대여를 통해서도 효용을 얻을 수 있다.
4. 형태적 효용(form utility):소비자가 원하는 수준의 적절한 양을 분할하여 분배함으로써 얻게 되는 효용이다.

해답 50 ⑤ 51 ②

52 유통경제 환경은 소매환경의 변화에 따라 다양한 소매업태들이 생성/소멸되었는데, 이러한 소매업태별 변천과정을 설명하는 이론으로 올바르지 않은 것을 고르시오?

① 변증법적 과정이론은 두 개의 서로 다른 경쟁적인 소매업태가 하나의 새로운 소매업태로 합쳐지는 소매업태 혁신의 합성이론을 의미한다.

② 소매수명주기이론은 새로운 소매형태가 시장에 도입된 이후에 시간이 흘러감에 따라 제품수명주기와 같은 도입기, 성장기, 성숙기, 쇠퇴기를 거치는 현상을 설명하는 것이다.

③ 소매아코디언이론은 소매상이 시간이 흘러감에 따라 도매상과 대형물류업종 등의 형태로 변화했다가 다시 소매상의 형태로 변화하는 현상을 설명하고 있다.

④ 닐센은 이론가설에서 소매서비스에 대한 소비자의 평가를 종합할 수 있다고 하며, 또 서비스가 증가할수록 가격이 높아진다고 가정한다.

⑤ 소매업수레바퀴가설은 최초 저가격, 저마진 형태의 점포운영방법으로 시장에 진입한 이후 경쟁을 위해 점차 고가격, 고마진 형태의 점포운영방법으로 변화하면서 다른 업체의 저가격, 저마진 형태의 시장진출을 용이하게 하는 현상을 말한다.

 소매아코디언이론은 상품 믹스에 따라 유통업태의 변화를 설명하는 이론이다. 소매업체들이 다양한 제품을 취급하는 종합점포유형에서 몇몇 종류의 전문제품에 집중하는 전문 업체유형으로 변했다가 다시 다양한제품을 취급하는 종합점포로 전환하는 형식으로 발달한다는 이론으로 미국의 홀랜더(S. C. Hollander) 교수에 의해 처음으로 주장되었다.

53 다음은 제조업체의 유통채널갈등 관리방안에 관한 설명이다. 가장 올바르지 않은 것은?

① 유통채널 간 갈등원인이 유통채널간의 영역 중복에서 비롯되는 경우, 채널별 브랜드를 차별화함으로써 갈등을 해소할 수 있다.

② 유통채널 간 갈등원인이 유통채널 간의 영역 중복에서 비롯되는 경우, 채널별 제품을 차별화함으로써 갈등을 해소할 수 있다.

③ 제조업체와 유통업체간의 갈등원인이 양자 간에 힘의 불균형에서 비롯되는 경우, 제조업체가 유통채널 간 경쟁을 강화하여 강자에게 힘을 갖도록 한다.

④ 유통경로과정 중 도매상과 소매상 사이 또는 중간상과 소매상의 서로 다른 단계 구성원들과 구성원들 사이에 발생하는 갈등을 수직적갈등이라 한다.

⑤ 갈등을 해결하기 위한 전략으로는 회피, 수용, 경쟁, 타협, 문제해결 등이 있다. 그중 회피는 가장 수동적성격의 전략으로 두 구성원간의 상호의존도가 거의 없는 경우에 사용가능하다.

 제조업체와 유통업체 간의 갈등원인이 양자간에 힘의 불균형에서 비롯되는 경우, 제조업체가 유통채널 간 협력을 강화하여 상생을 하도록 한다.

 **52** ③　**53** ③

54 최근 유통업계에서는 업종의 개념보다는 '업태개념'에 입각한 유통업의 분류가 점차 중시되고있다. 업태개념에 따라 유통업의 분류가 중요하게 인식되는 이유나 배경으로 거리가 가장 먼 것은?

① 업태(type of operation)란 판매방법이나 점포의 운영형태의 차이를 기준으로 한 분류이다.

② 소비자 욕구의 다양화로 이에 대응하고자 하는 유통기업이 상품의 판매방법, 가격 그리고 제공하는 서비스등을 다른 기업과 차별화하고자 하는 경향이 증가하고 있기 때문이다.

③ 유통기업은 다양한 상품을 취급하기보다 자신의 지위나 영향력을 높이고 상품의 차별화 및 구매에서 규모의 경제를 통한 이익을 추구하기 위해 특정상품에 집중하는 경향이 강하기 때문이다.

④ 최근 소매기업은 제조업자의 판매대리기관으로서의 역할을 수행하기 보다는 독자적이고 모험적으로 사업을 전개하고자 하는 성향이 강해지고 있기 때문이다.

⑤ 점포가 취급하는 상품의 물리적 특성을 강조하여 판매하는 방식에서 탈피하여 소비자의 편익이나 가치를 중시하는 경영방식이 기업의 성과에 있어 중요한 영향을 미친다는 인식이 확산되고 있기 때문이다.

 특정상품에 집중하는 경향이 강하다고 할 수 있는 것은 업종(type of Business)이라 할 수 있다.

55 다음은 집약적 혹은 집중적 유통(intensive distribution)의 장점을 설명한 내용으로 가장 거리가 먼 것은?

① 소비자들의 충동구매를 증가시킬 수 있으므로 매출수량 및 매출액 상승효과가 발생할 수 있다.

② 제조업체는 다른 유통형태에 비해 유통경로 구성원에 대한 통제가 용이하여 자사의 마케팅 전략 및 정책을 일관되게 실행할 수 있다.

③ 소비자가 특정점포 및 브랜드에 대한 애호도가 낮은 경우에 선호되며, 제품에 대한 인지도를 신속하게 높일 수 있는 장점이 있다.

④ 소비자의 구매편의성을 증대시키기 위해 가능한 한 많은 유통점포들이 자사제품을 취급하게 하는 전략이다.

⑤ 집중적 유통경로 전략은 희망하는 소매점이면 누구나 자사의 상품을 취급할 수 있도록 하는 것이다.

 집중적 유통(intensive distribution)은 다수의 도매상을 활용하는 경로의 길이가 긴(long)경로구조는 폭넓은 분산된 시장을 획득할 수 있는데 비해, 경로구조가 짧은(short)직접경로의 유통은 시장을 유지시키는데 적합하다.

 54 ③   55 ②

56 다음 중 유통전략을 통한 경쟁우위가 다른 전략 수단들을 통한 경쟁우위와는 달리 상당기간 지속 가능한 이유와 거리가 먼 것은?

① 유통경로구조의 지역성이 강하다.
② 유통전략은 일반적으로 비탄력적이다.
③ 유통구조의 모방이 상대적으로 어렵다.
④ 경로구성원들 간의 관계형성과 유지가 중요하다.
⑤ 유통시스템에서의 힘의 균형이 제조업체에서 유통업체로 넘어가고 있다.

 유통경로 전략에서 유통길이의 결정요인으로는 제품 특성, 수요 특성, 공급 특성 등이 있다. 이러한 것을 바탕에 두고 다양한 전략을 수립하게 된다. 특히 유통경로는 한번 고정화 되면 쉽게 변화를 할 수가 없으며 이러한 구조 때문에 유통경로의 비 탄력성을 유지하고 있다. 힘의 균형이 어느 일방이 강하면 상당기간 지속가능하지는 못한다. 힘의 균형이 일부는 유통업체가 강하지만 지속성과는 관련이 없다.

57 도매업은 소매업 외의 모든 매매업을 말하며, 지칭하는 용어로는 넓은 의미와 좁은 의미의 도매업으로 구분되어 지고, 도매업을 수행하는 상인을 도매상이라고 한다. 다음 중 도매상의 종류에 대한 설명 으로 옳지 않은 것은?

① 현금거래도매상(cash and carry wholesaler)은 재고회전이 빠른 한정된 계열의 제품만을 소규모소매상에게 현금지불을 조건으로 판매를 하지만, 일반적으로 배달은 하지 않는 도매상이다.
② 직송도매상(drop shipper)은 상품에 대한 소유권을 갖지만 직접 재고를 유지하지 않는 도매상으로 주로 석탄, 목재, 중장비 등을 취급하는 도매상이다.
③ 우편주문도매상(mail-order wholesaler)은 우편을 통하여 카탈로그와 제품주문서 등을 발송하여 주문을 접수하여 제품을 배달해 주는 도매상이다.
④ 진열장도매상(rack jobber)은 소매상들에게 매출비중이 높지 않으면서 회전율이 높은 캔디, 껌, 건강미용 용품 등을 판매하며 소매점포까지 직접 트럭배달을 해주면서 소매상을 대신하여 진열대에 진열하거나 재고를 관리해주는 도매상이다.
⑤ 트럭도매상(truck jobber)은 진열해 준 제품이라도 판매가 된 제품에 대해서만 값을 치르고, 팔리지않은 제품은 반품도 할 수 있기때문에 소매상이 제품진부화로 인해 감당해야 할 위험도 최소화시켜 준다.

 진열해 준 제품이라도 판매가 된 제품에 대해서만 값을 치르고, 팔리지 않은 제품은 반품도 가능한 것은 진열장도매상(rack jobber)의 내용이다.

56 ⑤ 57 ⑤

58 다음 박스 안의 (   )에 들어갈 단어로 올바르게 짝 지어진 것은?

> 중간상의 참여는 생산자와 소비자 간의 직접거래에 비해 거래 빈도의 수 및 이로 인한 거래비용을 낮춘다는 것이 (ㄱ)원리 이고, 유통경로 상에 가능하면 많은 수의 도매상을 개입시킴 으로써 그렇지 않은 경우보다 각 경로 구성원에 의해 보관되 는 제품의 총량을 감소시킬 수 있다는 것이 (ㄴ)원리이다.

① ㄱ-분업   ㄴ-집중 준비
② ㄱ-분업   ㄴ-변동비 우위
③ ㄱ-변동비 최소   ㄴ-분업
④ ㄱ-총 거래 수 최소   ㄴ-분업
⑤ ㄱ-총 거래 수 최소   ㄴ-집중 준비

특히 경제가 발전해서 소득수준이 높아질수록 유통업의 상대적 비중은 커지게 마련이며, 그 결과 유통업 및 유통업 종사자의 사회적 지위도 높아지게 된다. 문제에서는 총 거래수 최소의 원칙과 집중준비의 원칙 의 내용을 설명하고 있다.

59 소매 수레바퀴이론(the wheel of retailing hypothesis)의 특징에 대한 설명으로 가장 거리가 먼 것은?

① 소매가격의 혁신은 오로지 저비용구조에 바탕을 둔 저가격을 기반으로 새로운 시장 에 침투한다.
② 새로이 진출하려는 소매업태는 도입초기에 점포서비스의 고도화와 물리적 설비부분 의 차별화를 통해 시장에 진입한다.
③ 일단 목표시장(소매업계)에서 받아들여지면 이 새로운 소매기관은 고급화과정에 접어든다.
④ 시장진입에 성공한 신업태의 고급화는 또 다시 새로운 소매업태의 혁신적인 등장을 불러 일으킨다.
⑤ 수레바퀴가설에 부합하는 업태는 TV홈쇼핑, 회원제 창고형 소매점, 인터넷 전자 상거래, 카테고리킬러형 전문점 등이 있다.

소매업 수레바퀴가설(The Wheel of Retailing Hypothesis)에서 소매상은 시장진입 초기에 저가격, 저마진, 저서비스의 가격소구 방식으로 소매시장에 진입하여 기존의 고가격, 고마진, 높은 서비스의 다른 소비업 태와 경쟁한다. 이러한 소매환경의 변화는 새로운 유형의 혁신적인 소매점이 저가격, 저마진, 낮은 서비스 로 시장에 진입할 수 있는 여지를 제공하게 되고, 이 새로운 유형의 소매점 역시 위와 동일한 패턴을 따르 게 된다는 것이다.

  58 ⑤   **59** ②

60 수직적 마케팅 시스템(vertical marketing system: VMS)을 경로 구성원의 통합화된 정도가 낮은 수준에서 높은 수준의 순서로 나타낸 것으로 가장 적절한 것은?

① 계약형 VMS 〈 기업형 VMS 〈 관리형 VMS
② 기업형 VMS 〈 계약형 VMS 〈 관리형 VMS
③ 계약형 VMS 〈 관리형 VMS 〈 기업형 VMS
④ 관리형 VMS 〈 계약형 VMS 〈 기업형 VMS
⑤ 기업형 VMS 〈 관리형 VMS 〈 계약형 VMS

 관리형 VMS 〈 계약형 VMS 〈 기업형 VMS 순으로 통합화가 높다.

61 다음은 어느 소매업태에 대한 신문사설이다. 이 업태에 대한 조직구조의 형태에 대한 설명으로 가장 옳은 것은?

> 서울시가 대형마트 의무휴업 규정을 위반하고 영업을 강행하고 있는 코스트코를 압박하기 위해 전가의 보도인 불법행위 단속 카드를 꺼내들었다. 지난 10일 코스트코 매장 3곳을 대상으로 식품·소방 등 담당 공무원들이 집중적으로 들어가, 주정차 금지구역 위반·위생상태 불량·유도등 미설치 등 모두 41건의 불법행위를 적발했다는 것이다. 서울시는 오는 14일에는 인원을 더 늘려 2차 단속에 들어갈 예정이고 그래도 코스트코가 계속 의무휴업을 어긴다면 단속 횟수를 더 늘린다는 방침이다.
> 사건의 발단은 대형마트와 기업형 슈퍼마켓(SSM)에 대한 월 2회 의무휴업 조치에서 시작됐다. 대형마트들은 영업제한 집행정지 가처분 신청을 법원에 냈고, 법원은 절차상 문제로 영업규제 처분을 취소하라며 대형마트 손을 들어줬다. 서울시와 코스트코 간 갈등은 여기서 불거졌다. 소송에 참여한 대형마트가 영업을 재개하자 코스트코는 "법률은 영향을 받는 유사한 당사자에게 동일하게 적용돼야 한다"며 휴일영업을 강행했다. 하지만 서울시는 코스트코의 경우 소송에 참여하지 않았기 때문에 의무휴업을 지켜야 한다는 입장이다. (한국경제 사설)

① 회원제창고형 도소매점(Membership Wholesale Club)
② 양판점(General Merchandising store)
③ 할인점(Discount Store)
④ 백화점(Department Store)
⑤ 전문점(Specialty Store)

 코스트코에 대한 신문사설. 코스트코는 회원제 창고형 도소매점이다.

 60 ④　　61 ①

62 다음 중 유통점의 성과에 관한 설명으로 가장 적합한 것을 고르시오.

① 소매상의 재무적 능력은 상품의 수익률(margin)과 상품의 회전율(turn over)을 기반으로 결정된다.

② 유통업태의 입장에서 분석하면 일반적으로 상품의 회전율과 상품의 수익률은 상충관계를 갖는다.

③ 상품의 저수익률-고회전율 전략은 비교적 밀집된 상권에 위치하고 비교적 복잡한 조직구 조적 특징을 지닌다.

④ 상품의 고수익률-저회전율 전략은 비교적 분리된 상권에 위치하고 비교적 단순한 조직구 조적 특징을 지닌다.

⑤ 상품의 고수익률은 전문점보다는 할인점이 우월하고, 회전률은 편의점보다는 백화점이 높다.

 유통점의 성과를 평가하는 가장 중요한 것으로는 소매상의 재무적 능력 평가기준인 상품의 수익률 (margin)이 있고, 영업능력을 평가하는 기준인 상품의 회전율(turn over) 두 가지를 기반으로 결정된다. 회전율과 수익률은 비례관계가 일반적이며, 저수익-고회전율은 편의점과 같은 독립입지를 선호하고, 고수익-저회전률은 백화점이나 전문점이므로 복잡한 조직구조이다.

63 국내에는 유통관련된 다양한 기관들이 한국유통산업의 발전에 공헌하고 있다. 이런 기관의 업무에 대한 설명으로 가장 옳지 않은 것은?

① 산업통상자원부는 통상교섭 및 통상교섭에 관한 총괄 · 조정, 외국인 투자, 산업기술 연구개발정책 및 에너지 · 지하자원에 관한 사무를 관장하는 대한민국의 중앙행정기관이다.

② 대한상공회의소를 중심으로 전국도시에 상공회의소가 세워져 있으며, 상공회의소법을 기반으로 상공회의소가 세워지며 일정 조건을 충족한 기업은 단체에 가입을 해야 한다.

③ 한국유통관리사협회는 유통관리사 자격증을 취득한 자격사들의 모임단체로 한국유통과 관련된 교육과 정책에 대한 건의를 수행하고, 유통관련교육을 진행하고 있다.

④ 한국산업인력공단은 국가자격 정보와 자격증과 확인서 발급에서부터 자격취득자 정보를 전달하며, 유통관리사자격증도 이곳에서 시행을 하고 있다.

⑤ 유통물류진흥원(GS1)은 상품 및 거래처의 식별과 거래정보의 교환을 위한 국제표준 식별코드, 바코드, 전자문서의 개발 및 보급, 관리를 전담하고 있는 표준기구이다.

 유통관리사자격증 시행을 하고 있는 기관은 상공회의소 검정사업단의 업무이다.

 62 ① **63** ④

64 다음 글 상자 안의 유통경로구조의 설계 및 관리에 대한 설명 중 올바른 내용으로 구성된 것은?

> 가. 관리형수직적 경로구조의 구성원들은 자율적인 상호이해와 협력에 의존하므로 협력해야 할 계약이나 소유권에 매우 강한 구속을 받는다.
> 나. 경로구성원간의 정보불균형성이 존재할 때 수직적통합은 기회주의를 감소시켜 거래비용을 줄일 수 있다.
> 다. 프랜차이즈시스템은 계약형수직적 경로구조로서 주로 합법적파워에 의해 운영된다.
> 라. 연기-투기이론에 의하면 경로구성원들 중 누가 재고를 유지해야 하는가의 문제가 경로구조를 결정할 수 있다고 한다.
> 마. 경로커버리지전략중 전속적유통은 중간상의 풀(pull)보다는 소비자의 푸시(push)에 의해서 팔리는 상품에 적합하다.

① 가, 나, 다   ② 가, 다, 마   ③ 나, 다, 라
④ 나, 다, 마   ⑤ 나, 라, 마

 관리형VMS(administered VMS)란 경로구성원들 중에서 가장 규모가 크거나 시장영향력이 큰 구성원(경로지도자, channel captain)이 다른 구성원들에게 비공식적으로 영향을 미쳐 생산이나 유통활동을 조정하는형태로 경로구성원들 간의 상호이익을 바탕으로 맺어진 협력시스템이라고 볼 수 있다.

65 소매상은 상품의 다양성(variety)과 전문성(assortment)을 추구하는 정도에 따라 상품의 기획능력이 결정되고, 결과적으로 점포의 경영성과에 영향을 미치게 된다. 어떤 소매상이 다음 박스 안의 내용과 같은 특성을 추구한다면, 다양성과 전문성의 수준이 어떠하다고 평가할 수 있는지 고르시오.

> 가. 편의지향고객을 목표로 한다.
> 나. 관리의 용이성을 추구할 수 있다.
> 다. 적은 투자비용을 기대할 수 있다.
> 라. 제한된 시장에서 점포를 운영하고자 한다.
> 마. 내점 빈도가 낮다는 단점을 감수하여야 한다.

① 높은 다양성-높은 전문성   ② 낮은 다양성-높은 전문성
③ 높은 다양성-낮은 전문성   ④ 낮은 다양성-낮은 전문성
⑤ 중간 다양성-중간 전문성

 다양성(variety)과 전문성(assortment)측면에서 높고 낮음으로만 한정하여 평가를 한다면 박스내용은 '편의지향고객' 같은 곳에서 낮은 다양성을 '관리의 용이성' 등에서는 낮은 전문성을 찾을 수 있다.

64 ③   **65 ④**

66 다음 중 유통경로상에서 중간상이 필요한 이유로 가장 옳지 않은 것은?

① 채찍효과로 인해 수요예측의 불확실성을 제거할 수 있다.
② 생산자와 소비자 상호간의 정보불일치에 따른 불편을 줄이게 된다.
③ 생산자와 소비자 사이에 발생하는 공간적, 시간적 불편을 줄일 수 있다.
④ 거래할 때마다 발생하는 구색 맞추기에 대한 불편함과 비효율을 개선할 수 있다.
⑤ 생산자는 소품종 대량생산, 소비자는 다품종 소량소비에 대해 원하는 격차를 해소할 수 있다.

 유통경로내의 중간상은 제품의 구매와 판매에 필요한 정보탐색의 노력을 감소시켜주고, 제조업자와 소비자의 기대차이를 조정해 준다.

67 도매상이 상대하는 주된 고객은 최종소비자를 제외한 모든 개인 및 조직이다. 다음 중 유통경로에서 도매상에 대한 설명 중 가장 올바른 것을 고르시오.

① 제조업체에서 보유해야 하는 재고의 일부를 대신 보유하게 됨으로써 제조업체의 재정적인 부담을 감소시킨다.
② 소수의 제조업체로부터 대량의 제품을 공급받기 때문에 일반적으로 상품구색의 폭이 감소되며, 그 결과 다수의 도매상과 거래를 하여야 하는 소매상의 주문업무가 가중된다.
③ 소수의 도매상이 제조업체로부터 제품을 공급받아 소매상에게 제공하기 때문에 시장 규모를 감소시킬 수 있다.
④ 각각의 제조업체와 소매상이 직접 연결하여 거래할 수 있도록 도매상이 지원함으로써 공급단위와 구매단위를 일치시킬 수 있다.
⑤ 도매상이 완제품, 부품, 반제품을 소매상에게 제공하는 것은 제조업자가 수행하는 것보다 비효율적일 수 있다.

 도매업을 지칭하는 가장 넓은의미로는 소매업 외의 모든 매매업을 말하며, 여기에는 수집상업, 중계상업, 분산상업 및 무역상업 등 모두 포함한다. 제조업자를 대신해서 도매상이 재고를 갖게 되기 때문에 제조업자는 재고관리를 효율적으로 수행할 수 있어 재고비용을 줄일 수가 있다.

 66 ① 67 ①

68 최근 유통경로에서 중시되고 있는 소비자환경에 대한 설명으로 가장 잘못 설명된 항목은?

① 현대의 소비자들은 점점 더 작고, 간단한 것에 관심을 기울이고 있기 때문에 현재의 소비성은 간단한 방법과 편리함을 선호하는 방향으로 발전하고 있다.

② 가정에서 사용하는 생활용품도 세대별로 구입하는 것으로 보아 자신만의 가치창조를 추구하는 경향이 높아지고 있다.

③ 경제성장과 산업의 발달로 인하여 소득수준이 향상되고 소비자들은 고급화·다양화된 상품과 서비스를 요구하고 문화, 교육, 오락, 여가활동에 대한 관심을 증가시키게 되었다.

④ 그린(green)제품 개발 등 자연친화성의 강화와 함께 소비자에게 편리성, 경제적 이득을 제공할 수 있도록 대응하는 전략이 필요하다.

⑤ 주부들의 취업으로 인하여 소득수준이 향상되었고, 가정용기기의 발달, 출산자녀 수의 증가 등으로 가사노동이 증가되고 있다.

> 주부들의 취업으로 인하여 소득 수준이 향상되었고, 가정용 기기의 발달, 출산자녀 수의 감소가 되고 있으며, 전자기기의 발전으로 인해 주부들의 가사노동은 오히려 감소되고 있다고 보고되어 있다.

69 아래는 제조업체의 유통 커버리지 대안들 중에서 집약적유통(intensive channel)에 대한 설명이다. 이 설명들의 ( )안에 적합한 단어를 순서대로 올바르게 나열한 것은?

> (가) 집약적유통은 중간상의 수가 많아질수록 경쟁이 치열해지기 때문에 새로운 중간상은 제조업체가 희망하는 가격보다 (   )로 제품을 판매할 가능성이 커져 제품판매를 위한 동기부여가 (   )할 수 있다.
>
> (나) 중간상이 제공하는 서비스는 (   )에 따라 다양하기 때문에 고객에 대한 서비스를 최소화하는 업태는 제품판매에 수반되는 서비스를 제공하지 않을 수 있다.
>
> (다) 중간상의 수가 많은 경우 제조업체는 이들에게 적시에 공급할 수 있어야 하기 때문에 매출이 증가하면 제조업체의 재고비용은 (   )하여 실제이익은 (   )할 수 있다.

① 저가-감소-업태-증가-감소   ② 저가-감소-업종-증가-감소
③ 고가-증가-업태-감소-증가   ④ 고가-증가-업종-감소-증가
⑤ 고가-감소-업태-증가-감소

> 집약적유통은 가능한 많은 소매상들로 하여금 자사제품을 취급하도록 함으로써 포괄되는 시장의 범위를 최대화하려는 전략이다. 문제에 가장 적합한 답은 ①의 내용이다.

해답 | 68 ⑤ | 69 ①

70 유형점포는 영업을 영위하는 아주 중요한 장소이지만, 최근에는 경제환경의 발달에 따라 무점포업태의 증가현상이 뚜렷하게 나타나고 있다. 무점포업태의 유형에 해당하는 설명으로 가장 잘못된 것은?

① 조카의 학습을 지원하는 학습지 선생님은 매주 하루 30분씩 영어를 가르치고, 자료를 놓고 간다.

② 인터넷 멀티미디어 방송(IPTV)을 통해서 최근 유행하는 아웃도어를 신발과 함께 구입을 하였다.

③ 지하철을 타고가다가 스마트폰을 이용하여 신규발매된 유료어학용 어플을 다운받아 공부를 한다.

④ 퇴근길에 결혼기념일을 축하하기위해 제과점에서 케이크를 사고, 근처 꽃집에서 장미꽃 한다발을 구입한다.

⑤ 아주 친한 친구의 권유로 건강보조식품을 판매하는 다단계업체에 들어가서 하위 판매자로서 영업을 한다.

 퇴근길에 결혼기념일을 축하하기위해 제과점에서 케익을 사고, 근처 꽃집에서 장미꽃 한다발을 구입하는 것은 제과점, 꽃집이라는 유점포를 방문하는 행위이다.

71 다음 중 소매업 수레바퀴가설(the wheel of retailing)에 부합하는 업태의 예와 가장 거리가 먼 것은?

① 편의점   ② TV홈쇼핑   ③ 카테고리킬러
④ 인터넷 전자상거래   ⑤ 회원제 창고형소매점

 편의점은 고마진, 고회전율 정책을 추구하는 업태 유형이고, 나머지는 저마진 고회전율을 추구한다.

72 전문할인점(category killer)에 대한 바른 설명은?

① 가격이 높은 편이다.

② 매장이 할인점과 비슷하다.

③ 다양한 상품계열을 취급한다.

④ 고객서비스가 전문점 수준이다.

⑤ 상품의 깊이보다는 넓이에 중점을 두고 있다.

 우리나라의 소비환경을 보면 소비가 다양화·합리화와 효율성 추구의 경향을 띠고 있는데, 이러한 소비환경에 대해서 저가격과 한정된 제품군내의 깊은 구색으로 특징 지워지는 전문할인점의 성공가능성이 높다고 판단된다.

 70 ④   **71** ①   **72** ②

73 중간상은 생산자가 제시하는 구색수준과 소비자가 요구하는 구색수준의 차이를 극복해주는 '분류기능'을 수행하는데, 다음 중 중간상의 이 기능(분류기능)과 가장 거리가 먼 것을 고르시오.

① 특정한 제품을 소비자에게 제공하는 유통(distribution)기능 수행
② 동질적인 제품을 소량의 단위로 축소하는 분할(allocation)기능 수행
③ 재판매를 위해 제품들을 특정한 제품군으로 통합하는 구색(assortment)기능 수행
④ 소단위판매, 신용과 금융제공, 상품의 구색, 기술지원(support)을 갖추는 기능 수행
⑤ 이질적인 제품들을 동질적인 몇 개의 제품군으로 조정하는 분류(sorting out)기능 수행

> 특정한 제품을 소비자에게 제공하는 기능은 소매상의 매매기능이고, 나머지의 기능인 분할, 구색, 기술지원, 분류기능 등은 중간상의 기능에 해당한다.

74 거래비용(Transaction Cost)은 어떠한 재화 또는 서비스 등을 거래하는 데 수반되는 비용이다. 이에 대한 설명으로 가장 적합하지 않은 것은?

① 코즈(Coase)의 관점에서는 기업이 존재하는 이유는 시장을 통해, 시장을 통한 거래 비용이 기업조직을 통한 경제활동비용에 비하여 훨씬 더 낮기에 내부조직이 생겨 난다는 것이다.
② 가치의 가격뿐 아니라 거래전에 필요한 정보수집단계, 협상단계, 계약이 준수하는 데 필요한 비용, 처음 계약의 불완전으로 인한 비용 등 전체적인 면에서의 비용을 모두 포함한다.
③ 거래비용이론은 유통경로시스템 구성원들간의 기회주의적 행동경향을 기본적인 가정으로 하고 있으며, 거래비용으로 인하여 시장실패의 가능성을 초래할 수 있음을 주장하고 있다.
④ 거래비용이론에서 설명하고 있는 소위 수직적계열화가 발생하는 이유는 유통시장에 소수의 거래자만이 참가하고 있을 경우나 자산의 특수성 또는 거래특유자산이 존재하는 경우, 경로구성원들 간에 기회주의적인 행동이 발생할 수 있기 때문이다.
⑤ 거래비용이론에 의하면 거래특유적 자산이 이전될 경우 교환파트너의 기회주의적 행동에 의한 피해 가능성이 높아져, 철저한 감시체계나 타율적제재 등 권위통제메커니즘을 통한 보호장치의 필요성을 증가시킴으로써 수직적통합의 가능성을 높인다.

> 코즈(Coase)의 관점에서는 기업이 존재하는 이유는 시장을 통해 시장을 통한 거래비용이 기업조직을 통한 경제활동비용에 비하여 훨씬 더 높기에 내부조직이 생겨났다고 보았다.

해답   **73** ①   **74** ①

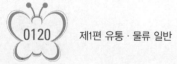

75 소매기관의 발전과정을 설명하기 위한 변증법적 과정이론에 대한 내용으로 가장 거리가 먼 것은?

① 전문점, 백화점이 '정'이라면 카테고리 전문점은 '반'이 되고, 종합할인점은 '합'이 된다.

② 전문점은 고마진, 저회전율, 고가격, 상대적으로 좁은 상품의폭과 깊은구색을 갖는다고 본다.

③ 종합할인점은 전문점에 비해 저마진, 저서비스 수준을 갖고, 상대적으로 상품의 다양성을 지닌다고 본다.

④ 새로운 소매기관들은 다른 경쟁업체들로부터 특징들을 차용하는 점포에서 발생한다.

⑤ 카테고리킬러의 경우 전문점에 비해 낮은 가격을 추구하고, 종합유통점에 비해 제한된 서비스의 제공과 깊은 상품의 구색을 지닌다.

 전문점, 백화점이 '정'이라면 '반'은 할인점이 되고, 종합할인점은 '합'이 된다.

76 유통경로 설계는 기업의 입장에서 상당히 중요하다. 다음 중 유통경로에 대한 설명으로 가장 거리가 먼 것은?

① 일단 구축되면 이를 변경하기가 용이하지 않은 특징이 있으므로 전통적마케팅 4P 의 믹스 구성요소 중 가장 신중한 관리가 필요하다.

② 고객이 제품이나 서비스를 사용 또는 소비하는 과정에 참여하는 독립적인 조직들의 집합체로서, 경로구성원은 자신의 활동을 수행함에 있어 다른 경로구성원에 독립되어 있어 효율적이다.

③ 유통경로내의 중간상은 제조업체로부터 공급받은 제품을 그대로 소비자에게 전달하는 단순한 역할을 수행하는 것이 아니라 제품이 지닌 가치에 새로운 가치를 추가하는 역할을 수행한다.

④ 유통경로내의 중간상은 제품의 구매와 판매에 필요한 정보탐색의 노력을 감소시켜주고, 제조업자와 소비자의 기대차이를 조정해 준다.

⑤ 유통경로내의 중간상은 반복적인 거래를 가능하게 함으로써 구매와 판매를 보다 용이하게 해주고, 교환과정에 있어 거래비용 및 거래횟수를 줄임으로써 효율성을 높여준다.

 유통경로는 경로구성원들간 상호 의존적인 특징을 가지고 있다.

77 도매상의 유형분류는 1) 유통경로에서 대부분의 기능들을 수행하는 완전서비스 도매상과 2) 특정기능을 집중적으로 수행하는 한정서비스 도매상으로 분류할 수 있다. 한정(서비스)도매상은 또다시 어떤 기능을 전문적으로 수행하느냐에 따라 보다 세부적으로 분류된다. 아래 기능들에 따른 도매상의 세부 분류를 순서대로 올바르게 나열한 것은?

> (가) 재고회전이 빠른 한정된 계열의 제품만을 소규모 소매상에게 현금지불을 조건으로 판매를 하며 배달은 하지 않는 도매상
> (나) 거래 소매상들에게 직접 제품을 수송하는 도매상으로, 이들은 주로 과일과 야채 등의 신선식품을 취급하며 소규모의 슈퍼마켓을 비롯하여 소규모 채소 상인이나 병원 및 호텔 등을 순회하며 현금판매를 실시하는 도매상
> (다) 상품을 구매하고자 하는 소매상 고객들과 협상을 통해 계약을 체결하고, 제조업자가 고객에게 직접 제품을 선적 및 운반하며, 상품에 대한 소유권을 갖지만 직접 재고를 유지하지 않는 도매상으로 주로 석탄, 목재, 중장비 등을 취급하는 도매상
> (라) 소매상들에게 매출비중이 높지 않으면서 회전율이 높은 캔디, 껌, 건강미용 용품 등을 판매하며 소매 점포까지 직접 트럭배달을 해주면서 소매상을 대신하여 진열대에 진열하거나 재고를 관리해주는 도매상

① 현금거래도매상(cash and carry wholesaler)−트럭중개상(truck jobber)−직송도매상(drop shipper)−진열도매상(rack jobber)
② 직송도매상(drop shipper)−현금거래도매상(cash and carry wholesaler)−트럭중개상(truck jobber)−진열도매상(rack jobber)
③ 현금거래도매상(cash and carry wholesaler)−트럭중개상(truck jobber)−진열도매상(rack jobber)−직송도매상(drop shipper)
④ 직송도매상(drop shipper)−현금거래도매상(cash and carry wholesaler)−진열도매상(rack jobber)−트럭중개상(truck jobber)
⑤ 현금거래도매상(cash and carry wholesaler)−직송도매상(drop shipper)−트럭중개상(truck jobber)−진열도매상(rack jobber)

 한정기능(서비스형)도매상(Limited−service Wholesaler)의 종류와 개념을 묻는 문제이고 정답은 ①의 내용이 된다.

78 다양한 공급원으로부터 제공된 이질적인 제품들을 상대적으로 동질적인 것으로 구분하는 것에 대한 가장 적합한 용어는?

① 등급(Sorting Out) ② 수합(Accumulation) ③ 분배(Allocation)
④ 구색화(Assortment) ⑤ 통합(Integration)

 77 ① 78 ①

등급(Sorting Out)은 다양한 공급원으로부터 제공된 이질적인 제품들을 상대적으로 동질적인 집단으로 구분하는 것으로 예컨대, 과일의 경우 크기와 보관상태에 의해 몇 가지 등급으로 구분하는 행위 등을 말한다.

79 다음 중 재고회전율에 대한 설명으로 가장 옳지 않은 것은?

① 재고회전율은 재고의 평균회전속도이다.
② 재고량과 재고회전율은 서로 정비례한다.
③ 재고회전율이 높으면 품절현상을 초래할 위험이 있다.
④ 재고회전율이 낮으면 보관비용의 증대를 가져올 수 있다.
⑤ 재고회전율과 수요량은 서로 양(+)의 상관관계가 성립한다.

 재고회전율은 매출액을 평균재고로 나누어 구하는 식으로 재고량과 재고회전율은 서로 반비례한다.

80 유통경로 당사자들이 선택하는 유통경로의 구조를 결정하는 전략이나 이론으로 가장 적합한 설명은?

① 고객들의 유통서비스 요구가 세련되고 복잡할수록, 고객이 원하는 1회 구매량이 적다거나 부수적 서비스를 많이 원할수록 유통경로의 길이는 길어진다.
② 유통경로에 대한 통제수준이 높다면 유통경로에 대한 수평적통합의 정도가 강화되고 이러한 경우에는 기업에 의하여 지배받게 된다.
③ 연기투기이론에서 투기가 연기를 지배한다면 유통경로에는 많은 중간상들이 이득을 노리고 진입을 할 것이므로 유통경로는 짧아진다.
④ 선택적유통경로는 전속적유통경로에 비하여 제품에대한 노출이 확대되며, 개방적 유통경로에 비하여는 소매상의 수가 많기 때문에 유통비용이 절감된다.
⑤ 생산자의 수는 적고, 공급자의 시장진입과 탈퇴에는 제한이 있으며, 지역적으로 집중적인 생산이 된다면 유통비용 측면에 있어서는 장기적으로 안정적이다.

 ② 유통경로에대한 통제수준이 높다면 유통경로에 대한 수직적통합의 정도가 강화되고 이러한 경우에는 기업에 의하여 지배받게 된다.
③ 연기투기이론에서 투기가 연기를 지배한다면 유통경로에는 많은 중간상들이 이득을 노리고 진입을 할 것이므로 유통경로는 길어진다.
④ 선택적유통경로는 전속적유통경로에 비하여 제품에 대한 노출이 확대되며, 개방적 유통경로에 비하여는 소매상의 수가 적기 때문에 유통비용이 절감된다.
⑤ 생산자의 수는 적으며, 공급자의 시장진입과 탈퇴에는 제한이 있고, 지역적으로 집중적인 생산이 되며, 유통비용 측면에 있어서는 장기적으로 불안정하다.

 79 ② **80** ①

81 일반적으로 소비재시장에서의 도매상을 둘러싼 환경이 매우 열악한 반면, 산업재 유통업자(industrial distributor)역할의 중요성은 더욱 확대될 가능성이 높다. 다음 중 이러한 경향을 설명할 수 있는 이유나 원인으로 보기 가장 어려운 것은?

① 제품의 원가상승으로 유통업자에게 물류기능을 위탁하는 물류아웃소싱을 추구하는 제조업자가 늘어나고 있다.
② 상품들이 표준화됨에 따라 상표명의 중요성이 퇴색되고, 그 결과 유통업자에 의한 고객통제력이 강화되고 있다.
③ 유통업자들에 의한 조립 및 가공생산을 통해 고객들에 대한 부가가치서비스가 보다 증대되고 있다.
④ 대량일괄주문 경향이 늘어남으로써 유통업자인 도매상과 소매상의 파워가 점차 강화되고 있음을 볼 수 있다.
⑤ 원료나 재공품을 취급하는 산업재 유통업자들은 유통하는 산업재를 반드시 도매상이나 대리점을 경유할 필요는 없다.

 산업재유통업자(industrial distributor)역할의 중요성이 확대될 가능성이 높다는 것은 소비재와 산업재의 특징에서 찾을 수 있다. 산업재는 대부분이 중간재 성격을 가지고 있어 가공품의 성격이 강하다. '대량일괄주문 경향이 늘어남으로써 유통업자(도매상 및 소매상)의 파워가 강화되고 있음을 볼 수 있다'는 내용은 소비재의 특징이다.

82 다음 중 무점포 소매상에 대한 설명으로 옳은 것은?

① 방문판매는 생산자가 직접 소비자를 방문하여 판매하는 방식으로 직접 마케팅에 포함된다.
② TV 홈쇼핑은 TV라는 매스미디어를 활용하여 상품의 선택과 주문이 이루어지므로 통신판매에 속한다.
③ 네트워크 마케팅을 통한 다단계 판매는 주로 온라인의 인적 네트워크를 통해 이루어지므로 인터넷 마케팅에 해당된다.
④ 인터넷마케팅은 가상현실에서 해당 사이트를 방문하는 방식으로 무점포 소매상에 해당하지 않는다.
⑤ TV홈쇼핑에는 직접 반응광고를 이용한 주문 방식과 홈쇼핑 채널을 이용한 주문 방식을 포함한다.

TV홈쇼핑은 TV를 통해 상품을 선전하면서 고객에게 판매를 유도하는 매체이다. 주문방식은 크게 직접반응광고를 이용한 주문방식과 홈쇼핑 채널을 이용한 주문방식이 있다.

81 ④　82 ⑤

83 3가지 유통전략적 대안과 그에 맞는 상품 예를 (가)~(다) 순서대로 가장 바르게 연결한 것은?

유통경로전략적 대안	상품 예시
(가) 집약적유통	ㄱ. 생수, 담배, 청량음료, 비누, 껌
(나) 선택적유통	ㄴ. 가전, 화장품, 의류, 산업재 부속품
(다) 전속적유통	ㄷ. 고급승용차, 건설장비, 고급가구

① ㄱ, ㄴ, ㄷ   ② ㄱ, ㄷ, ㄴ   ③ ㄴ, ㄱ, ㄷ

④ ㄷ, ㄴ, ㄱ   ⑤ ㄷ, ㄱ, ㄷ

 경로집약도(channel intensity)와 관련하여 경로설계자가 선택할 수 있는 경로커버리지 대안으로 크게 집약적유통, 선택적유통, 전속적유통시스템을 들 수 있다. 청량음료 등의 편의품은 집약적유통을 이용하고, 의류 등의 비교 선택을 특징으로 하는상품은 선택적유통을 이용하며, 고급승용차 등은 전속적유통을 이용한다.

84 다음 중 유통경로에 대한 설명으로 가장 거리가 먼 것은?

① 일단 구축되면 이를 변경하기가 용이하지 않으므로 마케팅믹스 4P 구성요소 중 가장 신중한 관리가 필요하다.

② 유통경로내의 중간상은 제품의 구매와 판매에 필요한 정보탐색의 노력을 감소시켜 주고, 제조업자와 소비자의 기대차이를 조정해 준다.

③ 유통경로내의 중간상은 반복적인 거래를 가능하게 함으로써 구매와 판매를 보다 용이하게 해주고, 교환과정에 있어 거래비용 및 거래횟수를 줄임으로써 효율성을 높여준다.

④ 고객이 제품이나 서비스를 사용 또는 소비하는 과정에 참여하는 독립적인 조직들의 집합체로서, 경로구성원은 자신의 활동을 수행함에 있어 다른 경로구성원에 독립되어 있어 효율적이다.

⑤ 유통경로내의 중간상은 제조업체로부터 공급받은 제품을 그대로 소비자에게 전달하는 단순한 역할을 수행하는 것이 아니라 제품이 지닌 가치에 새로운 가치를 추가하는 역할을 수행한다.

 유통경로는 독립적인 특성보다는 상호 의존적인 특징을 가지고 있다.

 83 ①   **84** ④

Chapter 2 유통경영전략

01 유통경영전략의 필요성과 이해

1. 유통경영전략

(1) 유통전략의 개념

① 유통기업전략이란 유통기업이 자신의 내부역량과 미래 환경변화를 정확히 판단하여 기업이 나아가야 할 방향을 구체적으로 제시하는 것이라고 할 수 있다. 유통경영전략의 수립과 실행단계에서 「환경분석 → 유통목표의 정립 → 유통경로구조의 설계 → 경로구성원」과 「조정 → 실행 → 성과평가 → 피드백」의 단계가 가장 정확하다.

② 유통경영전략을 수립하는 과정은 실무부서에서는 항상 여러가지 대안의 경영전략을 작성하고 최고경영자 또는 최고의사결정기구에서 최종적으로 하나의 대안을 선택하는 것이 일반적이다. 즉 전략의 결정이라는 것은 결국 선택의 문제인 것이다.

③ 유통기업 경영전략의 결정이 여러개의 대안중의 하나를 선택하는 것이 아니라 여러개의 대안들을 동시에 충족시키기 위한 방안을 강구하는 것이라면 유통기업으로서는 미래의 불확실성을 최소화시킬 수 있을 것이다.

④ 유통기업의 전략은 기업수준의 전략과 사업부수준의 전략으로 구분할 수 있는데, 기업이 다각화되지 않았다면 사업부수준의 전략은 필요없다. 유통기업이 수직적 통합, 기업 인수합병, 해외진출사업과 같은 결정이나 각 사업분야에 경영자원을 배분하는 것은 기업수준의 전략에 해당한다.

(2) 유통전략의 필요성

① 자산부채종합관리기법 또는 최근 국내에서도 익숙하게 사용되고 있는 옵션, 헤지와 같은 재무관리기법들의 기본원리를 전략수립과정에 도입하게 되면 기업이 가지게 되는 미래의 환경변화의 불확실성을 줄일 수 있다.

② 한편 미래에 대한 높은 불확실성을 이유로 환경변화로 인한 위험을 계량적으로 평가하기를 꺼리는 경우가 많다. 물론 직감적으로 미래의 불확실성에 대비를 하는 것 역시도 정확한 것이 아니므로 다양한 상황에 대비를 하는 경영자의 태도가 필요하다.

(3) 유통기업의 전략

① 자원(resource)과 역량(capability)은 반드시 비례관계가 성립된다고 볼 수 없다.
② 전략은 책임자의 입장에서 본 전체적인 그림에 대해 장기적으로 적용될 지침이다.
③ 전략을 실행하는 과정에서 전략이 수정되는 이유 중의 하나는 환경의 변화에 있다.
④ 가치창조경영은 기업의 의사결정기준을 경제적 이익에 근거한 기업가치인 경제적 부가가치를 중심으로 하는 사업관리기법이다.

(4) 유통기업전략 수립시 환경적 변수

① 목표소비자들은 점포를 선택할 때 상품진열, 조명, 내부장식, 구조, 음악 등의 점포 분위기 요소를 중요하게 생각한다.

② 목표소비자들은 구매하기 전에 구매계획을 세우고, 브랜드에 대한 선호도가 강하며, 쇼핑의 노력을 아끼지 않는다.

③ 목표소비자들은 직장에 다니고 있는 경우가 많으므로 시간의 압박으로 인해 가까운 곳에 위치한 점포에서 편리한 시간대에 이용할 수 있는 점포를 선호한다.

2. 유통경영의 비전과 목표

(1) 경영의 비전과 목표

① 단순한 「비전(Vision)」이란 단어의 뜻은 '미래에 대한 구상, 또는 미래상'이라고만 짧게 기술되어 있다. 좀 더 살펴보면 '보는행위 또는 능력, 보는감각, 꿰뚫어 보는 힘, 마음의 시력'을 뜻함을 알 수 있다.

② 흔히 상상력, 선견, 통찰력이며 '광경, 상상도, 미래도'와 같이 보이는 모습의 의미를 담고 있기도 하다. '꿈'이나 '사명'이라는 단어도 마찬가지이고, '목표, 목적, 소명, 소망, 소원, 목표설정'과 비슷한 뜻으로 이해될 수도 있다.

(2) 비전에 의한 목표설정

① 유통경영은 기업가정신을 바탕으로 뚜렷한 비전을 바탕으로 기업이 정한 목표를 달성하는 것이 최고의 방법이다. 기업의 목표는 이익창출이 우선이지만 소비자들의 효용을 고려한 이익창출이야 말로 유통기업의 목표이다.

② 유통경영의 근본은 서비스를 바탕으로 전개를 하는 것이다. 많은 고객들에게 시간이나 장소, 소유 및 형태적인 효용을 창출하면서 소비행위를 영위하는 것이 유통경영의 비전을 통한 경영방식이다.

(3) 유통경영의 내부적 환경요소 분석

① 유통경영의 내부적인 요소는 기업경영을 수행하는 과정에서 발생하는 기업자체의 역량에 크게 영향을 받는다.

② 내부적인 요소로는 회사의 정책이나 방침, 기업의 특이한 조직문화, 기업 내 종업원, 회사 내 노동조합 등 회사 내에서 발생하고 찾을 수 있는 요소들이라 생각하면 된다.

③ 소매상이 수행하는 환경분석중 내적인 요인은 재무적 자원에 대한 평가, 물리적 자산에 대한 측정, 취급하는 상품에 대한 분석, 조직에 대한 종업원의 태도 분석 등이 있다. 고객 욕구의 변화에 대한 파악같은 경우는 외부적인 요인이다.

④ 기업의 뛰어난 원자재 조달능력은 광범위한 정보, 대규모 구매를 가능케 하는 규모, 거래당사자로서의 명성 등과 같은 자원의 결합에 의해 생성되며, 일반적으로 기업의 경영자원 분석에 많이 사용되는 틀은 Porter의 가치사슬(Value Chain)이다.

(4) 유통경영의 외부적 환경요소 분석

① 유통경영의 외부적인 환경요소는 거시환경과 과업(산업)환경으로 구분하고, 기업이 영업을 수행하는 과정에서 기업내부를 제외한 모든 환경 및 시스템을 의미한다. 자사의 핵심역량, 비전, 목표, 정책 등의 전략적 환경은 내부적인 환경요소라고 본다.

② 기업의 거시환경(Macro Environment)은 기업과 직접적인 교환관계를 갖지는 않으나, 산업의 수요, 기업의 수익 등에 중요한 영향을 주므로 경영자는 거시환경의 분석을 통해 사업의 기회와 위협을 세밀히 분석해야 한다.

③ 거시경제적 환경(macroeconomic environment)으로 경제성장, 이자율 등 금리구조, 자국 화폐의 가치, 즉 환율변화, 인플레이션율의 변화 등이 있고, 기술 환경(technological environment)으로는 기술의 변화속도, 신기술의 탄생 등이 있다.

④ 사회적환경(social environment)은 사회적 가치관, 신념, 인식, 규범 등의 변화이고, 인구 통계적 환경(demographic environment)은 인구구성 혹은 구조의 변화이다.

⑤ 정치적, 법적환경(political and legal environment)은 정치권력 및 법적/제도적 규제 장치의 변화이며, 글로벌 환경(global environment)은 다른 국가의 경제발전 이행 및 속도를 들 수 있다.

02 유통경영전략의 수립과 실행

1. 유통경영전략의 수립과 실행

(1) 유통기업의 사업방향 결정

① 세계 최대 창고형할인점 기업인 코스트코(Costco)는 미국 유통업계의 '스티브 잡스' 또는 '전설(legend)'로 불리는 코스트코의 창업자이자, 29년간 최고경영자(CEO)를 지낸 짐 시네갈(J.Sinegal)의 경영방향이 하나의 좋은 사례가 된다.

② 코스트코는 월마트와 카르푸가 철수할 때도 버텼던 한국에서 유일하게 살아남은 외국 유통기업이다. 코스트코 서울 양재점은 세계 코스트코 매장을 통틀어 1등이다.

③ 월마트는 14만개 아이템을 진열해 놓지만 코스트코는 4000개만 판다. 품목별로 가장 품질 좋고, 값이 싸며, 큰 사이즈 하나만 제공하는 것이다. 비슷한 제품 4~5개를 고객이 고르다가 결국 안 사가는 것보다, 확실한 제품 하나가 잘 팔리는 게 낫다.

(2) 소매업의 성장전략 대안모델

① 해당 소매업체가 기존의 (소매)업태를 활용하여 자신의 표적시장 내에서 신규고객을 창출하거나 혹은 기존고객들의 충성도를 높이기 위하여 마케팅을 더욱 강화하고자 하는 전략을 시장침투전략이라고 한다.

② 교차판매전략의 실행방안의 하나로 한 가지 종류의 상품을 구매한 고객에게 다른 종류의 상품구매를 유도하여 매출상승을 추구하는 방식을 들 수 있다.

③ 전략 유형을 시장대응전략과 경쟁우위전략으로 구분할 때 시장대응전략만 제품/시장믹스전략, 포트폴리오전략이다.

④ 동일한 표적시장의 고객에게 지금까지와 다른 소매믹스를 가지고 새로운 소매업태를 제공하는 것을 소매업태 개발전략이라 한다.

⑤ 대형유통업체들이 SSM이라는 새로운 업태를 창출하여 기존의 사업 이외에 새로운 사업을 통해 다각화(diversification)를 추진하는 것이 대표적인 예이다.

⑥ 통제전략은 유통경로기관보다 기업(channel leader)의 힘이 더 강할 때만 활용할 수 있는데, 통제, 이행, 순응을 지시한다.

⑦ 권한위임전략은 유통경로기관보다 기업(channel leader)이 더 잘 알려져 있고 자금력도 있으며 지역에서 영향력이 있을 때 사용된다.

⑧ 협력전략은 유통경로기관과 기업(channel leader)의 힘이 비슷할 때 사용되는데, 신뢰와 관계의 중요성을 인정한다.

2. 경쟁우위와 경쟁전략

(1) 경쟁기업분석

① 경쟁기업 분석을 하는 주된 목적은 경쟁기업의 행동을 예측하는 측면에 있다. 경쟁기업의 행동을 분석하는 것이 얼마나 중요한 것인가는 개별산업의 특성에 따라 크게 달라진다. 한 기업이 전략을 수립할 때 다른 경쟁기업의 반응을 이해하지 않고서는 올바른 경영전략을 수립할 수가 없다.

② 경쟁기업 분석은 경쟁회사의 미래의 전략과 주요한 행동을 예측하게 하고, 자사의 전략에 대한 경쟁자의 대응을 예측하게 하여 자사에게 가장 도움을 줄 수 있는 방향으로 전략을 수립하게 한다.

③ 기업이 갖춰야 할 핵심 역량(核心力量, core competency)은 역량이 경쟁자 대비 높은 고객가치를 창출할 수 있도록 지원해야 하고, 역량이 시장에서 쉽게 거래될 수 없으며, 역량의 희소성이 있어야 한다. 역량 모방이 불가능해야 하고, 역량이 대체 불가능한 능력이어야 한다.

(2) 경쟁기업의 행동예측요소

① 경쟁기업의 현재의 전략과 관련하여 우리가 경쟁기업을 분석하는데 선행되어야 할 일은 과연 경쟁기업이 어떤 전략을 취하고 있는가의 문제이다. 우리는 경쟁기업의 최근의 동향을 분석함으로써 경쟁기업이 앞으로 어떠한 전략을 취할 것인지를 어느 정도 예측할 수 있다.

② 우리는 경쟁기업의 목표를 이해해야 한다. 우리가 가장 중요하게 생각하여야 할 것은 과연 그 경쟁기업이 단기적인 이윤극대화를 추구하는지 또는 장기적인 이윤극대화를 추구하고 있는지의 문제이다.

③ 경쟁기업이 그 산업에 대해 갖고 있는 가정을 이해하는 것이 중요하다. 경쟁기업의 전략은 그 기업들이 산업을 어떻게 이해하는가에 따라서 달라진다. J. C. Spender 는 같은 산업에 있는 기업들이 종종 비슷한 생각을 하고 같은 유형의 전략을 선택하는 것을 관찰하였다.

④ 경쟁자의 능력을 파악하는것이 필요하다. 경쟁기업의 능력을 객관적으로 평가하는 것이 중요하다. 경쟁기업의 경영자원 및 핵심역량, 즉 자금보유, 기술력, 관리기술 및 브랜드 강도를 제대로 평가할 수 있어야 한다.

(3) 유통기업의 경쟁우위

① 유통기업이 경영전략을 수립하는데 가장 중요한 관심은 어떻게 하면 경쟁자에 비해서 경쟁우위를 확보할 수 있는가의 문제이다.

② 경영전략의 핵심은 「경쟁자에 대해 어떻게 하면 경쟁우위를 가질 수 있는가?」 하는 문제라는 것을 밝혔다. 그러나 경쟁우위를 발견하고 경쟁우위를 평가하려면 경쟁자에 비해서 기업이 갖고 있는 경영자원의 강점과 약점을 분석하는 것이 선행되어야 한다.

③ 회색시장은 브랜드 제품들이 비인가 유통업자와 딜러들에 의해 낮은 가격으로 판매되는 시장이고, 무임승차는 소비자들이 제품의 시연, 설명 등은 오프라인의 완전 서비스 유통업자들에게 제공받고, 동일 제품을 가격이 저렴한 온라인 쇼핑몰에서 구매할 경우, 온라인 쇼핑몰이 누리는 거래관행을 말한다.

(4) 전통적 전략과 가치혁신 전략의 비교

① 업종에 대한 가정에서 전통적 전략은 주어진 경영조건 및 경영환경에 최선을 다하고, 가치혁신 전략은 산업조건을 초월하여 경쟁과 무관하게 전략 성공을 위한 아이디어와 기회를 모색하여 신 시장을 창출한다.

② 전략적 초점에서 전통적 전략은 단순히 경쟁사와 싸워 이기고 앞서는데 초점이 있고, 가치혁신 전략은 경쟁사들과 직접 경쟁하기 보다는 새로운 가치를 창출하여 차별적 우위확보에 있다.

③ 고객 초점에서 전통적 전략은 고객의 드러난 욕구를 충족하며 고객기반을 확대하는 것에 초점이 있고, 가치혁신 전략은 고객이 가치를 두는 특성에 내포된 강력한 공통성을 기반으로 전략수립에 있다.

④ 자산과 능력에서 전통적 전략은 현재 가지고 있는 것으로 최대한의 성과를 개선할 수 있는 방법을 연구하고, 가치혁신 전략은 만약 새롭게 시작하면 어떨까하는 방법을 연구하는데 있다.

⑤ 제품/서비스의 제공항목에서 전통적 전략은 그 산업이 전통적으로 제공한 상품과 서비스에 의해 정의되며 명확하게 설정된 한계 내에서 제품/서비스를 실현하는데 있고, 가치혁신 전략은 구매자들이 원하는 문제의 총체적인 해결측면을 고려하고, 그 산업이 고객에게 강요해온 불편한 점을 극복하는데 있다.

(5) 경쟁유지의 원천

① 경쟁우위는 기업내부로부터 발생할 수도 있다. 기업이 기술혁신을 통해서 신제품을 만들어 내거나, 혁신적으로 원가를 줄일 수 있는 방법을 개발하고, 새로운 유통망의 개척이나 새로운 판매지역의 개척과 같은 혁신을 할 때, 그러한 혁신적인 기업에게 는 상당한 경쟁 우위가 발생한다.

② Schumpeter는 이러한 혁신과정을 「창조적 파괴의 과정(creative destruction)」이라 고 보았다. 혁신은 새로운 아이디어, 새로운 유통망, 새로운 기술, 새로운 판매지역의 개척을 통해서 기존기업들이 갖고 있던 생산기술, 판매망, 판매지역을 무용지물로 만 든다.

(6) 경쟁우위의 유형

① 어느 기업이 다른 경쟁기업에 비해서 높은 수익률을 얻는데에는 크게 두 가지 방법 이 있다. 첫째는 동일한 제품을 훨씬 낮은 비용에 만들어 싸게 파는 방법이고, 둘째 는 다른 경쟁기업과 다른 차별화된 제품을 제공함으로써 소비자로 하여금 차별화를 하는데 소요된 비용 이상의 가격프리미엄을 받는 것이다.

② 비용우위를 추구함에 있어서 기업의 목적은 산업전체에 있어서 비용선도자가 되는 것이다. 비용우위를 가지려면 그 기업은 비용우위를 만들어 낼 수 있는 요소들을 발견하여서 이를 이용하여야 한다. 차별화의 우위는 소비자들에게 차별화된 가치를 제공하여 주지 않으면 안 된다.

③ Porter는 기업의 전략을 비용우위, 차별화, 집중화(focus)의 세가지로 나누었다. Poter의 이론에 따르면 비용우위전략과 차별화전략은 서로 상반되는 전략이다. 집중화란 아주 작은 세부시장(niche market)에 집중하는 전략이다.

④ 집중화는 비용우위에 기반한 저가시장 하나만을 선택해야지 양쪽을 다 취함으로써 중간에 걸치는 것(stuck in the middle)은 결국 차별화와 비용우위를 둘 다 얻지 못하는 잘못된 전략이라고 보았다.

⑤ 경쟁우위를 갖기 위해서는 우리는 차별화 우위전략과 서로 대체적인 것으로 보기 보다는 상호보완적인 것으로 보아야 할 것이다. 즉, 광고와 판촉을 증대함으로써 시장 점유율을 늘릴 수 있고, 시장점유율이 증가되면 규모의 경제를 활용할 수 있기 때문에 생산원가가 낮아질 수 있다.

⑥ 경영혁신(management innovation)의 성공요건은 변화하지 않으면 도태될 수 있 다는 긴박감과 위기감을 조성하며, 최고경영자의 강력한 의지와 지원이 필요하고, 경영혁신의 목표와 방법, 기대효과에 대해 충분히 설명한다.변화관리를 위한 전문 적인 체계와 기법, 전문가나 전담부서를 활용하거나 세밀한 사전 준비와 사후 관리 등을 통해 혁신이 계획대로 추진되고 정착될 수 있도록 노력한다.

3. 풀과 푸시전략(Pull & Push strategy)

(1) 풀 마케팅 전략(pull marketing strategy)

① 풀(pull)전략은 촉진방향을 소비자로부터 생산자쪽으로 상품이 끌어당긴다는 의미로 생산자가 소비자나 최종소비자들을 대상으로 적극적인 수요를 자극하여 고객의 구매행동을 유발함으로써 도매상과 소매상이 자사상품을 취급하게 하는 전략이다.

② 풀전략 기업은 소비자대상의 광고와 홍보활동에 집중하며, 최종 구매자들의 브랜드 애호도가 높은 경우나 관여도가 높은 상품의 경우에 사용하는 것이 더욱 적합하다.

③ 소비자가 제품의 브랜드명성을 보고 판매매장으로 찾아오도록 소비자 등을 미는 것을 풀 마케팅(pull marketing)전략에 해당한다.

④ 전속적유통(exclusive distribution)의 경우에 중간상의 푸시(push)전략보다 소비자의 풀(pull)에 의해서 팔리는 상품(예컨대 고가의 상품)에 적합하다.

⑤ 풀전략을 사용하는 제조업체는 제품에 대한 광고나 그 밖의 프로모션 지출을 통해 (최종)소비자가 그 브랜드를 알고 찾아와 구매할 수 있도록 만드는 것이다.

⑥ 유통업체의 경제성측면 마진율을 보면 풀채널전략의 경우가 푸시채널전략의 경우보다 상대적으로 낮다. 풀전략의 경우 푸시전략에 비해 막대한 광고와 다양한 마케팅에 따른 비용이 유발됨으로 대형(유명)브랜드에 더욱 적합하다.

(2) 푸시 마케팅 전략(push marketing strategy)

① 푸시전략(push)은 촉진의 방향이 생산자로부터 도매, 소매상을 거쳐 소비자쪽으로 상품을 밀어낸다는 의미로 선택이 점포안에서 주로 이루어지는 경우에 더욱 적합하다.

② 제조업체의 현장마케팅지원에 대한 요구수준은 풀마케팅전략(pull marketing strategy)채널보다 푸시마케팅전략(push marketing strategy)채널이 상대적으로 더욱 낮고, 푸시전략은 지속적으로 판매되는 상품을 판매하는 유통업체에 유리하다.

③ 유통업체의 마진율을 보면 푸시채널전략을 사용할 경우가 풀채널전략을 사용할 경우보다 상대적으로 높고, 커뮤니케이션의 용이성 측면에서 보면 푸시채널전략은 니치(틈새)마켓보다 오히려 매스마켓에 더욱 적합한 전략이다.

④ 잘 알려지지 않은 브랜드의 제품을 손님이 많이 드나드는 유통매장을 통해 고객 앞으로 밀어내는 것을 푸시마케팅이라고 한다.

⑤ 제조업체가 자사신규제품에 대한 시장을 창출하는 것을 소매유통업체에게 주로 의존하는 것은 푸시(push)전략에 가깝다. 푸시전략을 쓸 경우 비용이 대체로 변동비 성격을 갖는다. 즉 마케팅비용이 판매물량과 거래하는 소매매장의 수와 비례한다.

⑥ 특화된 (전문)소매업체가 이미 소규모의 특수고객집단을 목표로 하고 있는 경우 푸시전략(push strategy)이 더욱 유리하지만, 푸시마케팅을 하는 제조업체는 유통가격을 결정하는 데 있어 풀마케팅의 브랜드만큼은 주도권을 가질 수 없다.

⑦ 유통경로의 푸시전략(push strategy)에서는 주로 인적판매의 방식을 집중적으로 활용하게 되며 중간상과의 적극적인 협력을 유도하게 된다.

4. 주요경쟁우위전략

(1) 다각화 전략(Diversification Strategy)

① 유통기업이 보유하고 있는 능력과 자원을 새로운 업태 혹은 다른 업종의 사업에 투자함으로써 기존의 자원과 능력을 확장 또는 발전시키고자 하는 성장전략을 말한다.

② 동일 기업내의 여러사업체가 공동으로 활용하거나 축적된 유통경영노하우 및 관리시스템 등의 기능을 서로 보완하여 활용하는 경우에도 상승효과(synergy effect)가 발생한다.

③ 유통기업의 다각화전략은 기업을 둘러싸고 있는 환경의 변화가 격심해짐에 따라 그 필요성이 더욱 증대되고 있기 때문이며, 다각화를 시도하는 이유는 기업들의 성장에 대한 욕구를 충족시키거나, 기존의 사업을 수행하는 과정에서 발생하는 부산물을 유용하게 활용하고자 하는 욕구 때문이다.

④ 다각화는 개별 사업부문의 경기순환에서 오는 위험을 분산시킬 수 있는 수단이 되기 때문이며, 기존사업의 성장이 둔화되거나 점차 쇠퇴해 감에 따라 새로운 사업분야로 진출할 필요성 대두되기 때문이다.

⑤ 다각화는 복합기업의 출현을 촉진시키게 되는데, 복합기업화 되면 시장지배력 증가에 도움이 되기 때문이며, 기업이 다양한 사업 분야에 진출함으로써 기업 경영상의 유연성 제고와 사업의 포트폴리오를 추구하기 때문이다.

⑥ 다각화란 기존의 소매 업태를 가지고 새로운 지리적 시장으로 진입하는 것이라 할 수 있고, 기존 소매업에서 부가적인 상품 카테고리나 부가적인 서비스를 제공하는 것과 관련이 있으며, 판매직원들이 자신들의 고객에게 다른부서의 상품을 함께 판매하도록 시도하는 것이다.

⑦ 유통기업들이 다각화를 추구하는 이유는 운영적 범위의 경제(핵심역량, 공유 활동)를 실현하고, 재무적 범위의 경제(위험 감소, 세금혜택)를 실현하며, 반경쟁적 범위의 경제(복수시장경쟁, 시장지배력 우위)를 실현하고, 종업원의 동기(경영보상 극대화)를 실현하는데 있다.

(2) 집중화 전략(Focus Strategy)

① 집중화전략은 마이클 포터(Michael E. Porter)교수가 제시한 원가우위전략, 차별화 전략과 더불어 세가지의 본원적전략 중 하나이다.

② 집중화전략은 특정시장, 특정소비자집단, 일부품목, 특정지역 등을 집중적으로 공략하는 것을 뜻한다.

③ 원가우위전략과 차별화 전략이 전체시장을 대상으로 한 것임에 반하여 집중화 전략은 특정시장에만 집중하는 전략이다.

④ 집중화전략을 택하는 기업은 규모가 작기 때문에 광범위한 원가우위와 차별화전략을 추구하기 어려워 특화된 영역안에서 원가우위나 차별화 중 하나를 선택하게 되기 때문이다. 시장대응전략은 제품수명주기전략, 포트폴리오전략을 주로 사용한다.

(3) 아웃소싱 전략(Outsourcing Strategy)

① 아웃소싱은 자신이 수행하는 다양한 활동 중 전략적으로 중요하면서도 가장 잘 할 수 있는 분야나 핵심역량에 모든 자원을 집중시키고, 나머지 활동들의 기획에서 부터 운영까지 일체를 해당분야에서 세계적으로 가장 뛰어난 전문기업에게 맡김으로써 기업의 경쟁력을 제고시키는 전략이라 할 수 있다.

② 아웃소싱은 흔히 외주, 하청, 업무대행, 분산화, 컨설팅, 인재파견과 비슷한 개념으로 쓰이 고 있으며 이들은 모두 광의의 아웃소싱의 한 형태라고 볼 수 있다.

③ 아웃소싱과는 개념적이 차이점이 존재하며 업무의 운영과 설계, 기획을 놓고 보면 아웃소싱은 수탁자가 스스로 업무를 설계하여 운영까지 맡는 등 자율성이 있다.

④ 핵심역량에 내부자원을 집중시킴으로써 생산성을 높이고, 단순하고 반복적이며, 비정형화된 업무는 외부에 맡김으로써 불필요한 자원 낭비를 막을 수 있다.

⑤ 외부의 전문능력을 활용함으로써 내부인력으로 불가능한 업무를 수행할 수 있으며, 업무의 정확성과 신속성을 기할 수 있게 된다.

⑥ 특정분야를 아웃소싱할 경우 조직축소와 인력감축이 뒤따르고 감원이 아니더라도 재배치나 전환조치가 불가피해지면서 구성원들의 고용에 대한 불안감이 곧바로 노사갈등으로 이어지고, 대립을 야기시켜 경쟁력 약화라는 역효과를 가져올 수 있다.

5. 경쟁우위의 유지조건

(1) 지속 가능성

① 경쟁우위가 얼마나 오랫동안 유지될 수 있는가는 경쟁우위를 창출하는 개별경영자원에 따라 다르다. 예를 들어, 기업들이 가진 특허권(patent)은 일정시간이 지나면 자연 말소되지만 기업이 가진 좋은 평판 또는 신뢰도는 상당히 오랫동안 지속된다.

② 기업의 평판을 올리기 위해서는 마케팅 수단을 사용하는 것도 상당히 좋은 방법이지만 지속성이라는 것도 한번 정착이 되었다 하여 영원한 것은 아니다.

③ 토종 커피전문점인 카페베네는 초기에 소비자들의 인지도가 너무 낮아 내점고객이 신뢰를 못하고 나가는 경우가 있어 대규모광고를 통해 인지도를 상승해서 지금까지 지속적인 신뢰를 유지하고 있다.

(2) 획득가능성

① 경쟁우위를 창출하는 자원을 시장에서 쉽게 구매할 수 있으면(resource mobility), 그러한 경쟁우위는 쉽게 없어진다. 그러나 실제로는 이러한 경쟁우위를 가져다주는 경영자원을 쉽게 구할 수 없는 경우가 많다.

③ 북극얼음에서 가져온 생수나 지하 150m의 암반수를 사용한 맥주라고 광고하고 있을 때, 빠른 시일 내에 손쉽게 암반수를 찾을 수 없는 경쟁기업들은 경쟁우위를 창출하는 요인를 확보하여 상대방의 전략을 무력하게 하기가 힘들 것이다.

③ 불완전한 정보 때문에 경쟁기업이 가진 경영자원을 객관적으로 평가하기는 상당히 힘들며 그러한 경쟁기업의 경쟁우위가 정확히 어디에서부터 비롯되었는지를 밝히기 위해서는 상당히 많은 양의 정보와 시간이 필요하게 된다.

(3) 모방가능성

① 경쟁우위의 유지는 경쟁기업의 모방 능력에 달려 있다. 만일 어느 기업이 다른 경쟁기업이 가지고 있는 경쟁우위의 근원이 되는 경영자원을 쉽게 구할 수 없다면 이를 자체적으로 만들어 낼 수밖에 없다.

② 경쟁기업의 입장에서 선두기업이 가진 경쟁우위를 효과적으로 모방하기 위해서는 경쟁자가 어떠한 경쟁우위를 갖고 있는가를 파악할 수 있어야 하고, 경쟁우위를 모방하는 데 필요한 진입비용이 크지 않아야 하며, 경쟁자의 전략을 분석하여 경쟁우위를 창출하는 방법을 이해하여야 하고, 경쟁자가 보유한 경쟁우위를 창출하는 경영자원을 획득하는 것이다.

6. 마이클포터(Michael Porter)의 5가지 경쟁유발요인

(1) 경쟁유발요인의 유형

① 마이클포터의 5가지 경쟁유발요인(Five Forces Theory of Industry Structure)은 개별기업의 전략에 영향을 미치는 요소를 크게 다섯 가지로 분류하고 있다.

② 포터의 산업구조 모형에 의하면 산업내 경쟁이 낮을수록, 진입장벽이 높을수록, 공급자의 교섭력이 낮을수록, 구매자의 교섭력이 낮을수록, 대체재의 위협이 낮을수록 해당산업의 수익률이 높아진다.

③ 교섭력이 큰 구매자의 압력으로 자사의 수익성이 낮아질 수 있으며, 대체재의 유용성은 기존 제품의 가치를 얼마나 상쇄할 수 있는지에 대한 변수이다. 진입장벽의 높이는 신규진입자 위협의 강도를 판단하는 기준이 되며, 경쟁기업 간의 동질성이 높을수록 암묵적인 담합 가능성이 높아진다.

④ 마이클 포터교수가 기업의 경쟁전략으로 제시한 비용우위 전략, 차별화 전략 및 집중화 전략 중 비용우위 전략은 생산성 저해요소 제거, 불필요한 자원의 낭비요소 제거, 제품의 생산원가절감, 중복기능 제거를 위한 경영혁신 활동 수행을 말한다.

(2) 산업 내 기업의 경쟁강도

① 산업이 완만하게 성장하거나 성장을 멈출 경우 경쟁이 치열해 지는데 이는 다른 기업의 시장을 잠식하여야만 성장가능하기 때문이다. 또한 높은 고정비나 재고비용은 회전율을 높이기 위해 경쟁을 치열하게 만든다.

② 선발 소매상이라면 많은 점포를 전국적으로 빠르게 확장하여 진입장벽을 구축하는 것이 유리하며, 유통 장벽을 극복하려면 후발 소매상은 새로운 유통경로의 개발이 불가피하다. 제조업자 입장에서 소매상의 힘이 커질수록 협상력이 약화되어 가격과 마진 결정에서 불리하다.

(3) 대체상품의 위협

① 특정산업에서 활동하는 기업은 넓은 의미에서 대체품을 생산하는 산업과도 경쟁을 벌이고 있는 셈인데 기존고객이 대체산업의 제품을 사용할 수 있기 때문이다. 따라서 창업자는 경쟁의 범위를 보다 넓게 보아야 한다. 유통산업에 신규진입 예상기업들이 규모의 경제를 달성하고 있고 그 상품이 고도로 차별화되었다면 기존기업에게는 위협이 된다.

② 부동산시장과 주식시장은 재산증식을 목적으로 하는 투자자의 입장에서는 동일한 기능을 수행하는 시장으로 볼 수 있으므로 경제환경의 변화에 따라 언제든지 선택 가능한 상호대체재라 할 수 있다. 대체품에 더욱 많은 관심을 기울여야 하는 경우는 대체품이 자사의 제품보다 가격 및 효능측면에서 우월하거나 대체산업 자체가 높은 이윤을 얻는 경우이다.

(4) 신규진출기업의 위협

① 특정산업에 신규 진출하는 기업은 상당한 자원과 능력을 확보하여 기존기업의 수익성을 떨어뜨리는 경우가 많다. 신규진출기업의 위협 정도는 산업에 내재된 진입장벽과 기존기업의 신규기업에 대한 대응방법에 따라 좌우된다.

② 진입장벽이 낮고 별다른 보복방법이 존재하지 않을 경우 신규기업의 진출위협은 강해지기 마련이다. 특히 니치마켓을 겨냥하는 벤처기업의 경우 별다른 기술력이 없을 경우 초기시장의 형성에는 성공할 수 있으나 잇따른 신규기업의 진출로 높은 수익성을 유지하기 힘들다.

③ 신규기업의 입장에서는 기존기업의 진입장벽을 효과적으로 무력화시켜 쉽게 시장에 진입하고 경쟁기업과 차별화를 시키는데 주력해야 할 것이다. 진입장벽은 특정 산업 내의 기존기업이 신규로 참여하려는 기업에 대하여 가지는 우위요소이다.

④ 우위요소가 강할수록 신규참여 기업의 비용은 커져서 시장진입이 어려워진다. 대표적인 진입장벽으로는 규모의 경제, 제품차별화 정도, 신규투자 자금규모, 구매자의 교체비용, 제품이미지, 생산기술의 독점, 법적인 요소 등이 있다.

(5) 공급자의 교섭력

① 공급자의 교섭력이 강한 산업은 높은 수익을 영위할 수 없다. 원료 또는 부품의 가격인상으로 인하여 발생하는 비용을 판매가격에 제대로 반영할 수 없을 경우 수익성이 떨어지게 된다.

② 최근 환율인상으로 인해 높은 부품가격 인상요인을 가진 컴퓨터 조립업체들이 판매가에 제대로 반영하지 못하여 수익성이 악화되는 사례도 여기에 해당한다. 대부분의 부품이 해외에서 수입되는 관계로 공급조건의 악화를 피해갈 방법이 없기 때문이다.

③ 특정 산업의 공급자가 독점 또는 과점일수록, 공급제품의 대체품이 없을수록, 공급자에게 특정고객이 차지하는 비중이 낮을수록, 공급자의 제품이 구매자의 생산제품

에 핵심적일수록, 구매자가 공급자를 바꿀 경우 대체비용이 클수록 공급자의 교섭력은 강해진다.

④ 신규기업은 공급자와의 교섭력에서 우위를 점하기 위해서 첫째, 공급자의 제품이 특별히 차별화되지 않고 둘째, 가능한 한 공급선을 다변화하여 한 회사에 의존하지 말고 셋째, 단기수익성보다는 성장에 관심을 가지는 공급자를 선택하여야 한다.

(6) 구매자의 교섭력

① 구매자들은 가격인하, 품질향상 및 서비스 증대를 요구하기 위해 경쟁기업들을 서로 대립시켜 산업의 수익성을 약화시킬 수 있다. 구매자의 구매량이 판매자의 판매량 중 상당 부분을 차지할 경우, 구매품이 구매자의 원가에 상당부분을 차지할 경우, 구입품이 차별화되지 않아 공급선을 쉽게 바꿀 수 있을 때 구매자의 교섭력은 강해진다.

② 구매자와의 교섭에서 우위에 서기 위해서는 자사제품의 구매자를 다양화시키고 제품을 차별화하여 구매자의 교체비용을 높여야 한다. 전자저울 제조업체인 카스는 해외바이어가 백여개가 넘는데 이런 경우에 해외바이어는 카스의 판매처 다변화정책으로 인해 카스에 대한 교섭력이 약해질 수 밖에 없다.

③ 전자저울의 구매가격을 낮추려고 해도 카스입장에서 판매비중이 낮으므로 바이어가 쉽게 가격인하를 요구할 수 없기 때문이다. 모든 기업은 구매자와의 교섭력에서 우위를 점할 수 있는 방법을 지속적으로 개발해야만 경쟁기업보다 높은 수익을 창출할 수 있다.

7. 글로벌 전략의 수립

(1) 글로벌전략의 의의

① 전 세계적으로 보면 최근에 국제경영활동을 수행하는 기업들은 지역별 대응을 요구하는 현지화(localization)와 더불어 범세계적 규모의 경제의 활용을 요구하는 범세계화(globalization)라는 글로벌 경영환경의 변화를 동시에 경험하고 있다.

② 글로벌 소싱의 발전 단계는 '국내에 한정된 구매−필요 시 일시적인 국제구매−부분적 전략적 소싱을 위한 국제구매−사업단위의 글로벌 소싱−기능별 집단의 글로벌소싱 전략의 통합 및 조정'의 순서를 거친다.

③ 글로벌화의 압력이 높으면 사업활동을 한 곳에 집중하고 통합의 정도를 높일 것이며, 현지화의 압력이 높으면 분산 배치의 정도를 높게 하고 통합의 정도를 줄일 것이다. 이화같이 상반된 요구에 대응해서 글로벌 기업이 사업 활동을 얼마만큼 집중 또는 분산, 배치하고 어느정도 조정, 통합할 것인가의 수준을 결정하는 것이 글로벌 전략의 요체라고 할 수 있다.

(2) 생산 활동의 배치

① 글로벌기업이 생산활동을 어느 국가에 배치를 하는 것에 대한 문제는 유통이나 마케팅, 애프터서비스 같은 활동들은 구매자가 위치한 지역이면 어느 지역이나 필요한 활동들이다.

② 생산, 구매, 연구개발 같은 활동들은 반드시 구매자가 있는 시장마다 이루어져야 할 필요는 없다. 생산과 연구개발 같은 활동이 규모의 경제효과를 누리기 위해서는 각국 마다 생산활동을 하기 보다는 몇몇 중요한 생산기지에서 생산을 하는 것이 유리한다.

③ 각국에서 행해지는 연구개발, 생산, 판매활동 등을 조정하고 통합할 능력을 확보해야 하는데 조정(coordination)은 정보의 공유, 책임 및 권한의 할당을 의미한다. 세계 여러 나라에서 축적되는 지식은 단순한 제조기술만을 의미하는 것이 아니라 마케팅의 능력등도 포함한다.

(3) 글로벌 전략의 유형

① 기업의 범세계적 활동의 조정이 높은 강도를보이고, 기업 활동의 범세계적 배치가 지역적으로 넓게 퍼지고 있으면 고도의 글로벌 전략을 추구해야 한다.

② 기업의 범세계적 활동의 조정이 낮은 강도를보이고, 기업 활동의 범세계적 배치가 지역적으로 넓게 퍼지고 있으면 국가별 전략을 추구해야 한다.

③ 기업의 범세계적 활동의 조정이 높은 강도를보이고, 기업 활동의 범세계적 배치가 지역적으로 집중화 되어 있으면 단순한 글로벌 전략을 추구해야 한다.

④ 기업의 범세계적 활동의 조정이 낮은 강도를보이고, 기업 활동의 범세계적 배치가 지역적으로 집중화 되어 있으면 수출위주의 마케팅 전략을 추구해야 한다.

구 분		기업 활동의 범세계적 배치	
		지역적으로 넓게 퍼짐	지역적으로 집중화 됨
기업의 범세계적 활동의 조정	높은 강도	고도의 글로벌 전략	단순한 글로벌전략
	낮은 강도	국가별 전략	수출 위주의 마케팅 전략

8. 다양한 유통경영전략

(1) 전략적 제휴

① 전략적제휴(strategic alliance)는 상호 협력을 바탕으로 기술·생산·자본 등의 기업 기능에 2개 또는 다수의 기업이 제휴하는 것을 말한다. 기업규모와는 관계없이 여러 분야에서 이루어지며, 특히 기술혁신 속도가 빠른 전기·전자 등 첨단제조 분야에서 신기술 습득과 새로운 시장진출을 목적으로 활발하게 이루어지고 있다. 은행·보험·항공·운송 등과 같은 서비스 부문에서도 급증하고 있다

② 대기업간의 경쟁은 거의 대부분 전략적 제휴 형태를 취한다고 해도 과언이 아니다. 구체적인 결탁 방법 중에서 가장 극적인 것은 합병인데, 실제로는 각종 제휴가 압도적으로 많고, 그 중에서 가장 견고한 관계를 구축할 수 있는 것은 자본제휴이며, 그 외에 기술제휴나 판매제휴, 인재제휴 등이 있다. 전형적인 국제적 자본제휴는 도요타자동차회사와 제너럴모터스사(GM) 등 자동차 메이커에서 많이 찾아볼 수 있다.

③ 기존 합병형태나 독립기업간의 외부거래보다 원하는 기술이나 능력을 얻는데 효과적이고 저렴하며, 목적달성 후에도 철수가 쉽기 때문이다. 특히 규모의 경제성 추구, 위험 및 투자비용의 분산, 경쟁우위 자산의 보완적 공유, 기술획득 및 이전수단, 시장의 신규진입과 확대모색, 과다한 경쟁방지 등이 제휴를 하는 구체적 동기이다.

④ 최근 벤처기업과 대기업이 각각 연구·개발, 생산·판매 등을 역할 분담하여 대등한 입장에서 공동사업을 추진하기도 한다. 또한, 벤처기업들이 목적의식을 가지고 제휴를 맺는 경우도 있다. 종래 기업체제는 어느 한쪽 기업이 주도권을 갖는 계열화, 자회사화라는 점이 강했지만, 서로가 자신있는 분야를 적극 추진하여 공존공영을 추구하는 점에서 과거의 제휴와는 구별된다.

(2) 합작 투자

① 합작투자란 자본참여를 기반으로 둘 이상의 파트너 사이에 계약상 지속적으로 확정되는 직접투자의 하나이다. 합작투자의 종류는 파트너의 참여 비율에 의해 결정된다. 파트너의 참여율은 자본, 기계 등과 같은 실체적인 재화와 경영 능력, 노하우 및 라이센스와 같은 무형재화의 형태로 이루어진다.

② 권리나 경영에 대한 영향력은 소유지분에 결정된다. 보유지분의 크기에 대한 투자 형태를 분류하면 50대 50의 비율은 이상적인 참여관계, 지분이 41%~60%이면 실용적 참여관계, 특정 파트너의 소유지분이 21%~40%이거나 61%~80%이면 동화적인 참여관계라고 할 수 있다. 만일 특정 파트너의 지분이 1%~20%이거나 81%~99%의 경우에는 확장관계라고 부르고 있으나 현실적으로는 이런 경우가 발생되지 않는다.

③ 합작투자에 투입하는 자산이 비실체적인 재화,무형자산의 경우에는 의사결정권의 결정이 곤란하다. 경영노하우와 라이센스, 기술력 등은 계량화가 불가능하기 때문이다. 이들에 대한 평가는 참여기업이 이들 무형자산에 부여하는 의미와 필요성에 따라 결정될 수밖에 없다.

(3) 인수 및 합병(M&A)

① 기업의 '인수'란 한 기업이 다른 기업의 주식이나 자산을 취득하면서 경영권을 획득하는 것이며, '합병'이란 두 개 이상의 기업들이 법률적으로나 사실적으로 하나의 기업으로 합쳐지는 것을 말한다.

② 2개 이상의 회사가 결합해 하나의 회사로 결합하는 것을 합병(merger)이라 하며, 한 기업 혹은 투자단체가 상대회사의 이사회와 협상을 통해서 사들이는 것을 인수(acquisition)라고 한다.

③ 인수(acquisition)및 합병(merger)의 주된 이유로는 전략적인 목표달성 즉 기업의 규모가 크고 작음에 상관없이 비용절감을 통한 전사적 효율성 향상, 중복업무 부문 제거, 구매력 향상, 시장점유율 향상, 경쟁 감소 등을 들 수 있다.

④ 성장, 제품라인의 확장, 신규시장의 신속한 진출, 기술 및 신경영기술의 확보가 있고, 다른 한편으로는 비용절감, 사업단위매각, 직원정리해고, 재무구조개편을 통한 주주가치의 극대화 등의 재무적 구조조정을 들 수 있다.

⑤ M&A의 목적은 기존 기업의 내적성장한계를 극복하고 신규사업참여에 소요되는 기간과 투자비용의 절감, 경영상의 노하우, 숙련된 전문인력 및 기업의 대외적 신용확보, 경쟁사 인수를 통한 시장점유율 확대, 경쟁기업의 주식 매입을 통한 M&A내비, 자산가치가 높은 기업을 인수한 뒤 매각을 하여 차익 획득 등 여러 가지가 있다.

⑥ 인수 및 합병의 성공을 평가하기 위한 중요한 기준으로 첫 번째 시너지효과와 두 번째로 적정한 인수가격의 지불을 들 수 있다. 규모의 경제를 달성함으로써 생산성 향상, 비용절감 및 더 나아가 경쟁감소를 의도하고자 한다면 수직적 합병에 비해 수평적 합병이 더욱 바람직한 대안의 하나이다.

⑦ 인수 및 합병(M&A)에서 전혀 다른 두 기업이 위험성을 줄이기 위해 선택하는 전략은 수평적 합병에 가장 가깝다. 수평적 합병의 대표적 예는 계절적으로 전혀 다른 주기의 상품을 취급하는 두 회사가 결합하여 위험성을 줄이는 경우를 예로 들 수 있다.

⑧ 자산인수방식은 기업인수 방식의 하나로 기업이 소유하고 있는 대지와 공장설비만 사들여 기업을 인수하는 방식. 자산인수 방식은 기업전체를 인수하는 주식인수나 부실기업의 자산과 부채를 우량기업이 떠안은 자산부채 이전과는 구별된다. 자산부채 이전 방식으로 금융기관을 정리할 때 우량은행은 정리대상 은행의 예금과 부채를 모두 떠안고 여기에 자산의 전부 또는 일부를 함께 넘겨받는다. 그러나 자산인수 방식은 부실기업이 갖고 있는 과다한 부채나 종업원, 영업권 등을 인수하지 않는다.

(4) 기업집단

① 카르텔(Kartell) : 기업연합이라고도 하며 가맹기업간 협정, 즉 카르텔 협정에 의하여 성립되며, 가맹기업은 이 협정에 의하여 일부 활동을 제약받지만 법률적 독립성을 유지하는 특징이 있다. 생산 및 판매에 있어 경쟁을 방지하고 수익을 확보하기 위해 동종상품이나 상품군을 독립기업간에 수평적으로 결합하는 형태이다.

② 트러스트(Trust) : 둘 이상의 기업이 결합하여 당사자회사 모두가 소멸하고 별개의 새 기업을 만들거나, 하나의 회사는 존속하되 소멸회사의 권리의무를 승계하는 경우로 나눌 수 있다. 경영합리화나 실질적 시장독점을 목적으로 하는 수평·수직적 결합으로 각 기업들은 법적/경제적 독립성을 상실하게 된다.

③ 콘체른(Konzern) : 독일에서 유래한 것으로 주로 금융적 방법에 의하여 결합되는 기업 집중형태(수평·수직·자본적 결합)로서, 결합된 기업이 법률적으로는 독립성을 유지하는 별개의 기업으로 존재하나 경제적·경영상으로는 결합을 주도한 특정기업의 지배하에 놓이게 됨으로써 사실상 독립성을 잃게 되는 것을 말한다.

03 유통경영전략의 평가 및 통제

1. 전략의 평가

(1) 전략의 개념

① 전략(戰略, Strategy)이란 「목표를 달성하는데 가장 크게 작용하는 변수가 무엇이고, 이를 어떤식으로 목표달성에 이바지하도록 활용할 것인지에 대해 대상과 공략 수준을 결정하는 것」을 의미한다.

② 기업의 입장에서 전략이란 어떤 산업에 참여해야 하는지, 어떤 목표고객을 대상으로 할 것인지, 어떤 제품과 서비스를 제공해야 하는지, 자신이 보유한 자원을 어떻게 할당해야 하는지 등과 관련된 모든 의사결정을 의미한다.

(2) 전략의 평가

① 전략적인 성과나 과정의 마지막 단계는 평가과정이라고 할 수 있다. 평가는 최고경영자가 그들이 선택한 전략이 기업의 목표를 얼마나 달성하는지의 여부를 평가하는 과정이다. 평가는 기업과 전략사업단위에서 동시에 일어난다.

② 평가과정은 동기부여, 피드백시스템, 평가기준, 평가결과에 대한 해석을 필요로 한다. 평가는 개관적이거나 주관적 평가기준에 의한다. 전략의 능률을 객관적, 정량적으로 평가하기 위하여 과거 자기기업의 실적과 경쟁업자의 업적을 비교해 본다.

2. 전략의 통제

(1) 통제의 개념

① 경영관리 프로세스에는 많은 요소들이 복합적으로 영향을 미친다. 그리고 이를 통해 규모와 환경, 기술, 상호의존성, 전략의 여러 요소들 중에서 통제시스템 설계에 영향을 미치는 주요 요소를 확인할 수 있다.

② 통제시스템의 목적은 전략의 실현을 돕는 것이다. 시스템설계자가 통제시스템을 설계할 때에는 환경과 기술, 규모, 문화, 지리적인 위치, 관리방식 등과 같은 외부적인 요소를 고려해야 한다.

(2) 통제의 필요성

① 한가지 분야에 진출한 회사는 기능적으로 조직화되는 경향이 있다. 상급경영자는 연구개발, 제조, 마케팅과 같은 기능적 전략뿐만 아니라 회사의 전체적인 전략을 발전시켜야 할 책임이 있다.

② 한가지 분야에 진출한 모든 회사가 기능적으로 조직화되어 있는 것은 아니다. 예컨데, 패스트푸드 레스토랑, 호텔, 슈퍼마켓, 약국 체인점의 경우, 이들은 한가지 분야에 진출한 회사지만 생산과 마케팅과 같은 기능은 여러 지역에서 이루어지고 있다.

③ 관련성이 없는 분야로 다각화된 모든 회사는 상대적으로 자주적인 사업부문으로 이루어져 있다. 그러한 회사의 상급관리자들은 각 사업부문에 재정적인 자원을 할당하는 것과 같은 포트폴리오 관리에 집중하는 경향이 있다.

④ 생산과 마케팅전략은 각 사업부문의 관리자에게 위임한다. 그래서 한가지산업분야에 진출한 기업의 경우에는, 상급관리자가 개발과 제조, 마케팅에 관해 전문지식을 가지게 되는 경우가 많고, 그에 반해서 관련성이 없는 분야로 다각화 된 회사는 많은 상급관리자들이 재정적 전문가가 되는 경향이 있다.

3. 성과의 환류(feedback)

(1) 환류(feedback)의 개념
① 환류(feedback)는 어떤 흐름이 진행되다가 다시 원 상태로 되돌아와 흐르는 현상으로서 행동을 취한 당사자에게 행동의 결과에 대한 정보를 주는 것이다.

② 이것은 행위의 효과에 대한 보다 객관적인 평가를 가능하게 해주기에 결국 환류는 성공률을 높이기 위해서 진행되고 있는 행동을 결국 수정하게 한다.

③ 환류는 목표수정과 오차수정을 위한 장치로 환류는 합리적 정책결정에 도움이 된다. 환류 된 정보와 자료는 정책결정자 뿐만 아니라 관련 이해 당사자들에게도 제공하는 것이 바람직하며 환류는 정책 환경의 변화를 인지하는 데 유용한 자료로 활용된다.

(2) 환류(feedback)의 필요성
① 어떤 과정(상태)를 감시하고 진단하는 과정을 모니터(monitor)라고 하는데 진단의 과정을 통하여 문제점을 파악하고 분석하여 적절한 대응책을 찾을 수 있게 하는 일련의 행위를 말한다.

② 환류를 통하여 모니터하고 객관적인 평가를 가능하게 함으로써 문제점을 개선할 수 있고 나아가 일에 대한 대응성과 직무역량을 제고하기에 모니터는 환류에서 필요한 요인이 된다고 볼 수 있다.

(3) 경영성과에 대한 지표
① 생산성은 생산의 효율성을 측정하는 척도로서 어떤 재화를 생산하는 데 투입된 생산 요소의 양에 대한 산출량의 비율로 나타낸다.

② 효율성은 일정한 비용으로 가능한 한 많은 산출물을 획득하거나, 일정한 산출을 얻기 위해 소요되는 비용을 가능한 한 줄이는 것을 말한다.

③ 수익성은 재무적 효율성을 나타내는 지표로서 투자수익률 유동성, 영업레버지리, 이익증가율 등이 포함된다.

④ 효과성은 목표지향적인 성과측정치로서 유통기업이 표적시장에서 요구하는 서비스 성과를 얼마나 제공하였는가를 나타낸다. 유통기업이 제공하는 서비스로 인해 잠재수요의 자극정도가 높아졌다면 이는 효과성이 높아진 것이기 때문이다.

⑤ 유통시스템전반의 효과성은 신규대리점의 수와 비율, 신시장 개척 건수, 수요예측의 정확성, 중간상의 거래전환 건수 등이 있고, 효율성은 단위당 수송비로 평가된다.

04 프랜차이즈(Franchise)

1. 프랜차이즈 유통관리 시스템

(1) 프랜차이즈의 개념

① 프랜차이즈시스템은 1850년대 미국의 singer sewing machine사가 자사제품의 판매에 처음으로 도입하였다. 그 후 프렌차이즈시스템은 거의 모든 산업에 걸쳐 빠르게 확산되었으며 최근 들어서는 가장 중요한 유통형태로 부각되고 있다.

② 프랜차이저(franchisor)가 프랜차이지(franchisee)에게 프랜차이저의 상호, 상표, 노하우 및 기타 기업의 운영방식을 사용하여 제품이나 서비스를 판매할 수 있도록 허가하는 개인이나 조직과의 계약관계이다.

③ 프랜차이즈 본부는 계약을 통해 가맹점에 일정기간 동안 자신들의 상표, 상호, 기업 운영방식 등의 사용권한을 부여하고, 프랜차이즈 가맹점은 이에 대한 대가로 본부에 초기 가입비와 매출액에 대한 일정비율 또는 일정금액의 로얄티를 지불한다.

④ 프랜차이저는 본사, 본부, 가맹점주 등으로 부르고, 프랜차이지는 지점, 가맹점이라고 부른다. 프랜차이즈시스템이 지니고 있는 특성은 판매와 관련된 단순한 권리만 부여를 하는 것이 아니다.

⑤ 프랜차이즈시스템(franchise system)의 질(quality)적 요소인 운영 시스템의 효율성, 종업원 간의 팀워크, 양질의 가맹점 표준, 신속하고 친절한 서비스프랜차이즈 본부가 인식하는 가맹점의 성공 요인 중 하나이다.

⑥ 프랜차이지는 프랜차이저의 상호 등을 사용하는 권한을 갖기 위해 가입금, 보증금, 로열티 등을 지불하고, 프랜차이저의 경영지도와 지원으로 양자 간의 계속적인 관계가 유지된다.

⑦ 프랜차이즈시스템은 경영지식이 풍부하지 않은 개인들이 독립기업인으로서의 시장 진입을 원활하게 도와주는 것이 시스템의 가장 중요한 요소이다.

⑧ 프랜차이즈시스템은 완전히 통합된 수직적인 체인에 비해 가맹점으로 분산된 대안을 제공해 줌으로써 경제적 집중을 감소시킨다.

⑨ 프랜차이즈 경영에 있어서 본부에 집중된 기능이나 또는 본부와 가맹점간의 거래, 배송, 정보수집과 제공 등의 업무를 합리적인 체계로 운영함으로써 불필요한 업무나 중복된 업무 등을 제거하여 저비용 경영으로 얻을 수 있는 운영상의 이익을 시스템의 이익이라 한다.

【프랜차이즈 시스템의 요소】

	체인본부(franchisor)	가맹점(Franchisee)
준비 단계	• 사전조사 • 협상 • 합의	• 사전조사 • 협상 • 합의
운영 단계	• 브랜드 개발 및 소유 • 경영 지원 　– 구매/시설용품설치 　– 광고/홍보 　– 교육/훈련 　– 회계/세무/법률 　– 재무적 조언/컨설팅	• 브랜드 사용 • 본부의 지원하에 사업개발 • 프랜차이즈시스템 이행
	• 가맹료, 로열티 받음	• 가맹금, 로열티 지급
결과	• 체인본부의 이익증대	• 가체인점의 이익증대

(2) 초기 프랜차이저(Franchisor)의 서비스(사업 시작 이전)

① 시장조사 및 입지선정
② 설비설계와 배치
③ 개업을 위한 재고목록의 주문
④ 기준 회계시스템 제공
⑤ 개업식의 계획
⑥ 가맹점주 관리기법 훈련 프로그램
⑦ 가맹점 종업원 교육훈련

(3) 지속적인 프랜차이저(Franchisor)의 서비스(사업 시작 이후)

① 정기적인 성과평가
② 상품기획 및 촉진 자료의 제공
③ 관리자 및 종업원 재교육
④ 품질조사
⑤ 전국적인 광고
⑥ 중앙 집중화된 계획 수립
⑦ 경영컨설팅

(4) 프렌차이즈 시스템의 형태

① 지역프렌차이즈(rerritorial franchise) : 일정한 지역을 통해서 형성되는 형태로 시, 군, 구 등의 단위로 프렌차이즈가 주어진다. 프렌차이즈 권한을 부여받은 기관은 자기 영내에서의 가맹점 설립, 교육 등의 책임을 지며 이들로부터 각종 수익을 획득한다.

② 운영프렌차이즈(operating franchise) : 개별 독립가맹점이 자신의 프랜차이즈를 운영 하는 가장 일반화된 형태이다. 가맹점은 본부 또는 그 지역 프렌차이즈권을 가진 기관과 계약을 맺는다.

③ 이동프렌차이즈(mobile franchise) : 자동차등의 이동 도구를 통해 특정의 제품을 판매 하는 프렌차이즈 시스템이다.

④ 총판프렌차이즈(distributorship franchise) : 다양한 제품의 독점권을 가지며 전체적으로 가맹점을 모집할 수가 있다. 대체로 총판권을 가진 기관은 지역적 배타권을 가진다.

⑤ 사업형 프랜차이즈(business format franchise) : 본부가 제품/서비스, 등록상표, 운영방 식, 지속적인 경영지도 등 사업에 필요한 모든 요소를 가맹점에게 제공하는 형태다.

(5) 프렌차이즈 시스템의 특징

① 유통경로상 모든 구성원인 제조업자에서부터 서비스 전문업체, 도매상, 소매상 등 어떤 경로구성원도 프랜차이즈 제한없이 본부의 역할을 할 수 있다.

② 이 시스템은 전통적유통경로나 관리형 VMS(vertical marketing system), 자발 적 연쇄점 및 소매상 협동조합보다 유연성측면에서는 불리한 특징을 가지고 있다.

③ 프랜차이즈시스템의 유형을 나누어 보면「제조업자-소매상프랜차이즈」,「제조업 자-도매상프랜차이즈」,「도매상-소매상프랜차이즈」및「서비스회사-소매상프랜차 이즈」로 크게 나눌 수 있다.

④ 프랜차이즈시스템은 본부의 투자위험을 줄일 수 있을 뿐만 아니라 자본투자를 한 가맹점들이 직접점포를 소유하거나 운영하기 때문에 적극적으로 영업활동을 하도 록 하는 특징이 있다.

⑤ 프랜차이즈 시스템의 질(system quality)을 결정하는 변수로는 종업원간의 팀웍, 질의 가맹점 표준, 신속하고 친절한 서비스, 운영시스템의 효율성 등을 보고, 상권 의 좋고 나쁨은 프랜차이즈 시스템의 양(system quantity)이라고 구분할 수 있다.

⑥ 프랜차이즈가맹점의 입장에서 프랜차이즈시스템을 선호하는 이유로는 사업개시 부터 효과적인 경영의 가능, 독립사업가로서의 만족감, 실패위험의 감소, 사업경험 이 부족할 경우 본부의 경영노하우 활용 등을 들 수 있다.

⑦ 프랜차이즈본부의 입장에서 프랜차이즈시스템을 선호하는 이유로는 자본조달의 용이성, 구매 및 판매에 있어서 신속한 규모의 경제 달성, 지역적 특수성 고려가능 성, 과도한 관리업무의 배제, 낮은 노사문제 발생빈도 등을 들 수 있다.

⑧ 프랜차이저가 프랜차이지에게 사업 전반에 걸쳐 운영상 필요한 지도나 지원과 함께 면허상의 특권을 부여한다. 프랜차이지는 대부분 위험부담 없이 사업을 시작하려는 사람들로, 당해 사업에 대한 경험과 지식이 없거나 부족한 사업자들이 많다.

⑨ 프랜차이즈의 기본적 특성이자 장점이라고 하면 프랜차이저와 프랜차이지가 각각의 다른 목표를가진 독립적인 사업체들이면서도 마치 소비자들에게 동일사업체 같은 이미지를 주어 규모가 크다는 것을 인지 시킨다.

2. 프랜차이지(Franchisee)의 비용

(1) 가맹비(Initial Franchise Fee)

① 계약 초기에 일정한 수준으로 지급하는 경비이다.

② 초기에 가맹비를 받을 경우에 프랜차이저는 원료와 설비를 제공하는 것을 전제로 한다.

(2) 연회비(Annual Royalty Fee)

① 매년 프랜차이지가 프랜차이저에게 계약관계 지속의 의미로 지불하는 금액이다

② 실제로는 교육훈련, 시장계획, 수요예측, 전국 광고, 촉진자료, 회계시스템, 재고 관리기법, 법률 자문 등과 같은 경영자문에 대한 보답으로 지급하는 것이다.

(3) 광고비(Annual Advertising Fee)

① 가맹점 사업자에게 프렌차이즈 창업의 가장 큰 장점 중의 하나는 가맹본부의 광고 능력과 높은 인지도이다.

② 본부는 광고의 목적과 성격에 따라 전체 시스템의 공동목적을 위한 광고비, 광고 홍보비, 판매촉진비의 일정비율의 금액을 가매사업자에게 분담하여 공동으로 마케팅 활동을 하는 것이다.

(4) 인테리어 비용(Interior Fee)

① 인테리어는 특별히 가맹본부시스템의 일관성을 유지하는데 필요한 요소로서 가맹점의 분위기를 유지하기 위해서는 반드시 필요한 비용이다. 하지만 너무 많은 비용이 발생하여 가맹사업자의 창업자금이 높아지게 해서는 안 된다.

② 본부가 인테리어 사업을 직접 하는것이 프렌차이즈시스템의 경쟁력강화에 도움이 되고 가맹점 사업자의 비용절감과 편리성을 위한 것이라면 바람직하나, 인테리어비용을 통해 본부의 수익을 증대하고자 하는 목적으로 악용하면 안 된다.

(5) 상권 분석비용(Site-Evaluation Fee)

① 가맹점사업자가 개점장소를 선택하고 평가하는데 지불하는 경비로서 상권분석을 필요로 하는 가맹점사업자만 지불하는 비용으로 지급하는 경비에서 별도의 항목으로 취급한다.

② 교통량조사, 토지사용계획, 건축물관련 구획자료, 경우에 따라서는 개점비용을 계산해 주는 대가이다.

(6) 교육비(Initial Training Fee)

① 본부가 가맹초기에 가맹점 사업자의 종업원을 교육하는데 드는 비용이다.

② 가맹점사업자의 종업원은 순번을 정하여 교육을 받거나, 일정 시간 경과 후에 정기적으로 교육을 받는 방식이 보통이다.

3. 프랜차이저와 프랜차이지의 의무

(1) 프랜차이저(Franchisor)의 의무

① 신규 프랜차이지의 종업원을 업무내용에 따라 교육시켜야 한다.

② 신규 프랜차이지의 영업을 지원하며, 광고, 판촉, 실내장식 등에 대한 노하우를 적용시킬 수 있도록 해야 한다.

③ 프랜차이지 점포 운영과정에서 발생하는 문제를 해결하기 위하여 지속적인 경영 지원을 하여야 한다.

④ 기타 계약서에 명시된 모든 약속을 이행하여야 한다.

(2) 프랜차이지(Franchisee)의 의무

① 정기적으로 실내 장식을 보수하여야 한다.

② 개점, 폐점, 최소의 영업시간 등의 유지 요구를 수용하여야 한다.

③ 회계기준에서 정하는 회계시스템을 운영하고, 유지 운영되는 회계서류는 언제든지 프랜차이저의 요구에 제시해야 한다.

④ 프랜차이저와 프랜차이지의 양자의 재산과 이미지 보호를 위하여 최소한의 보험에 가입하여야 한다.

⑤ 일관성 있는 메시지의 전달 및 획일적인 기업, 상표, 이미지의 유지를 위하여 지역 광고를 하는 경우에는 프랜차이저의 승인을 받아야 한다.

⑥ 종업원 교육, 표준임금, 상여금 규정 등은 프랜차이저의 인사정책을 수용하여야 한다.

⑦ 지정된 원재료 공급자와 거래를 하여야 한다.

⑧ 점포 확장 및 판매지역 확대는 계약에 따라 지역 제한을 준수하여야 한다.

⑨ 최고가나 최저가를 제시함에 있어서 프랜차이저의 가격정책을 준수하여야 한다.

⑩ 정당한 비용(가맹비, 보증금, 연회비 등)에 대한 지불을 이행하여야 한다.

4. 프랜차이즈 시스템의 장·단점

(1) 프랜차이저(Franchisor)의 장점

① 프랜차이즈 본부의 입장에서는 과도한 자본을 투자하지 않고 가맹점과 위험을 분담함으로써 보다 빠르게 시장을 확대할 수 있는 장점을 가진다.

② 프랜차이즈 시스템은 자본이 풍부하지 않은 프랜차이즈본부가 자본에 대한 직접투자없이 가맹점을 통하여 사업을 확장할 수 있는 시스템이다.

③ 광범위한 지역에 걸쳐 단기간에 판매망을 확보할 수 있는 장점이 있고 공동으로 대량 구매를 하기 때문에 규모의 경제를 달성할 수 있다.

④ 판매촉진 활동으로 공동으로 광고를 하면 개별점포의 경우보다 많은 광고를 할 수 있으며, 높은 광고 효과를 기대할 수 있다.

⑤ 가입금과 로열티를 통해 사업을 안정적으로 수행할 수 있고 프랜차이저는 직접 경영에 참가하지 않기 때문에, 프랜차이즈 사업상품 개발에 전념할 수 있다.

⑥ 노사문제에 있어서 프랜차이저는 프랜차이지가 각각의 피고용자를 조정하기 때문에, 노사 전문가를 채용하는 문제에 신경을 쓸 필요가 없다.

(2) 프랜차이저(Franchisor)의 단점

① 지속적인 지도와 원조 때문에 비용과 노력이 소모되기 쉽고, 프랜차이지의 수가 급격히 증가할 경우에는 통제의 어려움이 있다.
② 프랜차이저가 프랜차이지보다 우월한 지위를 갖는다는 사고방식 때문에 시스템 전체의 활력이 없어질 우려가 있다.
③ 프랜차이저가 스스로 점포를 확장하는 것보다 투자수익률은 높지만 이익의 크기 자체를 크게 증가시키는 것은 어렵다.

(3) 프랜차이지(Franchisee)의 장점

① 사업 경험이 없더라도 프랜차이저가 합리적인 방법에 따라 개발한 프랜차이즈 사업상품을 이용하고, 그에 따라 영업을 하기 때문에 프랜차이지가 실패할 위험성이 적다.
② 일반적으로 소액의 자본으로 시작이 가능하므로 설비와 도구를 프랜차이저로부터 임차할 수도 있고, 상품과 원재료를 프랜차이저가 공급해 주므로 재고부담에서 오는 위험을 줄일 수 있다.
③ 본부가 공동 집중구매를 통해 상품과 원재료를 공급하기 때문에 가맹점은 상품공급면에서 균일성과 안정성을 유지할 수 있다.
④ 프랜차이저가 개발한 우수한 품질의 상품, 점포, 디자인, 지명도가 높은 상표명을 사용하므로 처음부터 소비자의 신뢰를 받을 수 있다.
⑤ 프랜차이저가 일괄적인 광고 등의 판촉 활동을 해주므로, 개별점포가 홀로 판촉활동을 하는 경우보다 효과적인 판매 촉진 활동이 가능하다.
⑥ 프랜차이저가 공동 집중구매를 통해 원재료를 공급해 주기 때문에, 품질과 가격면에서 우월한 공급을 받을 수 있다.

(4) 프랜차이지(Franchisee)의 단점

① 프랜차이저가 제공하는 서비스가 명확하지 않은 비용화되는 상황이 발생할 수 있다.
② 프랜차이지가 일반적으로 만족을 느끼지만, 프랜차이저와 최초의 계약대로 약속이 이루어지지 않을 경우에는 갈등의 조정이 어렵다.
③ 프랜차이저의 상표나 상호의 가치가 과대평가된 경우가 있다.
④ 프랜차이저에게 의뢰하는 경향이 커져서 스스로의 문제 해결 능력이나 경영개선의 노력을 등한시할 수 있다.
⑤ 프랜차이저의 시스템은 전체의 효율을 고려하여 계획을 설립하고 운영하기 때문에, 특정 점포의 실정에 적합하지 않는 경우가 있다.
⑥ 소수의 프랜차이지의 실패가 프랜차이즈 시스템 전체의 성공여부와 타점포에 영향을 줄 수 있다.

(5) 소비자에게 미치는 장·단점

① 장 점

　　㉠ 소비자는 높은 수준의 제품과 서비스를 제공받을 수 있다.

　　㉡ 소비자는 표준화된 제품과 서비스를 공급받을 수 있다.

　　㉢ 소비자는 저렴한 가격으로 제품과 서비스를 공급받을 수 있다.

② 단 점

　　㉠ 프랜차이저의 영향력이 강할 때는 가격과 서비스 면에서 소비자에게 불리한 영향을 미칠 수 있다.

　　㉡ 시스템 자체에서 오는 책임의 소재가 불분명하여 소비자가 보호받기 어려운 경우가 있다.

5. 프랜차이즈 시스템의 영향

(1) 사회·경제적 영향

① 프랜차이즈 시스템 효과가 크게 기대되었던 것처럼, 프랜차이징이 소기업의 육성을 통한 경제적 기반의 구축을 기대하는 체제라는 면에서 긍정적 측면으로 볼 수 있다.

② 프랜차이즈 시스템을 통하여 고도의 경영기법과 효율적인 마케팅으로 실패율을 줄일 수 있으므로, 사회·경제적으로 긍정적인 효과를 가져온다.

③ 프랜차이즈 시스템은 경영지식이 풍부하지 않은 개인들이 독립기업인으로서의 시장진입을 원활하게 도와준다. 특히 경영경험이 많은 본부에게그의 경험에서 얻은 능력을 발휘하도록 하는 효율성이 높은 시스템으로 입증되고 있다.

(2) 기업경영에 미치는 영향

① 프랜차이즈 시스템은 프랜차이저의 입장에서 볼 때 소자본으로 사업을 신속히 확장할 수 있는 수단으로 작용한다.

② 적은 규모의 소자본주들이 자체적으로 획득할 수 없는 광고, 구매, 교육훈련 등의 혜택이라는 경제적 이유와 여타의 유인으로 동기 부여함으로써 소매업을 활성화시킨다.

③ 프랜차이즈의 분권적 시스템은 노동자들의 기업에 대한 극한적인 대립심을 약화시켜 프랜차이저는 노동자 집단의 간접적인 대화 창구로 보일 수 있어서 노사분규 등의 위험부담을 줄일 수 있다.

④ 프랜차이즈 시스템은 자본이 풍부하지 않은 프랜차이즈본부가 자본에 대한 직접투자 없이 가맹점을 통하여 사업을 확장할 수 있는 시스템이며, 완전히 통합된 수직적인 체인에 비해 가맹점으로 분산된 대안을 제공해 준다.

01 기업이 구매를 할 때 가져야할 목표와 거리가 먼 것은?

① 내부고객의 생산요청 사항을 지원해야 한다.

② 신뢰할만한 고품질 공급기반을 개발, 관리해야 한다.

③ 적절한 구매담당자 선정 및 전문교육 훈련을 제공하도록 한다.

④ 조직의 목표달성을 전체최적화가 아닌 부분최적화를 중심으로 지원한다.

⑤ 마케팅, 생산, 엔지니어링, 기술, 재무부서 등 타 기능 부서간의 관계를 강화한다.

> **오답풀이** 구매관리(Purchasing Management)는 purchasing control이라는 의미로 함께 사용하는 용어로서 재무관리 · 생산관리 · 판매관리와 더불어 생산의 구조적 관리의 직능분야를 이룬다. 조직의 목표달성을 부분최적화가 아닌 전체최적화를 중심으로 지원한다.

02 경쟁적 우위 확보를 위한 장기적인 전략적 측면에서 유통경로 설계를 가장 잘못 설명하고 있는 내용은?

① 정부정책담당자는 매년 김장철의 배추값의 급격한 상승과 하락의 원인에 대처하고자 위해 가급적이면 중간상을 배제하고 직거래를 활성화 시키는 방안을 내놓고 있다.

② 제품 및 서비스의 생산단계와 최종적인 소비단계 사이에 존재하는 물량, 구색, 시간, 공간, 정보, 소유권 등의 격차가 클수록 유통경로는 길어진다고 보았고, 작을수록 경로의 직접성이 높아진다고 보았다.

③ 최종사용자가 적다면, 유통경로의 직접성은 줄어들 것이므로 이 경우 중간상의 개입이 거래접촉의 효율성을 높여줄 가능성이 축소되며, 따라서 유통경로의 길이가 증가하게 된다는 판단을 하게된다.

④ 기업규모가 크고 자금력이 충분하고, 기업의 경영노하우가 많은 기업이라는 판단이 든다면, 유통활동에 강력한 통제가 필요하기에 유통경로의 직접성을 추구하는 것이 유리하다.

⑤ 중간상들을 이용하는데 비용이 너무들거나 중간상들이 수행하는 유통서비스의 수준이 기대한 것에 미치지 못한다면 간접유통경로가 효율적이라 하더라도 직접적인 경로를 선택하는 것이 유일한 대안이 될 수 있다.

> **오답풀이** 최종사용자가 많다면, 유통경로의 직접성은 줄어들 것이므로 이 경우 중간상의 개입이 거래접촉의 효율성을 높여줄 가능성이 확대되며, 따라서 유통경로의 길이가 증가하게 된다는 판단을 하게된다.

정답 **01** ④ **02** ③

03 다음 중 자재·부품·서비스·설비를 자체적으로 생산하지 않고 외부에서 구매하거나 외주를 주는 일반적인 이유를 기업 측면에서 기술한 것으로 옳지 않은 것은?

① 규모의 경제를 이룰 수 있는 자재에 대해서 비용상 이점이 있기 때문이다.
② 기업이 특정 품목을 생산할만한 기술과 전문성이 없을 때가 있기 때문이다.
③ 설계, 제조 및 배송 프로세스 등에 직접 관여하여 리드타임과 물류비를 쉽게 통제할 수 있기 때문이다.
④ 충분한 생산능력이 갖추어지지 않은 경우나 수요가 예상보다 갑자기 증가하여 수요를 충족시킬 수 없을 때가 있기 때문이다.
⑤ 공급자가 우수한 기술과 공정, 숙련된 작업자 등을 가지고 있어서 오히려 구매 부품이 품질면에서 더 우수할 수 있기 때문이다.

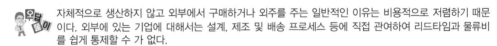 자체적으로 생산하지 않고 외부에서 구매하거나 외주를 주는 일반적인 이유는 비용적으로 저렴하기 때문이다. 외부에 있는 기업에 대해서는 설계, 제조 및 배송 프로세스 등에 직접 관여하여 리드타임과 물류비를 쉽게 통제할 수 가 없다.

04 다음 중 전략적 이익모형(SPM)에 관한 설명으로 가장 올바르지 않은 것은?

① 총자산이익률은 유통기업의 영업활동 효율성을 잘 나타내는 지표로서 총자산회전율과 순매출이익률을 곱하여 산출한다.
② 레버리지비율은 기업이 장단기 차입금에 의존하고 있는 정도를 나타내는 것으로서, 비율이 높을수록 차입금보다 자기자본에 대한 의존도가 높고 재무구조가 안정되어 있음을 의미하므로 성장가능성은 낮다.
③ 순매출이익률은 영업활동의 원가대비 가격의 효과성을 의미하고 당기순이익을 순매출로 나눈 비율이다.
④ 소매업에서 재고회전율이 향상하면 일반적으로 투자수익률이 증가하게 되어 재고회전율을 통한 투자수익률의 제고는 바람직하다.
⑤ 순매출이익률이나 총자산회전율은 영업활동의 효율성을 제대로 나타내는 데 적합한 지표는 아니다.

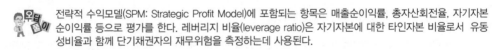 전략적 수익모델(SPM: Strategic Profit Model)에 포함되는 항목은 매출순이익률, 총자산회전율, 자기자본 순이익률 등으로 평가를 한다. 레버리지 비율(leverage ratio)은 자기자본에 대한 타인자본 비율로서 유동성비율과 함께 단기채권자의 재무위험을 측정하는데 사용된다.

05 최근 치열한 유통환경에서 추구하는 유통기업의 전략에 대한 설명으로 올바른 것만 모아놓은 것은?

> 가. 유통기업의 전략은 기업수준의 전략과 사업부수준의 전략으로 구분할 수 있는데, 기업이 다각화 되지 않았다면 사업부수준의 전략은 필요 없다.
> 나. 유통기업이 수직적통합, 기업인수합병, 해외진출사업과 같은 결정이나 각 사업 분야에 경영자원을 배분하는 것은 기업수준의 전략에 해당한다.
> 다. 유통기업이 경영전략을 수립하기 위해서는 비전이나 목표를 설정해야 하는데, 비전은 기업의 미래상으로서 목표에 비해 전략적이고 구체적이어야 한다.
> 라. 유통기업의 경영전략 수립에 전제가 되는 목표는 비전과 달리 구체적일 필요 없이 기업의 방향만 설정해도 충분하다.

① 가, 나   ② 가, 다   ③ 나, 다
④ 나, 다   ⑤ 다, 라

 유통기업이 경영전략을 수립하기 위해서는 비전이나 목표를 설정해야 하는데, 비전은 약간은 추상적일 수 밖에는 없고. 유통기업의 경영전략 수립에 전제가 되는 목표는 비전과 달리 구체적이어야 한다.

06 유통기업의 경영성과에 대한 지표로 효과성, 효율성, 수익성 등이 있다. 이에 대한 설명으로 가장 올바르지 않은 것은?

① 효과성은 목표지향적인 성과측정치로서 유통기업이 표적시장에서 요구하는 서비스 성과를 얼마나 제공하였는가를 나타낸다.

② 효율성은 일정한 비용으로 가능한 한 많은 산출물을 획득하거나, 일정한 산출을 얻기 위해 소요되는 비용을 가능한 한 줄이는 것을 말한다.

③ 효과성의 하위 개념인 생산성은 자원의 투입에 의해 생산되는 서비스 성과의 질적 개념으로, 노동력이나 기계장비 등의 물리적 효율성이 아닌 비 물리적 효율성을 의미한다.

④ 수익성은 재무적효율성을 나타내는 지표로서 투자수익률 유동성, 영업레버리지, 이익증가율 등이 포함된다.

⑤ 유통기업이 제공하는 서비스로 인해 잠재수요의 자극정도가 높아졌다면 이는 효과성이 높아진 것이기 때문이다.

 생산성은 생산의 효율성을 측정하는 척도로서 어떤 재화를 생산하는 데 투입된 생산 요소의 양에 대한 산출량의 비율로 나타낸다. 효과성은 실제성과에 직접 영향을 미치는 핵심적인 부분을 잘 해내는 것이고 효율성은 주어진 일을 최소한의 자원으로 어떻게 빨리 해낼 수 있는 가이다. 개념상에는 효율성이 좋으면 효과성이 좋다는 생각을 할 수 있다. 효과성과 생산성을 우선순위로 구분을 하지 않는다.

07 다양한 유통기업집단의 형태들(카르텔, 트러스트, 콘체른)에 대한 특징들을 나열한 것이다. 이 중 카르텔의 특징에 해당하는 사항을 모두 고른 것은?

> 가. 생산 및 판매에 있어 경쟁을 방지하고 수익을 확보하기 위해 동종상품이나 상품군을 독립 기업간에 수평적으로 결합하는 형태
> 나. 시장을 지배할 목적으로 동종 혹은 이종 기업이 자본적 결합에 의해 완전히 하나의 기업이 되는 형태
> 다. 일반적으로 대기업이 자본지배를 목적으로 여러산업에 속한 중소기업의 주식을 보유하거나 이들에게 자금을 대여하여 금융적으로 결합한 형태
> 라. 참여기업들은 법적, 경제적 독립성을 유지할 때 경제적 효력 발생
> 마. 실질적으로는 독립성을 상실하게 되지만 외형상으로는 독립성이 유지되는 상태

① 가, 라   ② 나, 마   ③ 다, 라   ④ 가, 마   ⑤ 다, 마

카르텔(cartel)은 생산 및 판매에 있어 경쟁을 방지하고 수익을 확보하기 위해 시장통제를 주목적으로 동종상품이나 상품군을 생산하는 독립기업들간의 수평적 결합을 의미한다. 카르텔 참가기업들은 법적, 경제적 독립성을 유지하며, 오직 협정사항을 자발적으로 지켜야 비로소 카르텔은 경제적 효력을 지닐 수 있다. 이러한 의미에서 카르텔을 이른바 신사협정이라고도 한다. 우리 나라에서 카르텔은 독점규제 및 공정거래법에 의해 원칙적으로 금지되어 있다. 나, 는 트러스트. 다,마, 는 콘체른이다.

08 모든 소매업체들은 지속적인 성장을 추구하고자 한다. 다음은 유통업의 성장을 위하여 이론적으로 선택 가능한 성장방안 모델들을 설명한 내용들이다. 가장 올바르지 않은 것은?

① 다각화전략은 현재 전념하고 있지않은 세분시장에 새로운 소매업태를 제공하는 것으로 관련 혹은 비관련다각화방법과 수직적통합의 방법이 활용된다.
② 수평적통합의 대표적인 사례로 소매업체가 도매업체 또는 제조업체에 투자, 인수 및 합병하는 경우를 들 수 있다.
③ 해당소매업체가 기존의(소매)업태를 활용하여 자신의 표적시장 내에서 신규고객을 창출하거나 혹은 기존고객들의 충성도를 높이기 위하여 마케팅을 더욱 강화하고자 하는 전략을 시장침투전략이라고 한다.
④ 한가지 종류의 상품을 구매한 고객에게 다른 종류의 상품구매를 유도하여 매출상승을 추구하는 방식은 시장침투를 증가시키기 위한 방법의 하나이다.
⑤ 기존의 제품범주 내에서 새로운 형태, 컬러, 사이즈 및 원료 그리고 새로운 취향 등을 가진 신제품에 기존 브랜드명을 함께 사용하는 경우를 라인확장이라고 한다.

소매업체가 도매업체 또는 제조업체에 투자, 인수 및 합병하는 경우를 들 수 있는 것은 수직적통합의 방법이다.

07 ①   08 ②

09 최근 우리사회는 50~60년대에 태어나 경제 성장을 주도했던 베이비부머들의 은퇴가 본격화하고 있으며, 이들이 가장 선호하는 것은 프랜차이즈(franchise)유통 창업이라고 한다. 다음 중 프랜차이즈 시스템에 대한 설명으로 가장 거리가 먼 것은?

① 프랜차이즈시스템은 본부의 투자위험을 줄일 수 있을 뿐만 아니라 자본투자를 한 가맹점들이 직접 점포를 소유하거나 운영하기 때문에 적극적으로 영업활동을 하도록 하는 특징이 있다.

② 프랜차이지(franchisee)가 프랜차이저(franchisor)에게 프랜차이저의 상호, 상표, 노하우 및 기타기업의 운영방식을 사용하여 제품이나 서비스를 판매할 수 있도록 허가하는 것을 프랜차이즈 시스템이라 말한다.

③ 프랜차이즈본부의 입장에서 본 장점은 자본조달의 용이성, 구매 및 판매에 있어서 신속한 규모의경제 달성, 지역적특수성 고려가능성, 과도한 관리업무의 배제, 낮은 노사문제 발생빈도 등을 들 수 있다.

④ 가맹점은 본부가 일괄적인 광고 등의 판촉 활동을 해주므로, 개별점포가 홀로 판촉활동을 하는 경우보다 효과적인 판매촉진활동이 가능하며, 공동집중구매를 통해 원재료를 공급해 주기 때문에, 품질과 가격면에서 우월한 공급을 받을 수 있다.

⑤ 프랜차이즈시스템은 자본이 풍부하지 않은 프랜차이즈본부가 자본에 대한 직접투자 없이 가맹점을 통하여 사업을 확장할 수 있는 시스템이며, 완전히 통합된 수직적인 체인에 비해 가맹점으로 분산된 대안을 제공해 줌으로써 경제적집중을 감소시킨다.

 물류프랜차이저(franchisor)가 프랜차이지(franchisee)에게 프랜차이저의 상호, 상표, 노하우 및 기타기업의 운영방식을 사용하여 제품이나 서비스를 판매할 수 있도록 허가하는 것을 말한다.

10 다음 중 수직적통합과 관련된 설명 내용들이다. 가장 올바르지 않은 것은?

① 유통경로에 대한 통제수준이 낮을수록 수직적통합의 정도가 약하다.

② 수직적통합은 자본투자가 요구되지만, 거래비용의 감소와 공급확보를 가져온다.

③ 활발한 정보흐름을 가져다주는 반면 기회주의적 행동 양식의 상승을 가져다준다.

④ 많은 경우 수직적통합전략은 생산이나 유통단계의 범위를 좁히기 때문에 독립된 공급자나 고객과 경쟁적으로 거래할 수 없다는 위험을 내포하고 있다.

⑤ 장기계약과 장기거래관계의 형성이 직접적인 소유에 비해 보다 많은 이익을 제공하는지에 대한 신중한 검토가 이루어진 후 수직적통합에 대한 의사결정이 이루어져야 한다.

 수직적통합(vertical combination)은 제품의 전체적인 공급과정에서 기업이 일정 부분을 통제하는 전략으로 다각화의 한 방법이며, 전방통합과 후방통합으로 구분된다. ①, ②, ④, ⑤는 수직적통합의 특징을 설명하고 있지만 ③은 관련이 없는 내용이다.

 **09** ② **10** ③

11 다음 중 유통기업전략 수립시 분석하는 환경적 변수의 성질이 다른 하나를 고르시오.

① 목표 소비자들은 구매를 한 후에 제품에 대한 신뢰를 바탕으로 자신의 행동을 합리화하는 단계를 거치게 된다.

② 목표 소비자들에게 차별화된 제품을 계속 제공하기 위하여 공급자와 긴밀한 관계를 유지하는 것이 장기적으로 이익이 된다.

③ 목표 소비자들은 구매하기 전에 구매계획을 세우고, 브랜드에 대한 선호도가 강하며, 쇼핑의 노력을 아끼지 않는다.

④ 목표 소비자들은 점포를 선택할 때 상품진열, 조명, 내부 장식, 구조, 음악 등의 점포분위기 요소를 중요하게 생각한다.

⑤ 목표 소비자들은 직장에 다니고 있는 경우가 많으므로 시간의 압박으로 인해 가까운 곳에 위치한 점포에서 편리한 시간대에 이용할 수 있는 점포를 선호한다.

 차별화된 제품은 변화를 쉽게 수용하고, 공급처의 다변화되어 있어야 차별화된 제품을 공급할 수가 있다.

12 BPM(Business Process Management)은 소매기업의 단순한 정보의 통합을 넘어 프로세스의 통합, 지원, 관리 등을 의미한다. BPM에 관한 설명으로 가장 옳지 않은 것은?

① BPM은 업무수행 정보를 실시간으로 공유해 업무처리 속도를 향상시킬 수 있으며, 리스크를 빠르게 감지, 대응할 수 있게 한다.

② 효과적 측면에서 BPM은 계획, 실행, 통제 등 단계별 업무체계에서 수평적 통합과 수직적통합을 동시에 실현하여 실시간 전략수립을 지원하고 업무효율을 높여 준다.

③ BPM은 기존의 시스템들이 기업별 환경적 차이를 고려하지 못하는 단점의 해소가 중심적인 목표이므로 서로 다른 기업환경에 적용할 수 있도록 기술 중심으로 해야 한다.

④ BPM은 최적화된 업무프로세스와 IT기반을 통합하여 업무프로세스의 신규생성, 수정작업에 대한 생산성 향상과 함께 비용절감에도 기여할 것으로 기대된다.

⑤ 기능적으로 BPM은 프로세스를 한눈에 파악할 수 있는바, 관리자는 팀원들이 수행하는 업무와 그 상황을 실시간으로 파악할 수 있고 프로세스변경이 미치는 혼란을 최소화할 수 있다.

BPM은 업무프로세스를 표준화·간소화하고, 비정형화된 업무구성을 시스템화해 임무와 책임을 명확히 하고자 하는 경영방법이지, 기술 중심으로만 해야 하는 건 아니다.

 11 ②   **12** ③

13 제품 수명주기이론은 소매업체의 성장전략에도 적용될 수 있는데, 다음 중 소매상의 수명주기이론에 있어서 단계별 특징과 전략에 대한 설명으로 가장 올바르게 기술된 것을 고르시오.

① 도입기에는 자사의 인지도 증가와 판매량을 확대하기 위한 저가격정책이 유일한 수단이다.

② 성장기에는 충성고객의 확보와 취급 상품계열의 확대를 통해 시장점유율을 높이는 것이 강조된다.

③ 쇠퇴기에 접어들면서 점차 시장에서 자사의 지위가 낮아지므로 기존의 촉진비용을 확대하는 전략이 필요하다.

④ 성숙기에는 시장내에서 경쟁자가 많아지므로, 경쟁우위를 높이기 위해 서비스 확대와 같은 마케팅 비용을 늘려 시장점유율을 확대하는 것이 가장 중요하다.

⑤ 성숙기에는 점포설비의 비용회수나 규모의경제를 실현할 만큼 매출액이 증가하지 못하고, 말기에 가서야 겨우 이익이 조금씩 증가하는 단계이다.

> 오답풀이 성장기상품은 판매추세가 급상승하고 높은 가격에도 수요는 지속적으로 증가하므로 메이커, 소매점에서는 높은 수준의 매출과 이익을 확보할 수가 있으므로 충성고객의 확보와 취급 상품계열의 확대를 통해 시장점유율을 높이는 것이 강조된다.

14 모든 소매업체들은 지속적인 성장을 추구하고자 한다. 다음은 성장을 위하여 이론적으로 정리된 선택 가능한 성장전략 대안모델들에 관한 설명들이다. 올바르지 않은 것은?

① 해당소매업체가 기존의(소매)업태를 활용하여 자신의 표적시장 내에서 신규고객을 창출하거나 혹은 기존고객들의 충성도를 높이기 위하여 마케팅을 더욱 강화하고자 하는 전략을 시장침투전략이라고 한다.

② 다각화전략의 실행방안의 하나로 한 가지 종류의 상품을 구매한 고객에게 다른 종류의 상품구매를 유도하여 매출상승을 추구하는 방식을 들 수 있다.

③ 다각화전략의 하나인 수직적통합의 예로서 소매업체가 도매업체 또는 제조업체에 투자하는 경우를 들 수 있다.

④ 동일한 표적시장의 고객에게 지금까지와 다른 소매믹스를 가지고 새로운 소매업태를 제공하는 것을 소매업태 개발전략이라 한다.

⑤ 대형마트 같은 대형유통업체들이 SSM이라는 새로운 업태를 창출하여 기존의 사업 이외에 새로운 사업을 통해 다각화(diversification)를 추진하는 것이 대표적인 예이다.

> 오답풀이 한가지 종류의 상품을 구매한 고객에게 다른 종류의 상품구매를 유도하여 매출상승을 추구하는 방식은 다각화전략이 아니라 교차 판매 전략(Cross-Selling Strategy)의 내용이다.

해답 **13** ② **14** ②

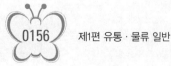

15 경영혁신(BPR: Business Process Reengineering or Restructuring)의 순서가 올바르게 나열되어 있는 것은?

> ㉮ 사업의 비전과 업무 목표의 설정
> ㉯ 필요한 정보기술의 확인/획득
> ㉰ 현재 프로세스의 이해와 분석
> ㉱ 혁신대상 프로세스의 선정
> ㉲ 프로세스 모델(prototype)의 설계 및 구축
> ㉳ 결과의 측정 및 평가

① ㉮ → ㉲ → ㉱ → ㉯ → ㉰ → ㉳   ② ㉮ → ㉰ → ㉱ → ㉯ → ㉲ → ㉳
③ ㉮ → ㉯ → ㉰ → ㉱ → ㉲ → ㉳   ④ ㉮ → ㉱ → ㉰ → ㉯ → ㉲ → ㉳
⑤ ㉮ → ㉯ → ㉱ → ㉰ → ㉲ → ㉳

경영혁신(BPR:Business Process Reengineering) 전략의 원칙으로 순차처리, 직무 세분화와 정보기술의 활용 등을 들 수 있다. 이의 순서가 가장 올바른 것은 사업의 비전과 업무목표의 설정으로 시작하여 결과 의 측정 및 평가로 끝나는 ④의 내용이다.

16 유통기업의 전략적제휴에 대한 설명으로 옳지 않은 것은?

① 전략적제휴는 둘 이상의 기업이 부족한 자원을 보완하기 위한 목적으로 협력하는 것이다.
② 전략적제휴를 통해 공동으로 기술이나 제품을 개발할 경우에는 산업의 표준화를 위한 목적도 있다.
③ 전략적제휴는 신제품개발에 있어서 부담을 분산 시킬 수 있다는 장점이 있다.
④ 새로운시장에 진입할 경우에 이미 시장에 참여한 기업과 전략적 제휴를 통해 신속하게 진입할 수 있다.
⑤ 전략적제휴는 새로운 시장에 진입할 때, 단독투자에 비해 철수나 규모축소에 유연성이 약하다는 단점이 있다.

전략적 제휴(戰略的 提携)란 둘 이상의 기업들이 각자의 전략적 목표를 달성하기 위해 협력하는 것이다. 공동 투자, 공동 개발, 공동 마케팅, 공동 유통, 공동 서비스, 장기조달계약 등의 방법으로 구체화된다. 전 략적 제휴를 하는 이유는 시장 확대(해외시장 진출 등), 자금 조달, 위험 분담, 기술 도입 등이 있다. 특히 규모의 경제가 작용하는 분야에서 더욱 효과적이다. 제휴로 이루어져 있기에 철수나 규모축소에 유연성이 상대적으로 높다.

 15 ④ **16** ⑤

17 다음 내용은 풀 마케팅 전략(pull marketing strategy)과 푸시마케팅 전략(push marketing strategy)에 관한 설명들이다. 올바르지 않은 설명내용은?

① 풀 마케팅을 하는 제조업체는 유통가격을 결정하는 데 있어 푸시브랜드 만큼의 주도권을 가질 수 없다.

② 푸시전략을 쓸 경우 비용이 대체로 변동비 성격을 갖는다. 즉 마케팅비용이 판매물량과 거래하는 소매매장의 수와 비례한다.

③ 특화된 (전문)소매업체가 이미 소규모의 득수고객집난을 목표로 하고 있는 경우 푸시전략이 더욱 유리하다.

④ 풀전략의 경우 막대한 광고와 매스마케팅을 위한 고정비용이 유발됨으로 대형브랜드에 더욱 적합하다.

⑤ 잘 알려지지 않은 브랜드의 제품을 손님이 많이 드나드는 유통매장을 통해 고객 앞으로 밀어내는 것을 푸시마케팅(push marketing)이라고 한다.

제조업체가 유통가격을 결정하는 데 있어 푸시(push)가 풀(pull) 브랜드보다 유리한 측면이 있지만 풀 마케팅 전략(pull marketing strategy)을 추구하는 기업이라면 풀이 더 유리하다.

18 유통업체의 원가절감을 목적으로 하는 아웃소싱전략(Outsourcing Strategy)에 대한 설명으로 옳지 않은 것은?

① 아웃소싱은 자신이 수행하는 다양한 활동 중 전략적으로 중요하면서도 가장 잘 할 수 있는 분야나 핵심역량에 모든 자원을 집중시키는 전략이라 할 수 있다.

② 아웃소싱은 흔히 외주, 하청, 업무대행, 분산화, 컨설팅, 인재파견과 비슷한 개념으로 쓰이고 있으며 이들은 모두 광의의 아웃소싱의 한 형태라고 볼 수 있다.

③ 아웃소싱과는 개념적이 차이점이 존재하며 업무의 운영과 설계, 기획을 놓고 보면 아웃소싱은 수탁자가 스스로 업무를 설계하여 운영까지 맡는 등 자율성이 있다.

④ 핵심역량에 내부자원을 집중시킴으로써 생산성을 높이고, 단순하고 반복적이며, 정형화된 업무는 외부에 맡김으로써 불필요한 자원 낭비를 막을 수 있다.

⑤ 외부의 전문능력을 활용하여 생산성증가는 높지만, 내부인력으로 불가능한 업무를 수행할 수는 없으며, 업무의 정확성과 신속성을 내부보다는 낮아지게 된다.

외부의 전문능력을 활용함으로써 내부 인력으로 불가능한 업무를 수행할 수 있으며, 업무의 정확성과 신속성을 기할 수 있게 된다.

해답 **17** ① **18** ⑤

19 최근 대형유통업체(대형마트)들은 SSM이라는 새로운 업태를 창출하여 기존의 사업 이외에 새로운 사업을 통해 다각화(diversification)를 추진하고 있다. 다음 중 다각화를 추진하는 이유나 목적으로 거리가 먼 것을 고르시오.

① 다각화를 시도하는 이유는 기업들의 성장에 대한 욕구를 충족시키기 위해서이다.

② 다각화는 개별 사업부문의 경기순환에서 오는 위험을 분산시킬 수 있는 수단이 되기 때문이다.

③ 내부시장을 활용할 경우 많은 자원을 투입해야 하는 문제가 발생할 수 있으므로 다각화와 같은 외부시장 활용을 통하여 이 문제를 극복하기도 한다.

④ 다각화는 복합기업의 출현을 촉진시키게 되는데, 복합 기업화되면 시장지배력 증가에 도움이 되기 때문이다.

⑤ 다각화란 현재 전념하고 있지 않은 세분시장에 대해 새로운 소매업태를 제공하는 것과 관련된다.

 다각화(diversification)는 기업들의 성장에 대한 욕구를 충족시키기 위해서이거나 개별 사업부문의 경기 순환에서 오는 위험을 분산시킬 수 있는 수단이다. 다각화는 내부시장을 활용할 경우가 많다.

20 프랜차이즈(Franchise)시스템에서 프랜차이지(Franchisee)의 장점에 대한 설명으로 가장 어울리지 않는 것은?

① 프랜차이저가 합리적인 방법에 따라 개발한 사업상품을 이용하고, 그에 따라 영업을 하기 때문에 프랜차이지가 실패할 위험성이 적다.

② 프랜차이지가 사업 경험이 없더라도 프랜차이저의 교육 프로그램, 경영방식, 매뉴얼 등에 의해 쉽게 사업을 할 수 있다.

③ 프랜차이저가 개발한 우수한 품질의 상품, 점포, 디자인, 지명도가 높은 상표명을 사용하므로 처음부터 소비자의 신뢰를 받을 수 있다.

④ 프랜차이저는 프랜차이지가 공동 집중구매를 통해 원재료를 공급해 주기 때문에, 품질과 가격면에서 우월한 공급을 받을 수 있다.

⑤ 프랜차이저가 일괄적인 광고 등의 판촉 활동을 해주므로, 개별점포가 홀로 판촉활동을 하는 경우보다 효과적인 판매촉진 활동이 가능하다.

 프랜차이즈 시스템에서는 프랜차이저가 구입을 하고 프랜차이지는 공급을 받기만 한다. 프랜차이저가 집중구매를 통해 원재료를 공급해 주기 때문에 품질과 가격면에서 우월한 공급을 받을 수 있지만 공동 집중구매를 한다는 말은 틀린말이다. 즉, 프랜차이지는 원료구매에 있어서는 계약에 의해 제약이 되어있다.

 19 ③   **20** ④

21 다음 중 프랜차이즈 시스템(franchise system)에 관한 설명으로 가장 옳지 않은 것은?

① 유통경로상 모든 구성원 즉 제조업자에서부터 서비스전문업체, 도매상 및 소매상 등 어떤 경로 구성원도 프랜차이즈 본부의 역할을 할 수 있다.

② 프랜차이즈시스템은 전통적 유통경로나 관리형 VMS(vertical marketing system), 자발적 연쇄점 및 소매상 협동조합보다 유연성이 뛰어난 장점을 가지고 있다.

③ 프랜차이즈시스템의 유형을 나누어 보면 제조업자–소매상프랜차이즈, 제조업자– 도매상프랜차이즈, 도매상–소매상프랜차이즈 및 서비스회사–소매상프랜차이즈로 크게 나눌 수 있다.

④ 본부의 투자위험을 줄일 수 있을 뿐만 아니라 자본투자를 한 가맹점들이 직접 점포 를 소유하거나 운영하기 때문에 적극적으로 영업활동을 하도록 하는 장점이 있다.

⑤ 프랜차이지는 프랜차이저의 상호 등을 사용하는 권한을 갖기 위해 가입금, 보증 금, 로열티 등을 지불하고, 프랜차이저의 경영지도와 지원으로 양자 간의 계속적인 관계가 유지된다.

 프랜차이저(franchisor)가 프랜차이지(franchisee)에게 프랜차이저의 상호, 상표, 노하우 및 기타 기업의 운영방식을 사용하여 제품이나 서비스를 판매할 수 있도록 허가하는 것을 프랜차이즈 시스템이라 말한다. 프랜차이즈시스템은 전통적 유통경로보다 유연성이 높지만, 계약에 의하기 때문에 관리형 VMS(vertical marketing system), 자발적 연쇄점 및 소매상 협동조합보다 유연성이 뛰어나다고 할 수 없다.

22 다음 중 프랜차이즈에 대한 설명으로 가장 옳지 않은 것은?

① 프랜차이즈계약은 혼합계약이고 완전계약이며 평등당사자 간의 계약이다.

② 프랜차이저가 프랜차이지에게 사업 전반에 걸쳐 운영상 필요한 지도나 지원과 함께 면허상의 특권을 부여한다.

③ 프랜차이즈시스템은 프랜차이저(franchisor)라고 불리는 모회사와 프랜차이지 (franchisee)인 개인이나 조직과의 계약관계이다.

④ 프랜차이지는 대부분 위험부담 없이 사업을 시작하려는 사람들로, 당해 사업에 대한 경험과 지식이 없거나 부족한 사업자들이 많다.

⑤ 프랜차이즈의 기본적 특성이자 장점이라고 하면 프랜차이저와 프랜차이지가 각각의 목표를가진 독립적인사업체들이면서도 마치 소비자들에게 동일사업체 같은 이미지 를 준다.

 프랜차이저(franchisor)가 프랜차이지(franchisee)에게 프랜차이저의 상호, 상표, 노하우 및 기타기업의 운영방식을 사용하여 제품이나 서비스를 판매할 수 있도록 허가하는 것을 프랜차이즈 시스템이라 말한다. 프랜차이즈계약은 계약당사자간의 비탄력성을 지닌 종속계약이다.

 21 ② **22** ①

23 유통산업에서 프랜차이즈 시스템(franchise system)의 특성으로 가장 거리가 먼 것은?

① 본부에서 턴키방식으로 가맹점 개설을 유도하는 경우, 가맹점은 본사의 전국적 광고 및 대규모 유통시스템의 혜택을 누릴 수 있다.

② 본사는 가맹점에 제품이나 원재료를 공급하며 종업원의 교육 등을 지원할 수 있지만, 가맹점의 운영은 독립성이 유지된다.

③ 체인점본부에서 제공하는 제품만 취급해야 하므로 개별 가맹점의 특성에 적합한 상품구색의 자율성이 크게 위축된다.

④ 본사의 재무적어려움이 있는 경우, 이를 해소하기 위해 제품가격 및 설비가격을 인상하여 가맹점의 이익을 압박하기도 한다.

⑤ 프랜차이즈시스템이 지니고 있는 특성은 판매와 관련된 단순한 권리만 부여를 하는 것이 아니다.

 프랜차이저(franchisor)가 프랜차이지(franchisee)에게 프랜차이저의 상호, 상표, 노하우 및 기타 기업의 운영방식을 사용하여 제품이나 서비스를 판매할 수 있도록 허가하는 것이며 가맹점인 프랜차이지는 독립성이 없다.

24 유통기업의 다각화전략은 기업을 둘러싸고 있는 환경의 변화가 격심해짐에 따라 그 필요성이 더욱 증대되고 있다. 다음 중 유통기업의 다각화전략의 동기와 거리가 가장 먼 것은?

① 기존의 사업을 수행하는 과정에서 발생하는 부산물을 유용하게 활용하고자 하는 욕구가 있기 때문이다.

② 기존사업의 성장이 둔화되거나 점차 쇠퇴해 감에 따라 새로운 사업분야로 진출할 필요성 대두되었기 때문이다.

③ 기업이 다양한 사업분야에 진출함으로써 기업경영상의 유연성제고와 사업의 포트폴리오 추구를 강하게 느꼈기 때문이다.

④ 기업이 다른 기업과 경쟁을 하면서 보유한 경영자원의 희소성을 극복하고자 하는 욕구가 발생하여 다각화 전략을 추구한다.

⑤ 다각화는 개별사업부문의 경기순환에서 오는 위험을 분산시킬 수 있는 수단이 되기 때문에 자원이 풍부한 기업에서 수행을 하는데 매력이 있다.

 기업이 다른 기업과 경쟁을 하면서 보유한 경영자원의 희소성을 극복하고자 하는 욕구가 발생한다면 집중화전략을 추구하는 것이 기업전체적인 측면에서 유리하다.

 23 ②　　**24** ④

25 포터(M. E. Porter)는 경쟁우위의 원천과 경쟁영역의 범위를 기준으로 5가지의 경쟁전략을 제시하였다. "어떤 유통업체가 경쟁업체에 비해 상품을 저렴한 가격으로 매입할 수 있으면서 동시에 경쟁업체에 비해 경쟁영역의 범위가 좁은 경우"에는 어떠한 전략적대안을 선택하는 것이 가장 바람직한가?

① 비용경쟁 우위전략　　　　　　　　② 차별적 경쟁우위전략
③ 차별적 비용전략　　　　　　　　　④ 집중적 차별화전략
⑤ 집중적 원가우위전략

 집중적 원가우위전략은 광범위한 고객들을 대상으로 박리다매 방식이나 소품종 대량생산 방식처럼 원가 절감을 통해 해당 산업에서 우위를 달성하는 전략으로 어떻게 하면 경쟁기업들이 비해 상대적으로 낮은 원가로 생산할 수 있느냐 하는 것에 초점을 맞추게 된다.

26 유통기업이 글로벌화 전략을 추구할 경우, 시장 거래, 중간적 거래, 위계적 거래의 세 가지 조직적 측면에서 대안이 있다. 조직적 측면의 대안 중 성격이 다른 하나는 무엇인가?

① 인수　　　　　　　② 합작 투자　　　　　　　③ 지분 제휴
④ 비 지분 제휴　　　　⑤ 라이선싱

기업의 인수(acquisition)란 한 기업이 다른 기업의 주식이나 자산을 취득하면서 경영권을 획득하는 것을 말하며, 나머지는 공동투자형식이 된다.

27 M. porter 세분시장의 구조적 매력성을 결정하는 모형으로써 5-Porces모형을 제시하였다. 이에 대한 설명으로 가장 잘못된 것은?

① 세분시장에 신규기업의 진입과 기존기업의 퇴출이 용이하다면, 그 세분시장의 매력도는 낮다고 평가할 수 있다.
② 기업이 느끼는 위협의 원천으로 산업내 경쟁자, 공급기업, 구매자, 잠재적 진출기업 및 대체품 등을 제시하고 있다.
③ 대체재는 세분시장에서 획득할 수 있는 이윤과 가격에 제약을 줄 수 있으므로, 대체재로부터 받는 위협은 커지게 된다.
④ 월마트와 같은 거대한 소매상이 급격히 성장하는 경우에, 월마트의 상품의 포장재를 공급하는 기업들의 위협은 작아지게 된다.
⑤ 세분시장이 안정적이고, 경쟁자의 능력이 커지고 있거나 고정비와 퇴출장벽이 높으며, 경쟁기업이 그 세분시장에 몰입도가 높다면, 그 세분시장은 매력도가 낮다.

 25 ⑤　26 ①　27 ④

월마트(Wal-mart)와 같은 거대한 소매상이 급격히 성장하는 경우에, 월마트의 상품의 포장재를 공급하는 기업들의 위협은 커지게 된다.

28 마이클포터(Michael Porter)의 5가지 경쟁유발요인 (Five Forces Theory of Industry Structure)은 개별기업의 전략에 영향을 미치는 요소를 크게 다섯 가지로 분류하고 있다. 포터(Porter)의 산업구조 분석 모형을 근거로 할 때, 해당 산업에서의 수익률이 가장 높은 경우는?

	진입장벽	공급자의 교섭력	구매자의 교섭력	대체재의 위협
①	낮음	낮음	높음	낮음
②	낮음	높음	높음	높음
③	낮음	낮음	낮음	낮음
④	높음	높음	높음	높음
⑤	높음	낮음	낮음	낮음

 포터의 산업구조 모형에 의하면 산업내 경쟁이 낮을수록, 진입장벽이 높을수록, 공급자의 교섭력이 낮을수록, 구매자의 교섭력이 낮을수록, 대체재의 위협이 낮을수록 해당산업의 수익률이 높아진다.

29 다음 중 유통기업이 상품구매과정에서 대안으로 선택할 수 있는 소위 집중전략과 분산전략에 관한 설명으로 올바르지 못한 내용은?

① 집중전략은 소매유통업체가 상품구매에 있어서 하나 혹은 소수의 제조(공급)업체와 집중적으로 거래하는 것이다.

② 집중전략은 수량할인에 의해 상품가격을 낮출 수 있는 반면, 주문에서 보관까지 운영비가 증가하는 단점이 있다.

③ 유통업체가 가능한 한 다수의 제조(공급)업체와 거래를 진행함으로써 구매위험을 분산시키는 것은 분산전략의 효과이다.

④ 집중전략의 경우보다 분산전략을 선택하면 상품의 다양성을 더욱 증가시킬 수 있는 장점이 있다.

⑤ 집중전략을 실시하는 상품의 특징은 공산품과 같은 경우이고, 농산품은 분산전략이 유리한 특징이 있다.

 집중전략을 사용하면 한 곳에서 많은 수량을 주문하므로 수량할인에 의해 상품가격을 낮출 수 있으며, 주문에서 보관까지도 한 번에 운영되기에 운영비를 감소시킬 수 있다.

 28 ⑤   **29** ②

30 제품계열 길이와 관련된 전략에 대한 설명 중 가장 거리가 먼 것을 고르시오.

① 한계열 내에 있는 기존 품목들과 가격, 품질 등에서 큰 차이가 없는 새로운 품목을 추가하는 것은 계열충원전략(line filing)에 해당된다.

② Unilever가 1,600여개나 되는 브랜드수를 100여개 미만으로 과감하게 줄인 것은 계열 가치치기전략(line pruning)에 해당된다.

③ 르노삼성자동차가 SM5로 성공하자 SM7과 SM3로 제품계열을 연장시킨 것은 양방향 연장전략(two-way stretch)에 해당된다.

④ 고가품, 고기능제품을 생산하던 기업이 저가품, 저기능제품을 추가하는 전략은 자사 브랜드의 고급이미지를 더욱 강화시키기 위한 하향연장전략(downward stretch)에 해당된다.

⑤ 기존의 이미지로 인해 표적고객들이 고급 신제품의 품질을 신뢰하지 않을 수 있는 위험은 상향연장전략(upward stretch)에 해당되는 위험이다.

> 고가품, 고기능 제품을 생산하던 기업이 저가품, 저기능 제품을 추가하는 전략은 자사 브랜드의 고급이미지에서 보편성을 강화시키기 위한 하향연장전략(downward stretch)에 해당된다.

31 포터(Poter)의 이론에 따라 유통산업의 구조를 분석한 내용으로 올바른 것은?

① 유통관련 산업 내에서의 집중도는 다수의 유통기업이 경쟁하는 것이 아니라 소수의 기업이 과점하여 서로 경쟁하고 있다는 것을 가정하여야 한다.

② 유통산업에 신규진입 예상기업들이 규모의 경제를 달성하고 있고 그 상품이 고도로 차별화되었다면 기존기업에게는 위협이 된다.

③ 대체재가 기존기업에게 위협이 되는가에 대한 분석은 구매자가 대체재에 대한 구매성향이나 대체재의 상대가격을 살펴보는 것보다는, 대체재를 보유한 기업이 얼마나 자원을 확보하고 있고, 어떠한 경쟁우위를 갖고 있는지를 살펴보아야 한다.

④ 유통기업의 판매상품들 중에서 특정 공급기업 상품의 비중이 높다면, 공급기업은 그 유통기업에 공급기업에 의존도가 높아져 공급기업보다 유통기업의 힘이 강하다.

⑤ 특정기업의 구매자가 구매경로를 경쟁기업으로 변경함으로써 지불하게 되는 전환비용이 높을수록 구매자는 특정기업이 아닌 경쟁기업으로 이동할 가능성도 높아진다.

> 마이클포터의 5가지 경쟁유발요인 (Five Forces Theory of Industry Structure)은 개별기업의 전략에 영향을 미치는 요소를 크게 다섯 가지로 분류하고 있다. 포터의 산업구조 모형에 의하면 산업내 경쟁이 낮을수록, 진입장벽이 높을수록, 공급자의 교섭력이 낮을수록, 구매자의 교섭력이 낮을수록, 대체재의 위협이 낮을수록 해당산업의 수익률이 높아진다.

30 ④   **31** ②

32 제품믹스의 길이 및 깊이와 관련된 의사결정 내용 중 가장 거리가 먼 것을 고르시오.

① 하향 확장전략(Downward Stretch)은 투입원가가 상승하거나 가용자원이 부족해지기 시작할 때 유용하다.

② 기업이 고품질의 기업이미지를 형성하며 이익률과 매출상승을 달성할 수 있다고 판단될 때 상향 확장전략(Upward Stretch)을 선택한다.

③ 쌍방향(Two Way Stretch)전략은 중간수준의 품질가격제품에 고가와 저가의 신제품을 추가하는 전략이다.

④ 수확전략(Harvesting)은 기업의 자원을 더 이상 투입하지 않고 발생하는 이익을 회수하는 전략이다.

⑤ 철수전략(Divesting)은 제품계열이 마이너스성장을 하거나 기존제품이 전략적으로 부적절할 때 실시하는 전략이다.

> 투입원가가 상승하거나 가용자원이 부족해지기 시작할 때 유용한 것은 집중전략이나 수확전략을 추구해야 한다.

33 다음 중 기업이 다각화전략을 추진하는 이유에 대한 설명으로 가장 옳지 않은 것은?

① 보유한 능력과 자원을 새로운 업태 혹은 다른 업종의 사업에 투자함으로써 기존의 자원과 능력을 확장 또는 발전시킬 수 있기 때문이다.

② 동일 기업내의 여러사업체가 공동으로 활용하거나 축적된 유통경영 노하우 및 관리시스템 등의 기능을 서로 보완하여 활용하는 경우에도 상승효과가 발생한다.

③ 복합기업화가 이루어지면 시장지배력 증가에 도움이 되며, 기업이 다양한 사업분야에 진출함으로써 기업경영상의 유연성제고와 사업의 포트폴리오를 추구할 수 있기 때문이다.

④ 개별사업부문의 경기순환에서 오는 위험을 분산시킬 수 있는 수단이 되며, 기존사업의 성장이 둔화되거나 점차 쇠퇴해 감에 따라 새로운 사업분야로 진출할 필요성 대두되기 때문이다.

⑤ 기술 또는 브랜드와 같은 많은 무형의 경영자원을 확보하고 있는 경우, 이를 활용할 수 있는 비관련사업으로 다각화를 하는 것이 범위의 경제성을 활용하여 수익률을 증대 시킬수 있기 때문이다.

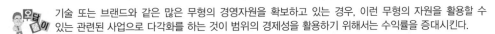

> 기술 또는 브랜드와 같은 많은 무형의 경영자원을 확보하고 있는 경우, 이런 무형의 자원을 활용할 수 있는 관련된 사업으로 다각화를 하는 것이 범위의 경제성을 활용하기 위해서는 수익률을 증대시킨다.

 32 ① **33** ⑤

34 다음 중 유통산업의 경쟁환경에 대한 설명으로 가장 바르게 설명하고 있는 것은?

① 수평적경쟁은 유통경로의 구성원인 제조업체와 도매상사이, 도매상과 소매상사이, 제조업체와 소매상사이의 경쟁을 의미한다.

② 유통경로에서 동일한 수준에 놓여 있는 점포간의 경쟁을 다른 말로 업종간 경쟁이라고도 한다.

③ 경로시스템간 경쟁은 경로구성원들 사이에서의 경쟁이 아닌 유통경로 조직형태의 경쟁이라고 정의를 내릴수 있다.

④ 업종간 경쟁이 유통산업에 주목을 받고 있는 이유는 스크럼블드 머천다이징(scrambled merchandising)이 확산되기 때문이다.

⑤ 경로시스템간 경쟁은 유통경로에서 비슷한 경로수준의 통합시스템을 통한 경쟁으로 유일한 분석은 힘의 원천이 어디에 있는냐로 구분한다.

 경로시스템간 경쟁은 경로구성원들 간의 성장성과 수익성 목표에 대한 의견불일치가 발생될 수 있다. 유통경로에서 동일한 수준에 놓여 있는 점포간의 경쟁을 다른 말로 수평적인 업종간 경쟁이라고도 하며, 각 경로구성원들이 수행해야 할 마케팅과업과 과업수행방법에 있어서 구성원들 간의 의견불일치가 경로갈등을 유발하기도 한다.

35 유통기업 환경을 바탕으로한 전략적 제휴에 대한 내용 중 가장 옳지 않은 것은?

① 상호협력을 바탕으로 기술 · 생산 · 자본 등의 기업기능에 2개 또는 다수의 기업이 제휴하는 것을 말한다.

② 기술혁신 속도가 빠른 전기 · 전자 등 첨단제조 분야에서 신기술 습득과 새로운 시장 진출을 목적으로 활발하게 이루어지고 있다. 은행 · 보험 · 항공 · 운송 등과 같은 다양한 분야에서 활용도가 높아지고 있다.

③ 기업간 합병형태나 독립기업간의 외부거래보다 필요로 하는 기술이나 능력을 얻는데 효과적이고 저렴하며 목적달성 후에도 철수가 비교적 용이하다.

④ 규모의 경제성 추구, 위험 및 투자비용의 분산, 경쟁우위 자산의 보완적 공유, 기술 획득, 시장의 신규진입과 확대, 과다한 경쟁방지 등이 전략적 제휴의 동기이다.

⑤ 비핵심적이고, 반복적인 프로세스는 외주로 하는 것은 단순비용절감이 아닌 핵심 역량에 집중하기 위한 것이다.

 비핵심적 것은 외주를 주고, 반복적인 프로세스는 지속적인 내용이므로 직접 하는 것이 유리하다.

해답 **34** ② **35** ⑤

36 경쟁기업을 분석하는 방법으로 전략집단에 대한 가장 올바른 설명은?

① 복수의 유통기업이 서로 다른전략으로 시장에 접근한다면 전략집단도 다양하게 존재한다고 본다.

② 하나의 산업에 하나의 전략집단만 존재하므로 유통산업 내에서도 하나의 전략집단만이 존재해야 한다.

③ 도매상과 소매상은 생산자와 소비자 사이에서 상품을 전달하는 역할이 유사/동일하므로 동일한 전략집단으로 간주한다.

④ 몇개의 유통기업이 가격을 담합하여 동일한 가격전략을 취하였다면, 촉진전략이 다르더라도 이들 유통기업들은 동일한 전략집단에 속한다.

⑤ 전략집단은 어떠한 전략으로 고객에게 접근할 것인가가 주요 이슈이기 때문에 서로 다른 산업의 기업이라 하더라도 목표고객(층)이 유사하거나 동일하다면 같은 전략집단에 속한다.

전략집단(strategic group) 특정 산업내에 속해 있는 기업들 중에서 전략적 차원에서 동일하거나 유사한 전략을 추구하는 기업군으로 정의할 수 있다. 어떤 산업내의 모든 기업들이 동일한 전략을 추구한다면, 그 산업에는 오직하나의 전략집단만이 존재하는 것이 된다.

37 다음 중 유통경로에서 구성원 간에 발생하는 힘(power)의 유형과 거리가 먼 것은?

① 보상적 힘　　　　　　　　② 정보적 힘
③ 강압적 힘　　　　　　　　④ 전문적 힘
⑤ 반사적 힘

유통경로에서 구성원 간에 발생하는 힘(power)의 유형
① 보상적 힘(Reward Power): 물질적, 심리적, 보호적 보상을 제공할 수 있는 힘을 말한다.
② 정보적 힘(Information Power): 정보를 많이가진 측이 협상에서 유리한 위치를 가진다는 힘을 말한다.
③ 강압적 힘(Coercive Power): 상대방이 말을 듣지 않거나 영향력 행사에 따르지 않을 때 처벌이나 제재를 가할 수 있는 힘을 말한다.
④ 전문적 힘(Expert Power): 상대방이 중요하게 인식하는 우수한 지식이나 경험 혹은 정보의제공 힘을 말한다.
⑤ 준거적 힘(Reference Power): 특정집단에 일체감을 갖고 있거나 갖게 되기를 바라기 때문에 발생하는 힘을 말한다.
⑥ 합법적 힘(Legitimate Power): 오랜 관습 또는 공식계약에 의해 상대방에게 행동을 준수하도록 정당하게 요구할 수 있는 힘을 말한다.

 36 ① **37** ⑤

Chapter 3 유통경영관리

01 조직의 구성과 관리

1. 조직의 기초이론과 변천과정

(1) 조직(Organization)에 대한 일반론

① 조직의 사전적 의미는 기업·학교·노동조합 등 2명 이상의 사람들이 공통목표를 달성하기 위해 통일적인 의지 아래 협동해나가는 행위의 체계라는 의미가 강하다.

② 조직은 개인 없이는 존재하지 않으며, 단순한 개인의 총화(總和)이상으로 개인의 퍼스낼리티에 주목하는 것만으로는 해명할 수 없는 고유의 현상이나 특징을 나타낸다.

③ 현대사회는 조직사회이다. 우리는 조직에서 태어나 조직에 의해 교육되고 인생의 대부분은 조직을 위하여 일하는데 보내게 되며, 여가의 대부분을 조직에서 소비하고 생활하며 보낸다.

④ 조직을 만들 때 고려해야 할 원칙으로 직무와 관련된 권한과 책임이 분명하게 표시되어야 하고, 조직 각 부문의 목표는 조직 전체의 목표와 부합되어야 하며, 한 사람의 상사가 감독할 수 있는 직원의 수에는 한계가 있다. 조직을 구축할 때 사람보다 일을 중심으로 설계하는 것이 기능화의 원칙이다.

⑤ 공식조직이란 기업뿐만 아니라 학교, 병원, 군대, 노동조합 등 여러 목적을 갖는 집단으로 그 존재를 인식할 수 있다. 이러한 관점에서 볼 때 인간을 집단을 형성하고, 그 집단이 목적을 갖는다는 점이 조직연구의 출발점이 된다.

⑥ 불필요한 단계를 제거하면서 명령단계의 축소가 일어나기도 하며, 프로젝트팀이나 매트릭스조직이 등장하면서 명령일원화의 원칙이 감소하기도 하고, 조직의 효율성을 위해 스태프부분을 축소하기도 한다.

(2) 조직의 유효성(Organizational effectiveness)

① 조직의 유효성을 효과성이라고도 한다. 일반적으로 유효성은 경영자가 그의 직위(position)에서 요구되는 생산량(output)을 실현해 내는 정도라고 정의된다.

② 유효성은 조직이 그의 목적을 달성하는 정도라고 하는데 이는 목표 성취면 에서 본 성공정도와 일치하며, 그것은 경영자가 조직에서 무엇을 하는가가 아니고, 무엇을 성취하는가에 그 본질적 특성이 있다.

③ 유효성은 경영자가 상황을 어떻게 잘 관리해서 그것을 목표로 하는 바를 보다 많이 성취해 내느냐에 따라 그 수준이 실현될 수 있기 때문에 그것은 투입이 아닌 산출로서 나타나게 된다.

④ 조직의 유효성에 있어서는 질(Quality)이 아니고, 양(Quantity)이 중요하다. 따라서 이 개념에서 조직은 성취(performance)가 대단히 중요하다.

(3) 조직의 능률(Organizational efficiency)

① 조직의 능률에 대해서는 효율성이라고도 한다. 능률은 투입(input)에 대한 산출 (output)의 개념으로 나타낼 수 있다.

② 적은 노동력과 물자를 투입하여 더 많은 산출을 얻을 때를 효율성이라고 한다. 즉, 일을 하는 방법에 관한 것이며, 특정의 일을 할 가치가 있는지 없는지와 같은 문제 와는 무관하다.

③ 조직에서는 유효성이 중요하지만 유효성만을 강조하다 보면 효율성이 떨어질 수 도 있다. 그 결과 인적 · 물적 자원의 낭비를 초래하게 된다. 반대로 효율성이 높은 경우라도 비유효적일 수도 있다.

④ 관리자는 주어진 일을 효율적으로 수행하는 것도 중요하지만 일을 할 가치가 있는 것을 찾아내고 모든 자원을 동원하여 노력을 집결하도록 하는 것이 중요하다.

⑤ 조직이 인간의 감정이나 비합리적인 요구를 무시한채 합리성이나 경제성의 원리로 만 관리될 때 그것을 종업원으로부터 참된 협동을 통한 성취를 구할 수 없게 된다.

⑥ 사회적 유효성변수의 추구에 의하여 성원의 만족을 보장할 수 있을 때, 이는 조직 의 능률(efficiency) 지표가 된다. 구성원의 유효한 성취를 통해서 조직은 그것이 추 구하는 성과실현을 더 잘할 수 있고, 개인도 성취를 통한 직무에의 만족과 보상을 얻음으로써 그가 갖는 직업인으로서 생의 보람을 키울 수 있다.

2. 일반적 조직(Organization)원칙

(1) 전문화의 원칙

① 전문화의 원칙(principle of specialization)은 현대기업이 규모의 증가에 따라 경영활동도 복잡하게 되었고, 모든 활동을 책임중심점에서 효율적으로 실행하기 위해서는 적절한 부문화 및 직무할당이 있어야 한다. 그리고 직무할당시에는 전문 화의 원칙이 적용되어야 한다.

② 조직구성원이 가능하다면 단일의 업무만을 수행함으로써 자기의 전문적인 지식과 숙련 및 기술을 조직성과에 기여하려는 것이다. 하지만 한가지의 반복적인 일에만 국한되다보니, 창의력이나 자아실현 욕구가 저지될 수 있고, 개인의 부분적인 능력 만 요구함으로써 자신이 가진 잠재력을 개발할 기회를 잃을 수도 있다.

(2) 명령일원화의 원칙

① 명령일원화의 원칙(principle of unity of command)은 부하는 한사람의 직속상사 로 부터만 명령을 받아야 한다는 원칙이다.

② 명령계통이 일원화되지 못하고 명령과 지시가 복선화 된다면 조직은 책임의 일관성 을 가질수 없게 되어 조직의 능률이 저하될 수 있다.

(3) 감독범위의 원칙

① 감독(통제)범위의 원칙(principle of span of control)은 조직의 효율적관리를 수행하기 위하여 한사람의 관리자가 지휘, 감독할수 있는 부하의 수를 적정하게 제한하여야 한다는 원칙이다.

② 감독의 범위가 넓어질수록 의사소통, 조정, 통제가 곤란해져 능률이 저하되고, 그 반대의 경우에는 감독범위가 좁아지면 부하에게 부담감을 주어 창의와 자주성이 저지될 수 있으며, 관리비용이 증대되거나 장(長)이 가지고 있는 능력조차 충분히 발휘하지 못한다.

(4) 책임과 권한의 원칙

① 책임과 권한의 원칙(principle of responsibility & authority)은 여러 사람의 직무는 어느 누구의 직무도 아니다(every body's job is nobody's job)라는 말이 있듯이 각 구성원에게 정확한 업무분담과 분담된 업무의 수행에 필요한 권한의 부여는 조직에 있어서 무엇보다 중요하다.

② 상사가 부하에게 직무를 할당하면 부하의 입장에서는 할당된 직무를 수행해야 하는 책임이 확정되는 것이며, 책임수행에는 반드시 권한의 행사가 따라야 한다.

(5) 권한위임의 원칙

① 권한위임의 원칙(principle of delegation of authority)은 경영규모가 확대됨에 따라 상위자가 경영활동의 전부를 담당하기란 불가능하며, 활동범위를 명확히 지정을 하여 그 범위내에서만 명확히 책임을 지게 한다.

② 독재적인 권한의 행사에는 부하의 진정한 협조를 상실하게 되어 조직성과를 얻는데 큰 지장을 준다. 따라서 그 권한과 책임의 일부를 하위자에게 위임할 필요가 있으며 이를 위임의 원칙이라고도 한다.

(6) 조정(통합)의 원칙

① 조정(통합)의 원칙(principle of coordination & integration)은 전문화의 원칙과 부문화의 원칙에 따라 향상된 능률에 반하여 상이한 목표로 인하여 일어나는 마찰을 해소하기 위한 원칙이다. 조직화는 분산화와 집중화가 동시에 진행되기도 한다.

② 조직이란 2인 이상의 인간이 어떤 공통목적을 달성하기 위하여 협동하는 상호작용적 시스템이므로 조직의 모든 활동이 하나의 목적을 달성하기 위해 합리적으로 수행되려면 각 구성원의 노력이 조정되고 그들의 의사가 종합됨으로 전체적인 균형을 이루어야 한다. 이 원칙이 확립되지 못하면 조직전체로서의 힘을 발휘하지 못한다.

③ 구매조직 설계대안 중 집중형구매조직은 중앙구매부서에서 구매관련 활동을 수행하고, 규모의 경제를 달성할 수 있으며, 재무 이슈를 중앙에서 통제할수 있지만 과도한 간접관리비가 발생할 수도 있다.

2. 조직설계

(1) 조직설계의 의의

① 디자인이나 설계를 한다는 것은 존재하지 않는 것을 새로 만들기 위한 또는 지금 있는 그 어떤 것을 다른 것으로 바꾸기 위한 설계자의 의지적 행위를 말한다.

② 조직을 설계한다는 것은 새로 설립되는 조직을 바람직한 모습으로 체계화하거나 또는 비효과적인 기존의 조직을 좀더 효과적으로 새로운 조직으로 바꾸는 것이다.

③ 조직설계를 위해 설계자는 기본도구가 되는 요소들인 조직구성원 간의 분업, 의사 결정권한의 배분, 통합을 위한 조정메커니즘을 주어진 상황인 조직이 처한 환경이나 사용하는 기술 및 조직의규모 등에 가장 적절하게 맞도록 전문적인 지식을 가지고 설계하게 된다.

(2) 조직구조 설계의 기본요소

① 전문화의 정도가 높아질수록 작업자 한 사람에게 요구되는 기술의 수준과 폭은 줄어들게 된다.

② 부서화는 한조직이 생산하는 제품, 기능, 고객, 지역 등을 기준으로 이루어진다.

③ 통제의 폭을 넓게 하기위해 하나의 관리자가 관리하는 종업원의 숫자를 늘려갈수록 상하 간의 커뮤니케이션 기회는 줄어든다.

④ 사전에 설정된 성과표준이나 절댓값을 기준으로 조직원의 성과를 평가하는 방법 으로는 행동기준평가법, 중요사건 기술법, 서면보고서, 360도 피드백 등이 있다.

3. 조직설계의 기본요소

(1) 분 화

① 분화는 '전체과업을 더 작은 과업단위로 세분하는 것'을 말하고, 일반적으로 '수평적 분화(horizontal differentiation)' 혹은 '작업의 분화(division of labor)'라고 한다.

② 이러한 원리가 합리적인 이유는 어떤 복잡한 과업을 완성하는데 한사람이 모든 작업을 수행한다는 것은 극히 어렵기 때문이다.

③ 때문에 이들 작업을 세분화하여 비교적 간단한 작업을 수행해 나가면 분업의 이점 이 나타나게 된다는 것이다.

(2) 부문화

① 조직의 전체과업이 분화되면 능률을 도모하기 위하여 관련된 과업을 모아 그룹을 형성할 필요가 있다. 이와 같은 그룹들의 형성과정을 '부문화(departmentalization)' 라고 하고, 동시에 과업과 관련해서 형성된 사람들의 집단을 '부(部)' 또는 '과(課)' 라 한다. 조직의 부문화는 기능별 부문화, 지역별 부문화, 고객별 부문화 및 제품별 부문화 등으로 구분한다.

② 분업은 전문가를 만들어내는데, 그 전문가 중에서 유사한 직무를 수행하며 집단화하는 것을 부문화라고 한다. 부문화란 전문가 집단을 만드는 것을 말하며, 수평적으로는 분화된 활동을 통합하는 것이다.

③ 오늘날 직무의 전문화로 인하여 직무만족도의 감소, 종업원의 낮은 공헌도, 종업원의 소외감 증가, 종업원의 낮은 참여의식 등의 현상이 두드러지게 나타나고 있다. 이와 같은 단점은 여러 부문에서 지적되고 있다.

④ '부문화'의 경우 발생하는 단점은 서로 다른 부서들 사이의 의사소통이 부족할 수 있으며, 종업원 개개인이 조직 전체의 목표보다 소속부서의 목표만 확인할 수 있다. 외부 변화에 대한 대응이 늦고, 같은 부서의 사람들은 같은 생각을 하게 되는 경향이 있어 창의성이 부족해질 수 있다.

(3) 조직도

① 조직도(Organization charts)란 조직표(table of organization)라고도 하는데, 조직에 있어서의 직위 및 직위 상호 간의 공식적 관계를 단순히 도표로 나타낸 것을 말한다.

② 그러므로 한 기업의 조직구조를 표시하는 가장 일반적인 방법이며, 기업은 이 공식적인 조직도를 이용하여 조직을 운영하다.

③ 조직도는 대부분 복잡한 조직에서 볼수 있는 계층구조를 표시하고 있는데, 이러한 수직적구조는 조직내의 권한계층 및 이러한 계층간의 상호관계를 나타내 줄뿐만 아니라 커뮤니케이션이 일어나게 되는 통로도 나타내 주고 있다.

④ 조직에서 톱(top)으로부터의 거리는 직위의 수준정도를 의미하고 있다. 즉 직위간을 연결하는 수평선은 직위의 상호 동등함을 의미하며, 수직선은 상관과 부하관계를 의미하게 된다. 그런데 조직도는 조직활동의 동태적인 과정에 대한 정태적표시에 지나지 않는다는 한계가 있다.

4. 공식조직구조의 3요소

(1) 복잡성(Complexity)

① 복잡성이란 조직내 분화의 정도를 의미하며, 이러한 분화의 형태로 수평적분화와 수직적분화 등을 들 수 있다. 이 복잡성의 정도는 경영자에게 중요한 의미를 부여하게 된다.

② 목표달성을 효율적으로 하기 위해서 조직은 의사소통과 조정 및 통제 메커니즘을 가져야 하는데 복잡성에 따라 이들의 메커니즘이 달라지기 때문이다.

③ 조직의 복잡성정도가 증대될수록 조직은 의사소통과정과 조정 및 통제 메커니즘에 대한 요구는 더욱 커지게 마련이다.

④ 복잡성정도가 증대함에 따라 분화되어 있는 활동들이 조직목표라는 하나의 공통적 목표를 위해 유연하게 결합되도록 하는 관리의 필요성이 대두되기 때문이다.

⑤ 복잡성이 낮은 조직은 의사소통, 조정, 통제의 필요성이 적기 때문에 위원회나 자동화된 정보시스템이나 공식적 정책 지침서 등이 필요가 없다.

⑥ 종업원들이나 공장 혹은 관리계층이 많이 분산되어 있는 복잡성이 높은 조직은 의사소통기구나 조정기구는 거의 필수적인 것이다.

(2) 집권화(Centralization)

① 집권화는 조직의 어느 한곳에 의사결정이 집중되는 정도를 나타낸다. 고도의 집중화는 고도의 집권화를 뜻하고, 낮은 집중도는 낮은 집권화 즉, 분권화를 의미한다.

② 집권화는 지역적 집중과는 다른 개념이다. 즉 집권화는 지역적인 집중이 아닌 조직 내에서의 의사결정 권한의 집중을 의미하는 것이다. 집권화는 한개인·단위·계층, 즉 상위계층으로의 집중을 의미한다.

③ 집권화는 자율적인 선택을 하기 위한 공식적인권한이 어떤 개인, 단위 혹은 계층에 집중되는 정도로 종업원이 작업에 최소한 개입을 하도록 하는 것이라고 할 수 있다. 또한, 집권화는 비공식적조직이 아닌 공식적조직에만 관심을 갖는다.

④ 집권화는 의사결정의 자율성에 초점을 둔다. 의사결정이 하위에 위임되었으나 하위계층의 자율적인 선택을 억누르는 정책이 존재하면 집중화가 증대된다. 따라서 정책은 분권화를 무효화할 수 있는 것이다.

⑤ 의사결정 권한이 최고경영층에 집중되어 있다면 집권화되어 있다고 할 수 있다. 그러나 그러한 의사결정에 투입이 다른 사람들에 의해 여과되면 될수록 의사결정의 집중과 통제는 약화된다.

(3) 공식화(formaligation)

① 공식화는 비공식화에 대칭되는 의미이며, 공식화와 비공식화는 같은 연속선상에서 함께 표시될 수 있는 상대적수준의 문제이다. 따라서 공식화와 비공식화를 획일적으로 규정하는 것은 잘못된 것이다.

② 어느 정도의 공식화수준이 적절한 것인가 하는 문제는 상황 적응적으로 해결해야 한다. 즉 규모, 기술, 환경, 전략 및 권력작용 등 여러가지 상황요인과 공식화 수준이 최적의 배합을 이룰때 조직의 유효성은 제고될 수 있는 것이다.

③ 공식화란 「조직이 어떤 일을 누가, 언제, 수행해야 한다는 것을 어느정도 공식적으로 규정하느냐에 관한 것」이라고 할 수 있다.

④ 조직에 따라서는 그러한 공식적규정이 매우 세밀하고 엄격하게 되어있는 경우도 있고, 느슨하게 되어있는 경우도 있기에 공식화수준은 조직에 따라 달라진다.

⑤ 공식화는 구성원의 행동에 대한 공식적규범의 수준을 의미하므로 구성원들의 실제적인 형태가 그러한 공식적규범에 반드시 부합되느냐 하는 문제와는 구별되어야 한다.

⑥ 조직에 따라서 구성원의 형태가 공식적 규범으로부터 크게 벗어나는 경우도 있고 적게 벗어나는 경우도 있을 것이다.

02 조직의 목표관리

1. 목표관리(MBO ; Management By Objectives)

(1) 목표관리의 개념

① 목표관리는 전통적인 충동관리나 상급자위주의 지시적관리가 아니라 공동목표를 설정 및 이행, 평가하는 전과정에서 아래사람의 능력을 인정하고 그들과 공동노력을 한다.

② 개인목표와 조직목표 사이에, 상부목표와 하부목표 사이에 일관성이 있도록 하는 관리방식을 말한다. 표현내용이 서로 다르기는 하지만 모두 MBO는 민주적이고 참여적이며 매우 의도적인 관리 방법임을 보여주고 있다.

③ 목표관리의 단계별 순서를 정리한다면 피평가자의 직무기술서를 상급자와 하급자가 함께 검토하여 직무의 범위와 핵심활동을 파악한뒤 상·하급자가 성과의 표준을 공동으로 개발한다. 평가자와 피평가자가 협의를 거쳐 목표를 합의하고 업무를 진행하면서 수시로 중간목표달성 여부및 근무여건 변화를 상·하급자간에 커뮤니케이션을 통해 지속적으로 점검한다.

(2) 목표관리의 특징

① MBO는 목표설정에 하급자를 참여시키는 것이 중요한 기준이 된다. 지시적인 통제관리 방식을 지양하고 목표설정에서부터 하급자를 참여시킴으로써 조직의 목표를 자신의 목표가 되도록 만든다.

② MBO는 하급자의 능력과 존재를 긍정적으로 인식하는 것이어서 동기부여 및 부하의 사기앙양에 도움을 준다. 조직전체의 목표와 하급자의 개별 목표를 민주적으로 그리고 효율적으로 일치시킨다.

③ 모든 수준의 경영자들은 상위목표와 하위목표를 조정할 필요가 있으며 목표를 일치시키지 못할때 통합적 계획수립과 통제체계로서의 MBO는 불가능하게 된다. MBO는 보다 장기적이고 전략적인 계획을 포함시키는 경향을 띠고 있다.

④ 성과와 능률을 중시하는 MBO는 기본적으로 주먹구구식경영이나 비능률적 관리행위를 배척하며, 관리체제면에서 볼때 집권화와 분권화를 잘 조화시킨 관리방식으로 매우 의도적인 관리 방식이다.

⑤ 목표를 수립할 때 주의할 점으로 능력범위 이내라면 목표의 난이도는 약간 어려운 것이 좋고, 피드백은 업무에 따라 즉각적으로 하는 것이 효과적이며, 목표설정 과정에서 당사자가 함께 참여 할수록 좋다. 목표는 기간, 범위 등이 구체적으로 정해져야 효과적이며, 일방적으로 지시한 것보다 업무담당자가 동의한 목표가 좋다.

(3) 목표관리의 목표설정형태

① **양적 목표(quantitative objectives)** : MBO가 이익이나 생산에 있어 그 목표를 설정하고 이행함에 있어서 그 목표를 수량화단위인 숫자로 나타낼 수 있어야 한다는 것을 의미한다. 장기계획이 만들어질 수 있는 상대적으로 안정적인 상황에서 효율적이다.

② **질적 목표(qualitative objectives)** : 수량화하기 어렵지만 일부는 검증가능한 성격을 가지고 있다. 종업원의 성장을위해 새로이 컴퓨터프로그램을 배우게 하는것 등이 질적인 목표에 속한다.

③ **예산 목표(budgetary objectives)** : 현재의 수준에서 이루어지는 MBO의 성과를 계속 유지하기 위해서 공식적으로 표현되는 목표를 가지고 있다는 것을 말한다.

(4) 목표관리의 기본단계

① **목표의 발견(finding the objectives)단계** : 부하가 작성하는 목표에는 조직의 존속과 성장, 발전 문제해결을 위해 조직이 필요로 하는 것이 무엇인가로부터 출발한다. 조직의 현재상황을 분석할뿐만 아니라 성취하고자하는 장래의 소망을 검토하는 것이 무엇보다 중요하다.

② **목표의 설정(setting the objective)단계** : 조직이 실제로 달성하고자 하는 미래의 상태를 확고히 하고자 하는 창조적단계로서 상사에게 제출된 부하의 목표가 상사에 의해서 검토되고 다시 부하와의 협의를 통해서 공식적으로 목표를 설정한다.

③ **목표의 확인(validating the objectives)단계** : 설정된 목표를 확인하고, 목표실행에 관련되는 개인 또는 부서가 계획된 시간내에 그 목표를 달성할수 있는지, 실행상 결점이나 실패요인이 없는지를 검토하게 된다. 이 단계에서 실패의 위험성이 높거나 달성가능성이 낮은 것 등은 제외시키며 MBO의 신뢰성을 더욱 높일수 있도록 조정하기도 한다.

④ **실행계획의 개발(developing action plans)단계** : 목표가 보다 구체적으로 실행되기 위해서는 실행계획으로 전환되어야 하고, 실행계획을 개발하기 위해서 경영자는 모든 요구되는 활동을 규정하고 이들을 단계적으로 분할한다. 상부경영자들은 중간 또는 하부경영자들과 함께 실행계획을 수립하되 그들의 목표를 서로 연결시켜 필요한 인적, 물적자원을 효과적으로 통합, 배분할수 있도록 한다. 이 같은 실행계획의 개발은 구체적인 달성시기와 함께 모든활동을 규정하고 계획함으로써 MBO의 실행을 더욱 구체화 시켜준다.

⑤ **목표의 수행(implementing the objectives)단계** : 설정된 목표는 실행계획으로 구체화됨과 아울러 행동으로 옮겨진다. 목표를 달성하기 위한 행동과정으로 MBO관련 당사자들의 적극적인 자세가 요청된다.

⑥ **목표달성 상태의 통제 및 보고(controllinging and reporting status of the objectives)단계** : 상사와 부하가 정기적으로 만나 목표가 스케쥴대로 진행되는지의 여부를 측정하고 계획된 것에 비해 차질이 발생될 경우 그것을 시정하고, 통제한다.

⑦ 성과의 평가(evaluating the results)단계 : 앞서의 경우가 중간평가 라면 이 단계에서의 성과 평가는 최종평가이다. 대개의 경우 부하는 자신의 연말성과보고서를 작성하고 상사와 함께 토의하고 차이발생 원인을 함께 규명한다.

⑧ 목표관리의 재순환(recycling the MBO)단계 : MBO의 제 1단계에서처럼 새로운 목표를 설정하고 MBO과정을 반복한다. MBO의 재순환에 있어서 중요한 것은 보다 높은 의욕으로 새목표에 도전할 수 있도록 하는 것이다. 이를 위해서는 MBO 의 본질인 참여의식의 터를 더욱공고히 하고 상사와 담당자 사이의 신뢰관계를 더욱 돈독히 할 필요가 있다.

2. 조직의 갈등관리

(1) 갈등관리의 개념

① 조직내 갈등이 과도할 경우, 구성원들의 육체적·정신적 소모를 초래하고 건강한 조직 문화를 파괴시킬 수 있다. 그러나 갈등이 반드시 부정적 영향만을 초래하는 것은 아니다.

② 조직내 어느정도 갈등은 구성원들에게 긍정적인 긴장감을 줌으로써 생산성이나 창의성을 높이는 긍정적인 효과를 가져 올 수도 있다.

(2) 소모적·생산적 갈등

① 갈등이 조직에 미치는 영향에서 보면 크게 소모적갈등과 생산적갈등으로 나눌 수 있다. 소모적갈등과 생산적갈등의 차이는 갈등자체의 속성에 따른 것이 아니라 이를 어떻게 해결하고 관리하는가에 의해 구분되는 것이다.

② 갈등은 관리되지 않으면 당사자 간의 질시와 반목 등 부정적인 감정 표출을 유발시켜 소모적갈등으로 변질될 수 있다. 이는 개인이나 조직에 전혀 도움이 되지 않고 오히려 막대한 폐해를 불러일으킬 수 있다.

③ 구성원들의 회사에 대한 애착과 기대에서 비롯되어 개인의 욕구보다 조직전체의 이익을 위해 의견이 대립되는 경우는 생산적갈등이라 볼 수 있다. 생산적갈등의 정확한 원인을 규명하고 합리적으로 해결한다면 조직은 물론 개인적으로도 많은 도움이 된다.

④ 생산적갈등은 여러 순기능을 내포하고 있다. 우선 갈등을 다루는 당사자들은 갈등 발생 이전보다 문제의 핵심을 더 잘 파악하게 된다.

⑤ 갈등은 상대방과의 인간관계를 더 돈독하게 하는 계기가 되기도 하고, 나아가 갈등 관계의 당사자들은 자신과 상대방의 능력이나 잠재력에 대한 확신을 가지게 되기도 한다. 갈등은 개인적인 차원에서 심리적, 인격적으로 한층 성숙할 수 있는 계기가 될 수 있다.

(3) 조직차원의 갈등

① 조직적차원에서 갈등의 발생은 문제의 시작이 아니라 해결을 위한 첫 걸음이다. 효과적인조직과 비효과적인 조직의 가장 큰 차이점은 갈등을 회피하는 게 아니라 갈등을 인정하고 이를 해결하는 능력에 달려 있다.

② 내·외부적인 변화가 없다면 상당수의 갈등요인들은 쉽게 밖으로 드러나지 않고 잠재된 채 지속되는 경향이 있다. 이러한 잠재된 갈등이 외부로 표출될 때 비로소 문제에 대한 보다 근본적인 해결책을 강구할 수 있는 것이다.

③ 갈등을 적극적으로 해석하여 조직에 대한 요구의 표출이나 조직의 발전을 위한 기회로 삼는 지혜가 필요하다. 한 예가 Johnson & Johnson인데 이회사는 부문별로 상당한 자율권이 부여된 분권화 조직으로 알려져 있다.

④ 조직구조상 부문간 갈등이 필연적으로 발생할 수밖에 없음에도 불구하고 적절한 갈등 관리를 통해 분권화된 조직을 매끄럽게 운영하고 있다. 그 기본적인 방법 중 하나가 과거에 발생하였던 주요사례를 연구하고 이를 통한 개선 노력을 부단히 전개해 왔던 것이라고 한다.

⑤ 갈등이 거의 없는 조직이라면 오히려 혁신과 변화가 촉진되지 않는다는 연구결과도 있다. 기업의 여건에 맞는 갈등의 최적수준을 파악하여 적정수준의 갈등을 유지하는 것이 보다 현실적이고 바람직한 방안이 될 수 있다.

(4) 갈등의 해결

① 독일의 심리학자인 토마스킬먼은 타인의 관심을 만족시키고자 노력하는 정도인 협조성과 자신의 관심을 만족시키고자 노력하는 정도인 공격성의 두 차원을 중심으로 갈등의 해결유형을 타협, 순응, 회피, 협조, 그리고 경쟁의 다섯 가지로 구분하였다.

② 타협은 자신과 상대방이 서로양보하여 최적은 아니지만 부분적 만족을 취하는 방식이고, 순응은 자신의 욕구 충족을 포기함으로써 갈등을 해결하는 소극적 방식이며, 회피는 자신과 상대방 모두를 무시함으로써 갈등관계에서 탈출하고자 하는 방식이다.

③ 경쟁은 상대방을 좌절시키고 자신의 욕구를 만족시키려는 적극적 전략이다. 협조는 문제 해결을 통해 쌍방 모두 이득을 보게 하려는 윈-윈(win-win) 전략이다.

④ 전통적으로 조화를 중시하고 집단주의적 성향이 강한 동양 문화권에서는 갈등이 부정적으로 인식되어온 것이 사실이다. 최근 가치관이 많이 서구화되었다고는 하지만 유교사상이 뿌리 깊은 우리나라의 경우, 조직의 성과를 높이려면 갈등을 최소화해야 한다는 생각이 여전히 지배적이다.

⑤ 결과적으로 상하 간에는 아랫사람의 양보 또는 포기가, 동료 간에는 서로 타협함으로써 갈등을 이슈화하지 않으려는 소극적인 해결방식이 주로 동양식 방식이라면, 논리와 합리성을 중시하는 서구에서는 갈등에 대해 자연스럽게 인식하고 적극적으로 해결하려는 자세가 일반화되어 있다.

3. 효과적 갈등관리 요소

(1) 잠재적 갈등요소 점검

① 갈등이 발생할 수 있는 잠재적인 요인을 찾아내는 노력이 우선적으로 있어야 한다. 구성원들의 불만이나 건의 사항을 수렴할 수 있는 열린 공간을 운영하는 것도 한 방법이 될 수 있다. 드러나는 갈등유발 요인에 대해서는 지속적인 모니터링도 필요하다. 이러한 노력을 통해 회사는 구성원의 불만을 최소화하기 위한 제도를 고안하고 공정하게 운영함으로써 갈등의 발생을 사전에 줄일 수 있다.

② 부서간 갈등의 주요원인이 될 수 있는 회사내부의 전략과 목표는 시장여건의 변화를 감안하여 수시로 점검해 보아야 한다. 내부적으로 여러개의 목표들이 설정되어 있다면 상충되는 부분을 미리 밝혀냄으로써 적절히 조정해야 한다. 예컨대, 신용카드 회사는 회원의 수를 늘리고 카드 이용률을 증가시켜 시장점유율을 높이는 동시에, 카드사용 대금회수율을 높임으로써 연체를 줄이려는 노력을 한다.

③ 추구하는 목표들이 서로 상충됨으로써 유관부서간 갈등을 일으킬 수 있다. 즉, 영업 목표를 위해 회원자격을 완화하거나 사용한도를 높이면 이 정책은 곧 부실채권의 증가라는 부메랑이 되어 돌아오는 것이다. 반대로 부실채권을 막기 위해 회원자격을 엄격하게 적용하고 사용한도를 축소시키면 매출확대에 지장을 받아 영업부서의 반발을 야기할 수 있다. 이 경우 시장의 상황에 맞게 각 부문의 영업활동을 탄력적으로 조정하는 것도 부서간 갈등을 줄이는 방법이 될 수 있다.

(2) 관리자 역량을 강화

① 조직안에서 발생하는 갈등을 조기에 적절히 해결하는 데 있어 특히 중요한 것은 관리자의 역할이다. 유능한 관리자라면 구성원들 간의 갈등에 대해 객관적이고 공정한 해결 방안을 제시해주는 능력을 갖추어야 한다. 간과되기 쉬운 사실은 갈등에 직접적으로 연관된 당사자일수록 효과적이고 건설적인 해결책을 찾아내기가 가장 어렵다는 것이다.

② 제 3자의 적절한 도움이 있을 때 갈등은 빠른해결 과정을 밟아 나갈 수 있다. 관리자 역량의 강화는 갈등의 사후관리뿐만 아니라 사전예방 차원에서도 매우중요하다. 리더십교육을 통해 구성원을 포용하고 조직내 부드러운 인간관계를 유지할 수 있는 유능한 리더를 육성해야 한다. 갈등발생 징후를 보일때 누구나 거리낌 없이 리더에게 상담을 할 수 있는 분위기를 만들어 주는 것이 갈등관리의 시작이다.

③ 한 발 더 나아가 부하들 스스로의 갈등 해결능력을 키워줄 수 있어야 진정한 리더라 할 수 있을 것이다. IBM에서는 비슷한 유형의 갈등에 대한 반복적인 상담이 관리자들의 업무효율을 저하시킨다는 판단으로 비효율적인 상담을 줄여주기 위해 코칭 프로그램을 운영하고 있다. IBM은먼저 임원들에게 부하 직원들의 갈등 관리 능력을 높일 수 있는 교육자료를 온라인으로 제공하고 있다. 이 자료를 활용하여 임원들이 부하 직원의 갈등관리 능력을 키워주고 있다. 이를 통해 결국 IBM의 구성원들은 낮은 관리 단계에서부터 갈등관리에 적극적으로 임할 수 있었다.

(3) 신속한 대처

① 갈등의 효과적인 해결을 위해서는 빠른대처가 요구된다. 이는 모든 구성원이 갈등 관리의 중요성을 제대로 인식하고 있고 대처방안에 대해 잘 알고 있을 때 가능하다. Intel은 신입사원 교육과정 때부터 신입사원들이 갈등의 적절한 관리와 최선의 해결을 위해 다양한 방식을 시도해 보는 경험을 하게 한다.

② 이러한 교육과정을 통해 Intel은 회사가 비즈니스의 필수요소로 갈등관리에 대해 얼마나 중요하게 여기는지를 구성원에게 보여주고 있다. 갈등을 관리하지 않고 방치할 경우 시간이 지날수록 상황이 더욱 악화되는 소위 '눈덩이 효과(Snow Ball Effect)'가 발생한다.

③ 어떤 조직에서든 갈등은 필연적으로 발생하는 것이므로 해결은 빠를수록 좋다. 갈등의 해결이 늦어질수록 점점 더 많은 유형, 무형의 비용과 노력이 들어가게 된다. 예컨대, 사업부장과 팀장이 서로 엇갈린 정보를 갖고 있어 오해가 생겼다면 빠른 대응으로 정확한 정보를 명백하게 알려주기만 하면 쉽게 해결된다.

④ 하지만 양측이나 제3자 그 누구도 나서지않고 그대로 방치한다면, 두사람의 감정의 골이 깊어지게 된다. 이러한 소모적갈등이 지속된다면 차후 업무추진에도 상당한 영향을 미치게 될 수 있다. 결국 작은 갈등에 신속하게 대응하지 못한것이 전체조직의 경쟁력을 약화시키는 결과로 이어질 수 있는 것이다.

4. 조직문화 & 리더십

(1) 조직문화(Organization Culture)

① 조직문화는 조직내 구성원들이 공유하고 있는 가치, 신념, 그리고 기본적 가정들의 총합으로, 구성원들의 사고방식과 행동방식에 중요한 영향을 미치는 요소이다. 기업특유의 문화는 기업의 성장에 적극적인 활력소로 작용하기도 하지만, 반대로 기업발전에 저해요소로 작용하기도 한다.

② 구성원들이 독특한 조직환경에서 부딪치게 되는 문제점들을 해결해 온 방식이 일정하게 누적되어 그들의 행위작용을 정당화시킬 수 있을 뿐만 아니라 앞으로 발생되는 행위에 대해 서로 이해할 수 있는 근거를 마련해 주는 등 다양한 역할을 수행한다.

③ 조직구성원들의 단결심, 정체성을 촉진시켜 강한 공동체의식을 만들어내고, 일탈자를 통제하고 조직의 균형상태를 유지함으로서 편안하고 안락한 조직분위기를 이끌어내는 순기능 작용을 한다. 하지만 조직문화가 항상 우리에게 긍정적 측면으로만 영향을 미치는 것은 아니다. 이는 조직문화가 양면성을 나타내기 때문이다.

④ 소매기업들은 종업원들에게 업무에 대한 책임의식과 기업전략과 일치하는 행동지침을 심어준다. 가령, A업체는 고객서비스를 강조하고, B업체는 비용을 줄여 저가로 상품을 공급하는데 초점을 맞춘다면 이는 종업원의 활동에 대해 보수나 상사에 의한 지시 또는 문서화된 회사방침보다 더 큰 영향력을 행사한다.

(2) 리더십(Leader ship)

① 리더십의 사전적 의미는 '무리의 지도자로서 갖추어야 할 자질'로서 일을 결정하는 능력, 무리를 통솔하는 능력, 사람들에게 존경과 신뢰를 얻는 능력, 등이 해당된다. 리더십의 구체적인 내용에는 지도자의 퍼스낼리티(personality) 특징을 활동력, 결단력, 설득력, 책임감, 지적인 능력으로 보고 이를 리더십의 중심이 되게 한다.

② 리더십의 기초는 남을 이끄는 것이 아니라 자기 스스로를 옳은 방향으로 이끄는 '셀프' 리더십 즉, 자기경영 리더십이다. '나는 어떤일이든 해 낼 수 있다'고 확신하는 자기 자신에 대한 믿음, 즉 자신감에서 비롯되며 자신을 관리하는 능력과 같다.

③ 독재적 리더십은 긴박한 상황에서 절대적인 복종이 필요한 경우에 효과적이며, 숙련되지 않거나 동기부여가 안 된 종업원에게 효과적이고, 자신의 지시를 따르게 하기 위해 경제적 보상책을 사용하기도 한다.

④ 카리스마적 리더십은 리더의 특출한 성격과 능력에 의하여 추종자들이 특별히 강한 헌신과 리더와의 일체화를 이끌어내는 리더십이다. 핵심은 리더에 대한 추종자들의 개인적 일체화 그리고 헌신이다. 참여적(민주적)리더십은 관리자가 잠정적인 결정 사항에 대해 발표하는 형태를 취하기도 한다.

⑤ 변혁적 리더십은 James MacGregor Burns에 의해 처음 제시되었으며, 구성요소는 이상적 영향, 영감적 동기부여, 지적자극, 개별적 배려이며, 리더는 부하들에게 자신의 관심사를 조직발전 속에서 찾도록 영감을 불러일으킬 수 있게 하고 비전을 제시하며, 부하들로부터 존경받고 신뢰를 받는다.

(3) 리더십의 특성이론(Traits theory)

① 리더십을 발휘하기 위해서는 필요한 자질, 능력, 인격에 관한 논의로서 유능한 리더에게는 남과 다른 특성이 있다고 생각하고 그 특성을 찾으려고 하는 접근방식이다. 이는 리더십의 현상이 리더 개인의 뛰어난 자질에서 연유된 것이라 가정 한다.

② 테드(O. Tead)는 리더가 갖추어야 할 특성으로 육체적 · 정신적인 힘, 목적의식과 지도능력, 정열, 친근감과 우호심, 품성, 기술적 우월성, 결단성, 지능, 교육능력, 신념을 제시하였다.

③ 리더십(leadership)의 특성이론은 지도하는 관리자와 관리를 받는 입장의 인간 모티베이트가 되는 방법을 논한 것이라 할 수 있다. 예컨대 전 영국 수상인 마가렛대처 여사를 이야기할 때 자신감 있는, 강철 같은 의지, 과감하고 단호한 리더 라고 묘사하고 있다.

(4) 리더십의 행동이론(Behavioral theory)

① 리더의 특성보다는 실제 행동측면에 관심을 두어서 리더가 나타내는 반복적인 행동패턴을 일컫는 리더십의 유형을 찾아내고, 어떤 유형이 효과적인 리더십 스타일 인지를 규명하는 것이다. 리더의 행동양식(유형)이 조직구성원의 만족감과 조직성과에 중요한 원인변수가 된다는 가정에 바탕으로 두고 있다.

② 리더가 다른 구성원에게 보여줄 수 있는 행동은 기본적으로 두가지 유형이 있는데, 조직이나 집단에 부여된 과업을 달성하는데 많은 관심을 두는 것(과업지향적, 구조주도적, 직무중심적 리더십)이고, 조직이나 집단에서 일하는 사람(worker)들에 대해서 많은 관심을 두는 것(종업원지향적, 고려지향적, 관계지향적 리더십)이다.

(5) 리더십의 상황적합성이론(Contingency theory)

① 피들러(Fiedler)의 상황적합이론은 다양한 상황이론 가운데 가장 잘 알려진 이론으로 리더십이 이루어지는 상황이 리더에게 얼마나 호의적인가 비호의적인가에 따라서 효과적인 리더십 유형이 다르다는 것이다.

② 피들러의 이론에서 리더의 특성을 LPC(least preferred co-worker:최소선호 동료) 설문에 의해 측정하고, LPC 점수가 높을수록 관계 지향적 리더십으로 정의하고있다. 상황이 리더에게 호의적인 경우에 과업지향적 리더십스타일이 적합하다고 하였다.

③ 리더-구성원과의 관계는 집단의 구성원들이 리더를 지원하고 있는 정도를 나타 내며, 과업구조는 구성원들이 맡은 과업이 명확히 정의되어 있는가의 정도를 의미하는 것이므로 이는 목표의 명확성, 목표에 이르는 수단의 다양성, 의사결정의 검증가능성 등에 의해 결정된다.

④ 블레이크와 무튼(Blake & J. Mouton)은 관리격자 모형에서 리더십을 일에 대한 관심과 인간에 대한 관심에 따라 구분하였다. 인간중심형의 경우 분위기는 좋지만 조직목표달성에는 효과적이지 않을 수 있으며, 과업중심형의 경우 업무성과에 대한 관심만 높기에 조직 분위기가 경직될 수도 있고, 무관심형의 경우 자신의 자리만 보존하려는 무사안일형 리더이다.

【관리격자 모형】

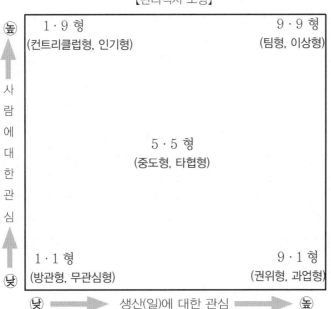

■ 1.1형(방관형) : 과업이나 사람에 대해 거의 관심을 갖지 않고 오직 되어가는 대로 내버려 두는 리더

■ 1.9형(컨트리클럽형) : 사람에 대해서 관심이 있지만 과업에 대해서는 거의 관심이 없는 온정적인 리더

■ 9.1형(권위형) : 과업만을 추구하는 리더

■ 5.5형(중도형) : 과업과 사람에 대한 관심에 균형을 유지하려고 노력하는 중도적인 리더

■ 9.9형(팀형) : 과업과 사람을 통합하여 높은 성과를 가져오는 이상적 리더

5. 소매업의 조직관리

(1) 소매조직의 특성

① 유통산업은 특히 노동집약산업의 특성상 고객접점에 있는 일선 종업원의 근무태도에 따라 회사의 서비스수준과 기업이미지가 결정되기도 한다.

② 소매업에 있어서 종업원역할은 판매근로, 판매사무, 환경조성, 정보전달, 정보수집 등의 업무와 역할을 담당한다.

③ 소매업에 종사하는 종업원은 수많은 고객에게 쇼핑의 즐거움과 고객만족을 제공해야 하는 일선 서비스맨이기도 하다.

④ 소매업조직의 대표적특성은 고객지향적 조직구조를 가지고 있다. 관리위주가 아닌 고객지향의 서비스중심 조직으로 구성되어야 한다.

⑤ 조직화(organizing) 단계는 「계획과 목표의 검토 - 활동내용 결정 - 활동분류와 그룹화 - 작업할당 및 권한위양 - 조직구조 설계」의 단계를 거치며, 자원배분, 업무할당, 목표달성을 위한 절차를 구축하고, 권한과 책임을 표시하는 조직구조를 설정하며, 선발, 훈련, 직원역량을 개발 및 적재적소에 인재를 배치하는 것이 해당된다.

(2) 고객 지향적 조직 구조의 특성

① 조직구성은 전사적마케팅 차원에서 보다 영업적인조직으로 구성해야 한다. 현장(매장) 중시의 조직을 갖추어야 한다.

② 시장지향적 사고를 유지하고, 큰 조직의 장점을 살리면서 현지차원의 작은조직 강점을 최대한 살려야 한다.

③ 본부의 조직은 작게 가져가고 지역관리자에게 위임해야 하며, 본부는 시장조정(Market Coordinator)기능만 유지해야 한다.

④ 조직체계가 시장환경에 유연하고 신속성 있게 대처할 수 있어야 한다. 유통업조직은 수직적인 조직보다 수평화하여 벽을 허무는 것이 바람직하다.

6. 조직 구조의 형태

(1) 현실의 기업 조직

① 현실적으로 대부분의 기업조직은 라인과스태프 조직형을 기초로 하고 있어 그 분업의 형태는 매우 복잡하다. 현대적 조직구조는 '위원회조직', '프로젝트조직', '메트릭스조직', '네트워크조직', '사업부제 조직' 등이 있다.

② 유통기업의 조직구조는 구성요소에 따라 여러가지 형태가 있다. 조직의 구조를 결정짓는 구성요소로 '과업과 분화 - 수평적분화 또는 수직적 분화' '권한의 배분 - 집권화 또는 분권화' '공식화 - 명시적공식화 또는 암묵적공식화' '통제폭 - 한명의 상사가 통제할 수 있는 부하의 수'로 구분이 가능하다.

(2) 가상 조직(Virtual Organization)

① 필요한 핵심능력과 자원을 보유한 기업들이 기회에 대응하기 위하여 결합하고 기회가 소멸됨과 동시에 해체하거나 다른 기회에 대응하기 위해 재결합하는 방식으로 기업 활동을 수행하는 사업 주체들의 집합체이다.

② 가상조직은 개별 구성원이 지닌 능력과 자원을 정보 네트워크를 통하여 공유하고 결합함으로써 사업을 수행하는 단일한 가치사슬을 형성한다. 현재의 전통적인 기업과는 달리 가상조직은 특정한 필요성에 의해서만 존재하며 각 팀 멤버들은 이 특정한 요구 조건을 위해 신중하게 선택된다.

③ 예컨데 ㈜명품건설은 핵심적인 업무에 대해서는 최소한의 인력만으로 정보기술을 이용하여 처리한다. 나머지 업무는 협력 혹은 계약관계에 의해 운영한다. 부지 매입은 전문 부동산업체에게 맡기고, 설계는 디자인 전문 업체에, 건설은 전문건설회사에, 조경은 조경업체에게 맡기는 계약을 맺고 있다는 것을 예를 들 수 있다.

(3) 라인 조직(Line organization)

① 각 조직구성원이 한사람의 직속상관의 지휘·명령에 따라 활동하며, 모든 사람들이 한 명의 감독자에게 보고하고, 동시에 그상위자에 대해서만 책임을 지는 형태이다.

② 라인은 스태프 각부문에 대폭적인 권한을 주어 각각 적절한 결정을 독자적으로 할 수 있도록 되어 있는데 이것은 각부문이 각자의 이질적(異質的) 업무를 담당하고 있으므로 현실적 결정에서 떠나 장기적, 전사적인 결정에 전념할 수 있는 체제를 지향한 것으로 통제성이 풍부하다.

(4) 네트워크조직(Network organization)

① 외부기관과 신뢰의 기반위에서 상호전략적 제휴를 체결하고, 외부기관과 상호 협력적 아웃소싱(outsourcing) 등을 체결한다.

② 현재의 조직기능을 경쟁력 있는 핵심역량(core competence)중심으로 합리화하며, 외부기관과 신뢰의 기반 위에서 상호전략적 제휴뿐만이 아니라 외부기관과 상호 협력적 아웃소싱(outsourcing)등을 체결한다.

③ 종래의 시장(markets)과 계층(hierarchies)이라는 양대 분류를 보완하는 새로운 조직에 대한 관점으로 합작투자, 전략적 제휴, 프랜차이즈 등도 포함되며, 네트워크 조직과 자원의존이론이 밀접한 관련이 있다.

(5) 제품별 영업조직(Product sales force structure)

① 다양한 제품계열을 가지고 있는 기업의 경우에 적합하다.

② 그 제품에 맞게 조직을 조직화 하였기에 상대적으로 높은 영업비용이 소요된다.

③ 특정제품(군)에 대한 집중영업으로 인해 제품에 대한 지식과 전문성이 강화된다.

④ 제품조직은 제품을 시장특성에 따라 대응함으로써 소비자의 만족을 증대시킬 수 있다.

⑤ 소비재기업보다는 산업재를 취급하는 기업일수록 이런 형태의 조직이 더욱 유리하다.

(6) 기능별 조직

① 기능별 조직의 개념

㉠ 기능별조직은 유사한 기술, 전문성, 자원사용 등을 기준으로 종업원들의 직무를 집단화하고, 관련성이 있거나 유사한 기능을 가진 조직을 몇개의 부서로 구분하여 전문가들을 한 부서에 편재시키는 것을 말한다.

㉡ 기능별조직이란 조직이 그 목적 달성을 위해 수행하여야만 하는 기본적인 활동이나 기능을 의미하며, 기업의 경우에는 생산과 판매 등의 기능을 하는 활동이다. 기능별조직은 환경이 비교적 안정적일 때 조직관리의 효율성을 높일 수 있으며, 각 기능별로 규모의경제를 얻을 수 있다.

② 기능별 조직의 장점

㉠ 기능부서 관리자와 부서원들은 자신의 노력을 한 종류의 작업에 투입하게 된다. 이와 같은 일을 집단화함으로 전문가를 고용할 수 있게 되어 전문화가 가능하다.

㉡ 자원을 중복적으로 소유하지 않음으로써 자원을 충분히 활용할 수 있기 때문에 경제성이 높다. 한기능과 관련된 일은 한사람의 관리자나 경영자에게 맡겨져 있기 때문에 기능부서내에서의 조정과 통제가 보다 세밀하게 이루어진다.

③ 기능별 조직의 단점

㉠ 모든 기능부서의 전문가들이 수행한 작업의 최종적인 결과는 기업의 제품이나 서비스인 산출물이다. 그러나 어느기능부서의 장(長)도 이러한 최종제품에 책임이 명확하게 나타나지는 않는다.

㉡ 한 기능내 조정이 용이한 반면 기능들간 조정에는 어려움을 겪게된다. 기능적인 조직형태는 제품의 종류가 제한적일 때 효과적이다. 즉, 하나 하나 소수의 제품을 만드는 경우에 기능식 조직은 제품에 중점을 둘 수 있어 다각화에 유리하다.

(7) 사업부제(별) 조직

① 사업부제 조직의 개념

㉠ 사업별조직은 제품, 고객, 지역, 등을 기준으로 종업원들의 직무를 집단화하여 조직을 몇개의 부서로 구분하는 것을 말한다.

㉡ 사업부제 조직은 독립적인 사업부로 부문화된 후 각사업부 내부에 기능식부문화가 이루어지는 형태를 말한다.

㉢ 사업부제 단위사업부는 다른 사업부들과는 독립적으로 운영할 수 있는 자원을 가지고 있어야 한다.

② 사업부제 조직의 유형

㉠ 제품별 사업부제는 유사한 제품군, 또는 단일제품을 기준으로 부문화된 형태이다. 기업은 그사업부 내에서 마케팅, 생산, 제조 등의 기능전문가를 양성하게 되며, 그들은 그들 부서의 특화된 전문적인기능을 수행하게 되어 제품에 대한 강조를 할 수 있게 된다.

ⓛ 지역별 사업부제는 서로 다른지역을 대상으로 부문화된 형태이다. 이러한 유형의 부문화는 서로 다른 지역의 요구에 따른 제품과 서비스가 상당한 차별화가 이루어질 때 적용되는 형태이다.

ⓒ 고객별 사업부제는 특정한 고객의 유형에 따라 부문화가 이루어진 형태로서 기업이나 제품에 대한 고객들간 요구의 차이가 기능적형태로는 적절하게 조정되기 어려운 경우에 적용하게 된다.

③ 사업부제 부문의 장점

ⓐ 각사업부는 사업부의 활동을 위한 모든자원을 가지고있기 때문에 사업부내의 조정과 통제가 용이하다. 의사결정자들이 나타나는 결과에 대한 책임을 지고 있으며, 만약 그들의 제품이 성공적이지 못하다면 사업부의 장이 당연히 책임을 지게 된다.

ⓑ 사업부제 조직에 속한 관리자와 종업원들은 그들이 무엇을 하고자 하는지를 이해하고 있으며 어떻게 진행되어 그 결과가 어떠한지를 알고 있다. 즉, 그들은 작업 결과를 인식하고 있는 것이다. 이러한 피드백을 통하여 그들은 스스로를 통제하고 학습하게 된다.

ⓒ 제품을 위하여 필요한 관련된 모든 일들을 하나의 부서에 통제함으로써 책임의 소재를 분명히 하고 있다. 제품과 관련된 전문가들을 하나의 부서에 모음으로써 제품에 대한 강조점을 둘 수 있다.

④ 사업부제 부문의 단점

ⓐ 사업부내의 조정은 쉽게 이루어질 수 있지만, 사업부간의 조정은 결코 쉽게 이루어지지 않게 된다. 이것은 사업부를 만들 때, 통제력과 권한을 하위로 이양하게 되며, 이것은 결국 통일된 정책이나 일관된 지침에 의한 사업부간의 조정이 원칙적으로 쉽지 않다는 것을 의미한다.

ⓑ 사업을 계획하고 실행하며 통제하는 전반적인 경영업무를 책임지고 수행할 수 있는 경영능력의 소유자를 개발하는 데는 별로 효과적이지 못하다.

ⓒ 각 사업부는 독자적인 환경에 따라 자율적으로 경쟁하기 때문에 자본과 시설, 관리자와 전문가를 독자적으로 보유하게 되고, 이는 기업전체가 필요로하는 자원보다는 많은 자원을 가지게 되는 자원의 중복 소유가 일어나게 된다.

(8) 매트릭스(matrix) 조직

① 매트릭스 조직의 개념

ⓐ 매트릭스조직은 기능별 및 부서별 명령체계를 이중적으로 사용하여 조직을 몇 개의 부서로 구분하는 것을 말한다.

ⓑ 매트릭스구조는 계층적인 기능식구조에 수평적인 사업부제조직을 결합한 부문화의 형태이다.

ⓒ 매트릭스조직의 구성원은 종적으로 기능별조직의 자기부서와 횡적으로는 프로젝트에 동시에 소속되어 근무하는 형태로서 이 구조는 기능식구조이면서 동시에 사업부제적인 구조를 가진 상호연관된 구조이다.

② 매트릭스 조직의 고려사항

  ⊙ 경쟁과 소비자의 요구, 각종의 규제들로 인하여 조직이 다양하고 혁신적인 제품을 생산하여야 할 뿐 아니라 기술적으로도 품질이 높은 제품을 생산하여야만 할 때이다.

  ⓒ 불확실하고 복잡한 환경이 되어 갈수록 조직이 처리하여야 할 정보는 보다 광범위하고 빠르게 변하므로, 이럴 경우에는 제품과 기술적인 전문성을 분리하여 정보를 처리하는 것이 보다 효과적인 방법이 요구될 경우이다.

  ⓒ 조직이 각 제품마다 인력과 장비를 제각기 배정할 수 없을 경우에는 이중적인 구조를 편성하여 여러 제품라인에 걸쳐 인력과 자원을 교대로 배치하게 할 수 있다.

③ 매트릭스 조직의 장점

  ⊙ 매트릭스조직은 자원을 효율적으로 활용할 수 있다는 장점을 지니고 있다. 매트릭스조직과 프로젝트조직의 차이점은 여러사람의 프로젝트 관리자를 상존시키고 프로젝트 사업을 지속하게 한다.

  ⓒ 기능식설계에서나 가능했던 제품이나 브랜드간 수평적조정이 가능하며, 조직 내의 협력과 팀 활동을 촉진시킨다는 장점이 있다.

  ⓒ 프로젝트에 새로운 인력의 보강과 충원 그리고 재배치가 용이하기 때문에 프로젝트 수행에 필요한 모든 장비와 소프트웨어를 비롯한 자산들이 필요를 기준으로 배정될 수 있어 자원의 경제적 이용이 이루어진다.

④ 매트릭스 조직의 단점

  ⊙ 매트릭스 조직구조(matrix structure)는 담당자가 기능부서에 소속되고 동시에 제품 또는 시장별로 배치되어 다른 조직구조에 비하여 개인의 역할갈등이 증가된다.

  ⓒ 두명의 관리자로부터 지휘를 받는 매트릭스 설계하의 종업원은 누가 의사결정에 대하여 권한과 책임이 있는지를 결정하는 데 혼란스러움을 겪게 되어 역할갈등이 심화되며, 비용이 많이 들고 복잡 하다는 단점도 있다.

  ⓒ 매트릭스조직은 집단내에서 이루어지는 사소한 의견이라도 집단적 의사결정을 강조함으로써 생산성에 심각한 하락을 초래하기도 하며, 구성원들의 대인관계 능력이 부족하거나 상위의 경영층이 통제력을 장악하고자 하게 되면 원래의 장점이었던 신속한 대응이 불가능하게 되고 변화에 대한 대응은 극도로 지연된다.

(9) 임시적 조직

① 임시조직의 개념

  ⊙ 특정한 계획이나 긴급을 요구하는 문제처리에 있어 프로젝트팀(project team)이라든가 태스크포스(task force)라 불리는 조직이 있다.

  ⓒ 특정한 프로젝트(계획 · 목표)를 달성하기 위해 필요한 전문적능력을 갖는 소수의 사람들로 종전의 조직에서 떠나 팀을 구성하는 것으로서 목적달성 후에는 해산한다.

② 임시조직의 특징

    ㉠ 특정한 일을 해결하기 위하여 모인 집단이기에 기존의 고정적인 조직을 혼란시키지 않고 임시적, 전략적 문제에 신속하게 대응할 수 있다.

    ㉡ 특정한 문제해결에 그 활동을 한정하기 때문에 효과적이다. 이는 전문적능력을 유효적절하게 살려 조직의 기능화에 의한 인원을 유효하게 이용할 수 있기 때문이다.

7. 집권(集權)과 분권(分權)

(1) 집권과 분권의 규정 조건

① 집권과 분권에 대한 것으로 규정지어진 것의 절대적인 개념은 없다. 단지 권한이 위쪽에 쏠려있으면 집권, 그 반대이면 분권으로 이해하면 된다.

② 통일성을 특히 필요로 하는 경우에는 집권적이 필요하지만 당사자의 사정등을 고려하여 탄력적으로 행할 필요가 있는 경우에는 그만큼 분권화가 필요하다.

③ 기업의 업무성질이 유동적이며 변화가 심한 경우에는 분권화를 할 필요가 있으나 이에 반하여 그것의 변화가 적은 경우에는 집권적 조직이 형성되는 경향이 있다.

④ 집권과 분권은 모두 다 나름대로 장점을 가지고 있기도 하고, 단점을 보유하고 있기 때문에 집권과 분권은 절대적인 개념이 아니라 상대적인 개념이다. 현대적 대기업의 경향은 분권화 방향을 나타내고 있다.

⑤ 의사결정의 중요성이 있는 다액지출이 필요하다든가 또는 종업원 근로의욕에 큰 영향을 주는 것과 같은 중요사항은 상층에 권한이 있는 집권적 결정사항이다.

⑥ 경영규모가 커질수록 경영관리는 복잡하게 작용되므로 이러한 문제를 타개하는 조직상의 방법은 될 수 있는 한 분권화를 행하지 않으면 안 된다.

(2) 집권 조직

① 집권조직의 개념

    ㉠ 집권조직(centralized organization)이란 경영관리 권한이 최고경영자 또는 상위의 관리계층에 집중되어 있는 상태에서 관리가 이루어지는 조직을 의미한다.

    ㉡ 기업의 규모가 적은 중소기업체는 톱매니지먼트가 경영상의 지식, 기술, 경험 등을 갖추고 경영자로서의 탁월한 능력을 발휘할 수 있을 때 집권조직이 유효할 수 있다.

    ㉢ 집권관리는 관료적 관리의 형태로서 모든 결정권과 관리 권한이 톱 매니지먼트에 집중되고 하위의 각 부문에서는 자주성을 주지 않는 관리 형태를 말한다.

    ㉣ 소규모기업으로서 톱 매니지먼트가 업무의 전반에 걸쳐 탁월한 지식·경험·능력 등이 있고, 또한 합리적인 결정의 기초가 되는 여러가지 상황을 정확·신속하게 파악할 수 있는 경우에는 이 관리는 오히려 분권관리보다 더 효과적이다.

② 집권적 관리의 특징

    ㉠ 모든 결정권은 본사 톱 매니지먼트에 있기 때문에 본사 스태프의 능력을 고도로 활용할 수가 있다.

ⓛ 톱 매니지먼트가 사업경영에 대하여 많은 경험과 능력을 갖는 경우에는 그것을 하부단계까지 널리 활용할 수 있다는 장점을 지니고 있다.

ⓒ 지리적으로 분산되어 있는 점포들 간의 노력을 일원화 하여 공급업체로부터 물품을 저가에 공급받을 수 있으며, 기업전체를 위해 영역별로 가장 우수한 인력이 의사결정을 할 수 있게 하는 기회를 제공한다.

ⓔ 톱 매니지먼트의 독재적지배로 흐르는 경향이 있고, 각 관리자가 창의력을 발휘할 수 있는 기회가 거의 없다.

ⓜ 톱 매니지먼트와 현장과의 거리가 멀기 때문에 이른바 커뮤니케이션을 조직화하는 수단으로 각종의 통계 보고서 등이 상달되고 상부에서는 복잡한 여러가지 절차규정이 작성되어야 한다.

ⓗ 모든 결정권이 본사의 톱 매니지먼트에게 집중되어 있기 때문에 각지방 부문 관리자는 통일적·고정적인 절차기준에 구속되어 결정의 자주성이 없기 때문에, 이러한 자주성결여는 관리자와 종업원의 사기를 저하시키는 원인이 된다.

(3) 분권 조직

① 분권 조직의 개념

ⓐ 분권조직(decentralized organization)은 의사결정권이 하위의 조직계층에 대폭 이양되어, 각부문 경영자가 계획·관리 면에서 일정한 자주성을 가지는 경영의 관리방식으로 권한의 배분이 분산적으로 행하여지는 것을 말한다.

ⓛ 분권적조직은 권한의 분산을 특징으로 하며, 분권조직의 기초가 되는 권한은 특히 라인권한을 중심으로 한다. 오늘날 대기업에서는 상대적으로 분권관리가 보다 합리적으로 이루어지고 있으므로 대개는 분권관리의 형태를 취하고 있다.

ⓒ 대기업의 경우 관리계층의 수가 많아지므로 의사결정권을 가진 최고 경영층으로부터 현장에까지 이르는 커뮤니케이션의 경로가 길어지고 복잡해져서 부문간의 조정이 곤란하게 된다.

ⓔ 경영능력의 한계는 평균비용을 상승시켜 경영의 비능률화를 가져온다. 이러한 결함을 없애기 위해서는 현장 가까이에 결정권을 대폭 이양할 수밖에 없으므로 분권관리 제도를 도입하지 않을 수 없게 된다.

ⓜ 분권적 조직에는 크게 직능적분권조직과 사업부제 분권조직의 두 가지가 있다. 직능적분권조직이란, 제조·판매·재무·인사 등과 같이 어떤 부문에서 수행되는 기능을 중심으로 하는 조직단위를 설정함으로써 형성되는 분권적 조직이다.

ⓗ 사업부제 분권조직이란, 기업의 부문을 제품별·지역별 또는 고객별로 독립채산(獨立採算)을 하는 부문관리 단위로서의 사업부를 설치하여 권한을 이양하는 분권적 관리조직을 말한다. 이 사업부제 분권조직을 연방적 분권조직이라고도 하는데, 분권적관리조직의 가장 전형적인 형태이다.

② 분권적 조직 관리의 특징

　　㉠ 기업이 다각화(多角化)전략을 추구하는 경우에는 각 제품별로 시장이나 기술 환경이 달라지기 때문에, 지역 시장의 취향에 맞게 상품을 조정하기에 유리하거나 지역 관리자들이 적합한 판매원을 고용하기 위해 결정하는데 유리하다.

　　㉡ 분권적조직을 갖추면, 결정장소와 집행장소 간의 커뮤니케이션의 거리가 단축되어 의사결정을 신속히 할 수 있게 되고, 적시에 현실적인 결정을 할 수 있음은 물론, 하위부문 경영자의 창의력이 의사결정에 반영됨으로써 전반적으로 종업원 사기가 향상되는 이점이 있다.

　　㉢ 제품종류별로 생산과 판매 기타의 기간적 집행활동을 통일적으로 하는 사업부를 설정하여 이것에 권한을 위양하는 방법인 분권조직이 필요하게 되는 것이다. 분권적조직은 제품의 다양화·경영의 다각화라는 측면에서 불가피하다.

　　㉣ 분권적조직은 제조·판매의 라인활동을 특히 강화할 필요가 있을 때 유효하다. 제조·판매의 라인 부문을 분권화하여 이것에 라인활동의 책임을 갖도록 하는 것은 당해 라인활동을 강화하는 것이 되기 때문이다.

　　㉤ 경영관리자 육성에 대해 결정적으로 기여한다. 분권적조직은 사업적 의사결정을 하는 권한, 즉 포괄적 결정권한이 기간적·집단적활동을 행하는 조직단위에 부여되는 것이므로 이 조직단위에서 경영관리자로서의 일이 존재하는 것이다.

　　㉥ 의사결정의 위양은 현장의 상황이나 특성이 의사결정에 잘반영될 수 있게 한다. 위양이 효과적이기 위해서는 MBO(Management by Objectives)프로그램을 병행하면 좋고, 위양의 가장 중요한 목적은 보다 효과적인 노동의 분업(division of labor)을 이루기 위한 것이다. 부하에 대한 신뢰감의 결여, 업무전반에 대해 경영자가 절대적인 통제를 계속 유지하고자 하는 욕망때문에 위양이 실패하는 경우가 많다.

(4) 집권화와 분권화의 바람직한 조건

① 정보전달 비용측면에서는 정보전달비용이 크지 않을 때는 집권화가 유리하고, 정보 가치에 비해 전달비용이 클 때에는 분권화가 유리하다.

② 의사결정 정보측면에서는 원거리정보가 의사결정에 가치가 있을 때는 집권화가 유리하고, 현장의사결정자가 수집한 정보를 중앙에 전달하기 어려울 때는 분권화가 유리하다.

③ 조직구성원의 신뢰성 측면에서는 구성원의 신뢰가 낮을때는 집권화가 유리하고, 구성원의 신뢰가 높을때는 분권화가 유리하다.

④ 동기유발측면에서는 단순하고 체계적인 업무일 경우에는 집권화가 유리하고, 복잡하고 동태적인 업무일 경우에는 분권화가 유리하다.

⑤ 시간의 가치측면에서는 의사결정의 가치에 비해 정보전달시간이 오래걸리지 않을 때에는 집권화가 유리하고, 의사결정의 가치에 비해 정보전달시간이 오래걸릴 때에는 분권화가 유리하다.

⑥ 소매조직을 설계할 경우, 중앙집권화의 이점은 표준화된 운영방침으로 효율성이 증가하고, 회사는 공급자들로부터 더 낮은가격으로 협상할 수 있으며, 더 적은관리자가 각종 의사결정을 하기 때문에 간접비용이 줄어든다. 기업전체를 위해 가장 우수한 인력이 의사결정을 할 수 있도록 기회를 제공한다.

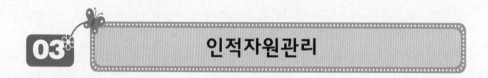

03 인적자원관리

1. 인적자원관리 일반론

(1) 인적관리의 개념

① 인적관리(Personal Management or Personal Administration)는 기업의 경영을 원활히하기 위해서 조직을 기능적으로 하는 조직관리 외에 종업원 한사람 한사람에 대한 채용, 배치, 교육, 훈련, 사기의 진작, 취업규칙의 준수, 보수규정 등을 합리적으로 하는 개인적관리 체계가 필요하게 되었다.

② 인적관리는 경영자원 중에서 노동력의 관리를 주목적으로 하는 인간을 대상으로 하는 것인 만큼 노동력의 효율적 운용을 도모하기 위한 체계적인 시책이외에 경영에 인간의 상호이해와 신뢰를 유지할 필요가 있다.

③ 종업원의 처우문제는 개인의 문제일 뿐만 아니라 타인과 비교했을 때 좋고 나쁨이 느껴지는 것이므로 직장안에서 시샘과 불평을 낳게 되고 그것은 더 나아가 화목을 해치기까지 하기 때문에 종업원 관리에서는 목적달성의 효율화를 기하면서도 공평성을 유지할 수 있는 합리적인 방법을 모색하여야 한다.

(2) 현대 인사 관리론

① 인간관계론

㉠ 기존 인사관리의 한 영역으로서 인간관계 연구 중 커뮤니케이션의 여러 제도를 중심으로한 인사관리 이론이다.

㉡ 인간관계론에 입각하여 종래의 인사관리제도의 전체를 재편성하려고 시도했었다.

② 행동 과학 이론

㉠ 행동과학은 인간의 행동에 관하여 객관적인 방법을 수집한 경험적증거에 의해 입증된 일반적법칙을 확립하고 인간행동을 과학적으로 설명하고 예측하는 사회과학이다.

㉡ 산업혁명 이후 기계일변도 위주에서 인간주의에 고려하여 인간의 행동을 될 수 있는대로 과학적 사실 그대로 파악하려는 행동이었다.

③ 모티베이션(motivation) 이론

   ⊙ 인간의 욕구는 그 충족을 위하여 인간으로 하여금 행동을 하게 한다.

   ⓒ 그 욕구가 목적 달성을 지향하여 행동을 유발하는 상황을 만들어내는 것이다.

④ 리더십(leadership) 이론

   ⊙ 리더십 이론은 지도하는 관리자와 관리를 받는 입장의 인간 모티베이트가 되는 방법을 논한 것이라 할 수 있다.

   ⓒ 리더십 이론에 비해 모티베이션 이론은 주로 일하는 사람의 인간적 욕구를 만족시키는 방법으로서 논한 것이었다.

2. 직무분석(Job Analysis)

(1) 직무분석의 의의

① 직무분석이란 직무에 포함되는 일의 성질이나 직무를 수행하기 위해서 종업원에게 요구되는 적성에 대한 정보를 수집·분석하는 것을 말하며 직무기술서와 직무명세서의 기초가 된다. 직무분석을 통한 정보는 채용·교육·평가 등 인적자원관리에 이용된다.

② 직무(job)는 조직과 조직구성원 개인을 연결시켜주는 연결고리 역할을 한다. 조직은 구성원들이 수행하는 직무를 통해서 그 고유의 목적을 달성하게 된다. 직무분석은 직무의 내용이 무엇이고, 그 직무를 성공적으로 수행하기 위해서는 어떠한 자질이 필요한가를 정확히 이해해야 하는 데 필요한 정보를 제공해 주게 된다.

③ 직무분석(job analysis)은 직무에 관련된 정보들과 아울러 직무를 수행할 사람들이 갖추어야 할 요건을 체계적으로 수집하고 정리하는 과정이다. 즉, 직무에 관련된 정보를 체계적으로 수집하고, 분석하고, 정리하는 과정이라 할 수 있다. 따라서 직무분석을 인적자원관리의 기초 또는 인프라스트럭처(infrastructure)라고 한다.

(2) 직무분석의 방법

① 실제 수행법(job performance method)

   ⊙ 직무분석 담당자가 분석대상 직무를 직접수행해 봄으로써 직무의 내용과 직무가 요구하는 특성등을 자신의 경험을 통하여 분석하는 방법을 말한다.

   ⓒ 실제수행법을 특정한 직무에 관련된 과업을 직접 경험해 봄으로써 직무의 육체적, 환경적, 사회적요건 등을 정확히 파악할 수 있게 된다.

② 관찰법(observation method)

   ⊙ 직무분석 담당자가 특정한 작업자, 작업자 집단이 실제로 직무를 수행하는 것을 관찰하여 특정한 과업을 수행하는 목적과 방법 등을 기록하는 방법을 말한다.

   ⓒ 관찰법은 작업활동의 범위가 한정되어 있고 작업방법이 정형화되어 있으며 작업하는 광경이 쉽게 관찰될 수 있는 직무의 분석에 적합하다.

③ 면접법(interview method)

    ⊙ 직무분석 담당자가 특정한 직무를 직접수행해 보는 것이 불가능하거나 다른 사람이 직무를 수행하는 것을 직접관찰하기가 어려울 경우, 각 직무에 종사하고 있는 사람들을 면담하여 정보를 수집하는 방법을 말한다.

    ⓒ 면접법은 여러가지 직무분석 방법 중 가장 광범위하게 활용되며 다른 직무분석 방법을 보완하는 수단으로서도 널리 활용되고 있다.

④ 설문지법(questionnaire method)

    ⊙ 설문지법은 특정직무를 직접수행하는 사람이나 상사 또는 그 직무의 전문가 등에게 직무의 내용, 목적, 작업조건, 사용장비, 직무요건인 지식 · 능력 · 기능 · 경험 · 학력 등에 대해 자유롭게 기술하게 하는 개방형 설문지를 활용하고 있다.

    ⓒ 설문지법을 효과적으로 활용하기 위해서는 설문의 내용이 가능한 한 짧아야 하며, 설문조사의 목적을 정확히 납득시켜야 하고, 설문의 내용을 이해하기 쉽게 구성해야 하며, 설문조사를 실시하기 전에 충분한 예비조사를 통하여 철저한 점검을 거쳐야만 한다.

⑤ 중요사건법(critical incidents method)

    ⊙ 중요사건법이란 직무수행 과정에서 직무수행자가 보였던 특별히 효과적이었던 행동 또는 특별히 비효과적이었던 행동을 기록해 두었다가 이를 취합하여 분석하는 방법을 말한다. 일반적으로 중요사건을 기록해 두는 사람은 대개 직속상관이 많다.

    ⓒ 사람들이 직무에 임하여 실제로 어떠한 일을 하는가에 초점을 맞추기 때문에 직무의 역동적성격에 대하여 이해할 수 있는 계기를 제공해 준다는 장점을 가지고 있다.

⑥ 작업 기록법(job recoding method)

    ⊙ 특정한 직무를 수행하는 사람에게 자신이 수행하는 작업에 대하여 작업내용, 빈도, 시기 등을 중심으로 일지를 작성하도록 한 다음 직무사이클(job cycle)에 따른 작업일지의 내용을 전문가들이 분석하는 방법을 말한다.

    ⓒ 작업기록법의 장점은 모든 조직구성원들에게 자신이 수행하는 업무내용을 기록하게 하기 때문에 관찰 불가능한 정보를 얻어낼 수 있다는 점, 비교적 비용이 저렴하다는 점, 업무가 끝난 후에 작성시키는 경우에는 업무시간을 희생시키지 않을 수 있다는 점, 광범위하게 적용할 수 있다는 점 등을 들 수 있다.

3. 직무기술서와 직무명세서

(1) 직무기술서(Job description)

① 직무기술서의 정의

    ⊙ 직무의 성격, 내용, 이행 방법 등과 직무의 능률적인 수행을 위하여 직무에서 기대되는 결과 등을 간략하게 정리해 놓은 문서라고 할 수 있다.

    ⓒ 과업중심적인 직무분석에 의해 얻어지고 과업요건에 초점을 맞추고 있다.

② 직무기술서의 내용

    ㉠ 직무명칭(job title) : 소속부서, 직무번호, 직속상관, 작성자, 작성일자 등 특정한 직무를 다른 직무들과 구별시켜주는 내용이다.

    ㉡ 직무개요(job summary) : 직무의 목적과 직무에서 기대되는 결과 등을 간략하게 나타낸 것을 말한다.

    ㉢ 장비(equipment) : 직무를 효과적으로 수행하는 데 필요한 도구, 장비, 정보 등을 명시해 놓은 것을 말한다.

    ㉣ 환경(environment) : 직무를 수행하는 작업조건, 직무가 수행되는 장소, 그리고 위험요인이나 소음정도 등 직접적인 작업환경 특성을 말한다.

    ㉤ 작업활동(activities) : 직무에 포함되어 있는 임무, 책임, 행동 등과 아울러 직무에 요구되는 사회적 측면을 기술해 놓은 것, 예컨대 작업집단의 규모, 작업상호의존도 등을 말한다.

③ 조직시민행동(organizational citizenship behavior)

    ㉠ 직무기술서에 공식적으로 부과되어 있지는 않지만 조직의 효과에 기여하는 활동이다.

    ㉡ 서로가 도와주고 추가적인 일을 자발적으로 하면서 불필요한 갈등을 피하면서 이따금 성가시거나 불편함도 우아하게 참아내는 행동을 일컫는다.

(2) 직무명세서(Job specification)

① 직무명세서의 정의

    ㉠ 직무를 만족스럽게 수행하는 데 필요한 종업원의 행동, 기능, 능력, 지식, 자격증 등을 일정한 형식에 맞게 기술한 문서를 말한다.

    ㉡ 직무명세서란 직무분석의 결과를 정리 할 때 인적특성을 중심으로 기록되는 문서로 인적요건에 초점을 맞추고 있다.

② 직무명세서의 특징

    ㉠ 직무명세서는 직무 그 자체의 내용을 파악하는 데 초점을 둔 것이 아니라 직무를 수행하는 사람의 인적요건(사람)에 초점을 맞춘 것이다.

    ㉡ 직무명세서를 작성할 때에는 직무기술서의 내용을 토대로 하여 그 직무의 수행에 적합한 인적특성을 도출할 수 있고, 직무수행자나 특정직무에 대해 전문적식견을 가지고있는 사람에게 그 직무를 수행하는 데 필요한 요건을 물어서 작성할 수 있다.

    ㉢ 직무명세서를 별도로 작성하지 않고 직무수행요건을 직무기술서에 합쳐서 작성하는 경우도 있는데, 이때에는 단순히 직무기술서라고 부른다.

    ㉣ 일반적으로 직무명세서에는 직무 명칭, 교육 수준, 육체적·정신적 특성, 지적능력, 전문적 능력, 경력, 지식, 기능 등을 포함하게 된다.

4. 직무평가와 직무설계

(1) 직무평가(Job Appraisal)

① 직무평가의 의의

㉠ 직무의 중요도, 난이도, 위험도 등의 평가요소에 의해 직무의 상대적 가치를 평가하는 것을 말한다.

㉡ 직무평가는 직무기술서와 직무명세서의 기초로 이루어진다.

② 직무평가의 목적

㉠ 조직구성원의 합리적인 임금격차를 결정하는 데 그 목적이 있다.

㉡ 직무자체의 가치를 결정하는 것이지 구성원 개개인을 평가하는 것이 아니다.

(2) 직무 설계(Job Design)

① 직무 설계의 의의

㉠ 직무설계는 조직 목표와 개인목표가 원만하게 융합되도록 하는 데 목적이 있으며 직무분석을 실시하여 직무기술서와 직무명세서가 마련되면 이러한 정보를 활용함으로써 직무를 설계하거나 재설계(redesign)할 수 있게 된다.

㉡ 직무설계과정을 구성하는 단계는 「과업규명 → 과업도식화 → 직무기술과 직무명세의 개발 → 직무분석 및 장·단기평가」 수행순서이다.

② 직무 순환(job rotation)

㉠ 조직구성원에게 돌아가면서 여러가지 직무를 수행하게 하는 것을 말하며 조직구성원의 작업활동을 다양화함으로써 지루함이나 싫증을 감소시켜준다는 데 있다.

㉡ 직무순환이 가능하려면 작업자가 수행하는 직무끼리 상호교환이 가능해야 하고 작업 흐름에 있어서 커다란 작업 중단없이 직무간의 원활한 교대가 전제되어야 한다.

③ 유연시간 근무제(flexitime)

㉠ 유연근무제(Purple job)는 종업원 자신이 선택에 따라 근무시간·근무환경을 조절할 수 있는 제도를 말한다. 종업원은 근무시간 등을 스스로 선택할 수 있음으로 근무 중 생산성이 증가할 수 있다.

㉡ 대한민국 정부는 2010년 7월 달부터 전체 중앙부처와 지방자치단체로 유연근무제를 확대하기 위해 유연근무제 운영지침을 관련기관에 통보했다. 이에 따라 식약청은 2010년 8월부터 유연근무제를 시행하고 있다.

④ 직무특성 모형(job characteristics model)

㉠ 조직구성원들의 상위계층의 욕구를 충족시키는 데 초점을 맞추어, 동기를 유발시키고 직무만족을 경험하게 하는 직무의 특성을 개념화시킨 것으로 볼 수 있다.

㉡ 리차드 해크맨(J. Richard Hackman)과 그레그 올드햄(Greg R. Oldham)은 핵심 직무특성을 기술다양성(Skill Variety), 과업정체성(Task identity), 과업중요도(Task significance), 자율성(Autonomy), 피드백(Feedback) 5가지로 분류하였다. 그들의 직무특성이론은 직무의 특성이 직무수행자의 성장욕구수준에

부합할 때, 직무가 그/그녀에게 보다 큰 의미와 책임감을 주게 되므로 동기유발 측면에서 긍정적인 성과를 낳게 된다고 주장하는 동기부여이론이다.

(3) 직무확대와 충실화

① 직무 확대(job enlargement)

㉠ 직무확대는 전통적인 직무설계의 단점인 전문화 원리의 단조로움, 지루함, 반복성에 따른 직무불만족과 생산성감소 및 이직률과 결근율 등의 부작용을 유발하는 문제점을 개선하기 위한 설계방법이다.

㉡ 한 직무에서 수행되는 과업의 수를 증가시키는 것을 말하는데, 직무의 다양성을 증대시키기 위해 직무를 수평적으로 확대시키는 방안을 말한다.

㉢ 직무확대를 통한 직무설계에서는 직무수행에 요구되는 기술과 과업의 수를 증가시킴으로써 작업의 단조로움과 지루함을 극복하여 높은 수준의 직무만족으로 이끌어갈 것으로 기대하고 있다.

② 직무 충실화(job enrichment)

㉠ 직무충실화는 단순히 직무의 수를 '늘리는 것'과 구별되어 실제적으로 직무 그 자체가 성취감과 안정감 및 책임감, 발전 및 성장에 대한 기회를 제공하도록 재구성하여 직무를 '기름지게 만드는 것'이다.

㉡ 직무충실화는 직무성과가 직무수행에 따른 경제적 보상보다도 개개인의 심리적 만족에 달려 있다는 전제하에 직무수행 내용과 환경을 재설계하려는 방법이다.

㉢ 직무충실화 프로그램은 특히 작업(노동)생활의 질(QWL: Quality of Working Life)과 관련하여 품질 향상과 사기향상을, 그리고 이직률 및 사고율의 감소와 간접비의 절감 등에 실질적인 많은 성과를 거두어 왔다.

5. 인사 고과

(1) 인사 고과의 정의

① 인사 고과의 의의

㉠ 인사고과란 기업내 각 종업원에 대한 인사정보 자료를 수집, 분석, 평가하는 과정으로서, 인사평점 또는 근무평점이라고 한다.

㉡ 직무를 담당하는 사람의 평가대상으로서 능력, 소질, 근무 성적 등을 평가하여 기업에 얼마의 유용도가 있는가를 파악하여 상대적 가치를 체계적으로 결정하는 과정이다.

② 인사고과의 구성 요소

㉠ 타당성(validity) : 타당성은 평가내용이 고과목적을 얼마나 잘 반영을 하고 있느냐와 관련되는 요건이다.

㉡ 신뢰성(reliability) : 신뢰성은 평가하려는 고과내용(항목)이 정확하게 측정되어 지는 정도를 의미하는 요건이다.

ⓒ 수용성(acceptability) : 수용성은 인사고과제도를 피고과자인 종업원이 정당하다고 느끼고 동의하는 정도를 의미하는 요건이다.

ⓔ 실용성(practicability) : 실용성은 고과제도가 현실적으로 비용과 효과 측면에서 얼마나 실용적인가를 의미하는 요건이다.

(2) 행위기준고과법(BARS: behaviorally-anchored rating scale)

① 행위기준고과법의 의의

ⓐ 주관적인 개인특질에 기초를 둔 인사고과시스템이 갖는 취약점을 극복하고 보완하기 위해 개발된 기법중의 하나로 바로 행위기준에 의한 인사고과법이다.

ⓑ 행위기준고과법(행동기준평정척도법)은 평가할 직무에 직접적으로 적용되는 행동묘사내용을 다양한 척도 수준에 포함시키는 표준평정척도이다.

ⓒ 평가자가 평가항목에 대한 점수에 따라서 종업원을 평가하지만, 그 항목은 일반적인 서술이나 특성보다는 해당 직무와 관련성이 높은 행동과 사건을 구체적이고 분명하게 기술하고 있다.

② 행위기준고과법의 특징

ⓐ 직무상에 나타나는 행동을 평가의 기준(anchor)으로 제시하여 이 기준행동을 고려해 피평가자의 행동을 평가하는 방법으로서, 도식평정법이 가진 불명확성을 제거하는 것이 가장 큰 특징이다.

ⓑ 관찰가능한 행위를 기준으로 평가하고, 개발된 척도를 피평가자들에게 공개하며, 종업원에게 원활한 의사소통의 기회를 제공하며, 구체적인 행동이 수집됨으로써 교육훈련과 인수인계의 토대를 마련한다.

ⓒ 직능별, 직급별 특성에 맞추어 설계되므로 바람직한 행위에 대한 정보를 개인에게 제시해 주며, 구체적인 행동을 척도수준에 맞춤으로써 고과오류를 줄여, 주관적인 평가성향을 감소시키며 고과기준을 명확히 한다.

(3) 인사 고과상의 오류

① 현혹 효과(halo effect)

ⓐ 현혹효과는 한 분야에 있어서의 어떤 사람에 대한 호의적인 또는 비호의적인 인상을 말하는데, 이는 다른 분야에 있어서의 그 사람에 대한 평가에 영향을 주는 경향을 말하며 후광효과(後光效果)라고도 하며, 상관관계적 오류이다.

ⓑ 자기가 좋아하는 사람이나 성실해 보여서 좋은인상을 준 사람은 실제의 업무성과와는 관계없이 능력있는 사람으로 판단해 버리는 잘못된 판단을 할 수가 있다.

② 상동적 태도(stereo typing)

ⓐ 상동적 태도는 현혹효과와 유사한점이 많이있다. 현혹효과가 한가지 특성에 근거한 것이라면, 상동적 태도는 한가지 범주(집단)에 따라 판단하는 오류이다.

ⓑ 상동적 태도는 그들이 속한 집단의 특성에 근거하여 집단의 사람을 판단하는 경향이 있다. 예를들어 미국인은 개인주의이고 물질적이며, 한국인은 매우 부지런하며, 흑인은 운동에 소질이 있으며, 이탈리아인은 정열적이라는 것 등이 있다.

ⓒ '남자들은 아이를 돌보는데 관심이 없다'라는 지각을 바탕으로 남성집단을 판단
하는 것과 같이, 그 사람이 속한 집단을 지각하고 이를 바탕으로 그 사람을 판단
하는 지각과정을 일컫는 말이다.

③ 관대화 경향 오류(tendency to leniency)

ⓐ 직속상관인 평정자가 자기 직원들에 대해 근무성적을 평정할 때 흔히 관대화
경향, 즉 후한평점을 주려는 경향이 나타날 수 있다. 이러한 현상은 평정자가
평소에 부하직원들과 직장생활을 함께하여 깊은 동료애가 작용하기도 하고,
부하 직원들로부터 밉게 보이지 않으려는 데서 비롯되기도 한다.

ⓑ 관대화경향이 나타나는 이유로 평가결과가 나쁜경우에 그 원인이 평가자의 통솔
력·지도력 부족 등으로 오인할까봐 평가자가 후한 점수를 준다. 평정자가 관대
화 경향으로부터 벗어나지 못하고 '관대의 오류'를 범할 경우, 그 평정의 결과는
신뢰도와 타당도가 매우 낮아질 수밖에 없다.

ⓒ 평가자가 피평가자를 낮게 평가하는 것을 꺼려하여 평균치에 집중할 때 이를 중
심화경향(central tendency)이라고 하고 평가자가 피평가자를 전체적으로 낮게
평가하는 것을 가혹화경향(severity tendency), 인색의 오류(error of severity)
라고 부른다.

④ 귀인(歸因)상의 오류(attribution error)

ⓐ 사람들은 자신의 성공은 능력이나 노력과 같은 내재적요인으로 귀인하고 실패에
대해서는 운이나 다른 동료 탓이라고 귀인하는 경향을 귀인의 이기적 편견(self-
serving bias)이라고 한다.

ⓑ 누군가 의도적 실수를 범했다면 그에 대한 심한감정을 가지는 경향이 있으며, 그
것이 의도적이 아니었다면 덜 비판적이거나 온정적으로 판단하려는 경향이 있다.

04 인적 자원의 확보

1. 인적 자원의 활용

(1) 인적자원과 직무

① 모집(Recruitment)

ⓐ 조직이 필요로 하는 조직구성원을 모집하기 위해서 사용된다. 인력선발 도구의
신뢰성은 피평가자에 대한 측정결과의 정확성을 의미한다.

ⓑ 인력선발에서 같은 지원자에 대해 다른 평가방법을 사용하더라도 결과가 동일할
경우 선발도의 타당성이 높다고 할 수 있다.

② 선발(Selection)
㉠ 새로운 조직구성원을 채용하거나 승진대상자를 선발하려면 특정한 직무가 어느 정도의 성과를 요구하는지를 예측하여야 한다.
㉡ 지원자가 성과를 성공적으로 달성할 수 있을 것인가의 여부를 예측하는데 직무분석을 사용해야 한다.
㉢ 인력은 어느 분야에서나 가장 중요한 생산요소중의 하나이다. 인력선발의 유용성 평가는 생산성측면의 비용분석과 혜택분석을 통해 이루어지는 것이 합리적이다.
③ 오리엔테이션과 훈련 및 개발(Orientation, Training, and Development)
㉠ 직무분석을 통하여 직무의 성격과 내용을 정확히 파악한다.
㉡ 직무의 수행에 필요한 자격요건이 무엇인지를 정확히 파악한다.
㉢ 조직구성원들에게 어떠한 내용을, 언제, 어떻게 오리엔테이션시키고, 훈련시키고, 개발해야 할지를 정확히 결정할 수 있다.
④ 배치(Placement)
㉠ 직무내용이 무엇이고 그 직무를 수행하는 데 직무수행자가 갖추어야 할 요건이 무엇인지를 알 수 있게 해야 한다.
㉡ 직무분석을 통하여 얻어진 정보는 인적자원을 실무에 배치하는 데도 사용된다.
⑤ 성과의 평가(Performance appraisal)
㉠ 효과적인 종업원 평가시스템을 위해서는 '일을 잘하는 것이 무엇을 의미하는지' 분명하게 정의되어야 한다. 이처럼 평가도구가 측정하고자 하는 것을 정확하게 측정할 수 있는지를 타당성(validity)으로 나타낸다.
㉡ 종업원의 성과를 향상시키기 위한 방법의 하나로 직원 동기부여에 관한 현대적이론은 '기대이론', '공정성이론', '목표설정이론'이 있다.
⑥ 경력 계획(Career planning)
㉠ 경력개발계획의 실효를 거두기 위해서는 여러가지 직무들을 수행하는 데 필요한 요건과 각 직무들이 계층별로 어떻게 연결되어 있는가를 알아야 할 필요가 있다.
㉡ 직무분석 자료는 경력개발계획ㆍ수립의 기초자료로 활용하는데 매우 중요하다.
⑦ 노사 관계(Labor relations)
㉠ 직무분석을 통하여 얻어진 정보는 노사양측이 협상에 임했을 때 효과적으로 사용을 한다.
㉡ 각종 분규가 발생했을 때 분규를 해결하는 자료로 사용된다.
⑧ 직무 설계(Job design)
㉠ 직무의 내용과 그것을 수행하는 방법을 설정하거나 변화시키려면 수행되어야 할 내용을 파악하여야 한다.
㉡ 직무 또는 현재 수행되고 있는 직무의 내용과 방법을 파악해야만 하는데, 그러한 정보는 식무분석을 통하여 확보된다.

⑨ 승진(昇進, Promotion)
 ㉠ 승진은 종업원이 수직적·상향적으로 직무를 이동하는 것을 말한다.
 ㉡ 구성원의 능력을 지금보다 더 나은 직급으로 권한과 책임을 부여하는 것이다.

⑩ 직무 지도 및 진로 상담(Job guidance and counseling)
 ㉠ 직무분석을 수행하면 특정 직무에 포함되어 있는 과업, 행동, 의무, 관계, 책임 등과 아울러 특정한 직무를 효과적으로 수행한다.
 ㉡ 필요한 지식, 능력, 기능, 기타 자질 등을 파악할 수 있으므로 직업의 선택 및 상담의 자료로 이용될 수 있다.

⑪ 직무 분류(Job classification)
 ㉠ 직무는 각 개인이 담당하고 있는 일의 총체이며 직무는 일(work)이 사람과 결부될 때 비로소 생기는 개념이다.
 ㉡ 모든 직무분석을 통하여 마련된 직무에 대한 내용을 기반으로 하여 각종 직무를 특정한 직군들로 분류할 수 있다.

(2) 소매 업체의 종업원 선발

① 지원자에 대한 보다 정확한 평가를 위해 지원자를 잘알고 있을 것으로 보이는 주변 인물과의 접촉도 시도하여야 한다. 인력의 외부 모집방법은 모집광고, 인력회사, 교육기관, 자발적 지원 등이 있다.

② 필요한 인원은 우선적으로 내부모집으로 충당하되 외부선발이 어려울 땐 내부자원에서 충당할 필요가 있다. 선발절차는 1차 서류심사, 개인면접, 기본지식 테스트 등 다양한 방법을 활용할 필요가 있다.

2. 인적 자원의 모집

(1) 내부 노동시장 모집

① 내부 노동시장의 장점
 ㉠ 기존 구성원들에 대해서는 여러자료가 보관되어 있기 때문에 외부노동시장을 대상으로 한 모집보다 간편하게 모집할 수 있다.
 ㉡ 기존의 구성원들은 이미 조직내부에 대하여 잘알고 있으므로 오리엔테이션이나 초기교육훈련 등에 소요되는 비용을 절감시킬 수 있다.
 ㉢ 조직구성원들의 기능과 능력등을 자세히 분석할 수 있는 계기를 마련할 수 있다.
 ㉣ 구성원들이 승진이나 더나은 직위로의 배치전환을 기대하기 때문에 사기를 높일 수 있는 계기가 된다.

② 내부 노동시장의 단점
 ㉠ 조직이 구태의연한 방향으로 흘러갈 수 있어 조직이 경직되고 침체될 수 있다.
 ㉡ 필요한 능력을 갖춘 구성원이 존재한다고 보장할 수 없다.
 ㉢ 절대적으로 부족한 인원의 충당을 확보할 수가 없다.

(2) 외부 노동시장 모집

① 외부 노동시장의 장점

      ㉠ 현대와 같이 급변하는 환경 내에서 조직이 생존하려면 부단한 변화를 모색해야 하는데 새로운 사람들을 조직으로 유입하는 것이야말로 조직변화를 촉진하는 매우 중요한방법이라 할 수 있다.

      ㉡ 외부시장에서의 모집은 조직이 환경과 상호작용하는 것을 돕는다. 즉, 모집 및 선발을 통하여 조직은 환경의 일부를 조직체계 안으로 끌어들임으로써 불확실성을 줄일 수 있는 것이다.

② 외부 노동시장의 단점

      ㉠ 비용과 시간 및 노력 등에 상당한 에너지가 소요된다.

      ㉡ 모집하여 선발된 인원에 대한 추가적인 훈련 및 적응기간이 필요한 경우가 일반적이다.

      ㉢ 특히 간부급 직원들의 모집에 있어서 기존구성원들을 승진시키는 대신 외부에서 인력을 모집할 경우 기존인력들의 사기저하 등의 문제가 발생하여 업무에 지장을 초래할 수 있다.

3. 인적자원의 보상과 유지

(1) 임금관리의 의의

① 임금관리에 있어, 임금체계, 임금수준, 임금형태의 3가지를 결정하여야 한다. 그리고 임금관리를 위해서는 공정성, 적정성, 합리성 등의 원칙이 지켜져야 한다.

② 임금의 외부적 공정성이란 특정 조직의 임금수준이 그와 동일하거나 비슷한 직무를 갖고 있으며 생산성수준이 비슷한 다른 조직의 임금수준과 비교해 볼 때 경쟁력이 있는가를 나타내주는 개념인 것이다.

③ 임금수준(pay level)이란 임금액의 크기를 나타내는 말로써, 사용자에 의해 종업원들에게 지급되는 평균임금률을 말한다. 조직체가 모든 구성원들에 대해 지불하는 임금률(wage rate)의 평균이며, 이는 조직에 대해 원가발생과 수익창출이라는 두 가지 측면에 중요한 영향을 가져온다.

④ 임금수준을 결정할 때 고려해야 하는 요인으로는 노동시장의 임금수준, 최저임금제도, 표준생계비, 기업의 지불능력, 정부의 정책이나 법규, 기업의 손익분기점, 근로자의 생계비수준 등을 고려해야 한다.

(2) 기본급(base pay)

① 기본급(base pay)이란 본봉이라고도 하는데, 조직체가 일정한 룰(rule)에 의거하여 지급하며, 조직구성원들에 대해 공통적·고정적으로 지급하는 임금 항목을 말한다.

② 생활보장의 원칙은 최소한의 생활보장이 가능할 정도로 보장이 되어야 한다는 생계비원칙으로 근로자 입장에서 결정을 한다.

③ 노동대가의 원칙은 자신이 노력한 시간과 희생의 공정한 대가를 지급되어야 한다는 생산성원칙으로 기업측의 입장을 말한다.

④ 기본급결정에는 종업원의 근속년수를 기준으로 임금을 차별화하는 연공급, 동일 노동에 동일임금의 원칙과 조직에 공헌대가를 기준으로 지급하는 직무급, 종업 원이 보유하고 있는 직무수행능력을 기준으로 임금을 차별화하는 직능급, 개인 이 달성한 업적을 기준으로 하여 임금액이 결정되는 체계를 가진 성과급등으로 구분을 한다.

(3) 직무급(Job pay)

① 직무급의 정의

ㄱ 직무급은 직무분석과 직무평가를 기초로 직무의 중요성과 난이도 등 직무의 상대적 가치에 따라 개별임금을 결정하는 것이다.

ㄴ 직무급은 연령, 근속 연수, 학력 등 속인적요소에 의해 임금을 결정하는 속인급 이 아니고 조직구성원이 담당하는 직무를 객관적으로 분석, 평가하여 결정하는 임금이므로 직무중심형의 속직급을 말한다.

② 직무급의 장점

ㄱ 동일직무에 동일임금의 원칙에 입각하여 직무에 상응하는 임금지급을 원칙으로 하며 특수한 업무를 처리할 특정인재의 확보가 유리하다.

ㄴ 직무분석과 직무평가가 객관적으로 이루어질 수 있다면 가장 이상적인 임금형 태이다. 직무를 기준으로한 임금이기에 구성원의 납득이 용이하므로 직무간의 임금을 둘러싼 불평 및 불만을 제거할 수가 있다.

ㄷ 부가가치 상승없이 호봉이 오르는 불합리한 임금상승이 제거된다. 따라서 서로 고부가가치를 맡으려고 자기능력을 신장시키고 자아개발을 위해 노력한다.

③ 직무급의 단점

ㄱ 직무분석과 직무평가를 실시해야 함에 따른 많은 시간의 소요와 직무평가기준이 소요된다.

ㄴ 직무가 동일하다면 능력에 차이가 있더라도 임금이 같아야 하는데 이러한 점은 구성원이 납득의 어려움을 가지고 있다.

ㄷ 종업원 간의 임금격차가 커지면서 노조나 개인의 반대를 유발시킬 수 있으며, 직무가치의 평가와 산정절차가 복잡하다.

(4) 직능급

① 직능급의 정의

ㄱ 직능급은 직무수행능력(能力)을 기준으로 하여 각 근로자의 임금을 결정하는 임금체계이다.

ㄴ 직무에 기초한 임금체계가 아니므로 직무의 표준화를 필요조건으로 하지 않으 며, 직무 수행능력이 중심이기 때문에 직무평가가 엄격하게 요구되지 않는다.

② 직능급의 장점
　　㉠ 조직구성원 개인의 직능개발에 대한 노력이 직능등급의 상승으로 이어지게 함으로써 직무수행능력 개발의욕을 가진 구성원에게 동기를 유발시킨다.
　　㉡ 직위승진을 보상받은 계층과 급여보상을 받는 계층으로 구분되어 보상의 기회가 확대되는 효과가 있다.
　　㉢ 개인의 능력을 기준으로 하고있기 때문에 개인의 능력개발을 유도할 수 있으며 전문 인력의 확보와 유지가 용이하고, 연공중시에서 능력중시에 이르기까지 조직의 실정에 맞는 폭넓은 운용이 가능하다.

③ 직능급의 단점
　　㉠ 능력이나 자격은 지속적으로 증가하는 것이 아니기 때문에 일정수준 이상이 되면 임금이 동결되며, 운용을 잘못할 경우 연공급 위주로 판단될 위험성이 있다.
　　㉡ 종업원의 능력에 따른 임금격차의 발생으로 사내분위기를 저해할 수 있으며, 종업원의 직무수행능력을 공정하게 파악하는 것이 수월하지 않다.

(5) 연봉제
① 경영자측에서 연봉제를 선호하는 것은 그것이 고질적인 「고비용－저효율」의 체질을 개선할 수 있는 획기적인 임금관리 모형이라고 생각하기 때문이다.
② 연봉제는 개별종업원의 능력, 실력 및 공헌도를 평가하고 계약에 의하여 연간 임금액을 결정하는 능력 중시형 임금지급 체계이다.
③ 연봉제의 장점에는 임금결정의 공정화, 상급관리자의 경영의식 강화, 노동력 운영의 유연화이고, 단점은 협동적인 분위기의 약화이다.

(6) 특수임금제도
① Sliding scale plan : 일정한 임금률을 변동하는 여러조건에 순응하여 자동적으로 임률을 조정시키는 제도이나 현재는 생활임금결정을 위한 한가지 방식으로서도 채용되고 있으므로 '생계비지수 임금제'라고 한다.
② Scanlon plan : 스캔런 플랜(Scanlon plan)은 1930년대 스캔런에 의하여 처음 고안된 집단성과배분제도중의 하나이다. 이는 조직개발이론에 바탕을 두고 참여형 경영의 실현에 중점을 둔 제도로서 단순히 성과에 대한 보너스를 나누는 보너스제도가 아니고 일반 종업원들의 잠재력을 극대화시키는 데에 목적이 있다. 즉 대부분의 종업원들은 기업의 경영성과 향상에 기여할 수 있는 능력과 의사가 있는 것으로 가정하고 있으며, 스캔런플랜은 그 능력을 발휘할 기회를 제공하는 제도다.
③ Rucker plan : '부가가치 배분원리' 또는 '생산가치분배원리'라고도 한다. 각 기업의 부가가치 중에서 인건비가 차지하는 비율을 미리 산정해 두고 이것과 실제의 비율을 비교하여 그 차액을 종업원에게 분배하는 방식이다.
④ Guaranteed annual wage plan : '연간보장제도'로 일정기간 근속한 근로자에 대하여는 해고된 경우일지라도 일정기간 동안은 취업중의 실질임금의 일정률을 보장하는 제도이다.

(7) 직무3면 등가원칙

① 어떤 사람이든 직무를 수행할 때 권한과 책임, 의무를 가져야 하는데, 이때 이 세 가지의 그 범위는 같아야 한다는 원칙으로, 직무에는 「권한 = 책임 = 의무」의 등식이 성립되어야 한다는 것을 직무 3면등가의 법칙이라 한다.

② 조직의 업무수행에는 권한, 책임, 의무가 서로 등가의 관계를 갖고 있음을 의미한다. 권한은 결정권, 명령권 및 행위 등이며, 책임이란 주로 업무수행 방법과 집행 결과에 대한 책임이고, 의무란 주로 일정한 행위가 요청되는 것을 의미한다.

③ 업무진행과정에 있어서 권한, 책임, 의무의 3개 부문이 균형을 맞추어 실행되어야 한다는 원칙이다. 주어진 의무에 상응한 권한이 주어지지 않은 경우 발생하는 것이 소위 「의무정체」이고, 의무란, 주로 일정한 행위가 실행되도록 요청하는 것으로서 여기서는 책임과 권한에 대한 실행을 요청하는 것을 의미한다.

④ 직위에 따라 직능, 책임, 권한, 의무, 관계 등을 종합적으로 나타내는 직위명세서 (position specification)와 업무처리 절차에서 관리 권한만을 명세화한 통제명세서 (contol specification)을 개발하여 권한과 책임을 명확히 규정하고 있다.

4. 인적 자원의 개발과 평가

(1) 교육 훈련과 개발

① 조직, 직무, 과업에 친숙해지도록 계획되어 있는 오리엔테이션을 통해서 신입 사원은 조직의 성공에 기여하거나 직무에 대한 이해와 성과 및 조직에 대해서 이해를 높이게 된다.

② 오리엔테이션과 적절한 직무배치가 이루어졌다 하더라도 기대했던 업무수행이 이루어지지 못할 수 있다. 따라서, 오리엔테이션을 마치고 현업에 배치된 신입 사원에게는 추가적인 교육·훈련이 요구되기 마련이다.

③ 경력사원들도 새로운 업무를 담당하게 될 경우에는 업무수행능력의 진작을 위하여 교육·훈련이 필요하다.

④ 교육이란 구성원의 일반적인 지식, 기능, 태도 등을 육성하는 것으로서 주로 구성원의 능력 개발에 관심을 두어 장기적인 변화 추구를 목적으로 한다.

⑤ 훈련이란 특정직무를 수행하는 데 필요한 지식과 기술을 증진 또는 습득을 위한 것으로서 문제 해결, 태도, 관행, 행동의 변경에 관심을 두고 단기적인 변화를 추구하는 경향이 있다.

⑥ 교육·훈련이나 인적자원개발은 양자가 여러가지 면에서 장점이 있다. 교육·훈련은 조직과 개인, 그리고 직장내의 대인관계에서도 긍정적인 역할을 한다. 따라서 기업의 관리자들은 교육·훈련이나 인적 자원개발을 일종의 투자개념으로 추구해야 한다.

(2) 인적자원관리(HRM)의 과업

① 인적자원관리의 특징

㉠ 남아도는 인력을 어떤 방식으로 처리할 것인가를 간주한다.

㉡ 자격을 갖춘 신입사원 후보를 어떻게 발굴할 것인가를 알아본다.

㉢ 어떻게 종업원의 기능이 시대변화에 뒤떨어지지 않게 유지할 것인가를 알아본다.

② 인적자원관리의 과정

㉠ 인적자원관리(HRM)는 훈련이나 교육을 통해 채용의 부족한 판단이나 좀 더 효율적이고 능률적인 인간으로의 전환을 목적으로 삼을 수밖에 없는 것이다.

㉡ 직무성과의 향상이라는 부분을 문제해결과 연관지어 생각해보면 인적자원관리(HRM)의 역할은 명백해진다.

㉢ 특정한 문제가 발생시 이를 바람직한(Should) 방향으로 나아가는 혹은 그 GAP을 해결하는 것이 결국 문제해결이다.

㉣ 구체적인 해결방법과 전개방법에서 얼마나 능률적이고 효과적으로 수행하느냐가 직무능력이라고 생각할 수 있다.

(3) 비 관리자를 위한 교육 훈련

① 직장내 교육훈련(OJT : On the Job Training)

㉠ 직장내 교육훈련은 부여받은 직무를 수행하면서 직속상사와 선배사원이 담당하는 교육훈련이다.

㉡ 직장내 교육훈련은 훈련과 생산이 직결되어 있어 경제적이고 강의장 이동이 필요치 않지만 작업수행에 지장을 받는다.

② 직장외 교육훈련(Off-JT : Off the Job training)

㉠ 직장외 교육훈련은 연수원이나 교육원 등과 같은 곳에서 받는 집합교육을 말하며 많은 종업원에게 훈련을 시킬 수 있다.

㉡ 교육훈련은 교육훈련을 담당하는 전문가 및 전문시스템에 의해서 교육훈련을 실시하기 때문에 훈련효과가 높다.

③ 직무교육훈련(Job instruction training)

㉠ 직무교육훈련은 업무를 수행하면서 직접 교육을 받기 때문에 간단히는 임직훈련이라고 한다.

㉡ 주로 구성원들에게 현재의 업무수행방법을 숙지시키기 위한 목적으로 사용되며, 교육강사, 상사 혹은 동료들이 교육을 담당한다.

㉢ 일상적 작업환경에서 직접경험이 이루어지므로 현실적이고, 교육담당자와 피교육자간의 우호적인 관계형성 계기로 작용이 가능하다.

㉣ 체계적으로 구성된 훈련프로그램이 상당히 부족하며, 교육훈련을 담당하는 사람의 기술이나 능력이 부족한 경우 훈련효과를 기대하기 어려움이 있다.

(4) 관리자를 위한 교육 훈련

① 청년 중역회의(Junior boards of executives)

  ㉠ 아직 중역이 되지 않은 실무자들이나 중간 간부들에게 일정기간 중역의 역할을 맡겨서 실천해 보고 주기적으로 모여 상호 토의하도록 하는 것을 말한다.

  ㉡ 중견간부들로 하여금 경영관리자로서의 경험을 쌓고 그에 맞는 자질과 능력을 배양하는 훈련 방법으로서, 복수경영제도(Multiple management) 또는 청년이사회제도라고도 한다.

② 사례연구방법(Case study method)

  ㉠ 사례연구방법은 대화를 이끌어내기 위해 훈련에 필요한 특정사례를 토의하도록 하기 때문에 사례연구에 대한 사용빈도가 교육과정에서 증가하고 있다.

  ㉡ 훈련수강생은 서술된 형태로 제시된 상황을 검토한 후, 사례연구의 진행자가 개입하여 문제해결을 다각적으로 검토하도록 유도한다.

③ 행동모형화(Behavior modeling)

  ㉠ 역할연기와 유사한기법으로, 역할연기에 강의, 시청각 교육, 피드백 강화 법칙을 적용하여 개인의 기술향상이나 행동개선을 주목적으로 하는 기법이다.

  ㉡ 강의를 통하여 기본적 개념을 숙달시키고 영화나 슬라이드를 보여준 뒤 참여자 자신의 실제 역할연기 내용을 촬영후 교육담당자와 다른 참여자들이 실제연기에 대한 피드백을 제공함으로써 얻는 학습효과이다.

④ 실험실 훈련(Laboratory training method)

  ㉠ 실험실에서의 교육훈련은 자신과 타인 집단과정에 대한 이해력을 높이고 참여자의 감수성을 보다 개선시킴으로써 대인관계 기술을 향상시키기 위해 주로 사용되는 집단교육 훈련이다.

  ㉡ 실험실훈련의 변형으로 상당히 널리사용되는 방법이 감수성훈련(sensitivity training)인데 이는 타인의 감정에 대한 개인의 민감성을 증진시키는 데 목적이 있다. 그러나 최근에는 개인적 감정이나 행위보다는 직무와 조직지향적 토의를 강조하는 방향으로 수정되고 있다.

⑤ 대역법(Understudy assignment)

  ㉠ 대역이란 다른 사람의 업무를 수행할 수 있도록 준비된 자 또는 다른 사람의 위치를 대신할 수 있도록 준비된 자를 의미한다.

  ㉡ 대역법은 대역이 지명됨으로써 승진에 대한 경쟁이 끝난 것으로 생각하게 만들기 때문에 그 외의 승진 대상자들의 불만을 발생시킨다.

⑥ 역할 연기(Role playing)

  ㉠ 역할연기란 피교육자로 하여금 다른 사람의 역할을 맡아 수행하게 함으로써 그 사람의 입장에서 교육을 시키는 것을 말한다. 양측에게 전형적인 상대방의 역할이 주어지고 그러한 역할을 실행하고 반응하도록 요청된다.

ⓛ 역할연기를 통해 참가자들은 자신들의 행동을 고려해 보게 되므로 통찰력을 얻을 수 있고, 다른 사람의 관점에서 생각하게 되므로 조직내의 여러가지 상황을 이해하게 되며, 각자의 장·단점을 받아줄 수 있고 아량을 배우게 된다.

(5) 경영자 개발 교육 훈련

① 최고경영자 훈련 프로그램(ATP : Administrative Training Program)
  ㉠ 기업의 최고경영층(top management)을 대상으로 하는 토의식 경영강좌의 한 방법으로 경영간부에게 최신의 과학적 기업경영에 관한 지식과 기법을 지도하는 것을 목적으로 하고 있다.
  ㉡ 주요 강좌내용은 기업의 목적과 경영방침, 조직상 문제(형태, 권한과 책임 등 조직 편성과 구조), 제반 관리문제(인사, 자재, 예산, 원가, 품질 등), 관리과정과 업무 실시 조정(작업 결정, 할당, 집행, 검토) 등에 관한 문제 등을 포함하고 있다.

② 감수성 훈련(Sensitivity training)
  ㉠ 다른 사람이 느끼고 있는 것을 정확히 감지할 수 있는 능력과 반응하는 태도, 행동을 개발하는 경영자 육성방법의 하나이다.
  ㉡ 서로 알지 못하는 8~10명의 소집단형태로 소위 대인관계 문화체험이라는 사회적 조건하에서 1~2주간 집단생활을 통해 자신의 감정이나 행동이 타인에게 미치는 영향과 타인의 반응을 체험하여 상대방에 대한 민감성을 높임과 동시에 집단간의 상호작용을 통하여 자신의 행동개선과 대인관계기술을 향상시키려는데 목적이 있다.

③ 비즈니스 게임(Business game)
  ㉠ 모의 기업경영경기(management simulation)라고도 하며, 경영자들에게 경영 의사결정의 중요성을 훈련시키는 일종의 사례연구법이다.
  ㉡ 보통 5~6명이 한 조로 된 여러개의 집단이 가상적인 모의회사의 경영진이 되어 부여된 각종상황(생산비, 설비투자, 광고, 연구개발 등)에서 의사결정을 내린 후 그 결과를 심사집단에서 평가하여 통보함으로써 우열을 가리게 하는 방법이다.

05 재무관리(Financial management)

1. 재무관리의 개요

(1) 재무관리의 개념

① 재무관리(financial management)는 기업의 자금조달 및 자금운영에 관하여 계획하고 관리하는 다양한 활동을 말한다.

② 자본조달은 운용을 전제로 하고, 조달된 자본이 설비·원재료·기계·노동력 등의 가치를 화체(化體)하면서 변형되어 생산에 공헌한다고 본다면, 경영활동을 자본이라는 관점에서 통일적으로 이해하며 그 합리성을 검토하는 일이 필요하다.

③ 좁은 뜻의 재무관리는 필요 자본량의 산정, 주식·사채 등의 자본조달방법의 선택, 현금수지나 보관 등에 관한 집행적 재무활동을 대상으로 하는 것으로, 기업금융론·경영재무론 등의 이름 아래 전통적으로 연구의 주내용이 되어왔다.

④ 넓은 뜻의 재무관리는 이익관리·예산관리·원가관리·경영분석등을 주내용으로 하는 계수관리나 관리회계를 가리키며, 최근에는 투자이론도 중시하게 되었다.

(2) 화폐의 시간가치

① 화폐의 시간가치(Time value of money)의 정의는 화폐는 동일한 금액이라도 시점에 따라 그 가치가 다르다는 것을 말한다. 즉, 오늘의 1원과 1년 후의 1원의 가치가 다르다. 미래의 현금흐름을 현재의 화폐가치로 할인한 가치를 현재가치라 한다.

② 현금흐름 할인법(Discounted Cash Flow Method: DCF Method)은 화폐의 시간가치를 고려한 방법으로 순현재가치법(NPV, net present value), 내부수익율법(IRR, internal rate of return), 수익성지표법(PI, Profitability Index)이고, 회수기간법(PP, Payback Period), 회계적이익율법은 고려하지 않는다.

③ 예를 들어 현재의 100과 1년 후의 105가 동일한 가치를 가진다면 1년의 시간가치는 5%인 것으로 말할 수 있다. 5%는 이자개념이고, 100은 현재가치(PV: Present Value) 105는 미래가치(FV: Future Value)이다.

$$\therefore \ PV \times (1+r)^t = FV$$

(3) 레버리지

① 레버리지비율(leverage ratio)은 일반적으로 레버리지는 기업의 부채의존도를 의미하며, 유동성비율과 함께 단기채권자의 재무위험을 측정하는데 사용된다. 즉, 레버리지비율은 타인자본의 의존도와 이자의 지급능력을 판단하는 비율이다.

② 레버리지효과(leverage effect)는 타인으로부터 빌린 자본을 지렛대 삼아 자기자본이익률을 높이는 것을 말하며 지렛대효과라고도 한다. 이런 레버리지 효과가 있기위해서는 차입하는 비용이 자본비용보다 싸야 한다.

2. 자본 예산

(1) 자본예산의 개념

① 자본예산(capital budget)이란 1년 이상 그 효과가 지속되는 자본의 지출 및 자금 조달 계획을 수립하는 종합적인 장기 재무계획을 말한다.

② 투자의 결과가 1년이상 장기간에 걸쳐 발생하는 투자 의사결정과 관련된 일체의 계획과정으로 지출규모가 크고 상대적으로 장기간에 걸쳐 현금흐름, 기업의 미래 가치에 영향을 미치므로 매우 중요한 의사결정이라고 할 수 있다.

③ 투자안을 분석하고 어떤 투자안을 자본예산에 포함시킬 것인가를 결정하는 전체과 정을 자본예산편성이라 하며, 투자결정과 동일하다. 자본예산에 포함되는 투자안들 은 기업의 장기적인 성장을 결정하는 중요한 투자이다.

④ 자본예산 의사결정이란 고려하고 있는 새로운 사업투자의 수익성을 분석하여 실행 하거나 기각 여부를 결정하는 활동을 말하는 것이다.

⑤ 자본예산과 관련된 투자는 주로 비유동자산(장기자산)을 늘리는 투자이다. 비유동 자산 투자활동은 재고자산과 같은 유동자산을 늘리는 활동에 비해 기업의 미래에 더 큰 영향을 미치며 따라서 중요도가 더 높다.

⑥ 투자안은 신규투자, 대체투자, 확장투자, 전략적 투자와 같은 성격에 의한 분류가 있 고 독립적 투자안, 상호배타적 투자안, 보완적 투자안, 종속적 투자안과 같은 투자안의 상호관계의 따른 분류로 나누어지며, 자본예산의 목표는 투자의사결정을 통해 순 현재 가치(NPV)를 극대화하고, 기업가치의 극대화 또는 주주부의 극대화를 이루는 것이다.

(2) 자본예산 의사결정

① 자본예산(capital budget)의사결정에서 고려하고 있는 신사업투자를 자본예산에 포함시킬 것인지 판단하는 결정으로 사업의 미래수익성이 충분하면 채택(accept) 하고, 충분하지 않으면 기각하는 것을 말한다.

② 자본예산 의사결정의 첫 단계는 사업의 창출할 현금흐름을 예측하는 작업으로 미래 수익성이 충분한지를 판단하는 데에는 여러기법이 사용될 수 있다.

③ 투자규모, 투자수명, 현금흐름양상이 서로다른 상호배타적인 투자안을 내부수익 률법으로 평가하는 경우 반드시 두 투자안의 NPV곡선이 상호 교차하는지 여부를 검토해야 한다.

④ 투자안의 경제성을 분석할 때 감가상각의 방법에 따라서 투자안의 현금흐름이 달라져서 투자안 평가에 영향을 미칠 수 있다. 두 개의 NPV 곡선이 교차하는 지점 의 할인율을 Fisher 수익률이라고 한다.

⑤ 투자안의 부분(분할)투자가 가능한 경우에는 수익성지수법을 이용할 수 있지만, 투자안의 부분투자가 불가능한 경우에는 투자후 잔여잔금을 고려해서 순현재가치 (NPV)법이나 가중평균수익성지수(WAPI)법을 사용해야 최적의 투자안 조합을 찾을 수 있다.

⑥ 상호배타적인 투자안의 경우 투자규모 또는 현금흐름의 형태가 크게 다를 때 순현
재가치법과 내부수익률법이 서로 다른 결론을 제시할 수 있다.

(3) 투자안의 경제적 평가방법 및 기법

① 순현재가치법

㉠ 순현가(Net Present Value, NPV)는 투자의 결과 발생하는 현금유입의 현가에
서 현금유출의 현가를 차감한 것을 의미한다. 즉, 순현금유입의 현재가치의 합계
를 의미한다. 이 순현재가치법은 여러기법들 중 가장 신뢰할 수 있는 기법이다.

$$\therefore \quad NPV = -\, Inv + CF^1/(1+r) + CF^2/(1+r)^2 + \ldots + CF^t/(1+r)^t$$

㉡ 위 식에서 적정할인율(appropriate discount rate) r 은 해당 투자안이 가지는
투자위험에 상응하는 할인율을 뜻하며, 그 투자안이 벌어 들여야 하는 최소한의
수익률로서 소요자본의 요구수익률(required rate of return)을 의미한다.

② 내부수익률법

㉠ 내부수익률(Internal Rate of Return, IRR)은 투자의 결과 발생하는 현금유입
의 현가와 현금유출의 현가를 같아지게 하는 할인율로서 장기투자안의 평균투자
수익률을 의미한다. 내부수익률은 다음의 식에 의해서 구할 수 있다.

$$\therefore \quad NPV = -\, Inv + CF^1/(1+IRR) + CF^2/(1+IRR)^2 + \ldots + CF^t/(1+IRR)^t$$

㉡ 위의 식에서 정의한 바와 같이, IRR은 결과적으로 NPV를 0으로 만드는 특정 할
인율을 의미한다. 다시 말하면, NPV법에서는 할인율(r)이 시장에서 결정된 자본
비용으로서 미리 결정되어지는데 반하여, IRR법에서는 NPV를 0으로 만드는 특
정 할인율 IRR의 값을 구한다.

③ 회수기간법

㉠ 어떤 투자안에 대한 회수기간(payback period)은 투자안에 대한 최초의 현금지
출을 회수하는 데 걸리는 년수(年數)를 의미한다. 회수기간법은 투자안이 초기의
투자액을 얼마나 빨리 회수하는가를 측정하므로, 각 투자안의 회수기간을 계산
할 때 회계이익이 아니라 현금흐름을 대상으로 측정하여야 한다.

㉡ 현금 흐름이 불확실할 경우에 유용한 평가 기법으로 투자 안을 평가하는 데 필요
한 시간과 비용이 절약된다. 기업의 유동성확보와 관련된 의사결정에 유용하며,
회수 기간이 짧은 투자안 일수록 안전하며, 회폐의 시간가치는 고려하지 않는다.

㉢ 어떤 투자안을 수행할 경우 현재 1,500만원의 투자비용이 소요되는 투자안을 고려
해 보자. 그리고, 이 투자안이 계획대로 수행될 경우, 앞으로 3년에 걸쳐서 각 연
도 말에 순서대로 각각 1,000만원(t=1), 500만원(t=2), 3,000만원(t=3)의 현금유
입이 예상된다고 가정해 보자. 이 투자안의 경우 초기 투자액 1,500만원을 회수하
는 데 걸리는 기간은 2년이다. 따라서, 이 투자안의 회수기간은 2년이 된다.

3. 포트폴리오이론과 자본자산 가격결정모형

(1) 포트폴리오 이론

① 포트폴리오 이론의 개념

㉠ 현대적 의미에서의 포트폴리오(Portfolio)이론은 1952년에 발표된 마르코비츠(H. Markowitz)의 논문이며, 포트폴리오를 구성하는 투자자들이 '위험-수익'의 상충 관계를 고려하여 어떻게 만족을 극대화할 수 있는지를 체계적으로 보여주었다.

㉡ 수익률 변동성이 자산위험의 좋은척도가 될 수 있음을 보여주었고, 개별주식이 아닌 포트폴리오에 투자함으로 위험을 줄일 수 있다는 위험분산효과를 증명하였다.

㉢ 포트폴리오 위험과 기대수익률의 관계를 설명해주는 효율적 투자선이라는 개념을 제시하여 포트폴리오를 과학적으로 분석하는 틀을 마련하였으며, 수학적인 최적화과정을 통해, 주어진 위험 하에서 가장 높은 기대수익률을 올릴 수 있는 포트폴리오를 구성할 수 있음을 보여주었다.

② 포트폴리오의 분산효과

㉠ 포트폴리오 효과(분산효과)는 포트폴리오를 구성함으로써 기대수익률을 감소 시키지 않으면서 투자위험을 줄이는 효과를 말한다.

㉡ 포트폴리오의 구성자산수가 많을수록 개별자산의 위험이 포트폴리오에 미치는 영향은 감소하고 포트폴리오의 위험은 공분산의 평균에 접근한다.

㉢ 포트폴리오위험은 체계적위험(분산 불가능위험)과 비체계적위험(분산 가능위험) 으로 구분하며, 체계적위험은 포트폴리오를 구성함으로써 제거되지 않는 위험 이고, 비체계적 위험은 포트폴리오를 구성하여 제거되는 위험을 말한다.

(2) 자본자산가격 결정모형

① 자본자산가격 결정모형

㉠ 자본자산가격 결정모형(Capital Asset Pricing Mode: CAPM)은 자본시장의 균형하에서 위험이 존재하는 자산의 균형수익률을 도출해내는 모형으로 자본시장이 균형 상태를 이룰 때 자본자산의 기대수익과 위험의 관계를 설명하는 모형이다.

㉡ 자본자산이란 투자자가 미래의 수익에 대해 청구권을 가지는 자산을 말하며 주로 주식, 회사채 등의 유가증권을 가리킨다. 균형상태(equilibrium condition) 라는 것은 거래되는 모든 자본자산이 자본시장에서 수요와 공급이 일치되도록 가격이 형성된 상태를 말한다.

㉢ 자본자산가격 결정모형은 마르코비츠의 포트폴리오선택이론 대로 투자자들이 투자활동을 하여 시장전체가 균형상태에 있을 때, 주식을 비롯한 자본자산의 균형 가격이 어떻게 결정되는가를 설명하는 모형이라고 할 수 있다.

㉣ 마르코비츠의 포트폴리오 이론을 바탕으로 하여, 샤프 등에 의해 무위험자산의 가정을 포함하여 발전되었다. 넓은 의미로는 자본시장선과 증권시장선을 포함하는 개념이나, 보통 CAPM이라 하면 증권시장선을 의미하는 경우가 많다.

② CAPM의 가정

    ㉠ 자금시장에는 세금과 거래비용이 없다.

    ㉡ 투자자들이 특정 투자안에 대해 거의 동일한 기대를 한다고 본다.

    ㉢ 투자자들은 투자안의 수익은 높을수록 좋고 위험을 낮을수록 좋다고 생각한다.

    ㉣ 투자자들은 위험을 회피하려는 속성을 지니고, 투자자들의 투자기간은 1기간이다.

    ㉤ 자본시장에는 위험이 없는 투자자산이 존재하며, 이자산에 투자했을 때 올릴 수 있는 투자수익률로 자금을 자유롭게 차입하거나 대출할 수 있다고 본다.

(3) 체계적 위험과 비체계적 위험

① 체계적위험(Systematic Risk)

    ㉠ 주식과 채권 등의 모든 증권에 공통된 증권위험의 일부로서 분산투자에 의해 제거될 수 없는 위험을 말한다.

    ㉡ 주식시장 전반에 영향을 주어 발생하는 위험으로서, 이에 영향을 미치는 요인은 경기 변동, 인플레이션, 경상수지, 사회, 경제, 정치적 환경 등 거시적 변수율이 있다.

    ㉢ 일반적으로 분산투자가 가능한 상황 하에서는 비체계적 위험보다는 체계적 위험을 투자의사결정변수로 고려하게 된다.

② 비체계적 위험(Unsystematic or Residual Risk)

    ㉠ 주식시장 전반의 움직임에 관계없이 특정 개별주식에 한정된 위험으로 잔차위험이라고도 한다. 분산투자로 인해 위험을 서로 상쇄시켜서 위험을 완전히 줄일 수 있다.

    ㉡ 시장수익률의 변동에 기인하지 않는 것으로 주식시장 전체의 변동과 관계없는 기업고유의 요인 즉, 경기변동과 조업상태, 관리능력, 노사문제, 특허이용, 광고캠페인, 소비자의 반응, 소송, 대정부관계, 기업이미지 등에 기인하는 위험이다.

(4) 증권특성선과 증권시장선

① 증권특성선(SCL : Security Characteristic Line)

    ㉠ 시장수익률의 변화에 따라 개별주식수익률의 변동관계를 나타낸 것이 증권특성선이며, 개별주식의 수익률과 시장포트폴리오 수익률간의 관계를 회귀분석에 의하여 선형관계식으로 나타낸 것을 말하는 것이다.

    ㉡ 개별주식과 포트폴리오에는 두가지 위험인 체계적위험과 비체계적위험이 존재하는데, 자본시장선에서 가장 우월한 포트폴리오인 시장포트폴리오는 비체계적 위험은 제거된 것이므로 체계적위험만을 고려한다.

    ㉢ 시장포트폴리오를 구성하고 있는 개별주식들은 각 주식의 특성에 따라 체계적 위험의 크기가 다르게 나타난다. 인플레이션이나 금리변동 등은 시장포트폴리오의 수익률에 변동을 주게되고 시장포트폴리오를 구성하고 있는 개별주식들의 수익률 역시 기업의 특성에 따라 변동하게 된다.

② 증권시장선(SML : Security Market Line)

㉠ 증권시장선은 증권시장이 균형을 이루어 자본시장선이 성립할 때, 비효율적인 투자대상까지 포함한 모든 투자자산의 기대수익과 위험의 관계를 설명해주는 것이다. 즉 증권시장선은 체계적위험 베타계수와 증권의 기대수익률과의 선형적 관계를 나타낸다.

㉡ 증권시장선이 의미하는 바는 균형된자본시장에서는 증권의 수익률이 체계적위험에 선형적으로 비례한다는 것으로 체계적위험이 높으면 기대수익률도 높고, 체계적 위험이 낮으면 기대수익률도 낮다는 것이다.

㉢ 증권시장선은 개별자산 또는 포트폴리오의 균형수익률을 도출해내는 모형으로, 체계적위험의 지표인 베타에 비례하는 위험프리미엄을 측정하여 균형수익률을 이끌어 낸다.

㉣ SML은 CML과 달리 위험프리미엄의 보상기준이 되는 위험이 총위험이 아닌 체계적위험이며, 따라서 효율적포트폴리오 뿐만 아니라 개별주식과 비효율적 포트폴리오의 균형수익률도 측정가능하다는 차이가 있다.

③ 자본시장선(CML : Capital Market Line)

㉠ 자본시장선은 무위험자산이 존재할 경우의 효율적 투자선 을 의미한다. 마르코비츠의 포트폴리오 이론에서 도출된 위험자산만으로 구성되었던 효율적 포트폴리오에 무위험자산을 포함하여 새로운 포트폴리오를 만들 수 있다.

㉡ 이러한 새로운 포트폴리오집합을 자본배분선(CAL)이라고 하며, 이중에서 지배원리를 만족시키는 CAL을 자본시장선이라고 한다.

4. 파생상품과 위험관리

(1) 파생상품과 위험관리의 개념

① 기초자산의 미래가격이 어떻게 되느냐에 따라 그 수익형태가 결정되는 금융상품으로 다른자산의 가격변동에 따라서 투자성과가 결정된다는 의미에서 조건부청구권이라고도 불린다. 파생상품의 대표적인 종류에는 선물과 옵션이 있다.

② 위험관리의 정의는 기업의 경영활동에서 발생하는 불확실성의 원인을 파악하고 이로 인해 기업이 입을수 있는 손해를 줄이거나 방지하는 활동을 말한다. 대표적인 위험관리기법에는 헤징(hedging)이 있다.

(2) 옵션(Option)

① 옵션의 개념

㉠ 옵션이란 미리 정해진가격으로 정해진기간 동안에 특정자산을 사거나 팔 수 있는 권리가 부여된 증권을 말한다.

㉡ 옵션은 이미 존재하는 자산의 가격에 따라 가치가 변하는 조건부청구권으로 옵션도 기초자산을 살 수 있는 권리와 팔수 있는 권리로 구분할 수 있다.

ⓒ 옵션에서 기초자산을 거래할 수 있도록 미리 정해진기간을 옵션의 만기라 한다.

ⓔ 옵션거래에서는 기초자산을 사거나파는 가격이 미리 정해져 있다면, 이 가격을 옵션의 행사가격이라 한다.

② 옵션의 기능

　ⓐ 레버리지기능은 주식이나 채권 투자에 비하여 적은 금액을 투자하여 큰 효과를 볼 수 있는 기능으로 보험 또는 헤지기능, 신금융상품 창조기능 등이 있다.

　ⓑ 주가지수옵션은 개별주식을 기초자산으로 하는 것이 아닌 주가지수를 기초자산으로 하는 옵션이다. 기초자산 주가지수가 주식과는 달리 실물없는 추상적상품이다.

③ 콜옵션(Call option)의 가치

　ⓐ 콜옵션은 옵션소유자가 미리 정해진날에 정해진가격으로 특정주식을 살 수 있는 권리를 말한다.

　ⓑ 콜옵션은 행사가격으로 주식을 살 수 있는 권리이므로 만기일에 주식의 가격이 높을수록 옵션소유자에게 유리하다.

　ⓒ 만기일에 주식의 가격이 행사가격보다 높을 경우 옵션소유자는 시장에서 거래되는 주식을 현재가격 대신 미리 정해진 싼 행사 가격으로 살 수 있기 때문이다.

　ⓔ 행사가격에 비해 시장가격이 낮을 경우 옵션소유자는 권리를 행사하지 않게 되며 옵션의 가치는 (0)이 된다.

　ⓜ 주식을 행사가격으로 사는 것보다 시장에서 더 싼 값으로 살 수 있어 옵션을 행사하는 것이 오히려 불리해지므로 옵션의 권리를 포기하기 때문이다.

④ 풋옵션(Put option)의 가치

　ⓐ 풋옵션은 옵션소유자가 미리 정해진날에 정해진가격으로 특정주식을 팔 수 있는 권리를 말한다.

　ⓑ 풋옵션소유자는 주식가격이 낮을수록 유리하다. 그 이유는 시장에서 싸게 거래되는 주식을 풋 옵션의 행사를 통해 비싸게 팔 수 있기 때문이다.

　ⓒ 만기일에 주식가격이 행사가격보다 높다면 풋옵션소유자는 옵션을 행사하지 않을 것이며 이때 옵션가치는 (0)이 된다.

　ⓔ 옵션을 행사하여 행사가격으로 주식을 파는 것보다 시장에서 비싼 가격으로 파는 것이 유리하므로 팔 권리를 포기하기 때문이다.

(3) 선물(Futures)

① 선물의 개념

　ⓐ 선물 또는 선물거래는 거래 내용과 조건을 표준화하여 시장성을 높인 선도거래 이다. 표준화된 상품과 표준화된 거래조건을 가지고 조직화된 시장에서 거래가 이루어지는 선도거래를 선물거래, 단순히 줄여서 선물(futures)라고 한다.

　ⓑ 선도거래는 두 거래당사자가 미래의 특정 시점에 특정 자산을 미리 정한 가격으로 거래하기로 현재시점에서 약정하는 계약을 말한다.

② 선물의 종류와 발전

 ㉠ 선물은 거래대상이 되는 기초자산에 따라 크게 상품선물(commodity futures)과 금융선물(financial futures)로 나뉜다.

 ㉡ 1970년대 초까지만 해도 주요 농산물과 금속 등을 기초자산으로 하는 상품선물이 주종을 이루었다. 그러나 이후 국제 금융시장에서 환율과 이자율의 변동이 심해지면서 위험관리 수단으로 금융자산을 기초자산으로 하는 금융선물이 거래되기 시작하여 급격히 발달 하고 있다.

③ 선물의 기초 용어

 ㉠ 기초자산(underlying asset) : 선물의 거래대상

 ㉡ 현물가격(spot price: S) : 기초자산의 현재가격

 ㉢ 만기일(maturity or delivery: T) : 선물의 거래 시기

 ㉣ 선물가격(futures price: F) : 정해진 거래가격

④ 선물의 매입과 매도

 ㉠ 선물의 매입(long futures): 만기일에 기초자산을 선물가격으로 살 것을 계약

 ㉡ 선물의 매도(short futures): 만기일에 기초자산을 선물가격으로 팔 것을 계약

⑤ 선물시장의 경제적기능

 ㉠ 현물시장에서 기초자산에 투자하거나 앞으로 투자할 사람은 기초자산의 미래가격이 변동함에 따라 나타나는 위험을 부담하며, 선물시장은 이러한 위험을 대신 부담하고 이에따른 수익을 얻고자 하는 투자자에게 위험을 전가(transfer)하는 기능을 한다.

 ㉡ 기초자산에 대한 투자위험을 회피하려는 투자자를 헤저(hedger)라하고, 기초자산에 대한 투자위험을 부담하는 대가로 수익을 얻고자하는 투자자를 투기자(speculator)라 한다.

 ㉢ 가격예측기능으로서 특정상품의 선물가격은 미래의 상품가격에 대한 예측치를 나타내므로 기업들은 선물가격을 분석하여 재고수준을 결정하거나 생산계획을 결정하게 된다.

 ㉣ 자원의 효율적 배분기능은 선물시장에 참여하는 투자자들은 시장에서의 수요, 공급상황과 정부의 정책방향 등에 관한 정보를 수집하고 분석하며 그 결과를 반영하여 선물가격을 결정한다.

⑥ 선물가격의 결정

 ㉠ 선물가격은 선물시장에서 거래되는 표준화된 품목을 대상으로 다수의 투자자들 사이에서 경쟁적으로 결정되는 가격이다.

 ㉡ 일반적으로 선물가격은 계약시점으로부터 인도시점까지 해당 현물을 보관하는데 드는 비용인 보유비용(cost of carry)만큼 현물가격과 차이가 발생한다.

 ㉢ 보유비용이 양(+)인 경우에는 상품선물의 경우 선물가격이 현물가격보다 높게 형성되고, 보유비용이 음(−)인 경우에는 금융선물의 경우 선물가격이 현물가격보다 낮게 형성된다.

(4) 선물과 옵션

① 옵션의 소유자는 기초자산의 가격에 따라 옵션의 행사 여부를 결정할 수 있는 권리를 갖는다. 옵션의 발행자는 옵션소유자가 옵션을 행사할 경우에만 거래를 완성시킬 의무를 갖는다.

② 선물은 매입자와 매도자 모두 만기일의 현물 가격에 관계없이 거래를 반드시 완성시킬 의무를 갖는다.

③ 선물의 가치는 효율적인 시장에서 선물가격은 기초자산이 만기일에 갖게 될 자격에 대한 투자자들의 합리적인 예상을 반영하여 형성한다.

④ 선물은 최초 거래시점에서 가치가 (0)이므로 선물매입이나 선물매도에 비용이나 수익이 발생하지 않는다. 거래청산을 할려면 선물은 만기일에 기초자산을 선물가격에 인수(인도)함으로써 거래가 청산된다.

⑤ 많은 경우에 있어 선물거래는 만기일에 기초자산의 인수(인도)대신에 만기일의 현물가격과 약정된 선물가격의 차액만을 현금결제 하여 거래를 청산하거나, 거래의 만기일 이전에 원래의 거래와 반대되는 거래를 하여 그 차액을 현금결제 함으로써 거래를 청산 한다.

(5) 파생상품을 이용한 위험관리

① 헤징(hedging)

㉠ 헤징(hedging) 또는 헤지(hedge)는 현물시장에서 투자할 때 발생하는 기초자산의 가격변동 위험으로부터 투자의 가치를 보전하는 것을 말한다.

㉡ 현재 물건을 사서 소유하고 있는 사람은 소유한 물건의 미래가격이 하락할 것을 걱정하게 되고, 앞으로 물건을 살 사람은 미래에 그 물건의 가격이 오를 것을 걱정하게 된다. 이때 선물을 팔거나 사서 이러한 위험을 제거할 수 있다.

② 매입헤징

㉠ 현물시장에서 기초자산을 앞으로 사야 할 투자자가 선물시장에서 선물을 매입함으로써 기초자산의 가격변동위험을 없애려는 것을 말한다.

㉡ 우리나라 기업이나 금융기관이 장래에 회수될 자금을 가지고 재정증권을 매입하고자 하는데 향후 금리하락에 따라 증권매입가격의 상승이 예상될 경우에 선물매입계약을 체결하게 된다. 이는 장래에 예상대로 금리가 하락하는 경우 금리하락 전에 매입한 선물계약을 체결하게 된다.

③ 매도헤징

㉠ 현물시장에서 기초자산을 보유하고 있는 투자자가 선물시장에서 선물을 매도하여 기초 자산의 가격변동위험을 제거하려는 것을 말한다.

㉡ 기업이나 금융기관이 장래의 금리상승 전망 아래에서 보유채권의 가치하락을 헤징하기 위하여 선물매도계약을 체결하고 그후 예상대로 금리가 상승하면 선물 매도 포지션에서 발생한 이익으로 보유채권의 가치하락에 따를 손실을 상쇄시키게 된다.

(6) 채권발행

① 기업의 단기자금조달 방식으로 간접금융을 통한 단기자금의 조달 방법으로는 크게 단기대출, 당좌차월, 어음할인, 외상매출채권 담보대출이 있다.

② 단기대출은 1년 이내의 일정기간 은행으로부터 돈을 빌리는 방법으로, 개인이 은행에서 받는 대출과 비슷하고, 당좌차월은 특정 은행에 계좌를 개설해 놓고, 예금액이 충분하지 않더라도 일정 한도까지는 수표 발행 등을 통해 거래처에 돈을 내주도록 하는 대출 방식을 말한다.

③ 당좌차월을 위해서 당좌예금계좌가 사용되는데 이 계좌에 예금함으로써 한도를 넘어서 빌려 쓴 돈의 원금 상환과 이자 지급이 이루어지며, 마치 개인들이 사용하는 마이너스 통장과 비슷한 형태이다.

(7) 채권종류

① 정크본드 : 신용등급이 낮은 기업이 자본을 조달하기 위해 발행하는 것으로 높은 이자율을 지급하지만 상대적으로 높은 위험을 동반하는 채무 수단이다.

② 변동금리채 : 변동금리채권(Floating Rate Bond 또는 Note)는 일반적인 고정금리채권(스트레이트본드)과는 달리 채권이자가 시장금리에 연동되는 채권이다.

③ 연속상환채권 : 발행이 종료될 때까지 규칙적인 간격으로 각기 다른 만기의 사채를 발행하는 것이다.

④ 무보증채(non-guaranteed bond) : 금융기관 등의 지급보증 을 받아 발행하는 채권을 보증채라 한다. 무보증채는 지급보증없이 신용도만으로 발행하는 채권이다. 종전에는 은행보증 회사채 가 주류를 이루었으나 외환위기이후 금융기관들이 지급보증을 기피하면서 무보증채가 회사채 시장을 주도하고 있다.

⑤ 보증채 : 원리금과 이자를 채권보유자에게 보증하는 것이다.

(8) 팩토링(factoring)

① 기업이 외상판매로 받은 채권을 제3자에게 할인판매하는 것을 의미하며, 매출채권을 대출담보로 이용하는 대신에 매출채권을 직접 매각하여 채권에 투자된 자금을 회수하는 것을 매출채권 팩토링이라고도 한다.

② 기업이 물건을 판매할때, 현금을 받는 것외에도 외상으로 판매할 수도 있다. 외상으로 판매하면, 현금을 받는 것이 아니라 채권(accounts receivable)을 받는다. 그 채권을 금융기관 등의 제3자에게 할인 판매하면 기업은 현금을 확보할 수 있다.

③ 채권을 구매해주는 제3자를 팩터(factor)라고 하며, 채권인수를 담당하는 회사인 팩터(factor)는 일반적으로 은행이나 기관이 된다.

④ 기업이 은행에서 돈을 빌린후 설비투자를 하고 물건을 만들어서 외상판매한 후 매출채권을 받으면, 돈을 빌린 은행에 그 채권을 본래 가격보다 할인해서 파는 식으로 빚을 갚는다. 이것이 팩토링의 가장 전형적인 이용 방식이다.

06 구매관리(Purchasing Management)

1. 구매관리 (Purchasing Management)

(1) 구매관리의 개념

① 구매관리는 Purchasing Control이라는 의미로 함께 사용하는 용어로서 재무관리 · 생산관리 · 판매관리와 더불어 생산의 구조적관리의 직능분야를 이룬다.

② 구매관리는 판매나 생산활동의 합리적 운영을 목표로 해서 요구하는 필요량의 적격품을 적절한시기에 적정공급자로부터 적정가격으로 구입하는 것을 목적으로 한다.

③ 구매관리의 내용을 살펴보면 '구매대상의 가치분석 및 시장조사, 납기관리, 적정재고관리, 납품업자 선정 및 외주관리, 구매비용관리, 자재관리, 구매조직관리' 등이다.

(2) 구매관리의 대상

① 구매관리의 대상은 자재뿐만 아니라 기초 생산설비 등의 고정자산 부분도 그 대상으로 취급되나 통상적으로는 자재가 그 주된 대상으로 취급된다.

② 기업이 구매를 할 때 가져야할 목표는 내부고객의 생산요청 사항을 지원해야 하고, 신뢰할만한 고품질 공급기반을 개발, 관리해야 한다. 적절한 구매담당자 선정 및 전문교육 훈련을 제공하도록 하며, 조직의 목표달성을 전체최적화를 중심으로 지원하고, 마케팅, 생산, 엔지니어링, 기술, 재무부서등 타 기능 부서간의 관계를 강화한다.

③ 소매상의 구매관리에서 적정한 거래처를 확보하기 위한 평가기준으로 납기의 신뢰성, 최적의 가격, 적정 서비스수준, 구매자의 목표 달성에 부합되는 적정 품질 등이 있다.

④ 구매 성과관리에는 가격, 시간, 납기, 대응성 등의 측정지표를 사용하며, 성과와 활동을 구분하여 평가하고, 성과평가 결과의 피드백을 통해 문제 재발을 사전에 방지할 수 있게 한다. 공급자 성과 및 이해관계자 만족도 외에도 정부나 사회, 내부고객 만족도 또한 포함한다.

⑤ 구매(購買, purchase)란 재화를 취득하기 위해 규격을 결정하고, 공급원을 선정하고, 거래를 교섭하여 계약을 체결하고, 납입을 확보하는 기능을 말하며, 조달(調達, procurement)은 공급자가 제품을 고객에게 보내는 과정으로 재고 통제, 구매 및 인수와 창고관리의 기능을 포함하며, 공급망의 이윤을 극대화할 수 있는 전략적인 방식을 구사해야 한다.

(3) 벤더(Vender) 관리

① 벤더는 매주(賣主), 행상 등 여러 가지 용어로 불리며, 쉽게 말하면 판매자, 판매업자, 판매업체의 최고 경영자라고 할 수 있고, 법률 용어로는 매주(賣主)라고 불린다.

② 벤더(vendor)와 소매상 관계를 일회성 관계, 기능적관계, 전략적관계로 나눌 때 일회성 관계에서의 거래 특성으로 가장 타당한 것은 교섭(negotiation)이다.

③ 벤더를 선정하기 위한 적정한 기준으로는 제품의 적절성과 유용성, 벤더의 상품 계열의 대응성을 들 수가 있다.

(4) 구매관리의 비용

① 자재구매관리는 비용의 절약이 그 목적이나 이때 비용절감은 단순한 당면 구입물품의 절약뿐만 아니라 최종 생산요소 비용의 절약에 주어지지 않으면 안되며 장기적 계획과 대조하면서 당면 구매를 해야 한다.

② 현대경영에서 기술혁신은 생산의 자동화·고도화를 낳아 가공비용의 평준화를 이룩하며, 가공비용의 중요성을 감소시키고 자재비의 중요성을 증가시키는 경향이 있다.

③ 구매업무의 내용이 복잡해지게 된 것은 물론 그 업무의 중요성은 단순한 경비의 절감이 아니라 이익을 초래하는 부분으로 이익관리 차원에서 경영상의 문제로 총회화(總會化)하려는 경향으로 나타나고 있다.

(5) 구매자의 교섭력이 강한경우

① 구매자(buyer)의 교섭 능력이 공급자(판매자)들의 가격과 이윤을 낮춘다는 것은 이미 실증 연구에서 확인된 바 있다.

② 구매자가 공급자의 제품, 가격, 비용 구조에 대하여 자세한 정보를 가지고 있는 경우에는 교섭력은 강해진다.

③ 공급자의 수가 많거나 공급자들이 비조직화된 경우, 구매자가 공급자를 교체할 때 전환비용이 낮은 경우, 공급자가 전방 통합할 가능성이 낮은 경우가 있다.

(6) 구매자와 공급자 간의 협력

① 관계를 맺고있는 당사자들에 의해 어느정도 수용되는 행동규칙인 관계규범이 설정되어 있어야 한다.

② 대부분의 거래관계는 계약에 의해 실현되지만 장기협력관계를 유지하기 위해서는 거래윤리 같은 거래지침이 필요하다.

③ 상대방이 정직하여 거래의무를 성실히 수행할 것이라는 신념이나 확신인 상호간의 신뢰가 형성되어 있어야 한다.

④ 한 경로구성원이 거래상대방에게 의존하는 정도와 거래상대방이 자신에게 의존하고 있는 정도가 균형을 이루어야 한다.

⑤ 유통경로에서 구매자와 판매자의 관계발전모형에 기초한 단계를 살펴보면 「인지(awareness) - 탐색(exploration) - 확장(expansion) - 몰입(commitment) - 종식(dissolution)」의 다섯 단계를 거치며 발전한다고 보았다.

2. 매입 역할

(1) 매입의 의의

① 매입은 경제 주체가 본래의 적합한 기능을 수행하기 위하여 일정한 시기에 필요로 하는 지정된 물자(物資) 또는 용역(用役)을 그에 상당하는 일정한 대가를 지불하고 다른 경제 주체로부터 획득하는 경제 행위를 말한다.

② 매매교섭은 상대방과 신뢰할 수 있도록 합의하고, 거래조건에 서명하게 될 때에는 결정권이 명확하고, 시작할 때에는 우선 조건을 크게 제시하고 많은 요구를 해야 한다.

③ 매입은 판매상, 제조상 또는 업무상 필요한 물품(物品)을 적당한 메이커와 구입처를 탐구 파악하여 교섭을 거쳐 발주(發注), 가공(加工)시켜 매입하는 것을 말하고, 이를 필요로 하는 관계 부문이나 사용처에 공급하는 업무를 수행한다.

④ 상품 매입과 관련된 법적, 윤리적 문제의 하나로써 사고자 하는 상품을 구입하기 위해서 사고싶지 않은 상품까지도 소매업체가 구입하도록 하는 공급업체와 소매업체 간에 구속적계약(拘束的契約, tying contract)을 맺는다.

⑤ 매입품을 얻기 위해서는 먼저 그 취급자인 상대를 탐구해야 한다. 즉, 실제거래가 될 수 있도록 충분히 교섭한 후 이에 대한 매입을 행하는 일이다.

(2) 매입의 업무범위

① 매입기능은 종래 그 조직상에 있어서 생산부문 내에 종속적으로 편입되어 있었고 매입활동은 재생기술자의 지시에 따랐던 것이다.

② 매입기능의 발휘는 기술적인 면에 의하여 지배되는 일이 많았으며, 시장적인 측면의 고려는 경시되어 독자적인 매입기능을 발휘하는 것에 한계를 느끼게 되었다.

③ 생산경영은 기술적인 문제뿐만 아니라 경제적 배려가 지배 또는 희생을 당하지 않으면 안되었기 때문에 비로소 매입기능의 중요성을 인식하게 되었다.

(3) 매입의 기본 원칙

① 매입의 기본조건

  ㉠ 매입품질은 매입품의 품질이 양질인가, 실용적인가를 면밀히 관찰하여야 한다.

  ㉡ 매입수량은 생산 또는 매입에 필요한 최소 한도 또는 원가가 가장 싸게 되는 수량을 평가한다.

  ㉢ 매입시기는 필요할 때 매입을 하는 것이 보통이지만, 시세의 변동, 공급처의 사정 등을 조사하여 가장 유리할 때 구입해야 한다.

  ㉣ 매입가격은 시세 이외에 거래가격 조건을 결정하여 원가가 싸게 되도록 노력을 해야 한다.

  ㉤ 매입처의 선정을 보면 확실한 매입 유지가 될 수 있는 공급자를 그 자본, 능력, 신용에 비추어서 선택해야 한다.

ⓑ 매입조건의 결정은 여러가지 조건 중에서도 품질조건, 가격조건, 현품 인도조건
　의 사항 등을 우선시해야 한다.

② **특정(특약)매입**

　ㄱ 매출액은 백화점 매출로 산정하고, 재고부담은 거래당사자가 진다.

　ㄴ 거래조건은 매출발생액에 해당하는 수수료를 공제한 납품금액이다.

③ **당용매입**

　ㄱ 당장 필요한 양만큼 만을 구입하는 것을 당용매입이라고 한다.

　ㄴ 이러한 매입은 회전이 빠르고, 재고로 인한 손실부담이 적다는 특징이 있다.

④ **역 매입(buy backs)**

　ㄱ 역 매입은 두개 이상의 공급업체로부터 물건을 공급받을 때 가장 적합한 거래처
　　를 선정하기 위한 공급을 받는 업체인 소매업체의 선택의 방법이다.

　ㄴ 소매업체가 특정 공급업체의 입점욕구를 수용하고, 잘 팔리지 않은 다른 공급업
　　체의 상품을 일시에 해결할 수도 있는 방법이다.

(4) 매입 과정

① **마케팅조사**

　ㄱ 효과적인 마케팅 활동을 위해서는 정확한 마케팅정보에 근거한 마케팅계획을
　　수립하고, 실행이 뒤따라야만 한다.

　ㄴ 효과적이고 적절한 마케팅계획의 수립은 복잡하게 변화하는 다양한 마케팅
　　환경 요인을 체계적으로 탐색, 조사, 분석하여 정확한 마케팅정보를 획득하는
　　것을 목적으로 하고 있다.

　ㄷ 마케팅조사는 매입하려는 상품의 공급 상황과 수요 예측을 정확하게 파악하기 위
　　하여 실시하는 시장 조사이며, 기업이 당면한 구체적인 마케팅 문제를 해결하기
　　위하여 필요한 자료와 정보를 체계적으로 수집·분석하고 보고하는 것을 말한다.

② **매입계획의 수립**

　ㄱ 마케팅조사를 통하여 소비자가 무엇을 원하는지, 상품의 구매력은 어느 정도
　　인지, 구매관습은 어떠한지 등을 먼저 파악해야 하며, 판매계획에 따라 다시
　　매입계획을 세운다.

　ㄴ 매입계획에서 동일업종에 종사하는 사람과의 경쟁상태, 그들의 판매경향 등을
　　조사 분석하여 합리적인 계획을 세우고, 일단 매입계획이 세워지면 계획을 달성
　　하기 위하여 항상 계획과 실적을 비교하면서 여러가지 방법으로 매입과 판매를
　　조절해 나가야 한다.

③ **매입상품의 선정**

　ㄱ 우선적으로 좋은 품질을 공급해 줄 수 있는 매입처를 선택하는 것이 중요하다.
　　또한 계속적으로 공급이 가능해야 하고, 소비자들의 기호에 적합한 제품이어야
　　좋은 거래처라고 할 수 있다.

ⓛ 매입시 재고를 자사점포에 충분히 보유할 수 있는지, 매입단가는 얼마인지, 매입시 운송비 부담은 누가 부담하며, 화물에 대한 보험은 가입했는지, 기술적인 문제점은 없는지, 표준화가 잘 되어 있는지 등을 세세하게 살펴야 한다.

④ 매입처의 선정

　ⓗ 상품의 품질, 수량, 시기, 가격 등 네가지 요인을 영업활동과 관련시켜 매입처를 선정하고, 매입활동에서 적절한 매입선을 선정하여 우호관계를 유지하는 동시에 구매 파워를 구사하지 않는 범위내에서 최적의 구매를 실현할 수 있다.

　ⓛ 상품의 매입처의 선정요인은 가격저렴도와 납기준수도 등 사회적인 신용도, 상품정보의 제공능력, 거래에 대한 관심과 협력 태도 등을 들 수 있다.

⑤ 매입 방법

　ⓗ 대량매입은 1회에 대량의 상품을 매입하는 정책으로써 계절상품이나 투기적 상품일 경우에 채택되며, 이경우 현금할인이나 수량할인을 받을수 있다는 이점이 있지만, 취급이나 보관에 힘이 들고, 유행에 뒤떨어지며 고객의 시장 변화에 적응할 수 없는 상품을 보유하는 경우에는 위험에 빠지기가 쉽다는 단점이 있다.

　ⓛ 소량매입은 1회당 주문량을 적게 하여 재고품의 회전을 속히 알 수 있고, 소량 주문이기 때문에 대량주문에 비해 할인율이 적으며, 과다재고 보유로 인한 손실과 자금의 고정화로 인한 유동성부족을 피할 수 있다는 장점이 있다.

　ⓒ 매입(액)예산 계산방식은 「매출액 예산-기초 재고액 예산+기말 재고액 예산」으로 나타낼 수 있다.

(5) 매입 조건

① 직 매입

　ⓗ 점포가 상품을 매입하는 가장 근원적인 방법으로 다른 방법에 비하여 위험은 증가하지만 적절한 매입시 상품의 독창성, 수익성을 확보하기 위한 최선 방법이다.

　ⓛ 백화점들의 일반적인 경영방식과 달리 우리나라의 대형마트들은 직매입을 주로 하고 있다. 대형마트들이 직매입할 수 있는 이유는 다점포경영에 의한 구매력인 규모의 경제법칙이론이 적용되기 때문이다.

　ⓒ 직매입은 판매도 직접하고, 재고관리도 직접하는 것을 말한다. 직매입은 가격인하를 위한 원동력이 될 수 있다.

② 위탁 매입

　ⓗ 신상품의 시험판매, 계절상품, 고가품, 행사품 등에 적합한 매입방법으로서, 위험이 높거나 신제품, 가격이 비싼제품인 경우에 주로 많이 이용하며, 소매업자에게 제공한 제품의 소유권이 공급업자에게 있다.

　ⓛ 소매업자는 일정기간 동안 제품을 진열하여 최종 소비자에게 제품을 판매한 후 사전에 결정된 일정비율의 커미션을 받고 남은 제품은 공급업자에게 반품하게 된다. 주로 수요예측이 어렵고 위험이 높은 제품인 경우에 사용한다.

③ 약정 구매

    ㉠ 소매업자가 납품받은 상품에 대한 소유권을 보유하되 일정기간 동안에 팔리지 않은 상품은 다시 납품업자에게 반품하거나 혹은 다팔린 후에 대금을 지급하는 권리를 보유하는 조건으로 구매하는 방식이다.

    ㉡ 약정구매(memorandom buying)에서 소매업자는 상품이 팔리지 않아 발생할 수 있는 위험을 최소화하거나 없앨 수 있어 영업의 안정성을 높일 수 있다.

④ 전매(diversion)

    ㉠ 지역적 거래조건이 상이할 때 중간상이 해당 지역에서 촉진활동의 일환이다.

    ㉡ 저렴하게 거래되는 제품을 구입하여 다른 지역에 있는 도매상이나 소매상에게 재판매하는 것이다.

(6) 매입의 집중전략과 분산전략

① 집중전략은 소매유통업체가 상품구매에 있어서 하나 혹은 소수의 제조(공급)업체와 집중적으로 거래하는 것이다.

② 유통업체가 가능한 한 다수의 제조(공급)업체와 거래를 진행함으로써 구매위험을 분산시키는 것은 분산전략의 효과이다.

③ 집중전략의 경우보다 분산전략을 선택하면 상품의 다양성을 더욱 증가시킬 수 있는 장점이 있다.

(7) 수요예측

① 정성적(Qualitative)예측방법

    ㉠ 전문가 의견법 : 전문가들이 의견을 자유롭게 교환하여 일치된 예측결과를 얻는 기법이다.

    ㉡ 시장조사법 : 앙케이트를 통해 조사하는 방법으로 시간과 비용 소요되며, 정성적 기법중 가장 수리적 예측기법이다.

    ㉢ 수명주기 유추법 : 신제품과 비슷한 기존제품의 제품수명주기 단계에서의 수요변화에 관한 과거의 자료를 이용하여 수요의 변화를 유추해보는 방법이다.

    ㉣ 델파이법 : 설계된 절차의 앞부분에서 어떤 일치된 의견으로부터 얻어지는 정보와 의견의 피드백을 중간중간 삽입하여, 연속적으로 질문 적용하는 기법이다.

    ㉤ 역사적 유추법(historical analog) : 신제품의 경우 기존 자료가 없어서 보완제품이나 대체제품, 경쟁제품 등의 자료를 사용하여 수요를 예측하는 방법이다.

② 정량적(Quantitative)예측방법

    ㉠ 시계열 예측법 : 장기추세, 순환변동, 계절변동, 불규칙변동 예측하는 방법이다.

    ㉡ 인과형 예측기법 : 수요를 종속변수로 수요에 미치는 요인을 독립변수로 설정하여 양자간의 수요에 미치는 영향. 즉, 인과관계에 있는 요인들을 분석하여 수요를 예측하는 방법이다.

01 다음 중 유통기업의 조직구조에 대한 설명으로 가장 올바른 것은?

① 조직의 유형에는 조직구성원의 역할에 대해 정형화한 비공식조직과 조직구성원의 사회적 관계나 네트워크에 의해서 자연스럽게 형성된 공식조직이 있다.

② 유통기업이 조직을 설계할 때, 관리자가 효과적으로 관리할 수 있는 업무량을 기준으로 관리의 범위를 결정한다.

③ 조직의 부문화는 기능별부문화, 지역별부문화, 고객별부문화 및 제품별부문화 등으로 구분한다.

④ 조직구조에서 관리의 범위와 조직계층의 수 사이에는 항상 정비례관계가 있다.

⑤ 매트릭스조직은 복수의 부문화조직을 결합하여 각 부문화의 장점을 활용하기 위한 구조로서 최고경영자의 조정과 통합능력은 상대적으로 덜 필요로 한다.

 조직의 전체과업이 분화되면 능률을 도모하기 위하여 관련된 과업을 모아 그룹을 형성할 필요가 있다. 이와 같은 그룹들의 형성과정을 '부문화(departmentalization)'라고 하고, 동시에 과업과 관련해서 형성된 사람들의 집단을 '부(部)' 또는 '과(課)'라 한다. 조직의 부문화는 기능별 부분화, 지역별 부문화, 고객별 부문화 및 제품별 부문화 등으로 구분한다.

02 조직업무의 계획·실행·평가 및 피드백작업에 있어서 적용되어야 하는 직무의 3면 등가원칙에 대한 설명으로 가장 거리가 먼 것은?

① 주어진 의무에 상응한 권한이 주어지지 않은 경우 발생하는 것이 소위 "의무정체"이다.

② 업무진행과정에 있어서 권한·책임·의무의 3개 부문이 균형을 맞추어 실행되어야 한다는 원칙이다.

③ 직권남용이란 주어진 권리·권한을 지나치게 사용하고 그에 상응하는 의무를 다하지 않는 경우를 의미한다.

④ 의무란 주로 일정한 행위가 실행되도록 요청하는 것으로서 여기서는 책임과 권한에 대한 실행을 요청하는 것을 의미한다.

⑤ 조직의 업무수행에는 권한, 책임, 의무가 서로 등가의 관계를 갖고 있음을 의미한다. 어떤 사람이든 직무를 수행할때 권한과 책임, 의무를 가져야 하는데, 이때 이 세 가지의 그 범위는 같아야 한다.

 어떤 사람이든 직무를 수행할 때 권한과 책임, 의무를 가져야 하는데, 이때 이 세 가지의 그 범위는 같아야 한다는 원칙으로, 즉 직무에는 '책임=권한=의무'의 등식이 성립되어야 한다는 것을 직무의 3면 등가법칙이라 한다. 직권남용은 권한 외의 행위를 말한다.

 01 ③ **02** ③

03 정보의 전달은 최종 의사결정자 까지를 의미한다고 할 때, 다음 중 집권화 와 분권화가 바람직한 조건에 해당되는 경우가 아닌 것은?

	구분	집권화가 유리함	분권화가 유리함
①	정보전달 비용	정보 전달비용이 크지 않을 때	정보가치에 비해 전달비용이 클 때
②	의사결정정보	원거리 정보가 의사결정에 가치가 있을 때	현장의사결정자가 수집한 정보를 중앙에 전달하기 어려울 때
③	신뢰	일반적으로 조직구성원의 신뢰가 낮을 때	일반적으로 조직구성원의 신뢰가 높을 때
④	동기유발	단순하고 체계적인 업무	복잡하고 동태적인 업무
⑤	시간의 가치	의사 결정의 가치에 비해 정보전달시간이 오래 걸릴 때	의사결정의 가치에 비해 정보 전달시간이 오래 걸리지 않을 때

 시간의 가치 측면에서 보면 의사 결정의 가치에 비해 정보전달시간이 오래 걸릴 때는 분권화가, 의사 결정의 가치에 비해 정보 전달시간이 오래 걸리지 않을 때는 집권화가 유리하다.

04 인사평가 방법인 목표관리(MBO)의 단계별 순서를 가장 바르게 연결한 것은?

가. 평가자와 피평가자가 협의를 거쳐 목표를 합의한다.
나. 상급자와 하급자가 성과의 표준을 공동으로 개발한다.
다. 피평가자의 직무기술서를 상급자와 하급자가 함께 검토하여 직무의 범위와 핵심활동을 파악한다.
라. 업무를 진행하면서 수시로 중간목표 달성 여부 및 근무여건 변화를 상·하 급자간에 커뮤니케이션을 통해 지속적으로 점검한다.

① 다-나-가-라 ② 라-다-가-나 ③ 가-나-다-라
④ 나-가-라-다 ⑤ 다-가-나-라

 목표관리(MBO; Management By Objectives)는 전통적인 충동관리나 상사위주의 지시적관리가 아니라 공동목표를 설정 및 이행, 평가하는 전과정에서 아래사람의 능력을 인정하고 그들과 공동노력을 함으로써 개인목표와 조직목표 사이에, 상부목표와 하부목표 사이에 일관성이 있도록 하는 관리방식을 말한다.

 03 ⑤   04 ①

05 다음은 조직구조 형태에 대한 설명으로 가장 옳지 않은?

① 제품별영업조직(product sales force structure)은 제품을 시장특성에 따라 대응함으로써 소비자의 만족을 증대시킬 수 있다.

② 기능별조직은 환경이 비교적 안정적일 때 조직관리의 효율성을 높일 수 있으며, 각 기능별로 규모의 경제를 얻을 수 있다.

③ 사업별조직은 제품, 고객, 지역, 프로젝트 등을 기준으로 종업원들의 직무를 집단화하여 조직을 몇 개의 부서로 구분하는 것을 말한다.

④ 매트릭스조직구조(matrix structure)는 담당자가 기능부서에 소속되고 동시에 제품 또는 시장별로 배치되어 다른 조직구조에 비하여 개인의 역할갈등이 최소화된다.

⑤ 특정한 계획이나 긴급을 요구하는 문제 처리에 있어 프로젝트팀(project team)이라든가 태스크포스(task force)라 불리는 임시적조직이 있다.

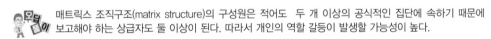 매트릭스 조직구조(matrix structure)의 구성원은 적어도 두 개 이상의 공식적인 집단에 속하기 때문에 보고해야 하는 상급자도 둘 이상이 된다. 따라서 개인의 역할 갈등이 발생할 가능성이 높다.

06 아래에서 설명하는 인력충원 계획 중 (   )에 가장 적합한 용어는 무엇인가?

> 우리나라 대표적인 유통업체인 롯데그룹과 신세계그룹도 (   ) 확대 계획을 발표했다. 롯데는 상반기까지 (   )2000개를 만들어 경력 단절 여성과 재취업을 희망하는 중장년층을 고용할 방침이다. 지난달 말 기준 1068명의 (   )근로자를 고용한 신세계는 연말까지 1000여 명을 추가 채용한다. 주요 부문별로는 이마트가 540명으로 가장 많고, 스타벅스 300명, 신세계백화점 80명, 신세계인터내셔널 60명 등 순이다. CJ그룹은 제일제당·오쇼핑·푸드빌·E&M·CGV 등 10여 개의 주요 계열사에서 (   )근로자 500명 채용 계획을 마련 중이다. 상반기 320명을 뽑은 SK그룹은 OK캐쉬백 고객상담직으로 연말까지 180명을 추가 채용할 계획이다. 한화는 갤러리아백화점과 호텔앤리조트 등 유통서비스 계열사에 시간선택제 근로자 150명을 채용할 계획이다.

① 인턴사원제 일자리

② 시간선택제 일자리

③ 선택근무 시간제 일자리

④ 최저급여제 일자리

⑤ 플렉서블 타임제 일자리

 시간선택제 일자리는 근로자가 근무시간을 택해 하루 4~6시간(주당 15~30시간) 일하는 고용 형태이다. 4대보험과 복리후생 등에서 정규직과 동등한 대우를 받기 때문에 취업을 원하는 일반인에게도 좋은 일자리가 될 수 있다.

05 ④   **06** ②

07 인사고과란 기업내 각 종업원에 대한 인사정보 자료를 수집, 분석, 평가하는 과정으로서, 인사평점 또는 근무평점이라고 한다. 다음 중 인사고과상의 오류에 대한 설명으로 가장 거리가 먼 것은?

① 현혹효과(halo effect)는 한 분야에 있어서의 어떤 사람에 대한 호의적인 또는 비호의적인 인상을 말하는데, 이는 다른 분야에 있어서의 그 사람에 대한 평가에 영향을 주는 경향을 말한다.

② 상동적태도(Stereotyping)는 그 사람이 속한 집단을 지각하고 이를 바탕으로 그 사람을 판단하는 지각과정을 일컫는 말로서 한 가지 범주에 따라 판단하는 오류이다.

③ 관대화경향(leniency tendency)오류는 특정의 피평가자의 인상이나 요소를 감안하여 실제 능력이나 실적보다도 더 높게 평가하고 그 피평가자에게 후한 점수를 주는 평가자의 오류를 의미한다.

④ 후광효과의 예로 미국인은 개인주의이고 물질적이며, 한국인은 매우 부지런하며, 흑인은 운동에 소질이 있으며, 이탈리아인은 정열적이라는 것 등이 있다.

⑤ 사람들은 자신의 성공은 능력이나 노력과 같은 내재적요인으로 귀인하고 실패에 대해서는 운이나 다른 동료 탓이라고 귀인 하는 경향을 귀인의 이기적편견(self-serving bias)이라고 한다.

> 미국인은 개인주의이고 물질적이며, 한국인은 매우 부지런하며, 흑인은 운동에 소질이 있으며, 이탈리아인은 정열적이라는 범주에 의한 오류는 상동적 태도(Stereotyping)의 내용이다.

08 옵션(option)은 파생상품의 일종이며, 미리결정된 기간안에 특정상품을 정해진 가격으로 사고 팔수 있는 권리를 말한다. 이에 대한 설명으로 가장 옳지 않은 것은?

① 옵션은 이미 존재하는 자산의 가격에 따라 가치가 변하는 조건부 청구권으로 옵션도 기초자산을 살 수 있는 권리와 팔수 있는 권리로 구분할 수 있다.

② 옵션의 레버리지기능은 주식이나 채권투자에 비하여 적은금액을 투자하여 큰효과를 볼 수 있는 기능으로 보험 또는 헤지기능, 신금융상품 창조기능 등이 있다.

③ 옵션(call option)은 행사가격으로 주식을 살 수 있는 권리이므로 만기일에 주식의 가격이 높을수록 옵션소유자에게 유리하다.

④ 콜옵션(call option)소유자는 주식가격이 낮을수록 유리하다. 그 이유는 시장에서 싸게 거래되는 주식을 콜 옵션의 행사를 통해 비싸게 팔 수 있기 때문이다.

⑤ 만기일에 주식가격이 행사가격보다 높다면 풋옵션(put option)소유자는 옵션을 행사하지 않을 것이며 이때 옵션가치는 (0)이 된다.

> 싸게 거래되는 주식을 콜 옵션의 행사를 통해 비싸게 팔 수 있는 것은 풋옵션(put option)의 내용이다.

07 ④ 08 ④

09 다음 박스 안의 내용이 순서대로 설명하고 있는 것은?

> - 갑(甲)은 최근 자신이 근무하는 대형마트에서 할당된 판매실적에 따라 급여가 결정되었다.
> - 을(乙)은 최근 자신이 근무하는 소매점에서 월급과 함께 판매실적에 따라 보너스를 받게 되었다.
> - 병(丙)은 자신의 판매실적에 비추어 보너스가 적다고 느낀다.

① 성과급제,　　　혼합제,　　　분배공정성에 대한 불만
② 고정급제,　　　성과급제,　　　절차공정성에 대한 불만
③ 혼합제,　　　성과급제,　　　상호작용공정성에 대한 불만
④ 고정급제,　　　혼합제,　　　기여공정성에 대한 불만
⑤ 혼합제,　　　성과급제,　　　분배공정성에 대한 불만

 문제의 내용은 성과급제, 혼합제, 분배공정성에 대한 불만 순으로 구성되어 있다.

10 직무분석(Job Analysis)이란 직무에 포함되는 일의 성질이나 직무를 수행하기 위해서 종업원에게 요구되는 적성에 대한 정보를 수집·분석하는 것을 말한다. 다음 중 직무에 대한 설명으로 가장 옳지 않은 것은?

① 직무분석(job analysis)은 직무에 관련된 정보들과 아울러 직무를 수행할 사람들이 갖추어야 할 요건을 체계적으로 수집하고 정리하는 과정이다.
② 직무에 관련된 정보를 체계적으로 수집하고, 분석하고, 정리하는 과정이라 할 수 있다. 따라서 직무분석을 인적자원관리의 기초 또는 인프라스트럭처(infrastructure)라고 한다.
③ 직무의 성격, 내용, 이행 방법 등과 직무의 능률적인 수행을 위하여 직무에서 기대되는 결과 등을 간략하게 정리해 놓은 문서를 직무명세서(Job specification)라 한다.
④ 조직시민행동(organizational citizenship behavior)은 직무기술서(Job description)에 공식적으로 부과되어 있지는 않지만 조직의 효과에 기여하는 활동이다.
⑤ 직무명세서(Job specification)는 직무를 만족스럽게 수행하는 데 필요한 종업원의 행동, 기능, 능력, 지식, 자격증 등을 일정한 형식에 맞게 기술한 문서를 말한다.

 직무의 성격, 내용, 이행 방법 등과 직무의 능률적인 수행을 위하여 직무에서 기대되는 결과 등을 간략하게 정리해 놓은 문서를 직무기술서(Job description)라 한다.

해답　**09** ①　　**10** ③

11 임금관리에 있어 임금 수준, 임금 체계, 임금 형태의 3가지를 결정하여야 한다. 그리고 임금관리를 위해서는 공정성, 적정성, 합리성 등의 원칙이 지켜져야 한다. 다음 중 공정성 원칙이 지켜져야 하는 것과 가장 관련이 높은 것은?

① 임금 관리
② 임금 수준
③ 임금 체계
④ 임금 형태
⑤ 임금 기준

 임금관리에 있어, 임금체계, 임금수준, 임금형태의 3가지를 결정하여야 한다. 그리고 임금관리를 위해서는 공정성, 적정성, 합리성 등의 원칙이 지켜져야 한다.

12 다음 중 목표에 의한 관리(MBO)이론에 대한 설명으로 가장 옳은 것은?

① 장기계획이 만들어질 수 있는 상대적으로 안정적인 상황에서 효율적이다.
② 최대한의 목표를 제시함으로써 종업원에게 동기부여 할 수 있다는 이론이다.
③ 종업원이 특정작업에 투여하는 노력의 양은 기대하는 결과물에 따라 달라진다.
④ 긍정적/부정적 강화요인들이 사람들을 특정방식으로 행동하게 한다는 이론이다.
⑤ 종업원은 다른 사람과 보상을 비교하여 노력과 보상 간에 공정성을 유지하려 한다.

 목표관리(MBO ; Management By Objectives)는 전통적인 충동관리나 상급자 위주의 지시적관리가 아니라 공동목표를 설정 및 이행, 평가하는 전 과정에서 아래 사람의 능력을 인정하고 그들과 공동노력을 한다. 개인목표와 조직목표 사이에, 상부목표와 하부목표 사이에 일관성이 있도록 하는 관리방식을 말한다. 표현내용이 서로 다르기는 하지만 모두 MBO는 민주적이고 참여적이며 매우 의도적인 관리 방법이고, 장기계획이 만들어질 수 있는 상대적으로 안정적인 상황에서 효율적이다.

13 어떠한 사람을 평가할 때 실제의 업무와는 관계없이 자신이 호감을 가지고 있는 사람이기 때문에 능력이 있는 사람으로 판단해 버리는 인사 고과상의 오류는?

① 현혹 효과(halo effect)
② 중심화 경향(central tendency)
③ 상동적 태도(stereotyping)
④ 관대화 경향(leniency tendency)
⑤ 행위기준고과법(BARS)

 현혹효과(halo effect)는 한 분야에 있어서의 어떤 사람에 대한 호의적 또는 비호의적인 인상을 말한다. 이는 다른 분야에 있어서의 그 사람에 대한 평가에 영향을 주는 경향을 말하며 후광효과라고도 한다.

 **11** ③　　**12** ①　　**13** ①

14 예를 들어 '남자들은 아이를 돌보는데 관심이 없다'라는 지각을 바탕으로 특정 남성을 판단하는 것과 같이, 그 사람이 속한 집단을 지각하고 이를 바탕으로 그 사람을 판단하는 지각과정을일컫는 말은?

① 투사(projection)
② 현혹효과(halo effect)
③ 대조효과(contrast effect)
④ 상동적 태도(stereotyping)
⑤ 귀인의 일관성(consistency of attribution)

 상동적 태도(Stereotyping)는 현혹 효과와 유사한 점이 많이 있다. 현혹 효과가 한 가지 특성에 근거한 것이라면, 상동적 태도는 한 가지 범주에 따라 판단하는 오류이다.

15 다음 중 기업의 임금수준을 결정할 때 고려해야 할 요소로서 가장 거리가 먼 내용은?

① 정부의 정책이나 법규
② 기업의 손익분기점
③ 근로자의 평균 근속년수
④ 근로자의 생계비수준
⑤ 조직체의 임금지불능력

 종업원의 평균 근속년수를 기준으로 임금을 차별화하는 제도는 연공급이다.

16 백화점들의 일반적인 경영방식과 달리 우리나라의 대형마트들은 직매입을 주로 하고 있다. 직매입과 관련된 아래의 내용 중에서 옳지 않은 것은?

① 대형마트의 직매입은 가격인하를 위한 원동력이 될 수 있다.
② 직매입은 판매도 직접 하고, 재고관리도 직접 하는 것을 말한다.
③ 적절한 매입시 상품의 독창성, 수익성을 확보하기 위한 최선의 방법이다.
④ 대형마트들이 직매입할 수 있는 이유는 다점포경영에 의한 구매력이 뒷받침되기 때문이다.
⑤ 직매입의 경우에는 거래당사자간의 긴밀한 협력수준이 많이 요구되지 않는 장점을 제공한다.

 직매입은 일반적으로 상품을 점포가 매입하는 가장 근원적인 방법으로써, 다른 방법에 비하여 위험은 증가하지만 적절한 매입시 상품의 독창성, 수익성을 확보하는데 최선의 방법을 말한다. 직매입의 경우에는 거래당사자간의 긴밀한 협력수준이 많이 요구된다.

 14 ④ **15** ③ **16** ⑤

17 매매교섭과정에 있어서 협상자들은 다양한 전술을 사용한다. 다음 중 전통적인 매매교섭 전술내용과 가장 거리가 먼 것은?

① 매매교섭과정에 있어서 협상자들은 시작할 때에 우선 조건을 크게 제시하고 많은 요구를 해야 한다.

② 상대방과 신뢰할 수 있도록 합의하고, 거래조건에 서명하게 될 때에는 결정권이 없다고 해야 한다.

③ 상대방과의 거래는 기본적으로 신뢰를 바탕으로 하기 때문에 비용적인 것 이외의 것도 고려해야 한다.

④ 같은 시간에 협상한다는 사실을 모든 경쟁자들이 알 수 없도록 하며 공개적으로 경쟁을 붙이는 것은 최대한 피해야 한다.

⑤ 상대방이 우리의 움직임을 예상하지 못하도록 하며, 전술의 극적인 변화로 상대방을 놀라게 하여 상대방의 균형을 깨뜨려야 한다.

 구매자와 판매자의 매매교섭과정에 있어서 당사자들은 다양한 전술을 사용한다. 같은 시간에 협상한다는 사실을 모든 경쟁자들이 알 수 없도록 하거나 공개적으로 경쟁을 붙이는 것은 최대한 피하는 것은 전통적인측면보다는 조금은 발전된 개념이다.

18 다음 중 자본예산에 관한 설명으로 가장 적절하지 않은 것은?

① 상호배타적인 투자안의 경우 투자규모 또는 현금흐름의 형태가 크게 다를 때 순현재가치법과 내부수익률법이 서로 다른 결론을 제시할 수 있다.

② 투자규모, 투자수명, 현금흐름양상이 서로 다른 상호배타적인 투자안을 내부수익률법으로 평가하는 경우 반드시 두 투자안의 NPV 곡선이 상호교차하는지 여부를 검토해야한다.

③ 투자에 필요한 자금조달에 제약이 있는경우 이 제약조건 아래에서 최적의 투자조합을 선택하는 의사결정을 자본할당(credit rationing)이라 하는데 이경우 수익성지수법을 사용하면 항상 최적의 투자안 조합을 결정할 수 있다.

④ 두 개의 NPV 곡선이 교차하는 지점의 할인율을 Fisher 수익률이라고 한다.

⑤ 투자안의 경제성을 분석할 때 감가상각의 방법에 따라서 투자안의 현금흐름이 달라져서 투자안 평가에 영향을 미칠 수 있다.

 투자안의 부분(분할)투자가 가능한 경우에는 수익성지수법을 이용할 수 있지만, 투지안의 부분투자가 불가능한 경우에는 투자후 잔여잔금을 고려해서 순현재가치(NPV)법이나 가중평균수익성지수(WAPI)법을 사용해야 최적의 투자안 조합을 찾을 수 있다.

17 ④   **18** ③

19 소매업자가 납품받은 상품에 대한 소유권을 보유하되 일정기간 동안에 팔리지 않은 상품은 다시 납품업자에게 반품 하든지 혹은 다 팔린 후에 대금을 지급하는 권리를 보유하는 조건으로 구매하는 방식은 어떤 매입방식에 대한 설명인가?

① 위탁구매(consignment buying) ② 인정구매(approval buying)
③ 선도구매(forward buying) ④ 약정구매(memo random buying)
⑤ 계획구매(planning buying)

 약정구매(memo random buying)는 소매업자가 납품받은 상품에 대한 소유권을 보유하되 일정기간 동안에 팔리지 않은 상품은 다시 납품업자에게 반품하던지 혹은 다 팔린 후에 대금을 지급하는 권리를 보유하는 조건으로 구매하는 방식을 말한다.

20 다음 중 참여적(민주적)리더십에 대한 설명으로 옳은 것은?

① 비숙련 근로자들을 지휘해야 하는 상황에서 효과적이다.
② 의사나 엔지니어 등의 전문직을 상대하는 관리직에 적합하다.
③ 부하들의 절대적인 복종이 필요한 위기상황에서 특히 유효하다.
④ 관리자가 잠정적인 결정사항에 대해 발표하는 형태를 취하기도 한다.
⑤ 관리자가 목표를 설정하면 종업원은 비교적 자유로운 방법으로 일한다.

 리더십(leader ship)의 사전적 의미는 '무리의 지도자로서 갖추어야 할 자질'로서 일을 결정하는 능력, 무리를 통솔하는 능력, 사람들에게 존경과 신뢰를 얻는 능력 따위가 해당된다. 리더십의 구체적인 내용에는 지도자의 퍼스낼리티(personality) 특징을 활동력, 결단력, 설득력, 책임감, 지적인 능력으로 보고 이를 리더십의 중심이 되게 한다. 참여적(민주적)리더십은 관리자가 잠정적인 결정사항에 대해 발표하는 형태를 취하기도 한다.

21 다음 중 소매상의 구매관리에서 적정한 거래처를 확보하기 위한 평가기준으로 가장 옳지 않은 것은?

① 최적의 가격
② 납기의 신뢰성
③ 적정 서비스수준
④ 역 청구(charge backs) 가능성 여부
⑤ 구매자의 목표달성에 부합되는 적정 품질

 판매자가 구매자에게 청구를 하는 것이 일반적인 의미가 되지만, 역 청구(charge backs)는 반대의 의미가 된다. 즉, 구매자가 판매자에게 청구를 하는 것이 되므로 작정한 거래처를 확보하는 것에는 한계가 있다.

 19 ④ **20** ④ **21** ④

22 일반적으로 벤더(vendor)와 소매업체간의 관계는 1) 일회성 거래관계, 2) 기능적 관계, 3) 전략적 관계로 나눌 수 있다. 양자 간의 관계가 전략적 관계라고 가정할 경우, 일회성 및 기능적 관계와 비교 설명한 내용 중에서 가장 올바르지 않은 것은?

① 상호간의 신뢰수준 또한 가장 높은 편이다.
② 현금거래도 있지만 외상거래 역시 상당하다.
③ 시간적으로 가장 지속적이며 장기적인 거래 성격을 갖는다.
④ 거래 상대방과의 쌍방향 커뮤니케이션이 가장 원활하게 이루어진다.
⑤ 지속적이며 장기적인 관계형성 및 유지를 위한 투자는 가장 높지 않다.

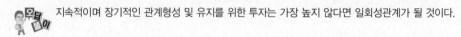 지속적이며 장기적인 관계형성 및 유지를 위한 투자는 가장 높지 않다면 일회성관계가 될 것이다.

23 다음 중 구매자(바이어)의 교섭력이 커지는 원인을 설명하는 내용과 가장 거리가 먼 것은?

① 대규모 매입을 할 경우
② 후방 통합의 가능성이 높은 경우
③ 소수의 공급자와 다수의 구매자가 존재하는 경우
④ 공급자와 제품에 대한 정확하고 자세한 정보를 확보할 경우
⑤ 공급자를 바꾸는데 많은 전환 비용(switching cost)이 낮은 경우

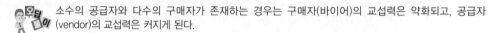 소수의 공급자와 다수의 구매자가 존재하는 경우는 구매자(바이어)의 교섭력은 약화되고, 공급자 (vendor)의 교섭력은 커지게 된다.

24 상품 매입과 관련된 법적, 윤리적문제의 하나로써 사고자 하는 상품을 구입하기 위해서 사고 싶지 않은 상품까지도 소매업체가 구입하도록 하는 공급업체와 소매업체간에 맺는협정을 무엇이라고 하는가?

① 역매입(buy backs)
② 역청구(charge backs)
③ 회색시장(gray-market)
④ 구속적계약(tying contract)
⑤ 독점거래협정(exclusive dealing agreement)

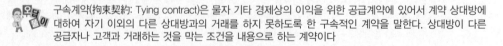 구속계약(拘束契約: Tying contract)은 물자 기타 경제상의 이익을 위한 공급계약에 있어서 계약 상대방에 대하여 자기 이외의 다른 상대방과의 거래를 하지 못하도록 한 구속적인 계약을 말한다. 상대방이 다른 공급자나 고객과 거래하는 것을 막는 조건을 내용으로 하는 계약이다

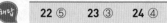

25 다음 중 인력선발과 관련된 서술 중 가장 적절하지 않은 것은?

① 인력선발의 유용성 평가는 비용분석과 혜택분석을 통해 이루어질 수 있다.
② 인력선발 도구의 신뢰성은 피평가자에 대한 측정결과의 정확성을 의미한다.
③ 중심화경향 오류는 피평가자를 평가자 자신의 가치 기준으로 평가하는 오류를 의미한다.
④ 인력선발에서 같은 지원자에 대해 다른 평가 방법을 사용하더라도 결과가 동일할 경우 선발도의 타당성이 높다고 할 수 있다.
⑤ 관대화경향 오류는 특정의 피평가자의 인상이나 요소를 감안하여 그 피평가자에게 후한 점수를 주는 평가자의 오류를 의미한다.

 인력은 어느 분야에서나 가장 중요한 생산요소중의 하나이다. 인력선발의 유용성 평가는 생산성측면의 비용분석과 혜택분석을 통해 이루어지는 것이 합리적이다.

26 리더십을 과업지향적인 유형과 관계지향적인 유형으로 구분하여, 리더가 어떤 유형의 리더십을 갖고 있는지를 측정하기 위해 최소선호 동료 설문지를 개발한 상황이론의 대표적인 학자는?

① 포터(M. Porter)
② 맥클리랜드(D. McClelland)
③ 앨더퍼(C. Alderfer)
④ 브룸(V. H. Vroom)
⑤ 피들러(F. E. Fiedler)

 피들러(Fiedler)의 이론에서는 리더의 특성을 LPC(least preferred co-worker) 설문에 의해 측정하고, LPC 점수가 높을수록 관계 지향적 리더십으로 정의하고 있다. 피들러는 상황이 리더에게 호의적인 경우에 과업지향적인 리더십스타일이 적합하다고 하였다.

27 외부의 교육훈련기관이 직원의 교육을 담당하여 현장의 실무를 떠나서 이루어지는 집단교육은 다음 중 어느 것인가?

① 토론회의법
② 코칭법
③ on-the-job training
④ off-the-job training
⑤ 역할 연기(role playing)

직장 외 훈련(Off-JT : Off-the-job training): 직장외 교육훈련은 연수원이나 교육원 등과 같은 곳에서 받는 집합교육을 말하며 많은 종업원에게 훈련을 시킬 수 있다. 교육훈련은 교육훈련을 담당하는 전문가 및 전문시스템에 의해서 교육훈련을 실시하기 때문에 훈련효과가 높다.

 25 ① **26** ⑤ **27** ④

28 소매 기업들은 종업원들에게 업무에 대한 책임의식과 기업전략과 일치하는 행동지침을 심어준다. 가령, A업체는 고객서비스를 강조하고, B업체는 비용을 줄여 저가로 상품을 공급하는데 초점을 맞춘다. 이는 종업원의 활동에 대해 보수나 상사에 의한 지시 또는 문서화된 회사방침보다 더 큰 영향력을 행사한다. 이에 대한 설명과 가장 관계가 깊은 것은?

① 기업가정신(entrepreneurship)　　　② 윤리경영(ethics management)
③ 진실의 순간(moment of truth)　　　④ 조직문화(organization culture)
⑤ 멘토경영(mentor management)

 조직문화(Organization Culture)는 조직내 구성원들이 공유하고 있는 가치, 신념 그리고 기본적 가정들의 총합으로, 구성원들의 사고방식과 행동방식에 중요한 영향을 미치는 요소이다. 기업 특유의 문화는 기업의 성장에 적극적인 활력소로 작용하기도 하지만, 반대로 기업발전에 저해요소로 작용하기도 한다.

29 유통업체에서 매입은 이익과 직접관련이 있어 상당한 관리를 요한다. 다음 중 매입관리에서 말하는 매입에 대한 설명으로 가장 옳지 않은 것은?

① 매입은 경제 주체가 본래의 적합한 기능을 수행하기 위하여 일정한 시기에 필요로 하는 지정된 물자 또는 용역을 그에 상당하는 일정한 대가를 지불하고 다른 경제 주체로부터 획득하는 경제 행위를 말한다.

② 쌍방매입은 두개 이상의 공급업체로부터 물건을 공급받을 때 가장 적합한 거래처를 선정하기 위한 공급을 받는 소매업체의 선택의 방법으로 소매업체가 잘 팔리지 않은 다른 공급업체의 상품을 일시에 해결할 수도 있는 방법이다.

③ 직매입은 일반적으로 점포가 상품을 매입하는 가장 근원적인 방법으로서, 다른 방법에 비하여 위험은 증가하지만 적절한 매입시 상품의 독창성, 수익성을 확보하기 위한 최선의 방법을 말한다.

④ 위탁매입은 소매업자는 일정 기간동안 제품을 진열하여 최종 소비자에게 제품을 판매한 후 사전에 결정된 일정비율의 커미션을 받고 남은 제품은 공급업자에게 반품하게 되는 방법을 말한다.

⑤ 약정구매는 소매업자가 납품받은 상품에 대한 소유권을 보유하되 일정 기간 동안에 팔리지 않은 상품은 다시 납품업자에게 반품하거나 혹은 다 팔린 후에 대금을 지급하는 권리를 보유하는 조건으로 구매하는 방식이다.

 역매입(buy back)은 두개 이상의 공급업체로부터 물건을 공급받을 때 가장 적합한 거래처를 선정하기 위한 공급을 받는 소매업체의 선택의 방법으로 소매업체가 잘 팔리지 않은 다른 공급업체의 상품을 일시에 해결할 수 있는 방법이다.

정답 **28** ④　　**29** ②

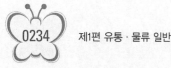

30 다음 상황에서 법적인 윤리적 문제는 있겠지만, A소매업체가 C공급업체의 입점욕구를 수용하고 잘 팔리지 않은 B공급업체의 상품을 일시에 해결 할 수 있는 방법은?

> A 소매업체는 전국에 200여 개의 점포에서 B 공급업체의 상품을 판매하고 있는데, 이 상품이 잘 팔리지 않아 진열대에서제거할지 말지 고민하고 있다. 그리고 B 공급업체와 경쟁관계에 있는 C 공급업체가 A 소매업체의 점포에 상품 공급을 원하는 상황이다. 이런 경우, A 소매업체가 C 공급업체의 입점 욕구를 수용하는 동시에 잘 팔리지 않은 B 공급업체의 상품을 C 공급업체를 통해서 일시에 해결할 수 있는 방법이다.

① 역 매입(buy backs)
② 역 청구(charge backs)
③ 거래거절(refusals to deal)
④ 입접비(slotting allowances)
⑤ 구속적 예약(tying contracts)

> 역 매입(buy backs): 두 개 이상의 공급업체로부터 물건을 공급받을 때 가장 적합한 거래처를 선정하기 위한 공급을 받는 업체인 소매업체의 선택방법이다.

31 다음 중 재무관리(Financial management)에 대한 설명으로 가장 잘못된 것은?

① 일반적으로 투자자들은 동일한 금액이라도 미래의 현금보다는 지금의 현금을 선호하는 경향이 강하며, 미래의 현금흐름을 현재의 화폐가치로 할인한 가치를 현재가치(present value)라 한다.

② 자본예산 의사결정(capital budgeting)에서 고려하고 있는 신사업투자를 자본예산에 포함시킬 것인지 판단하는 결정으로 사업의 미래수익성이 충분하면 채택하고, 충분하지 않으면 기각하는 것을 말한다.

③ 투자규모, 투자수명, 현금흐름양상이 서로 다른 상호배타적인 투자안을 내부수익률법으로 평가하는 경우 반드시 두 투자안의 IRR(internal rate of return)곡선이 상호 교차하는지 여부를 검토해야한다.

④ 옵션(option)은 이미 존재하는 자산의 가격에 따라 가치가 변하는 조건부 청구권으로 기초자산을 살 수 있는 권리와 팔수 있는 권리로 구분할 수 있으며, 옵션에서 기초자산을 거래할 수 있도록 미리 정해진 기간을 옵션의 만기라 한다.

⑤ 선물거래는 거래내용과 조건을 표준화하여 시장성을 높인 선도거래라고 할 수 있으며, 표준화된 상품과 거래조건을 가지고 조직화된 시장에서 거래가 이루어지는 선도거래를 선물거래, 단순히 줄여서 선물(futures)라고 한다.

> 투자규모, 투자수명, 현금흐름양상이 서로 다른 상호배타적인 투자안을 내부수익률법으로 평가하는 경우 반드시 두 투자안의 NPV(net present value)곡선이 상호 교차하는지 여부를 검토해야한다.

 30 ① **31** ③

32 유통기업은 인적서비스를 중심으로 고객과 접촉하므로 서비스를 실행함에 있어 리더십이 중요하다. 다음 중 리더십(Leader ship)이론에 대한 설명으로 가장 옳지 않은 것은?

① 리더십의 특성이론은 리더의 특성보다는 실제행동 측면에 관심을 두어서 리더가 나타내는 반복적인 행동패턴을 일컫는 리더십의 유형을 찾아내는 것이다.

② 자기경영리더십은 '나는 어떤 일이든 해 낼 수 있다'고 확신하는 자기 자신에 대한 믿음, 즉 자신감에서 비롯되며 자신을 관리하는 능력과 같다.

③ 카리스마적리더십은 리더의 특출한 성격과 능력에 의하여 추종자들이 특별히 강한 헌신과 리더와의 일체화를 이끌어내는 리더십이다.

④ 리더십의 구체적인 내용에는 지도자의 퍼스낼리티(personality) 특징을 활동력, 결단력, 설득력, 책임감, 지적인 능력으로 보고 이를 리더십의 중심이 되게 한다.

⑤ 조직구성원들이 목적달성에 자발적 협력하도록 유도하는 작용과 기능을 말하며, 어디까지나 조직 구성원의 자발적인 협력을 자극해 나가는 특징으로 볼 수 있다.

> 리더십의 행동이론은 리더의 특성보다는 실제행동 측면에 관심을 두어서 리더가 나타내는 반복적인 행동 패턴을 일컫는 리더십의 유형을 찾아내는 것이다.

33 유통업체의 인적자원을 확보하고 활용을 위한 각각의 단계에 대한 설명으로 가장 옳지 않은 것은?

① 모집(recruitment)은 조직이 필요로 하는 조직구성원을 모집하기 위해서 사용되며, 인력선발 도구의 신뢰성은 피평가자에 대한 측정결과의 정확성을 의미한다.

② 배치(placement)는 직무 내용이 무엇이고 그 직무를 수행하는 데 직무 수행자가 갖추어야 할 요건이 무엇인지를 알 수 있게 해야 한다.

③ 경력계획(career planning)은 경력개발계획의 실효를 거두기 위해서는 여러 가지 직무들을 수행하는데 필요한 요건과 각직무들이 계층별로 어떻게 연결되어 있는가를 알아야 할 필요가 있다.

④ 직무분석(job analysis)은 직무의 내용과 그것을 수행하는 방법을 설정하거나 직무 또는 현재 수행되고 있는 직무의 내용과 방법을 파악해야만 하는데 수행되어야 할 내용을 파악하여야 한다.

⑤ 직무지도 및 진로상담(job guidance and counseling)은 특정 직무에 포함되어 있는 과업, 행동, 의무, 관계, 책임 등과 아울러 특정한 직무를 효과적으로 수행한다.

> 직무설계(job design)는 직무의 내용과 그것을 수행하는 방법을 설정하거나 직무 또는 현재 수행되고 있는 직무의 내용과 방법을 파악해야만 하는데 수행되어야 할 내용을 파악하여야 한다.

정답 32 ① | 33 ④

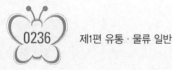

Chapter 4 물류경영관리

01 물류의 의의

1. 물류의 개념과 중요성

(1) 물류의 개념

① 물적유통(physical distribution, logistics)은 모든 유통경로 상에서 제품과 서비스(goods & service)를 적절한 장소(Right place)에, 적절한 시기(Right time)에, 적절한 품질(Right quality)로 중간상 및 최종소비자에게 전달되는 것을 말한다.

② 물적유통은 원초지점부터 소비지점까지 원자재, 중간재, 완성재, 그리고 각종 관련 정보를 소비자의 욕구를 충족시키기 위하여 이동시키는 것과 관련된 흐름과 저장을 효율적이면서 효과적으로 계획, 수행, 통제하는 과정이다.

③ 생산이 형태효용을 창출하고 소비가 소유효용을 창출하는 의미가 있다면 물적유통은 시간효용과 장소효용을 창출함으로써 양자를 연결시킨다.

④ 물적유통은 구체적으로는 수송, 포장, 보관, 하역 및 통신의 여러 가지 활동을 포함하며, 상거래에 있어서는 유형적인 물자를 운송하므로 재화의 공간적 · 시간적인 한계를 극복하게 해준다.

(2) 물류의 중요성

① 기업의 물류비 증가

㉠ 기업에서 차지하는 비용 중에서 물류비용이 차지하는 비용의 비중이 매우 클 뿐만 아니라 점점 증가하고 있다는 면에서 관리상의 중요성이 증가하고 있다.

㉡ 기업은 물류비뿐만이 아니라 물류활동수행 중에 발생하는 기회비용의 개념도 무시를 할 수가 없다.

㉢ 물류의 커버리지가 글로벌시장으로 확장되면서 글로벌 경쟁력을 갖추기 위한 효율적 또는 효과적 물류활동의 필요성이 증대되고 있다.

㉣ 지속적으로 제품 생산비를 절감하기 위한 노력이 진행되어 한계를 인식하고 있지만, 여전히 제품원가에서 높은 비중을 차지하는 물류비 절감에 대한 기업들의 관심이 높아지고 있다.

② 물류의 산업적 기능

㉠ 물적유통은 재화나 서비스의 모든 경제재의 흐름을 말하는 것으로, 물적유통망은 산업전반에 커다란 비중을 차지하고 있다.

ⓒ 물류활동은 증가하는 에너지비용, 부존자원과 재료의 부족, 경쟁전략의 한 수단으로서 비교우위를 갖기 위한 전략적 필요성, 생산성감소 등으로 특징지어지는 현 경제상황에서 물류활동의 지원이 사회적경제활동의 지원이라고 할 수 있다.

ⓒ 물적유통망 구조가 잘 갖추어진 선진국에서도 물류활동에 따른 비용이 총 생산의 20%를 상회할 만큼 물류비의 비중이 점점 더 커지고 있다.

③ 물류의 최적화

㉠ 물류의 최적화를 위하여 도로건설 등 사회 기간산업의 확충과 설비를 투자할 여력을 주기 때문에, 이것은 국민 경제생활의 발전 증가에 상당한 상승작용을 한다.

㉡ 물류의 최적화는 지역경제가 발전할 수 있는 원인이 되므로, 고객니즈의 다양화와 인구의 대도시 집중현상을 억제하는 역할을 한다.

㉢ 물류의 최적화는 배송에 있어서 정해진 시간내에 할 수 있어 수요자의 요구에 부응함으로써 서비스의 향상과 더불어 양질의 서비스가 제공된다.

㉣ 물류의 최적화는 긴급 배송 의뢰의 증가, 생산부문 생산성 증가의 정체, 유통흐름의 효율적향상으로 물류비를 절감할 수 있고, 이런 요인으로 인해 기업의 체질개선과 소비자 물가와 도매물가의 상승을 최대한 유보시킨다.

㉤ 고객만족을 창출하고 유지하기 위한 수단의 하나로서 물류부문의 경쟁우의 확보가 최근 중요시 되고 있다.

④ 기업에 대한 물류의 영향

㉠ 제품의 다각화가 증가함에 따라 보다 진보된 물류관리가 필요하며 시장의 환경변화에 대응할 수 있도록 적정 재고수준을 유지하기 위함에 있다.

㉡ 수송, 보관, 재고관리와 같은 통합적인 물류관리 시스템을 통하여 물류비용을 줄일 수 있는 여건을 마련해야 한다.

㉢ 물류시스템에 의해서 제공되는 고객서비스 수준을 개선하는 노력에도 상당한 비용이 소요되고, 비용절감의 노력이 고객서비스 수준을 저하시킬 수도 있다.

㉣ 물류관리에 있어서 비용의 문제는 고객에 대한 서비스수준과 균형을 이루어야 하며 이러한 균형을 달성하기 위해서는 일정한 지침이 필요하다.

㉤ 일반기업의 입장에서 볼 때 서비스 경쟁 등 고객의 욕구를 충족시켜 줄 수 있는 물류서비스는 판매서비스 경쟁에서 중요한 역할로 부각될 것이다.

(3) 물류와 고객서비스

① 주문을 받아 물품을 인도할 때까지의 시간을 리드타임이라고 한다면 리드타임은 수주, 주문처리, 물품준비, 발송, 인도시간으로 구성된다.

② 리드타임이 길면 구매자는 그동안의 수요에 대비하기 위해 보유 재고를 늘리게 되므로 구매자의 재고비용이 증가한다.

③ 효율적 물류관리를 위해 비용의 상충(trade-off) 관계를 분석하고 최상의 물류서비스를 선택할 수 있어야 한다.

2. 물류 관리

(1) 물류관리의 필요성

① 비용절감과 재화의 시간적 · 장소적 효용가치의 창조를 통한 시장능력(market ability)의 강화로 비용절감과 판매촉진 실현이라는 2가지 측면에서 대두되었다.

② 기업의 경영비용은 제조원가와 영업비로 구성되며 영업비는 다시 판매비, 물류비, 일반관리비로 구분을 한다.

③ 제조원가관리에 있어 대부분의 기업은 제조시설의 기계화와 원가관리기법의 도입을 통하여 상당한 수준에 있으나 판매비는 판매촉진효과를 증대시키기 위하여 증가시켜야 하며, 일반관리비는 성질상 대폭적인 절감이 어렵기 때문에 기업활동에 있어 비용 절감의 가능한 부분이 물류비이다.

(2) 물류관리의 특징

① 물류는 운송, 보관, 포장, 하역 정보기능 등으로 이루 어지며, 각각의 기능을 종합한 시스템으로서 분석, 설계가 필요하다.

② 판매용 완제품 및 보수용 부품의 유통은 물론 원재료 및 부품의 조달, 구매상품의 수납까지도 관리대상으로 한다.

③ 기업 내 및 기업간의 물류활동은 물론 소유권을 이전한 후의 배송, 반품, 회수, 폐기 등의 광범위한 분야를 총괄한다.

④ 물류활동은 판매활동과 관련이 크며, 통상 판매촉진을 위한 고객서비스의 향상과 물류비용의 절감이라는 목표를 추구한다.

(3) 물류관리의 목표

① 마케팅활동을 효과적으로 달성하기 위한 물류기능의 발휘는 경영관리측면에서 중요시되며, 물류관리의 목표는 고객서비스 수준의 향상과 물류생산성의 효율화 그리고 물류이익을 추구하는 데 있다.

② 오늘날 대부분의 기업들은 물류관리의 목표를 최소비용으로 적정상품을 적절한 장소와 시간에 전달하는 데에 두고 있다.

③ 비용의 최소화를 위해서는 운송비, 재고비(inventory cost) 및 주문처리비 등과 같은 눈에 보이는 비용뿐만 아니라, 배달지연과 재고부족에 따른 매출감소 등과 같이 눈에 보이지 않는 비용(서비스 부실에 의한 기회비용)까지 포함을 시켜야 한다.

(4) 물류관리와 고객서비스

① 거래전 요소(pre transaction elements) : 거래전 요소로는 재고가용성, 회사정책이나 프로그램, 명문화된 고객서비스 정책, 회사조직, 시스템의 유연성 등이 있다.

② 거래중 요소(transaction elements) : 거래중 요소로는 상품 및 배달의 신뢰성, 주문 충족률, 정시배달, 미배송 잔량, 재고 품질수준, 제품 및 재고 가용률, 제품 대체, 환적, 주문주기의 요소들, 오류주문의 처리, 제품의 대체, 결품률 등을 들 수 있다.

③ 거래후 요소(post transaction elements) : 거래후 요소로는 설치, 부품 및 수선서비스, 제품 보증, 변경, 수리, 제품추적, 고객 클레임, 불만 등을 들 수 있다.

(5) 고객서비스를 좌우하는 주요 요소

① **물품의 가용성** : 가장 보편적인 고객서비스 측정요소이며, 통상발주량, 생산량 또는 금액 등을 기준으로 그 재고비율을 기준치의 퍼센트(%)로 측정한다.

② **리드 타임** : 발주로부터 납기까지의 기간을 말하며, 통상 표준 또는 목표 리드타임 으로부터 시간단위 및 변동단위로 측정한다.

③ **비상조치능력** : 예상치 못한 특별주문에 대한 대처능력을 말하며 특별한 요구에 대한 대응시간으로 측정한다.

④ **유통 정보** : 고객이 정보를 요구할 경우 제때에 정확히 답할 수 있는 능력을 말하며, 회신의 속도, 정확성 및 그 내용을 측정한다.

(6) 물류관리 목표로서의 비용

① 물류관리 목표로서의 비용은 물류활동을 비용을 수단으로 하여 관리하는 것을 의미 하며, 비용에 의한 물류관리는 달성하고자 하는 수준의 고객서비스를 최소비용으로 달성하는 데 있다.

② 물류활동은 기업의 생산 및 판매부문에 의해 영향을 받으므로 물류비의 형성은 생산이나 판매부문에 의해서 많은 영향을 받는다.

③ 물류에서 가시적(可視的) 비용은 눈에 보이는 비용을 말하며, 이에 상응하는 비용으 로 비가시적(非可視的)비용이 있다. 창고비, 재고비, 운송비 등은 가시적 비용이고, 고객불만비용, 재고부족비용, 고객의 대기시간 비용 등은 비가시적 비용이 된다.

3. 물적유통 영역

(1) 물류(Logistics)의 용어

① **로지스틱스(Logistics)의 기원**

㉠ 로지스틱스란 원래 프랑스어로 병참을 의미하며, 병참이란 '군 작전을 위해 후방 에 있는 차량 및 군수품의 수송, 보급 및 후방 연락선을 확보하는 임무를 수행하 는 기관'을 말한다.

㉡ 이러한 용어는 제2차 세계대전 중 오퍼레이션 리서치(Operation Research: OR) 군사 목적의 업무수행에 적용하면서 발전하였다.

② **로지스틱스(Logistics)의 의미**

㉠ 로지스틱스에서 창고는 보관, 포장, 상품분류, 가공 등의 활동을 수행하는 장소 이기도 하다.

㉡ 로지스틱스는 제조업체가 고려해야 할 고객서비스 구성요소로서 재고이용 가능 성, 서비스 제공능력, 서비스 질 등에 영향을 미치는 요소이다.

ⓒ 로지스틱스는 기업물류의 총체적 관점에서 관리해야 하는데, 그 이유는 비용과 밀접한 관련이 있기 때문이다.

ⓔ 로지스틱스의 일부로서 재고관리는 불규칙한 수요에 대응하고 안정적인 노동력의 유지와 생산체제 구축에 도움이 된다.

ⓜ 로지스틱스에서 창고는 보관, 포장, 상품분류, 가공 등의 활동을 수행하는 장소이기도 하다.

ⓗ 로지스틱스는 물자활동을 제한하지 않고 소유권을 이전한 후의 단계에서 유통·소비·폐기, 그리고 환원 및 회수라는 광범위한 분야를 적극적으로 총괄하는 개념이다.

ⓢ 로지스틱스에 포함되는 물류활동은 판매활동과 관련이 크며, 판매촉진을 위한 물류서비스의 향상과 물류비용의 절감이라는 상반된 목표를 추구한다.

ⓞ 로지스틱스는 수송·배송·보관·포장·하역 등 여러 기능을 종합한 시스템으로 분석하고 설계할 필요가 있다.

(2) 물류의 구성과 시스템

① 물류의 구성

ⓐ 경제활동은 상적유통활동(상류)과 물적유통활동(물류)으로 그 범위를 분류할 수 있다. 여기서 물류(物流)는 상류(商流)의 2차적 기능을 수행하는 분야이다.

ⓑ 상류(商流)는 생산자와 생산자, 생산자와 판매자, 도매상과 소매상, 생산자와 소비자 및 판매자와 소비자 사이에 상거래 계약이 성립된 후 상품대금을 지불하고 상품의 소유권을 이전하는 매매계약 등의 거래의 흐름을 의미 한다.

ⓒ 물류(物流)는 상류의 파생기능을 수행한다. 일반적으로 상거래가 성립된후 그 물품인도의 이행기간 중에 생산자로부터 소비자에게 물품을 인도함으로써 인격적·시간적·공간적 효용을 창출하는 경제활동으로 물자의 흐름을 의미한다.

ⓓ 물류합리화의 일환으로 상류와 물류의 분리 운영이 제시되고 있으며, 물류비용과 서비스 수준 사이의 상충관계(trade-off)를 고려하여 그 수준을 적정하게 조정하여야 한다. 상류와 물류는 긴밀한 협력관계를 필요로 하고, 상호보완적인 관계이므로 원활한 커뮤니케이션을 요한다.

② 물류시스템

ⓐ 시스템의 원칙은 개개 하역활동을 유기체 활동으로 보아 종합적으로 시스템화하여 그 시너지 효과까지 고려하는 원칙이다.

ⓑ 물류시스템 주요 의사결정은 '주문을 어떻게 처리해야 하는가?' '제품을 어디에 보관해야 하는가?' '제품을 어떻게 보관해야 하는가?' '어느 정도의 물량을 보관해야 하는가?' 등이 있다.

ⓒ 오더피킹시스템(order picking systems)은 수주 받은 물품을 창고에서 출하하는 업무를 지원하는 시스템이다.

(3) 순 물류와 역 물류

① 순 물류(Forward Logistics)

　㉠ 동종제품의 포장형태가 균일하고, 가격이 동일하다.

　㉡ 물류계획의 수립 및 실행이 용이하고, 재고 관리가 편리하고 정확하다.

　㉢ 제품수명주기 관리가 가능하다.

　㉣ 속도의 중요성을 인지한다.

　㉤ 비용의 투명성이 높다.

② 역 물류(Reverse Logistics)

　㉠ 동종제품의 포장형태가 상이하고, 가격이 상이하다.

　㉡ 물류계획의 수립 및 실행의 어려움이 있고, 재고 관리가 어렵고 부정확하다.

　㉢ 제품수명주기에 어려움이 있다.

　㉣ 상품처리의 중요성을 인지한다.

　㉤ 비용의 투명성이 낮다.

(4) 물류기능의 종류

① 시간적 기능

　㉠ 물류활동은 생산시기와 소비시기의 시간적 거리를 조정하는 기능을 지니고 있다.

　㉡ 물류활동은 이러한 시간적 거리를 극복하는 것이 가장 중요한 요소로 작용
　　하고 있다.

② 장소적 기능

　㉠ 물류활동은 생산 장소와 소비장소의 거리를 조정하는 기능을 지니고 있다.

　㉡ 물류활동이 생산 장소와 소비장소를 좁혀주는 기능을 수행하므로, 생산자와
　　소비자 모두에게 효용을 가져다준다.

③ 인격적 기능

　㉠ 산업사회에서는 분업(分業)의 원칙이 발전되고 있으며, 시장경제를 통하여 생산
　　과 소비 간에는 복잡한 유통경제 조직을 형성하게 된다.

　㉡ 생산자와 소비자를 인격적으로 결합하여 생산·유통·소비를 유기적으로 결합·
　　조직화함으로써 생산자와 소비자를 물류활동을 통해 더욱 가깝게 접속시키는
　　동시에 생산자의 고객인 소비자에의 서비스도 향상시킬 수 있다.

④ 수량적 기능

　㉠ 물류활동은 생산자의 생산단위 수량과 소비자의 소비단위수량이 사회전체적으로
　　볼때 도저히 일치할 수 없다.

　㉡ 물류활동을 통한 소비의 양적예측은 실제로 기업이 생산규모를 선택하기 위한
　　의사결정에 기본적인 요인으로 작용하고 있다.

⑤ 품질적 기능

　㉠ 대부분의 소비자들은 동일한 효용가치를 지니고 있는 재화의 경우에도 소비의

다양화 · 개성화 · 패션화가 진행되고 있기 때문에, 기업은 신속 · 정확한 수 · 배송을 통하여 소비자의 욕구에 맞는 품질의 재화를 적기에 소비자에게 공급할 수 있다.

ⓒ 이를 통해 소비자의 욕구를 충족시킬 수 있는 제품차별화나 시장세분화 정책을 추구할 수 있게 된다.

⑥ 가격적 기능

㉠ 수요와 공급의 수급에 따라 가격이 자동적으로 조정되는 시장경제 체제하에서는 기본적으로 물류활동을 통해서 시장에서의 효율적인 가격 메커니즘이 조정된다고 본다.

ⓒ 물류활동의 원활화를 통하여 생산자와 소비자 간의 장소적 · 시간적 효용을 통해 제품원가를 실제로 절감할 수 있다고 본다.

4. 기업물류활동의 범위

(1) 기업물류의 활동의 기본

① 운송은 운송수단인 트럭, 화차, 선박, 항공기 등을 이용하여 물품을 이동시키는 행위로서 일반적으로 전체 물류비 중 가장 큰 부분을 차지한다.

② 보관은 물품 저장 기능을 말하는 것으로, 재고와 창고비를 줄이려고 하면 운송비가 증가하게 되는 상충관계로 인해 조직 내 갈등이 생길 수 있다.

③ 하역은 보관, 운송의 양 끝에서 물품을 처리하는 행위를 말하는 것으로 물류비 절감과 물류합리화에 중요한 역할을 한다.

④ 포장은 운송, 보관, 판매 등을 위해 상품 상태를 유지하기 위한 것으로 물류 측면에서는 상업 포장보다 공업포장이 더 우선적으로 고려된다.

⑤ 정보활동은 상품유통 활동을 촉진시키기 위한 각종 정보를 뜻하는데 운송, 보관, 포장, 하역 등의 기능을 서로 연계시켜 물류 전반을 효율적으로 수행하게 한다.

(2) 기업물류의 역할

① 물류의 역할 개념

㉠ 물류는 마케팅의 절반을 구성하고 있을 정도로 마케팅의 가장 중요한 요소로 부각되고 있다.

ⓒ 마케팅 실현은 종래의 고객조사, 가격정책, 판매망의 조직화, 광고 및 홍보등에서 물리적인 고객서비스가 요청되고 있어 물류의 역할은 더욱 커지고 있다.

ⓒ 물류는 운송, 보관, 포장, 하역 정보기능 등으로 이루어지며, 각각의 기능을 종합한 시스템으로서 분석, 설계가 필요하다.

ⓔ 판매용 완제품 및 보수용 부품의 유통은 물론 원재료 및 부품의 조달, 구매 상품의 수납까지도 관리대상으로 한다.

ⓜ 기업내 및 기업간의 물류활동은 물론 소유권을 이전한 후의 배송, 반품, 회수, 폐기 등의 광범위한 분야를 총괄한다.

ⓑ 물류활동은 판매활동과 관련이 크며, 통상 판매촉진을 위한 고객서비스의 향상과 물류비용의 절감이라는 목표를 추구한다.

② 물류의 원칙

⑦ 3S1L원칙은 신속하게(Speedy), 확실하게(Surely), 안전하게(Safely), 저렴하게(Low)를 말한다.

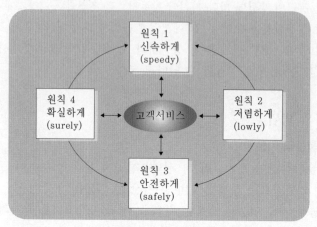

【3S 1L 원칙】

ⓛ 7R's원칙은 적절한 상품(Right commodity)을 적절한 품질(Right quality)로서 적절한 양(Right quantity)만큼, 적절한 시기(Right time)에, 적절한 장소에(Right place), 적절한 인상(Right impression)을 주면서 적절한 가격(Right price)으로 거래처에 전달하는 것을 소기의 목적으로 하고 있다. 여기에서 '적절한'이란 고객이 요구하는 서비스수준을 의미한다.

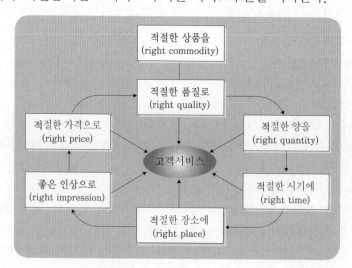

【7R's 원칙】

ⓒ 유통상의 판매기능은 물류의 이상적기준이 되는 물류의 예는 6가지 올바른 기능 가운데 고객의 주문품이 품질(quality)이 다르거나 배송시간을 지키지 못한다면, 다음 판매는 다른 업자에게 넘어가 판매기능은 정지될 것이다.

ⓔ 7R's원칙 가운데 1개의 기능이라도 실현하지 못하는 사고를 방지하기 위해서는 수주활동(受注活動)에서 배송활동에 이르기까지 여러활동을 시스템화하는 동시에 고객서비스를 향상시키도록 노력해야 한다.

5. 물류활동 영역

(1) 조달물류(Inbound Logistics)

① 조달물류란 기업의 생산활동에 필요로하는 각종 원자재와 부자재, 물자가 조달처로부터 운송되어 매입자의 창고 등에 보관, 관리되고 생산공정에 투입되기 직전까지의 물류활동을 말한다.

② 조달물류활동은 공급자선정, 구매주문발주, 입하, 검수, 원자재 재고관리 및 품질관리, 구매협상, 원자재 원가산정 등을 포함하고, 공급사슬(Supply chain)내에서 물류의 출발점인 조달물류는 자사 입장에서 구매의 성격이 강한 탓에 기업물류관점에서 상대적으로 등한시 되었다.

③ 다양한 소비자의 요구에 맞추어 생산기능의 유연성을 확보하고 막대한 재고비용의 부담을 개선하기 위해서 완제품 물류 중심의 사고방식에서 벗어나 조달물류의 중요성과 개선 가능성에 비중을 두고 검토해야 한다.

(2) 생산물류(Manufacture Logistics)

① 생산물류는 자재창고에서의 출고로부터 생산공정으로의 원자재, 부품 등이 생산공정에 투입될 때부터 생산, 포장에 이르기까지의 물류활동으로서 운반, 생산공정에서의 하역, 그리고 창고입고까지의 전 과정을 의미한다.

② 생산물류란 물자가 생산공정에 투입되어 제품으로 만들어지기까지의 물류활동을 말한다. 즉, 원재료 입하후 생산공정에서 가공하여 제품으로서 완성될 때까지의 물류활동을 지칭한다.

(3) 판매물류(Outbound Logistics)

① 판매물류는 판매로 인하여 완제품이 출고되어 고객에게 인도될 때까지의 물류활동을 말하며 제품창고에서 출고하는 과정과 배송센터까지의 수송 그리고 고객에게까지 배송하는 작업 등이 포함된다.

② 제품이 소비자에게 전달될 때까지의 수송 및 배송활동으로서 제품창고로부터 제품의 출고, 배송센터까지의 수송, 배송센터로부터 각 대리점이나 고객에게 배송되는 작업이 모두 포함된다.

(4) 사내물류(Inter-company logistics)

① 사내물류(Inter-company logistics)의 흐름은 「원재료 공급 → 생산 공정 → 수송 → 보관 → 거래처 납품」의 과정을 거친다.

② 사내물류란 물자가 생산 공정에 투입되어 제품으로 만들어져 판매를 위하여 물류창고나 배송창고에 입고되는 과정 중 회사의 내부에서 행하여지는 물류활동을 말한다.

(5) 반품물류(Reverse Logistics)

① 판매된 제품에 문제점이 발생하여 반품되는 제품을 운송하는 프로세스를 역물류라 한다. 역물류 기준에는 회수물류와 폐기물류까지를 포함하며, 제품의 종류로는 불량품, 리콜된 제품, 리사이클링 제품, 진부화된 제품 등이다.

② 반품되는 제품의 증가원인으로는 짧아진 제품수명주기, 전자상거래 확대 등에 기인하기도 한다. 반품을 통해 고객의 불만족원인과 개선사항 등과같은 가치있는 정보를 수집하기도 한다.

③ 최근 전자상거래의 확산과 더불어 판매된 제품이 주문과 상이하거나, 제품하자에 따른 교환 등이 증가하고 있다. 이로 인해 기업의 관련 서비스 및 비용절감 측면에서 그 중요성이 날로 증대되고 있는 물류영역이다.

(6) 회수물류(Recycle Logistics)

① 제품의 가치를 살리거나 창출하기 위한 목적으로 소비지를 시작점으로 하여 최종 목적지에 이르기까지의 물류활동으로서 회수물류라고 하는 것은 「리사이클 시스템」이라고도 부르며 매매를 통하여 소비자에게 배송된 상품은 일정기간 사용후 더 이상 사용할 수 없을 때 폐기를 함으로써 제품을 한번 더 운송해야 한다.

② 회수물류에는 용기의 회수(맥주, 우유병 등), 팔레트ㆍ컨테이너의 회수, 원재료의 재 이용(유리, 철, 고지), 반품 등이 있다. 이 같은 회수물류는 일반 물류에 비해 중요성의 인식이 낮고, 불합리하게 행해지기 쉽다. 따라서 회수물류도 제도적으로 효율화를 도모한 리사이클 시스템으로 정비될 필요가 있다.

③ 반품이나 교환과 같은 고객의 요구를 충족시켜 주기 때문에 고객만족을 실현시킬 수 있는 경쟁우위 요소로 발전할 수 있고, 기업들이 물류전략을 수립할 때 회수물류를 감안 해야, 고객의 요구까지 충족시켜 줄 수 있는 물류전략을 수립할 수 있다.

④ 판매물류에 부수적으로 발생하는 빈용기나 포장재의 재활용에 초점을 둔 물류로서, 환경물류, 녹색물류 등으로 불리기도 하며 폐기물을 줄여서 환경을 보호하는 데 대한 관심이 커지면서 새로운 물류의 분야로 중요한 역할을 하고 있다.

(7) 폐기물류(Scrapped Logistics)

① 폐기물류는 사회적으로 환경적인 문제를 다루고 있지만 물류에서도 이러한 중요성을 인식하여 적극적으로 대처해야 하며, 특히 회수물류 중에도 '자원의 재사용'이라고 하는 분야는 회사시스템화가 가능한 분야이다.

② 임시보관 장소가 필요한 빈 깡통이나, 전문업자가 존재하는 폐지나 빈병 또는 철물 등은 행정기관 또는 전문업자와의 상호보조가 필요한 일이다. 그러나 사회시스템과 연계없이 기업이 스스로 행하는 회수나 반품에 있어서는 일반적인, 즉 전방물류와 결합을 생각하지 않으면 안된다.

③ 배송과 회수를 하나의 계획배송의 네트워크로 연결하거나, 반품을 접수하고 검품 · 선별하여 괜찮은 물건은 재고화하는 과정을 유통센터에 위임하는 것 등에 의해서 가능하다.

6. 환경물류(Green Logistics)

(1) 환경물류의 개념

① 지구온난화, 에너지보존, 쓰레기 재사용 등의 환경문제는 물류활동에도 큰 영향을 주고 있다. 환경물류는 제품의 설계부터 구매, 생산, 유통, 판매 후 폐기 및 재사용 에 이르는 물류의 전과정을 통하여 환경 친화적인 요소를 고려하는 동시에 환경의 유해요소들을 원천적으로 제거하거나 최소화할 수 있는 물류활동이다.

② 환경물류란 제품을 생산하기 위한 설계단계에서부터 판매되어 소비자 사용에 이르 기까지, 필요한 물류의 여러 활동들이 저비용 · 고효율로 달성되도록 환경적 유해 요인을 최소화하는 것을 말한다.

③ 환경물류는 기업에서 제품을 설계 및 생산 단계부터 환경친화적인 재료 및 부품을 사용하여야 하며, 제품을 사용한 후 철저한 분리 및 회수시스템을 적용하여야 한다.

(2) 환경물류의 사례

① 용기의 제조, 회수, 재생, 재사용 공정에 있어 환경오염방지에 대한 대응, 오수(汚水), 폐유, 페인트 등의 처리대책, 산업폐기물 발생량의 삭감 및 발생량의 재 자원화, 자원절약, 에너지절약의 추진, 이산화탄소 등 온실효과 가스발생량의 삭감, 자원절약, 에너지절약을 기본으로한 Reduce(감량화, 감용화), Reuse(재사용), Recycle(재자원화) 등을 들 수 있다.

② 환경물류활동을 위해서는 자원절감(Reduce), 재사용(Reuse), 재활용(Recycle)은 물론 요구되는 역물류(Reverse Logistics) 활동을 통해 환경오염원인의 폐기물 처리량을 줄일 수 있느냐가 중요하다. 자원의 재사용 및 재활용률 향상을 위해 자원 순환형 물류체계를 구축할 수 있도록 생산기업과 소비자 간에 협력체제가 형성되는 유기체적인 사회시스템이 중요하다.

(3) 환경친화적 활동

① 폐기물, 폐유 등을 최소화 할 수 있는 JIT에 의한 구매를 습관화 한다.

② 가능한 한 불필요한 포장 억제 및 재사용 가능한 포장재 사용 권장한다.

③ 물류업자가 사용하는 재료에 관한 비용과 이용가능성에 관한 정보를 제공한다.

④ 자원분리, 재사용, 기타 자원감소 활동과 관련된 사람들의 교육훈련을 실시한다.

(4) 환경 친화적 물류시스템 구축

① 환경문제 발생요인은 초기단계부터 고려한다.

② 물류시스템 설계는 과잉포장을 시정하고 용기의 표준화를 지향한다.

③ 물류활동을 통하여 발생되는 폐기물의 양(量)을 최소화하는 것이다.

④ 창고시설은 하역장소에서 재활용과 폐기물 관리가 가능하도록 재설계한다.

⑤ 포장용기는 현 상태 그대로 또는 변형하여 재사용 가능한 자재로 대체한다.

⑥ 물류시스템 활동 중 발생되는 제품과 포장재 등의 폐기물을 역(逆)물류로 회수한다.

⑦ 자원의 재사용, 재활용을 위해 필요한 적정프로세스를 실시할 수 있도록 물류시스템을 설계하여 부가가치를 재창출한다.

7. 기업의 재고관리

(1) 재고의 개념

① 재고(inventory)관리란 기업이 미래에 사용할 목적으로 생산을 용이하게 하거나 또는 고객으로부터의 수요를 만족시키기 위하여 유지하는 원자재, 재공품, 완제품, 부품 등 재고를 최적상태로 관리하는 것을 의미한다.

② 재고는 재무와 생산의 두 측면에서 중요하다. 재무적인 측면에서 재고는 기업의 종류를 막론하고 중요한 투자라고 할 수 있다. 그런데 재고를 유지하기 위해서는 많은 비용이 필요하므로, 경영자들에게 재고감소에 대한 많은 노력이 요구되고 있다.

③ 체화재고(stockpile)는 매출 수량 대비 과다한 재고, 매출이 발생되지 않는 상품, 행사 종료로 인한 잔량 재고, 소매점의 취급종료 상품으로 팔리지 않는 재고는 곧 창고에 체화재고(滯貨, 상품 따위가 팔리지 아니하여 쌓여 있는 것)되어 지속적인 유지비를 발생시킨다.

④ 재고는 생산과 관련된 요인으로 인해 주요시장과 지리적으로 거리를 둔 제조업체들이 자재운송비의 최소화나 원자재와 부품이용의 편의를 도모하는 기능이 있으며, 최적주문량의 결정은 경제적주문량(EOQ)에 의해 측정되며, 주문비용, 연간수요량, 평균재고유지비, 재고품의 단위당 원가 등의 변수를 활용하여 계산된다.

⑤ 많은양의 재고는 재무보고서에, 특히 유동비율에 영향을 준다. 참고로 유동비율은 유동자산을 유동부채로 나눈 값이며, 기업의 단기적인 지불능력을 나타낸다. 재고수준이 높으면 유동자산이 많아지고, 따라서 유동비율도 높아진다.

⑥ 회계기간 중에 매입한 재고자산의 취득가격 합계가 그 기간의 상품매입액이며, 재고자산 가운데 회계기간 중에 판매된 부분이 매출원가를 구성한다. 회계기간의 말일(기말 혹은 결산일)에 남아있는 재고자산이 기말상품재고액이다. 재고를 보유하고자 하는 이유중의 하나는 규모의경제를 추구할 수 있기 때문이다.

⑦ 재고관리는 제조업자만의 문제가 아니고 경로전체 차원에서 관리되어야 할 기능이므로 경로구성원들 간에 정보기술을 통한 효율적 커뮤니케이션이 매우 중요하다.

(2) 재고의 기능

① 원재료의 적정량 유지를 통해 기업의 계속적인 생산을 보장하여 안정적인 생산활동과 고용의 안정에 기여한다.

② 상품재고의 적정량유지로 품절방지 및 매출기회 상실에 대비하고, 고객의 수요(needs)에 즉각적인 대처로 고객서비스를 향상시킨다.

③ 원재료 및 완제품 재고의 적정량 보유로 재고비용(구매비용, 발주비용, 보관비용, 품절손실비용, 진부화비용)에 대한 원가를 절감한다.

④ 재고관리란 고객의 수요를 만족시키고 생산자의 생산조건을 고려하여 필요한 수량의 상품을 보관하는 활동으로 기업의 재무관리에 중요한 요인이 되고 있다.

⑤ 재고관리를 못하면 결품(缺品) 발생시 판매손실(lost sales), 품절비용(stockout cost), 고객상실(customer loss), 주문이월(back order)의 문제가 발생한다.

(3) 조달기간(lead time)

① 수요를 결정한 다음 구매 요구서를 작성하여 발주(구매요구)조치를 취한 시점부터 계약, 검사를 거쳐 창고에 입고·저장되어 기록이 완료될 때까지의 경과한 시간을 말한다. 즉, 주문시점부터 창고에 입고시점까지를 말한다.

② 조달기간의 또 다른 의미로는 보충되어야 할 재고의 필요성에 대한 인식시점과 주문 후 상품이 점포에 도착하는 시점 사이의 시간을 말한다.

(4) 재 주문점(Reorder point)

① 재주문점(Reorder point)모형에서는 수요가 불확실한 경우 주문기간 동안의 평균수요량에 안전재고를 더하여 재주문점을결정한다.

② 수요가 확실한경우 조달기간에 1일 수요량을 곱하여 재주문점을 결정한다. 즉, 공식은 「재주문점(ROP)= 조달기간 동안의 평균수요 + 안전재고」이다.

(5) 재고의 기능에 따른 분류

① 안전재고(safely stock) : 예측하기 곤란한 불확실성에 대한 위험을 방지하기 위해 수요량이나 수요시기가 불확실한 경우에 대비하는 재고를 말한다.

② 예상재고(anticipation stock) : 계절적인 수요나 가격의 급등, 파업 등에 대비하여 변동폭을 줄이기 위하여 유지되는 재고를 말한다.

③ 순환재고(cycle stock or lot-size inventory) : 주문량 전체가 필요하지는 않지만 주문비용이나 할인혜택을 받기 위하여 많은 양을 한번에 주문하여 생기는 재고를 말한다.

④ 파이프라인 재고(pipeline inventory) : 유통시스템에서 운반중인 제품이나 공장에서 가공하기 위하여 이동중에 있는 재공품성격의 재고를 말한다.

⑤ 리스크 풀링(Risk pooling)효과 : 유통체인에서 변동성을 다루기 위한 도구로, 지역별 수요를 통합할 경우 특정 지역의 높은 수요를 다른 지역의 낮은 수요와 상쇄할 수 있어 전체적인 수요의 변동이 작아지게 된다. 따라서 안전재고수준이 낮아지며 전체적으로 재고수준이 감소한다.

(6) 재고비용의 종류

① **주문비용(발주비용; ordering or procurement cost)** : 필요한 자재나 부품을 외부에서 구입할때 구매 및 조달에 수반되어 발생되는 비용으로 주문발송비, 통신료, 물품수송비, 통관료, 하역비, 검사비, 입고비, 관계자의 임금 등이다.

② **재고유지비용(inventory holding cost or carrying cost)** : 재고품을 실제로 유지 · 보관하는데 소요되는 비용으로 이자비용, 보관비, 진부화에 의한 재고감손비, 재고품의 보험료 등이다.

③ **재고부족비용(shortage cost, stockout cost)** : 품절, 즉 재고가 부족하여 고객의 수요를 만족시키지 못할때 발생하는 비용(일종의 기회비용)으로서 이것은 판매기회의 손실도 크지만 고객에 대한 신용의 상실은 기업입장에서 가장 큰 손실인 것이다.

④ **총재고비용(total inventory cost)** : 총재고비용=주문비용(준비비용)+재고유지비용+재고부족비용(out-of-stock)으로 구성되며 재고유지비용, 주문비용 둘사이의 관계는 서로 상충(trade-off)관계를 나타내게 된다. 즉, 재고유지비용이 감소하면 재고주문비용은 증가하게 된다.

⑤ **총재고최소비용** : 물류활동은 일반적으로 재고, 수송, 주문처리, 포장 및 하역 등으로 나누어지며 물류관리자는 각 물류활동과 관련된 일상적인 의사결정을 내린다. 최적 주문량에 대한 결정은 재고유지비, 주문비 및 재고부족비의 비용항목들을 합한 총재고비용이 최소가 되는 점이 최적주문량이 되며, 평균총비용이 가장 낮은 수준에서 생산할때 기업은 최적생산수준이 된다.

8. EOQ(Economic Order Quantity) 모형

(1) EOQ(Economic Order Quantity) 모형의 개념

① 경제적주문량(EOQ)을 이용한 재고관리의 문제점은 전체 주문사이클에 걸쳐서 볼 때 매일 실제필요한 양보다 더 많은 재고를 유지해야 한다는 것이다. 그림에서 (A)점이 경제적주문량 이라고 봐도 된다.

② 공식은 간단한 수식으로 인해 제조업체나 대형도매상에 의해 널리 사용되지만 상대적으로 소매업자들이 주문 의사결정을 내리는 데는 큰 도움이 되지 못하기도 한다.

③ 경제적주문량(EOQ) 공식은 주요 구성요소인 주문비와 재고유지비는 항상 인도기간이나 수요가 일정하다는 가정 아래에서 성립한다.

④ 최적주문량은 재고유지비, 주문비, 재고부족비 등을 함께 고려하여 결정되며 도표상 각 비용항목을 합한 총재고비용이 최소가 되는 점이 바로 최적주문량이 된다.

⑤ 최적주문량은 EOQ를 사용하여 구할수 있다. 경제적주문량은 연간수요량, 주문비, 평균재고유지비 및 재고품의 단위당가치(가격)를 통해 구한다.

⑥ 최적 주문횟수는 연간수요(특정기간 수요)를 경제적 주문량 단위(EOQ)로 나누어 계산하면 되고, 최적 주문주기일은 1년(365일)을 최적 주문횟수로 나누어 구한다.

⑦ 원가(原價, cost)란 특정한 목적 달성을 위해 희생되거나 포기된 자원이며, 직접원가는 주어진 원가 대상과 관련된 원가로서 그 원가대상에 추적 가능한 원가이고, 간접원가는 주어진 원가 대상과 관련된 원가이지만 그 원가대상에 추적할 수 없는 원가이다. 그리하여 원가 배부과정을 통해 원가 집적대상에 귀속된다. 변동원가는 활동이나 조업도의 총 수준과 관련해서 원가 총액이 비례적으로 변동하는 원가이다.

(2) EOQ(Economic Order Quantity) 모형의 기본가정

① 주문비용과 단가는 주문량 Q에 관계없이 일정하고, 매번 주문시 주문량이 동일하다.

② 미납주문은 허용되지 않고, 주문기간 중에 수요량, 주문원가, 유지원가, 조달기간(lead time)이 확실하게 알려져 있고 일정하다.

③ 재고단위당 구입원가는 1회당 주문량에 영향을 받지 않으며, 재고부족원가는 없다.

④ EOQ계산시 연간수요량, 1회 주문비용, 평균재고유지비는 계산하는 데 필요한 정보이고, 주문량 Q는 한 번에 입고되며, 단일 품목에 대해서만 가정한다.

(3) 총재고 관련비용(TC) = 재고주문비용 + 재고유지비용

① 재고주문원가(비용) $= \dfrac{D(수요량)}{Q(1회\ 주문량)} \times O(1회\ 재고\ 주문원가)$

② 재고유지원가(비용) = 평균 재고량×단위당 재고 유지원가 $= \dfrac{Q}{2} \times C$

③ EOQ 공식 $= \sqrt{\dfrac{2 \cdot D \cdot O}{C}} = \sqrt{\dfrac{2 \times 총수요량 \times 재고\ 주문원가}{단위당\ 재고\ 유지원가}}$

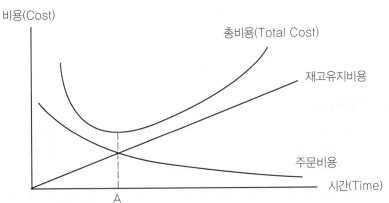

9. 기업의 재고 분석기법

(1) 재고피라미드 분석

① 보유재고의 구성을 움직임이 일어나지 않은 기간별로 구분하여 도표화하는 것으로서 간편하고 일목요연하게 나타낼 수 있는 점에서 유용한 기법이다.

② 잉여재고자산에 대한 정책을 수립하는 데 유용하게 이용되며, 재고가 건전할 때는 안정적인 피라미드 모양을 나타내지만, 재고의 운용이 극도로 불건전할수록 역삼각형을 나타낸다.

(2) Two-Bin 시스템

① Two-Bin시스템은 가장 오래된 재고관리기법 중의 하나로 가격이 저렴하고 사용 빈도가 높으며, 조달기간이 짧은 자재에 대해 주로 적용하는 간편한 방식이다.

② ABC분석의 C급 품목에 대하여 효과적인 관리방법의 하나로 인식되고 있으며, Double Bin System 또는 포장법이라고도 불리 우고 있다. 소수의 품목이 전체 매출의 대부분을 차지하고 있기 때문에 그런 소수 품목을 철저히 관리하는 재고 관리 기법을 ABC 재고관리기법이라고도 한다.

③ 나사와 같은 부품의 재고관리에 많이 사용하는 재고관리기법으로 두개의 상자에 부품을 보관하여 필요시 하나의 상자에서 계속 부품을 꺼내어 사용하다가 처음의 상자가 바닥이 날때까지 사용하여 바닥이 나면 발주를 시켜 바닥난 상자를 채우는 것이다.

④ Two-Bin시스템은 저가품에 주로 적용되는데, 재고수준을 계속 조사할 필요가 없다는 장점이 있다.

(3) 정기주문시스템(Fixed-order Period system)

① 일정시점이 되면 정기적으로 적당한 양을 주문하는 방식이다. 이 방식은 주문시기 중심이므로 P시스템이라고도 하며, 정기적으로 재고수준을 조사하므로 정기실사방식(periodic review system)이라고도 부른다.

② 조달기간이 짧거나 주기적으로 조달을 받은 품목에 유리하고 또는 여러 품목을 동일한 업자로부터 구입하는 경우에 유용하며, 정기주문의 경우에 안전재고수준은 정량주문의 경우보다 더 높고, A급의 재고관리가 유리하다고 한다.

③ 수량할인을 기대하기 힘들 때, 계절에 따라 수요의 변동폭이 클 때, 재고수준을 자동적으로 유지하지 못할 때는 정기주문법이 합당하다.

④ 조달기간 동안 뿐만 아니라 다음 주문주기 동안의 재고부족을 방지하기 위하여 많은 안전재고를 유지해야 하기 때문에 재고유지비용이 높다는 것이 단점이다.

(4) 정량주문시스템(Fixed-order Quantity system)

① 재고가 일정수준(발주점)에 이르면 주문하는 시스템으로 발주점법이라고도 부른다. 이 시스템은 주문량이 중심이 되므로 Q시스템이라고 부르며, 계속적인 실사를 통하여 재고수준을 체크하므로 연속실사방식(continuous review system)이라고 부른다.

② 정량주문시스템의 예를 보면, 대형슈퍼나 백화점의 계산대는 재고통제시스템과 연결되어 있다. 판매되는 품목의 코드번호가 입력되면 컴퓨터는 자동적으로 재고 수준을 계산하여 준다. 경제적 재주문점을 계산하기가 용이하고 이를 활용하는 것이 재고관리에 더욱 유리할 때, 용도의 공통성이 높고 사용빈도가 많으며 매일 일정한 비율로 소비되는 물품인 경우에 정량주문법이 합당하다.

③ 용도의 공통성이 높고 사용빈도가 많으며 매일 일정한 비율로 소비되는 물품인 경우나 경제적 재주문점을 계산하기가 용이하고 이를 활용하는 것이 재고관리에 더욱 유리할 때는 정량주문법이 합당하다.

④ 정량주문시스템은 ABC재고관리기준의 재고에서 B급기준에 해당하는 재고를 통제하는 데 이용하며, 정확한 재고기록이 필요한 품목에 적합하여 비교적 고가인 품목 등 재고자산 관리가 용이한 품목에 많이 사용된다.

(5) 기준 재고시스템

① 기업에서 가장 일반적으로 이용되는 재고관리시스템은 기준재고시스템이다. 이것은 s - S재고시스템 또는 mini-max재고시스템 등으로 불리우기도 하는데, 이 시스템은 정량재고시스템과 정기재고시스템의 혼합방식으로 두시스템의 장점을 유지하도록 고안된 것이다.

② 이 시스템에서는 두개의 재고수준(S, s)을 설정하게 되는데, S를 최대재고량, s를 재발주점의 재고량이라 한다. 재고의 조사는 정기적으로 하게 되는데, 재고조사 결과 현재의 보유재고가 s보다 낮은 경우에 한해서만 주문을 하게 된다. 이때 주문량은 재고수준이 최대 재고량인 S에 이르도록 결정되며, 따라서 매 주문시마다 주문량에는 변동이 생기게 된다.

③ 기준재고시스템을 취하면 주문의 회수는 줄어들게 되고, 주문량은 다소 많아지게 되는데, 많은 안전재고를 갖게 된다는 점이 이 시스템의 약점이다. 그러므로 불확실성에 대비하기 위해서는 안전재고의 규모가 커질 수밖에 없게 되는 것이다.

10. 생산관련 재고관리

(1) 자재소요 계획(Material Requirement Planning : MRP)

① MRP는 수요를 입력요소로 발주시점과 발주량을 결정하는 기법으로, 전자제품이나 자동차와 같은 수 많은 부품들의 결합체로 이루어진 조립품의 경우에 독립수요에 따라 종속적으로 수요가 발생하는 부품들의 재고관리에 유용한 시스템이다. 독립 수요뿐 아니라 종속수요도 관리할 수 있도록 고안된 시스템으로 경제적 주문량과 주문점 산정을 기초로 하는 전통적인 재고 통제기법의 약점을 보완하기 위해 개발된 것이다.

② 기업에서는 어떠한 제품이 기간별로 얼마만큼이나 팔릴 것인지를 예측한 자료를 활용하여 생산계획(Production Plan)을 수립한다. 생산계획단계에서는 제품단위의 계획을 수립하기도 하지만, Make-to-Stock 환경하의 기업에서는 대개 제품군단위(Product Family 또는 Product Group)로 생산계획을 수립하는 것이 일반적이다. 생산계획활동은 생산용량(기계용량,인력)의 조정까지를 계획범위에 포함시키는 것이 일반적이다.

③ 생산계획에 기준하여 제품의 주(week)별 생산계획량을 수립하는 활동이 기준계획수립(Master Production Scheduling)이며, 기준계획을 수립하기 위해서는 제품별 수요예측치와 현재고량에 대한 데이터가 필요하다. 자재소요계획(MRP)을 활용함으로써 작업장에 안정적이고 정확하게 작업을 부과할 수 있다.

④ MPS(Master Production Schedule)는 최종제품에 대한 생산계획(재고계획)이기 때문에, 제품을 구성하는 부품단위의 생산계획(재고계획수립)이 필요하고, 제품을 구성하는 제품(부품)의종류 및 그수량에 대한 정보를 가지고 있는 BOM(Bill of Material) 데이터, 제품(부품)별 주문방법 및 주문량에 대한 정보를 가지고 있는 Item Master Data, 각부품 및 제품별 재고에 대한 정보를 가지고 있는 재고데이터(Inventory Record) 를 이용하여 각부품별 소요량을 시점별로 계산할 수 있으며, 이 결과는 MRP 레코드에 저장된다.

(2) 제조자원계획MRPⅡ(Manufacturing Resource Planning : MRPⅡ)

① 자재소요계획은 두가지 면을 강조한다. 자재소요계획은 주생산계획에서 필요로 하는 자재소요량에 초점을 맞추며, 롯트규모와 안전재고에 대하여 알려준다.

② MRP는 노동력이나 시설에 대하여는 정보를 제공하지 못한다. MRP와 생산능력을 서로 조화시키기 위하여 능력소요계획을 세우지만, 이것은 사실 MRP 외부의 프로그램이다. 그래서 능력소요계획으로 생산능력을 재수립하는 경우에는 주생산계획도 다시 수립되어야 하는 경우도 있다.

③ MRP는 주생산계획 및 능력소요계획과 통합되어야 하는데, 이경우의 MRP 컴퓨터 프로그램은 폐쇄루프의 특성을 가진다. 따라서 폐쇄적인 MRP를 확장하여 생산시스템에 다른 기능을 포함시킬 필요성이 대두되었다.

④ MRP를 확장하여 사업계획과 각 부문별 계획을 연결시키도록 하는 계획을 MRPⅡ 라고 부른다. MRPⅡ에서는 생산, 마케팅, 재무, 엔지니어링 등과 같은 기업자산을 함께 전반적으로 계획하고 통제하며, 나아가서는 여러 시스템을 시뮬레이션한다.

(3) JIT시스템(Just In Time : 즉시납기체제)

① JIT시스템의 개념

㉠ JIT(just-in-time)생산의 기본개념은 적시에 적량으로 생산해내는 것으로 부품이 필요한 시기와 장소에서 사용되도록 계획하는 자재소요계획과 비슷한 의미를 주는것 같지만, JIT에서는 필요한 시기에만 부품이 생산되도록 한다.

㉡ JIT생산의 목적은 계획된 생산량을 예정대로 착오없이 성취하는 것이다. 단 한 개라도 과잉생산한다는 것은 하나가 부족한 경우와 마찬가지로 나쁘다고 생각한다. 일본 토요다 공장에서 개발된 이 JIT생산시스템은 토요다 생산시스템이라고도 부른다.

㉢ JIT시스템에서는 낭비를 줄임으로써 비용을 절감할 뿐만이 아니라, 근면성, 고도의 능력, 좋은 작업환경 등을 통하여 작업자의 능력을 최대한으로 이용한다.

㉣ JIT생산시스템은 재고 보관 공간을 줄일 수 있으며, 낮은 수준의 재고를 유지하면서도 생산 및 유통 활동을 할 수 있고, 재고 관리에 자금이 많이 소요되지 않는다. 즉, 재고회전율이 높아지고 대기시간이 짧아지지만, 일시적인 부품 부족이 발생하면 신속히 문제를 해결할 수 없다는 한계가 있다.

② JIT시스템의 목적

㉠ 수요변화에 신속한 대응이 가능하다.

㉡ 재고투자의 극소화를 이룰 수 있다.

㉢ 생산조달기간의 단축을 가져올 수 있다.

㉣ 모든 품질 문제를 노출시킬 수 있다.

③ MRP와 JIT

㉠ MRP는 종속수요의 품목을 주문처리 위한 정보시스템으로 공장현장에서 개별적인 주문, 소요자재, 후방 스케줄링과 무한능력계획에 사용하기 위한 것이다. 이 계획절차는 고객주문으로부터 시작해 완성품의 완료시간과 수량을 나타내는 주생산에 사용된다.

㉡ JIT는 일본에서 개발되었으며, 목표는 모든 사업운영에서 낭비의 발생을 제거 하는 것이다. 재고는 낭비로 간주되기 때문에, 이시스템은 재고감소 이상의 의미를 가지는 도구이다. JIT는 컴퓨터화 될 수도 있고 안될 수도 있다.

㉢ JIT의 원칙은 전사적 품질경영(Total Quality Management: TQM)과 예방유지 시스템을 잘 설치한 후에 기본 MRP에 부가될 수 있다. TQM은 JIT없이 존재할 수 있지만, TQM없이 JIT는 존재할 수 없다.

㉣ JIT 또는 MRP가 효과적으로 작동하기 위해서는 좋은 부품이 매회 만들어져야 하며, 필요할 때에는 생산시설이 언제나 이용될 수 있어야 한다.

④ JIT와 JITⅡ에 대한 비교

㉠ JIT는 부품과 원자재를 원활히 공급받는데 초점을 두고, JITⅡ는 부품, 원부자재, 설비공구, 일반자재 등 모든분야를 대상으로 한다.

㉡ JIT는 개별적인 생산현장을 연결한 것이라면, JITⅡ는 공급체인상의 파트너 연결과 그 프로세스를 변화시키는 시스템이다.

㉢ JIT가 공급자의 헌신을 바탕으로 한 이기적 시스템이라면, JITⅡ는 파트너십을 바탕으로 공급자와 구매자가 모두 이익을 볼 수 있는 윈윈시스템이라 할 수 있다.

㉣ JIT가 물동량의 흐름을 주된 개선대상으로 삼는데 비해, JITⅡ는 기술, 영업, 개발을 동시화하여 물동량의 흐름을 강력히 통제한다.

(4) 지수평활법(Exponential Smoothing)

① 지수평활법은 이동평균법의 약점인 가중치 선정기준의 불합리성과 대상기간 n을 정하는 비합리성을 보다 합리적으로 개선한 가중이동평균법의 하나이다.

② 지수평활상수를 활용하여 수요예측을 하며, 예측오차에 대해 예측치가 조정되는 순발력은 지수평활상수 $\alpha(0 < \alpha < 1)$에 의해 결정된다.

③ 일부 컴퓨터 패키지 프로그램은 예측오차가 허용할 수 없을 정도로 큰 경우에는 지수평활상수를 자동으로 조정하는 기능을 갖고 있다.

$\therefore$ 다음기 예측치 = 당기의 예측치+α(당기의 실제치 − 당기의 예측치)

= $\alpha \times$ 당기의 실제치 +(1 − α) 당기의 예측치

02 유통 물류 회계

1. 기업물류비(logistics cost)의 개념

(1) 기업물류비의 의의

① 많은 기업에 있어 물류비 산정이 대체로 각 기업의 독자적인 방식으로 이루어지고 있는 실정이다. 기업물류비는 특정 제조업자의 제조와 판매활동에 수반되는 물류를 위하여 자사 혹은 타사가 소비한 경제적 가치를 나타낸 것이다.

② 기업물류비는 원산지로부터 최종소비자까지의 조달, 판매, 재고의 전과정을 계획, 실행, 통제하는 데 소요되는 비용으로 물류비의 구성요소 중 운송비의 비중이 가장 크다.

③ 기업물류비의 감소와 소비자 만족의 증가를 동시에 가능하게 할 수 있는 것은 적절한 제품을 적절한 장소, 적절한시간, 적절한양으로 소비자에게 전달하는 기업은 경쟁자에 비해서 소비자의 욕구를 보다 잘 충족시킬 수 있다는 것이다.

④ 자가물류비보다 위탁물류비의 비중이 증가하는 경향이고, 정보비는 다른 물류비와 상반 관계에 있다.

(2) 기업 물류비산정

① 물류비 과목분류는 영역별, 기능별, 자가 위탁별, 세목별, 관리 항목별로 구분된다.

② 영역별 물류비는 기업경영의 주요영역 중 어느영역에서 발생한 물류비인가를 식별하여 조달 물류비, 사내물류비, 판매물류비 등으로 분류한다.

③ 물류비의 영역별로 조달, 생산, 판매, 반품 및 폐기물류비로 분류할 수 있고, 기능별 물류비는 수송, 보관, 하역, 포장, 유통가공, 정보, 관리비로 분류할 수 있다.

④ 관리항목별 물류비는 중점적으로 물류비 관리를 실시하기 위한 관리대상, 예를 들어 제품별, 지역별, 고객별 등과 같은 특정의 관리단위별로 분류하는 것을 말한다.

(3) 기업 물류비와 관련된 여러 지표

① 물류생산성지표란, 물류활동에 대한 투입과 산출의 비율이다.

② 물류서비스지표란, 물류활동의 서비스 요구치에 대한 충족치의 비율이다.

③ 물류이용지표란, 물류시설의 이용가능 능력(용량)에 대한실적치의 비율이다

④ 물류업적지표란, 계획치에 대한 실적치의 비율을 말하며 실적치를/계획치로 나눈 비율이다.

(4) 기업 물류비산정의 과정

① 물류비를 정확하게 파악하기 위해서는 우선 물류원가계산이 이루어져야 하는데, 물류원가계산 방식에는 재무제표를 이용한 재무회계방식과 물류원가계산제도에 의한 관리회계 방식이 있다.

② 재무회계 방식은 재무제표를 이용하여 물류비를 추산하는 방식으로, 손익계산서의 계정과목 중 지불운송료, 지불임차료, 지불보관료 등 물류관련 항목에서 물류비를 산정하고 또한 판매비, 일반관리비에서 물류관련 비용을 추산하게 된다.

③ 국토교통부가 고시하고 있는 기업물류비계산에 관한 지침에서 물류비의 기능별분류에서 판매물류비는 영역별물류비분류체계에 해당하고, 기능별분류에는 운송비, 보관 및 재고관리비, 포장비, 유통가공비, 하역비, 물류정보 · 관리비가 있다.

④ 판매물류비는 생산된 완제품 또는 매입한 상품을 창고에 보관하는 활동에서부터 그 이후의 모든 물류활동에 따른 비용을 말하며, 넓은의미로 본 이 비용에는 반품물류활동과 공용기, 팔레트 등의 회수물류활동 및 파손 또는 진부화된 제품, 포장용기 등의 폐기물류활동에 따른 비용까지를 모두 포함하기도 한다.

⑤ 환경회계(Environmental Accounting) 또는 그린회계(Green Accounting)는 기존의 전통적 회계시스템이 환경보존에 들어간 비용이나 환경활동에 투자한 가치 등을 제대로 외부에 알릴 수 없었으므로 이제는 그러한 정보를 외부에 알려서 기업이 그러한 방향으로 가도록 유도하고자 하는 의도에서 비롯되었다.

(5) 물류비의 산출단계

① 제 1단계 : 물류비 계산 니즈의 명확화
  ㉠ 원가계산의 목표확인
  ㉡ 원가계산 대상의 설정

② 제 2단계 : 물류비 자료의 식별과 입수
  ㉠ 원가계산 대상별 관련자료의 식별
  ㉡ 발생형태별 원가자료의 입수
  ㉢ 물류관리자가 기업의 물류비 수준파악 가능

③ 제 3단계 : 물류비 배부 기준의 선정
  ㉠ 물류비를 간접비와 직접비로 구분하여 직접비는 원가대상별로 직접 부과하고, 간접비는 적절한 배부방법과 배부기준에 의하여 원가대상별로 배부
  ㉡ 물류관리자는 간접물류비의 배부방법과 배부기준을 물류 특성에 맞추어 선정

④ 제 4단계 : 원가계산의 대상별 물류비의 배부와 집계
  ㉠ 제2단계에서 계산된 발생 형태별 물류비를 직접비에 직접 부과
  ㉡ 간접비는 선정된 배부방법과 배부기준에 의하여 배부한 다음, 집계하여 원가대상별로 물류비를 계산

⑤ 제 5단계 : 물류 원가계산의 보고
  ㉠ 물류원가계산의 실시에 따른 보고서를 원가계산의 대상별로 작성
  ㉡ 물류원가계산의 내용을 종합하여 종합보고서를 기간별로 작성하여 최고 경영층에 제출

(6) 재무회계방식과 관리회계방식의 차이

① 재무회계방식은 기업활동의 손익상태와 재무상태를 중심으로 회계제도의 범주에서 물류활동에 소비된 비용항목을 대상으로 1회계기간의 물류비 총액을 추정한다.

② 물류비 계산방식중 재무회계방식은 기업활동의 손익상태(손익계산서)와 재무상태(대차대조표)를 중심으로 물류활동에 소비된 비목을 대상으로 1회계기간의 물류비 총액을 추정하며, 개략적인 물류비의 총액계산에 있어 별도의 물류비 분류, 계산 절차 등이 불필요하다.

③ 재무회계는 상세한 물류비의 파악이 곤란하기 때문에 구체적인 업무평가나 목표 달성의 측정에 한계가 있으며, 전담조직이나 전문지식이 미흡해도 계산이 가능한 장점과 물류비 절감효과의 측정 한계의 단점도 있다.

2. 물류 예산관리

(1) 물류예산관리의 정의

① 물류예산관리란 기업의 물류활동을 위해 설정된 물류지침에 의해서 물류관리자가 물류요원의 의견을 수렴하여 과학적으로 예산을 편성하고, 예산집행에 있어서 관련 지출을 조정하거나 통제하는 것을 말한다.

② 물류예산안 편성과정의 단계는 「물류관리 목표의 확인 → 현황 파악 및 분석 → 물동량 파악 → 개별물류계획의 검토 → 물류예산의 편성」의 과정을 거친다.

② 물류예산 편성절차의 가장 일반적인 나열은 물류환경조건의 파악, 장기물류계획의 설정, 물류예산편성 방침의 작성과 제출, 물류비 예산안의 작성과 제출, 물류비 예산안의 심의·조정, 물류비 예산의 확정의 순서를 거친다.

(2) 물류예산관리의 일반모델

① 물류활동에 대해 미리 물류예산을 편성하여 예산과 실적의 물류비를 대비시켜 물류 비 예산과 실적과의 차이를 분석해 준다.

② 물류비 실적의 계산식에서 자가물류비 실적은 「물류원가×월별 물류량」 실적으로 산출한다.

③ 차기의 물류계획과 예산편성에 관한 정보의 제공에 효과를 볼 수 있다.

④ 예산편성의 물류현장의 종사자를 참여시켜 자주적인 예산목표를 설정유도해야 한다.

(3) 물류예산관리의 실시요건

① 물류예산에 대한 올바른 이해와 협력이 필요하다.

② 참가적인 예산편성제도를 도입하여야 한다.

③ 예산책임을 명확히 구분하여 명시하여야 한다.

④ 물류예산을 탄력적으로 운용하여야 한다.

03 물류 표준화 및 공동화

1. 물류 표준화

(1) 물류 표준화의 의의

① 물류표준화의 주요내용은 기기(機器) 및 설비(設備)들의 규격·치수·제원 등이고, 주요 대상은 포장용기, 랙(Rack), 트럭 적재함 등으로 유닛로드(unit load)시스템이 필요하고, 국제적으로 연계성과 일관성 유지가 필요하다.

② 하드웨어 측면에서 수송장비, 보관시설, 포장용기 등을 규격화하여 일관물류 시스템을 갖추어야 한다.

③ 물류표준화는 포장·하역, 보관 수송 및 정보 등 각각의 물류기능 및 단계에서 사용되는 물동량의 취급단위를 표준화 또는 규격화하고 여기에 이용되는 기기·용기·설비 등의 강도나 재질 등을 통일시키는 것을 말한다.

④ 물류표준화가 팔레트풀 시스템 등의 활성화에 크게 기여하였고, 운송과 보관, 하역, 포장, 정보등과 같은 물동량의 취급단위를 표준화 또는 규격화하여서 기준을 정하고 이용하는 것을 말한다.

⑤ 물류표준화 체계의 근간이 되며, 물류시스템을 구성하는 각 요소인 수·배송 수단, 하역기기 및 시설 등의 기준척도가 되는 것을 물류모듈(Module)이라한다.

(2) 물류 표준화의 필요성

① **물류의 일관성과 경제성 확보** : 물류 표준화는 물동량의 이동과 흐름의 증대에 대비하여 물류의 일관성 및 경제성 확보의 수단으로 기준이 필요하게 되었다.

② **물류비의 절감** : 국내도로나 화물터미널, 항만 등의 물류기지 및 시설의 미비로 인한 물류비가 증가하는 추세이며, 이는 물류표준화의 재해로 인한 생산성의 저하와 비용의 증가를 초래하고 있다.

③ **물류의 신기술 도입용이** : 국내 물류표준화를 국제표준화에 연계하기 위하여 국가에 의한 표준화가 설정됨으로써 기업규격의 선도적인 역할의 필요성이 대두되었다.

④ **국제표준화에 부응** : 국제화 및 시장개방으로 인한 국제표준화(ISO)에 연계되는 물류표준화가 요구된다.

(3) 물류 표준화의 당위성

① 물류활동에 소요되는 물류비용의 절감

② 물류활동과 관련된 각 부문 상호간의 효과적 연계

③ 물류활동과 관련된 신기술을 적용하기에 적합

④ 물류활동의 물류정보화 구축에 밑바탕 역할

(4) 물류 표준화의 영향

① 국가경쟁력 강화와 물류비가 절감된다.
② 자원과 에너지가 절약되고, 소비자에 대한 서비스가 증대된다.
③ 물류공동화를 추구할 수 있다.
④ 물류기기의 표준화가 이룩될 수 있다.
⑤ 물류 활동의 효율화와 수급의 합리화를 이룩할 수 있다.

(5) 물류 표준화 대상

① 롤박스
② 수송포장
③ 유니트 로드치수
④ 일관수송용 팔레트

(6) 국제적인 표준화 추진 방향

① 국제표준화를 실현하기 위해서는 급속한 변화가 발생하는 국제환경에 대응하여야 한다.
② 선진국가들의 각종 표준기구나 회의에 적극 참여하여 표준화의 우선순위 영역, 표준화 정책 및 전략 등에 대한 정보를 체계적이고 신속하게 교환하여야 한다.
③ 국제표준화 정책은 정부주도형보다는 민간주도형으로 추진하는 것이 효과적이다.

(7) 모달 시프트(modal shift)

① 일반적으로 도로중심의 물류수송은 에너지문제, 도로정체, 대기오염을 일으키는 중요한 요인이 된다.
② 도로중심의 mode에서 선박과 철도 등 친환경적 수송시스템 mode로 이동(shift)하는 것을 모달시프트(modal shift)라고 하고 정부 역시 적극적인 지원을 하고 있다.

2. 물류공동화

(1) 의 의

① 물류활동에 필요한 노동력, 수송수단, 보관설비, 정보시스템, 도로 등의 물류인프라를 참여기업과 연계하여 하나의 시스템으로 운영하는 것을 물류공동화라고 한다.
② 물류공동화는 자사의 물류시스템과 타사의 물류시스템이 동일지역과 동일업종을 중심으로 공유되는 것을 말한다. 고객의 제품 수주에서 판매되기까지 물류를 주문, 제품의 수집, 운송, 집하(보관), 배송기능으로 분류하여야 한다.
③ 물류공동화는 물류비용의 절감을 위하여 자사의 물류시스템을 타사의 물류시스템과 연계시켜 하나의 시스템으로 운영하는 것을 말한다. 독자적으로 수송하던 기업들의 운송물량이 적어 수송 및 배송 효율성이 떨어짐에 따라 이를 개선하기 위해 대두된 개념이다.

④ 물류공동화는 수 · 배송의 효율화를 높이고 비용을 절감하기 위해 동일지역이나 동종업종을 중심으로 노동력, 수송수단, 보관설비, 정보시스템 등 물류시설을 2인 이상이 공동으로 설치하고 이용 · 관리하는 것을 말한다.

(2) 물류공동화를 위한 전제조건

① 다른 회사와 물류공동화를 위해서는 자사의 물류시스템을 완전히 개방하여야 한다.
② 표준적인 물류심벌 및 업체 통일전표와 외부와 교환이 가능한 팔레트를 사용해야 한다.
③ 명확하게 서비스 내용을 표준화하고, 물류비를 명확하게 산정하고 체계화하여야 한다.

(3) 물류공동화의 특징

① 동종업체나 이종관련 기업들이 전국적 · 지역적으로 물류시설을 공동으로 설치 · 운영하고 관리함으로써 물류시설을 개별적으로 관리하는 것보다 더적은 비용으로도 더 많은 이익을 산출할 수 있다.
② 고객서비스 향상과 물류비절감을 추구하는 물류공동화의 도입은 물류합리화의 기본이 된다. 제조업자, 도매상, 소매상들이 주체가 되어 실시되는 경우와 수송업자가 주체가 되어 실시되는 유형으로 구분할 수 있다.
③ 화물 거점 시설까지 각 화주 또는 각 운송업자가 화물을 운반해 오고 배송면에서 공동화하는 유형의 공동 수 · 배송 시스템을 배송공동형이라한다.
④ 수 · 배송에서 시뮬레이션(Simulation) 모형은 수리적인 방법의 적용이 곤란하거나 불가능할 때, 최후의 수단으로 이용되는 기법이다.

(4) 물류공동화의 목적

① 사람, 자금, 시간, 물자 등 물류자원을 최대로 활용함으로써 비용절감이 가능하고, 중복투자가 감소한다.
② 수 · 배송 효율의 향상으로 외부불경제인 대기오염, 소음, 교통체증 등에 대한 문제를 최소화할 수 있다. 수 · 배송 공급모형 수리적인 방법의 적용이 곤란하거나 불가능할 때, 최후의 수단으로 이용되는 기법이 시뮬레이션(simulation) 모형이다.
③ 인력부족에 대한 대응으로 물류비를 절감하고 고객에 대한 서비스 향상을 도모한다.

(5) 물류공동화의 효과

① 자금조달 능력이 향상되고, 다빈도 소량배송에 의하여 서비스가 확대된다.
② 수송단위의 대량화가 진행되고, 수 · 배송의 효율이 향상되며, 정보가 네트워크화 된다.
③ 대도시내의 트럭교통에 의한 도로정체, 대기오염, 소음, 진동 등 환경문제가 감소된다.

(6) 물류공동화의 저해요인

① 기업간 정보공유 기피
② 서열납입 등 수요처의 다양한 요구
③ 제품 및 포장의 다양한 규격과 취급 특성
④ 물류부문의 이해관계자(퇴직임원 등)에 대한 높은 의존도

3. 운송의 기능과 종류

(1) 운송의 기능

① 생산과 소비사이의 장소적불일치를 극복하며, 상품시장의 확대와 대량생산을 촉진한다. 수 · 배송계획 중 수 · 배송망의 구축은 장기계획의 범주에 속한다.

② 가격의 안정과 표준가격 형성하는 가격조절기능과 수송비절감으로 판매촉진, 문화적 생활의 질을 향상 시킨다.

③ 수송비는 제품의 밀도, 가치, 부패가능성, 충격에의 민감도 등에 영향을 받고, 선적되는 제품양이 많을수록 주어진 거리내의 단위당 운송비는 낮아진다. 재고의 지리적 분산정도가 낮기를 원하는 기업은 소수의 대형배송센터를 건설하고 각 배송센터에서 취급되는 품목들의 수와 양을 확대할 것이다.

(2) 자동차(공로)운송

① 자동차운송의 특징은 화물의 포장과 운송절차가 간편하며, 고속도로 등 자동차 도로망 발달. 대형차 개발로 자동차 운송이 발달하고 있다. 하지만, 대량운송에 적합하지 않고, 장거리 운송시 비용이 높고 안정성이 낮으며, 중량의 제한이 있고, 특정지역에서의 교통체증을 유발할 수 있다.

② 문전에서 문전까지 일관운송이 가능하기 때문에 수취가 편리하다. 대량운송이나 원거리 운송에는 철도운송에 비해 경쟁력이 약하다. 비교적 간단한 포장으로 운송할 수 있으며, 단위 포장에서는 파레트를 이용할 수 있다.

(3) 철도운송

① 대량운송이 가능하고, 중장거리인 경우 비용이 저렴하며, 안정성이 높고 전전후 운송이 가능하다.

② 단거리인 경우 비용이 상대적으로 높고, 적기에 배차가 곤란하며, 문전 운송을 위해서는 자동차의 집배송이 필요하다.

(4) 선박운송

① 대량 화물의 장거리 운송에 적합하고 비용이 저렴하고, 전용선에 의한 운송 및 일괄 하역작업이 가능하며, 용적 및 중량 화물의 운송에 적합하다.

② 운송기간이 길고, 항만 설비와 하역비가 비싸며. 항구에서 화물을 선적, 하역하기 때문에 문전 운송을 위해서는 컨테이너나 다른 연계수단이 필요하다.

(5) 항공기운송

① 운송속도가 신속하여 계절성, 유행성, 신선도를 유지해야 하는 상품의 운송에 적합하며, 소량 및 경량 물품의 장거리 운송에 가장 유리하며, 파손율이 낮고 보험료가 저렴하다.

② 부피가 적고, 고가이며, 운임이 가장 비싸며, 중량 및 용적의 제한을 받고, 기후의 영향을 받으며 공항에서 탑재와 인수가 이루어지므로 다른 연계수단이 필요하다.

(6) 복합운송(Combined Transportation)

① 복합운송은 어느 한국가(지역)의 특정지점에서 다른 국가(지역)에 위치해 있는 지정 인도지점까지 복합운송계약에 의거 반드시 2가지 이상의 운송수단을 이용하여 화물 을 운송하는 것을 말한다.

② 복합운송 특징은 단일운임의 설정, 운송방식의 다양성, 위험부담의 분기점 등이 있 다. 위험부담의 분기점은 송화인이 물품을 내륙운송인에게 인도하는 시점이 된다.

③ 2가지 이상의 서로다른 운송방식에 의하여 이행되며, 트럭과 철도의 결합 (piggy-back)으로 정식명칭은 Trailer on Flat Car이고, 철도와 항공의 결합 (birdy-back), 트럭과 선박의 결합(fish-back) 등이 있다.

④ 위험부담의 분기점은 송화인이 물품을 내륙운송인에게 인도하는 시점이 된다. 복합 운송인은 복합운송의 서비스대가로서 각운송구간마다 분할된 것이 아닌, 전 운송 구간이 단일화된 운임(Through Rate)을 설정한다.

(7) 국제복합운송(International Combined Transportation)

① 국제복합운송(Combined Transportation)이란 수출입화물을 단일운송계약 에 의거하여 최소한 2개 이상의 이종(異種) 운송수단에 의해 수하인의 문전에서 송하인의 문전까지 "Door to Door"로 국제간을 일관해서 운송하는 것이다.

② 국제물류(International Physical Distribution)는 생산과 소비가 2개국 이상에 걸 쳐 이루어지는 경우 그 생산과 소비의 시간적, 공간적 차이를 극복하기 위한 유·무 형 재화에 대한 물리적인 국제경제활동을 의미한다. 국제물류는 운송절차의 복잡성 으로 운송주선인이 필요한 경우가 많다.

(8) 운송 요금(운임)

① 운송요금(운임)운송 용역의 가격으로 사람 또는 재화 들을 수송해 주는 대가로 지불 및 수취 하는 화폐액을 의미한다.

② 운임을 결정하는 방법 중 운임비용설은 운임에 소요되는 비용에 의해 운임이 결정 된다는 이론으로 운임의 최저한도를 형성한다.

③ 운임을 결정하는 방법중 용역가치설은 수요자가 운송용역에 대해 가치를 인정할 때 운임이 결정되는 것으로 운임의 최고한도를 형성한다.

④ 운송수단의 사회적 공공성 때문에 통제를 받는 국내운송의 경우 자유로운 환경에 속해있는 국외 운송보다 운임의 변동성이 더작게 발생한다.

⑤ 운임을 결정하는 방법 중 일반균형이론은 운송도 재화이기 때문에 운송에 영향을 미치는 다른 요소들의 관계에 의해 운임이 결정된다는 이론이다.

⑥ 대형화된 운송수단에 적재되는 화물이 많을수록 화물단위당 부담하는 고정비 및 일반관리비는 낮아지며, 취급이 어려울수록 운송비는 높아지게 된다.

⑦ 운행거리가 '0'이어도 고정비는 발생하기에 비용이 '0'이 아닌 경우도 발생하며, 화물의 밀도가 동일하더라도 적재성이 떨어지면 운송료는 높은 수준에서 결정된다.

04 전략적 물류기법

1. 물류 아웃소싱(Logistics Outsourcing)

(1) 물류 아웃소싱 개념

① 기업이 고객서비스의 향상, 물류비절감 등 물류활동을 효율화할 수 있도록 물류기능 전체 혹은 일부를 외부의 전문업체에 위탁·대응하는 업무를 말한다.

② 기업이 직접 고객서비스 향상이나 물류비절감등을 추구하지 못할 경우, 물류기능의 전체 혹은 일부를 위탁, 대행하는 것을 말한다. 물류업무를 사내에서 분리하여 제3의 전문기업에 위탁할 때 일반적으로 다양한 효과를 기대할 수가 있다.

(2) 물류 아웃소싱의 효과

① 핵심역량사업에 집중할 수 있는 장점이 있는 반면 고객 불만에 대하여 신속하게 대응하기가 쉽지 않다. 물류공동화와 물류표준화가 가능하여 물류비절감과 서비스의 향상이 가능하다.

② 제조업체나 외부물류업체를 관리하여야 함으로 경영역량은 분산되나 핵심역량사업에 집중할 수 있는 장점이 있고, 기업의 경쟁우위 확보 및 사회적비용의 절감과 국가경쟁력 강화에 기여할 수 있다.

③ 전문화의 이점을 살려 고객욕구의 변화에 맞는 주력사업에 집중할 수 있으며, 물류투자비로 인한 기업활동의 제약을 어느정도 벗어나 조직의 유연성을 확보할 수 있다.

④ 초기에는 단순한 운송, 창고, 자재관리에 국한되었으나, 최근에는 EDI 정보교환, 주문접수, 운송업체 선정, 포장, 상품조립 등 직접적인 고객업무로 범위가 확대되고 있다.

⑤ 아웃소싱효과가 확대되면 물류공동화와 물류표준화의 가능성이 있으며, 이밖에 물류시설 및 장비를 이중으로 투자하는데 따르는 투자위험을 피할 수 있다.

⑥ 기업이 물류 등을 아웃소싱 하는 이유는 고정비용을 줄여서 유연성을 획득할 수 있거나 규모의 경제효과를 누릴 수 있으며, 혁신적인 기술혜택을 볼 수 있고, 분업의 원리를 통해 이득을 얻을 수 있다.

⑦ 제조업체가 보유한 한정된 차량운행에서 오는 불편함을 해소할 수 있을 뿐만 아니라, JIT배송이 가능해질 수 있으므로 고객에 대한 배송서비스를 대폭 강화할 수 있다.

⑧ 광범위한 물류조직보다 타 회사의 물류기능을 부분적으로 공유하여 사용하거나 특화된 물류활동을 제공하는 물류전문업체와 계약을 통하여 자사에서 필요한 물류활동을 하게 하여 물류운영, 관리노하우 습득으로 전문성 강화한다.

⑨ 물류전문업체의 첨단정보시스템을 이용함으로써 시스템 추가개발에 소요되는 인력과 비용을 절감할 수 있다.

⑩ 제조업체가 보유하고있는 한정된 차량운행에서 오는 불편함을 물류전문업체의 전 차량을 이용하는 정시배송으로 개선하여 배송서비스를 대폭 강화할 수 있다.

⑪ 창고, 대지 및 물류장비 등을 처분 혹은 임대를 통해 투자비용을 회수하는 한편, 물류전문업체에게 사용한 내용만큼의 비용만을 지불하므로 전체적으로 비용절감의 효과를 기대할 수 있다.

(3) 물류 아웃소싱의 단점

① 물류비용 산정의 어려움이 있다.

② 물류과정에 대한 통제력이 상실될 수 있다.

③ 고객불만에 대하여 신속하게 대응하기가 쉽지 않다.

④ 물류전문업체가 제공하는 서비스품질의 불확실성이 있다.

(4) 전략적 아웃소싱의 이점

① 규모의경제효과를 얻을 수 있다.

② 위험을 분산하는 효과를 얻을 수 있다.

③ 핵심역량사업에 집중투자를 할 수 있다.

2. 제3자 물류(Third party Logistics : 3PL)

(1) 제3자 물류 개념

① 제3자물류는 화주기업이 고객서비스향상, 물류비절감, 물류활동의 효율성 향상 등의 목표를 달성할 수 있도록 물류경로내의 다른주체와 일시적이거나 장기적인 관계를 가지고 있는 것을 말한다.

② 제3자물류는 물류경로내의 대행자 또는 매개자를 의미하며, 화주와 단일 혹은 복수의 제3자가 일정기간 동안 일정비용으로 일정서비스를 상호합의하에 수행하는 과정을 말한다.

③ 제3자란 물류채널 내의 다른 주체와 일시적이거나 장기적인 관계를 가지고 있는 물류채널내 대행자 또는 매개자를 의미하며, 화주와 단일 혹은 복수의 제3자간의 일정기간 동안 일정비용으로 일정서비스를 상호합의 하에 수행하는 과정을 제3자 물류 혹은 계약물류라고 한다.

(2) 제3자 물류(3PL)의 특징

① 제3자 물류를 실행함으로써 운영비용과 자본비용 감소효과, 서비스개선효과, 핵심역량에 대한 집중효과 및 물류관리를 위한 인력의 절감효과가 발생한다.

② 제조업체가 제3자 물류(3PL)를 이용하는 전략적동기는 아웃소싱(outsourcing), 부가가치 물류(value added logistics), 물류제휴(logistics alliance)효과 등을 기대하는 것이다.

③ 고객요구가 자주 변화하고 기술이 발전함에 따라 3자물류 제공자들은 정보기술이나 장비를 업데이트하기 때문에 화주기업에게 기술적 유연성을 제공할 수 있다.

④ 물류관리에서 공급사슬내 관련주체간(제조업체와 유통업체) 전략적제휴라는 형태로 나타난 것이 QR 또는 ECR이라면, 제조업체나 유통업체 등의 화주와 물류서비스 전문제공업체간의 전략적 제휴형태로 나타난 것이 제3자 물류이다.

⑤ 제3자물류를 실행함으로써 물류관련 자산비용의 부담이 줄어들수 있으므로 비용절감, 전문물류서비스의 활용을 통한 고객서비스향상, 핵심사업분야 집중을 통한 기업경쟁력 향상 등의 기대에서 출발한다.

⑤ 부품이나 완제품의 조달에서 시작하여 완제품의 판매에 이르기까지의 모든 과정에서 발생하는 물류기능의 전체 혹은 일부를 전문 물류업체가 화주업체로부터 위탁을 받아 수행하는 물류활동이다.

⑦ 제3자 물류를 이용하는 경우 화주기업이 얻는 효과로는 제3자 물류업체의 고도화된 물류체제를 활용함으로써 자사의 핵심 경쟁력에 집중할 수 있고, 리드타임의 단축이 가능하며, 시설이나 설비투자에 대한 부담을 경감할 수 있다. 이런 결과로 고객에 대한 물류서비스 수준이 향상될 수 있다.

(3) 제3자 물류의 태동과 성장 과정

① 1998년 화물자동차운수사업법 및 화물유통촉진법의 규제 완화와 IMF 체제 이후라고 본다.

② 기업들은 생존을 위하여 구조조정을 다각적으로 실시하면서, 기존조직에 흡수되어 있던 물류부문이 독립·분리되어 하나의 전문분야가 되었다.

③ 대기업을 필두로 분사된 물류자회사나 전문물류기업 등 제3자물류 기업에게 자사의 물류기업을 위탁하기 시작하면서 제3자물류는 활성화되어 나갔다.

3. 제4자 물류(Forth party Logistics : 4PL)

(1) 제4자 물류 개념

① 단순하게 제1자물류(자가물류), 제2자물류(자회사물류), 제3자물류(물류활동의 외부위탁)의 분류체계에 근거하여 그 다음단계로 제4자물류라고 한다. 제3자 물류에 솔루션 제공능력을 더하면 제4자물류가 된다.

② 물류업무수행능력 및 정보기술, 컨설팅능력을 보유한 업체가 공급망상의 모든 활동에 대한 계획과 관리를 전담하여, 다수의 물류업체 운영 및 관리를 최적화함으로써 생산자와 유통업체간에 효율화를 도모하는 데 있다.

③ 제4자물류 운용모델에는 시너지 플러스(Synergy Plus), 솔루션 통합자(Solution Integrator), 산업혁신자(Industry Innovator)모델이 있고 제3자물류업체와 물류 컨설팅업체, IT업체의 결합된 형태이다.

(2) 제4자 물류의 목적

① 모든영역의 물류서비스를 제공할 수 없었던 기존 전문물류업체(3PL)의 한계를 극복하고, 공급체인에 대해 탁월하고 지속적인 개선효과를 발휘할 목적에 있다.

② 제4자물류 이용시 수입증대, 운용비용감소, 운전자본감소, 고정자본감소 등의 효과를 볼 수 있다.

(3) 제4자 물류의 특징

① 전략 · 기술 · 경영관리를 제공하며, 제3자물류업체, 컨설팅업체, IT업체들이 가상조직을 형성하여 한번의 계약으로 공급체인 전반에 걸친 통합서비스를 제공한다.

② 원재료의 조달부터 최종고객으로의 판매에 이르기까지 공급체인상에서 발생하는 모든 물류활동을 하나의 조직이 수행한다. 제4자물류는 기업간 전자상거래의 확산에 따른 공급체인 효율화를 위한 발전적 대안이라고 볼 수 있다.

③ 물류업무를 수행할 기업들이 합작투자 형태로 존재하며, 화주기업은 컨소시엄형태로 된 물류전문 업체와 관계를 맺는다. 물류 조직은 고객인 화주기업과 물류서비스 제공자 간에 단일 창구 역할을 수행해야 한다.

05 물류의 효율성

1. 물류센터

(1) 물류센터의 의의

① 물류시설은 주요기능에 따라 일반적으로 크게 보관센터(SC: stock center), 환적센터(TC: transshipment center), 배송센터(DC: distribution center) 등으로 구분할 수 있다.

② 현대의 물류시설은 보관, 환적, 집 · 배송의 기능을 수행하게 되는데, 이 기능들을 집합적으로 수행되거나 일부기능이 수행되는 물류시설을 물류센터라 한다.

③ 물류센터가 2개 이상 들어간 단지에 대해서는 물류단지, 유통단지, 도 · 소매단지 등의 다양한 이름으로 부르고 있다.

(2) 물류센터의 특징

① 일정지역에서는 집하 후 물류센터에서 분류하여 해당지역의 물류센터들로 수송하고, 일정지역에서는 물류센터에서 분류작업없이 해당지역의 물류센터로 바로 직송하는 방식을 Hub & Spoke 방식과 Point-to-Point 방식의 혼합방식이라고 한다.

② 물류센터에서 차량적재방법 처리시, 주문건별(제품 중심), 거래선별(거래선 중심), 배송코스별(배송코스 중심)로 선택하여 실시할 수 있으며, 차량적재방법 여부에 따라, 차량별 적재율이 표시된다.

(3) 물류센터의 입지결정

① 물류센터의 위치(입지)는 화물의 흐름을 잘 고려하여 결정해야 하며, 이를 위해 일 반적으로 5가지 중요한 요소(PQRST)를 분석해야 한다. 이들 5가지 요소는 화물 (Product or Material), 수량(Quantity), 경로(Route), 서비스(Service), 시간 (Time)으로 구분된다.

② 물류센터는 배송시간·배송비용을 절감할 수 있는 상품의 수요가 많은 지역에 있어 야 하고, 상품의 대량보관에 중점이 있는 것이 아니고, 효율적인 물류배분에 초점을 맞추어 위치를 선정해야 한다.

③ 물류센터는 물류거점의 위치에 따라 기능이 좌우되고 재고관리 등을 고려하여 납기 를 지킬 수 있는 장소에 위치하여야 한다.

④ 물류센터 입지선정시 고려해야 할 요인중 수·배송서비스 조건으로는 배송의 빈도, 고객에 대한 도착시간, 리드타임, 고객까지의 거리여부 등을 충분히 고려해야 한다.

(4) 해외 물류센터

① 해외물류센터의 설치는 수출자에게 해외의 특정지점에 보관창고를 보유하게 하는 것이고, 개별운송하는 방식에서 벗어나 비용을 절감하고 서비스의 개선을 가져온다.

② 해외물류센터의 설치는 물류비를 절감하고 물류서비스를 개선하는 효과가 있다. 중·소 화주들의 신용장(L/C) 개설 부담을 줄이고, 소량주문에도 제품인도를 가능하게 한다.

③ 대형업체들은 안정적인 수송 및 보관활동과 수주활동을 할 수 있고, 국내물류센터 의 조건과 비슷하지만, 현지공장과 생산거점화 할 수 있는 곳이 바람직하다.

2. 물류센터와 관련항목

(1) 내륙컨테이너기지(ICD : Inland Container Depot)

① 화물의 집하, 보관, 배송, 통관업무 등을 한곳에서 처리할 수 있는 대규모 물류시설 로 복합화물터미널(ITF, Integrated Freight Terminal)과 ICD가 있는데 ITF는 화 물취급장 배송센터 복합창고 등을 갖추고 홈쇼핑상품과 택배물품 등 국내 생활물류 를 담당하는 광역물류시설이고, ICD는 항만과 동일한 수출입통관 시설을 갖추고, 컨테이너의 보관과 취급서비스를 제공하는 내륙컨테이너 기지이다.

② ICD는 지역적으로 위치한 시설면에서는 항만지역보다 창고시설·보관시설의 토지 취득이 용이하고 시설비용이 절감되어 창고보관료를 상당히 절감할 수 있고, 물류시설 중에서 「항만 및 내륙운송수단의 연계가 편리한 산업단지지역에 위치하 여 컨테이너 집화, 혼재를 위한 하치장을 말하며, 컨테이너 장치, 보관기능, 집화, 분류기능 및 통관기능을 담당」하는 시설물을 말한다.

③ 물류시설 중 '항만 및 내륙운송수단의 연계가 편리한 산업지역에 위치하여 컨테이너 집화, 혼재를 위한 하치장을 말하며, 컨테이너장치, 보관기능, 집화, 분류기능 및

통관기능을 담당' 하는 시설물이며, 통관절차를 마친 제품의 재포장이 필요한 경우 ICD 자체 내에 있는 포장시설을 이용할 수 있다.

④ 컨테이너화물의 유통생산성을 향상시키고 내륙수송체계를 확립시켜 화물터미널과 연계하여 내륙화물 기지를 구축하여, ICD의 조성으로 내륙지 항만으로서의 기능, 집화 및 물류센터로서의 기능, 내륙통관기지로서의 기능, 공 컨테이너의 재고관리 및 유지보수기능 등을 수행하게 될 것이다.

(2) 스톡포인트(SP : Stock Point)

① 재고품의 보관거점으로, 앞으로 있을 수도 있는 예상수요의 보관거점으로 물품보관에 주력하는 보관창고라고 할 수 있다. 보관창고의 기능을 크게 이동, 보관, 정보로 구분할 때, 이동과 관련된 하부활동에는 주문선택(order selection), 이송(transfer), 수주(receiving), 선적(shipping)등이 있다.

② 스톡포인트는 제조업체들이 원료를 쌓아두거나 완성품·폐기물을 쌓아두는 경우가 많고 유통업체들의 입장에서는 배송의 전단계라고 본다. 스톡포인트는 재고품을 비축하거나 다음 단계의 배송센터로 상품을 이전시키기 위해 일시보관하는 곳이다.

(3) 디포(DP : Depot)

① 디포(DP; Depot)는 수송을 효율적으로 수행하기 위해서 갖추어진 배송처를 말하고, 컨테이너가 CY에 반입되기 전에 야적된 상태인 컨테이너를 적재시킨 장소이다.

② 생산지에서 소비지로 배송할 때 각지의 디포까지는 하나로 통합하여 수송을 하기 때문에 수송비의 절감과 고객서비스 향상에 기여한다.

③ CY(Container Yard)는 보세장치장을 이르는 말로, 빈컨테이너나 풀컨테이너에 넘겨주고 넘겨받아 보관할 수 있는 넓은장소를 말한다.

3. 물류거점

(1) 물류거점의 개념

① 물류시스템은 크게 수·배송경로의 운송수단(mode), 경로인 연결선(link)과 이러한 연결선들 간의 접점이 이루어지는 장소인 연결점(node)으로 구성되어 있는데, 바로 이 연결점에 해당하는 장소 및 시설이 물류거점 또는 물류단지에 해당한다.

② 물류단지에는 하역, 보관, 유통가공, 포장, 정보, 수·배송 등 물류시스템의 하부기능들이 집약되어 있어 물류합리화의 중요한 원천이 된다.

(2) 물류거점의 종류 및 기능

① 복합화물 터미널은 화물의 집하, 하역, 분류, 포장, 보관 또는 통관에 필요한 시설을 갖춘 화물유통의 중심장소로서 2종류 이상 운송수단의 연계수송을 할 수 있는 규모와 시설을 갖춘 화물터미널로서 포함시설은 화물 취급장, 주차장, 배송센터, 화물정보시설, ICD(CY 및 CFS), 운송수단간 연계시설, 창고시설, 관련 복지시설이다.

② 집·배송단지는 유통산업발전법에 근거하여, 상품을 산지에서 집하하여 보관, 가공 또는 포장하고 이를 수요자에게 수·배송하여 관련 유통정보를 종합분석, 처리하기 위한 유통업무 설비단지로서 복합시설은 창고, 주차장, 보관, 분류하역장, 일반편의 시설, 복지후생 시설이다.

(3) 보관의 10가지 원칙

① 통로대면 보관의 원칙 : 입·출고를 용이하게 하고 창고내 레이아웃의 기본원칙이다.

② 높이 쌓기의 원칙 : 물품을 고층으로 적재하는 것으로 평적보다 팔레트 등을 이용하여 용적효율을 향상시킨다.

③ 선입선출의 원칙 : Life Cycle의 최소화를 목적으로 하는 원칙이다.

④ 회전대응보관의 원칙 : 물품회전율 빈도수에 따라 구분하는 원칙이다.

⑤ 동일성·유사성의 원칙 : 동일하거나 유사품을 인접하여 보관하여 관리효율을 높이고, 생산성향상을 목적으로 하는 원칙이다.

⑥ 중량특성(重量特性)의 원칙 : 대형, 중량물은 하층, 소형·경량물은 상층에 적재원칙이다.

⑦ 형상특성의 원칙 : 표준품은 랙에 보관하고 비 표준품은 별도 보관하는 것으로 형상에 따라 보관방법을 변경하여 형상특성에 맞게 보관한다.

⑧ 위치표시의 원칙 : 「단순화 – 소인화 – 효율화」를 기준으로 보관물품의 장소와 랙 번호 등을 표시함으로써 보관업무 효율화를 기하는 원칙이다.

⑨ 명료성의 원칙 : 시각적으로 보관품을 용이하게 식별할수 있도록 보관한다.

⑩ 네트워크 보관의 원칙 : 물품의 정리와 출고가 용이하도록 관련품목을 한장소에 모아서 보관한다.

4. 유닛로드시스템(Unit Load System)

(1) 유닛로드시스템의 의의

① 유닛로드시스템이란 복수의 화물을 팔레트나 컨테이너 등을 이용하여 단위화 시켜 일괄적으로 하역 및 수송함으로써 물류의 효율성을 높이기 위한 시스템이다.

② 협동일관수송을 가능하게 해주며, 하역작업의 기계화 및 자동화, 화물파손방지, 적재의 신속화, 차량회전율의 향상 등을 가져와 물류비절감에 크게 기여한다.

③ 시스템도입을 위해서는 수송장비 적재함의 규격표준화가 필요하며, 넓은 통로를 갖춘 큰 창고가 필요하다는 단점도 있다.

(2) 유닛로드시스템 도입 선결과제

① 팔레트 표준화

② 거래단위의 표준화

③ 운반하역장비의 표준화

④ 수송 장비의 적재함의 규격표준화

(3) 유닛로드시스템 도입 효과

① 작업의 표준화에 따라 계획적인 작업이 가능해진다.

② 물품의 손상을 감소시키는 보호효과를 기대할 수 있다.

③ 취급단위를 크게 함으로써 작업효율을 향상시킬 수 있다.

④ 유닛로드에 의해 운반활성이 향상되어 운반이 용이해진다.

5. 일관팔레트(Pallet)화

(1) 일관팔레트화의 의의

① 팔레트화란 팔레트를 사용하여 복수단위의 화물을 한단위의 화물로 전환하여 하역시 화물의 취급빈도와 하역시간을 낮춤으로써 물류작업의 효율성을 증진시키는 것을 말한다.

② 일관팔레트화란 화물이동의 출발지점으로부터 최종도착지점까지 팔레트상에 적재된 화물을 운반, 하역, 수송, 보관하는 물류과정중 최초에 팔레트에 적재된 화물의 형태를 변형시키지 않고 일관되게 팔레트 화물의 흐름을 만드는 것을 말한다.

③ 일관팔레트화의 효과는 매우 크지만 기업마다 팔레트의 소유가 달라서 자사팔레트를 회사 밖으로 유출시키면 회수에 상당한 시간과 비용이 들고, 호환성 측면의 제약이 있는점 등 장애요인의 극복이 필요하다.

(2) 일관팔레트화의 장 · 단점

① 장점은 작업능률의 향상, 인력의 절약, 상품단위화를 위한 포장의 간소화, 포장비의 절약, 물품의 파손 · 오손 · 분실의 방지, 물품의 검수 및 점검의 용이, 고단적의 용이성 및 적재공간의 절약, 작업의 표준화 · 계획화 · 기계화가 용이, 물품이동이 용이, 자동차 · 화차의 운용효율의 향상 등이 있다.

② 단점은 넓은 작업공간 및 통로를 필요, 팔레트나 컨테이너의 관리가 복잡, 설비비가 일반적으로 높음, 팔레트나 컨테이너 자체의 체적 및 중량 만큼 물품의 적재량이 줄어든다는 것 등이 주요 단점이다.

(3) 일관팔레트화 추진의 선결과제

① 팔레트단위로 유니트로드화할 경우 적재효율성의 감소 및 적재된 화물의 붕괴가 발생할 수 있어 이를 방지하기 위한 포장 모듈화가 선행되어야 한다.

② 일관팔레트화를 추진하기 위해서는 일반적으로 국내표준인 '1,100mm × 1,100mm'의 일관수송용 표준팔레트를 사용하고 있다.

③ 적재된 화물이 이동중 붕괴되는 것을 방지하기 위한 방안이 마련되어야 한다. 팔레트상의 화물이 수송하역 작업도중 붕괴되지 않도록 쌓는 방식개선, 띠두르기, 스트레치필름(stretch film)포장법, 수축포장법 등 붕괴방지 기술개발이 필요하다.

④ 원칙적으로 일관팔레트화의 도입범위는 공장이나 생산지에서 소비지의 물류거점까지로서 출하단위를 팔레트 단위화하기가 쉽지만, 대고객 직송체제나 다품종 소량 물품의 경우에는 생산부문과 판매부문간의 협의로 출하방식과 출하단위의 조정이 필요하다.

⑤ 일관팔레트화에 의한 경제적 편익은 크지만 관련대상이 많고 이해득실이 불분명한 점이 많으므로 상호 협의하여 비용분담과 이익분배에 대한 규정수립이 필요하다.

(3) 팔레트 시스템(Pallet System)

① 어느 하나의 양측 면을 접을 수 있는 접이식 운반용 조립 박스에 부착되어 사용된다.

② 팔레트 시스템은 상기 조립박스의 하부를 지지하도록 부착되는 하부 팔레트와, 조립박스의 상부를 지지하도록 부착되는 상부 팔레트 캡을 포함한다.

③ 팔레트시스템은 지게차(포크리프트)로 하역도 할 수 있고 수송도 할 수 있는 단위 운송방식을 지칭한다.

6. 팔레트 풀 시스템(PPS : Pallet Pool System)

(1) 팔레트 풀 시스템의 개념

① 팔레트풀시스템은 팔레트의 규격과 척도 등을 표준화하고 상호교환성이 있도록 한 후, 이를 서로 풀로 연결하여 사용함으로써 각기업의 물류합리화를 달성하여 물류비를 절감하려는 제도이다.

② 기업은 팔레트 풀시스템을 통해 과다한 투자부담을 경감시킬 수 있으며, 일관팔레트화를 무리없이 정착시킬 수 있고, 기업의 물류비 절감에도 기여할 수 있다.

③ 팔레트 랙(Pallet Rack)은 주로 팔레트에 쌓아올린 물품의 보관에 이용하는 랙으로 가장 광범위하게 사용되며 랙의 이동설치 및 단수조정이 자유로운 조립식 구조이다.

(2) 팔레트 풀 시스템의 이점

① 사용자가 직접 팔레트를 반환하기 때문에 시스템 운영자의 팔레트 회수에 대한 노력이 감소하고, 지역이나 계절 변화에 따른 팔레트의 수급변동에 잘 대응할 수 있다.

② 팔레트를 직접보유하지 않아 파레트관리에 소요되는 비용을 절감시킬수 있으며 기업의 파레트수요에 맞춰 대출하고 불필요시 반환받기 때문에 파레트수급의 탄력성에 잘 대응할 수 있다.

(3) 팔레트 풀의 형태

① 즉시교환방식 풀시스템

㉠ 유럽식방식은 즉시교환방식으로서 유럽 각국의 국영철도에서 송화주가 국철에 팔레트로드형태로 수송하면 국철에서는 이와 동수의 공(空) 팔레트를 주어 상계하며, 수하인은 인수한 팔레트와 동수의 팔레트를 국철에 인도하는 방식이다.

ⓛ 교환방식풀시스템의 장점은 팔레트의 즉시교환사용이 원칙이므로 팔레트의 분실에 대한 위험이나 회수부담이 없다.

ⓒ 교환방식풀시스템의 단점은 팔레트풀의 사용자가 언제나 교환에 응할수 있는 팔레트를 준비하지 않으면 안되고, 또 팔레트의 교환을 충분히 하기 위해서는 정비상태가 양호한 팔레트를 항상 준비해 놓아야 하는 부담이 있고, 교환용 팔레트의 보존상태가 불량하거나 품질이 낮은 경우가 있고, 수송기관이 복잡하거나 수송기관의 수가 많을 경우에는 원활하게 진행하기가 어렵다.

② 리스 & 렌털방식 풀시스템

ⓖ 리스 & 렌털방식을 적용하고 있는 대표적인 예는 오스트레일리아(호주)이다. 이 방식에서 팔레트풀을 운영하는 기관이 사용자의 요청에 따라 규격화된 팔레트를 사용자의 소재지의 가까운 데포에서 공급해 준다. 팔레트를 공급받은 사용자는 도착지에서 가까이 있는 팔레트풀 운영기관의 데포에 반납하는 방식으로 운영된다.

ⓛ 리스 & 렌털방식 풀시스템의 장점으로는 사용자가 교환을 위해 동일한 품질, 동일한 수량의 팔레트를 사전에 준비해 놓을 필요가 없다.

ⓒ 리스 & 렌털방식 풀시스템의 단점으로는 팔레트의 인도 및 반환에 따른 렌털료의 계산 등 사무처리가 필요하며, 물동량의 편재에 따라 팔레트 보관량의 균형이 깨어지는 데포가 발생할 수 있다.

7. 랙(Rack)

(1) 랙(Rack) 관리의 3가지 방법

① 프리로케이션(Free location) : 보관품목과 보관랙의 장소를 대응시키지 아니하고 보관 품목을 그 특성에 따라 최적하다고 생각되는 장소에 보관하는 방법으로 자동 창고 시스템에 사용한다.

② 존드로케이션(Zoned location) : 일정 범위를 한정하여 품목군의 보관구역을 정해 두는데 그범위 내에서는 프리로케이션을 적용하는 방법으로 널리 사용하고 있는 랙 관리의 방법이다.

③ 픽스트로케이션(Fixed location) : 고정랙 번호방식이라고도 불리우며 랙 번호마다에 품목을 대응시켜서 보관하는 방법으로 수작업 방식이 많이 사용한다.

(2) 팔레트 랙(Pallet Rack)

① 주로 팔레트에 쌓아올린 물품의 보관에 이용되는 랙이다.

② 범용성이 있는 형태이며 화물의 종류가 여러 가지라도 유연하게 보관할 수 있다.

③ 용적효율이 떨어지고 안전성이 결여되어 있으며, 바닥면적 활용률이 비효율적이다.

(3) 드라이브 인 랙(Drive In Rack)

① 한쪽에 출입구를 두며 지게차를 이용하여 실어 나르는데 사용하는 랙이다.

② 소품종다량 또는 로트(Lot)단위로 입출고될 수 있는 화물을 보관하는 데 최적격이다.

(4) 적층 랙(Pile Up Rack)

① 선반을 다층식으로 겹쳐 쌓은 랙이다.

② 최소의 통로를 최대로 높게 쌓을 수 있어 경제적이다.

③ 상면면적 효율과 공간활용이 좋고, 입출고 작업과 재고관리가 용이하다.

(5) 슬라이딩 랙(Sliding Rack)

① 선반이 앞 방향 또는 앞 뒤 방향으로 꺼내지는 기구를 가진 랙이다.

② 팔레트가 랙에서 미끄러져 움직이며, 한쪽에서 입고하고 다른 한쪽에서 출고되는 이상적인 선입선출 방법이다.

③ 상면면적 효율이나 용적효율도 양호하고, 다품종시에는 부적합하며 랙설치 비용이 많이 든다.

(6) 모빌 랙(Mobile Rack)

① 레일 등을 이용하여 직선적으로 수평이동되는 랙으로 상면면적률, 용적률의 효율이 높다.

② 통로를 대폭절약, 한정된 공간을 최대로 사용, 다품종소량의 보관에 적합한 보관형태이다.

③ 보관공간이 크고 작음에 맞춰 레이아웃을 자유자재로 변경할 수 있어 효율적이며, 공간이용이 뛰어나 '2~3단'의 적재가 신속하게 되므로 작업 효율이 높고, 앞면이 개방형이므로 적재상태로 물품의 출납이 가능한 랙이다.

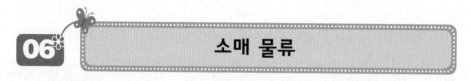

06 소매 물류

1. 소매 물류의 흐름

(1) 소매물류의 개념

① 소매물류의 정의

㉠ 소매물류는 소매점이나 대리점, 배송센터에서 제품의 보관, 배송 등 소비자에게 인도되는 과정에서의 물류활동을 말한다.

㉡ 소매물류는 물류센터에 배송, 설치주문을 별도로 하므로 무재고 점포의 운영과 완전한 상(商)과 물(物) 분리를 기반으로 판매방식의 효율화를 극대화시킨 것이다.

② 소매업체의 정의

　㉠ 소매업체의 형태는 정해진 것이 없이 다양한 형태로 나타나고 있으며, 각각의 소매업체들의 소매물류 과정도 다르게 나타난다.

　㉡ 각 소매업체는 고객이 구매하는 상품과 제품 및 용역에 대해 가치를 증가시키는 역할을 담당하고 있다.

③ 소매업체의 역할

　㉠ 대형할인점이나 하이퍼마켓 등에서는 다양한 상품을 색깔, 동일한 상품군, 디자인 등의 구색을 맞추어 고객이 편리하게 구매할 수 있도록 상품의 구색을 제공한다.

　㉡ 소매업체에서는 제조업체나 도매업체에서 대량으로 배송된 제품들을 고객이 구매하기 좋게 상품을 분할하고 배치하는 역할을 담당하고 있다.

　㉢ 소매업체는 고객들이 편리하게 구매할 수 있도록 각종 서비스를 제공하고, 직원들로 하여금 상품에 대한 정보, 기능, 대금결제에 대한 사후지불방법 등에 대한 교육을 실시하고 있다.

　㉣ 소매업체가 재고를 적절히 관리함으로써 고객이 필요로 할 때 제품을 제공하는 역할을 한다. 이는 소비자가 제품을 구매하여 저장, 보관하는 불편을 감소시키는 기능을 한다.

　㉤ 소매업체가 다양한 제품진열과 재고를 유지하고, 제품서비스를 제공함으로써 제품에 대한 가치를 상승시키는 효과를 수행하고 있다.

　㉥ 등급(sorting out)은 공급원으로부터 제공된 이질적인 제품들을 상대적으로 동질적인 것으로 구분하는 것이다.

(2) 소화물 일관운송

① 소화물 일관운송의 개념

　㉠ 하주(荷主)로부터 1건 또는 1개 이상의 소형·소량의 화물운송을 의뢰받아 송하주의 문전에서 수하주의 문전으로 화물의 집하, 포장, 운송, 배달에 이르기까지 자기의 책임 하에 제공해 주는 편의위주의 운송체계를 말한다.

　㉡ 일반적으로 특송, 택배서비스, 문전배달제라는 이름으로 화물운송 및 이에 관련된 일련의 서비스를 신속·정확하게 배달하는 이름으로 사용되고 있다.

② 소화물 일관운송의 특징

　㉠ 신속성과 안전성 및 경제성을 특징으로 하고 있다.

　㉡ 운송인이 화물에 대해 일관적인 책임을 부담한다.

　㉢ 일관책임운송제도로서 포괄적인 운송서비스이다.

　㉣ 소형·소량의 화물에 대한 운송체계이다.

　㉤ 문전에서부터 원하는 장소까지 모든 운송서비스를 제공하는 포괄적인 서비스이다.

③ 소화물 일관운송의 영향

　㉠ 무점포판매라는 새로운 형태의 판매업을 발생시켰다.

　㉡ 물류업과 유통업간의 경계를 파괴하는 결과를 야기하였다.

07 공급체인망관리(SCM)

1. SC의 개요

(1) 공급(사슬)체인(Supply Chain)의 개념

① 공급체인은 원자재업자로부터 공장, 창고를 거쳐 소비자에게 최종제품을 전달하는 것까지의 모든 활동이며, 원자재 공급업체, 제조업체, 유통업체, 고객 등을 연결한다. 즉, 공급사슬은 원자재 공급업체, 제조업체, 유통업체, 고객 등을 연결한다.

② 공급체인 전략(supply chain strategy)을 구성하는 전략은 운영전략(operations strategy), 고객서비스전략(customer service strategy), 소싱전략(sourcing strategy), 유통전략(distribution strategy) 등이 있다.

③ 제조, 물류, 유통업체 등 유통공급망에 참여하는 모든 업체들이 협력을 바탕으로 정보기술(information technology)을 활용, 재고를 최적화하고 리드타임을 대폭적으로 감축하는 관리시스템이다.

④ 소비자의 수요를 효과적으로 충족시켜주기 위해서 신제품 출시, 판촉, 머천다이징 그리고 상품보충 등의 부문에서 원재료 공급업체, 제조업체, 도소매업체 등이 서로 협력하는 경영관리시스템구축활동이다.

(2) 공급(사슬)체인(Supply Chain)의 구성요소

① 상위흐름 공급사슬(upstream supply chain) : 조직의 첫째 상단에 있는 2차원자재 공급상과 1차 원자재 공급상 간의 공급사슬이다.

② 하위흐름 공급사슬(downstream supply chain) : 제품을 최종고객에게 전달하는데 관련된 전과정을 지칭한다.

③ 내부공급사슬(internal supply chain) : 입고분을 출고분으로 전환하는 과정에서 조직이 수행하는 과정을 말한다.

(3) 공급(사슬)체인(Supply Chain)의 부수요인

① 공급사슬(supply chain) : 원자재 획득, 원자재를 반자재 및 완성재로 변환하고 유통시키는 역할을 수행하는 네트워크이다.

② 공급사슬 대응시간(supply chain response time) : 시장의 변화에 대응할 수 있는 기업의 유연성과 대응성을 측정하는 지표로 시장의 심각한 수요변화에 전체 공급사슬이 대응하는데 소요되는 시간을 말한다.

③ 총 공급사슬 관리비용(total supply chain management costs) : 공급사슬을 운영하는데 소요되는 모든 비용의 합이며, 이 성과지표를 측정하는데 가장 어려운 점은 각 비용요소를 계산하기 위한 데이터를 수집 하기가 쉽지 않다는데 있다.

④ IOIS(Inter Organizational Information System) : 공급체인 기업간 정보공유를 위한 시스템으로 공급체인 구성원간 실시간 정보공유가 가능하며, 통합공급체인의 환경에서의 정보의 중요성에 의해 도입되었다.

(4) 시장대응적 공급(사슬)체인(Supply Chain)의 형태

① 혁신적제품에 적합한 공급사슬 형태이다.

② 불확실한 수요에 대응하기 위해서 완충생산능력을 보유하도록 구축된다.

③ 스피드와 유연성을 가진 공급자를 통해서 원자재를 조달하는 것이 바람직하다.

④ 원자재부터 소비자까지 과정상의 자재, 정보, 지불, 서비스 등 흐름을 포함한다.

⑤ 공급체인관리(supply chain management)에서의 구매성향은 장기적인 협조관계의 구축에 있다.

2. SCM의 개요

(1) SCM의 개념

① SCM은 공급자로부터 최종 소비자에게 상품이 도달되는 모든 과정으로서 공급사슬관리라고 하며, 제품, 정보, 재정의 흐름을 통합하고 관리하는 것을 말한다. 기업의 핵심역량 집중화 및 주변사업의 외부조달 활성화로 인해 도입필요성이 증가되었다.

② SCM은 제조, 물류, 유통업체 등 유통공급망에 참여하는 전기업들이 협력을 바탕으로 양질의 상품 및 서비스를 소비자에게 전달하고 소비자는 거기에서 극대의 만족과 효용을 얻는것을 목적으로 한다.

③ 지연전략(postponement strategy)에 대한 예로 컴퓨터의 경우, 유통센터에서 프린터, 웹캠 등의 장치를 최종적으로 조립하거나 포장하는 경우는 결합 지연전략이다. 전략적 지연 4가지 방법에는 Pull Postponement, Logistics Postponement, Form Postponement, Temporal Postponement 등이 있다.

④ SCM은 소비자의 수요를 효과적으로 충족시켜 주기 위하여 신제품출시, 판촉, 머천다이징, 그리고 상표보충 등의 부문에서 원재료공급업체, 제조업체, 도소매업체 등이 서로 협력하는 것이다.

⑤ SCM은 제품, 정보, 재정의 세 가지의 주요흐름으로 나눌 수 있는데 제품 흐름은 공급 자로부터 고객으로 상품이동은 물론 어떤 고객의 물품반환이나 사후서비스 등이 모두 포함된다. 정보흐름은 주문의 전달과 배송상한의 갱신 등이 수반된다. 재정흐름은 신용 조건, 지불계획, 위탁판매, 그리고 소유권합의 등으로 이루어진다.

⑥ SCM은 크게는 SCP와 SCE로 구분된다. SCP(Supply chain planning)는 수요예측, 글로벌 생산계획, 수·배송 계획, 분배할당 등의 공급망의 일상적운영에 대해 최적화된 계획을 수립하며, SCE(Supply chain excution)는 창고, 수·배송 관리 등의 현장물류의 효율화와 바코드(Bar code)등의 정보도구 인터페이스에 의한 현장 물류관리를 말한다.

(2) SCM의 효과

① EDI를 통한 유통업체의 운영비용 절감 및 생산 계획의 합리화가 증가한다.

② 수주 처리기간의 단축과 공급업체에 자재 품목별로 분리하여 주문 가능하다.

③ 재고의 감소와 생산성향상, 조달의 불확실성 감소, 수익성의 증가, 고객만족도 증가한다.

④ 제조업체 생산계획이 가시화 되어 자재재고가 축소가능하고, 자동 수·발주 및 검품, 업무절차의 간소화가 가능하다.

⑤ 정보의 적시제공과 공유, 업무 처리시간의 최소화, 납기만족에 의한 생산의 효율화, 유통정보기술을 통한 재고관리의 효율화가 가능하다.

(3) SCM의 특징

① SCM은 구매, 생산, 배송, 판매 등을 단편적인 책임으로 보는 것이 아니라 하나의 단일체로서 인식한다. '기획-생산-유통'의 모든 단계를 포괄한다.

② SCM은 공급자, 유통업자, 제3자서비스 공급자 및 고객간의 협력과 통합을 포괄한다.

③ SCM은 물류의 흐름을 고객에게 전달되는 가치의 개념에 기초하여 접근하고, 주문 사이클의 소요시간을 단축한다.

④ 정보기술의 공급사슬관리 영향은 채찍효과의 감소, 안전재고량 감소, 수요와 공급의 불확실성이 감소한다. 따라서 각종 정보기술을 효과적으로 활용해야 한다.

⑤ SCM의 문제점 해결 위한 방안으로 공급업자의 수를 줄이고, 구매와 판매의 리드타임을 줄이며, 공급업자와 전략적인 동반자 관계를 만든다.

(4) SCM의 산업별 표현 방법

① 의류 부문(QR; Quick Response)

② 식품·잡화 부문(ECR; Efficient Consumer Response)

③ 신선식품 부문(EFR; Efficient Food Service Response)

④ 의약품 부문(EHCR; Efficient Healthcare Consumer Response)

(5) SCM용 솔루션

① 기업간의 정보교류를 위해서 개발된 것으로 기업간 정보시스템의 특성을 가진다.

② 기업 내의 ERP 시스템과 연동되면 제품의 생산계획 및 판매에도 영향을 미친다.

③ 조직내 외부의 정보화가 동시에 추진되며 총괄적 의사결정을 지원하기 위해서 계획 관리 중심으로 운영된다.

(6) 공급체인이벤트관리(SCEM : Supply Chain Event Management)

① 공급체인 이벤트관리(SCEM)는 물류정보를 실시간으로 획득하여 고객과 공유하고, 이 정보를 바탕으로 발생할 수 있는 문제를 미리 예상하여 협력함으로써 공급체인 계획과 공급체인실행의 효과성 및 효율성을 제고하는 시스템이다.

② 도입배경으로는 고객의 다양한 요구사항에 대한 대응력부족과 주문이후의 고객서 비스 및 사후관리 서비스의 문제점 대두 및 관련 기업간 수작업 업무의 증가로 인한 유연성 부족 및 고정비용 증대 때문이다.

(7) SCM 기법의 성공적인 도입을 위한 고려 사항

① 최고 경영자의 확실한 이해와 의지가 필요하다.

② 기업 내부의 정보화가 확고히 구축되어 있어야 한다.

③ 데이터의 올바른 수집과 교환을 위해 기업 간 데이터 포맷을 표준화해야 한다.

④ 공급 사슬에 연계되는 기업 간에 신뢰를 바탕에 둔 업무협조 체제가 구축되어야 한다.

3. 공급사슬의 유형

(1) 린(Lean)공급사슬

① 린(Lean)의 사전적 의미는 '얇은', '마른', '(비용을)절감한'이란 의미로 정확하게 자재구매에서부터 생산, 재고관리, 유통의 모든과정에 손실최소화, 최적화한다는 개념이다.

② 린공급사슬의 경우 대량생산이 가능한 제품의 형태를 가지고 있어 규모의 경제를 추구하는 것이 필요하다. 생산방식은 불규칙한 수요에 맞춰서 생산량을 조절할 수 있는 유연하면서 효율성높은 생산방식을 의미한다.

③ 필요한 것을, 필요할 때에, 필요한 만큼, 얼마나 싸게 만들어내느냐 하는 제조업의 영원한 테마로써 재고제로, 불량제로를 이루는 것이다. JIT 즉, 도요타 생산방식은 MIT의 프로젝트팀에 의해 '린생산방식'으로 명명되었으며, 대량생산시대에서 다품종 소량생산시대로 이행한 오늘날 뛰어난 제조방식으로 높이 평가받고 있다.

④ 상품의 다양성 측면에서 보면 린공급사슬의 경우가 Agile공급사슬의 경우보다 낮다. 린 경영혁신을 성공적으로 추진하기 위해서는 전사적 조직문화가 밑바탕이 되면서 경영층과 전사원이 한 방향으로 참여할 때 그시너지가 발휘된다.

⑤ 경영혁신은 "철저한 낭비제거를 통한 고객가치창출"을 목적으로 한다. 사람도 꾸준히 적절한 운동을 하지 않으면 살이 찌듯이 비대해지고 느려지는 기업도 전략적으로 날씬하게 만들어주는 방법이 바로 린경영혁신이다.

(2) 민첩(Agile)공급사슬

① 민첩(Agile)공급사슬은 간편한 구성관리로 즉시 사용한 구조로 되어있으며 산업별 장점들을 시스템에 반영하고 있다. 경쟁사대비 우위의 기술을 보유하고 있으며, 이는 지속적인 경쟁력 확보의 수단이다.

② 영업과 배송은 적시에 적량을 고객에게 서비스하는 것이 최우선과제라면 생산에서는 생산원가 절감이 우선인 경우가 그렇다. 그러다 보니 부서별로 Lean하게 갈 것인지 아니면 Agile해야 되는지를 판단하는 것이 어렵게 되었다.

(3) 반응적(Responsive) 공급사슬

① 혁신적인 제품에 적합한 공급사슬로서 수요변동에 대비하여 충분한 양의 재고를 유지한다. 대량 고객화(mass customization)를 성공적으로 달성하기 위해 주문정확도(order accuracy)확보하고, 인터넷을 활용한 주문정보시스템을 구축 한다.

② 재고와 생산능력의 적절한 조정을 통해 수요의 불확실성에 대처함으로써 시장수요에 신속하게 반응하도록 설계되어 있다.

③ 변화하고 다변화 되는 고객의 니즈에 대한 대응성과 유연성을 확보할 수 있는 전략의 활용에 초점을 두고, 주문생산(BTO, build-to-order) 전략, 지연(postponement) 전략 등을 통해 유연한 고객화(customization) 프로세스 구축한다.

(4) 효율적(efficient) 공급사슬

① 주된 목적은 최저가격으로 예측가능한 수요를 효율적으로 공급하는 것이며, 공급사슬의 비용 효율성을 극대화시킬 수 있는 전략의 활용에 초점을 두고 있다.

② 비부가가치(non-valueadded) 활동의 제거, 규모의 경제(scale economy)의 추구, 생산과 유통분야에 있어서 최적의 능력(capacity)활용을 위해 최적화 기법과 S/W를 활용한다.

③ 공급사슬 전반의 걸쳐 효율적이고, 정확하고, 비용효과적인 정보의 전달을 위한 정보연계의 실현하고, 생산초점은 높은 가동율을 유지하고, 높은재고 회전율과 공급사슬 재고의 최소화를 재고전략으로 한다. 비용이 증가되지 않는 한 리드타임은 단축 된다.

4. SCM의 성과측정도구

(1) 균형성과 표(BSC : Balanced Score Card)

① 조직의 비전과 경영목표를 각사업 부문과 개인의 성과측정지표로 전환해 전략적 실행을 최적화하는 경영관리기법으로 하버드 비즈니스 스쿨의 Kaplan교수와 경영 컨설턴트인 Norton이 공동으로 개발하여 1992년에 최초로 제시했다.

② 주요성과지표로는 재무, 고객, 내부프로세스, 성장과 학습 등이 있으며 기존의 재무성과 중심의 측정도구의 한계를 극복하기 위해 개발되었다. 재무, 고객, 내부 프로세스, 학습·성장 등 4분야에 대해 측정지표를 선정해 평가한뒤 각 지표별로 가중치를 적용해 산출한다.

③ '학습과 성장 관점은 정보시스템 역량, 조직역량'으로, '고객관점은 고객 수익성, 재구매 비율로, 고객 응대시간, 평균 리드타임, 총제품 대비 신제품 비율'로, '내부 프로세스 관점은 직원 생산성, 노하우, 저작권 등'을 기준으로 한다.

④ BSC는 단기적 성과와 함께 장기적 성과, 정성적 성과와 정량적 성과, 기업의 학습과 성장역량의 평가, 장기적 관점의 고객관계에 대한 평가를 포함하며, 공급사슬 프로세스의 성과평가에 활용한다.

⑤ BSC는 재무적인 성과지표를 중심으로 하는 전통적인 성과측정제도의 문제점을 보완할 수 있는 성과측정시스템으로 인식되고 있으며, 조직의 비전과 전략을 성과지표로 구체화함으로써 조직의 전략수행을 지원하고, 다양한 성과지표간의 인과관계를 통하여 조직의 전략목표 달성과정을 제시하는 성과지표의 체계를 전략지도(strategy map)라고 한다.

(2) SCOR(Supply Chain Council & Supply Chain Operation Reference) 모형

① SCOR는 성과측정항목 중 대표적인 비용은 공급사슬관리비용, 상품판매비용 등이며 외부적 관점의 성과측정 항목으로는 유연성, 반응성, 신뢰성 등이 있다.

② SCOR는 비즈니스프로세스의 관점에서 해당기업의 공급업체로부터 고객에 이르기까지 계획(plan), 공급(source), 생산(make), 인도(deliver), 회수(return)가 이루어지는 공급망을 통합적으로 분석한다는데 그 기초를 두고 있다.

③ 조직 내·외부의 관점에서 성과를 측정할수 있으며, 공급사슬관리의 성과측정을 위해 개발된 모형이고, 계획, 조달, 제조, 인도, 반환 등의 5가지 기본프로세스가 있다.

④ SCOR에서는 공급망성과측정을 위해 공급망의 신뢰성(reliability), 유연성(flexibility), 대응성(responsiveness), 비용(cost), 자산(asset) 등 크게 5가지 분야의 성과측정 분야를 제시하고 있다.

⑤ 공급사슬의 반응시간, 생산 유연성 등은 외부적 관점 중 유연성 측정항목의 요소이고, 공급재고 일수, 현금순환 사이클 타임, 자산 회전 등은 자산에 대한 성과측정 항목의 요소이다.

(3) EVA(Economy Value Added)법

① EVA는 세전영업이익에 법인세와 가중평균자본비용을 차감함으로써 측정한다.

② 가중평균자본비용이란 기업의 투하자본을 부채와 자기자본의 비중으로 나누고 각각에 대해 자본조달비용과 기회비용을 산출하여 가중평균한 것이다.

③ 공식 : 세후순 영업이익(영업이익-법인세)-자본비용(타인자본비용+자기자본비용) 자본비용은 '투자자본×가중평균자본비용'으로 사용가능하다.

5. e-SCM

(1) e-SCM의 개념

① e-SCM은 자국 등을 총체적인 관점에서 통합·관리함으로써 e-business 수행과 관련된 공급자의 업무 효율성을 극대화하려는 전략적 기법이다.

② e-SCM은 디지털기술을 활용하여 공급자에서 고객까지의 Supply Chain상의 물자 정보를 제공하는 것을 목적으로 한다.

③ e-SCM 추구 전략중 고객허용 리드타임보다 공급리드타임을 단축하는 것이 가능할 경우에는 대량개별화 전략을 추구한다.

(2) e-SCM 특징

① 인터넷을 활용한 단일통합 채널을 통해서 고객과 접촉한다.

② 지역적 및 시간적 한계를 극복할 수 있는 고객관리방법이다.

③ 수직적 가치사슬의 해체, 중간상을 배제한 거래, 핵심자산에 집중 현상이 나타난다.

6. 채찍 효과(Bull Whip effect)

(1) 채찍 효과의 의의

① 공급사슬 구성은 공급자, 생산자, 도매상, 소매상, 소비자의 연결단계로 볼 수 있으며, 공급자로 갈수록 상류(upstream)이고 소비자 쪽으로 갈수록 하류(downstream)라고 한다.

② 채찍효과란 정보 전달의 지연, 왜곡 및 확대 현상으로 일반 소비자로부터 주문 및 수요의 변동이 일어났을 때 이에 대한 정보가 소매상, 도매상, 유통센터 등을 거슬러 전달되는 과정에서 발생하는 현상을 말한다.

③ 정보 왜곡현상으로 공급망 전체로는 재고가 많게 되고 고객에 대한 서비스수준도 떨어지며 생산능력계획의 오류, 수송상의 비효율, 생산계획의 난맥 등과 같은 악영향이 발생될 것이다.

(2) 채찍 효과 발생원인

① 수요예측 : 부정확한 수요예측으로 수요가 발생하면 기업들은 안전재고 목표량과 결부시켜 공급자에게 더 많은 가수요를 발생시킨다.

② 대량주문 : 상류로 갈수록 주문과정을 보면 일정기간을 두고 대량 주문이 밀려오는 것을 알 수 있다. 이러한 주문원인이 채찍 효과의 주요 원인이 된다.

③ 물량예측 : 소매상들이 만약에 미리 많은 물량을 확보하였다면 상류로 갈수록 수요의 왜곡 현상인 채찍효과를 초래하게 될 것이다. 공급체인상의 수요정보를 중앙집중화하여 관리함으로써 불확실성을 제거하고,「주문-생산-배송리드 타임(Lead time)」을 지속적으로 단축시켜 안정화한다.

④ 도·소매상의 일괄주문과 과잉주문 : 공급량이 수요량에 미치지 못할 것 같아 소매상이 이러한 주문을 냈는데 주문량의 비율에 따라서 공급량을 할당받기 때문이다. 이러한 특정기간이 지나면 소매상은 정상적인 주문을 실시하고, 이런 결과로 결국 수요의 왜곡현상이 발생한다는 것이다.

(3) 채찍 효과 방지책

① 공급망에 걸쳐있는 중복수요의 예측을 가급적 하지말고, 대량의 배치주문을 적당한 규모로 줄이며, 빈번한 가격할인을 자제하고 항시저가정책을 실시한다.

② 공급체인 전반에 걸쳐 수요정보를 중앙집중화 하고, 공급체인상의 업체들과 전략적 파트너십을 형성한다. 공급체인상에서 풀 전략(Pull strategy)이나 VMI방법, CPFR사용과 EDI를 활용하여 제품재고를 관리한다.

③ 공급경로 간의 강력한 파트너십을 구축해야 하고, 공급사슬 상의 수요 및 재고 정보 공유, 불확실성의 제거, 변동폭의 감소, 리드타임의 단축 등이 있다.

④ 채찍효과(Bullwhip Effect)를 줄일 수 있는 방안으로 공급 리드타임을 줄이거나 공급 체인에 소속된 각 주체들이 수요 정보를 공유하며, 지나치게 잦은 할인행사를 지양하면서 EDLP를 통해 소비자의 수요를 변동시킨다.

7. 가치사슬(Value Chain)

(1) 가치사슬의 개념

① 가치사슬모형은 정보시스템이 경영활동을 지원하는데 어떻게 활용되는가를 분석하기 위하여 porter가 제시한 모형이다.

② 가치사슬(value chain)상 공급사슬관리는 상품의 적정재고관리와 점포로의 적시 공급체계 구축을 통해 재고를 감축하고 품절을 예방함으로써, 재고비용 절감과 품절로 인한 기회비용손실을 예방할 수 있다.

③ 가치사슬은 제품 및 서비스의 생산에 필요한 여러업무를 구분하여 몇개의 활동으로 나누어 연결시킨 것을 말하고 이때 발생하는 여러가지 활동을 가치활동이라고 한다.

(2) 주요활동(Primary Activities)

① 입고물류(inbound logistics) : 내부(유입)물류라고도 하며 유입되는 원재료의 입고와 처리를 포함한다.

② 운영(operation) : 생산(조업)활동을 말하는 것으로 투입된 원자재를 최종제품 및 서비스로 변환하는 기능을 의미한다.

③ 출고물류(outbound logistics) : 외부(산출)물류와 같은 말로서 주문처리와 구매자에게 제품을 보내거나 서비스를 제공하는 과정을 말한다.

④ 마케팅 및 판매(marketing & sales) : 광고, 판촉, 영업사원의 관리를 포함한다.

⑤ 서비스(service) : 제품의 가치유지 및 향상을 위한 서비스활동이다.

(3) 지원활동(Support Activities)

① 지원활동은 경영의 기본활동들을 지원하는 기능을 포함한다.

② 지원적 활동은 본원적 활동이 가능하도록 하며, 조직의 기반구조(일반관리 및 경영활동), 인적자원관리(직원 모집, 채용, 훈련), 기술(제품 및 생산 프로세스 개선), 조달(자재구매)등으로 구성된다.

③ 기업하부구조는 일반관리 및 기획업무, 재무관리, 법적수속, 회계 등을 의미하는데 이들은 가치사슬을 전반적으로 지원한다.

【Value Chain】

01 다음은 우리나라 물류정책기본법에서 규정하고 있는 물류에 대한 정의이다. (㉠), (㉡), (㉢)에 들어갈 단어의 조합이 옳은 것은?

> '물류'란 (㉠)가 공급자로부터 조달 · 생산되어 수요자에게 전달되거나 소비자로부터회수 되어 (㉡)될 때까지 이루어지는 운송 · 보관 · 하역 등과 이에 부가되어 가치를 창출하는 가공 · 조립 · 분류 · 수리 · 포장 · 상표부착 · (㉢) · 정보통신 등을 말한다.

① ㉠: 재화와 서비스   ㉡: 반품   ㉢: 판매
② ㉠: 재화와 서비스   ㉡: 폐기   ㉢: 교환
③ ㉠: 재화와 서비스   ㉡: 재가공   ㉢: 교환
④ ㉠: 재화   ㉡: 폐기   ㉢: 판매
⑤ ㉠: 재화   ㉡: 반품   ㉢: 운송

 "물류"란 재화가 공급자로부터 조달 · 생산되어 수요자에게 전달되거나 소비자로부터 회수되어 폐기될 때까지 이루어지는 운송 · 보관 · 하역 등과 이에 부가되어 가치를 창출하는 가공 · 조립 · 분류 · 수리 · 포장 · 상표부착 · 판매 · 정보통신 등을 말한다.

02 물류는 일반적으로 로지스틱스(Logistics)와 동의어로 불리 우고 있다. 다음 중 물류활동에 따라 영역별로 아래의 네모안의 특징을 보이는 물류영역은 무엇인가?

> 판매물류에 부수적으로 발생하는 빈 용기나 포장재의 재활용에 초점을 둔 물류로서, 환경물류, 녹색물류 등으로 불리기도 하며 폐기물을 줄여서 환경을 보호하는데 대한 관심이 커지면서 새로운 물류의 분야로 중요한 역할을 하고 있다.

① 조달물류(Inbound Logistics)
② 생산물류(Manufacture Logistics)
③ 반품물류(Reverse Logistics)
④ 회수물류(Recycle Logistics)
⑤ 폐기물류(Scrapped Logistics)

 제품의 가치를 살리거나 창출하기 위한 목적으로 소비지를 시작점으로 하여 최종 목적지에 이르기까지의 물류활동을 말한다.

해답 **01** ④   **02** ④

03 다음 중 물류관리의 필요성에 관한 설명으로 옳지 않은 것은?

① 전자상거래의 증가로 인하여 물류관리의 중요성이 감소되고 있다.
② 국제적인 경제환경이 변화하면서 물류관리의 중요성이 부각되고 있다.
③ 물류관리를 통해 비용절감, 서비스수준의 향상, 판매촉진 등을 꾀할 수 있다.
④ 기업활동의 특성상 판매비나 일반관리비에 비하여 물류비의 절감이 요구되고 있다.
⑤ 제품의 수명이 단축되고 차별화된 제품생산의 요구증대로 인하여 물류비용 감소의 필요성이 부각되고 있다.

물류관리(Logistics management)란 경제재의 효용을 극대화시키기 위한 재화의 흐름에 있어서 운송, 보관,하역, 포장, 정보, 가공 등의 제 활동을 유기적으로 조정하여 하나의 독립된 시스템으로 관리하는 것을 말한다. 전자상거래의 증가로 인하여 물류관리의 중요성이 점점 증가되고 있다.

04 다음은 물류활동을 영역별로 설명한 것이다. ㉠~㉤에 해당하는 물류영역이 바르게 연결된 것은?

㉠ 판매로 인하여 완제품이 출고되어 고객에게 인도될 때까지의 물류활동
㉡ 원자재, 부품 등이 생산공정에 투입될 때부터 생산, 포장에 이르기까지의 물류활동
㉢ 제품의 가치를 살리거나 창출하기 위한 목적으로 소비지를 시작점으로 하여 최종 목적지에 이르기까지의 물류활동
㉣ 물자가 조달처로부터 운송되어 매입자의 창고 등에 보관, 관리되고 생산공정에 투입되기 직전까지의 물류활동
㉤ 판매된 제품 자체의 문제점이 발생하여 그제품의 교환이나 반품을 위해 판매자에게 되돌아오는 물류활동

① ㉠: 조달 ㉡: 생산 ㉢: 회수 ㉣: 판매 ㉤: 반품
② ㉠: 판매 ㉡: 생산 ㉢: 조달 ㉣: 반품 ㉤: 회수
③ ㉠: 판매 ㉡: 생산 ㉢: 회수 ㉣: 조달 ㉤: 반품
④ ㉠: 판매 ㉡: 조달 ㉢: 회수 ㉣: 생산 ㉤: 반품
⑤ ㉠: 판매 ㉡: 회수 ㉢: 생산 ㉣: 조달 ㉤: 반품

「물류코스트 산정 통일기준」에서는 물류의 영역을 조달물류, 생산물류, 판매물류, 반품물류, 폐기물류의 다섯 분야로 구분한다. 물론 회수물류는 공 컨테이너, 공 팔레트, 빈 용기 등을 재사용하기 위한 물류활동과 가장 관련이 깊다.

03 ①   **04** ③

05 일반적으로 물류비는 기업의 활동에 따라 다양하게 분류할 수 있다. 다음의 설명 내용은 기업의 어떠한 물류비용을 설명하고 있는 것인가?

> 생산된 완제품 또는 매입한 상품을 창고에 보관하는 활동에서부터 그 이후의 모든 물류활동에 따른 비용을 말하며, 넓은 의미로 본 이 비용에는 반품물류활동과 공용기, 팔레트 등의 회수물류활동 및 파손 또는 진부화된 제품, 포장용기 등의 폐기물류활동에 따른 비용까지를 모두 포함하기도 한다.

① 생산물류비　　　　② 구매(조달)물류비　　　　③ 사내물류비
④ 판매물류비　　　　⑤ 회수물류비

 국토교통부가 고시하고 있는 기업물류비계산에 관한 지침에서 물류비의 기능별 분류에서 판매물류비는 영역별 물류비분류체계에 해당하고, 넓은 의미로 본 이 비용에는 반품물류활동과 공용기, 팔레트 등의 회수물류활동 및 파손 또는 진부화된 제품, 포장용기 등의 폐기물류활동에 따른 비용까지를 모두 포함하기도 한다.

06 다음 중 전략적 물류기법에 대한 설명으로 가장 옳지 않은 지문은?

① 물류아웃소싱은 핵심역량사업에 집중할 수 있는 장점이 있는 반면 고객불만에 대하여 신속하게 대응하기가 쉽지 않고, 물류공동화와 물류표준화가 가능하여 물류비 절감과 서비스의 향상이 가능하다.
② 제1자물류는 화주기업이 고객서비스향상, 물류비절감, 물류활동의 효율성 향상 등의 목표를 달성할 수 있도록 물류경로내의 다른주체와 일시적이거나 장기적인 관계를 가지고 있는 것을 말한다.
③ 현대자동차입장에서 자신이 만든 자동차를 자회사인 현대글로비스를 이용하여 운반하는 업무를 맡긴다면 업무의 다양한 효과를 얻을 수도 있지만, 독점적인 내용이라 하여 비난을 받기도 하는데 이런경우를 2자물류라 한다.
④ 제조업체가 제3자물류(3PL)를 이용하는 전략적동기는 아웃소싱(outsourcing), 부가가치물류(value added logistics), 물류제휴(logistics alliance)효과 등을 기대하기 때문이다.
⑤ 제4자물류는 세계수준의 전략·기술·경영관리를 제공하며, 제3자 물류업체, 컨설팅업체, IT업체들이 가상조직을 형성하여 한번의 계약으로 공급체인 전반에 걸친 통합 서비스를 제공한다.

 제3자물류는 화주기업이 고객서비스향상, 물류비절감, 물류활동의 효율성 향상 등의 목표를 달성할 수 있도록 물류경로 내의 다른 주체와 일시적이거나 장기적인 관계를 가지고 있는 것을 말한다.

정답 **05** ④　　**06** ②

07 다음 글상자에서 설명하는 이것을 도입하여 운용할 경우, 화주회사 측이 가질 수 있는 장점으로 볼 수 없는 것은?

> *이것*은 광범위한 물류조직이나 전체적인 물류기능을 소유하기보다는, 타 회사의 물류기능을 부분적으로 공유하여 사용하거나 특화된 물류활동을 제공하는 물류 전문업체와 계약을 통하여 자사에서 필요한 물류활동을 하게 하는 것이다.

① 물류비용 절감
② 잉여자원을 고부가가치사업에 투자 가능
③ 물류운영, 관리노하우 습득으로 전문성 강화
④ 물류서비스 질과 유연성 향상에 따른 고객서비스 수준의 향상
⑤ 물류부문별 경쟁력을 보유하고 있는 기업을 활용하는 공급체인에서 유리한 위치 확보가능

 물류운영, 관리노하우 습득으로 전문성 강화는 광범위한 물류조직이나 전체적인 물류기능을 소유하기보다는, 타 회사의 물류기능을 부분적으로 공유하여 사용하거나 특화된 물류활동을 제공하는 물류전문업체와 계약을 통하여 자사에서 필요한 물류활동을 하게 하는 것이다.

08 다음 중 지게차(포크리프트)로 하역도 할 수 있고 수송도 할 수 있는 단위 운송방식을 지칭하는 것으로 가장 옳은 것은?

① 팔레트 시스템
② 복합 선적 시스템
③ 복합 운송 시스템
④ 컨테이너 시스템
⑤ 콜드 체인시스템

 팔레트 시스템(Pallet System)은 어느 하나의 양측 면을 접을 수 있는 접이식 운반용 조립 박스에 부착되어 사용된다. 팔레트 시스템은 상기 조립박스의 하부를 지지하도록 부착되는 하부 팔레트와, 상기 조립박스의 상부를 지지하도록 부착되는 상부 팔레트 캡을 포함한다. 상기 하부 팔레트는 사각형의 적재부와, 상기 적재부의 하부로 돌출되도록 동일 간격마다 오목하게 형성되는 수용부를 갖는 복수개의 결합부로 구성된다.

09 다음 중 제조업체가 제3자물류(3PL)를 이용하는 전략적 동기로 가장 거리가 먼 것을 고르시오.

① 아웃소싱(outsourcing)
② 다각화(diversification)
③ 물류제휴(logistics alliance)
④ 부가가치 물류(value added logistics)
⑤ 핵심사업분야 집중(concentration business)

 제3자 물류(Third party Logistics;3PL)는 물류경로 내의 대행자 또는 매개자를 의미하며, 화주와 단일 혹은 복수의 제3자가 일정 기간 동안 일정 비용으로 일정 서비스를 상호 합의하에 수행하는 과정을 말한다.

10 물류업무를 사내에서 분리하여 제3의 전문기업에 위탁할 때 일반적으로 다양한 효과를 기대할 수가 있다. 이런 내용을 제3자 물류(Third party Logistics; 3PL)라 하는데 이에 대한 설명으로 가장 틀린 내용은?

① 제3자물류는 물류경로 내의 대행자 또는 매개자를 의미하며, 화주와 단일 혹은 복수의 제3자가 일정 기간 동안 일정 비용으로 일정 서비스를 상호 합의하에 수행하는 과정을 말한다.

② 제조업체가 제3자물류(3PL)를 이용하는 전략적 동기는 아웃소싱(outsourcing), 부가가치물류(value added logistics), 물류제휴(logistics alliance)효과 등을 기대하는 것이다.

③ 제3자물류를 실행함으로써 물류관련 자산비용의 부담이 줄어들 수 있으므로 비용절감, 고객서비스 향상, 핵심사업 분야 집중을 통한 기업경쟁력 향상 등의 기대에서 출발한다.

④ 제3자물류는 화주기업이 고객서비스향상, 물류비절감, 물류활동의 효율성 향상 등의 목표를 달성할 수 있도록 물류경로 내의 다른 주체와 일시적이거나 장기적인 관계를 가지고 있는 것을 말한다.

⑤ 제3자물류는 물류업무 수행능력 및 정보기술, 컨설팅 능력을 보유한 업체가 공급망 상의 모든 활동에 대한 계획과 관리를 전담하여, 다수의 물류업체 운영 및 관리를 최적화함으로써 생산자와 유통업체 간에 효율화를 도모하는 데 있다.

> 물류업무 수행능력 및 정보기술, 컨설팅 능력을 보유한 업체가 공급망상의 모든 활동의 전략은 제 4자 물류의 내용이다.

11 다음 중 물류에 대한 내용으로 옳지 않은 것은?

① 선적되는 제품양이 많을수록 주어진 거리내의 단위당 운송비는 낮아진다.

② 수송비는 제품의 밀도, 가치, 부패가능성, 충격에의 민감도 등에 영향을 받는다.

③ 수송거리는 운송비에 영향을 미치는 요인으로 수송거리가 길수록 단위거리당 수송비는 낮아진다.

④ 재고의 지리적 분산정도가 낮기를 원하는 기업은 소수의 대형배송센터를 건설하고 각 배송센터에서 취급되는 품목들의 수와 양을 확대할 것이다.

⑤ 수송비와 재고비는 비례관계이기 때문에 이들의 비용의 합을 고려한 비용을 최소화하며 고객서비스 향상을 충족하는 것은 중요하다.

> 수송비와 재고비는 상충관계(trade-off)이기 때문에 이들의 비용의 합을 고려한 비용을 최소화하며 고객서비스 향상을 충족하는 것은 중요하다.

10 ⑤ **11** ⑤

12 기업은 제품이나 서비스의 형태, 시간, 장소, 소유가치를 창출하는 활동을 수행하는데, 이 중 물류와 가장 관계가 깊은 것은?

① 형태, 시간　　　　　② 시간, 장소　　　　　③ 장소, 소유
④ 소유, 형태　　　　　⑤ 시간, 소유

 물류는 상품의 물리적 이동에 관계되는 활동을 의미한다.

13 다음 중 물류와 고객서비스에 대한 내용으로 가장 옳지 않은 것은?

① 효율적 물류관리를 위해 비용의 상충(trade-off) 관계를 분석하고 최상의 물류서비스를 선택할 수 있어야 한다.
② 리드타임이 길면 구매자는 그동안의 수요에 대비하기 위해 보유 재고를 늘리게 되므로 구매자의 재고비용이 증가한다.
③ 동등 수준의 서비스를 제공할 수 있는 대안이 여럿 있을 때 그중 비용이 최저인 것 선택하는 것이 물류관리의 과제 중 하나이다.
④ 재고수준이 낮아지면 고객서비스가 좋아지므로 서비스 수준의 향상과 추가 재고 보유비용의 관계가 적절한지 고려해야 한다.
⑤ 주문을 받아 물품을 인도할 때까지의 시간을 리드타임이라고 한다면 리드타임은 수주, 주문처리, 물품 준비, 발송, 인도 시간으로 구성된다.

 재고수준이 낮아지면 고객이 필요시에 적합한 공급에 문제가 생길 수 있으므로 고객서비스가 낮아 질수가 있다. 따라서 서비스 수준의 향상과 추가 재고보유비용의 관계가 적절한지 고려해야 한다.

14 다음 중 파렛트에 대한 내용으로 옳지 않은 것은?

① 규모의 경제　　　　　② 위험분산
③ 전문화 역할증가　　　④ 유동성 감소
⑤ 핵심역량에 집중투자

 유동성(Liquidity)은 기업의 자산을 필요한 시기에 손실 없이 화폐로 바꿀 수 있는 안전성의 정도를 나타내는 경제학 용어이다. 예를 들어 개인이 재산 증식을 목적으로 투자 대상을 선택할 때 그 대상을 자신이 원하는 시기에 바로 현금으로 전환할 수 있는지를 따지는데, 이 현금으로 전환할 수 있는 정도를 유동성이라 한다. 이것은 아웃소싱과는 관련이 없다.

 12 ②　**13** ④　**14** ④

15 물류센터의 위치(입지)는 화물의 흐름을 잘 고려하여 결정하여야 한다. 다음 중 물류센터의 입지 선정시 고려해야 할 다섯 가지 중요한 요소(PQRST)와 가장 거리가 먼 것은?

① Product   ② Quality   ③ Route   ④ Service   ⑤ Time

 물류센터는 고객이 원하는 시기에 제품을 제공할 수 있어야 한다. 이는 물류거점의 위치에 따라 물류센터 의기능이 좌우되는데, 재고 관리 등을 고려하여 납기를 지킬 수 있는 장소에 위치해야 하고, 배송시간·배송비용을 절감할 수 있는 요인을 고려하여 상품의 수요가 많은 지역에 물류센터의 입지를 선정해야 한다.

16 다음 중 하드웨어적 수송경로(link), 물류거점(node) 및 수송수단(mode)을 연계체계화하려는 시도에 적합한 표현은?

① 물류네트워크화   ② 물류시스템화
③ 공급체인화   ④ 통합물류정보화
⑤ 물류 프로세스혁신

물류네트워크화는 하드웨어적 수송경로(link), 물류거점(node) 및 수송수단(mode)을 연계 체계화하려는 시도에서 도입이 되었다.

17 다음 항목에서 물류가 중요시 되는 이유로 가장 옳지 않은 것을 고르시오.

① 고객만족을 창출하고 유지하기 위한 수단의 하나로서 물류부문의 경쟁우의 확보가 최근 중요시 되고 있다.
② 물류의 커버리지가 글로벌시장으로 확장되면서 글로벌 경쟁력을 갖추기 위한 효율적·효과적 물류활동의 필요성이 증대되고 있다.
③ 제품의 다각화가 증가함에 따라 보다 진보된 로지스틱스 관리가 필요하며 시장의 환경변화에 대응할 수 있도록 적정 재고수준을 유지하기 위함에 있다.
④ 지속적으로 제품 생산비를 절감하기 위한 노력이 진행되어 한계를 인식하고 있지만, 여전히 제품원가에서 높은 비중을 차지하는 물류비 절감에 대한 기업들의 관심이 높아지고 있다.
⑤ 유통업체가 대형화되고 소비자 요구의 변화로 인해 표준화된 상품에 대한 수요가 증가함으로써 소비자의 수발주 단위 대량화와 수발주 주기 다 빈도화에 효율적으로 대응하기 위함에 있다.

소비자의 수·발주 단위 의 대량화와 수·발주 주기 다빈도화에 효율적으로 대응하기 위해서는 표준화된 상품에 대한 수요가 증가보다는 소비자의 선호에 맞는 다양한 상품이 제공될 것이다.

 15 ②   **16** ①   **17** ⑤

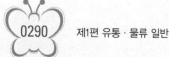

18 다음 중 물류네트워크 설계 시 창고의 수를 늘림으로 해서 발생할 수 있는 현상으로 잘못된 것은?

① 재고비용의 감소 ② 교체비(건설비 등)의 증가
③ 평균 배송시간의 감소 ④ 창고입고 운송비용의 증가
⑤ 대고객 수 · 배송비용의 감소

 창고의 수가 증가되면 재고를 보관하는 곳이 늘어나는 것이고 재고를 보관하는 비용이 일반적으로 증가를 한다고 생각하면 된다.

19 다음 중 물류관리의 목표에 대한 설명으로 가장 적절한 것은?

① 재고량을 줄여 재고비용을 감소시키면 고객서비스 수준은 향상된다.
② 고객서비스 수준보다는 물류비용을 항상 우선적으로 고려해야 한다.
③ 고객서비스 수준의 향상은 배달지연이나 재고부족으로 인한 매출의 감소를 가져온다.
④ 운송비, 주문처리비 등의 눈에 보이는 비용을 절감해야 고객서비스 수준이 향상된다.
⑤ 일반적으로 물류비의 감소와 고객서비스 수준의 향상 간에는 상충관계(trade-off)
   가 있다.

 물류관리 전반에 흐르고 있는 문제 중의 하나는 서비스와 비용간의 관계에 있다. 일반적으로 물류비의 감소와 고객서비스 수준의 향상 간에는 상충관계(trade-off)가 있어 비용을 줄이자니 서비스가 줄고, 서비스를 높이자니 비용이 증가하는 상충관계가 존재한다.

20 고객서비스에서 주문주기(Order Cycle)를 구성하는 요소 중 오더어셈블리 시간(Order Assembly Time)이란 다음 보기 중 어느 것을 말하는가?

① 주문을 주고받는데 사용되는 시간
② 주문품을 재고지점에서 고객에게 전달하는데 걸리는 시간
③ 창고에 보유하고 있는 재고가 없을 때 생산지의 재고로부터 보충하는데 소요되는 시간
④ 주문을 받아서 주문정보를 창고나 발송부서에 전달한 후부터 주문받은 제품을 발송
   준비하는데 걸리는 시간
⑤ 적재서류 준비, 재고기록 갱신, 신용장 처리작업, 주문확인, 회사 내에서 주문과
   관련되는 구성원과의 의견교환 등에 소요되는 시간

 주문주기(Order Cycle)를 구성하는 요소 중 오더 어셈블리 시간(Order Assembly Time)은 주문을 받아서 주문정보를 창고나 발송부서에 전달한 후부터 주문받은 제품을 발송 준비하는데 걸리는 시간을 말한다.

 18 ① 19 ⑤ 20 ④

21 다음 중 송하인의 공장이나 창고에서 수하인에게 전달될 때 까지 동일한 컨테이너에 적재된 상태로 일관운송되는 컨테이너 운송방식을 가장 잘 표현한 것은? (단, CY: Container Yard, CFS: Container Freight Station, LCL: Less than Container Load, FCL: Full Container Load)

① CY → CY : FCL → FCL
② CY → CFS : FCL → LCL
③ CFS → CFS : FCL → LCL
④ CFS → CY : LCL → LCL
⑤ CY → CFS : LCL → FCL

 일관운송 컨테이너 운송방식은 처음부터 마지막까지 변함없이 운송을 하는 것을 말한다.

22 다음은 포워드물류(Forward Logistics)와 역물류(Reverse Logistics)의 상대적 차이점을 비교한 것이다. 이 중 잘못 설명된 것은?

포워드물류(Forward Logistics)	역물류(Reverse Logistics)
① 동종제품의 포장형태 균일함.	동종제품인 경우도 포장형태 상이함.
② 동종제품의 경우 가격이 동일함.	동종제품인 경우도 가격 각기 상이함.
③ 재고 관리의 어려움/부정확.	재고 관리의 편리/정확.
④ 제품수명주기 관리 가능.	제품수명주기 관리 어려움.
⑤ 비용의 투명성이 높고.	비용의 투명성이 낮음

 역물류(Reverse Logistics)는 소비자나 소매상으로부터 시작이 될 수도 있으며, 이에 따라 재고관리의 어려움이 많이 있다. 또한 정확성이 떨어진다. 이에 비해 순물류(Forward Logistics)는 일반적인 흐름에 따르기 때문에 재고관리의 편리성과 정확성이 역 물류에 비해 증가된다.

23 다음 중 보관공간이 크고 작음에 맞춰 레이아웃을 자유 자재로 변경할 수 있어 효율적이며, 공간 이용이 뛰어나 2~3단의 적재가 신속하게 되므로 작업 효율이 높고, 앞면이 개방형이므로 적재상태로 물품의 출납이 가능한 랙을 고르시오.

① 암 랙(Arm Rack)
② 인테이너(Intainer)
③ 모빌 랙(Mobile Rack)
④ 하이 랙(High Rack)
⑤ 슬라이딩 랙(Sliding Rack)

 모빌 랙(Mobile Rack)은 레일 등을 이용하여 직선적으로 수평 이동되는 랙으로 통로를 대폭 절약하고, 한정된 공간을 최대로 사용하며 다품종소량의 보관에 적합한 보관형태이다.

 21 ① **22** ③ **23** ③

24 고객서비스 향상을 위해 기업은 다양한 고객서비스 구성요소들에 대한 표준(목표)을 설정하고 이에 대한 실제성과를 측정하고 비교해야 한다. 물류서비스의 경우 "거래 전 요소→거래중 요소→거래 후 요소"로 나눈 후 각각의 구성항목에 대한 표준(목표)과 실제성과를 측정할 수 있다. 다음 중 각 단계를 구성하는 서비스 구성요소를 올바르게 나타낸 것은?

① 거래 전 요소: 재고 가용성, 정시배달, 제품의 대체
② 거래 중 요소: 주문 충족률, 정시배달, 미배송 잔량
③ 거래 후 요소: 선적지연, 목표 인도(배송)일, 청구서 오류
④ 거래 중 요소: 목표 인도(배송)일, 주문충족률, 최초 방문 수리율
⑤ 거래 후 요소: 주문주기의 일관성, 제품 및 재고 가용률, 배달의 신뢰성

 ① 거래 중 요소, ③ 거래 전 요소, ④ 거래 후 요소, ⑤ 거래 중 요소로 구분을 하면 된다.

25 ( )안에 들어갈 용어를 순서대로 올바르게 나열한 것은?

(ㄱ) : 특정한 목적을 달성하기 위해서 희생되거나 포기된 자원이다.
(ㄴ) : 주어진 원가 대상과 관련된 원가로서 그 원가대상에 추적 가능한 원가이다.
(ㄷ) : 주어진 원가 대상과 관련된 원 가이지만 그 원가대상에 추적할 수 없는 원가이다. 그리하여 원가 배부 과정을 통해 원가 집적 대상에 귀속된다.
(ㄹ) : 활동이나 조업도의 총 수준과 관련해서 원가 총액이 비례적으로 변동하는 원가이다.

---

① ㄱ :원가   ㄴ :간접원가   ㄷ :직접원가   ㄹ :변동원가
② ㄱ :원가   ㄴ :직접원가   ㄷ :간접원가   ㄹ :변동원가
③ ㄱ :원가   ㄴ :고정원가   ㄷ :간접원가   ㄹ :직접원가
④ ㄱ :가격   ㄴ :고정원가   ㄷ :비 추적원가   ㄹ :비례원가
⑤ ㄱ :가격   ㄴ :추정원가   ㄷ :비 추적원가   ㄹ :비례원가

■ 특정한 목적을 달성하기 위해서 희생되거나 포기된 자원을 화폐액으로 나타낸 것을 원가(原價:cost)라 한다.
■ 특정 원가대상에 대해 직접적으로 특정제품 또는 특정부문에 직접 관련시킬 수 있는 원가를 직접원가 (direct cost)라 한다.
■ 어떤 원가가 원가대상과 관련성은 있지만 그 원가대상에 직접적으로 추적할 수 없는 원가를 간접원가 (indirect cost)라 한다.
■ 변동원가(variable cost)는 조업도나 활동수준의 증감에 따라 비례하여 총원가가 증감하는 원가항목을 말한다.

26 고객서비스 측정에 관한 다음 설명 중 가장 적절하지 않은 것은?

① 고객서비스는 거래전, 거래중, 거래후 요소들로 분류된다.
② 고객서비스 측정요소는 업체의 특성, 고객의 특성 등에 따라 달라져야 한다.
③ 측정요소에는 주문충족률, 지체기간, 클레임 수, 과부족 선적 수 등이 포함된다.
④ 고객집단별 적정 고객서비스 수준을 파악함으로써 이익, 투자수익률 등을 제고시킬 수 있다.
⑤ 고객집단별 만족도 조사를 통하여 각 고객집단에게 동일한 수준의 동일한 고객서비스 믹스를 제공한다.

 고객서비스 측정에서 고객집단별 만족도 조사를 하는 것은 각 고객집단에게 차별화된 고객서비스 믹스를 제공하는데 목적이 있다.

27 서비스 기대수준과 유통경로의 특성에 대한 설명 중 가장 옳지 않은 것은?

① 고객이 다양한 구색을 원할수록 유통경로의 길이는 짧아진다.
② 고객이 원하는 1회 구매량이 적을 수록 경로의 길이가 길어진다.
③ 고객이 공간적 편리를 적게 추구할수록 유통기관이 대형화된다.
④ 고객이 부수적 서비스를 많이 원할수록 유통경로의 길이는 길어진다.
⑤ 고객이 주문 후 대기시간을 짧게 하기를 원할수록 개별 경로기관의 규모는 영세화된다

 고객이 다양한 구색을 원할수록 경로상 필요한 기구들이 많이 접촉을 하기에 유통경로의 길이는 길어진다는 특징이 있다.

28 물류표준화 체계의 근간이 되며, 물류시스템을 구성하는 각 요소, 즉 수·배송 수단, 하역기기 및 시설 등의 기준척도가 되는 것은 무엇인가?

① 물류공동화　　② just in time　　③ 물류모듈
④ 유닛로드시스템　　⑤ ERP

물류표준화체계의 근간이 되는 것이 물류모듈이다. 물류모듈이란 물류시스템을 구성하는 각종 요소인 화물의 유닛로드 및 이 유닛로드에 대한 하역, 운반기기, 기계트럭, 철도화차, 컨테이너, 선박 등 수송을 위한장비 및 보관용 기기나 시설 등의 치수나 사양에 관한 기준척도와 대칭 계열을 말한다. 이는 물류시설이나 장비들의 규격이나 치수가 일정한 배수나 분할관계로 조합되어 있는 집합체로서 물류표준화를 위한 기준 치수들이다.

 26 ⑤　27 ①　28 ③

 0294 제1편 유통·물류 일반

29 물류표준화와 관련하여 가장 올바르지 않은 것은?

① 포장의 모듈화가 필요하다.
② 포장 치수를 표준화하여야한다.
③ 유닛로드(unit load) 시스템이 필요하다.
④ 운송수단별로 포장단위를 표준화하여야 한다.
⑤ 국제적으로 연계성과 일관성 유지가 필요하다.

 물류 표준화는 포장 · 하역, 보관 수송 및 정보 등 각각의 물류기능 및 단계에서 사용되는 물동량의 취급 단위를 표준화 또는 규격화하고 유닛로드(unit load) 시스템이 필요하다. 여기에 이용되는 기기 · 용기 · 설비 등의 강도나 재질 등을 통일시키는 것을 말한다. 포장의 모듈화가 필요하거나 포장 치수를 표준화, 국제적으로 연계성과 일관성 유지가 필요하다.

30 창고운영 전문업자의 영업 창고를 임차하여 보관 및 하역 업무를 수행할 때의 장점이 아닌 것은?

① 창고 이용과 생산과 판매를 연결시키는 데 시간적 결손이 적음
② 운영의 전문성제고 가능하여 상당한 경쟁력을 보유할 수 있음
③ 고정비투자의 축소가능성으로 인하여 비용활용이 높아짐
④ 직접 소유보다 창고활용의 유연성 제고 가능
⑤ 상품의 수요변동에 유연하게 대처 가능

 창고운영 전문업자의 영업창고를 임차하여 보관 및 하역 업무를 수행하는 경우에는 임대창고 이므로 생산 과 판매를 연결시키는 것에는 한계를 지니고 있다.

31 물류표준화 방안 중 소프트웨어 부문의 표준화에 관한 설명으로 옳지 않은 것은?

① 포장치수의 표준화가 필요하다.
② 용어사용의 혼돈을 방지하기 위하여 물류용어의 표준화가 필요하다.
③ 전표의 크기, 양식, 기재내용 등의 데이터를 표준화하는 것이 필요하다.
④ 낭비적인 작업과정의 제거를 위하여 거래조건의 단순화, 규격화가 필요하다.
⑤ 표준팔레트와의 정합성을 갖도록 트럭 적재함의 바닥높이, 폭, 길이 등의 표준화가 필요하다.

 표준팔레트와의 정합성을 갖도록 트럭 적재함의 바닥높이, 폭, 길이 등의 표준화가 필요한 것은 하드웨어 적인 표준화이다.

 29 ④ **30** ① **31** ⑤

32 다음 중 물류센터와 관련항목에 대한 설명으로 가장 옳지 않은 것은?

① 내륙ICD은 공단과 항만 사이를 연결하여 화물유통을 원활히 하기 위한 대규모 물류기지를 말하며, 규모의 경제효과인 대규모의 화물을 수송함에 따라 수송효율의 향상과 항만지역이 교통 혼잡을 회피할 수 있어 수송비를 절감할 수 있다.

② 스톡포인트(SP)는 재고품의 보관거점으로, 앞으로 있을 수도 있는 예상수요의 보관 거점으로 물품보관에 주력하는 보관창고라고 할 수 있으며, 정태적 의미에서 유통 창고를 말하며, 배송센터와 비교된다.

③ 일관팔레트화(Pallet)란 화물 이동의 출발지점으로부터 최종도착지점까지 적재된 화물을 운반, 하역, 수송, 보관하는 물류과정 중 최초에 팔레트에 적재된 화물의 형태를 변형시키지 않고 일관되게 화물의 흐름을 만드는 것을 말한다.

④ 적층 랙(Pile up rack)은 보관공간이 크고 작음에 맞춰 레이아웃을 자유자재로 변경 할 수 있어 효율적이며, 공간이용이 뛰어나 2-3단의 적재가 신속하게 되므로 작업 효율이 높고, 앞면이 개방형이므로 적재상태로 물품의 출납이 가능한 랙이다.

⑤ 물류시스템은 크게 수·배송 경로에 해당하는 연결선(link)과 이러한 연결선들 간의 접점이 이루어지는 장소인 연결점(node)으로 구성되어 있는데, 바로 이 연결점에 해당하는 장소 및 시설이 물류거점 또는 물류단지에 해당한다.

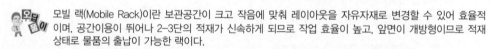 모빌 랙(Mobile Rack)이란 보관공간이 크고 작음에 맞춰 레이아웃을 자유자재로 변경할 수 있어 효율적 이며, 공간이용이 뛰어나 2-3단의 적재가 신속하게 되므로 작업 효율이 높고, 앞면이 개방형이므로 적재 상태로 물품의 출납이 가능한 랙이다.

33 다음 중 제4자물류에 관한 설명으로 옳지 않은 것은?

① 제3자물류에 솔루션 제공능력을 더하면 제4자물류가 된다.

② 물류 컨설팅과 네트워크 개선 등에 관한 조언을 해 줄 수 있다.

③ 제3자물류나 제4자물류 둘 다 물류서비스의 아웃소싱에 해당한다.

④ 제3자물류가 기업과 고객간의 거래(B2C)에 집중하는 반면 제4자물류는 기업간 거래(B2B)에 집중한다.

⑤ 제4자물류 서비스제공자는 공급사슬관리와 아울러 부가가치서비스를 제공할 수 있는 능력을 갖춘 물류업체이다.

제4자 물류 운용모델에는 시너지 플러스(Synergy Plus), 솔루션 통합자(Solution Integrator), 산업혁신자 (Industry Innovator) 모델이 있고 제3자 물류업체와 물류 컨설팅업체, IT업체의 결합된 형태이다.

해답 **32** ④ **33** ④

34 다음 중 물류표준화에 관한 설명으로 옳지 않은 것은?

① 물류활동의 효율화, 화물유통의 원활화, 수급의 합리화, 물류비 비중의 증대를 주요 목적으로 한다.

② 기대효과로는 재료의 경량화, 적재효율의 향상, 작업의 기계화 및 표준화, 물류생산성의 향상 등이 있다.

③ 물류의 시스템화를 전제로 하여 단순화, 규격화 및 전문화를 통해 물류활동에 공통의기준을 부여하는 것이다.

④ 표준화의 주요 내용으로는 포장 표준화, 수송용기 및 장비의 표준화, 보관시설의 표준화, 물류정보 및 시스템 표준화 등을 들 수 있다.

⑤ 화물유통 장비와 포장의 규격, 구조 등을 통일하고 단순화하는 것으로 구성 요소 간 호환성과 연계성을 확보하는 유닛로드시스템을 구축하는 것이다.

 물류 표준화는 포장·하역, 보관 수송 및 정보 등 각각의 물류기능 및 단계에서 사용되는 물동량의 취급 단위를 표준화 또는 규격화하고 여기에 이용되는 기기·용기·설비 등의 강도나 재질 등을 통일시키는 것을 말한다.

35 다음 중 물류비 비목별 계산과정이 옳게 나열되어 있는 것은?

① 물류비 계산의 보고 → 물류비 계산 니즈의 명확화 →물류비 자료의 식별과 입수 → 물류비 배부 기준의 선정 → 물류비 배부와 집계

② 물류비 계산 니즈의 명확화 → 물류비 자료의 식별과 입수 → 물류비 배부 기준의 선정→ 물류비 배부와 집계 → 물류비 계산의 보고

③ 물류비 배부 기준의 선정 → 물류비 배부와 집계 → 물류비 계산의 보고 → 물류비 계산 니즈의 명확화 → 물류비 자료의 식별과 입수

④ 물류비 배부와 집계 → 물류비 계산의 보고 → 물류비계산 니즈의 명확화 → 물류비 자료의 식별과 입수 →물류비 배부 기준의 선정

⑤ 물류비 자료의 식별과 입수 →물류비 계산 니즈의 명확화 → 물류비 배부 기준의 선정→ 물류비 배부와 집계 → 물류비 계산의 보고

 물류비의 산출단계
1. 제1단계: 물류원가를 계산해야 하는 필요성 명시
2. 제2단계: 물류비 자료의 식별과 입수
3. 제3단계: 물류비 배부 기준의 선정
4. 제4단계: 원가계산의 대상별 물류비의 배부와 집계
5. 제5단계: 물류 원가계산의 보고

 34 ① **35** ②

36 기업에서 차지하는 비용 중에서 물류비용이 차지하는 비용의 비중이 매우 클 뿐만 아니라 점점 증가하고 있다는 면에서 관리상의 중요성이 증가하고 있다. 이런 특징을 바탕으로 물류관리에 대한 설명으로 가장 적절하지 않은 것은?

① 물류는 원초지점부터 소비지점까지 원자재, 중간재, 완성재, 그리고 각종 관련 정보를 소비자의 욕구를 충족시키기 위하여 이동시키는 것과 관련된 흐름과 저장을 효율적이면서 효과적으로 계획, 수행, 통제하는 과정이다.

② 물류는 구체적으로는 수송, 포장, 보관, 하역 및 통신의 여러 가지 활동을 포함하며, 상거래에 있어서는 유형적인 물자를 운송하므로 재화의 공간적 · 시간적인 한계를 극복하게 해준다.

③ 물류에서는 비용의 최소화를 위해서는 운송비, 재고비(inventory cost) 및 주문처리비 등과 같은 눈에 보이는 비용뿐만 아니라, 배달지연과 재고부족에 따른 매출감소 등과 같이 눈에 보이지 않는 비용까지 포함을 시켜야 한다.

④ 물류관리 목표로서의 비용은 물류활동을 비용을 수단으로 하여 관리하는 것을 의미하며, 비용에 의한 물류관리는 달성하고자 하는 수준의 고객서비스를 최소비용으로 달성하는 데 있다.

⑤ 물류는 생산자와 생산자, 생산자와 판매자, 도매상과 소매상, 생산자와 소비자 및 판매자와 소비자 사이에 상거래계약이 성립된 후 상품대금을 지불하고 상품의 소유권을 이전하는 단계만을 지칭한다.

> 상거래계약이 성립된 후 상품대금을 지불하고 상품의 소유권을 이전하는 단계를 총칭하는 것은 물류가 아니라 상류이다.

37 화물거점 시설까지 각 화주 또는 각 운송업자가 화물을 운반해 오고 배송 면에서 공동화 하는유형의 공동 수 · 배송시스템은?

① 납품대행업
② 배송공동형
③ 노선 집하공동형
④ 화주중심의 집하배송공동형
⑤ 운송업자 중심의 집하배송공동형

> 배송공동형은 일정한 장소까지는 각 화주들이 물건을 가지고 오고, 공동의 목적지까지는 함께한다는 용어이다.

36 ⑤   **37** ②

물류 · 통상 · 영업관리

38 다음 중 유닛로드시스템(unit load system)에 대한 설명으로 가장 적합한 것을 고르시오.

① 물품을 일정한 중량이나 크기로 단위화시켜 기계화된 하역작업과 일관된 수송방식으로 물품을 생산지에서 소비지까지 이동시키는 물류관리시스템이다.

② 적시조달과 리드타임 극소화를 달성하기 위해 궁극적으로 한 단위씩의 수송을 지향하는 물류관리시스템이다.

③ 수송수단의 용량을 수송물품의 규격에 따라 차별화시키거나 조정하기 위한 물류관리시스템이다.

④ 물류의 효율화를 도모하기 위해 하나의 수송수단에 동일품목만 일정 단위씩 적재하여 수송하는 물류관리시스템이다.

⑤ 물류표준화 체계의 근간이 되며, 물류시스템을 구성하는 각 요소, 즉 수 · 배송 수단, 하역기기 및 시설 등의 기준척도가 된다.

 유닛로드시스템(Unit Load System)이란 복수의 화물을 팔레트나 컨테이너 등을 이용하여 단위화시켜 일괄적으로 하역 및 수송함으로써 물류의 효율성을 높이기 위한 시스템이다.

39 다음 중 유통업체가 물류활동을 직접 수행하지 않고 아웃소싱 할 경우 해당 유통업체가 직면할 수 있는 문제점을 가장 잘 서술한 것은?

① 물류업무의 아웃소싱은 유통기업 자체물류부문에 있어서 규모의경제를 달성할 수 없음으로 물류비용은 급격히 증대된다.

② 제조업체나 외부 물류업체를 관리하여야 함으로 경영역량은 분산되나 핵심역량사업에 집중할 수 있는 장점이 있다.

③ 해당 유통업체는 제3자물류와 관련된 추가적인 자격증이나 인력 및 시설을 확보하여야 한다.

④ 핵심역량사업에 집중할 수 있는 장점이 있는 반면 고객불만에 대하여 신속하게 대응하기가 쉽지 않다.

⑤ 물류시설 및 장비를 이중으로 투자하는데 따르는 투자위험의 회피가 가능하고, 핵심역량에 대한 집중력을 강화할 수 있다.

 물류아웃소싱(Logistics Outsourcing)은 기업이 고객서비스의 향상, 물류비 절감 등 물류활동을 효율화할 수 있도록 물류기능 전체 혹은 일부를 외부의 전문 업체에 위탁 · 대응하는 업무를 말한다. 외부업체에서는 고객의 컴플레인을 본사처럼 적극적으로 대응을 하기는 어려울 것이다.

해답 **38** ① **39** ④

40 다음 중 환경물류(Green Logistics)흐름에 대한 설명으로 가장 적합하지 않은 것은?

① 제품의 설계부터 구매, 생산, 유통, 판매의 단계는 제외하고, 상품을 폐기하거나 재 사용에 이르는 물류의 단계에만 환경 친화적인 요소를 고려하는 흐름이다.

② 지구온난화, 에너지보존, 쓰레기재사용 등의 환경문제는 물류활동에도 큰영향을 주고, 환경의 유해요소들을 제거하거나 최소화할 수 있는 물류활동이다.

③ 제품생산을 위한 설계단계에서부터 판매되어 소비자사용에 이르기까지, 필요한 물류의 제 활동들이 저비용·고효율로 달성되도록 환경적 유해요인을 최소화 하는 것을 말한다.

④ 기업에서 제품을 설계 및 생산 단계부터 환경친화적인 재료 및 부품을 사용하여야 하며, 제품을 사용한 후 철저한 분리 및 회수시스템을 적용하여야 한다.

⑤ 자원의 재사용 및 재활용률 향상을 위해 자원순환형 물류체계를 구축할 수 있도록 생산기업과 소비자 간에 협력체제가 형성되는 유기체적인 사회시스템이 중요하다.

> 제품의 설계부터 구매, 생산, 유통, 판매 후 폐기 및 재사용에 이르는 물류의 전 과정을 통하여 환경 친화 적인 요소를 고려하는 흐름이다.

41 다음 중 물류관리에 대한 설명으로 가장 적절하지 않은 것은?

① 물류는 원초지점부터 소비지점까지 원자재, 중간재, 완성재 및 각종 관련 정보를 소비자의 욕구를 충족시키기 위하여 이동시키는 것과 관련된 흐름을 효율적·효과 적으로 계획, 수행, 통제하는 과정이다.

② 물류는 생산자, 중간상, 소비자사이에 상거래계약이 성립된 후 상품대금을 지불 하고 상품의 소유권을 이전하는 단계만을 지칭한다.

③ 비용의 최소화를 위해서는 운송비, 재고비 및 주문처리비 등과 같은 눈에 띄는 비용 뿐만 아니라, 배달지연과 재고부족에 따른 매출감소 등과 같이 눈에 띄지 않는 비용 도 포함시켜야 한다.

④ 물류관리는 목표수준의 고객서비스를 최소의 비용으로 달성하고자 하는 비용접근적 측면도 포함된다.

⑤ 물류는 구체적으로는 수송, 포장, 보관, 하역 및 통신의 여러 활동을 포함하며, 상거래 과정에서 유형적인 물자를 운송하므로 재화의 공간적·시간적인 한계를 극복하게 해준다.

> 물류는 생산자, 중간상, 소비자 사이에 상거래계약이 성립된 후 상품 대금을 지불하고 상품의 소유권을 이전하는 단계를 포함한 전체적인 흐름을 지칭한다.

40 ①   41 ②

42 다음 글 상자 안의 내용은 보관의 일반적 원칙들에 대한 설명이다. 각 원칙을 가장 올바르게 순서 대로 나열한 것은?

> 가. 물품을 고층으로 적재하는 것으로 평적보다 팔레트 등을 이용하여 용적 효율을 향상시킨다.
> 나. 형상에 따라 보관 방법을 변경하여 형상특성에 맞게 보관한다.
> 다. 물품의 정리와 출고가 용이하도록 관련 품목을 한 장소에 모아서 보관한다.
> 라. 시각적으로 보관품을 용이하게 식별할 수 있도록 보관한다.

① 높이 쌓기의 원칙-형상특성의 원칙-네트워크 보관의 원칙-명료성의 원칙
② 높이 쌓기의 원칙-형상특성의 원칙-위치표시의 원칙-유사성의 원칙
③ 네트워크 보관의 원칙-명료성의 원칙-위치표시의 원칙-형상특성의 원칙
④ 네트워크 보관의 원칙-명료성의 원칙-중량특성의 원칙-형상특성의 원칙
⑤ 회전대응보관의 원칙-형상특성의 원칙-네트워크 보관의 원칙-명료성의 원칙

보관의 10가지 원칙 중
1. 높이 쌓기의 원칙: 창고 용적효율 향상목적
2. 형상특성의 원칙: 표준품은 랙에 보관하고 비표준품은 별도 보관
3. 네트워크 보관의 원칙(계통적으로 관련화-그룹화): 관련품목을 한 장소에 모아서 보관
4. 명료성의 원칙: 식별표시로 신입사원 실수 최소화

43 다음 컨테이너(container)에 대한 내용으로 옳은 것은?

① FEU는 TEU 길이의 2배이다.
② 냉동 컨테이너(reefer container)는 육류를 제외한, 과일, 야채 등과 같은 보냉을 필요로 하는 화물을 수송하기 위한 컨테이너이다.
③ 드라이 컨테이너(dry container)는 중량물이나 장착물, 기계부품 등을 수송하기 위해 컨테이너 상부에서 적입, 적출할 수 있도록 개방되어 있는 컨테이너이다.
④ 펜 컨테이너(pen container)는 펜, 연필, 노트, 장난감, 문구류 등 학용품을 전문적으로 운송하기 위한 컨테이너이다.
⑤ 오픈 탑 컨테이너(open top container)는 유류, 주류 등을 수송하기 위한 컨테이너이다.

② 냉동컨테이너(Reefer Container)냉동화물 및 과실 등 부폐되기 쉬운 화물을 수용하기 위해 컨테이너 내에 방열장치 및 냉동기를 설치해 −28℃에서 +26℃까지의 온도를 임의로 조절할 수 있도록 고안된 컨테이너를 말한다.
③ 드라이 컨테이너(dry container)는 일반잡화용의 컨테이너로서 알미늄합금의 재질로 제작된 가장 일반적인 컨테이너이다. 20 feet와 40 feet의 두 종류 사이즈가 있다.
④ 펜 컨테이너(Pen Container, Livestock Container)는 소나 말과 같은 동물을 운반하기 위하여 만들어진 컨테이너로 통풍과 먹이를 주기에 편리하게 만들어진 특징이 있다.
⑤ 오픈 탑 컨테이너(open top container)는 일반 표준 컨테이너와 달리 선적과 하역을 위해 컨테이너의 상부로 화물의 적입이 가능하도록 개방한 컨테이너로 곡물류나 가루형 화물 운반에 쓰인다.

 42 ① **43** ①

44 다음 중 물류시설에 대한 설명 중에서 가장 옳지 않은 것은?

① 물류시설은 주요 기능에 따라 일반적으로 크게 보관센터(SC: stock center), 환적센터(TC: transshipment center), 배송센터(DC: distribution center) 등으로 구분할수 있다.

② 현대의 물류시설은 보관, 환적, 집배송의 기능을 수행하게 되는데, 이 기능들을 집합적으로 수행되거나 일부 기능이 수행되는 물류시설을 통칭하여 물류센터라 한다.

③ 물류센터가 2개이상 들어간 단지에 대해서는 물류단지, 유통단지, 도ㆍ소매단지 등 다양한 이름으로 부르고 있다.

④ 환적센터는 보관센터, 배송센터에 비해 물류의 부가가치 창출이 상대적으로 가장 높은 수준으로 발생하고 있다.

⑤ 물류시스템은 크게 수ㆍ배송 경로에 해당하는 연결선(link)과 이러한 연결선들 간의 접점이 이루어지는 장소인 연결점(node)으로 구성되어 있다.

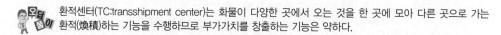 환적센터(TC:transshipment center)는 화물이 다양한 곳에서 오는 것을 한 곳에 모아 다른 곳으로 가는 환적(換積)하는 기능을 수행하므로 부가가치를 창출하는 기능은 약하다.

45 다음 중 상류(상적 유통)과 물류(물적 유통)를 구분하여 설명한 내용으로 가장 옳지 않은 것은?

① 물류는 일반적으로 상거래가 성립된후 그 물품 인도의 이행기간 중에 생산자로부터 소비자에게 물품을 인도함으로써 인격적, 시간적, 공간적효용을 창출하는 경제활동이다.

② 상류는 생산자를 포함하여 중간상과 소비자 사이에서 발생하는 교환과정을 총칭한다.

③ 물류는 물류활동이 생산장소와 소비장소의 거리를 조정하는 기능을 지니고 있어 그 거리를 좁혀주는 기능을 수행하므로, 생산자와 소비자 모두에게 효용을 가져다준다.

④ 상류란 재화가 공급자로부터 조달, 생산되어 수요자에게 전달되거나 소비자로부터 회수되어 폐기될 때까지 이루어지는 운송. 보관. 하역 등과 이에 부가되어 가치를 창출하는 가공, 조립, 분류, 수리, 포장, 상표부착, 판매, 정보통신 등을 말한다.

⑤ 물류와 상류의 분리로 얻을 수 있는 경제적효과로 배송차량의 적재율향상, 유통경로 전체의 물류효율화 실현, 지점과 영업소의 수주통합으로 효율적 물류관리 가능, 운송경로의 단축과 대형차량의 이용으로 수송비 절감 등을 들 수 있다.

 재화가 공급자로부터 조달. 생산되어 수요자에게 전달되거나 소비자로부터 회수되어 폐기될 때까지 이루어지는 운송. 보관. 하역 등과 이에 부가되어 가치를 창출하는 가공. 조립. 분류. 수리. 포장. 상표부착. 판매. 정보통신 등을 말하는 것은 물류의 내용이 된다.

해답 **44** ④   **45** ④

46 다음 중 제조업자와 물류업자간의 전략적 제휴에 관한 다음 설명 중 가장 적절하지 않은 것은?

① 전략적제휴 상대업체에 대한 서비스제공을 위하여 전용시설의 운영이 반드시 필요하다.

② 전략적제휴를 위한 계약서에는 상호 업무분담, 평가 등 실행단계와 관련된 사항이 최대한 포함되는 것이 바람직하다.

③ 전략적제휴 업체간의 신뢰확보가 이루어져야만 정보공유, 협업(collaboration), 관계증진 등이 가능해 진다.

④ 제휴기업들이 개방적이고 신뢰할 수 있는 조직문화를 가지고 있고, CEO의 강력한 의지 및 지원이 있는 경우 전략적 제휴가 효과적으로 이루어질 수 있다.

⑤ 화주기업과 전략적 제휴관계에 있는 3PL 기업들은 고객요구 분석 및 공급사슬관리 등에 적극적으로 참여한다.

> 제조업자와 물류업자간의 전략적 제휴를 함에 있어 전략적 제휴 상대 업체에 대한 서비스 제공을 위하여 전용시설의 운영이 반드시 필요한 것은 아니다.

47 다음은 재고관리 기법에 대한 설명이다. 가장 올바른 것은?

① 정기주문방식과 정량주문방식 모두 재고를 주문하는경우 EOQ분석을 통해 주문량을 결정하는 시스템이다.

② 정량주문방식에서는 재고고갈을 방지하기 위해 정기주문방식보다 더높은 안전재고의 설정이 일반적이다.

③ 기준재고방식은 정량주문방식과 정기주문방식의 장점을 유지하도록 고안한 방식이지만 안전재고를 높게 설정해야 하는 단점이 있다.

④ Two-Bin 시스템은 1-Bin에 발주점을 정하지만, 2-Bin의 재고가 충분하다면 1-Bin의 발주점을 사용하지 않고 2-Bin의 발주점을 사용하는 유연성이 높은 시스템이다.

⑤ 기준재고방식은 보유재고의 구성을 움직임이 일어나지 않은 기간별로 구분하여 도표화하는 것으로서 간편하고 일목요연하게 나타낼 수 있는 점에서 유용한 기법이다.

> 기업에서 가장 일반적으로 이용되는 재고관리시스템은 기준재고시스템이다. 이것은 s-S재고시스템 또는 mini-max재고시스템 등으로 불리우기도 하는데, 이 시스템은 정량재고시스템과 정기재고시스템의 혼합 방식으로 두 시스템의 장점을 유지하도록 고안된 것이며, 기준재고시스템을 취하면 주문의 횟수는 줄어 들게 되고, 주문량은 다소 많아지게 되는데, 많은 안전재고를 갖게 된다는 점이 이 시스템의 약점이다.

48 가전제품을 주로 판매하는 어느 지역의 한 유통매장은 최근 LED TV의 인기가 높아짐에 따라 다음 해에 AA모델의 TV를 3,600대 가량 판매할 것으로 기대하고 있다. 연간 재고유지비용은 TV 한 대 당 16,000원이며, 주문비용은 120,000원이다. 이 유통매장은 1년에 363일 영업한다면, 다음 중 가장 올바르게 계산한 것은?

① 경제적 주문량은 120~121대이다.
② 연간 주문 수는 30~31회이다.
③ 주문 사이클의 길이는 12~13일이다.
④ 총비용은 371~372만원이다.
⑤ 다른 비용이 고정이라면 주문비용이 클수록 경제적 주문량이 작아진다.

 문제를 정확히 계산하면 다음과 같다.

1. $EOQ = \sqrt{\dfrac{2 \times 3,600 \times 120,000}{16,000}} = 232$대
2. 연간 주문 횟수 = 3,600/232 = 16회
3. 주문 사이클 = 363/16회 = 23일
4. 총비용 = (3,600/232) × 120,000 + (232/2) × 160,000 = 3,718,069
5. 다른 비용이 고정이라면 주문비용이 클수록 경제적 주문량이 커진다.

49 유통기업의 재고관리에 대한 설명으로 가장 어울리지 않은 것은?

① 최적주문량이 결정은 경제적주문량(EOQ)에 의해 측정되며, 주문비용, 연간수요량, 평균재고유지비, 재고품의 단위당원가 등의 변수를 활용하여 계산된다.
② 회계기간 중에 매입한 재고자산의 취득가격 합계가 그 기간의 상품매입액이며, 재고자산 가운데 회계기간 중에 판매된 부분이 매출원가를 구성한다.
③ 기업에서 재고관리활동은 기업이 보유하고 있는 각종제품, 반제품, 원재료, 상품, 공구, 사무용품 등의 재화를 합리적, 경제적으로 유지하기 위한 활동이다.
④ 최적주문량은 재고유지비, 주문비, 재고부족비 등을 함께 고려하여 결정되며 도표 상 각 비용항목을 합한 총재고비용이 최소가 되는 점이 바로 최적주문량이 된다
⑤ 경제적 주문량(EOQ)에서 최적주문량이 1000개였다면 총수요량은 1백만개, 재고 유지비는 단위당 10원, 주문비는 단위당 10원이었을 것이라고 유추할 수 있다.

 경제적주문량(EOQ)의 최적주문량이 1000개였다면 총수요량은 1백만개, 재고유지비는 단위당 10원, 주문 비는 단위당 5원이었을 것이라고 유추할 수 있다.

 **48** ④ **49** ⑤

50 구둣가게에서의 구두끈이나 가전제품 및 자동차 제조업체에서의 볼트와 같은 부품 등은 이익의 공헌도가 다른 부품에 비해 적은 편이다. 그러나 이러한 부품의 재고가 부족할 경우 고객서비스 수준이 낮아지거나 제품 및 기업이미지가 나빠지기도 하기 때문에 재고관리를 소홀히 할 수 없다. 이러한 특성을 지닌 부품의 재고관리에 적용될 수 있는 기법은?

① 고정주문량(q-system) 분석   ② CVA(critical value analysis) 분석
③ 미니-맥시(mini-maxi) 분석   ④ 경제적 주문량(EOQ) 분석
⑤ 고정주문기간(p-system) 분석

 별로 중요치 않는 재고를 보유하는 기법으로 임계가치분석(CVA;Critical Value Analysis)법이라 한다.

51 물류문제를 해결하기 위한 최적의 개선책을 찾기 위해서는 비용 요소들 간의 관계를 정확하게 파악하는 것이 중요하다. 다음 중 유통업자 관점에서 수송비용과 재고비용의 관계를 가장 올바르게 설명한 내용은?

① 재고비용과 수송비용간에는 비례관계에 있다.
② 재고비용과 수송비용간에는 상충관계에 있다.
③ 재고비용과 수송비용간에는 상호 독립적이다.
④ 재고비용과 수송비용간에는 상호 종속적이다.
⑤ 재고비용과 수송비용간에는 상호 배타적이다.

 회계학적 측면에서 경제적 주문량(EOQ)은 재고와 관련된 모든 비용을 나타내고 있다. 이러한 비용에는 재고 유지비용과 주문비용으로 나눌 수 있는데, 둘 사이의 관계는 서로 상충(trade-off) 관계를 나타내게 된다. 즉, 재고 유지비용이 감소하면 주문비용이 증가하게 된다.

52 다음 중 공급사슬관리의 성과측정에 활용되는 균형성과표에 대한 설명으로 부적절한 것은?

① Kaplan & Norton에 의해 제안된 평가도구이다.
② 계획, 조달, 제조, 인도, 반환 등의 활동을 중심으로 평가한다.
③ 재무적성과에 치우친 EVA, ROI 등의 한계를 극복할 수 있다.
④ 주요 성과지표로는 재무, 고객, 내부프로세스, 성장과 학습 등이 있다.
⑤ 기존의 재무성과중심의 측정도구의 한계를 극복하기 위해 개발이 되었다.

 균형성과표(BSC)의 주요 성과지표로는 재무, 고객, 내부프로세스, 성장과 학습 등이 있다.

정답   **50** ②   **51** ②   **52** ②

53 다음 중 정량주문법과 정기주문법에 대한 설명으로 옳지 않은 것은?

① 수량 할인을 기대하기 힘들 때는 정기주문법이 합당하다.

② 계절에 따라 수요의 변동 폭이 클 때는 정기주문법이 합당하다.

③ 재고 수준을 자동적으로 유지하지 못할 때는 정량주문법이 합당하다.

④ 용도의 공통성이 높고 사용빈도가 많으며 매일 일정한 비율로 소비되는 물품인 경우에 정량 주문법이 합당하다.

⑤ 경제적 재주 분점을 계산하기가 용이하고 이를 활용하는 것이 재고관리에 더욱 유리할 때는 정량 주문법이 합당하다.

 정량주문시스템(fixed-order quantity system)은 재고가 일정수준(발주점)에 이르면 주문하는 시스템으로 발주점법이라고도 부른다. 이 시스템은 주문량이 중심이 되므로 Q시스템이라고 부르며, 계속적인 실사를 통하여 재고수준을 체크하므로 연속실사방식(continuous review system)이라고 부른다. 재고 수준을 자동적으로 유지하지 못할 때는 정기주문시스템(fixed-order period system)이 적합하다.

54 다음 중 물류원가 계산방식으로 재무회계방식과 관리회계방식의 특징을 가장 올바르게 설명한 것은?

① 재무회계방식은 상세한 물류비의 파악이 곤란하기 때문에 구체적인 업무평가나 개선목표의 달성에 한계가 있다.

② 관리회계방식은 개략적인 물류비총액 계산에 있어서 별도의 물류비 분류, 계산절차 등이 불필요하다.

③ 재무회계방식은 현행 재무제표의 계정과목으로 파악하기 때문에, 물류활동의 개선 안과 개선항목을 관리회계방식에 비해 명확하게 파악할 수 있다.

④ 관리회계방식은 기업활동의 손익상태와 재무상태를 중심으로 회계제도의 범주에서 물류활동에 소비된 비용항목을 대상으로 1회계기간의 물류비 총액을 추정한다.

⑤ 물류원가계산 방식에는 재무제표를 이용한 관리회계방식과 물류원가계산제도에 의한 재무회계 방식이 있다.

 기업회계기준(GAAP)에서 재무회계의 작성목적은 외부정보 이용자들에게 효율적인 정보를 제공하는 것을 목적으로 작성된다. 반면에 내부 관리자들은 관리회계 내용을 보고 의사결정을 하게 된다. 관리회계는 비교적 정확하게 물류비 계산을 할 수 있어 관리자의 의사결정에 이용되지만 재무회계는 그렇지 못하는 단점을 가지고 있다.

해답 **53** ③ **54** ①

55 다음 중 경제적 주문량(EOQ)에 대한 설명으로 맞는 것으로 묶은 것은?

ㄱ 경제적주문량을 결정할 때 중요한 비용으로는 재고비용과 주문비용이다.
ㄴ 경제적주문량을 결정할 때 1건당 주문비용은 중요한 요소이다.
ㄷ 경제적주문량은 전체 주문사이클에 걸쳐 볼 때 대부분 과잉재고 부담이 없다.
ㄹ 경제적주문량은 주문비용과 재고비용이 고정된 것으로 가정하고 있다.
ㅁ 경제적주문량을 결정할 때 상품의 단가와 같은 상품요인은 불필요하다.

① ㄱ, ㄴ, ㄷ ② ㄱ, ㄴ, ㄹ
③ ㄴ, ㄷ, ㄹ ④ ㄴ, ㄷ, ㅁ
⑤ ㄱ, ㄴ, ㅁ

EOQ 기본 가정
1. EOQ 모형은 경제적 주문량을 의미하며, 매번 주문 시 주문량이 동일하다
2. EOQ 모형은 주문 기간 중에 수요량, 주문원가, 유지원가, 조달 기간(lead time)이 확실하게 알려져 있다.
3. 재고 단위당 구입원가는 1회당 주문량에 영향을 받지 않으며, 재고 부족원가는 없다.

56 다음 중 경제적 주문량(EOQ)에 관한 설명으로 잘못된 것은?

① 경제적주문량(EOQ)을 이용한 재고관리의 문제점은 전체 주문 사이클에 걸쳐서 볼 때 매일 실제 필요한 양보다 더 많은 재고를 유지해야 한다는 것이다.
② 경제적주문량(EOQ) 공식은 간단한 수식으로 인해 제조업체나 대형도매상에 의해 널리 사용되지만 상대적으로 소매업자들이 주문의사결정을 내리는 데는 큰 도움이 되지 못하기도 한다.
③ 경제적주문량(EOQ) 공식은 주요 구성요소인 주문비와 재고유지비는 항상 인도기간이나 수요가 일정하다는 가정 하에서 성립한다.
④ 경제적주문량(EOQ) 공식에서는 주문비와 재고유지비가 변동 가능한 것으로 가정하고 있어 비교적 유연성이 높다.
⑤ 경제적주문량(EOQ)계산 시 연간 수요량, 1회 주문비용, 평균재고유지비는 계산하는데 필요한 정보이고, 주문량 Q는 한 번에 입고된다.

경제적 주문량 모형(EOQ)의 기본가정에서 주문비용과 단가는 주문량 Q에 관계없이 일정하고, 매번 주문 시 주문량이 동일하다.

55 ② 56 ④

57 경제적 주문량(Economic Order Quantity)모형에서 총비용은 주문비용과 재고유지비용 및 구입원가로 구성된다. 아래와 같은 조건에서의 경제적 주문량은?

> • 연간 수요량 : 1,600개
> • 1회 주문비용 : 4원
> • 연간 단위당 재고 유지비용 : 8원

① 20개   ② 30개   ③ 40개   ④ 50개   ⑤ 60개

EOQ공식 $= \sqrt{\dfrac{2 \cdot D \cdot O}{C}} = \sqrt{\dfrac{2 \times 총수요량 \times 재고주문원가}{단위당재고유지원가}}$

$= \sqrt{\dfrac{2 \times 1,600 \times 4}{8}} = 40개$

58 다음 중 재고관리를 위한 ABC 분석기법에 대한 설명으로 가장 옳지 않은 것은?

① ABC분석기법은 Pareto의 80:20의 법칙과 관련이 있으며, Juran이 불량품 개선에 유용하다는 것을 밝혀냈다.

② ABC분석기법을 사용하고자 할 때에는 통상적으로 재고의 가치를 기준으로 재고를 몇 개의 범주(등급)로 구분하여야 한다.

③ 범주(등급)구분의 기준이 되는 재고가치는 제품의 단가에 일정기간의 사용분을 곱하는 방식에 전적으로 의존하는 결정론적 한계가 있다.

④ 재고가 어떠한 등급(ABC)으로 분류되느냐에 따라 주문방법뿐만 아니라 재 주문시점, 주문절차 등도 달라진다.

⑤ Dickie가 ABC분석기법을 재고관리에 적용하면서 널리 보급되기 시작하였으며, ABC 관리 방법은 재고관리나 자재관리뿐만 아니라 원가관리, 품질관리에도 이용할 수 있다.

범주(등급)구분의 기준이 되는 재고가치는 제품의 단가에 일정기간의 사용분을 곱하는 방식과 재고관리를 위한 ABC 분석기법과는 관련이 없다.

57 ③   58 ③

59 다음 아래 박스 안의 설명은 어느 것에 관한 것인가?

> 생산, 판매, 구매, 인사, 재무, 물류 등 기업 업무 전반을 통합·관리하는 경영 정보시스템으로 모든 정보가 실시간으로 데이터베이스화 되고 각 부서가 이를 공유하게 된다.

① SCM(supply chain management)
② MRP(material resource planning)
③ ERP(enterprise resource planning)
④ BPR(business process reengineering)
⑤ MIS(management information system)

 ERP(Enterprise Resource Planning: 전사적 자원 관리)은 전사적자원과리로서 기업의 원활한 자재, 구매 활동을 위한 MRP(Manu facturing Resource Planning: 생산자원계획)에서 시작된 개념이다. 기업활동을 위해 투입되어 사용되고 있는 기업 내의 모든 인적, 물적 자원의 관리를 효율적으로 조직, 관리하여 궁극적으로 기업의 경쟁력을 강화시켜주는 역할을 하게 되는 통합 정보시스템이다.

60 다음 물류시스템 설계에 대한 전략적 계획 절차를 나열한 것이다. 올바른 순서대로 나열한 것은?

> ㄱ. 물적 흐름 및 정보흐름에 기초하는 물류활동 관리시스템과 절차
> ㄴ. 고객서비스목표 및 전략의 결정
> ㄷ. 물류 투자, 재고, 보관, 수송, 주문 전략 및 프로그램 도출
> ㄹ. 계획실행의 구체적 방법과 경로 구성원 선택 기준 마련
> ㅁ. 조직정비 및 인적 자원관리
> ㅂ. 물류시스템의 주기적인 평가 및 성과 개선 활동

① ㄴ → ㄱ → ㄷ → ㄹ → ㅂ → ㅁ
② ㄴ → ㄷ → ㄱ → ㅁ → ㄹ → ㅂ
③ ㄴ → ㅁ → ㄹ → ㄱ → ㄷ → ㅂ
④ ㄴ → ㄹ → ㄱ → ㄷ → ㅂ → ㅁ
⑤ ㄴ → ㄷ → ㄹ → ㄱ → ㅂ → ㅁ

물류시스템은 물류의 흐름을 원활하게 하기위해서 다양한 기능을 조합하여 서비스를 향상하고 비용을 줄이는 것에 초점을 두고 있다. 이러한 전략적계획절차는 항상 우선적으로 고객서비스목표 및 전략의 결정한 뒤에 조직정비 및 인적 자원관리를 확인하는 것으로 종료된다.

 59 ③ **60** ①

61 물류활동 중 운송, 보관, 하역, 포장, 정보에 관련된 내용으로 옳지 않은 것은?

① 하역은 보관, 운송의 양 끝에서 물품을 처리하는 행위를 말하는 것으로 물류비 절감과 물류합리화에 중요한 역할을 한다.

② 포장은 운송, 보관, 판매 등을 위해 상품 상태를 유지하기 위한 것으로 물류 측면에서 는 공업 포장보다 상업포장이 더 우선적으로 고려된다.

③ 운송은 운송수단인 트럭, 화차, 선박, 항공기 등을 이용하여 물품을 이동시키는 행위로 서 일반적으로 전체 물류비 중 가장 큰 부분을 차지한다.

④ 보관은 물품 저장 기능을 말하는 것으로, 재고와 창고비를 줄이려고 하면 운송비가 증가하게 되는 상충관계로 인해 조직 내 갈등이 생길 수 있다.

⑤ 정보활동은 상품유통 활동을 촉진시키기 위한 각종 정보를 뜻하는데 운송, 보관, 포장, 하역 등의 기능을 서로 연계시켜 물류 전반을 효율적으로 수행하게 한다.

> 포장은 운송, 보관, 판매 등을 위해 상품 상태를 유지하기 위한 것으로 물류 측면에서는 상업 포장보다 공업포장이 더 우선적으로 고려된다.

62 다음은 SCM(supply chain management)에 관한 올바른 설명으로 가장 거리가 먼 것은?

① 제조, 물류, 유통업체 등 유통공급망에 참여하는 모든 업체들이 협력을 바탕으로 정보기술(Information Technology)을 활용, 재고를 최적화하고 리드타임을 대폭 적으로 감축하는 관리시스템이다.

② 소비자의 수요를 효과적으로 충족시켜주기 위해서 신제품 출시, 판촉, 머천다이징 그리고 상품보충 등의 부문에서 원재료 공급업체, 제조업체, 도소매업체 등이 서로 협력하는 경영관리시스템 구축활동이다.

③ 경영자원의 효과적 이용이라는 관점에서 기업 전체를 통합적으로 관리하고 경영 효율성을 높이기 위한 수단으로 활용하는 경영관리시스템이다.

④ 의류부문에서는 QR, 식품부문에서는 ECR, 의약품부문에서는 EHCR, 신선식품 부문에서는 EFR 등으로 다양한 산업영역으로 응용 및 확장되고 있는 관리시스템 이다.

⑤ 상위 흐름 공급사슬(Upstream Supply Chain)은 조직의 첫째 상단에 있는 2차 원자재 공급상과 1차 원자재 공급상 간의 공급사슬이다.

> SCM은 제조, 물류, 유통업체 등 유통 공급망에 참여하는 전 기업들이 협력을 바탕으로 양질의 상품 및 서비스를 소비자에게 전달하고 소비자는 거기에서 극대의 만족과 효용을 얻는 것을 목적으로 한다. 이는 경영관리시스템과는 거리가 멀다.

해답 **61** ②   **62** ③

63 공급체인관리(SCM)의 도입효과에 대한 설명으로 가장 옳지 않은 것은?

① 제조업체의 생산계획이 가시화되어 공급업체의 자재재고 축소 가능
② 주문량과 안전재고의 증가, 맞춤서비스 제공을 통한 고객충성도 강화
③ 판매 계획 수립 및 수요 예측, 유통정보기술을 통한 재고관리의 효율화
④ 수주 처리기간의 단축, 자동 수·발주 및 검품, 납기 만족에 의한 생산의 효율화
⑤ 공급업체에 자재 품목별로 분리하여 주문가능, EDI를 통한 유통업체의 운영비용 절감

 SCM(Supply Chain Management)은 공급자로부터 최종 소비자에게 상품이 도달되는 모든 과정으로서 공급사슬관리라고 하며, 제품, 정보, 재정의 흐름을 통합하고 관리하는 것으로 전체 공급망상에는 주문량과 안전재고가 감소할 것이다.

64 다음은 공급사슬에 대한 설명이다. 이 중 가장 적절하지 않은 것은 무엇인가?

① 공급사슬의 하류는 원재료 공급업체와 그 공급업체들로 구성된다.
② 공급사슬은 원자재 공급업체, 제조업체, 유통업체, 고객 등을 연결한다.
③ 공급사슬상에서 재화 및 자금은 일방향인 반면, 정보는 양방향으로 흐른다.
④ 내부 공급사슬은 입고분을 출고분으로 전환하는 과정에서 조직이 수행하는 과정을 말한다.
⑤ 공급사슬은 원자재 획득, 원자재를 반자재 및 완성재로 변환하고 유통시키는 역할을 수행하는 네트워크이다.

 공급자로 갈수록 상류(upstream)이고 소비자 쪽으로 갈수록 하류(downstream)라고 한다.

65 다음 중 SCM의 응용형태에 대한 설명으로 가장 부적절한 것은?

① EOS는 발주자가 주문자료를 수주자의 컴퓨터로 전송함으로서 주문이 이루어진다.
② CAO시스템은 POS와 EOS를 결합해서 수요에 즉각적으로 대응하기 위한 방식이다.
③ Cross Docking은 상품이 중간물류센터에 재고로 머무르지 않고 소매점포로 곧바로 이동하게 하는 방식이다.
④ CRP는 주문업체가 POS를 통한 실제 판매량을 계산해서 예측 수요량과 재고 등을 토대로 상품보충 여부를 결정한다.
⑤ 끊임없는 상품 보충(CRP)은 소비자의 수요에 근거해서 제조업체 또는 공급업체가 유통업체의 재고를 자동보충해주는 방식이다.

 CRP(Continuous Replenishment process)는 유통 공급망 내의 주문량에 근거한 상품의 판매 데이터를 근거로 하여 적절한 양을 항시 보충해 주는 시스템의 일종이다. pull 방식은 상품을 소비자의 수요에 근거하여소매상이 요구할 때에만 공급자가 공급하는 끌어당기기 방식으로 CRP와 거의 일맥상통하다.

 63 ② **64** ① **65** ④

66 다음 은 재무상태표(대차대조표)에 관한 설명내용이다. 가장 올바르지 않은 내용은?

① 재무상태표의 차변과 대변이 일치하는 것을 대차평균의 원리라고 한다.
② 받을어음, 외상매입금 및 장·단기 차입금은 대변항목을 구성하는 요소들이다.
③ 재무상태표상 좌측은 자산이라 하여 현금자금이나 상품의 재고상태를 표시해 준다.
④ 외상매출금, 기계, 상품, 수취어음, 예금 및 현금은 차변항목들을 구성하는 요소들이다.
⑤ 재무상태표상 우측은 자본과 부채로 구성되며 자금의 출처를 파악할 수 있도록 구성해야 한다.

 받을어음은 자신항목계정으로 차변항목을 구성하는 요소들이다.

67 SCM(Supply Chain Management)은 공급자로부터 최종 소비자에게 상품이 도달되는 모든 과정으로서 공급사슬관리라고 하며, 제품, 정보, 재정의 흐름을 통합하고 관리하는 것을 말한다. 이에 대한 성과 측정도구로서 가장 잘못 설명되어지고 있는 것은?

① SCOR는 비즈니스 프로세스의 관점에서 해당기업의 공급업체로부터 고객에 이르기까지 계획(plan), 공급(source), 생산(make), 인도(deliver), 회수(return)가 이루어지는 공급망을 통합적으로 분석한다는 데 그 기초를 두고 있다.
② SCOR에서는 공급망의 성과측정을 위해 공급망의 신뢰성(reliability), 유연성(flexibility), 대응성(responsiveness), 비용(cost), 자산(asset) 등 크게 5가지 분야의 성과측정 분야를 제시하고 있다.
③ EVA는 기업이 영업활동을 통해 얻어 들인 세후영업이익으로부터 자본비용을 제외한 금액을 말한다. 즉, 투자자본과 비용으로 실제로 얼마의 이익을 얻었는가를 나타낸다. 따라서, 영업을 통해 창출한 부가가치의 순증가분을 따져 볼 수 있다.
④ BSC는 비재무적 성과까지 고려하고 성과를 만들어낸 동인(動因)을 찾아내 관리하는 것이 특징이며 이런 점에서 재무적성과에 치우친 EVA(경제적 부가가치), ROI(투자수익률) 등의 한계를 극복할 수 있다.
⑤ BSC 주요 성과지표로는 공급망관리, EVA(경제적 부가가치), 포괄손익계산서, 재무상태표, 성장과 학습 등이 있으며 기존의 비재무성과 중심의 측정도구의 한계를 극복하기 위해 개발되었다.

 주요 성과지표로는 재무, 고객, 내부프로세스, 성장과 학습 등이 있으며 기존의 재무성과 중심의 측정도구의 한계를 극복하기 위해 개발되었다.

해답 66 ② 67 ⑤

68 다음 중 채찍 효과(Bullwhip effect)설계 및 관리에 관한 다음의 설명 중 옳은 것으로만 구성된 것은?

> a. 공급사슬의 구성은 공급자, 생산자, 도매상, 소매상, 소비자의 연결 단계로 볼 수 있다.
> b. 공급자로 갈수록 상류(upstream)이고 소비자 쪽으로 갈수록 하류(downstream)라고 한다.
> c. 수요가 발생하면 기업들은 안전재고 목표량과 결부시켜 공급자에게 더 많은 가수요를 발생시킨다.
> d. 소매상들이 만약에 미리 많은 물량을 확보하였다면 하류로 갈수록 수요의 왜곡 현상인 채찍 효과를 초래하게 될 것이다.
> e. 수요가 공급을 초과하고 있는 경우 소매상이 낸 가수요가 오히려 채찍 효과를 감소시키는 요인이 되고 있다.

① a, b, c   ② b, c, d
③ c, d, e   ④ a, c, e
⑤ b, d, e

> d. 소매상들이 만약에 미리 많은 물량을 확보하였다면 상류로 갈수록 수요의 왜곡 현상인 채찍 효과를 초래하게 될 것이다.
> e. 수요가 공급을 초과하고 있는 경우 소매상이 낸 가수요가 오히려 채찍 효과를 가중시키는 요인이 되고 있다.

69 다음은 SCOR(Supply Chain Council & Supply Chain Operation Reference) 모형에 대한 설명이다. 올바르지 않은 것은?

① 조직내외부의 관점에서 성과를 측정할 수 있다.
② 공습사슬관리의 성과측정을 위해 개발된 모형이다.
③ 계획, 조달, 제조, 인도, 반환 등의 5가지 기본 프로세스를 가지고 있다.
④ 기업의 회계자료를 바탕으로 한 자산성과를 중심으로 국내기업의 공급망 성과를 분석하고 있다.
⑤ 재무적 측면만을 강조한다는 단점이 있으나 현금 입출력 흐름을 정확히 분석할 수 있다는 장점이 있다.

> SCOR에서는 공급망 성과측정을 위해 공급망의 신뢰성(reliability), 유연성(flexibility) 대응성(responsiveness), 비용(cost), 자산(asset) 등 크게 5가지 분야의 성과측정 분야를 제시하고 있다. 그러나 국내 실정상 자료수집의 용이성을 고려해 기업의 회계자료를 바탕으로 한 자산성과를 중심으로 국내기업의 공급망 성과를 분석했다.

70 다음 중 SCM상에서 발생하는 채찍효과(Bullwhip Effect)의 대처 방안에 대한 설명으로 옳지 않은 것은?

① 소비자 수요 절차상의 고유한 변동폭을 증가시킨다.
② 공급체인 전반에 걸쳐 수요정보를 중앙집중화 한다.
③ 공급체인상의 업체들과 전략적 파트너십을 형성한다.
④ 유통공급망상의 흐르는 전체적인 리드타임을 단축한다.
⑤ 공급체인상의 중복 수요의 예측을 가급적 하지 말아야 한다.

 채찍효과(Bullwhip Effect)는 공급사슬에서 최종소비자로부터 멀어지는 정보는 정보가 지연되거나 왜곡되어 수요와 재고의 불안정이 확대되는 현상을 말한다. 대처방안으로는 공급망에 걸쳐있는 중복수요의 예측을 가급적 하지말고, 가급적 대량의 배치주문을 적당한 규모에 해당하는 것으로 줄인다. 따라서 소비자 수요 절차상의 고유한 변동 폭은 감소될 것이다.

71 가치사슬(Value Chain)에서 기업의 활동은 '주요활동(primary activity)'과 '지원활동(support activity)'으로 나누어지는데 이러한 활동들은 제품과 서비스의 생산에 필요한 활동들이다. 다음 중 주요활동에 속하지 않는 것은?

① 기술개발(technology development)
② 운영(operation)
③ 입고물류(inbound logistics)
④ 출고물류(outbound logistics)
⑤ 마케팅 및 판매(marketing & sales)

 기술개발(technology development)은 지원활동으로 경영의 기본활동들을 지원하는 기능이다.

72 최근 많은 기업들이 e-SCM을 도입하여 활용하고 있다. e-SCM 도입의 결과로서 나타나는 현상과 가장 거리가 먼 것은?

① 유통채널 갈등의 해소
② 중간상을 배제한 거래
③ 수직적 가치사슬의 해체
④ 최소한의 핵심자산에 집중
⑤ 유통경로의 다변화로서 소비자의 효용증가

 e-SCM은 고객 그리고 기업 내부의 다양한 욕구를 만족시키고 업무의 효율성을 극대화하려는 전략적 기법이라고 할 수 있다. e-SCM을 도입한다고 하여 유통경로상의 갈등을 해소한다고 어렵다.

 70 ① **71** ① **72** ①

73 균형성과표(Balanced Score Card: BSC)에 관한 다음의 설명 중 가장 타당하지 않은 것은?

① 균형성과표는 재무적인 성과지표를 중심으로 하는 전통적인 성과측정제도의 문제점을 보완할 수 있는 성과측정 시스템으로 인식되고 있다.

② 균형성과표는 조직의 비전과 전략을 성과지표로 구체화함으로써 조직의 전략수행을 지원한다.

③ 균형성과표의 다양한 성과지표 간의 인과관계를 통하여 조직의 전략목표 달성과정을 제시하는 성과지표의 체계를 전략지도(strategy map)라고 한다.

④ 균형성과표는 일반적으로 재무관점, 고객관점, 내부프로세스관점, 학습과 성장관점의 다양한 성과지표에 의하여 조직의 성과를 측정하고자 한다.

⑤ 균형성과표는 조직의 수익성을 최종적인 목표로 설정하기 때문에 4가지 관점의 성과지표 중에서 학습과 성장관점의 성과지표를 가장 중시한다.

 재무관점, 고객관점, 내부프로세스관점, 학습과 성장관점의 다양한 성과지표에 의하여 조직의 성과를 측정한다.

74 다음 중 SCM(공급사슬관리) 시스템의 성과측정에 대한 설명으로 옳지 않은 것은?

① 균형성과표를 이용하면, 고객, 내부 비즈니스, 학습, 재무 등의 측면에서 성과를 측정할 수 있다.

② 균형성과표가 개발된 후, 경제적 부가가치 기법이 개발되어 재무 부문의 성과 측정은 객관성이 보다 증가되었다.

③ 성과 측정을 하는 이유는 보다 나은 공급 사슬을 설계하고, 잘못된 부분의 성과를 개선하기 위해서이다.

④ SCOR(Supply Chain Council & Supply Chain Operation Reference) 모형이 도입되어 보다 체계적 성과측정이 가능해지고 있다.

⑤ EVA는 기업이 영업활동을 통해 얻어 들인 세후 영업이익으로부터 자본비용을 제외한 금액을 말한다.

 균형성과 표(BSC: Balanced Score Card)는 조직의 비전과 경영목표를 각 사업 부문과 개인의 성과측정 지표로 전환해 전략적 실행을 최적화하는 경영관리기법이다.

 73 ⑤ **74** ②

Chapter 5 유통기업의 윤리와법규

01 기업윤리의 기본개념

1. 기업윤리(Business Ethics)

(1) 기업윤리의 정의

① 기업윤리는 기업을 경영하는 상황에서 발생하는 사회적 가치관과 법규를 지키면 서 기업에게만 일방적으로 유리하게 돌아가도록 하지 않도록 행동이나 태도의 옳고 그름 및 선과 악을 체계적으로 구분하는 판단 기준이다.

② 기업윤리는 일반적인 윤리의 기본원칙을 기업이라는 특수한 사회적 상황에 적용한 것을 말한다. 즉, 개인의 도덕적 가치관을 윤리에 관련된 기업활동과 목표에 적용시 키는 윤리 또는 기술이라 할 수 있다.

③ 실제로 대다수의 소비자들은 가격과 품질이 같다면 공익과 관련된 브랜드나 사회에 기여하는 기업을 선택한 의향을 가지고 있다고 각종 설문조사자료에서 나타나고 있 다. 결국 투자자와 소비자들의 신뢰를 얻는 기업은 초우량 기업으로 우뚝 서는 반면, 도덕성 논란에 휩싸인 기업들은 시장에서 퇴출되는 경우가 부쩍 늘고 있는 것이다.

④ 윤리경영은 기업윤리의 관심으로부터 시작되었는데 기업윤리는 기업활동과 관련한 윤리적 기준이라는 정태적인 개념으로 이는 경영성과에서 발생하는 문제해결 중심의 경영윤리라는 용어로 큰 초점이 바뀌었고, 나아가 기업의 사회적책임의 개념이 확산 되고 있다.

(2) 유통기업의 사회적 책임

① 기업윤리는 기업의 사회적책임(Corporate Social Responsibility: CSR)이라고 정의할 수도 있다. 사회적책임이란 기업이 사회제도, 종업원, 소비자에 대한 책임, 지역사회 및 정부에 대한 책임사회의 구성원으로서 기부행위나 사회지원활동을 통 해 사회에 기여한다는 개념과 기업이 마땅히 지켜야 하는 도덕적 기준을 의미한다.

② 기업의 사회적 책임이란 기업이 생산 및 영업활동을 하면서 환경경영, 윤리경영, 사 회공헌과 노동자를 비롯한 지역사회 등 사회 전체에 이익을 동시에 추구하며, 소유 주 또는 주주에 대한 책임, 그에 따라 의사 결정 및 활동을 하는 것을 말한다.

③ 경제적 책임은 기부활동, 윤리적 책임은 기업윤리의 준수, 재량적 책임은 기업의 자발적인윤리적 행위, 법적 책임은 도덕적 가치의 수호, 본질적 책임은 이윤극대화 등으로 볼 수 있다.

(3) 기업윤리의 필요성

① 자본주의 발달과 경제영역의 확대로 경쟁이 치열해질수록 경쟁자와의 공정한 경쟁이 이루어져야 자유시장 경쟁체제를 유지할 수가 있다.

② 기업 활동의 결과는 사회적으로 막대한 영향을 끼친다. 기업의 본질적 기능 면에서 이윤추구라는 경제적기능만을 인정할 경우, 기업윤리의 해석은 잘못 이해될 수가 있다.

③ 기업윤리를 잘못 다루면 기업활동에 큰 영향을 미친다. 산업화 초기와 달리 현대산업사회에서는 단지 기업의 경제적기능만을 인정할 수 없는 기업환경이 되었다.

④ 비윤리적 행위는 기업에 손해가 된다는 인식속에서 기업의 본질적 목적과 기능역할, 즉 사회적책임론을 기업윤리강령 속에서 재조명해 볼 필요가 나타나고 있다.

⑤ 기업윤리는 오히려 기업에 있어 경쟁력이 강화되고, 기업구성원의 정신적가치나 목표 또는 이데올로기에 부합되는 경영활동을 수행함으로써 사회정당성을 얻는다.

(4) 기업가 정신(Entrepreneurship)

① 기업가정신(entrepreneurship)은 기업의 본질인 이윤추구와 사회적책임의 수행을 위해 기업가가 마땅히 갖추어야할 자세나 정신으로 새로운 사업을 만드는 것으로 정의할 수 있다.

② 혁신이나 창의성을 바탕으로 위험을 무릅쓰고 새로운 것을 과감하게 추진하는 모험정신으로 표현할 수 있으며, 물류비용의 절감을 위하여는 경쟁기업과 전략적제휴를 맺을 수 있어야 한다.

③ 기업가는 기술, 시장개척, 기업경영에 이르기까지 새로운 방법을 끊임없이 모색해야 하며, 윤리성, 창의성 그리고 모험심을 바탕으로 하여 경쟁기업의 제품과 차별화되고 비교우위에 있는 상품생산 및 판매에 전력해야 한다.

④ 기업가정신을 경영자정신이라는 것과 같이 사용을 하고 기업가의 시간관리 능력, 열의, 성실성, 지휘능력, 자신감, 계획성, 신속성, 포기하지 않고 끝까지 일을 처리하는 인내력, 목표설정능력, 적절한 모험심, 효율적인 스트레스관리, 정보를 다루는 능력, 새로운 아이디어를 내는 창조성 등이 있어야 한다.

(5) 기업윤리강령

① **소액뇌물** : 관련공무원 또는 거래처직원에게 주는 소액의 뇌물이나 관련공무원에게 주는 급행료가 만연하였다.

② **거액뇌물** : 경쟁기업과 경쟁에서 앞서거나 법적으로 안되는 일을 되게하기 위하여 고위관리에게 주는 뇌물, 즉 정치적헌금, 골프접대 등이 있었다.

③ **선물·특례접대** : 업무와 관련없이 담당자 개인의 과다한 선물, 접대, 여행경비 부담 등을 일반화하고 있었으며 당연시 하였다.

④ **가격조작·주가조작·과대광고** : 가격담합, 가격특례, 덤핑, 주가조작 등과 유해상품, 결합상품, 허위·과대광고 등 효능·성분 허위 표시 등이 있었다.

⑤ 탈세·재무 비리 : 수출면장 조작에 의한 외화도피, 면세지역으로 세금회피, 이전 가격, 불법외화거래 등과 내부자거래, 분식결산, 기업지배 행위 등이 있었다.

⑥ 환경 파괴 : 불충실한 환경규제, 환경오염, 폐수방류, 산업폐기물 등과 지구환경관련 규정 등을 위반하고 있었다.

(6) 기업윤리와 기업활동

① 윤리는 등한시하면서 단기적 이익만 중요시하는 기업은 바람직하지 못하다.

② 윤리를 강조하되 이익을 등한시하는 기업은 기업으로서 존속할 수가 없다.

③ 이익도 올리지 못하고 윤리수준도 낮은 기업은 사회에 해만 끼치므로 존재할 필요가 없다.

④ 기업의 이익과 윤리수준을 적절히 조화시키는 것이 가능하므로 적절한 노력이 필요하다.

(7) 판매원의 윤리성 향상방법

① 판매원윤리는 판매원 행동준칙에 잘 나타나 있다.

② 판매량할당은 정상적인 판매활동으로 가능한 범위 내에서 정해야 한다.

③ 판매원 행동준칙이나 영업사원 행동강령 등을 제정하여 알려주고, 그것을 준수하도록 해야 한다.

(8) 영업사원의 윤리성 문제

① 영업사원은 고객과 기업을 인적으로 연결하는 역할을 하며, 회사를 대표하여 소비자를 접점에서 접촉하기에 그들의 윤리적, 비윤리적 행위는 회사이미지와 직결되기에 중요하다.

② 영업사원은 현장에서 소비자를 직접상대하기에 소비자들이 직면하는 현장의 윤리적 판단은 상사와 논할 여유가 없이 영업사원 스스로 판단을 해야 하기에 영업사원의 윤리성은 중요하다.

③ 영업사원이 단기적으로 판매목표를 달성하고, 원하는 성과를 올리기 위해 소비자에게 거짓정보를 제공하거나 진실된 정보를 숨기는 경우 윤리적인 문제가 야기된다.

④ 영업활동과정에서 영업사원의 비윤리적 행위가 나타나면 즉각적인 조치를 취해야 하고, 스스로 해결하도록 기다려서는 안 된다.

2. 유통 윤리(Distributor Ethics)

(1) 유통 윤리의 정의

① 유통업에 종사하는 기업, 개인 등은 자기들 시장에 대한 지배력을 높이기 위해 유통경로에서 정당하지 못한 방법으로 행동하거나 상도에 어긋난 행동으로 인하여 유통질서를 혼탁하게 하는 행위를 하는 경우가 있다.

② 제품이나 서비스가 생산자로부터 소비자 또는 사용자에게 전달되는 소유권 이

전 과정의 합리화 문제는 곧 유통의 선진화를 의미하므로, 유통경로의 단축 내지 조직화를 통해서 이룩되는 재화수급의 원활화라는 경로관리는 유통관리의 한 축을 차지하고 있다.

(2) 경로관리의 윤리문제

① 유통경로에 존재하는 사회적, 환경적인 문제들에 발생을 하는 윤리적문제로 단순한 물적유통에 관한 것이 아니다.

② 유통경로에서 판매업자의 종류, 각 시장에서 판매업자의 수, 각각에 주어진 협력과 노력의 타입에 관해서 윤리적관리의 대상으로 삼아야만 한다.

(3) 소매상의 윤리문제

① 소매상의 윤리문제가 가장 중요하다. 특히 의류, 농수산물, 공업제품 등 다양한 중소기업 제품일 경우에 더욱 영향이 크다. 최근에 성행하고 있는 가격파괴는 소매점이 판매가격을 결정하고 낮은 가격을 제조업자에게 강요한다.

② 상품을 선정하고 구입하는 과정에서, 납품업자와의 구매계약을 하는 과정에서, 매장 면적의 배정과정에서, 소매점의 세일가격 광고과정에서, 할인율을 결정하는 과정에서 등등 비윤리적 문제가 제기된다.

(4) 구매와 거래윤리

① 도·소매점의 거래과정에서도 윤리문제는 자주발생을 하게 되는데 생산자나 공급자가 자사제품만을 취급하게 하거나 거래조건을 연계하여 독점거래 결정권을 행사하는 경우가 대표적인 비윤리적인 문제이다.

② 생산자가 중간상에게, 중간상이 소비자들에게 그들의 우월적인 지위를 이용하여 강매를 권하거나 건강식품 유통업체가 노인들을 상대로 하여 관광을 미끼로 현혹성 상품을 강매하는 경우도 비윤리적인 행위이다.

③ 구매와 관련한 마케팅윤리는 법적규제보다 더 존중되고 강조되어야 한다. 비윤리적인 구매행위가 발생하면 유통시장이나 거래뿐만이 아니라 자사에도 부정적인 영향을 미치기 때문이다.

3. 유통 경로 윤리(Distributor Path Ethics)

(1) 유통경로의 윤리문제

① 유통경로는 상품이나 서비스를 소비자 또는 사용자에게 이전하는 과정에서 관여하는 경로구성원으로 생산자로부터 도매상과 소매상을 거쳐 최종소비자로 흐르는 유통경로의 문제점으로 중요한 쟁점이 되어 왔다.

② 유통경로에 관계되는 비윤리적 문제는 유통질서를 문란시키고, 유통업체에 대한 불신을 초래하여 결국은 유통업계나 생산업자, 소비자에게 불리한 결과를 가져온다. 따라서 유통경로에 윤리적 관리를 하기 위해서는 유통경로의 의사결정 과정에서 이해관계자나 소비자 모두의 이익을 가져오는 배려가 있어야 한다.

③ 유통경로와 관련되는 윤리는 상품구색관리, 구매와 거래윤리, 사적권리 및 정보 침해, 유통기한 관리 등이 있다.

(2) 상품구색관리

① 도매상과 소매상은 상품구색의 폭과 깊이를 결정하고 제품차별화를 추진하는 과정 에서 독특한 상품이벤트를 기획하고 고객의 방문을 유도하기위한 상품의 변화를 주게 된다.

② 도소매업체는 수요예측, 상품구색선정, 진열공간의 할애 및 전시 등의 영업활동을 전개하게 되는데 도매상은 모든 계열의 제품을 취급하게 되며 갑작스런 대량 주문 에 대비하여 충분한 재고를 유지하고 있어야 한다.

③ 도소매업체가 재고보유량이나 수요예측치를 허위로 조작하여 가격을 높이거나 부당 이득을 취하거나 유통경로상의 우월적 지위를 남용하여 부당한 이득을 취하는 행위 역시 비윤리적 행위라 할 수 있다.

(3) 가격결정 윤리

① 가격은 구매자의 선택에 있어 중요한 결정요인으로 교환가치를 화폐로 나타낸 것이 다. 기업의 가격결정과 가격경쟁은 윤리적평가가 가장 어려운 문제이다.

② 가격은 다른 마케팅믹스분야와 달리 수익을 창출하는 것으로 강한 법적규제를 받고 있 다. 기업간의 공정경쟁을 저해하는 가격전략은 법적으로나 윤리적으로 허용될 수 없다.

(4) 가격단합과 소비자기만

① 경쟁업체와의 수평적가격단합, 제조업자와 중간상간의 수직적가격담합, 그리고 경 쟁업체를 시장에서 몰아내기 위해 가격을 내리는 약탈적가격전략은 비윤리적이다. 즉, 소비자를 기만하는 가격전술은 비윤리적이다.

② 전체가격은 공시해야 함은 물론이다. 가격은 인상하지도 않으면서도 품질을 낮추거 나 용량을 줄임으로써 실질적으로 가격인상의 효과를 나타내는 경우를 실질적 가격 인상이라고 하는데, 이것도 윤리적으로 문제가 되는 가격결정 방법이다.

(5) 유인가격과 고가강요

① 유인가격은 침투가격으로 초기저가전략이라고도 하는데 신제품의 도입기에 급속한 시장침투를 위해 저가격을 내세우는 전략이다. 이러한 침투전략은 특별한 원가차이 도 없이 같은 제품을 소비자들에게 상이한 가격으로 판매하는 행위라든지 고객을 저 가로 유인한뒤 고가품목을 구매하게 하려는 행위로, 역시 윤리적기준에 위배된다.

② 고가강요는 유인가격과는 반대로 높은가격을 강요하는 것이다. 예컨대 천재지변이 나 상점이 많이 파괴되어 물자공급이 어려운 경우에 식료품의 가격을 평소보다 높 게 받는 경우에 발생할 수 있는 경우이다. 이경우에는 위의 두가지 원칙을 적용하여 그 윤리성을 판단할 수 있다. 장기적인 관점에서 보면 비상시에 가격을 올리는것 보 다 정상가격을 유지하는 것이 기업에게는 오히려 유리한 결과를 가져올 수 있다.

(6) 할인가격

① 할인가격전략은 차별가격의 한 방법으로 현금할인, 수량할인, 기능할인, 계절할인이 있다. 사회적으로 가장 문제가 되고 있는 가격할인방식은 실질적으로는 가격할인이 없는데 마치 가격할인을 한 것처럼 표시하는 경우를 말한다.

② 할인판매의 윤리성문제는 유행성상품의 경우에 더 큰 문제가 된다. 유행성있는 의류는 상층흡수전략(skimming price strategy)으로 초기에는 고가를 받고 유행이 대중화됨에 따라 가격을 내리는 정책이다.

(7) 사적권리 및 정보침해

① 최근 많이 사용되고 있는 직접마케팅이나 데이터베이스 마케팅도 소비자들의 사적정보에 대한 기밀성 침해우려가 있고, 사생활침해 등의 문제를 야기할 수 있다.

② 소비자들에 의한 신용거래의 비중이 커지면서 신용카드회사, 보험회사, 백화점 및 대형 소매점 등에 축적된 신용정보가 자신도 모르게 기업의 우편광고나 통신판매, 심지어는 범죄에 까지 이용되는 등 그 피해가 늘고 있다.

③ 기업마다 치열한 광고 및 판매촉진 활동을 전개하는 과정에서 소비자들의 사적정보 유출문제와 사생활 보호문제가 마케팅의 윤리적 문제로 대두되고 있다.

(8) 유통기한 표시와 공정거래제도

① 불성실한 유통기한 표시도 불법적이며 비윤리적 행동인데 식품류 중에는 유통기한이 지난 상태로 방치되어 있거나 유통기한이 지난 상품을 재포장하여 적발되는 경우가 상당하며, 유통기한 표시가 알아보기 힘들 정도로 복잡하여 소비자들을 혼란시키는 경우도 있다.

② 수입식품류에도 통일된 유통기한 표시방법이 마련되지 않아 국내 수입회사마다 암호에 가까운 표시를 하고 있는 실정이므로 소비자들의 권리를 보호하기 위해 유통기한은 정직하게 표시되어야 한다.

③ 공정거래제도는 상품 유통과정에서의 공정한 경쟁체제를 유지하고 불공정거래 행위를 제한하기 위한 것으로 "독점규제 및 공정거래에 관한 법률"을 근간으로 한다. 이에는 시장지배적 지위의 남용금지, 기업결합의 제한 및 경제력 집중의 억제, 부당한 공동행위의 제한, 불공정 거래행위 금지, 재판매가격 유지행위의 제한 등이 있다.

4. 광고 윤리(Advertising Ethics)

(1) 허위 · 과장광고

① 광고의 내용이 사실무근인 허위광고(deceptive advertising)나 소비자들에게 구매를 강요하거나 그런 방향으로만 유도하는 오도광고(misleading advertising)는 비윤리적이다. 광고에서 표현의 명확성과 진실성은 장기적으로 기업이미지를 재고할 수 있는 방법이기 때문에 매우 중요하다.

② 과장광고나 허위광고로 소비자들의 사전 기대가 지나치게 높아지면 제품의 품질이 아무리 좋아도 소비자가 실망하기가 쉽다. 한 번 실망하고 외면한 소비자를 다시 고객으로 되돌리는 것은 어렵다. 허위 과장광고를 하는 행위는 법적규제를 받기 전에 소비자의 외면을 감수 할 수 밖에 없다.

③ 허위 과장광고는 윤리적인 문제를 야기함은 물론 기업의 영리추구에도 역기능적이다. 반면, 광고에서 소비자에게 진실된 정보를 제공하면 기업의 이미지는 점차 좋아질 것이고, 기업의 장기적인 판매에도 높은 효과가 나올 것이다.

(2) 비교 광고

① 경쟁사의 상품을 아무런 객관적으로 인정된 근거없이 폄하하거나 자신의 상품이 우량하고 우수하다고 주장을 하는 것은 어찌보면 소비자를 기만하는 행위가 된다.

② 비교광고는 확인 될 수 있는 객관적자료를 근거로 제시를 해야 하고, 근거가 확실한 경우에도 일부자료로 전체를 비교하는 표현을 하거나 경쟁상품을 비방하는 표현을 해서는 안 된다.

(3) 선정적 광고

① 선정적인 광고는 성적인 암시상황을 설정하고 성적인 광고문구를 사용하여 소비자의 성적인 감성을 유발시켜 광고효과를 달성하려는 방법이다.

② 선정적인 광고는 소비자의 성적본능과 감각을 자극함으로써 소비자의 주의와 시선을 집중시키는 효과는 있지만 상품의 개념에 상당한 혼란을 가져온다.

③ 선정적인 광고는 이성적이고 합리적인 소비자의 소비행위를 왜곡하는 효과가 있다. 또한 저속하고 선정적인 광고표현은 광고의 품위를 떨어뜨리며 공공의 질서와 미풍양속을 해치게 되어 기업은 비윤리적인 선정적인 광고를 피해야 한다.

02 기업윤리의 기본원칙

1. 공리주의(Utilitarianism)

(1) 공리주의의 정의

① 공리주의(功利主義)란 행위의 목적이나 선악판단의 기준을 인간의 이익과 행복을 증진시키는 데에 있다는 철학사상을 말한다. 최대행복의 원리(Greatest happiness principle)라고 보는 철학사상이다.

② 19세기 중반 영국에서 나타난 사회사상으로 인간행위의 윤리적기초를 개인의 이익과 쾌락의 추구에 두고, 무엇이 이익인가를 결정하는 것은 개인의 행복이라고 하며, '도덕은 최대다수의 최대행복을 목적으로 한다'고 주장하는 이론이다.

(2) 공리주의 학파

① 대표적인 공리주의 학파는 '벤담과 밀'이며, 공리주의에서 쾌락의 계량가능성을 주장한 벤담의 '양적(量的) 공리주의'와 쾌락의 질적차이를 인정한 J.S.밀의 '질적(質的) 공리주의'로 구분할 수 있다.

② 벤담은 쾌락을 추구하고 고통을 피하려는 인간의 자연성에 따라 행동하는 것이 개인은 물론 개인의 집합체인 사회에도 최대의행복을 가져다준다 하였고, 그는 쾌락의 질적차이를 인정하지 않고 계량가능한 것으로 파악했으며, '최대다수의 최대행복'을 도덕과 입법의 원리로 제시하였다.

③ J.S.밀은 쾌락의 질적인 차이를 주장하며 벤담의 사상을 수정하였는데, 그는 인간이 동물적인 본성 이상의 능력을 가지고 있으므로 질적으로 높고 고상한 쾌락을 추구한다고 보았다. 즉 법률에 의한 정치적 제재를 중시한 벤담과는 달리 양심의 내부적인 제재로서 인간이 가지는 인류애(人類愛)를 중시하였다.

2. 정의와 공평성

(1) 정의(Justice)

① 정의(正義)는 사회를 구성하고 유지하기 위해 그시대를 살아가는 사회구성원들이 공정하고 올바른 상태를 추구해야 한다는 가치로, 대부분의 법이 포함하는 이념이다.

② 아리스토텔레스는 정의의 본질이 평등이라고 주장하면서 정의를 '평균적 정의'와 '배분적 정의'로 구분했다. 평균적정의는 모든 사람이 동등한 대우를 받아야 한다는 가치로 현대에서는 정치 · 사법 분야에서 강하게 적용된다.

③ 평균적정의는 개인 상호간의 매매와 손해 및 배상 또는 범죄와 형벌의 균형을 찾아내려는 것으로 사회의 일원으로서 개인이 사회 때문에 져야 할 의무에 관한 일반적 정의이다. 배분적정의는 각자가 개인의 능력이나 사회에 공헌 · 기여한 정도에 따라 다른 대우를 받아야 한다는 가치로 사회 · 경제적인 측면에 적용된다.

(2) 공평성(Fairness)

① 정의와 공평성은 상대적인 개념이다. 정의와 공평성의 문제는 이득과 책임이 분배될 때, 규칙과 법칙이 적용될 때, 그룹의 구성원이 서로 협력하거나 경쟁할 때, 처벌이나 상을 받을 때 그룹의 구성원이 상대적으로 어떠한 처우를 받는가와 관계가 있다.

② 공평성(公平性)의 사전적인 의미는 특정한 업무를 수행하거나 평가를 할 때 한쪽에 치우치지 않고 고른평가를 해야 한다는 개념으로 설명을 할 수가 있다. 어느 누구든지 공평성이 옳다고 느끼지 못하면 결과는 시도를 하지 않은 것만 못할 것이다.

03 유통관련법규

1. 유통산업발전법

(1) 유통산업발전법의 목적

① 「유통산업발전법」은 유통산업의 효율적인 진흥과 균형적인 발전을 꾀하는 데 목적이 있다.

② 건전한 상거래 질서를 세움으로써 소비자를 보호하고 국민경제의 발전에 이바지함을 목적으로 한다.

(2) 유통산업발전법상 용어의 정의

① 유통산업

㉠ 농산물·임산물·축산물·수산물(가공 및 조리물을 포함) 및 공산품의 도매·소매 및 이를 영위하기 위한 산업이다.

㉡ 보관·배송·포장과 이와 관련된 정보·용역의 제공 등을 목적으로 하는 산업을 말한다.

② 매장

㉠ 매장이라 함은 상품의 판매와 이를 지원하는 용역의 제공에 직접 사용되는 장소를 말한다.

㉡ 이 경우 매장에 포함되는 용역의 제공 장소의 범위는 근린생활시설에 해당하는 용도의 시설이 설치되는 장소로 한다.

③ 대규모 점포

㉠ 하나 또는 2이상의 연접되어 있는 건물안에 하나 또는 여러개로 나누어 설치되는 매장일 것

㉡ 상시 운영되는 매장일 것

㉢ 매장면적의 합계가 3천m^2 이상일 것

④ 준 대규모 점포

㉠ 대규모점포를 경영하는 회사 또는 「독점규제 및 공정거래에 관한 법률」에 따른 계열회사가 직영하는 점포

㉡ 「독점규제 및 공정거래에 관한 법률」에 따른 상호출자제한기업 집단의 계열회사가 직영하는 점포

⑤ 임시시장과 상점가

㉠ '임시시장'은 다수의 수요자와 공급자가 일정한 기간 동안 상품을 매매하거나 용역을 제공하는 일정한 장소를 말한다.

㉡ '상점가'는 일정범위 안의 가로 또는 지하도에 대통령령이 정하는수 이상의 도매점포·소매점포 또는 용역점포가 밀접하여 있는 지구를 말한다.

(3) 유통산업시책의 기본방향

① 유통구조의 선진화 및 유통기능의 효율화 촉진
② 유통산업에서의 소비자 편익의 증진
③ 유통산업의 지역별, 종류별 균형발전의 도모, 유통산업의 국제경쟁력 제고
④ 유통산업에서의 건전한 상거래질서의 확립 및 공정한 경쟁여건의 조성

(4) 유통산업발전법상 체인사업

① 체인사업경영

    ㉠ 체인경영은 점포, 인사관리, 광고, 판매촉진 등에서 동질성이 필요하고, 단품 대량판매를 기본으로 한다. 집중매입과 분산판매 원칙의 특징을 갖고 있다.

    ㉡ 체인스토어 경영은 집중적 관리와 소유에 있어 중앙본부에서 조달하여 동일한 상품을 다점포에서 판매하는 것을 의미하며, 다점포경영을 하더라도 각 점포가 개별적으로 상품구성과 조달을 하고 있다면 체인스토어 시스템이라 할 수 없다.

② 체인사업의 구분

    ㉠ 직영점형체인사업은 체인본부가 주로 소매점포를 직영하되, 가맹계약을 체결한 일부 소매점포에 대하여 상품의 공급 및 경영지도를 계속하는 형태의 체인사업을 말한다.

    ㉡ 프랜차이즈형체인사업은 독자적인 상품 또는 판매 · 경영기법을 개발한 체인본부가 상호 · 판매방법 · 매장운영 및 광고방법 등을 결정하고 가맹점으로 하여금 그 결정과 지도에 따라 운영하도록 하는 형태의 체인사업을 말한다.

    ㉢ 임의가맹점형 체인사업은 체인본부의 계속적인 경영지도 및 체인본부와 가맹점 간 협업에 의하여 가맹점의 취급품목 · 영업방식 등의 표준화사업과 공동구매 · 공동판매 · 공동시설활용등 공동사업을 수행하는 형태의 체인사업을 말한다.

    ㉣ 조합형체인사업은 동일업종의 소매점들이 중소기업협동조합법 제3조의 규정에 의한 중소기업협동조합을 설립하여 공동구매 · 공동판매 · 공동시설활용등 사업을 수행하는 형태의 체인사업을 말한다.

(5) 대규모점포 등에 대한 영업시간의 제한

① 특별자치시장 · 군수 · 구청장은 건전한 유통질서확립, 근로자의 건강권 및 대규모점포등과 중소유통업의 상생발전을 위하여 필요하다고 인정하는경우 대규모점포 중「대형마트로 등록된 대규모점포 와 준대규모점포」에 대하여 영업시간 제한을 명하거나 의무휴업일을 지정하여 의무휴업을 명할 수 있다.

② 연간 총매출액 중「농수산물 유통 및 가격안정에 관한 법률」에 따른 농수산물의 매출액 비중이 55퍼센트 이상인 대규모점포 등으로서 해당 지방자치단체의 조례로 정하는 대규모점포 등에 대하여는 그러하지 아니하다.

③ 특별자치시장 · 군수 · 구청장은 오전 0시부터 오전 10시까지의 범위에서 영업시간을 제한할 수 있다.

④ 특별자치시장·군수·구청장은 매월 이틀(2일)을 의무휴업일로 지정하여야 한다. 이 경우 의무휴업일은 공휴일 중에서 지정하되, 이해 당사자와 합의를 거쳐 공휴일이 아닌 날을 의무휴업일로 지정할 수 있다. 영업시간 제한 및 의무휴업일 지정에 필요한 사항은 해당 지방자치단체의 조례로 정한다.

(6) 유통산업의 경쟁력 강화를 위한 내용

① 정부는 재래시장의 활성화에 필요한 시책을 수립·시행하여야 하고, 정부 또는 지방자치단체의장은 이에 필요한 행정적·재정적 지원을 할 수 있다.

② 산업통상자원부 장관은 무점포판매업의 발전시책을 수립·시행할 수 있고, 그 내용으로 전문인력의 양성에 관한 사항 등을 포함해야 한다.

③ 정부 또는 지방자치단체의장은 중소 유통기업의 구조개선 및 경쟁력 강화에 필요한 시책을 수립·시행할 수 있고, 이에 필요한 행정적·재정적 지원을 할 수 있다.

④ 산업통상자원부 장관은 중소 유통 공동 도매물류센터의 설립·운영의 발전시책을 수립·시행할 수 있다.

⑤ 산업통상자원부 장관은 유통산업의 경쟁력을 강화하기 위하여 체인 사업의 발전시책을 수립·시행할 수 있다.

⑥ 산업통상자원부장관은 유통산업의 발전을 위하여 유통산업 발전의 기본방향 등이 포함된 유통산업발전 기본계획을 5년마다 수립 하고, 이 기본계획에 따라 매년 시행계획을 세워야 한다.

(7) 기본계획에 포함사항

① 유통산업 발전의 기본방향
② 유통산업의 국내외 여건 변화 전망
③ 유통산업의 현황 및 평가
④ 유통산업의 지역별·종류별 발전 방안
⑤ 산업별·지역별 유통기능의 효율화·고도화 방안
⑥ 유통전문 인력·부지 및 시설 등의 수급(需給) 변화에 대한 전망
⑦ 중소유통기업의 구조개선 및 경쟁력 강화 방안
⑧ 대규모점포와 중소유통기업 및 중소제조업체 사이의 건전한 상거래질서의 유지방안
⑨ 그 밖에 유통산업의 규제완화 및 제도개선 등 유통산업의 발전을 촉진하기 위하여 필요한 사항

2. 전자문서 및 전자거래 기본법

(1) 전자문서 및 전자거래 기본법의 목적

① 전자문서 및 전자거래 기본법은 전자문서 및 전자거래의 법률관계를 명확히 하고 전자문서 및 전자거래의 안전성과 신뢰성을 확보하며 그 이용을 촉진할 수 있는 기반을 조성함으로써 국민경제의 발전에 이바지함을 목적으로 한다.

② 전자문서 및 전자거래 기본법 시행령은「전자문서 및 전자거래 기본법」에서 위임된 사항과 그 시행에 필요한 사항을 규정함을 목적으로 한다.

(2) 전자문서 및 전자거래 기본법상 용어의 정의

① '전자문서'란 정보처리시스템에 의하여 전자적 형태로 작성, 송신·수신 또는 저장된 정보를 말한다.

② '정보처리시스템'이란 전자문서의 작성·변환, 송신·수신 또는 저장을 위하여 이용되는 정보처리능력을 가진 전자적 장치 또는 체계를 말한다.

③ '작성자'란 전자문서를 작성하여 송신하는 자를 말하며, 수신자란 작성자가 전자문서를 송신하는 상대방을 말한다.

④ '전자거래'란 재화나 용역을 거래할 때 그 전부 또는 일부가 전자문서에 의하여 처리되는 거래를 말한다.

⑤ '전자거래사업자'란 전자거래를 업(業)으로 하는 자를 말하며, 전자거래이용자란 전자거래를 이용하는 자로서 전자거래사업자 외의 자를 말한다.

⑥ '공인전자주소'란 전자문서를 송신하거나 수신하는 자를 식별하기 위하여 문자·숫자 등으로 구성되는 정보로서 전자문서에 등록된 주소를 말한다.

⑦ '공인전자문서중계자'란 타인을 위하여 전자문서의 송신·수신/중계(전자문서유통)를 하는 자로서 전자문서유통의 안정성과 신뢰성을 확보하기 위하여 전자문서유통에 관하여 전문성이 있는 자를 공인전자문서중계자로 지정하여 전자문서유통을 하게 할 수 있다.

(3) 전자거래사업자의 일반적 준수사항

① 전자거래사업자는 전자거래와 관련되는 소비자를 보호하고 전자거래의 안전성과 신뢰성을 확보하기 위하여 다음 각 호의 사항을 준수하여야 함

② 상호(법인인 경우에는 대표자의 성명을 포함)와 그 밖에 자신에 관한 정보와 재화, 용역, 계약 조건 등에 관한 정확한 정보의 제공

③ 소비자가 쉽게 접근·인지할 수 있도록 약관의 제공 및 보존

④ 소비자가 자신의 주문을 취소 또는 변경할 수 있는 절차의 마련

⑤ 청약의 철회, 계약의 해제 또는 해지, 교환, 반품 및 대금환급 등을 쉽게 할 수 있는 절차의 마련

⑥ 소비자의 불만과 요구사항을 신속하고 공정하게 처리하기 위한 절차의 마련

⑦ 거래의 증명 등에 필요한 거래기록의 일정기간 보존

3. 소비자기본법

(1) 소비자기본법 목적

① 소비자기본법은 소비자의 권익을 증진하기 위하여 소비자의 권리와 책무, 국가·지방자치단체 및 사업자의 책무, 소비자 단체의 역할 및 자유시장경제에서 소비자와 사업자 사이의 관계를 규정하고 있다.

② 소비자기본법은 소비자 정책의 종합적 추진을 위한 기본적 사항을 규정함으로써 소비생활의 향상과 국민경제의 발전에 이바지함을 목적으로 한다.

③ 소비자단체소송규칙은 「소비자기본법」에 따라 제기된 금지·중지 청구에 관한 소송(소비자단체소송)의 절차에 관하여 필요한 사항을 정하는 것을 목적으로 한다.

(2) 소비자기본법상 용어의 정의

① '소비자'라 함은 사업자가 제공하는 물품 또는 용역(시설물을 포함)을 소비생활을 위하여 사용(이용을 포함)하는 자 또는 생산 활동을 위하여 사용하는 자로서 대통령이 정하는 자를 말한다.

② 위항의 '대통령이 정하는 자'란 제공된 물품 또는 용역을 최종적으로 사용하는 자이며, 제공된 물품 등을 원재료(중간재를 포함), 자본재 또는 이에 준하는 용도로 생산 활동에 사용하는 자는 제외한다.

③ 위항의 '대통령이 정하는 자'란 제공된 물품 등을 농업(축산업을 포함) 및 어업활동을 위하여 사용하는 자이며,「축산법」에 따라 농림수산식품부령으로 정하는 사육규모 이상의 축산업을 영위하는 자 및 「원양산업발전법」에 따라 농림수산식품부장관의 허가를 받아 원양어업을 하는 자는 제외한다.

④ '사업자'라 함은 물품을 제조(가공 또는 포장을 포함)·수입·판매하거나 용역을 제공하는 자를 말한다.

⑤ '소비자단체'라 함은 소비자의 권익을 증진하기 위하여 소비자가 조직한 단체를 말한다.

⑥ '사업자단체'라 함은 2 이상의 사업자가 공동의 이익을 증진할 목적으로 조직한 단체를 말한다.

(3) 소비자의 권리와 책무

① 소비자의 기본적 권리

　㉠ 물품 또는 용역으로 인한 생명·신체 또는 재산에 대한 위해로부터 보호받을 권리

　㉡ 물품 및 용역을 선택함에 있어서 필요한 지식 및 정보를 제공받을 권리

　㉢ 물품 및 용역을 사용함에 있어서 거래상대방·구입 장소·가격 및 거래조건 등을 자유로이 선택할 권리

　㉣ 소비생활에 영향을 주는 국가 및 지방자치단체의 정책과 사업자의 사업활동 등에 대하여 의견을 반영시킬 권리

　㉤ 물품 및 용역의 사용 또는 이용으로 인하여 입은 피해에 대하여 신속·공정한 절차에 의하여 적절한 보상을 받을 권리

　㉥ 합리적인 소비생활을 영위하기 위하여 필요한 교육을 받을 권리

　㉦ 소비자 스스로의 권익을 옹호하기 위하여 단체를 조직하고 이를 통하여 활동할 수 있는 권리

　㉧ 안전하고 쾌적한 소비생활 환경에서 소비할 권리

② 소비자의 책무

    ㉠ 소비자는 사업자 등과 더불어 자유 시장경제를 구성하는 주체임을 인식하여 물품 등을 올바르게 선택하고, 소비자의 기본적 권리를 정당하게 행사하여야 한다.

    ㉡ 소비자는 스스로의 권익을 증진하기 위하여 필요한 지식과 정보를 습득하도록 노력하여야 한다.

    ㉢ 소비자는 자주적이고 합리적인 행동과 자원절약적이고 환경친화적인 소비생활을 함으로써 소비생활의 향상과 국민경제의 발전에 적극적인 역할을 다하여야 한다.

(4) 국가 · 지방자치단체 및 사업자의 책무

① 소비자에의 정보제공

    ㉠ 국가 및 지방자치단체는 소비자의 기본적인 권리가 실현될 수 있도록 소비자의 권익과 관련된 주요시책 및 주요결정사항을 소비자에게 알려야 한다.

    ㉡ 국가 및 지방자치단체는 소비자가 물품 등을 합리적으로 선택할 수 있도록 하기 위하여 물품 등의 거래조건 · 거래방법 · 품질 · 안전성 및 환경성 등에 관련되는 사업자의 정보가 소비자에게 제공될 수 있도록 필요한 시책을 강구하여야 한다.

② 사업자의 책무

    ㉠ 사업자는 물품 등으로 인하여 소비자에게 생명 · 신체 또는 재산에 대한 위해가 발생하지 아니하도록 필요한 조치를 강구하여야 한다.

    ㉡ 사업자는 물품 등을 공급함에 있어서 소비자의 합리적인 선택이나 이익을 침해할 우려가 있는 거래조건이나 거래 방법을 사용하여서는 아니된다.

    ㉢ 사업자는 소비자에게 물품 등에 대한 정보를 성실하고 정확하게 제공하여야 한다.

    ㉣ 사업자는 소비자의 개인정보가 분실 · 도난 · 누출 · 변조 또는 훼손되지 아니하도록 그 개인정보를 성실하게 취급하여야 한다.

    ㉤ 사업자는 물품 등의 하자로 인한 소비자의 불만이나 피해를 해결하거나 보상하여야 하며, 채무불이행 등으로 인한 소비자의 손해를 배상하여야 한다.

(5) 소비자단체

① 소비자단체의 업무

    ㉠ 국가 및 지방자치단체에 대한 소비자 보호시책에 관한 건의

    ㉡ 물품 및 용역의 규격 · 품질 · 안전성 · 환경성에 대한 시험 · 검사 및 가격 등을 포함한 거래조건이나 거래방법에 대한 조사 · 분석

    ㉢ 소비자 문제에 관한 조사 · 연구

    ㉣ 소비자의 교육

    ㉤ 소비자 피해 및 불만 처리를 위한 상담 · 정보 제공 및 당사자 간 합의의 권고

② 소비자단체의 등록과 취소

    ㉠ 소비자단체는 대통령령이 정하는 바에 따라 공정거래위원회 또는 지방자치단체에 등록할 수 있다.

ⓒ 등록을 하고자 하는 소비자단체는 그 활동을 하기에 적합한 설비와 인격을 갖추어야 한다.

ⓒ 공정거래위원회 또는 지방자치단체의 장은 소비자단체가 거짓 그 밖의 부정한 방법으로 등록을 한 경우에는 등록을 취소하여야 한다.

ⓔ 국가·지방자치단체는 등록된 소비자단체의 건전한 육성·발전을 위하여 필요하다고 인정될 때에는 보조금을 지급할 수 있다.

(6) 한국 소비자원

① 한국소비자원 설립

ⓐ 소비자권익 증진시책의 효과적인 추진을 위하여 한국소비자원을 설립한다.

ⓑ 한국소비자원은 법인으로 한다.

ⓒ 한국소비자원은 공정거래위원회의 승인을 얻어 필요한 곳에 그 지부를 설치할 수 있다.

ⓓ 한국소비자원은 그 주된 사무소의 소재지에서 설립등기를 함으로써 성립한다.

② 한국소비자원의 업무

ⓐ 소비자의 권익과 관련된 제도와 정책의 연구 및 건의

ⓑ 소비자의 권익증진을 위하여 필요한 경우 물품 등의 규격·품질·안전성·환경성에 관한 시험·검사 및 가격 등을 포함한 거래조건이나 거래방법에 대한 조사·분석

ⓒ 소비자의 권익증진·안전 및 소비생활의 향상을 위한 정보의 수집·제공 및 국제협력

ⓓ 소비자의 권익증진·안전 및 능력개발과 관련된 교육·홍보 및 방송사업

ⓔ 소비자의 불만처리 및 피해구제

ⓕ 소비자의 권익증진 및 소비생활의 합리화를 위한 종합적인 조사·연구

ⓖ 국가 또는 지방자치단체가 소비자의 권익증진과 관련하여 의뢰한 조사 등의 업무

ⓗ 그 밖에 소비자의 권익증진 및 안전에 관한 업무

③ 한국소비자원의 업무처리 제외대상

ⓐ 국가 또는 지방자치단체가 제공한 물품 등으로 인하여 발생한 피해구제. 다만, 대통령령으로 정하는 물품 등에 관하여는 그러하지 아니하다.

ⓑ 다른 법률의 규정에 따라 설치된 전문성이 요구되는 분야의 분쟁조정기구에 신청된 피해구제 등으로서 대통령령이 정하는 피해구제

④ 한국소비자원의 공표사항

ⓐ 소비자의 권익증진

ⓑ 소비자피해의 확산 방지

ⓒ 물품 등의 품질향상

ⓓ 소비생활의 향상을 위하여 필요하다고 인정되는 사실

⑤ 한국소비자원의 피해구제

ⓐ 소비자는 물품 등의 사용으로 인한 피해의 구제를 한국소비자원에 신청할 수 있다.

ⓑ 국가·지방자치단체 또는 소비자단체는 소비자로부터 피해구제의 신청을 받은 때에는 한국소비자원에 그 처리를 의뢰할 수 있다.

ⓒ 사업자는 '소비자로부터 피해구제의 신청을 받은 날부터 30일이 경과하여도 합의에 이르지 못하는 경우' '한국소비자원에 피해구제의 처리를 의뢰하기로 소비자와 합의한 경우' '한국소비자원의 피해구제의 처리가 필요한 경우로서 대통령령이 정하는 사유에 해당하는 경우'한국소비자원에 그 처리를 의뢰할 수 있다.

ⓓ 원장은 규정에 따른 피해구제의 신청을 받은 경우 그 내용이 한국소비자원에서 처리하는 것이 부적합하다고 판단되는 때에는 신청인에게 그 사유를 통보하고 그 사건의 처리를 중지할 수 있다.

ⓔ 원장은 피해구제신청의 당사자에 대하여 피해보상에 관한 합의를 권고할 수 있다. 피해구제절차 처리기간으로 원장은 피해구제의 신청을 받은 날부터 30일 이내에 합의가 이루어지지 아니하는 때에는 지체 없이 소비자분쟁조정위원회에 분쟁조정을 신청하여야 한다. 피해의 원인규명 등에 상당한 시일이 요구되는 피해구제신청사건으로서 대통령령이 정하는 사건에 대하여는 60일 이내의 범위에서 처리기간을 연장할 수 있다.

ⓕ 한국소비자원의 피해구제 처리절차 중에 법원에 소를 제기한 당사자는 그 사실을 한국소비자원에 통보하여야 한다. 한국소비자원은 당사자의 소제기 사실을 알게 된 때에는 지체 없이 피해구제절차를 중지하고, 당사자에게 이를 통지하여야 한다.

(7) 소비자분쟁 조정 위원회

① 소비자와 사업자 사이에 발생한 분쟁을 조정하기 위하여 한국소비자원에 소비자분쟁조정위원회를 둔다.

② 소비자 분쟁조정위원회 심의사항으로는 소비자 분쟁에 대한 조정 결정을 하며, 조정위원회의 의사(議事)에 관한 규칙의 제정 및 개정 · 폐지한다. 그 밖에 조정위원회의 위원장이 토의에 부치는 사항을 결정한다.

4. 전통시장 및 상점가 육성을 위한 특별법

(1) 전통시장 및 상점가 육성을 위한 특별법의 목적

① 전통시장 및 상점가 육성을 위한 특별법은 전통시장과 상점가의 시설 및 경영의 현대화와 시장 정비를 촉진하여 지역상권의 활성화와 유통산업의 균형 있는 성장을 도모함으로써 국민경제 발전에 이바지함을 목적으로 한다.

② 전통시장이란 자연발생적으로 또는 사회적, 경제적 필요에 의해 조성된 것이고, 상품이나 용역의 거래가 상호신뢰에 기초하여 주로 전통적 방식으로 이루어진다.

③ 용역제공 장소의 범위에 해당하는 점포수가 전체점포수의 2분의 1미만이어야 하고, 점포에 제공되는 건축물과 편의시설이 점유하는 토지면적의 합계가 1천제곱미터 이상 인 곳이다.

(2) 전통시장 및 상점가 육성을 위한 특별법상 용어의 정의

① 「전통시장」이란 대규모점포로 등록된 시장, 등록시장과 같은 기능을 하고 있으나 대규모점포의 요건은 갖추지 못한 곳으로서 대통령령으로 정하는 기준에 적합하다고 특별자치도지사·시장·군수·구청장이 인정한 곳에 해당하는 장소로서 상업기반시설이 오래되고 낡아 개수·보수 또는 정비가 필요하거나 유통기능이 취약하여 경영 개선 및 상거래의 현대화 촉진이 필요한 장소를 말한다.

② 「상점가」란 「유통산업발전법」에 따른 상점가를 말하며, 「상인조직」이란 전통시장 또는 상점가의 점포에서 상시적으로 직접 사업을 하는 상인들로 구성된 법인·단체 등으로서 대통령령으로 정하는 것을 말한다.

③ 「상인조직」이란 전통시장 또는 상점가의 점포에서 상시적으로 직접 사업을 하는 상인들로 구성된 법인·단체 등으로서 대통령이 정하는 것을 말한다.

④ 「상권활성화구역」이란 시장 또는 상점가가 하나 이상 포함된 곳으로서 시장·군수·구청장이 지정한 구역을 말한다.

⑤ 「복합형 상가건물」이란 같은 건축물 안에 판매 및 영업시설 외에 공동주택이나 업무시설을 갖추고 그밖에 근린생활시설 등을 갖춘 건축물을 말한다.

⑥ 「상업기반시설」이란 시장·상점가 또는 상권활성화구역의 상인이 직접 사용하거나 고객이 이용하는 상업시설, 공동이용시설 및 편의시설 등을 말한다.

⑦ 「시장정비사업」이란 시장정비사업시행자가 시장의 현대화를 촉진하기 위하여 상업기반시설 및 「도시 및 주거환경정비법」에 따른 정비기반시설을 정비하고, 대규모점포가 포함된 건축물을 건설하기 위하여 이 법과 「도시 및 주거환경정비법」 등에서 정하는 바에 따라 시장을 정비하는 모든 행위를 말한다.

⑧ 「상가건물」이란 같은 건축물 안에 판매 및 영업시설을 갖추고 그 밖에 근린생활시설을 갖춘 건축물을 말하며, "복합형 상가건물"이란 같은 건축물 안에 판매 및 영업시설 외에 공동주택이나 업무시설을 갖추고 그 밖에 근린생활시설 등을 갖춘 건축물을 말한다.

⑨ 「온누리상품권」이란 그 소지자가 개별가맹점에게 이를 제시 또는 교부하거나 그 밖의 방법으로 사용함으로써 그 권면금액(券面金額)에 상당하는 물품 또는 용역을 해당 개별가맹점으로부터 제공받을 수 있는 유가증권으로서 중소기업청장이 발행한 것을 말한다.

(3) 전통시장 및 상점가 육성을 위한 특별법상 '전통시장'의 정의

① 전통시장이란 자연발생적으로 또는 사회적, 경제적 필요에 의해 조성된 것이다.

② 상품이나 용역의 거래가 상호신뢰에 기초하여 주로 전통적 방식으로 이루어진다.

③ 용역제공 장소의 범위에 해당하는 점포수가 전체점포수의 2분의 1미만이어야 한다.

④ 대통령령으로 정하는 도매업·소매업 또는 용역업을 영위하는 점포 50개를 말한다.

⑤ 점포에 제공되는 건축물과 편의시설이 점유하는 토지면적의 합계가 1천제곱미터 이상 인 곳이다.

⑥ 상가건물 또는 복합형 상가건물 형태의 시장인 경우에는 판매·영업시설과 편의시설을 합한 건축물의 연면적이 1천 제곱미터 이상인 곳이다.

⑦ 도매업·소매업 또는 용역업을 영위하는 점포에 제공되는 건축물과 편의시설(주차장·화장실 및 물류시설 등을 포함하며, 도로를 제외)이 점유하는 토지면적의 합계가 1천 제곱미터 이상인 곳이다.

(4) 상권 활성화사업계획의 수립

① 「전통시장 및 상점가 육성을 위한 특별법」에 의하면, 시장·군수·구청장은 상권 활성화 구역을 지정한 경우 상권 활성화 사업을 원활히 수행하기 위하여, 상권 활성화를 위한 사업 계획을 수립하여 시·도지사에게 승인을 받아야 한다.

② 상권 활성화 사업의 연차별 추진계획 및 사업시행기간, 상권 활성화 구역의 명칭·위치 및 범위, 상권 활성화 사업에 사용되는 재원의 조달 및 운용 계획, 상권 활성화 사업의 내용 및 추진방안, 그 밖에 사업계획의 수립·시행에 관하여 필요한 사항은 산업통상자원부령으로 정한다.

5. 전자상거래 등에서의 소비자보호에 관한 법률

(1) 전자상거래 등에서의 소비자보호에 관한 법률의 목적

① 전자상거래 등에서의 소비자보호에 관한 법률은 전자상거래 및 통신판매 등에 의한 재화 또는 용역의 공정한 거래에 관한 사항을 규정함으로써 소비자의 권익을 보호하고 시장의 신뢰도를 높여 국민경제의 건전한 발전에 이바지함을 목적으로 한다.

② 전자상거래 등에서의 소비자보호에 관한 법률 시행령은 전자상거래 등에서의 소비자보호에 관한 법률에서 위임된 사항과 그 시행에 필요한 사항을 규정함을 목적으로 한다.

(2) 전자상거래 등에서의 소비자보호에 관한 법률상 용어의 정의

① '전자상거래'란 「전자문서 및 전자거래 기본법」에 따른 전자거래의 방법으로 상행위(商行爲)를 하는 것을 말한다.

② '통신판매'란 우편·전기통신, 그 밖에 총리령으로 정하는 방법으로 재화 또는 용역(일정한 시설을 이용하거나 용역을 제공받을 수 있는 권리)의 판매에 관한 정보를 제공하고 소비자의 청약을 받아 재화 또는 용역을 판매하는 것을 말한다. 다만, 「방문판매 등에 관한 법률」에 따른 전화권유판매는 통신판매의 범위에서 제외한다.

③ '통신판매업자'란 통신판매를 업(業)으로 하는 자 또는 그와의 약정에 따라 통신판매 업무를 수행하는 자를 말한다.

④ '통신판매중개'란 사이버몰(컴퓨터 등과 정보통신설비를 이용하여 재화등을 거래할 수 있도록 설정된 가상의 영업장)의 이용을 허락하거나 그 밖에 총리령으로 정하는 방법으로 거래 당사자 간의 통신판매를 알선하는 행위를 말한다.

⑤ '소비자'란 사업자가 제공하는 재화 등을 소비생활을 위하여 사용(이용)하는 자 및 같은 지위 및 거래조건으로 거래하는 자를 말한다.

⑥ '사업자'란 물품을 제조(가공 또는 포장을 포함) · 수입 · 판매하거나 용역을 제공하는 자를 말한다.

(3) 사업자의 거래기록의 보존

① 사업자는 전자상거래 및 통신판매에서의 표시 · 광고, 계약내용 및 그 이행 등 거래에 관한 기록을 상당한 기간 보존하여야 한다. 이 경우 소비자가 쉽게 거래기록을 열람 · 보존할 수 있는 방법을 제공하여야 한다.

② 사업자가 보존하여야 할 거래기록 및 그와 관련된 개인정보(성명 · 주소 · 주민등록번호 등 거래의 주체를 식별할 수 있는 정보로 한정)는 소비자가 개인정보의 이용에 관한 동의를 철회하는 경우에도 「정보통신망 이용촉진 및 정보보호 등에 관한 법률」 등 대통령령으로 정하는 개인정보보호와 관련된 법률의 규정에도 불구하고 이를 보존할 수 있다.

③ 사업자가 보존하는 거래기록의 대상 · 범위 · 기간 및 소비자에게 제공하는 열람 · 보존의 방법 등에 관하여 필요한 사항은 대통령령으로 정한다.

(4) 사업자가 보존하여야 할 거래기록의 대상 · 범위 및 기간

① 표시 · 광고에 관한 기록은 6개월간 보존을 해야 한다.

② 계약 또는 청약철회 등에 관한 기록은 5년간 보존을 해야 한다.

③ 대금결제 및 재화 등의 공급에 관한 기록은 5년간 보존을 해야 한다.

④ 소비자의 불만 또는 분쟁처리에 관한 기록은 3년간 보존을 해야 한다.

(5) 사이버몰 운영자의 표시원칙

① 상호 및 대표자 성명

② 영업소가 있는 곳의 주소(소비자의 불만을 처리할 수 있는 곳의 주소를 포함)

③ 전화번호 · 전자우편주소

④ 사업자등록번호

⑤ 사이버몰의 이용약관

⑥ 호스팅서비스를 제공하는 자의 상호

(6) 사이버몰 운영자의 표시원칙

① 통신판매업자는 소비자가 청약을 한 날부터 7일 이내에 재화 등의 공급에 필요한 조치를 하여야 하고, 소비자가 재화 등을 공급받기 전에 미리 재화 등의 대금을 전부 또는 일부 지급하는 통신판매(선지급식 통신판매)의 경우에는 소비자가 그 대금을 전부 또는 일부 지급한 날부터 3영업일 이내에 재화 등의 공급을 위하여 필요한 조치를 하여야 한다. 다만, 소비자와 통신판매업자 간에 재화 등의 공급시기에 관하여 따로 약정한 것이 있는 경우에는 그러하지 아니하다.

② 통신판매업자는 청약을 받은 재화 등을 공급하기 곤란하다는 것을 알았을 때에는 지체 없이 그 사유를 소비자에게 알려야 하고, 선지급식 통신판매의 경우에는 소비

자가 그 대금의 전부 또는 일부를 지급한 날부터 3영업일 이내에 환급하거나 환급에 필요한 조치를 하여야 한다.

③ 통신판매업자는 소비자가 재화 등의 공급 절차 및 진행 상황을 확인할 수 있도록 적절한 조치를 하여야 한다. 이 경우 공정거래위원회는 그 조치에 필요한 사항을 정하여 고시할 수 있다.

④ 통신판매업자와 재화 등의 구매에 관한 계약을 체결한 소비자가 계약내용에 관한 서면을 받은 날부터 7일 이내에 청약철회를 할 수 있다.

6. 방문판매 등에 관한 법률

(1) 방문판매 등에 관한 법률의 목적

① 방문판매 등에 관한 법률은 방문판매, 전화권유판매, 다단계판매, 후원방문판매, 계속거래 및 사업권유거래 등에 의한 내용을 열거함에 있다.

② 재화 또는 용역의 공정한 거래에 관한 사항을 규정함으로써 소비자의 권익을 보호하고 시장의 신뢰도를 높여 국민경제의 건전한 발전에 이바지함을 목적으로 한다.

(2) 방문판매 등에 관한 법률상 용어의 정의

① '방문판매'란 재화 또는 용역(일정한 시설을 이용하거나 용역을 제공받을 수 있는 권리를 포함)의 판매(위탁 및 중개를 포함)를 업(業)으로 하는 자(판매업자)가 방문을 하는 방법으로 그의 영업소, 대리점, 그 밖에 총리령으로 정하는 영업장소(사업장) 외의 장소에서 소비자에게 권유하여 계약의 청약을 받거나 계약을 체결하여 재화 또는 용역을 판매하는 것을 말한다.

② '방문판매자'란 방문판매를 업으로 하기 위하여 방문판매조직을 개설하거나 관리·운영하는 자(방문판매업자)와 방문판매업자를 대신하여 방문판매업무를 수행하는 자(방문판매원)를 말한다.

③ '전화권유판매'란 전화를 이용하여 소비자에게 권유를 하거나 전화회신을 유도하는 방법으로 재화 등을 판매하는 것을 말한다.

④ '전화권유판매자'란 전화권유판매를 업으로 하기 위하여 전화권유판매조직을 개설하거나 관리·운영하는 자(전화권유판매업자)와 전화권유판매업자를 대신하여 전화권유판매업무를 수행하는 자(전화권유판매원)를 말한다.

⑤ '다단계판매'란 판매업자에 속한 판매원이 특정인을 해당 판매원의 하위 판매원으로 가입하도록 권유하는 모집방식이 있을 것, 판매원의 가입이 3단계(다른 판매원의 권유를 통하지 아니하고 가입한 판매원을 1단계 판매원으로 함) 이상 단계적으로 이루어질 것. 다만, 판매원의 단계가 2단계 이하라고 하더라도 사실상 3단계 이상으로 관리·운영되는 경우로서 대통령령으로 정하는 경우를 포함하거나 판매업자가 판매원에게 후원수당을 지급하는 방식을 가지고 있을 것의 요건을 모두 충족하는 판매조직(다단계판매조직)을 통하여 재화 등을 판매하는 것을 말한다.

⑥ '다단계판매자'란 다단계판매를 업으로 하기 위하여 다단계판매조직을 개설하거나 관리·운영하는 자(다단계판매업자)와 다단계판매조직에 판매원으로 가입한 자(다단계판매원)를 말한다.

⑦ '후원방문판매'란 위의 요건에 해당하되, 대통령령으로 정하는 바에 따라 특정 판매원의 구매·판매 등의 실적이 그 직근 상위판매원 1인의 후원수당에만 영향을 미치는 후원수당 지급방식을 가진 경우를 말한다. 이 경우 방문판매 및 다단계판매에는 해당하지 아니하는 것으로 한다.

⑧ '후원방문판매자'란 후원방문판매를 업으로 하기 위한 조직(후원방문판매조직)을 개설하거나 관리·운영하는 자(후원방문판매업자)와 후원방문판매조직에 판매원으로 가입한 자(후원방문판매원)를 말한다.

⑨ '후원수당'이란 판매수당, 알선 수수료, 장려금, 후원금 등 그 명칭 및 지급 형태와 상관없이 판매업자가 판매원 자신의 재화 등의 거래실적, 판매원의 수당에 영향을 미치는 다른 판매원들의 재화 등의 거래실적, 판매원의 수당에 영향을 미치는 다른 판매원들의 조직관리 및 교육훈련 실적, 규정 외에 판매원들의 판매활동을 장려하거나 보상하기 위하여 지급되는 일체의 경제적 이익과 관련하여 소속 판매원에게 지급하는 경제적 이익을 말한다.

⑩ '계속거래'란 1개월 이상에 걸쳐 계속적으로 또는 부정기적으로 재화 등을 공급하는 계약으로서 중도에 해지할 경우 대금 환급의 제한 또는 위약금에 관한 약정이 있는 거래를 말한다.

⑪ '사업권유거래'란 사업자가 소득 기회를 알선·제공하는 방법으로 거래 상대방을 유인하여 금품을 수수하거나 재화 등을 구입하게 하는 거래를 말한다.

⑫ '소비자'란 사업자가 제공하는 재화 등을 소비생활을 위하여 사용하거나 이용하는 자 또는 대통령령으로 정하는 자를 말한다.

⑬ '지배주주'란 특수관계인과 함께 소유하고 있는 주식 또는 출자액의 합계가 해당 법인의 발 행주식총수 또는 출자총액의 100분의 30 이상인 경우로서 그 합계가 가장 많은 주주 또는 출자자, 해당 법인의 경영을 사실상 지배하는 자에 해당하는 자를 말한다.

(3) 방문판매 등에 관한 법률이 적용되지 않는 거래

① 사업자(다단계판매원, 후원방문판매원 또는 사업권유거래의 상대방은 제외)가 상행위를 목적으로 재화 등을 구입하는 거래, 단 사업자가 사실상 소비자와 같은 지위에서 다른 소비자와 같은 거래조건으로 거래하는 경우는 제외한다.

② 「보험업법」에 따른 보험회사와 보험계약을 체결하기 위한 거래와 개인이 독립된 자격으로 공급하는 재화 등의 거래로서 대통령령으로 정하여 거래하는 경우는 제외한다.

(4) 방문판매자등의 소비자에 대한 정보제공의무

① 방문판매업자등의 성명(법인인 경우에는 대표자의 성명), 상호, 주소, 전화번호 및 전자우편주소

② 방문판매원등의 성명, 주소, 전화번호 및 전자우편주소. 다만, 방문판매업자등이 소비자와 직접 계약을 체결하는 경우는 제외

③ 재화 등의 명칭, 종류 및 내용, 가격과 그 지급의 방법 및 시기, 재화 등을 공급하는 방법 및 시기

④ 청약의 철회 및 계약의 해제의 기한·행사방법·효과에 관한 사항 및 청약철회 등의 권리 행사에 필요한 서식으로서 총리령으로 정하는 것

⑤ 재화 등의 교환·반품·수리보증 및 그 대금 환불의 조건과 절차

⑥ 전자매체로 공급할 수 있는 재화 등의 설치·전송 등과 관련하여 요구되는 기술적 사항

⑦ 소비자피해 보상, 재화 등에 대한 불만 및 소비자와 사업자 사이의 분쟁 처리에 관한 사항

⑧ 거래에 관한 약관 및 그 밖에 소비자의 구매 여부 판단에 영향을 주는 거래조건 또는 소비자피해 구제에 필요한 사항으로서 대통령령으로 정하는 사항

(5) 청약 철회 기간

① 방문판매 또는 전화권유판매의 방법으로 재화 등의 구매에 관한 계약을 체결한 소비자는 계약서를 받은 날부터 14일. 다만, 그 계약서를 받은 날보다 재화 등이 늦게 공급된 경우에는 재화 등을 공급받거나 공급이 시작된 날부터 14일 기간 이내에 그 계약에 관한 청약철회 등을 할 수 있다.

② 계약서를 받지 아니한 경우, 방문판매자등의 주소 등이 적혀 있지 아니한 계약서를 받은 경우, 방문판매자등의 주소 변경 등의 사유로 기간 이내에 청약철회 등을 할 수 없는 경우에는 방문판매자등의 주소를 안 날 또는 알 수 있었던 날부터 14일 기간 이내에 그 계약에 관한 청약철회 등을 할 수 있다.

③ 계약서에 청약철회 등에 관한 사항이 적혀 있지 아니한 경우에는 청약철회 등을 할 수 있음을 안 날 또는 알 수 있었던 날부터 14일 기간 이내에 그 계약에 관한 청약철회 등을 할 수 있다.

④ 방문판매업자등이 청약철회 등을 방해한 경우에는 그 방해 행위가 종료한 날부터 14일 기간이내에 그 계약에 관한 청약철회 등을 할 수 있다.

(6) 원칙적 청약 철회 불가와 가능

① 소비자에게 책임이 있는 사유로 재화 등이 멸실되거나 훼손된 경우(단, 재화 등의 내용을 확인하기 위하여 포장 등을 훼손한 경우는 제외),소비자가 재화 등을 사용하거나 일부 소비하여 그 가치가 현저히 낮아진 경우, 시간이 지남으로써 다시 판매하기 어려울 정도로 재화 등의 가치가 현저히 낮아진 경우, 복제할 수 있는 재화 등의 포장을 훼손한 경우에는 방문판매자등의 의사와 다르게 청약철회 등을 할 수 없다.

② 청약철회 등을 할 수 없는 재화 등의 경우에는 그 사실을 재화 등의 포장이나 그 밖에 소비자가 쉽게 알 수 있는 곳에 분명하게 표시하거나 시용(試用) 상품을 제공하는 등의 방법으로 청약철회 등의 권리행사가 방해받지 아니하도록 조치하여야 한다. 조치를 하지 아니한 경우에는 규정에 해당하더라도 청약철회 등을 할 수 있다.

③ 소비자는 재화 등의 내용이 표시·광고의 내용과 다르거나 계약 내용과 다르게 이행된 경우에는 그 재화 등을 공급받은 날부터 3개월 이내에, 그 사실을 안 날 또는 알 수 있었던 날부터 30일 이내에 청약철회 등을 할 수 있다.

④ 청약철회 등을 서면으로 하는 경우에는 청약철회 등의 의사를 표시한 서면을 발송한 날에 그 효력이 발생한다.

7. 할부거래에 관한 법률

(1) 할부거래에 관한 법률의 목적

① 할부계약 및 선불식 할부계약에 의한 거래를 공정하게 함으로 소비자권익을 보호하고 시장의 신뢰도를 높여 국민경제의 건전한 발전에 이바지함을 목적으로 한다.

② 할부거래에 관한 법률시행령은 법률에서 위임된 사항과 그 시행에 필요한 사항을 규정함을 목적으로 한다.

(2) 할부거래에 관한 법률상 용어의 정의

① '할부계약'이란 계약의 명칭·형식이 어떠하든 재화나 용역(일정한 시설을 이용하거나 용역을 제공받을 수 있는 권리를 포함)에 관한 소비자가 사업자에게 재화의 대금(代金)이나 용역의 대가를 2개월 이상의 기간에 걸쳐 3회 이상 나누어 지급하고, 재화 등의 대금을 완납하기 전에 재화의 공급이나 용역의 제공을 받기로 하는 계약, 소비자가 신용제공자에게 재화 등의 대금을 2개월 이상의 기간에 걸쳐 3회 이상 나누어 지급하고, 재화 등의 대금을 완납하기 전에 사업자로부터 재화 등의 공급을 받기로 하는 계약을 말한다.

② '선불식 할부계약'이란 계약의 명칭·형식이 어떠하든 소비자가 사업자로부터 장례 또는 혼례를 위한 용역(제공시기가 확정된 경우는 제외) 및 이에 부수한 재화, 소비자피해가 발생하는 재화 등으로서 소비자의 피해를 방지하기 위하여 대통령령에 해당하는 재화 등의 대금을 2개월 이상의 기간에 걸쳐 2회 이상 나누어 지급함과 동시에 또는 지급한 후에 재화 등의 공급을 받기로 하는 계약을 말한다.

③ '할부거래'란 할부계약에 의한 거래를 말하며, '할부거래업자'란 할부계약에 의한 재화 등의 공급을 업으로 하는 자를 말한다.

④ '선불식 할부거래'란 선불식 할부계약에 의한 거래를 말하며, '선불식 할부거래업자'란 선불식 할부계약에 의한 재화 등의 공급을 업으로 하는 자를 말한다.

⑤ '소비자'란 할부계약 또는 선불식 할부계약에 의하여 제공되는 재화 등을 소비생활을 위하여 사용하거나 이용하는 자, 또는 이외의 자로서 사실상 동일한 지위 및

거래조건으로 거래하는 자 등 대통령령으로 정하는 자를 말한다.

⑥ '신용제공자'란 소비자 · 할부거래업자와의 약정에 따라 재화 등의 대금에 충당하기 위하여 신용을 제공하는 자를 말한다.

⑦ '지배주주'란 대통령령으로 정하는 특수관계인과 함께 소유하고 있는 주식 또는 출자액의 합계가 해당 법인의 발행 주식총수 또는 출자총액의 100분의 30 이상인 경우로서 그 합계가 가장 많은 주주 또는 출자자, 해당 법인의 경영을 사실상 지배하는 자를 말한다.

(3) 할부계약 청약의 철회

① 소비자는 계약서를 받은 날부터 7일. 다만, 그 계약서를 받은 날보다 재화 등의 공급이 늦게 이루어진 경우에는 재화 등을 공급받은 날부터 7일의 기간(거래당사자가 그 보다 긴 기간을 약정한 경우에는 그 기간)이내에 할부계약에 관한 청약을 철회할 수 있다.

② 소비자는 계약서를 받지 아니한 경우, 할부거래업자의 주소 등이 적혀 있지 아니한 계약서를 받은 경우, 할부거래업자의 주소 변경 등의 사유로 기간 이내에 청약을 철회할 수 없는 경우에는 그 주소를 안 날 또는 알 수 있었던 날 등 청약을 철회할 수 있는 날부터 7일. 다만, 그 계약서를 받은 날보다 재화 등의 공급이 늦게 이루어진 경우에는 재화 등을 공급받은 날부터 7일의 기간(거래당사자가 그 보다 긴 기간을 약정한 경우에는 그 기간)이내에 할부계약에 관한 청약을 철회할 수 있다.

③ 소비자는 계약서에 청약의 철회에 관한 사항이 적혀 있지 아니한 경우에는 청약을 철회할 수 있음을 안 날 또는 알 수 있었던 날부터 7일의 기간(거래당사자가 그 보다 긴 기간을 약정한 경우에는 그 기간)이내 할부계약의 청약을 철회할 수 있다.

④ 소비자는 할부거래업자가 청약의 철회를 방해한 경우에는 그 방해 행위가 종료한 날부터 7일의 기간(거래당사자가 그 보다 긴 기간을 약정한 경우에는 그 기간)이내에 할부계약에 관한 청약을 철회할 수 있다..

(4) 할부계약 청약의 철회 불가와 가능

① 소비자는 소비자에게 책임 있는 사유로 재화 등이 멸실되거나 훼손된 경우(재화 등의 내용을 확인하기 위하여 포장 등을 훼손한 경우는 제외)청약의 철회를 할 수 없다.

② 소비자는 사용 또는 소비에 의하여 그 가치가 현저히 낮아질 우려가 있는 것으로서 대통령령으로 정하는 재화 등을 사용 또는 소비한 경우 청약의 철회를 할 수 없다.

③ 소비자는 시간이 지남으로써 다시 판매하기 어려울 정도로 재화 등의 가치가 현저히 낮아진 경우에는 청약의 철회를 할 수 없다.

④ 소비자는 복제할 수 있는 재화 등의 포장을 훼손한 경우 청약의 철회를 할 수 없다.

⑤ 할부거래업자가 청약의 철회를 승낙하거나 청약을 철회할 수 없는 재화 등에 대하여는 그 사실을 재화 등의 포장이나 그 밖에 소비자가 쉽게 알 수 있는 곳에 분명하게 표시하거나 시용(試用) 상품을 제공하는 등의 방법으로 소비자가 청약을 철회하는 것이 방해받지 아니하도록 조치를 하지 아니한 경우에는 청약을 철회할 수 있다.

8. 청소년보호법

(1) 청소년보호법의 목적

① 청소년보호법은 청소년에게 유해한 매체물과 약물 등이 청소년에게 유통되는 것과 청소년이 유해한 업소에 출입하는 것 등을 규제함에 목적이 있다.

② 청소년보호법은 청소년을 청소년 폭력·학대 등 청소년 유해 행위를 포함한 각종 유해한 환경으로부터 보호·구제함으로써 청소년이 건전한 인격체로 성장할 수 있도록 함을 목적으로 한다.

(2) 청소년보호법상 용어의 정의

① 청소년은 만 19세 미만의 자를 말한다. 다만, 만 19세에 도달하는 해의 1월 1일을 맞이한 자를 제외한다.

② 청소년 유해 매체물은 청소년 위원회가 청소년에게 유해한 것으로 결정하거나 확인하여 고시한 매체물로써 각 심의기관이 청소년에게 유해한 것으로 확인하여 청소년 위원회가 고시한 매체물을 말한다.

③ 청소년 유해 약물 등은 청소년에게 유해한 것으로 인정되는 청소년 유해 약물과 물건을 말한다.

(3) 청소년 유해 약물

① 청소년의 신체기능에 영향을 미쳐 정상적인 신체발육에 장애를 초래할 수 있는 약물일 것

② 청소년의 정신기능에 영향을 미쳐 판단력장애 등 일시적 또는 영구적 정신장애를 초래할 수 있는 약물일 것

③ 습관성, 중독성, 내성, 금단증상 등을 유발함으로써 청소년의 정상적인 심신발달에 장애를 초래할 수 있는 약물일 것

(4) 청소년 유해 물건

① 청소년에게 음란한 행위를 조장하는 성기구 등 청소년의 사용을 제한하지 아니하면 청소년의 심신을 심각하게 훼손할 우려가 있는 성관련 물건으로서 대통령령이 정하는 기준에 따라 청소년보호위원회가 결정하고 보건복지가족부장관이 이를 고시한 것

② 청소년에게 음란성·포악성·잔인성·사행성 등을 조장하는 완구류 등 청소년의 사용을 제한하지 아니하면 청소년의 심신을 심각하게 훼손할 우려가 있는 물건으로서 대통령령이 정하는 기준에 따라 청소년보호위원회가 결정하고 보건복지가족부장관이 이를 고시한 것

(5) 청소년유해물건의 결정기준

① 청소년이 사용할 경우 성관련 신체부위의 훼손 등 신체적 부작용을 초래할 우려가 있는 성관련 물건일 것

② 청소년으로 하여금 인격비하·수간 등 비인륜적 성의식을 조장할 우려가 있는 성관련 물건일 것

③ 청소년으로 하여금 음란성이나 비정상적인 성적 호기심을 유발할 우려가 있거나 지나치게 성적 자극에 탐닉하게 할 우려가 있는 성관련 물건일 것

④ 물건의 형상·구조·기능 등이 청소년의 사용을 제한하지 아니하면 청소년의 생명·신체·재산에 해를 미칠 우려가 있는 물건일 것

⑤ 물건의 형상·구조·기능 등이 청소년에게 포악성 또는 범죄의 충동을 일으킬 수 있거나 청소년에게 성적인 욕구를 자극하는 선정적이거나 음란한 것으로서 청소년의 건전한 심신발달에 장애를 유발할 우려가 있는 물건일 것

(6) 청소년유해업소

① 청소년유해업소의 정의

㉠ 청소년의 출입과 고용이 청소년에게 유해한 것으로 인정되는 청소년출입·고용 금지업소와 청소년의 출입은 가능하나 고용은 유해한 것으로 인정되는 청소년고용금지업소를 말한다.

㉡ 이 경우 업소의 구분은 그 업소가 영업을 함에 있어서 다른 법령에 의하여 요구되는 허가·인가·등록·신고 등의 여부에 불구하고 실제로 이루어지고 있는 영업행위를 기준으로 한다.

② 청소년유해업소의 범위

㉠ 유흥주점영업 및 단란주점, 노래연습장(다만, 청소년실을 갖춘 노래연습장업의 경우에는 당해 청소년실에 한하여 청소년의 출입을 허용한다)

㉡ 윤락행위, 퇴폐적 안마 등의 신체적 접촉, 성관련 신체부위의 노출 등 성적 접대 행위 및 이와 유사한 행위가 이루어질 우려가 있는 영업일 것

㉢ 영업의 형태나 목적이 주로 성인을 대상으로 한 술·노래·춤의 제공 등 유흥접객행위가 이루어지는 영업일 것

㉣ 주로 성인용의 매체물을 유통하는 영업일 것

㉤ 청소년 유해매체물·청소년 유해약물 등을 제작·생산·유통하는 영업 중 청소년의 출입·고용이 청소년의 심신발달에 장애를 유발할 우려가 있는 영업일 것

㉥ 휴게음식점영업으로서 주로 다류를 조리·판매하는 다방 중 종업원에게 영업장을 벗어나 다류 등을 배달·판매하게 하면서 소요시간에 따라 대가를 수수하게 하거나 이를 조장 또는 묵인하는 형태로 운영되는 영업

㉦ 일반음식점영업 중 음식류의 조리·판매보다는 주로 주류의 조리·판매를 목적으로 하는 소주방·호프·카페 등의 영업형태로 운영되는 영업

㉧ 청소년유해매체물 또는 청소년유해약물 등을 제작·생산·유통하는 영업으로서 청소년이 고용되어 근로할 경우에 청소년유해매체물 또는 청소년유해약물 등에 쉽게 접촉되어 고용청소년의 건전한 심신발달에 장애를 유발할 우려가 있는 영업일 것

㉨ 외견상 영업행위가 성인·청소년 모두를 대상으로 하지만 성인대상의 영업이 이루어짐으로써 고용청소년에게 유해한 근로행위의 요구가 우려되는 영업일 것

(7) 청소년유해매체물의 청소년대상 유통 규제

① 유해매체물의 범위

㉠ 「영화 및 비디오물의 진흥에 관한 법률」의 규정에 의한 비디오물, 「게임산업진흥에 관한 법률」에 의한 게임물 및 「음악산업진흥에 관한 법률」에 의한 음반

㉡ 「공연법」 및 「영화 및 비디오물의 진흥에 관한 법률」의 규정에 의한 영화·연극·음악·무용, 기타 오락적 관람물

㉢ 「전기통신사업법」 및 「전기통신기본법」의 규정에 의한 전기통신을 통한 부호·문언·음향 또는 영상정보

㉣ 「방송법」의 규정에 의한 방송프로그램(보도방송프로그램은 제외)

㉤ 특수일간신문(경제, 산업, 종교분야 제외), 일반주간신문(정치, 경제분야 제외), 특수주간신문(경제, 산업, 과학, 시사, 종교분야 제외), 잡지(정치, 경제, 산업, 과학, 시사, 종교분야 제외)

㉥ 간판, 입간판, 전단 기타 이와 유사한 상업적 광고 선전물과 각종 매개물에 수록, 게재, 전시 기타 방법으로 포함된 상업적 광고 선전물

㉦ 기타 청소년의 정신적, 신체적 건강을 해칠 우려가 있다고 인정되는 것으로서 대통령령이 정하는 매체물

② 청소년유해매체물의 심의기준

㉠ 청소년에게 성적인 욕구를 자극하는 선정적인 것이거나 음란한 것

㉡ 청소년에게 포악성이나 범죄의 충동을 일으킬 수 있는 것

㉢ 성폭력을 포함한 각종 형태의 폭력행사와 약물의 남용을 자극하거나 미화하는 것

㉣ 청소년의 건전한 인격과 시민의식의 형성을 저해하는 반사회적·비윤리적인 것

㉤ 기타 청소년의 정신적·신체적 건강에 명백히 해를 끼칠 우려가 있는 것

9. 소방기본법

(1) 소방 기본법의 목적

① 소방기본법은 화재를 예방·경계하거나 진압하고 화재, 재난·재해, 그 밖의 위급한 상황에서의 구조·구급 활동 등을 통하여 국민의 생명·신체 및 재산을 보호함으로써 공공의 안녕 및 질서 유지와 복리증진에 이바지함을 목적으로 한다.

② 소방기본법 시행령은 법에서 위임된 사항과 그 시행에 관하여 필요한 사항을 규정함을 목적으로 한다.

(2) 소방 기본법상 용어의 정의

① '소방대상물'이란 건축물, 차량, 선박(「선박법」에 따른 선박으로서 항구에 매어둔 선박만 해당), 선박 건조 구조물, 산림, 그 밖의 인공 구조물 또는 물건을 말한다.

② '관계지역'이란 소방대상물이 있는 장소 및 그 이웃 지역으로서 화재의 예방·경계·진압, 구조·구급 등의 활동에 필요한 지역을 말한다.

③ '관계인'이란 소방대상물의 소유자 · 관리자 또는 점유자를 말한다.

④ '소방본부장'이란 특별시 · 광역시 · 도 또는 특별자치도에서 화재의 예방 · 경계 · 진압 · 조사 및 구조 · 구급 등의 업무를 담당하는 부서의 장을 말한다.

⑤ '소방대(消防隊)'란 화재를 진압하고 화재, 재난 · 재해, 그 밖의 위급한 상황에서 구조 · 구급 활동 등을 하기 위하여「소방공무원법」에 따른 소방공무원, 「의무소방대설치법」에 따라 임용된 의무소방원(義務消防員), 의용소방대원(義勇消防隊員)으로 구성된 조직체를 말한다.

⑥ '소방대장(消防隊長)'이란 소방본부장 또는 소방서장 등 화재, 재난 · 재해, 그 밖의 위급한 상황이 발생한 현장에서 소방대를 지휘하는 사람을 말한다.

10. 식품위생법

(1) 식품위생법의 목적

① 식품위생법은 식품으로 인한 위생상의 위해를 방지하고 식품영양의 질적 향상을 도모한다.

② 식품위생법은 식품에 관한 올바른 정보를 제공함으로써 국민보건의 증진에 이바지함을 목적으로 한다.

(2) 식품위생법의 용어 정의

① '식품'이라 함은 모든 음식물을 말한다. 다만, 의약으로서 섭취하는 것은 제외한다.

② '식품첨가물'이라 함은 식품을 제조 · 가공 또는 보존함에 있어 식품에 첨가 · 혼합 · 침윤 기타의 방법으로 사용되는 물질(기구 및 용기 · 포장의 살균 · 소독의 목적에 사용되어 간접적으로 식품에 이행될 수 있는 물질을 포함한다)을 말한다.

③ '화학적 합성품'이라 함은 화학적 수단에 의하여 원소 또는 화합물에 분해반응 외의 화학반응을 일으켜 얻은 물질을 말한다.

④ '기구'라 함은 음식기와 식품 또는 식품첨가물의 채취 · 제조 · 가공 · 조리 · 저장 · 운반 · 진열 · 수수 또는 섭취에 사용되는 것으로서 식품 또는 식품첨가물에 직접 접촉되는 기계 · 기구 기타의 물건을 말한다. 다만, 농업 및 수산업에 있어서 식품의 채취에 사용되는 기계 · 기구 기타의 물건은 제외한다.

⑤ '용기 · 포장'이라 함은 식품 또는 식품첨가물을 넣거나 싸는 물품으로서 식품 또는 식품첨가물을 수수할 때 함께 인도되는 물품을 말한다.

⑥ '위해'라 함은 식품, 식품첨가물, 기구 또는 용기 · 포장에 존재하는 위험요소로서 인체의 건강을 해하거나 해할 우려가 있는 것을 말한다.

⑦ '표시'라 함은 식품, 식품첨가물, 기구 또는 용기 · 포장에 기재하는 문자 · 숫자 또는 도형을 말한다.

⑧ '영양표시'라 함은 식품의 일정량에 함유된 영양소의 함량 등 영양에 관한 정보를 표시하는 것을 말한다.

⑨ '영업'이라 함은 식품 또는 식품첨가물을 채취 · 제조 · 가공 · 수입 · 조리 · 저장 · 운반 또는 판매하거나 기구 또는 용기 · 포장을 제조 · 수입 · 운반 · 판매하는 업을 말한다. 다만, 농업 및 수산업에 속하는 식품의 채취업은 제외한다.

⑩ '식품위생'이라 함은 식품, 식품첨가물, 기구 또는 용기 · 포장을 대상으로 하는 음식에 관한 위생을 말한다.

⑩ '집단급식소'라 함은 영리를 목적으로 하지 아니하고 계속적으로 특정다수인에게 음식물을 공급하는 기숙사 · 학교 · 병원 기타 후생기관 등의 급식시설로서 대통령령이 정하는 것을 말한다.

⑪ '식품이력추적관리'란 식품을 제조 · 가공단계부터 판매단계까지 각 단계별로 정보를 기록 · 관리하여 해당 식품의 안전성 등에 문제가 발생할 경우 해당 식품을 추적하여 원인규명 및 필요한 조치를 할 수 있도록 관리하는 것을 말한다.

⑫ '식중독'이라 함은 식품의 섭취로 인하여 인체에 유해한 미생물 또는 유독물질에 의하여 발생하였거나 발생한 것으로 판단되는 감염성 또는 독소형 질환을 말한다.

(3) 식품이력추적관리 등록기준

① 식품을 제조 · 가공 또는 판매하는 자 중 식품이력추적관리를 하고자 하는 자는 보건복지부령으로 정하는 등록기준을 갖추어 해당 식품을 식품의약품안전청장에게 등록할 수 있다.

② 등록한 식품을 제조 · 가공 또는 판매하는 자는 식품이력추적관리에 필요한 기록의 작성 · 보관 및 관리 등에 관하여 식품의약품안전청장이 정하여 고시하는 "식품이력추적관리기준"을 준수하여야 한다.

③ 등록을 한 자는 등록사항이 변경된 경우 변경사유가 발생한 날부터 1개월 이내에 식품의약품안전청장에게 신고하여야 한다.

④ 등록한 식품에는 식품의약품안전청장이 정하여 고시하는 바에 따라 식품이력추적관리의 표시를 할 수 있다.

⑤ 등록의 유효기간은 등록한 날부터 3년으로 한다. 다만, 그 품목의 특성상 달리 적용할 필요가 있는 경우에는 보건복지부령으로 정하는 바에 따라 그 기간을 연장할 수 있다.

⑥ 보건복지부장관 또는 식품의약품안전청장은 제1항에 따라 등록을 한 자에게 예산의 범위 안에서 식품이력추적관리에 필요한 자금을 지원할 수 있다.

⑦ 식품의약품안전청장은 등록을 한 자가 식품이력추적관리기준을 준수하지 아니한 때에는 그 등록을 취소하거나 시정을 명할 수 있다.

물류 · 유통일반

01 다음 중 유통 경로 윤리(Distributor Path Ethics)에 대한 설명으로 가장 적합하지 않은 것은?

① 유통경로와 관련되는 윤리는 상품구색관리, 구매와 거래윤리, 사적권리 및 정보침해, 유통기한 관리 등이 있다.

② 유통경로에 관계되는 비윤리적 문제는 유통질서를 문란시키고, 유통업체에 대한 불신을 초래하여 결국은 유통업계나 생산업자, 소비자에게 불리한 결과를 가져온다.

③ 사회적으로 가장 문제가 되고 있는 가격할인방식은 실질적으로는 가격할인이 없는데 마치 가격할인을 한 것처럼 표시하는 경우를 말한다.

④ 기업마다 치열한 광고 및 판매촉진 활동을 전개하는 과정에서 소비자들의 사적정보 유출문제와 사생활 보호문제가 마케팅의 윤리적 문제로 대두되고 있다.

⑤ 수입식품류에도 통일된 유통기한 표시방법이 마련되지 않아 국내 수입회사마다 암호에 가까운 표시를 하고 있는 실정이므로 표시가 생략되어도 된다.

 수입식품류에도 통일된 유통기한 표시방법이 마련되지 않아 국내 수입회사마다 암호에 가까운 표시를 하고 있는 실정이므로 소비자들의 권리를 보호하기 위해 유통기한은 정직하게 표시되어야 한다..

02 유통산업발전법 규정에 의한 대규모점포 등에 대한 영업시간의 제한에 대한 설명으로 옳지 않은 것은?

① 대통령은 건전한 유통질서 확립, 근로자의 건강권 및 대규모점포등과 중소유통업의 상생발전을 위하여 필요하다고 인정하는 경우에 정할 수 있다.

② 대규모점포 중 '대형마트로 등록된 대규모점포'와 준 대규모점포에 대하여 영업시간 제한을 명하거나 의무휴업일을 지정하여 의무휴업을 명할 수 있다.

③ 대형마트로 등록된 대규모점포와 준 대규모점포에 대하여 영업시간 제한은 시장·군수·구청장은 오전 0시부터 오전 10시까지의 범위에서 영업시간을 제한할 수 있다.

④ 대형마트로 등록된 대규모점포와 준 대규모점포에 대하여 의무휴업일 지정은 시장·군수·구청장은 매월 2일동안을 의무 휴업일로 지정할 수 있다.

⑤ 대규모점포와 준 대규모점포에 대하여 영업시간 제한 및 의무휴업일 지정에 필요한 사항은 해당 지방자치단체의 조례로 정한다.

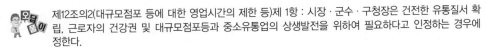 제12조의2(대규모점포 등에 대한 영업시간의 제한 등)제 1항 : 시장·군수·구청장은 건전한 유통질서 확립, 근로자의 건강권 및 대규모점포등과 중소유통업의 상생발전을 위하여 필요하다고 인정하는 경우에 정한다.

해답   **01** ⑤   **02** ①

03 일반적인 윤리의 기본원칙을 기업이라는 특수한 사회적 상황에 적용한 것을 기업윤리라 한다. 다음 유통기업윤리의 일반적인 설명 중에서 가장 적합하지 않은 것은?

① 선정적인 광고는 소비자의 성적인 감성을 유발시켜 광고효과를 달성하려는 방법으로 소비자의 성적본능과 감각을 자극함으로써 소비자의 주의와 시선을 집중시키는 효과는 있지만 상품의 개념에 상당한 혼란을 가져와 비윤리적이다.

② 비교 광고는 확인 될 수 있는 객관적 자료를 근거로 제시를 해야 하고, 근거가 확실한 경우에도 일부자료로 전체를 비교하는 표현을 하거나 경쟁상품을 비방하는 표현을 하는 것은 비윤리적인 행위이다.

③ 침투전략은 특별한 원가차이도 없이 같은 제품을 소비자들에게 상이한 가격으로 판매하는 행위라든지 고객을 저가로 유인한 뒤 고가품목을 구매하게 하려는 행위이지만 소비자에 실질적 이득을 줌으로 비윤리적 행위라 할 수 없다.

④ 경쟁업체와의 수평적 가격단합, 제조업자와 중간상 간의 수직적 가격담합, 그리고 경쟁업체를 시장에서 몰아내기 위해 가격을 내리는 약탈적 가격전략은 비윤리적이다. 소비자를 기만하는 가격전술은 비윤리적이다.

⑤ 가격은 구매자의 선택에 있어 중요한 결정요인으로 교환가치를 화폐로 나타낸 것이다. 기업의 가격결정과 가격경쟁은 윤리적 평가가 가장 어려운 문제이며, 가격은 다른 마케팅믹스분야와 달리 수익을 창출하는 것으로 강한 법적 규제를 받고 있다.

 특별한 원가차이도 없이 같은 제품을 소비자들에게 상이한 가격으로 판매하는 행위라든지 고객을 저가로 유인한 뒤 고가품목을 구매하게 하려는 행위 역시 윤리적 기준에 위배된다.

04 다음 중 기업윤리에 대한 설명으로 옳지 않은 것은?

① 산업 환경에서 모든 기업의 경쟁관계는 공정해야 한다.
② 종업원에게는 인간존엄성의 가치를 존중해 주어야 한다.
③ 기업윤리는 오히려 기업에 있어 경쟁력이 강화되고 있다.
④ 지구 환경 문제에 있어서도 공생관계를 모색하여야 한다.
⑤ 자본주의사회에서 기업윤리가 그다지 큰 문제가 되지 않는다.

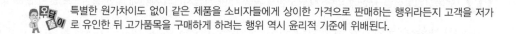

자본주의 사회에서는 합법적이고 공정한 경쟁을 통하여 정직하고 성실하게 일한 만큼의 소득과 이익이 보장되고, 또 정직하고 성실하게 노력한 만큼의 경제적 · 개인적 보상이 달성될 수 있는 가치관이 요구된다.

 정답 **03** ③ **04** ⑤

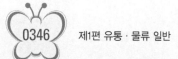

05 다음 중 유통경로의 윤리적 관리를 위하여 고려해야 할 관점이 아닌 것은?

① 소비자 입장   ② 장기적인 관점

③ 유통환경 관점   ④ 단기적인 관점

⑤ 이해관계자들의 관점

 유통경로의 윤리적 관리를 하기 위해서는 유통경로의 의사결정 과정에서 이해관계자나 소비자의 입장을 고려하고, 유통경로의 단기적인 관점보다도 장기적 관점을 주시하여야 한다.

06 다음 중 판매원의 윤리성 향상방법에 대한 설명으로 잘못된 것은?

① 판매원 윤리는 판매원 행동준칙을 기준으로 정하고 행동해야 한다.

② 판매량 할당은 정상적인 판매활동으로 가능한 범위 내에서 정해야 한다.

③ 영업활동과정에서 영업사원의 비윤리적 행위가 나타나면 스스로 해결하도록 기다린다.

④ 판매원들은 고객과의 가장 앞에서 접촉을 할 경우가 많으므로 윤리의식이 철저해야한다.

⑤ 판매원 행동준칙이나 영업사원 행동강령 등을 제정하여 알려주고, 그것을 준수하도록 해야 한다.

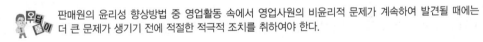 판매원의 윤리성 향상방법 중 영업활동 속에서 영업사원의 비윤리적 문제가 계속하여 발견될 때에는 더 큰 문제가 생기기 전에 적절한 적극적 조치를 취하여야 한다.

07 청소년보호법령상 청소년 유해 약물에 해당되지 않는 것은?

① 주세법의 규정에 의한 주류

② 담배사업법의 규정에 의한 담배

③ 식품위생법의 규정에 의한 식품첨가물

④ 유해화학물질 관리법의 규정에 의한 환각 물질

⑤ 마약류관리에 관한 법률의 규정에 의한 마약류

 청소년 유해약물 1. 주세법의 규정에 의한 주류 2. 담배사업법의 규정에 의한 담배 3. 마약류관리에 관한 법률의 규정에 의한 마약류 4. 유해화학물질 관리법의 규정에 의한 환각 물질 5. 기타 중추신경에 작용하여 습관성, 중독성, 내성 등을 유발하여 인체에 유해 작용을 미칠 수 있는 약물등 청소년의 사용을 제한하지 아니하면 청소년의 심신을 심각하게 훼손할 우려가 있는 약물로서 대통령령이 정하는 기준에 따라 관계기관의 의견을 들어 국가청소년위원회가 결정하여 고시한 것

 05 ④   **06** ③   **07** ③

08 다음 중 '소비자기본법'에 포함되어 있는 '소비자의 기본적 권리'가 아닌 것은?

① 합리적인 소비 생활을 영위하기 위하여 필요한 교육을 받을 권리
② 소비자 스스로의 권익을 옹호하기 위하여 단체를 조직할 수 있는 권리
③ 스스로의 권익을 증진하기 위하여 필요한 지식과 정보를 습득 하도록 노력할 권리
④ 소비 생활에 영향을 주는 국가의 정책과 사업자의 사업 활동에 대하여 의견을 반영시킬 권리
⑤ 물품 및 용역을 사용 또는 이용함에 있어서 거래의 상대방·구입 장소·가격·거래 조건 등을 자유로이 선택할 권리

 소비자의 기본적 권리
① 모든 물품 및 용역으로 인한 생명·신체 및 재산상의 위해로부터 보호받을 권리
② 물품 및 용역을 선택함에 있어서 필요한 지식 및 정보를 제공받을 권리
③ 물품 및 용역을 사용 또는 이용함에 있어서 거래의 상대방·구입장소·가격·거래조건 등을 자유로이 선택할 권리
④ 소비생활에 영향을 주는 국가 및 지방자치단체의 정책과 사업자의 사업활동 등에 대하여 의견을 반영시킬 권리
⑤ 물품 및 용역의 사용 또는 이용으로 인하여 입은 피해에 대하여 신속·공정한 절차에 의하여 적절한 보상을 받을 권리
⑥ 합리적인 소비생활을 영위하기 위하여 필요한 교육을 받을 권리
⑦ 소비자 스스로의 권익을 옹호하기 위하여 단체를 조직하고 이를 통하여 활동할 수 있는 권리
⑧ 안전하고 쾌적한 소비생활 환경에서 소비할 권리

09 다음 중 유통산업 발전법상 유통산업의 경쟁력 강화를 위한 내용으로 틀린 것은?

① 정부는 재래시장의 활성화에 필요한 시책을 수립·시행하여야 하고, 정부 또는 지방자치단체의장은 이에 필요한 행정적·재정적 지원을 할 수 있다.
② 산업통상 자원부 장관은 무점포판매업의 발전시책을 수립·시행할 수 있고, 그 내용으로 전문 인력의 양성에 관한 사항 등을 포함해야 한다.
③ 정부 또는 지방자치단체의장은 중소 유통기업의 구조개선 및 경쟁력 강화에 필요한 시책을 수립·시행할 수 있고, 이에 필요한 행정적·재정적 지원을 할 수 있다.
④ 산업통상 자원부 장관은 중소 유통공동 도매물류센터의 설립·운영의 발전시책을 수립·시행할 수 있다.
⑤ 산업통상 자원부 장관은 유통산업의 경쟁력을 강화하기 위하여 체인 사업의 발전시책을 수립·시행할 수 있다.

 산업통상 자원부 장관은 중소 유통공동 도매물류센터의 설립·운영의 발전시책을 수립·시행할 수 있다.

 08 ③ 09 ⑤

10 유통산업발전법에서는 체인사업의 유형을 4가지로 구분하고 있는데, 이중에서 '조합형 체인사업'에 해당하지 않는 것은?

① 중소기업협동조합법에 의해 설립한 협동조합
② 중소기업협동조합법에 의해 설립한 사업협동조합
③ 중소기업협동조합법에 의해 설립한 영리사단법인
④ 중소기업협동조합법에 의해 설립한 협동조합연합회
⑤ 중소기업협동조합법에 의해 설립한 중소기업중앙회

 조합형 체인사업은 같은 업종의 소매점들이 「중소기업협동조합법」 제3조에 따른 중소기업협동조합을 설립하여 공동구매 · 공동판매 · 공동시설활용 등 사업을 수행하는 형태의 체인사업으로서 협동조합, 사업협동조합, 협동조합연합회, 중소기업중앙회로 구분하고 조합, 사업조합 및 연합회를 설립할 수 있는 업종의 분류는 대통령령으로 정한다.

11 다음 중 현행 식품위생법(2011. 1. 1. 시행)상 식품이력추적관리등록의 유효기간은?

① 1년　　② 2년　　③ 3년　　④ 4년　　⑤ 5년

 식품을 제조 · 가공 또는 판매하는 자 중 식품이력추적관리를 하려는 자는 보건복지가족부령으로 정하는등록기준을 갖추어 해당 식품을 식품의약품안전청장에게 등록할 수 있다. 법에 따라 등록의 유효기간을 연장하려는 자는 식품이력추적관리등록 유효기간 연장신청서에 유효기간 연장사유서와 식품이력추적관리 품목 등록증을 첨부하여 유효기간이 끝나는 날의 30일 전까지 식품의약품안전청장에게 제출하여야 한다. 연장기간은 유효기간이 끝나는 날부터 3년 이내로 한다. 식품이력추적관리의 등록사항은 국내식품의 경우(영업소의 명칭(상호)과 소재지, 제품명과 식품의 유형, 유통기한 및 품질유지기한, 보존 및 보관방법)이고, 수입식품의 경우(영업소의 명칭(상호)과 소재지, 제품명, 원산지(국가명), 제조회사 또는 수출회사)이다.

12 다음중 대규모 점포 등을 등록함에 있어 점포의 개설과 운영에 대한 신고, 지정 등록, 허가와 관련된 업무가 지자체의 장과 행정기관의 장의 협의에 의해 허가 등을 받은 것으로 인정하는 사항이 아닌 것은?

① 관광진흥법에 따른 유원시설업의 신고
② 평생교육법에 따른 평생 교육시설 설치의 신고
③ 식품위생법에 따른 집단급식소설치, 운영의 신고
④ 식품위생법에 따른 식품의 제조업, 가공업, 판매업
⑤ 외국환거래법에 따른 저축, 예금 등 은행 업무의 등록

 대규모 점포 등을 등록함에 있어 점포의 개설과 운영에 대한 신고, 지정 등록, 허가와 관련된 업무가 지자체의 장과 행정기관의 장의 협의에 의해 허가 등을 받은 것과 외국환거래법에 따른 저축, 예금 등 은행 업무의 등록은 전혀 다르다. 나머지는 시행령에 열거되어있다.

 10 ③　　**11** ③　　**12** ⑤

13 현행 유통산업발전법에서 정의하는 아래의 용어가 올바르게 짝 지어진 것은?

> (A) 다수의 수요자와 공급자가 일정한 기간 동안 상품을 매매하거나 용역을 제공
> 하는 일정한 장소
> (B) 체인본부가 주로 소매점포를 직영하되 가맹계약을 체결한 일부 소매 점포에
> 대하여 상품의 공급 및 경영 지도를 계속하는 형태의 체인사업

① (A) 임시시장　　　　　　　　　　(B) 직영점형 체인사업
② (A) 임시시장　　　　　　　　　　(B) 프랜차이즈형 체인사업
③ (A) 상설시장　　　　　　　　　　(B) 직영점형 체인사업
④ (A) 상설시장　　　　　　　　　　(B) 프랜차이즈형 체인사업
⑤ (A) 전문상점가　　　　　　　　　(B) 조합형 체인사업

 유통산업발전법 제2조 정의 5조, 6조 가항의 내용이 된다.

14 다음은 제조물책임법(Product Liability)에서 손해배상 청구권 소멸시효와 관련된 내용이다. 손해배상 청구권은 피해자가 손해배상 책임자를 인지한 날로부터 몇 년이 경과되어야 시효가 소멸되는가?

① 3년　　　　② 5년　　　　③ 7년　　　　④ 10년　　　　⑤ 15년

 제조물책임법(Product Liability)은 제조물의 결함으로 인하여 발생한 손해에 대한 제조업자 등의 손해배상책임을 규정함으로써 피해자의 보호를 도모하고 국민생활의 안전향상과 국민경제의 건전한 발전에 기여함을 목적으로 한다. 이 법에 의한 손해배상의 청구권은 피해자 또는 그 법정대리인이 손해 및 손해배상책임을 지는 자를 안 날부터 3년간 이를 행사하지 아니하면 시효로 인하여 소멸한다.

15 다음 박스의 (　　) 안에 들어갈 알맞은 단어는?

> 전통시장 및 상점가육성을 위한 특별법에 따르면, (　　)이란 같은 건축물 안에
> 판매 및 영업시설을 갖추고 그밖에 근린 생활시설을 갖춘 건축물을 말한다.

① 주상 복합건물　　　　② 근린 건물　　　　③ 상가 건물
④ 시장정비 건물　　　　⑤ 복합형 생활 건물

 "상가건물"이란 같은 건축물 안에 판매 및 영업시설을 갖추고 그 밖에 근린생활시설을 갖춘 건축물을 말한다.(전통시장 및 상점가육성을 위한특별법 제2조 9항: 정의)

해답 **13** ①　　**14** ①　　**15** ③

16 다음 아래 항목은 방문판매 등에 관한 법률에 열거된 내용들 이다. 현행법에 열거된 사항 중에서 가장 잘못 설명하고 있는 내용은?

① 방문판매자란 방문판매를 업으로 하기 위하여 방문판매조직을 개설하거나 관리 · 운영하는 자(방문판매업자)와 방문판매업자를 대신하여 방문판매업무를 수행하는 자(방문판매원)를 말한다.

② 전화권유판매자란 전화권유판매를 업으로 하기 위하여 전화권유판매조직을 개설하거나 관리 · 운영하는 자(전화권유판매업자)와 전화권유판매업자를 대신하여 전화권유판매업무를 수행하는 자(전화권유판매원)를 말한다.

③ 다단계판매란 판매업자에 속한 판매원이 특정인을 해당 판매원의 하위 판매원으로 가입하도록 권유하는 모집방식이 있을 것, 판매원의 가입이 3단계(다른 판매원의 권유를 통하지 아니하고 가입한 판매원을 1단계 판매원으로 함) 이상 단계적으로 이루어져야 한다.

④ 다단계판매자란 다단계판매를 업으로 하기 위하여 다단계판매조직을 개설하거나 관리 · 운영하는 자(다단계판매업자)와 다단계판매조직에 판매원으로 가입한 자(다단계판매원)를 말한다.

⑤ 계속거래란 3개월 이상에 걸쳐 계속적으로 또는 부정기적으로 재화 등을 공급하는 계약으로서 중도에 해지할 경우 대금 환급의 제한 또는 위약금에 관한 약정이 있는 거래를 말한다.

 계속거래란 1개월 이상에 걸쳐 계속적으로 또는 부정기적으로 재화 등을 공급하는 계약으로서 중도에 해지할 경우 대금 환급의 제한 또는 위약금에 관한 약정이 있는 거래를 말한다.

17 다음 중 소비자기본법에 대한 설명으로 옳지 않은 것은?

① 소비자의 기본권익을 보호하기 위해 제정되었다.

② 소비자들은 자신들의 권익을 위해 특정단체를 구성할 수 없다.

③ 소비자는 안전하고 쾌적한 소비생활 환경에서 소비할 권리가 있다.

④ 소비자 보호 시책의 효과적인 추진을 위해 한국소비자원이 설립되었다.

⑤ 모든 물품 및 용역으로 인한 생명, 신체 및 재산상의 위해로부터 보호받을 권리를 포함하고 있다.

 소비자는 소비자 스스로의 권익을 옹호하기 위하여 단체를 조직하고 이를 통하여 활동할 수 있는 권리를 향유한다.

18 청소년보호법령상 청소년 유해 매체물에 대한 설명으로 맞지 않은 것은?

① 청소년 유해 매체물에 대해서는 청소년에게 유해한 매체물임을 나타내는 표시를 하여야 한다.

② 청소년 유해 매체물에 대해서는 이를 포장하여야 한다. 다만, 매체물의 특성상 포장할 수 없는 것은 그러하지 아니하다.

③ 청소년 유해 매체물은 청소년에게 유통이 허용된 매체물과 구분 격리하지 않고 다만 대여하기 위하여서는 전시 또는 진열할 수 있다.

④ 누구든지 청소년유해표시 및 포장을 훼손하여서는 아니 된다.

⑤ 청소년으로 하여금 인격비하·수간 등 비인륜적 성의식을 조장할 우려가 있는 성관련 물건을 말한다.

 청소년보호법의 목적에서 청소년에게 유해한 매체물과 약물 등이 청소년에게 유통되는 것과 청소년이 유해한 업소에 출입하는 것 등을 규제하고 있다. 또한 청소년 유해매체물은 청소년에게 유통이 허용된 매체물과 구분 격리하지 않고 다만 대여하기 위해서라도 전시나 진열은 할 수 없다.

19 직장생활을 하는 '나뚱뚱'씨는 최근에 살을 빼기 위해 런닝머신을 구입하였다. 그러나 제품에 심각한 하자가 발생하여서 반품이나 환불을 요구할 수 있는 소비자의 기본적인 권리가 있다는 것을 알았고, 권리를 행사할려고 한다. 이런 권리행사에 해당되지 않는 것은?

① 런닝머신을 구입하기 위해 영업사원에게 제품에 대한 카탈로그를 가지고, 내가 근무하는 직장의 커피숍에서 설명을 받을 권리가 있다.

② 구입하여 달리기를 하던 중 갑자기 기계가 멈춰서 앞으로 넘어지면서, 부상에 대한 심각한 공포심을 가지게 되어 보호받을 권리가 있다.

③ 기계의 옵션이 다양하여 설명서를 읽고도 이해를 하는 것이 부족하여, 필요한 지식을 제공받기를 원하는 권리가 있다.

④ 동일한 기계를 사용한 소비자들끼리 모여서 기계사용으로 인하여 입은 피해에 대하여 신속·공정한 절차에 따라 적절한 보상을 받을 권리가 있다.

⑤ 소비생활에 영향을 주는 국가나 지방자치단체의 정책과 사업자의 사업활동 등에 대하여 법안을 제출하고, 의견을 반영시킬 권리가 있다.

 소비생활에 영향을 주는 국가나 지방자치단체의 정책과 사업자의 사업활동 등에 대하여 법안을 제출하고, 의견을 반영시킬 권리가 있는 곳은 일반적인 소비자가 하는 권리가 아니라 법안을 제출하는 국회에서 하는 행위이다.

 **18** ③ **19** ⑤

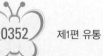

20 전통시장 및 상점가 육성을 위한 특별법에서 사용하는 전통시장에 대한 내용과 거리가 먼 것은?

① 전통시장이란 자연발생적으로 또는 사회적, 경제적 필요에 의해 조성된 것이다.

② 상품이나 용역의 거래가 상호신뢰에 기초하여 주로 전통적 방식으로 이루어진다.

③ 용역제공 장소의 범위에 해당하는 점포수가 전체점포수의 2분의 1미만이어야 한다.

④ 해당구역 및 건물에 시장이나 군수가 정하는 수이상의 점포가 밀집한 곳이다.

⑤ 점포에 제공되는 건축물과 편의시설이 점유하는 토지면적의 합계가 1천제곱미터 이상 인 곳이다.

'전통시장'이란 대규모점포로 등록된 시장, 등록시장과 같은 기능을 하고 있으나 대규모점포의 요건은 갖추지 못한 곳으로서 대통령령으로 정하는 기준에 적합하다고 특별자치도지사·시장·군수·구청장이 인정한 곳에 해당하는 장소로서 상업기반시설이 오래되고 낡아 개수·보수 또는 정비가 필요하거나 유통기능이 취약하여 경영개선 및 상거래의 현대화 촉진이 필요한 장소를 말한다. 대통령령으로 정하는 도매업·소매업 또는 용역업을 영위하는 점포 50개를 말한다.

21 산업통상자원부장관은 유통산업의 발전을 위하여 유통산업 발전의 기본방향 등이 포함된 유통산업 발전 기본계획을 5년마다 수립 하고, 이 기본계획에 따라 매년 시행계획을 세워야 한다. 계획과 시행 계획에 포함되는 내용으로 가장 옳지 않은 것은?

① 유통 산업의 국내외 여건 변화 전망

② 유통 산업의 지역별·종류별 발전방안

③ 중소유통기업의 구조개선 및 경쟁력 강화 방안

④ 유통 전문 인력·부지 및 시설 등의 수급(需給) 변화에 대한 전망

⑤ 대규모 점포와 전통시장 사이의 건전한 상거래 질서의 유지 방안

◆ 기본계획에 포함사항
1. 유통산업 발전의 기본방향
2. 유통산업의 국내외 여건 변화 전망
3. 유통산업의 현황 및 평가
4. 유통산업의 지역별·종류별 발전 방안
5. 산업별·지역별 유통기능의 효율화·고도화 방안
6. 유통전문 인력·부지 및 시설 등의 수급(需給) 변화에 대한 전망
7. 중소유통기업의 구조개선 및 경쟁력 강화 방안
8. 대규모점포와 중소유통기업 및 중소제조업체 사이의 건전한 상거래질서의 유지 방안
9. 그 밖에 유통산업의 규제완화 및 제도개선 등 유통산업의 발전을 촉진하기 위하여 필요한 사항

 20 ④　　**21** ⑤

22 할부거래에 관한 법률은 할부계약 및 선불식 할부계약에 의한 거래를 공정하게 함으로써 소비자의 권익을 보호하고 시장의 신뢰도를 높여 국민경제의 건전한 발전에 이바지함을 목적으로한다. 다음 중 할부계약에서 청약의 철회에 대한 내용으로 옳지 않은 것은?

① 소비자는 계약서를 받은 날부터 7일. 다만, 그 계약서를 받은 날보다 재화 등의 공급이 늦게 이루어진 경우에는 재화 등을 공급받은 날부터 14일의 기간(거래당사자가 그 보다 긴 기간을 약정한 경우에는 그 기간)이내에 할부계약에 관한 청약을 철회할 수 있다.

② 소비자가 계약서를 받지 아니한 경우, 할부거래업자의 주소 등이 적혀 있지 아니한 계약서를 받은 경우, 할부거래업자의 주소 변경 등의 사유로 기간 이내에 청약을 철회할 수 없는 경우에는 그 주소를 안 날 또는 알 수 있었던 날 등 청약을 철회할 수 있는 날부터 7일 이내에 할부계약에 관한 청약을 철회할 수 있다.

③ 소비자는 계약서에 청약의 철회에 관한 사항이 적혀 있지 아니한 경우에는 청약을 철회할 수 있음을 안 날 또는 알 수 있었던 날부터 7일의 기간(거래당사자가 그 보다 긴 기간을 약정한 경우에는 그 기간)이내에 할부계약에 관한 청약을 철회할 수 있다.

④ 소비자는 할부거래업자가 청약의 철회를 방해한 경우에는 그 방해 행위가 종료한 날부터 7일의 기간(거래당사자가 그 보다 긴 기간을 약정한 경우에는 그 기간)이내에 할부계약에 관한 청약을 철회할 수 있다.

⑤ 할부거래업자가 청약의 철회를 승낙하거나 청약을 철회할 수 없는 재화 등에 대하여는 그 사실을 재화 등의 포장이나 그 밖에 소비자가 쉽게 알 수 있는 곳에 분명하게 표시하거나 시용(試用) 상품을 제공하는 등의 방법으로 소비자가 청약을 철회하는 것이 방해받지 아니하도록 조치를 하지 아니한 경우에는 청약을 철회할 수 있다.

소비자는 계약서를 받은 날부터 7일. 다만, 그 계약서를 받은 날보다 재화 등의 공급이 늦게 이루어진 경우에는 재화 등을 공급받은 날부터 7일의 기간이다.

23 유통산업발전법 제24조1항 유통관리사의 직무에 해당하지 않는 것은?

① 유통경영·관리 기법의 향상
② 유통경영·관리와 관련한 계획·조사·연구
③ 유통경영·관리와 관련한 허가·승인
④ 유통경영·관리와 관련한 진단·평가
⑤ 유통경영·관리와 관련한 상담·자문

제24조(유통관리사) ① 유통관리사는 다음 각 호의 직무를 수행한다.
1. 유통경영·관리 기법의 향상
2. 유통경영·관리와 관련한 계획·조사·연구
3. 유통경영·관리와 관련한 진단·평가
4. 유통경영·관리와 관련한 상담·자문
5. 그 밖에 유통경영·관리에 필요한 사항

해답 22 ① 23 ③

유통관리사2급

02 상권분석

Chapter 1 유통 상권조사

01 상권(商圈)의 개요

1. 상권의 의의

(1) 상권의 개념

① 상권(trade area)의 가장 일반적인 정의는 한 점포가 고객을 흡인할수 있는 지역의 한계범위(geographic area)를 지칭하는 말이다. 점포에 대한 마케팅전략 수립에 앞서 기업은 자사점포의 상권범위를 어디까지로 할 것인가를 먼저 결정해야 한다.

② 상권은 시장지역 또는 배후지라고도 부르며, 특정지역에 위치한 점포의 집단, 점포와 고객을 상행위와 관련하여 흡수할수 있는 지리적영역이고, 경쟁자의 출현은 상권을 차단하는 중요한 장애물이며 고객밀도는 상권내의 인구밀도와 밀접한 관련이 있다.

③ 상권과 혼용되는 다양한 유사 개념 중 하나로 상세권은 상가나 시장과 같은 복수의 점포로 구성되는 상업 집단이 영향을 미치는 지리적 범위를 뜻한다.

④ 일반적상권은 지리적범위에 따라 계층적구조로 형성된 것으로 보는 경향이 있다. 즉, 상권은 지역상권(general trading area), 지구상권(district trading area), 개별점포 상권(individual trading area)등으로 계층적 분류한다.

⑤ 상권의 크기는 소비자와의 물리적 거리와 밀접한 관련이 있다. 상권의 크기는 주택가 상권은 좁다는 특징이 있고, 주변에 점포가 많으면 상권은 넓은범위를 가진다.

⑥ 상권이란 한 점포 뿐만 아니라 점포집단이 고객을 유인할수 있는 지역(공간)적 범위(geographic area)를 의미하며, 상권은 단순한 몇 km권이라고 하는 원형의 형태가 아니라 아메바와 같이 정형화되지 않은 형태로 되는 경우가 일반적이다.

⑦ 지방 중소도시의 경우 지역상권은 지구상권과 거의 일치한다고 볼 수 있다. 지역상권내의 가장 중심부에 위치한 지구상권은 지역전체의 소비자들을 흡인한다.

⑧ 중소점포의 경우에도 유명전문점은 동일위치의 경쟁점포보다 점포상권의 규모가 크며, 한 점포의 상권은 지역상권, 지구상권, 개별점포상권을 모두 포함하는 것이지만, 이와 같이 엄격히 구분하지는 않는다.

⑨ 상권이란 하나의 점포 또는 점포들의 집단이 고객을 유인할 수 있는 지역적범위를 나타내며, 판매수량의 크기에 따라 1차, 2차, 3차 상권으로 구분할 수 있다. 상권의 구매력은 상권내의 가구소득 수준과 가구수의 함수로 볼 수 있다.

⑩ 소매상권의 크기와 형태를 결정하는 직접적인 요인으로는 취급 상품의 종류, 점포에 대한 접근성, 경쟁 점포와의 거리, 점포의 입지 등 객관적인 측정이 가능한 것이 있다.

⑪ 신호등의 위치, 좌(左)회전 로(路)의 존재, 접근로의 경사도 등도 상권의 범위에 영향을 미치며, 경관이 좋고 깨끗하다든지, 도로주변이 불결하다든지 하는 심리적 요소도 상권범위에 영향을 미친다.

(2) 상권 설정이유

① 상권은 판매행위가 이루어지는 판매권, 제품과 서비스의 구매자를 포함하는 지역인 시장권, 거래상대방이 소재하는 거래권으로 보기도 한다.

② 미래 판매예측을 위해, 세분화된 고객파악, 상품구색, 판매촉진 등 전략수립을 위해서, 입지의 참고자료와 상점가 개발의 기초자료로 활용하기 위해서 상권을 설정한다.

③ 상권설정 필요성은 잠재수요를 파악하기 위해서나 지역내 고객특성 파악을 통한 구색 갖춤과 판촉방향을 파악하기 위해서, 구체적인 입지계획을 수립하기 위해서이다.

(3) 상권 규정 요인

① 상권을 규정하는 가장 중요한 요인은 소비자나 판매자가 감안하게되는 시간과 비용 요인이지만, 일반적으로 상권을 규정하는 구성요인은 인구, 시간, 거리요인이다.

② 상품가치를 좌우하는 보존성이 강한 재화일수록 오랜 운송에도 견딜수 있으므로 상권이 확대되며, 생산비, 운송비, 판매가격 등이 낮을수록 상권은 확장된다.

③ 구매자측면에서의 상권은 적절한 가격의 재화 및 용역을 합리적으로 구매할 수 있을 것으로 기대되는 지역적 범위이다.

④ 소비자가 직접 이동하는 경우에는 재화의 종류에 따라 소비자가 투자하는 시간과 비용이 바뀌게 되어 상권의 크기도 바뀐다.

⑤ 판매자 측면에서 상권은 특정 마케팅단위나 집단이 상품과 서비스를 판매하고 인도함에 있어 비용과 취급 규모면에서 특정경계에 의해 결정되는 경제적인 범위이다.

⑥ 미래 판매예측을 위해서, 세분화된 고객파악, 상품구색, 판매촉진 등 전략수립을 위해서, 입지의 참고자료와 상점가 재개발의 기초자료로 활용하기 위해서 상권을 설정한다.

⑦ 상권은 단독점포의 상권과 복수점포의 상권, 현재상권과 잠재상권, 거주상권과 생활상권 등의 기준으로 구분할 수 있다.

(4) 효과적 상권개발전략

① 전략상권의 범위를 구체적으로 확정해야 한다.

② 소비자와의 지속적인 커뮤니케이션 채널을 구축해야 한다.

③ 업태의 이미지를 분명히 확립하고 지속적으로 유지해야 한다.

(5) 상권에 관한 일반적인 내용

① 고객의 방문주기가 길거나 고객구매빈도가 낮은 업종일수록 보다 넓은 상권을 가져야 한다. 상권은 정적이지 않고 마케팅 전략, 가격, 점포 규모, 경쟁 등에 따라 수시로 변하는 변동성을 가지고 있다.

② 상권은 점포의 매출 및 고객이 창출되는 지리적으로 인접한 구역을 말하는데, 두 세 개의 구역으로 분리될 수 있다.

③ 동일지역에 출점한 경쟁점포들의 경우 규모가 큰 대형점포 일수록 상권이 크고, 동일한 업종으로 형성된 상권의 규모가 다양한 업종으로 형성된 상권에 비해 크다.

④ 상권을 정의하기 위한 기초자료요소로는 고객스포팅(customer spotting), 지리정보시스템 분석자료(GIS), 구매력지수 등을 참고해야 한다.

⑤ 상권내 기생점포만으로 고객이동을 발생시키지 못하며, 이곳의 상권은 해당지역의 쇼핑센터나 소매지역에서 주도적으로 성장하는 소매업체에 의해 결정된다.

⑥ 대도시에 인접한 소도시(위성도시)의 경우 소비자들이 대도시에서 주로 구매하기 때문에 상권형성이 어렵지만 건전지, 식료품, 간단한 의약품 등은 위성도시에서도 상권이 형성될 수 있으리라고 추측할 수 있는 품목들이다.

(6) 상권설정시 고려요소와 평가지수

① 상권에 영향을 미칠수 있는 인구와 구매행동, 가구의 소득과 구성, 지역의 발달정도는 상권의 잠재적 수요를 파악할 때 사용할 수 있는 요소가 된다.

② 점포당 면적, 종업원당 면적, 점포의 성장 등의 요소는 시장의 공급요인을 평가할 때 사용할 수 있는 지표로 매출과 연계하면 상권의 포화정도를 설명할 수 있다.

③ 판매활동지수(SAI : sales activity index)는 다른지역과 비교한 특정지역의 1인당 소매매출액을 측정하는 방법으로 인구를 기준으로 소매매출액의 비율을 계산한다.

④ 시장밀도(market density)란 소비자가 거주하는 곳의 지리적 영역단위당 구매자의 수를 말하고, 시장지리(market geography)는 생산자로부터 소비자까지의 물리적 거리차이를 지칭한다.

(7) 도심(재래시장) 활성화(재생) 방안

① 소비자들이 재래시장을 외면하는 이유로는 불편함이 가장 크다. 인근에 있는 재래시장에서 더 싼 물건도 있지만 상점이 여기저기 떨어져 있어 자주 찾지 않게 된다.

② 재래시장에 비해 대형마트는 평균적으로 값도싸고 깨끗하게 포장해 놓아 많이 이용하게 된다. 선진국은 1980년대부터 점포밀집지역을 하나로 묶어 관리하고 있다.

③ 도시재개발(urban renewal) 또는 도시재생(urban regeneration)은 신도시 · 신시가지 위주의 도시 확장에 따라 나타나는 기존 시가지 노후 쇠락으로 발생하는 도심공동화를 방지하고 침체된 도시 경제를 활성화시키기 위하여 새로운 기능을 도입하고 창출함으로써 물리 환경적, 산업 경제적, 사회 문화적으로 재활성화 또는 부흥시키는 것이다.

④ 도심재생 과정은 도시가 성장하며 인구가 유입되어 도심에 중심상업지구 또는 상점가(shopping street)가 발전하며, 도심혼잡으로 인해 도심인구가 교외로 이주하고 교외 지역에 쇼핑센터들이 활성화된다. 도심활성화를 위한 도심재생(gentrification) 활동이 시작되며, 전국적으로 영업하는 체인점들이 도심에 입점한다.

2. 상권의 유형

(1) 고객흡인율에 따른 상권

① **점포의 상권** : 일반적으로 1차상권(primary trading area), 2차상권(secondary trading area), 한계상권(fringe trading area)으로 구성된다. 한계상권을 3차 상권이라하고, 판매수량(판매금액, 판매자)관점에서 본 것이라 할 수 있다.

② **1차상권(Primary trading area)** : 점포에서 가장 가까운 지역을 포함하며, 점포전체 이용고객의 60~65%를 흡인하는 지역범위로서 전체 상권내에서 자사점포 이용 고객들이 가장 밀집되어 있기 때문에 고객 1인당 매출액은 최고라 할 수 있다.

③ **2차상권(Secondary trading area)** : 1차상권 외곽에 위치하며, 전체 점포이용 고객의 20~25%를 흡인하는 지역범위이다. 2차상권내 고객은 1차상권의 고객들과 비교할 때 지역적으로 넓게 분산되어 있다.

④ **3차상권(Third trading area) 또는 한계상권** : 2차상권 외곽을 둘러싼 지역범위를 말하며, 1차상권과 2차상권에 포함되지 않은 나머지 고객들을 흡인하게 된다. 한계상권 내에 위치한 고객들은 1차상권 및 2차상권과 비교할 때 고객의 수와 이들의 구매빈도가 적기 때문에 점포매출에서 차지하는 비율은 극히 미미하며, 일반적으로 점포를 이용하는 전체소비자를 빠짐없이 포괄하는 범위까지를 경계로 하는 것은 아니다.

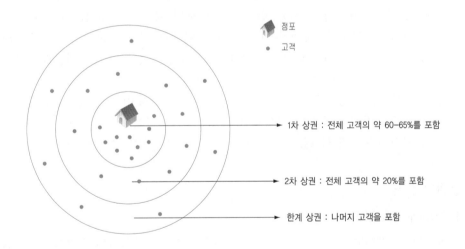

(2) 권역별 구분에 의한 상권

① **근린형 상권**

ⓐ 주택가형이나 소형상권으로 일반적으로 생활필수품을 중심으로 한 식품류와 편의품 위주의 상품을 취급하고 판매하는 상가가 형성되어 있는 권역을 말한다.

ⓑ 근린형상권의 범위는 반경 500~1,500m이며, 도보로 이용할 수 있는 거리를 상권으로 보면 된다. 이곳의 인구는 10,000명에서 30,000명 이하를 상권으로 한다.

② 지구중심형 상권

㉠ 동이나 읍·면의 전체를 상권의 범위에 포함하여 소비빈도가 높은 비식품류를 넓게 취급하되 가격을 낮게 책정하여 대량판매를 시도하는 중형규모의 상권이 형성되어 있는 권역이다.

㉡ 지구형은 다시 지구중심형과 대지구중심형으로 구분되는데, 지구중심형은 반경 1킬로 미터 이내의 생활권을 범위로 하며, 대지구중심형은 몇개의 거주지역을 상권으로 한다.

③ 지역중심형 상권

㉠ 시(市)의 경우 시전부와 인접한 1~2개 구·읍·면을 상권으로 하며 지방 중소도시의 경우는 그 중소도시 전지역을 대상으로 하는 대규모상권을 형성한다.

㉡ 지역중심형 상권은 편의품과 선매품 이외에 고급패션의류, 고급가구 등 전문품을 취급하는 대중앙판매점과 같은 대규모상권이 형성되어 있는 권역이다.

④ 도심형 광역 상권

㉠ 시내(市內) 전역 및 전국을 대상으로 할 수 있는 대규모상권이 형성되어 있는 권역을 말하며 주간과 야간의 인구규모 격차가 심하다.

㉡ 대도시의 상권을 도심, 부도심, 지역중심, 지구중심 등으로 분류하고 각 수준별 및 수준간 경쟁 관계의 영향을 함께 고려하는 것은 위계별 경쟁구조 분석이다.

㉢ 광역형, 지역형 상권을 형성하고 있으며 중심형은 도심형과 부도심형으로 나눌 수 있는데, 남대문이나 동대문같이 전통적이고 복합형으로 구성된 중심상권을 도심형이라 하고, 신촌이나 영등포 등 교통이나 도시개발과 함께 새롭게 신흥상권으로 떠오른 곳을 부도심이라 한다.

㉣ 부도심은 공공시설, 상업시설, 업무시설등이 입지하여 기능을 수행하고, 역세권을 중심으로 부도심이 형성되며, 업종간 높은 연계성과 업종간의 집단화도 이루어져 소비자가 볼 때, 도심보다 방문주기가 빈번하며, 체류하는 시간은 짧다.

3. 상권의 분류

(1) 주체에 따른 분류

① 상권은 마케팅의 공간적범위 또는 유효수요의 분포공간으로 인식될 수 있다. 상권의 범위는 인구밀도 분포, 쇼핑몰에 접근하는 교통조건, 경쟁상업지의 위치와 규모에 의해 결정된다.

② 판매자 측면에서의 상권은 특정마케팅 단위나 집단이 상품과 서비스를 판매하고 인도함에 있어 비용과 취급규모면에서 특정경계에 의해 결정되는 경제적인 범위이다.

③ 구매자측면에서의 상권은 적절한 가격의 재화 및 용역을 합리적으로 구매할 수 있을 것으로 기대되는 지역적 범위이다.

④ 1차 상권, 2차 상권, 3차 상권 등으로 구분하여 각 상권별 판매량이나 판매금액에 따라 구분을 하는것은 보는 측면에 따라 다르기에 고정적인 상권의 범위는 아니다.

(2) 상권범위의 영향인자

① 신호등의 위치, 좌회전 로의 존재, 접근로의 경사도, 경관이 좋고 깨끗하다든지, 도로주변이 불결하다든지 하는 심리적요소도 상권범위에 영향을 미친다.

② 주요 고속도로나 철도가 남북으로 길게 놓여있을 경우에는 상권도 남북으로 긴 타원의 형태가 되고, 이곳의 상권은 해당지역의 쇼핑센터나 소매지역에서 주도적으로 성장하는 소매업체에 의해 결정된다.

③ 상권의 구매력은 상권내 가구소득수준과 가구수의 함수로 볼 수 있다. 상권을 정의하기 위한 기초자료요소로는 고객스포팅(customer spotting), 지리정보시스템 분석자료, 구매력지수 등을 참고해야 한다.

(3) 상품특성에 의한 상권

① 편의품의 수요 예측을 위해 업태별, 업태내 경쟁구조 분석이 필요하고, 거리의 영향을 가중하여 평가하는 상권분석은 편의품점에 더욱 적합하다.

② 선매품의 경우에는 위계별 경쟁구조 분석이 필요하며, 다른 위계의 점포들도 경쟁상대로 보고 분석하는 것이 필요하다.

③ 전문품의 경우 구매고객이 많지 않지만, 전문품을 구매하는 고객이 여러지역에 분포가 되어있다.

④ 점포상권의 규모를 보면 전문품을 취급하는 점포의 상권은 선매품을 취급하는 점포의 상권보다 크고, 선매품을 취급하는 점포의 상권은 편의품을 판매하는 점포의 상권보다 크다.

(4) 상권에 관한 일반적인 내용

① 고객의 방문주기가 길거나 고객구매빈도가 낮은 업종일수록 보다 넓은 상권을 가져야 한다. 상권은 정적이지 않고 마케팅 전략, 가격, 점포 규모, 경쟁 등에 따라 수시로 변한다. 영업성과에 대한 입지의 영향은 소매상보다 도매상의 경우가 더 작다.

② 도매상은 소매상을 대상으로 영업을 하므로 상권을 구성하는요소 내부시설보다는 소매상의 입지, 점포 수 및 판매액, 경쟁 도매상의 입지, 분포 및 집적도, 물류(Logistics)비용, 취급 상품 및 상품군 등을 고려해야 한다. 분산도매상은 물류의 편리성을 고려하여 입지를 결정하고, 수집도매상의 영업성과에 대한 입지의 영향은 매우 제한적이다.

③ 상권의 특성을 분석할 때 인구통계적 특성, 경제적 상황분석, 상권내 도로, 지하철 등 인프라에 대한 분석, 경쟁상황 분석이 포함되어야 한다.

④ 상권내 목적점포는 상품, 상품의 종류, 전시, 가격 혹은 다른 독특한 특징이 고객 유인 역할을 하는 점포이며, 상권은 점포의 매출 및 고객이 창출되는 지리적으로 인접한 구역을 말하는데, 두 세개의 구역으로 분리될 수 있다.

(5) 점포수의 정도에 따른 상권

① **과소지역상권** : 해당 지역의 욕구를 만족시키기 위한 특정제품이나 서비스를 판매하는 점포가 매우 부족한 지역이다.

② **과다지역상권** : 너무나 많은 점포들이 특정상품이나 서비스를 판매하여 현재 상권 내 경쟁이 치열한 지역으로 수익실현이나 유지에 대한 불확실성이 높다.

③ **과점지역상권** : 특정상품이나 서비스를 몇몇 점포가 과점하여 판매하는 것으로 그 지역에서 경쟁력이 있는 점포는 그 시장에 진입을 하여 이익을 볼 수가 있다.

④ **포화지역상권** : 고객에게 우수한 상품과 서비스를 제공하고, 경쟁 소매업체들이 이익을 많이 남길수 있도록 해주기에 소매업체들은 이지역이 매력적이라고 생각한다.

⑤ **점포적정지역상권** : 상권내부의 소비자 수요에 맞게 적정수준의 점포가 개설되어 있으며, 점포적정지수는 소비자의 지출액과 매장면적과의 관계를 설명하는 지표로 점포적정지수의 변화를 보면 신규점포의 출점이 미치는 영향을 예측해 볼 수 있다.

(6) 유점포와 무점포에 따른 상권

① 물리적점포가 존재하는 경우 잠재상권, 확률상권, 현재상권 등으로 구분하여 분석하기도 한다.

② 상권의 가장 단순한 형태인 일반상권은 지역내 존재하는 자기점포를 중심으로 상권을 표기하는 방법이다.

③ 물리적점포가 없는 경우 상권은 인터넷, 우편 등의 접촉수단에 대한 접근 가능성에 더 많은 영향을 받는다.

④ 무점포판매의 경우 제품을 홍보하고 주문하는 수단이 발전함에 따라 상권으로 평가할 수 있는 범위가 넓어지게 되었다.

⑤ 근대 이전 과거를 이용하여 상권을 분석한다면 시전을 점포상으로 보고 상권을 분석해볼 수 있다.

(7) 상권분석의 목적

① 권역별 상권의 특성을 총체적으로 이해할 수 있다.

② 경쟁업소 현황과 차별화 전략 수립에 기초가 된다.

③ 업종의 도입과 쇠퇴 추이 분석을 용이하게 할 수 있다.

④ 예상 매출액 추정을 위한 기초자료로 활용할 수 있다.

⑤ 진입시 입지선정을 위한 기초자료로 활용이 가능하다.

⑥ 업종별 분포현황을 미리 파악함으로써 공급과잉 및 진입가능 업종을 사전에 예측할 수 있다

⑦ 임대료 평가기준마련, 업종선택의 기준마련, 매출추정의 근거확보, 마케팅전략 수립에 활용된다.

⑧ 소매상권의 크기와 형태를 결정하는 직접적인요인은 주변의 인구분포, 상품의 종류, 점포의 입지, 점포에 대한 접근성 등이 있다.

(8) 상권(배후지)의 인구 분석

① 인구 규모보다는 연령별, 성별 인구구조가 더 중요한 입지 요인이 될 수 있다.

② 공간적으로 면적이 같다면 배후지는 인구밀도가 높은 경우가 더 유리하다.

③ 배후지는 소비자의 생활권역과 소매기업의 활동 권유 직·간접적으로 겹치는 공간이다.

④ 행정구역과 배후지가 일치하지 않는 경우 행정단위의 인구 자료는 가공하여 활용해야 한다.

⑤ 고객 수급권으로 인식되는 배후지는 고객이 존재하는 지역을 의미하며 지역범위가 유동적으로 변화할 수 있다.

4. 상권의 설정 방법

(1) 범위와 경계선

① 시장진입을 위한 범위

 ㉠ 주변 인구밀도분포

 ㉡ 개별매장, 점포집단 등 경쟁사업자의 위치

 ㉢ 철도, 도로, 버스노선 등의 쇼핑몰에 접근하는 교통조건

② 점포상권의 경계선

 ㉠ 구매빈도가 낮은 업종일수록 점포상권의 경계선이 확대된다.

 ㉡ 동일지역에서 비슷한 상품을 판매하는 소매점포 들의 밀집현상은 일반적으로 상권의 범위를 확장한다.

 ㉢ 도매상 사이의 거래 고리는 '산지도매상-전국도매상(원도매상 또는 중계도매상)-지역도매상 또는 지방도매상(분산도매상)'의 형태를 가진다.

③ 위계별 계층적 구조

 ㉠ **지역상권** : 한 도시내에 형성된 모든 유통기관들의 총체적 경쟁구조로 형성

 ㉡ **지구상권** : 핵점포 한 두개와 여러개의 대형매장으로 점포가 직접적으로 형성

 ㉢ **개별점포상권** : 점포의 크기나 특성에 따라 상권의 크기가 변화하는 형태

④ 티센다각형(Thiessen polygon)

 ㉠ 근접구역법인 최근접상가 선택가설에 근거하여 상권을 설정하며, 상권에 대한 기술적이고 예측적인 도구로 사용될 수 있다. 시설간 경쟁정도를 쉽게 파악할 수 있으며, 하나의 상권을 하나의 매장에만 독점적으로 할당하는 방법이다.

 ㉡ 상권 경계를 분석하는 방법 중에서 각 점포가 차별성이 없는 상품을 판매할 경우 소비자들은 가장 가까운 소매시설을 이용한다는 가정을 기본전제로 하는 분석 방법에 해당하는 것으로 상권의 지리적 경계를 분석할 때 활용한다.

 ㉢ 직선으로 연결한 3각형의 각 변의 수직이등분선을 그었을 때 만들어지는 관측점 주위의 다각형을 말하며, 이들 다각형의 면적이 각 관측점의 가중인자로 이용되며, 티센 다각형의 크기는 경쟁수준과 반드시 비례하지는 않는다.

(2) 상권 설정법

① 고객리스트를 통한 상권 설정법

⊙ 특정점포의 고객정보를 상권 설정을 위한 샘플로 활용하는 방법을 말한다.

ⓒ 이 방법은 앙케이트를 이용한 상권설정법에 비해 시간과 비용이 많이 든다.

② 앙케이트 조사를 통한 상권 설정법

⊙ 상권을 설정하기 위해서 점포에 찾아온 고객을 직접 대상으로 하는 방법이다.

ⓒ 고객에게 직접 물어보고 조사한 뒤 그 결과를 집계ㆍ분석하여 설정한다.

③ 실사(實査)에 의한 상권 설정법

⊙ 상권설정시 해당 지역을 직접 돌아다니면서 자신의 경험적 감각을 활용한 상권 파악방법으로 실사 상권설정법이 있다.

ⓒ 기존점포의 고객을 잘 관찰하여 교통수단별 내점비율을 파악하는 것이 중요하며, 항상 지도를 휴대하여 어느지역에서 고객이 유입되는지에 관심을 가져야 한다. 점포에 내점하는 고객의 범위를 파악하는 것이 목적이다.

④ 단순원형 상권 설정법

⊙ 설정한 상권에서 경합도 및 방향도를 산출할 수 있으며 일반적으로 가장 많이 활용되는 상권설정 방법이다.

ⓒ 기본상권을 몇 킬로미터로 할 것인지를 확실히 정해야 하며, 만약 기본상권을 불명확하게 하면 상권 설정의 의미와 목적이 없다.

(3) 오피스빌딩이 밀집된 상권

① 고객들의 구매패턴이 일정하기 때문에 매출액에 대한 예측이 용이하다.

② 대부분의 고객이 직장인을 대상으로 영업하므로 거래행위가 비교적 양호하다.

③ 점심시간 등 하루 중에서 특정시간대에 매출이 집중적으로 발생하므로 상품 및 자금회전이 빠르다.

④ 영업일수(營業日數)는 주거지의 상권에 비해 적기때문에 지속적이고 안정적인 매출이 발생하지 못하는 단점이 있다.

(4) 상권 형별 입지전략

① 대학가의 상권에서는 야간시간대에 매출이 많이 발생하는 업종이 유리하다.

② 아파트단지의 경우 테이크아웃형 업종일수록 단지 초입에 위치하는 것이 유리하다.

③ 중심가상권의 경우 경쟁으로 인한 이익이 크기 때문에 치열한 경쟁구도가 형성된다.

④ 역세권은 업종 간 경쟁관계가 높지만 소비자들이 많으므로 초보창업자도 유리하다.

▣입지와 상권의 비교▣

구 분	입 지	상 권
개 념	지점(점포)이 소재하고 있는 위치적인 조건(Location),점포를 경영하기 위해 선택한 장소(부지, 위치)를 말함	지점(점포)이 미치는 영향권(거래권)의 범위(Trading Area),점포를 이용하는 소비자들이 분포하는 공간적 범위를 나타냄,다수 점포가 집단으로 존재하는 지역

구 분	입 지	상 권
물리적 특성	평지, 도로변, 상업시설, 도시계획지구 등 물리적 시설	대학가, 역세권, 아파트단지, 시내중심가, 먹자상권 등 비물리적인 상거래 활동공간
등급구분	1급지, 2급지, 3급지	1차상권, 2차상권, 3차상권
분석방법	점포분석, 통행량 분석	업종 경쟁력 분석, 구매력 분석
평가기준	권리금(영업권), 임대료(평당 단가)	반경거리(250m, 500m, 1Km)

◀상권은 공간적 범위(boundary), 입지는 위치의 좌표를 가지는 점(point)▶

5. 소매포화지수(IRS : Index of Retail Saturation)

(1) IRS의 개념

① IRS는 한시장 지역내에서 특정소매업태 또는 집적소매시설의 단위 면적당 잠재 수요를 말하며, 특정시장내에서 주어진 제품계열에 대한 점포면적당 잠재 매출액의 크기이고, 신규점포에 대한 시장잠재력을 측정하는 데 유용하게 사용된다.

② 소매포화지수(IRS)는 지역시장의 수요잠재력을 총체적으로 측정할 수 있는 지표로 많이 이용되며 특정시장내에서의 특정제품계열에 대한 점포면적당 잠재매출액을 의미하는 지수이다.

③ IRS는 지역시장의 수요잠재력을 총체적으로 측정할수 있는 지표로 많이 이용되며 특정 시장내에서의 특정 제품계열에 대한 점포면적당 잠재 매출액을 의미하는 지수 로서 값이 클수록 시장의 포화정도가 낮아 시장의 매력도는 높아진다.

④ 지역시장의 수요잠재력을 총체적으로 측정할수 있는 지표로 많이 이용되는 것이 소 매포화지수이고, 수요를 측정하기 위해 인구수와 가처분소득을 통한 소매 구매력의 조사, 수요측정지표로 가구구성원의 연령, 구성원 수, 인구밀도, 유동성 등이 있다.

⑤ 한지역 시장의 점포포화(store saturation)란 기존점포만으로 고객의 욕구를 충족시킬 수 있는 상태를 의미하고, IRS가 지역시장에서 특정업태에 대한 수요 잠재력을 측정할 수 있다는 것은 해당지역의 잠재적인 판매규모를 잘 예측해야 적정한 수준의 매장규모를 선택할 수 있기 때문이다.

(2) 소매포화지수(IRS)에 포함되는 요인

① 특정제품(서비스)에 배분한 총매장면적

② 특정제품(서비스)에 대한 특정상권 고객의 지출액

③ 특정제품(서비스)에 대한 특정상권내의 고객 수(가구 수)

(3) 소매포화지수(IRS)의 특징과 산식

① 소매수요가 아무리 높다고 하더라도 기존점포들 간의 경쟁이 매우 치열한 상황 이라면 지역시장의 매력도는 낮아진다.

② IRS에서는 점포가 비슷한 전통적인 수퍼마켓 등은 적용이 용이하나 스포츠 용품 또는 가구점 등 전문화된 점포에 적용이 어렵다.

③ 상권내 거주자들의 타지역으로의 쇼핑(out shopping)정도가 높을수록 시장성장 잠재력 지수가 커진다. 시장 포화지수는 시장에 대한 기회를 평가할 수 있는 좋은 지표가 될 수 있다.

④ IRS의 값은 공급에 대한 수요수준을 나타내며 지수의 값이 클수록 신규점포 개설의 매력도가 높다는 것을 의미한다.

⑤ IRS의 값이 크면 클수록 공급보다 수요가 상대적으로 많은 것을 의미하며 따라서 신규점포를 개설할 시장기회는 더욱 커지는 것을 의미한다.

⑥ IRS 값은 특정업태가 가지는 시장에서의 단위면적당 잠재수요로서 클수록 신규 점포개설에 유리하다.

⑦ IRS 점수가 높은 경우는 시장 포화도(市場飽和度)가 낮아 경쟁이 별로 없어 새로운 점포의 출점이 기대된다. 상권내 거주자들의 타지역으로의 쇼핑(out shopping) 정도가 높을수록 시장성장잠재력지수가 커진다.

$$IRS = \frac{수요}{특정업태의\ 총매장면적}$$

$$= \frac{지역시장의\ 총가구수 \times 가구당\ 특정업태에\ 대한\ 지출비}{특정업태의\ 총매장면적}$$

(4) 소매포화지수(IRS)의 단점

① 지역이나 거주자들의 미래 신규수요를 반영하지 못한다.

② 거주자들의 지역시장 밖에서의 쇼핑정도나 수요를 측정, 파악하기 어렵다.

③ 경쟁의 양적인 측면만 고려되고 질적인 측면에 대한 고려가 되고 있지 않다.

6. 시장 확장 잠재력(MEP : Market Expantion Potential)

(1) MEP의 개념

① MEP 값은 특정지역시장이 앞으로 얼마나 신규수요를 창출할수 있는 가능성이 있는 지를 예측할수 있는 지표로 값이 크면 수요의 증가 가능성이 높음을 의미한다.

② 마케터는 신규점포가 입지할 지역시장의 매력도를 평가할 때, 기존점포들에 의한 시장포화 정도뿐만 아니라 시장성장잠재력(MEP)을 함께 고려해야 한다.

③ MEP값은 타지역에서의 쇼핑지출액을 근거로 계산되며 이값이 클수록 타지역에서 쇼핑을 더 많이 한다는 의미이며, 즉, 타지역 쇼핑의 정도가 높을수록 시장확장 잠재력은 커진다. MEP는 지역의 가구당(혹은 1인당) 실제 지출액을 예상지출액과 비교하여 계산한다.

(2) MEP와 IRS의 관계

① MEP란 지역시장이 미래에 신규수요를 창출할 수 있는 잠재력을 반영하는 지표지만, IRS는 특정 지역시장의 시장성장잠재력을 반영하지 못하는 한계점을 지니고 있다.

② MEP는 IRS의 단점을 보완하는 지표이기에, MEP를 활용하여 IRS의 한계성을 보완하여야 하고, 단독적인 사용보다는 이 두가지의 지표를 보완적으로 사용하면 좋다.

③ MEP는 구체적으로는 거주자들이 지역시장외에 다른시장에서의 쇼핑지출액을 추정하여 계산이 가능하며, 다른지역의 쇼핑정도가 높을수록 시장확장잠재력은 증가하게 된다.

(3) IRS와 MEP의 평가

① 지역시장 매력도는 IRS와 MEP를 함께 사용하여 평가하고, 그외 경제적, 행정적기반도 고려하여 평가가 이루어지며, 시장매력도는 네 가지 유형으로 분류하고 있다.

② IRS와 MEP의 점수가 모두 높은 지역시장이 가장 매력적인(Most Attractive)시장이며, 그 지역의 부지가격만 적정하다면 현재나 미래에도 시장은 아주 좋은 지역이다.

③ IRS가 높고, MEP가 낮은 지역은 현재시장의 매력은 높지만, 앞으로의 발전가능성은 불확실한 지역이므로 현재와 미래의 중요성의 평가자의 주관에 따라 구분된다.

④ IRS가 낮고, MEP가 높은 지역은 현재는 매력이 낮지만 미래에 유망한 지역으로 적절한 시기에 개발을 해야 하고, MEP 점수가 높은 경우는 총수요의 증가 가능성이 높다는 것을 나타낸다.

⑤ MEP와 IRS 점수가 모두 낮은 가장 비매력적인(Least Attractive)시장은 치열한 시장경쟁과 낮은 시장성장가능성 때문에 신규점포의 진출은 어렵게 되며 검토대상이 되지 않는다.

7. 상권 측정과 전략

(1) 경제적 기반의 평가대상

① 앞으로의 경제활성화 정도
② 광고 매체의 이용가능성과 비용
③ 근로자의 이용가능성과 비용
④ 지역 정부기관의 지역경제 활성화 노력정도
⑤ 지역시장에 대한 정부의 법적규제의 내용

(2) 구체적인 상권 측정 방법

① 소매집적지와 직접거래 관계를 갖는 소비자의 지역적 넓이는, 그 관계의 강약의 정도에 따라 10등급으로 나누어 10에서 1까지 점수를 책정하고 상권을 결정하는 데는 정량적(定量的)인 분석에 의해서 상권을 측정한다.

② 상권측정을 위해서는 우선적으로 소비자가 거주하는 지역의 넓이인 광역지역을 조각으로 분할하여 단위화하고, 거래관계는 지표를 통해 정량적으로 살펴보아야 한다.

③ 직접적인 거래관계는 소매집적지에 대한 소비자의 구매행동을 의미하기 때문에 일정기간 내의 구매척도, 평균구매액, 조각단위에서 일정기간내의 구매자 수를 거주인구로 나눈수치 구매척도를 구매지표로 이용하게 된다.

(3) 상권 측정의 지리정보시스템(GIS : Geographic Information System)

① 주제도(thematic map) 작성 : 속성정보를 요약하여 표현한 지도를 작성하는 것이며, 면, 선, 점의 형상으로 구성된다.

② 버퍼(buffer) : 지도 주변의 거리의 단위나 시간을 나타내는 구역이다. 버퍼는 근접분석에 유용하다. 버퍼는 물체의 일부를 따른 모든 노드에서 특성한 최대 거리를 갖는 점들의 집합에 의해 결정된 경계 영역으로 정의되는 영역이다.

③ 위상 : 네트워킹 구조내에서의 네트워크 노드와 미디어의 물리적 구성이다. 어떤 지도형상, 즉 점이나 선 혹은 면으로부터 특정한 거리 이내에 포함되는 영역을 의미하며, 면의 형태로 나타나 상권 혹은 영향권을 표현하는데 사용될 수 있다.

④ 데이터 및 공간조회 : 지도상에서 데이터를 조회하여 표현하고, 특정 공간기준을 만족시키는 지도를 얻기 위해 조회도구로써 지도를 사용하는 것이다.

⑤ 프레젠테이션 지도작업 : 어떤 지도형상, 즉 점이나 선 혹은 면으로부터 특정한 거리 이내에 포함되는 영역을 의미하며, 면의 형태로 나타나 상권 혹은 영향권을 표현하는데 사용될 수 있다.

(4) 상권에 미치는 환경요소

① 소비자의 소비행동 변화

㉠ 총소득에서 차지하는 비율로 보면 소득의 증가로 인해 식품등 기초적상품에 대한 수요감소와 취미상품 등에 대한 수요증가를 가져온다.

㉡ 자동차의 보급이 높아질수록 일괄구매(one-stop shopping)의 가능성이 높고, 자동차보급률 증가에 따라 차량접근성이 소매점 선택에 그 중요성이 강화되고 있다.

② 교통상태

㉠ 특정지역에 어느정도의 차량이 통행하고 있으며, 차량이용시 복잡하여 혼잡비용이 소요되는지 등 도로나 교통상태도 상권형성에 상당한 작용을 한다.

㉡ 주변에 교통수단이 잘 발달하여 있거나 부수적인 측면에서 활용성이 크게 느껴진다면, 그 점포의 상권은 그렇지 않은 경우보다 유리하다.

㉢ 교통상태나 운송수단이 발달되어 있으면 소비자들이 그점포에 접근하기가 쉽고, 따라서 매출이 증대될 가능성이 높고 이러한 결과로서 이익이 발생하게 된다.

③ 점포규모와 유통업의 형태

㉠ 보편적으로 점포규모는 매출과 비례관계에 있다. 점포가 크다면 그만큼 새로운 흡인력이 생기게되고 점포를 방문하는 고객수가 증가하게 되어 매출증대가 예상되며, 상권의 규모 역시 동일하게 증가될 것이다.

㉡ 매장의 규모가 동일하다고 할지라도 취급하는 상품의 종류에 따라 상권의 범위가 변화할 수 있다. 취급품목수가 많다면 당연히 그상권의 범위는 넓게되고, 취급하는 품목수가 적다면 상권 역시 좁게 될 것이다.

㉢ 상권의 크기는 규모에 따라 「지역상권 〉지구상권 〉개별점포상권(=지점상권)」으로 구분된다.

④ 수요와 특정지역 고용동향

　　㉠ 단기적으로 한지역의 고용률과 구매력은 비례하고, 지역의 고용환경은 상품에 대한 전반적 수요동향에 영향을 미친다.

　　㉡ 극소수산업의 비중이 높은 지역의 고용동향은 상황에 따라 급격하게 악화될 수 있고, 다양한 산업에 걸쳐 고용이 이루어지는 지역일수록 상품수요가 경기순환의 영향을 적게 받는다.

　　㉢ 장기적관점에서 상권의 수요와 관련이 있는 요소를 보면 표적시장과 지역인구와의 전략적 적합성이 맞아야 하고, 지역의 소득수준, 고용률 등의 사업환경 추세 등을 살펴야 한다.

02 상권 조사(商圈 調査)

1. 상권 변화 조사

(1) 상권조사의 의의

① 자료조사는 저렴한 비용으로 필요정보를 효율적이고 신속하게 구할수 있도록 자료에 대한 신뢰성을 확보하는 것이 좋다.

② 실지조사는 점두조사, 호별방문조사, 경쟁점조사 등과 같이 상권의 파악 및 도로구조와 지역특성을 분석하는 경우가 많으며, 대부분 입지조건분석을 위해 행한다.

③ 경쟁조사는 경쟁대상이 되는 점포나 쇼핑센터를 선정하여 시설현황, 상품구성, 영업전략, 홍보전략 등을 조사한다.

④ 호별방문조사는 지도상에 설정한 상권내에서 표본조사의 대상이 되는 세대를 추출하여 조사하는 것으로 일반적으로 표본수가 많을수록 좋다.

(2) 상권 변화의 내용

① 상권은 상가권, 상업집단, 상업 집적, 복수의 점포 등은 상세권과 동일한 말이다. 상권은 한 점포가 고객을 흡인하거나 흡인할 수 있는 범위를 지칭하고, 다수의 상업시설이 고객을 흡인하는 공간적범위를 말하는 내용이다.

② 상권은 어떤사업을 영위함에 있어서 대상으로 하는 고객이 존재해 있는 공간적 · 시간적 범위와 고객의 내점빈도를 감안한 상태하에서 기재할수 있는 매출액의 규모 등을 포함한 내용을 말한다.

③ 상권이 변화한다는 것은 기존의 상가 및 점포 사이에 새로운상가나 점포가 들어서거나 소비자들의 위치가 변화하는 것이며, 이러한 상권의 변화요인은 대형할인점, 백화점, 지하철의 등장, 버스터미널 및 정류장의 형성 및 이전, 관공서 · 대규모 회사의 등장 및 이전 등이 요인이다.

(3) 상권 변화 분석

① 상권변화 분석의 방법으로 대형점은 유추법에 의한 분석을, 중·소형점은 실지조사 법을 많이 이용한다.

② 상권의 변화는 소비패턴, 생활패턴, 계층의 변화, 세대간의 인식차이, 사회구조 등 과 같은 생활환경의 변화에 의해서도 촉진된다.

③ 유동인구가 입지내로 진입하는 주요 동선등의 고객접근성이 변화하면 상권규모 도 변화하게 된다. 동선을 분석할 때는 통행자의 심리상태를 이해하는 객체지향의 법칙이 중요하다.

④ 기존의 상가 및 점포 사이에 새로운 상가 및 점포의 신설, 소비자들의 위치 변화, 고정 인구 및 유동인구의 변화, 지역주민들의 직업형태 등에 의해서도 상권이 변화된다.

⑤ 상권변화 분석은 점포의 개점여부, 규모등에 따라 사업성 검토의 중요한 자료가 되기 때문에 시간과 노력이 많이 필요하다. 상권변화 분석의 요령은 현지상황의 정확한 파악과 주민의 성향을 알아야 한다.

2. 상권 변화의 유형

(1) 일상적인 상권변화

① 지역에 거주하는 가정주부의 의식변화, 보통 사람들의 여가변화, 일반 사람들의 시간 사용에 대한 구조의 변화에 따라 상권도 변화한다.

② 소비패턴·생활패턴 변화 및 실버계층 증가의 변화, 한세대와 세대 간의 변화, 신세대 내에서의 변화, 사회구조의 변화 등에 의해서도 상권이 변화된다.

③ 라이프사이클의 변화, 새로운 소비층의 변화, 계층간의 소비변화 등으로 상권이 변화되며, 한 사회나 지역의 사회·경제·문화·정보화 시대의 발달로 인해서도 상권이 변화되고, 고정인구와 유동인구의 변화와 지역주민들의 직업형태에 의해서 도 상권이 변화된다.

(2) 순환주기에 따른 상권변화

① 성장기지역의 경우

㉠ 성장기지역에서는 지역내 모든것이 발전하는 단계이다. 따라서 부동산에 대한 투기현상도 발생하고, 소비행태도 소득이 증가함에 따라 고급·전문품의 수요가 증가하며 모든 가격이 지속적으로 증가하고 있다.

㉡ 성장기지역에 입지하는 데 유리한 업종으로는 부동산중개업소, 실내장식업, 편의점과 세탁소 등이고, 보편적으로 성장기지역의 성장기는 보통 15~20년 정도 의 기간이 지속된다고 한다.

② 성수기지역의 경우

㉠ 성수기지역은 부동산이나 각종 가격은 이미 최고의 수준에 올라가 있는 상태 이므로, 상권도 상당히 안정적이다.

ⓛ 성수기지역에는 어느 특정지역에만 특정업종이 있는 것이 아니고, 전지역에 걸쳐서 모든 업종이 골고루 분포되어 있다.

③ 쇠퇴기지역의 경우

   ㉠ 쇠퇴기지역에서는 대부분의 건물들이 노후화되어 있거나 노후화하기 때문에 지가(地價)가 하락하기 시작하고, 지역주민들의 노령화 추세가 강화된다.

   ㉡ 쇠퇴기지역에서는 리모델링업, 노령인구대상의 실버산업, 단순한 편의 소매점 등의 업종이 주를 이룰 것이다. 쇠퇴기의 기간은 보통 30년 이상이라고 한다.

(3) 상권 변화의 조사

① 유동인구 조사

   ㉠ 유동인구는 항상 일정하지 않다. 평일이나 주말 또는 공휴일에 따라서 차이가 발생할 수 있다.

   ㉡ 낮과 밤 또는 날씨에 따라서도 차이가 발생하고 또한 근무하는 형태도 5일제로 하는지 6일제로 하는지에 따라서 차이가 발생할 수 있다.

② 매출액 조사

   ㉠ 상권에 후보지가 정해진 다음 점포를 결정하기에 앞서, 그 상점에서의 매출은 어느정도 될 것인가에 대한 매출을 추정하기 위해서 하는 조사이다.

   ㉡ 동일업종의 경쟁점포나 유사점포의 매출을 간접적으로 추정하여 자신의 매출수준을 추정할 수 있기 때문에 조사방법으로는 가장 적절하게 사용된다.

③ 내점고객 조사

   ㉠ 주요 고객이 몰리는 시간대만 조사해서는 안되고 하루의 시간대를 선택하여 조사하는 경우에도 오전중 1시간을 선택하여 유동인구를 산출하고, 오후부터는 2시간마다 1시간을 조사한다.

   ㉡ 매시간을 조사하여 산출할 수도 있으며, 업종에 따라 차이가 있으나 12~14시, 18~20시, 21~22시를 기준으로 중점적으로 조사한다.

④ 통행량 조사

   ㉠ 교통통행량 계측시에는 차종을 구별해야 하며, 조사일정은 주중, 주말, 휴일 등을 구분하고, 조사시간은 영업 시간대를 고려하여 설정한다.

   ㉡ 조사대상이 학생이라면 학교를 마친 하교시간에 조사하고, 직장인을 대상으로 할 때에는 퇴근 시간대를 면밀히 조사하여야 한다.

⑤ 구매품목과 가격대 조사

   ㉠ 유동인구의 조사는 성별, 연령별, 주요 구매품목과 구매가격대도 조사해야 하며 점포 앞은 물론 각 방향에서 입체적 통행량까지 조사해야 한다.

   ㉡ 대로변이라면 길 건너까지의 유동인 조사와 차량통행량까지 조사해야 한다.

(4) 상권 조사의 과정

① 상권조사의 절차

㉠ 상권에 대한 2차적인 지역정보를 수집해야 한다.

㉡ 지역상권에 대한 상권지도를 작성한다.

㉢ 상권내의 지역에 대한 관찰조사를 실시한다.

㉣ 직접방문하여 정성조사 및 정량조사를 실시한다.

② 할당표본추출법

㉠ 상권내 소비자의 소비패턴조사를 위해 실시할때 가장 일반적으로 사용할 수 있는 방법이다.

㉡ 상권이나 공간이용실태 등에 대한 표본조사를 실시할때 가장 일반적으로 사용할 수 있는 방법이다.

(5) 상권조사를 위한 표본 추출방법

① 표본추출단위의 선정은 조사대상이 누구인지를 결정하는 단계로 표적집단을 정의 한 후 이루어진다. 표본크기의 결정은 조사대상의 수를 결정하는 것으로 일반적으로 큰 표본이 작은 표본보다 신뢰성이 높은 결과를 예측한다.

② 표본추출절차는 응답자를 선정하는 방법을 결정하는 것으로서 대표성이 있는 표본을 추출하려 노력해야 한다. 단순무작위 추출과 층화표본추출은 확률표본 추출방법으로 표본을 선택할 가능성을 감안하여 사용하는 방법이다.

③ 편의표본추출방법은 모집단에 대한 정보가 전혀 없거나, 모집단 구성요소 간에 차이가 별로 없다고 판단될때, 선정의 편리성에 기준을 두고, 조사자가 마음대로 표본을 선정하는 방법이다.

④ 층화표본추출법(stratified sampling)으로 상권조사를 할 때 X라는 상표를 소비하는 전체 모집단에 대해 구매량을 중심으로 빈번히 구매하는 사람(heavy users)과 가끔 구매하는 사람(light users)으로 분류하고, 각각의 집단에서 무작위로 일정한 수의 표본을 추출하는 표본추출방식이다.

(6) 상권조사와 분석방법

① 상권조사 방법은 전수조사와 표본조사로 크게 구분할 수 있다. 조사지역의 대상자가 많을수록 전수조사가 어려워 표본조사가 많이 사용된다.

② 조사지역의 대상자가 많을수록 전수조사는 많은 비용과 시간을 필요로 하기에 경우에 따라서 전수조사 자체가 아예 불가능 한 경우 표본조사를 실시한다.

③ 모집단을 구성하는 구성원들의 명단이 기재된 표본프레임이 있는 경우 확률표본 추출법을 통해 표본을 추출한다.

④ 상권분석중 공간적독점형 분석에는 완전한독점형과 부분적독점형으로 구분하여 분석하며, 시장침투형분석에서는 고객분포와 시장침투율을 중심으로 분석한다.

⑤ 분산시장형 분석에서는 지역단위로 표적시장을 정하고 세대비율과 고객특성을 중심으로 분석한다.

⑥ 다중회귀분석법과 아날로그접근법은 유사한 논리에 바탕을 두고, 아날로그 접근법은 주관적 판단을 근거로 하여 상권의 수요를 추정하게 된다.

(7) 회귀분석(回歸分析, Regression analysis)

① 회귀분석이란 '주어진 데이터를 가장 잘 나타낼 수 있는 수식을 찾아내는 방법'이라고 정의하며, 회귀모형을 통해 점포 특성, 상권 내 경쟁 수준 등 다양한 변수들이 점포성과에 미치는 상대적 영향을 측정할 수 있다.

② 과거의 연구결과 혹은 분석가의 판단 등을 토대로 소수의 변수를 선택하여 회귀모형을 도출할 수 있으며, 신규점포의 입지 타당성을 분석하는 경우, 유사한 거래특성과 상권을 가진 표본을 충분히 확보해야 하는 문제점을 해결해야 한다.

③ 소매점포의 성과에 영향을 미치는 요소들을 파악하는데 도움이 되며, 모형에 포함되는 독립변수들은 서로 관련성이 낮을수록 좋고, 점포성과에 영향을 미치는 영향변수에는 상권내 경쟁수준이 포함될 수 있다.

④ 영향변수에는 상권내 소비자들의 특성이 포함될 수 있으며, 회귀분석에서는 표본의 수가 충분하게 확보되어야 한다. 분석대상과 유사한 상권특성을 가진 점포들의 표본을 충분히 확보하기 어렵고, 독립변수들이 상호관련성이 없다는 가정은 현실성이 없는 경우가 많아 주의해야 한다.

⑤ 회귀분석에서는 서로 관계가 있는 둘, 그 이상의 변수들 중에서 서로 영향을 주고받을 수 있는데 이때 영향을 주는 변수를 독립변수(외생변수, 설명변수, explanatory variable, independent variable)라고 하고 영향을 받는 변수를 종속변수(내생변수, dependent variable)라고 한다.

⑥ 회귀분석을 위한 함수적 표현은 회귀모형으로 나타나는데 하나의 종속변수와 독립변수로 구성된 것을 단순회귀분석, 두개 이상의 설명변수로 구성된 것을 다중회귀분석이라 한다. 단계적 회귀분석(stepwise regression)은 변수가 너무 많아 해석이 어려워지는 것을 방지할 수 있고, 다중공선성의 문제 해결하는데 도움이 될 수 있다.

⑦ 다중회귀분석법은 일반적으로 두 변수 이상의 독립변수(영향변수, 원인변수)들이 종속변수(결과변수)에 어떠한 영향을 미치는 가를 알기위한 분석기법으로 통계학적 자료를 근거로 하여 상권의 수요를 추정하게 된다.

⑧ 독립변수가 여러개인 다중회귀분석에서의 회귀계수의 해석은 다른 독립변수가 불변일 때(통제된 상태에서), 해당되는 독립변수의 변화에 따른 종속변수의 평균변화량을 나타내는 직접효과(direct effect) 또는 순효과(net effect)를 뜻한다.

(8) 구매력지수(BPI : Buying Power Index)

① 특정지역 상권의 전반적인 수요를 평가하는 도구로 활용되며, 인구와 소매매출, 유효소득 등에 대해 전체규모와 특정지역의 규모를 이용하여 계산하는 방법이다.

② 지역상권 수요에 영향을 미치는 핵심변수를 선정하고, 이에 일정한 가중치를 부여하여 지수화한 것을 의미하며, 전체 인구에서 해당지역 인구가 차지하는 비율이며,

전체 소매매출에서 해당지역의 소매매출이 차지하는 비율이고, 전체 가처분소득 (또는 유효소득)에서 해당지역의 가처분소득(또는 유효소득)이 차지하는 비율이다.

3. 상권분석

(1) 상권분석의 의의

① 상권분석이란 상권전체의 성쇠를 파악하는 것으로 잠재수요를 반영하는 판매예상량을 추정하는데 필요하고, 상권분석을 통한 상권에 대한 올바른 인식과 파악은 고객 지향적인 마케팅전략의 수립과 전개에 필요하다.

② 상권분석은 상권전체의 가치에 많은 영향을 주는 요인을 파악하는 것을 말한다. 상권과 입지조건분석을 동시에 묶어 상권분석이라 한다.

③ 상권분석의 목적은 예상 내점고객의 파악 및 특성 분석, 차별적 마케팅 전략의 수립, 시장점유율의 예측 및 평가, 복수의 점포 대안 중 최적 점포선택이 있다.

(2) 상권분석의 중요성

① 상권이 소매업 성공의 핵심은 부적절한 입지는 매출에 지대한 영향을 미치기 때문에 상권분석은 자사점포의 수요예측과 마케팅 전략의 수립을 위한 필수적 단계이다.

② 상권분석을 통해 고객수요와 발전가능성이 충분하다는 판단이 섰다면 상권내 가장 적합한 입지선정이 뒤따라야 한다. 좋은 입지에는 기본적인 조건이 필요하다.

③ 소비자의 인구통계적 · 사회경제적 특성을 파악할수 있으며, 마케팅 및 촉진활동의 방향을 명확히 할 수 있고, 시장의 구조와 각 브랜드별 점유율을 파악할 수 있다.

④ 상권분석을 위해서는 배후상권 고객뿐 아니라 점포주변에 근무하는 직장인이나 학생들과 같은 직장(학생) 고객들도 분석의 대상에 포함시켜야 한다.

⑤ 배후상권 고객이란 목표상권의 지역경계내에 거주하는 고객들을 지칭하며 상대적 으로 도심지역의 점포보다는 외곽지대의 점포에서 매출기여도가 높다.

(3) 상권분석의 법칙

① 고객 내점(來店) 가능성의 척도 즉, 유동인구가 상권내로 진입하는 초입 또는 메인 라인에서부터 도보 또는 차량으로 고객들이 점포에 수월하게 진입이 가능한지를 보는 것을 접근성의 법칙이라 한다.

② 점포의 위치에 대해 고객이 얼마나 쉽게 기억하고 있는가를 평가하는 것을 인지성 의 법칙이라 한다.

③ 특정입지에 다양한 업종이 입점하기 쉬운정도가 높으면 높을수록 좋은입지라고 볼 수 있는것을 입지성의 법칙이라고 한다.

④ 거리감소효과는 상권분석을 통해 고객의 분포상황을 보면 일반적으로 점포에 가까 울수록 고객의 밀도가 높고, 점포로부터 멀어 질수록 고객의 밀도가 낮아지는 경향 을 말한다.

(4) 상권분석의 접근방법

① 공간적 독점형 접근법은 주택지역이나 특정 지역전체를 상대로 하는 점포가 주요 적용대상이 된다.

② 시장침투형 접근법은 특정점포가 흡인하는 세대비율이 지역적으로 변화하며 중복되는 경우가 많은상황에서 사용할 수 있는 방법이다.

③ 분산시장형 분석에서는 고급가구나 고가의 카메라와 같은 상품을 취급하며 특정 소득계층을 대상으로 판매가 이루어지는 점포를 주요 적용대상으로한다.

④ 시장침투형분석은 고객분포와 시장침투율을 중심으로, 분산시장형 방법은 지역단위 표적시장의 고객특성을 중심으로 분석한다.

(5) 공간적 상호작용모델

① 목표 상권내에서 구매를 하는 소비자의 쇼핑행위(spatial behavior)패턴을 실증분석 하는데 이용된다.

② 해당 상권내의 경쟁점포들에 대한 소비자의 지출패턴이나 소비자의 쇼핑여행패턴을 반영함으로써 특정점포의 매출액과 상관규모를 보다 정확하게 예측할 수 있는 상권분석이론이다.

4. 상권분석 절차

(1) 예비조사

① 예비조사는 지구상권을 선택하며, 지역과 지구상권을 전체로 한다.

② 지역상권의 형태를 결정할 수 있는 요인은 산, 강과 같은 지역상권의 지리적 요소, 군사지역, 공장지대와 같은 지역상권의 인공적 장애요소, 도로망과 같은 지역상권의 교통인프라, 지역상권의 인구분포 등이 있다.

(2) 시장조사

① 시장조사는 기본적으로 1차조사(직접조사)와 2차조사(간접조사)로 구분이 되며, 다른 목적에 의해 수집된 자료는 2차조사의 내용이고, 자신의 목적이나 필요에 의한 조사는 1차조사의 내용이다.

② 2차조사 자료는 다른 목적에 의해 수집된 자료이기 때문에 추구하는 목적에 맞게 수정, 보완하여 사용하여야 하며, 조사회사에 의해 표준화된 절차에 따라 정기적으로 수집, 저장, 분석된 소비패턴에 대한 자료도 포함된다.

③ 2차조사 자료에는 고객의 과거거래 시점이나 구매한 상품, 구매간격 등을 이용하여 구축한 고객생애가치 자료도 이러한 자료에 포함되며, 통계청, 국책연구소, 민간경제연구소, 경제신문사 등의 기관이 수집, 배포 하는 자료가 대표적이다.

(3) 현장조사

① 현장조사는 지점상권을 선택하며, 예비조사를 통하여 2~3곳정도의 지점을 선정한다.

② 자기점포의 업종과 경쟁업종, 유사업종 등 업종별로 점포의 분포를 조사한다.

③ 상권내의 학교, 병원, 관공서, 시장과 쇼핑센터, 터미널 등의 주요시설을 확인한다.

④ 지역부동산 시세의 확인과 사업성을 검토하고, 자본의 규모와 투자가능 여부를 검토한다.

(4) 상권의 유형

① 유형은 크게 배후지인구 중심형 상권과 유동인구 중심형 상권으로 나눌 수가 있다. 배후지인구 중심형 상권에는 반복적인 구매가 관건인 상권을 예로 들 수가 있고, 유동인구 중심형 상권은 일반적으로 충동적인 상품을 많이 판매하는 지역이 유리하다.

② 유동인구 중심형 상권에는 불특정다수를 주고객으로 하는 상권, 어떤 핵심시설로 인해 많은 유동인구가 집중되는 상권, 역세권, 번화가형 상권, 대학가상권, 비반복적인 구매가 관건인 상권패션타운형 상권등이 있다.

③ '포켓상권'이라는 것은 상권이 포켓(주머니) 모양이라, 아파트 사람들이 물건을 살 때 멀리 외부로 나가지 않는 형태로서 도로, 산, 강에 둘러싸인 상권을 말한다.

5. 기존점포에 대한 상권분석 방법

(1) 기존점포에 대한 상권분석

① 기존점포의 상권분석에 대해서는 신규점포의 상권분석에 비해 상권의 크기와 특성 등을 비교적 정확히 분석할 수 있다.

② 기존점포의 상권은 점포자료와 기타 다른 목적으로 수행된 조사자료 등의 기업 내 2차 자료를 이용하여 측정이 가능하다.

③ 이와 함께 정부의 인구 통계자료, 세무자료, 여러 유통기관 및 연구소에서 발표된 자료들을 각점포의 필요에 맞게 조정하여 가장 적합하게 사용할 수 있다.

④ 기존점포는 신용카드사용 고객과 현금사용 고객의 주소를 이용하여 상권을 비교적 용이하게 추정할 수 있다.

⑤ 기존점포의 상권분석 상황에는 경쟁력이 떨어지는 점포를 포기하고 점포의 이전여부를 분석하는 상황, 점포의 경영성과가 좋아 점포면적을 확장하여 매출 확대를 도모하는 상황, 점포주변 인구구성이 변화하여 상권범위의 확대와 축소를 확인하려는 상황, 상권 내에서 생존가능성이 낮다고 인식하여 폐점여부를 분석하는 상황이다.

⑥ 상권내 지역별 고객특성에 따라 신용카드 보유 및 신용카드 이용에 차이가 있으므로, 신용카드 고객만을 이용한 상품 추정은 특정지역의 총고객 수를 과다추정 또는 과소 추정할 수 있는 과오를 범할 수 있다.

⑦ 내부자료 이용법은 고객의 평균 구매량과 구매액, 지역내 고객들의 각점포에서의 상품구입 빈도, 자사점포 고객중 지역내 신용카드 보유자비율 등으로 판단이 된다.

⑧ 기존점포상권의 공간적 범위를 파악하기 위해 고객이나 거주자들로부터 자료를 수집하여 분석하는 조사기법으로 점두조사, 내점객 조사, 지역 표본추출조사, CST(Customer Spotting Technique)map 등을 참고 한다.

(2) 기존점포의 상권분석방법

① 보행자나 버스, 지하철 등의 타 교통수단을 이용하는 고객에 대해서 면접 등의 방법으로 소비자를 조사하여 상권범위 및 소비행태를 파악하는 소비자조사법이 있다.

② 점포 경영자는 1차자료(primary data)의 수집을 통해 상권규모를 결정할 수 있다. 점주는 차량조사법이나 소비자조사법을 이용하여 상권의 범위를 정할 수 있다.

③ 승용차를 이용하는 고객에 대하여 차량번호판으로 자동차 소유자의 주소를 확인할 수 있어 상권범위를 파악할 수 있을 뿐만 아니라 거주지역 및 차종에 따라 대략적으로 소득수준을 예측할 수 있는 차량조사법이 있다.

④ 마일리지(mileage)를 통하여 고객의 주소를 확인할 수 있으며 상권범위를 결정하는 데 유용하게 사용할 수 있을 뿐만 아니라 고객 개개인의 특성 및 니즈를 파악할 수 있어 마케팅전략 수립에 유효적절하게 활용할 수 있는 마일리지고객주소활용법이 있다.

(3) 신규점포/기존점포에 대한 상권분석의 장점

① 상권내 소비자를 상대로 하는 촉진 활동의 초점이 명확해질 수 있다.

② 소비자의 인구통계학적 특성들을 파악하여 소매전략 수립에 도움을 준다.

③ 기존점포의 이전(이동)이나 규모변경(면적확대, 면적축소)으로 인한 매출변화를 예측할 수 있다.

④ 해당지역에서 특정 체인소매업자에 의해 운영될 수 있는 적절한 점포수를 파악할 수 있다.

03 신규점포에 대한 상권분석 방법

1. 기술적(서술적) 방법에 의한 상권분석

(1) 체크리스트(checklist) 방법

① 체크리스트 방법의 개념

㉠ 상권의 규모에 영향을 미치는 요인들을 점검하여 상권을 측정한다. 상권의 규모에 영향을 미치는 다양한 요인들을 수집하여 이들에 대한 목록을 작성하고 각각에 대한 평가를 통해 시장 잠재력과 상권의 구조를 예측하는 방법이다.

㉡ 체크리스트 방법은 단일점포의 입지를 결정하는데 활용하는 방법이고 상권의 범위에 영향을 미치는 요인들은 매우 많으나 크게 상권내의 제반입지의 특성, 상권 고객 특성, 상권경쟁구조로 나누어진다.

㉢ 복수의 입지후보지를 대상으로 조사할 때, 특정 입지의 매력도를 점수로 평가할 수는 있고, 상권규모에 영향을 미치는 변수들을 통해 상대적인 매력도를 비교할 수 있지만 구체적인 숫자로 매출액을 추정하기는 어려운 상권분석 기법이다.

② 상권내의 제반 입지특성
　㉠ 상권내 도시계획 및 법 · 행정적 특기사항
　㉡ 상권내 대형 건축물, 인구 및 교통유발시설
　㉢ 상권내의 강, 하천, 산, 구릉 등의 자연경계 특성
　㉣ 상권내 산업구조 및 소매시설 현황 및 변화 패턴
　㉤ 상권내의 행정구역 상황 및 행정구역별 인구통계 특성

③ 상권내 고객들의 특성
　㉠ 점포주변에 근무하는 직장인 또는 학생 고객 특성
　㉡ 목표상권의 배후 경계 내에 주거하는 가구 거주자 특성
　㉢ 기타의 목적으로 점포 주변을 왕래하는 유동 인구 중에서 흡인되는 고객의 특성

④ 체크리스트법의 장 · 단점
　㉠ 대안이 되는 여러 점포들의 매력도를 상대적으로 비교할 수 있고, 단순하여 평가
　　항목에 대한 이해와 사용이 용이하며, 사용하기도 간편하고 비용도 다른 평가방
　　법에 비해 적게 든다. 판매활동이나 상황에 따라 체크리스트를 다르게 적용할 수
　　있으므로 상대적으로 유연성이 높다고 할 수 있다.
　㉡ 서로 다른 영향요소 간의 상호작용효과를 파악할 수 없고, 주관성, 여러 변수,
　　해석의 다양성, 변수선정의 문제 등이 단점으로 작용한다. 상권분석 방법들 중에
　　서 특정 입지의 매력도를 점수로 평가할 수는 있지만 매출액을 수치화해서 추정
　　하기 어려운 방법이다.

(2) 유추법(Analog method)

① 유추법의 개념
　㉠ 하버드 비즈니스스쿨의 애플바움(W. Apple baum)교수가 개발한 방법으로 점포
　　형태, 매출, 업태, 지역 여건 등이 유사한 기존점포를 확인하여 신규점포의 예상
　　매출액을 계산해 내는 방법으로 애플바움(Applebaum)의 모형이라고도한다.
　㉡ 상권분석방법 중 자사의 신규점포와 특성이 비슷한 유사점포를 선정하여 그 점
　　포의 상권범위를 추정한 결과를 자사점포의 신규입지에서의 매출액(상권규모)을
　　추정하는데 이용하는 방법이다.
　㉢ 유추법은 자사의 신규점포와 특성이 비슷한 기존의 유사점포를 선정하여 상권인구,
　　교통조건, 지역특성 등이 유사한 상업지구의 업종 및 업태구성, 매출액, 통행량,
　　구매력 비율, 객단가 등을 조사하여 상업계획지구의 수요를 추정하는 방법이다.
　㉣ 유추법은 전체상권을 단위거리에 따라 소규모지역으로 나누고, 각 지역에서의
　　1인당 매출액을 구하며, 예상상권내의 각지역의 인구수에 유사점포의 1인당
　　매출액을 곱하여 신규점포의 예상매출액을 구한다.
　㉤ 유추법은 소비자와의 면접이나 실사를 통하여 유사점포의 상권범위를 추정한
　　결과를 이용하여 신규점포의 예상매출액을 추정한다. 유추법의 역할은 상권
　　규모, 고객특성, 경쟁정도 등을 파악할 수 있다는 것이다.

ⓑ 분석하고자 하는 점포와 특성이 유사한 점포를 선정하여 분석함으로써 분석의 용이성을 높이고, 어떠한 대상을 선택했는지에 따라 결과가 다르게 나올 수 있기 때문에 결과의 활용이 제한될 수 있으며, 다른 점포에서 얻은 정보를 이용하여 신규점포에 대한 예측과 벤치마킹 자료로도 활용할 수 있다.

② 유추법의 특징

　　㉠ 상권의 범위를 유추한다. 점포는 CST map을 이용하여 1차 상권, 2차 상권 및 한계상권을 결정할 수 있다. 유통업자들은 규모가 다른 동심원을 그려가면서 각 원이 차지하는 고객비율을 산출할 수가 있다.

　　㉡ 고객 특성 분석은 상권 규모가 파악되면 그 상권 내 고객들의 인구 통계적 및 사회경제적 특성을 분석할 수 있다. 이러한 분석결과는 점포의 머천다이징과 가격정책의 수립에 적당한 지침이 된다.

　　㉢ 광고 및 판촉 전략을 수립해야 한다. 점포의 상권내 주민들에게 노출되지 않은 매체나 도달범위가 너무 넓은매체를 이용하는 것은 비효과적이다. 예를 들어 인근 주민들을 상대로 하는 작은 편의점이 구독범위가 매우넓은 신문에 광고 하는 것은 비용이 낭비될 것이다.

　　㉣ 유통업자가 기존의 점포근처에 신규점포를 개점하려고 한다면, 신규점포가 기존점포의 고객을 어느정도 잠식할 것인지를 고려해야 하는데 CST map은 이러한 분석을 가능하게 한다. 유추점포가 가지고 있는 흡인력을 조사한 후 대체입지의 예상매출과 상권을 추정하여 기대효과가 가장 높은 곳을 선정한다.

　　㉤ 유통업자는 CST map을 통해 점포들 간의 경쟁정도를 파악할 수 있고, CST 지도를 이용하여 고객들의 거주지를 그림으로 표시함으로써 상권규모를 가시화시키기도 한다. 유추점포가 가지고 있는 흡인력을 조사한 후 대체입지의 예상매출과 상권을 추정하여 기대효과가 가장 높은 곳을 선정한다.

　　㉥ 신규점포의 상권분석 뿐만 아니라 기존점포의 상권분석에도 적용될 수 있으며, 쇼핑패턴을 반영하여 적용하기 쉽고, 조사자의 계량적 경험과 주관적 판단을 함께 필요로 한다. 신규점포의 상권분석뿐만 아니라 기존점포의 상권분석에도 적용될 수 있으며, 쇼핑패턴을 반영하여 적용하기 쉽다는 특징이 있다.

　　㉦ 출점하고자 하는 점포와 환경이나 특성이 비슷한 점포를 선정하여 매출액과 상권규모 등을 추정하고, 어떠한 점포를 유추점포로 결정하는지에 따라 상권 추정 및 입지가 달라지는 한계성이 많은 방법이다.

　　㉧ 유추법은 상권잠식이나 점포의 물리적조건을 파악하며, 유사점포를 실제자료를 이용하여 고객들의 구매패턴을 반영하기 때문에 매우 현실적인 추정이 가능하지만 분석담당자의 주관적인 판단이 개입하는 부분이 많기 때문에 자칫 오류를 범할 가능성이 있으며, 유사점포를 여러개 선정하여 결과를 비교하여 신설점포의 경우와 비교하는 방식을 택한다면 보다 효율적이고 정확한 추론이 가능하다.

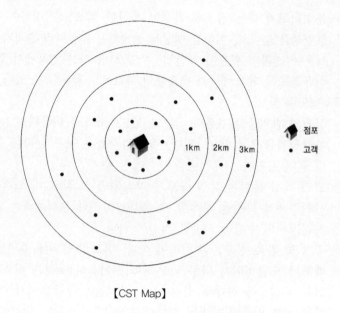

【CST Map】

③ 유추법의 분석절차

 ㉠ 1단계: 고객의 사회·경제적 특징, 신규점포와 점포의 특성, 고객의 쇼핑패턴, 인구 통계적 특성에 비슷한 기존점포를 먼저 설정해야 한다.

 ㉡ 2단계: 상권 범위를 1차, 2차 상권으로 나누어 그 범위를 결정하기 전에 기존 유사점포의 상권의 범위를 먼저 결정한다. 유사점포의 상권규모는 유사점포를 이용하는 소비자와 면접이나 실사를 통하여 수집된 자료를 토대로 추정한다.

 ㉢ 3단계: 전체 상권을 단위거리에 따라 소규모지역(zone)으로 나누고, 각 구역 내에서 유사점포가 벌어들이는 매출액을 그 구역 내의 인구 수로 나누어 각 구역 내에서의 1인당 매출액을 구한다. 유사점포의 단위 거리별 매출정보를 분석한다.

 ㉣ 4단계: 신규점포가 들어서려는 지역의 상권 크기 및 특성이 유사점포의 상권과 동일하다고 가정하고 예정상권 입지내 각 구역의 인구수에 유사점포의 1인당 매출액을 곱하여 신규점포의 각지역(zone)별 예상 매출액을 분석한다.

 ㉤ 5단계: 신규점포가 들어서는 지역에 따라서 지역특성에 맞게 조정한다.

④ CST(Customer Spotting Technique) map

 ㉠ 유추법에 의한 상권규모의 측정은 CST(Customer Spotting Technique)map의 지도를 이용하여 고객들의 거주지를 그림으로 표시함으로써 상권규모를 가시화 시키며, 지역내 점포사이의 경쟁정도를 유추할 수 있다.

 ㉡ CST 기법은 자사점포를 이용하는 고객들의 거주지를 지도상에 표시한 후 자사 점포를 중심으로 서로다른 동심원을 그림으로써, 자사점포의 상권규모를 시각적 으로 파악할 수 있는 방법이라고 할 수 있어 유추법을 보완할 수 있다.

ⓒ 상권분석에 다양한 정보를 활용할 수 있는 GIS(Geographic Information System) 등에서 특정점포를 이용하는 고객들의 거주지를 지도상에 표시하는 CST기법을 통해 수행할 수 있는 과업 들은 1차, 2차, 3차 상권의 설정, 상권의 규모추정, 경쟁정도의 추정, 상권내 소비자들의 사회경제적 특성파악 등이 있다.

ⓔ CST기법은 상권의 범위를 파악하는데 도움을 주고, 기존유사점포 및 신규점포 분석에 활용되며, 상권내 소비자의 인구통계적 특성을 분석할수 있으며, 점포들 간의 상권 잠식상태와 경쟁의 정도를 측정할 수 있다.

⑥ CST Map의 기법의 유용성

　ⓐ 상권규모를 파악하여 광고 및 판촉전략을 수립할 수 있다.

　ⓑ 상권간의 중복상태를 파악하여 점포들 간의 경쟁정도를 측정할 수 있다.

　ⓒ 기존점포의 확장을 계획하고자 할 때 유용하게 활용될 수 있는 기법이다.

　ⓓ 신규점포의 기존점포 고객에 대한 잠식정도를 파악하여 점포 확장계획을 수립할 수 있다.

　ⓔ CST기법은 자사점포를 이용하는 고객들의 거주지를 지도상에 표시한 후 자사 점포를 중심으로 서로다른 동심원을 그림으로써, 상권규모를 시각적으로 파악 하여 유추법을 보완할 수 있다.

(3) 기타의 기술적 모형

① 현지조사법

　ⓐ 현지조사법의 의의는 전형적인 조사 방법으로 그지역에 사는 세대와 지역에 소재하는 상점을 대표하는것 중 몇개를 샘플로 추출하고 현장에서 면접을 실시 하여 상권을 측정하는 방법이다.

　ⓑ 현지조사법의 내용은 대상점포나 판매제품, 조사성격에 따라 달라질 수 있으며, 연구자에 따라 주관적으로 조사될 가능성이 많다.

　ⓒ 현지조사법의 문제는 연구자에 따라 조사가 주관성을 띨 가능성이 많고 변수 해석의 다양성과 변수선정의 문제 등이 있다.

② 비율법

　ⓐ 비율법이란 재무수치의 관계비율을 산출하여 적정부지를 선정하거나 주어진 부지를 평가하는 하나의 방법이다.

　ⓑ 취급하는 상품에 대한 상권의 총 시장규모를 파악하고, 경쟁점포들과의 상대적 경쟁력을 고려하여 자사 매출을 추정한다. 상대적 경쟁력은 매장면적을 활용해 판단한다.

　ⓒ 비율법의 장점으로는 사용되는 자료를 간단하고 쉽게 구할수 있으며, 분석 비용이 상대적으로 저렴하다.

　ⓓ 비율법의 단점으로는 상권확정에 분석자의 주관성이 많이 개입되고, 가능매출액 에 대한 예측력이 다른 방법에 비해 부정확하다.

2. 규범적 모형(normative model)에 의한 상권분석

(1) 중심지 이론(central place theory)

① 중심지 이론의 개념

   ⊙ 중심지이론은 「소비자들이 유사점포 중의 한점포를 선택할 때 그중 가장가까운 점포를 선택하며」, 「중심성(centrality)의 크기는 인구규모에 비례한다」고 독일의 크리스탈러(Christaller)에 의해 1933년에 처음으로 제시하였다.

   ⓒ 중심지는 배후 거주지역에 대해 다양한 상품과 서비스를 제공하며 교환의 편의를 제공하는 장소를 의미하며, 유통서비스기능의 최대도달거리와 수익을 실현하는데 필요한 최소수요 충족거리가 일치하는 상권구조를 예측한다.

   ⓒ 중심지(central place)는 배후 거주지역에 대해 다양한상품과 서비스를 제공하고 특정점포가 취급하는 상품의 구색과 수요를 추정하며 교환의 편의를 도모하기 위해 상업·행정기능이 밀집된 장소를 말한다.

   ⓔ 일정한 공간범위 안에서 소매활동들이 어떤 형태로 분포하게 될 것 인지를 상품구색의 관점에서 예측이 가능하다는 이론이다. 지역에 중심지가 한 곳이 존재한다면 가장 이상적인 상권의 형상은 원형이 된다.

② 중심지 이론의 가정(전제조건)

   ⊙ 소비자들이 가장 가까운 중심지에서만 중심지상품을 구매하며, 소비자는 자신의 수요를 충족시키기 위해 최근린(最近隣)의 중심지를 찾는다.

   ⓒ 평야지대에 인구는 공간상에 균일하게 분포되어 있고 주민의 구매력과 소비패턴은 동일하다. 즉, 평지상의 어떤 곳도 중심지에 의해 서비스를 제공받지 못하는 곳은 없다고 가정한다.

   ⓒ 일정한 공간범위안에서 소매활동들이 어떤형태로 분포하게 될 것인지를 상품구색의 관점에서 예측한다.

   ⓔ 인간은 합리적사고로 의사결정하며 최소비용으로 최대의 이익을 추구하는 경제인(economic man)이다.

   ⓜ 지표공간은 균질적인 표면(isotropic surface)이고 공간거리를 극복하기 위한 교통수단은 유(동)일하고 수송비용은 거리에 비례하며, 모든 방향에서 교통의 편리한 정도가 동일하다.

③ 중심지 이론의 특징

   ⊙ 중심지이론에서 제시된 상업중심지의 이상적입지와 이들간의 분포관계를 이해하기 위해 중심지기능의 최대도달거리, 최소수요 충족거리, 육각형형태의 배후지 모양 등의 주요개념을 이해해야 한다.

   ⓒ 한 도시, 지역내에 여러 상업중심지가 존재할 때 각 상업 중심지로부터 상업서비스 기능을 제공받을 수 있는 가장 이상적인 배후상권 모양은 정육각형이다.

   ⓒ 정육각형 형상의 상권은 유통서비스 기능의 최대도달거리(range)와 수익을 실현하는데 필요한 최소수요 총족거리(threshold size)가 일치하는 공간구조이다.

ⓔ 중심지는 배후지역에 다양한 상품과 서비스를 제공하고 교환의 편의를 도모 해 주는 장소로 3차산업의 기능을 수행하고, 한 지역내 소비자들의 구매이동 행위는 거리에 의해 결정되며, 소비자가 상품을 구매하기 위해 기꺼이 이동하는 최대거리가 범위가 된다고 보았다.

ⓜ 입지이론에서 기초적인 모델로 사용하는 Christaller의 중심지이론은 1차적인 전제조건은 각각의 수요자가 시장을 방문하는데 소요되는 최단거리의 중심이 해당 지역상권의 중심이 되고, 각 지역 상권의 중심축을 연결하면 2차 중심축이 되고, 다시 2차 중심축을 서로 연결하면 광역화된 도심이 형성된다는 것이다.

ⓗ 중심지 간에 상권의 규모를 확대하기 위한 경쟁이 발생되어 배후지가 부분적으 로 중첩되는 불안정한 구조가 형성될 수 있다.

④ **최소수요 충족거리**(the threshold size)

ⓐ 최소수요 충족거리란 상업중심지의 정상이윤 확보에 필요한 최소한의 수요를 발생시키는 상권범위를 말한다. 상권범위가 최소수요 충족거리보다 크게 되면 중심지의 상업시설은 초과이윤을 얻게 된다.

ⓑ 상업중심지가 중심지로서의 역할을 다하려면 제품과 서비스를 제공하는 기능을 계속적으로 수행할 수 있도록 수요가 발생해야 한다.

ⓒ 중심지로서 유지되기 위한 최소한의 수요 또는 그 수요를 발생시키는 상권 범위 를 최소요구치라고 하며, 이러한 최소요구치는 중심지기능을 수행하는데 고객이 제공해 주는 배후지의 범위를 의미한다.

⑤ **재화나 서비스의 최대도달범위**(the outer range of goods or service)

ⓐ 중심지에서 제공되는 상업기능이 배후지역 거주자에게 제공될수 있는 한계거리 이고, 소비자가 상품구매를 위해 중심지까지 기꺼이 이동하려는 최대거리이다.

ⓑ 재화나 서비스의 최대도달점은 중심지기능이 중심지로부터 미치는 한계점을 의미하고, 이론적인 분석으로는 최대도달점은 최소요구치보다 커야 상업적인 중심지가 존재가능하게 된다.

ⓒ 최대도달거리를 내기 위해서는 기본적으로 중심지는 최소요구치를 확보하고 있어야 하며, 중심지기능의 가격과 그것을 확보하기 위한 이동에 드는 교통비가 최대 도달점을 결정할 것이다.

⑥ **중심지**(the central place)

ⓐ 배후지(hinterland)라고도 하며 중심지가 특정공간에 유일하게 하나만 존재 한다면 가장 이상적인 배후지의 모양은 둥근 원처럼 나타날 것이다.

ⓑ 동일한 수준의 중심지가 다수 존재하게 되면 중심지 상호간 시장과 고객을 확보 하기 위한 경쟁이 발생한다.

ⓒ 원형의 배후지가 서로 외접하게 되면 중심지 상호간에는 어떤 중심지의 중심지 기능도 받지 못하는 소외된 저장공간 지역이 생긴다.

(2) 라슈(A. Losch)의 수정 중심지이론

① 라슈(A. Losch)의 이론의 개념

㉠ Christaller는 중심성의 크기를 인구규모에 비례하는 것으로 보고 중심성이 큰 기능을 보유한 중심지는 고차(상위)중심지(high order central place)이며, 작은 기능을 가진 중심지는 저차(하위)중심지(low order central place)이라고 했다.

㉡ 크리스탈러(W.Christaller)에 의해 제안되고, 라슈(A. Losch)에 의해 발전된 중심지이론은 도시 중심기능의 수행정도는 그 도시의 인구규모에 비례한다.

㉢ Christaller는 중심지계층의 포함원리를 K-value체계를 가지고 설명한, 즉 k=3, k=4, k=7로 각각의 경우에 있어서 상업중심지들 간의 공간구조를 설명하는 데 반해, 라슈는 크리스탈러의 6각형 이론에 비고정(非固定)원리를 적용함으로써 보다 현실적인 도시공간구조를 반영하려고 하였다.

② 라슈(A. Losch)의 이론 전개과정

㉠ Christaller는 최상위 중심지의 육각형상권구조에 하위중심지들이 포함되는 하향식 도시구조를 제시한 반면, 라슈는 보편적인 최하단위의 육각형 상권구조에서 출발하여 상위계층의 상업중심지로 진행하는 상향식공간구조를 전개하고 있다.

㉡ Christaller는 고차상업중심지는 저차상업중심지의 유통기능을 전부 포함할 뿐 아니라 별도의 추가기능을 더 보유하는 것으로 간주하였으나 라슈는 고차중심지가 저차중심지들의 상업기능을 모두 포함하는것은 아니라고 보고있기 때문에 대도시 지역의 공간구조를 보다 잘 설명하고 있다.

㉢ 라슈는 인구분포가 연속적 균등분포가 아니라 불연속 인구분포를 이루기 때문에 각 중심지의 상권규모가 다르다고 가정하여 비고정 k-value 모형을 제시하였으며, 이를 이용해 설명한 대도시지역의 상권구조는 부채꼴형의 중소도시 지역들이 대도시를 중심으로 방사하는 도시상권구조를 이루고 있음을 알 수 있다.

(3) 레일리(Reilly)의 소매중력(인력)의 법칙

① 레일리(Reilly) 법칙의 개념

㉠ 레일리의 소매중력의 법칙은 '뉴턴(Newton)의 만유인력 법칙'을 상권분석에 활용한 것으로 두 경쟁도시(A,B) 그중간에 위치한 소도시(C)의 거주자들로부터 끌어들일 수 있는 상권규모는, 그들의 「인구에 비례하고 각 도시와 중간(위성)도시간의 거리의 제곱에 반비례 한다」는 것이다.

㉡ 중심도시 A,B에 인접한 도시C는 두도시에 의해 상권이 분할되는 현상을 나타내며 이를 정리하여 방정식으로 표현하였다. 개별점포의 상권경계보다 이웃 도시들간의 상권경계를 결정하는데 주로 이용하고 점포간 밀집도가 점포의 매력도를 증가시킨다.

㉢ Reilly의 소매인력이론에서는 다양한 점포간의 점포밀집 정도가 점포의 매력도를 증가시킬 수 있어 점포가 밀집될 수 있는 유인요소인 인구는 소비자에게 중요한 기준이 된다고 보았다.

ⓐ 레일리의 소매중력의법칙(law of retail gravitation)은 이와 같이 다양한 점포들 간의 밀집이 점포의 매력도를 증가시키는 경향이 있음을 고려하고 있으며, 이웃 도시들 간의 상권경계(상권의 한계점)를 결정하는데 주로 이용된다.

ⓜ 중심지이론에 비해 소비자의 구매행위 및 인구이동 등 여러분야에 적용가능하고, 주요 도로 이외의 다른 경로로 이동하는 경우에는 거리보다 시간을 활용하는 것이 좋을 수 있다.

② 레일리(Reilly) 법칙의 전개과정과 산식

$$\frac{R(A)}{R(B)} = \frac{P(A)}{P(B)}\left[\frac{D(B)}{D(A)}\right]^2$$

$R(A)$: A시의 상권 규모(C로부터 A시에 흡인되는 구매력)
$R(B)$: B시의 상권 규모(C로부터 B시에 흡인되는 구매력)
$P(A)$: A시의 인구
$P(B)$: B시의 인구
$D(A)$: C로부터 A까지의 거리
$D(B)$: C로부터 B까지의 거리

㉠ 레일리의 소매중력의법칙에 의하면 보다 많은 인구를 가진 도시가 더 많은 쇼핑기회를 제공할 가능성이 많으므로, 원거리에 위치한 고객들도 기꺼이 쇼핑여행에 시간을 투자한다.

㉡ 두 경쟁도시 혹은 상업시설(A,B)사이에 위치한 소도시 혹은 상업시설(C)로부터 A, B 도시(상업시설)가 끌어들일 수 있는 상권범위 즉, A, B가 중간의 소도시(상업시설) C로부터 각각 자신에게 끌어들이는 매출액을 규정하는 것이다.

㉢ 소매중력의 법칙은 Converse가 개발한 breaking point(분기점, 무차별점) 공식으로 나타낼 수 있고, 이는 두도시(A,B)간의 상권경계를 계산하는데 이용된다. 분기점(무차별점) C는 두 도시의 상대적인 상업매력도가 동일한 위치이다.

㉣ C에 존재하는 A, B도시 사이의 상권한계점을 구하기 위해서는 A, B 각도시가 인접도시 C에서 흡인하는 소매판매액의 비를 1로 두면 된다. C에서 A, B까지의 거리의 합은 다른 도시와의 인구비율과 함께 인접도시 C의 상권경계를 형성하는 기준으로 작용하게 된다.

③ 레일리(Reilly) 법칙의 내용

㉠ 소비자들은 보다 먼거리에 위치한 점포가 보다 나은 쇼핑기회를 제공함으로써 물건구입의 추가노력을 보상한다면, 기꺼이 먼거리의 점포까지 가서 물건을 구입하게 될 것이다. 이는 광역상권의 경쟁상황에서 쇼핑센터의 매출액 추정에 활용할 수 있다.

㉡ 먼 거리에 위치한 점포의 상품가격과 교통비를 합한 총가격이 자신의 거주지역 다른 점포를 이용할 경우의 구입비용보다 싸다면 소비자는 상대적으로 싼가격의 상품을 구매하기 위해 기꺼이 먼거리까지 가서 물건을 구입할 수 있다는 것이다.

ⓒ 이론의 주요내용을 보면 소비자들의 구매결정은 점포까지의 거리보다는 점포가 보유하고 있는 질높은 상품이나 상품구색의 다양성, 저렴한 가격 등과 같은 쇼핑기회에 의해 결정된다고 보았다.

ⓔ 소비자는 낮은 상품가격 이외에도 보다 질 좋은 상품, 보다 많은 상품구색, 보다 좋은 이미지를 가진 점포를 애호하기 때문에, 보다 먼거리의 점포를 언제든지 선택할 수 있다.

ⓜ 먼 지역에 위치한 점포의 인근에 다른 점포들이 밀집되어 있다면, 이는 다목적 여행과 비교구매를 할 수 있는 기회를 소비자에게 제공하기 때문에 보다 가까운 거리에 위치한 단일점포보다 매력적일 수 있다.

④ 레일리(Reilly) 법칙의 가정
ⓐ 두지역의 상점들은 똑같이 효과적으로 운영된다.
ⓑ 소비자들은 주요 도로를 통하여 두 지역에 똑같이 접근할 수 있다.

⑤ 레일리(Reilly) 법칙의 한계
ⓐ Reilly가 제시한 이론은 편의품, 선매품, 전문품 등의 상품유형별 차이를 고려하지 않아 실제 상황에 적용할 때에는 이에 대한 고려가 필요하다.

ⓑ 소매점의 적정규모를 파악하는데 있어 아날로그 접근법, 크리스텔러의 중심지 이론, 허프의 중력모델 중에서 가장 도움을 주지 못한다.

ⓒ 레일리법칙에서는 특정 상업지구까지의 거리는 주요도로를 사용하여 측정되지만, 소비자들이 샛길이나 간선도로를 이용할 경우, 거리는 보다 길지만 여행시간이 짧게 걸릴수 있으므로 상업지구까지의 거리보다 여행시간이 나은 척도가 될 수 있다.

ⓓ 실제거리는 소비자가 지각하는 거리와 일치하지 않을 수도 있다. 소비자의 편의성 및 서비스가 낮고 복도가 혼잡한 점포는 보다 쾌적한 환경의 점포보다 고객에게 지각되는 거리는 더 클 수 있다.

ⓔ 셋 이상의 상권을 설정하는 경우에는 적용이 어렵고, 소비자들이 지각하는 거리와 실제거리가 차이가 나는 경우에 대한 반영이 없다.

(4) 레일리(Reilly) 법칙의 수정이론

① 컨버스(Converse)의 수정이론의 개념
ⓐ 두 도시 사이의 분기점(breaking-point)의 정확한 위치를 결정하기 위해 소매 중력의 법칙을 수정하였다.

ⓑ 소비자에게서 두 도시까지의 거리가 같을 경우 두 도시별 구매금액의 비율은 인구비율과 유사하며, 상품을 구매할 때 현재 거주하는 소도시와 인근에 위치한 대도시로 구매금액이 분산된다.

ⓒ 두 도시사이의 거리가 분기되는 중간지점(분기점, breaking point)의 정확한 위치를 결정하기 위한 분기점공식을 이용한 상권분석방법으로 인접한 두 도시 간의 상권경계는 두 도시간의 인구비율에 의해 구할 수 있다는 설명을 했다.

② 컨버스의 소매인력이론 제1법칙

　　㉠ 경쟁도시인 A와 B에 대해 어느 도시로 소비자가 상품을 구매하러 갈 것인가에 대한 상권분기점을 찾아내는 일이고, 이는 주로 선매품과 전문품에 적용되는 모델이다.

　　㉡ 서로 경합하는 초광역쇼핑센터들의 상권을 설정할 때, 수집해야 하는 자료의 양과 투입비용의 측면에서 가장 합리적으로 활용할 수 있는 모델이다.

　　㉢ 컨버스의 제1법칙 공식

$$D(A) = \frac{d}{1+\sqrt{\dfrac{P(B)}{P(A)}}} \quad \text{또는} \quad D(B) = \frac{d}{1+\sqrt{\dfrac{P(A)}{P(B)}}}$$

　　$D(A)$: A시로부터 분기점까지 거리　　　　$D(B)$: B시로부터 분기점까지 거리
　　d : A시와 B시 간의 거리($= D(A) + D(B)$)
　　$P(A)$: A시의 인구 수　　　　　　　　　　$P(B)$: B시의 인구 수

③ 컨버스의 소매인력이론 제2법칙

　　㉠ 소비자가 소매점포에서 지출하는 금액이 거주하는 도시와 경쟁도시 중 어느지역으로 흡수되는가를 알려주는 것으로 중소도시의 소비자가 선매품을 구입하는 데 있어서 인근 대도시로 얼마나 흡수되는지를 설명하는 법칙이다.

　　㉡ 컨버스의 제2법칙 공식

$$\frac{Ba}{Bb} = \left(\frac{Pa}{Hb}\right)\left(\frac{4}{d}\right)^2$$

　　Ba : 대도시 A로 유출되는 중소도시 B의 유출금액
　　Bb : 중소도시 B에 지불하는 금액
　　d : A시와 B시 간의 거리
　　Pa : 대도시 A의 인구
　　Hb : 대도시 B의 인구

(5) 케인의 흡인력 모델

① 레일리와 컨버스법칙은 지세나 교통편의를 무시하고, 직선거리를 변수로 사용하는 단점이 있으며, 매장면적의 크기와 같은 경쟁요소도 고려를 하지 않고 있다.

② 케인은 보다 실무적이고, 이해하기 쉽게 상권을 측정하고자 하였다. 예를 들어 C지구의 구매력 규모인 2억 원이 A시와 B시로 어느 정도 흡인되는지를 살펴본다

구분	A도시		B도시	
인구(명)	8,000	1.0	48,000	6.0
소요시간(분)	10분	1.0	5분	2.0
매장면적(㎡)	200㎡	1.0	800㎡	4.0
합계		3.0		12.0

③ 첫 번째 조건 A도시:B도시=1:6, 두 번째 조건 A도시:B도시는 2:1이 아니고 1:2
가 된다. 왜냐하면 소요시간은 짧게 걸리는 것이 좋기 때문이다. 세 번째 조건 A도
시:B도시 = 1:4, 따라서 비율이 3:12가 되므로 1:4가 된다. 그러므로 A도시 4천만
원, B도시 1억 6천만원이 흡인될 것으로 나온다.

3. 확률적 모형에 의한 상권분석

(1) 확률적 모형의 개념

① 충성도가 높은 소비자의 점포선택이라도 확정적인 것이 아니라 확률적인 가능성을
가지고 있다는 것을 가정하였다.

② 거리와 점포의 규모, 판매원서비스, 상품구색 등 다양한 요소에 대한 효용을 측정
하여 점포선택 확률을 구할 수 있도록 발전되었다.

③ Huff 모형, MNL 모형 등 공간 상호작용 모델로 공간 상호작용이란 개념은 지리학
분야에서 유래되었다.

④ 공간상의 지점들 간 모든 종류(사람, 물품, 돈 등)의 흐름을 공간 상호작용
이라하고, 소비자에게 인지되는 효용이 클수록 그 점포가 선택될 가능성이 커지
며, 소비자의 점포 선택 행동을 확률적 현상으로 인식한다.

(2) 허프 모형(Huff Model)

① 허프 모형(Huff model)의 개념

㉠ 미국 UCLA대학 경제학교수인 HUFF박사가 1963년 제창한 모델로 제창되기
전에 도시단위로 행하여 졌던 소매인력론을 소매상권의 개별(상업)단위로 전환
하여 전개한 이론이다. 소비자의 특정상업시설에 대한 효용(매력도)은 상업시설
규모와 점포까지 거리에 좌우된다는 가정하에 진행된다.

㉡ 허프(Huff)모형은 특정지역에 거주하는 소비자가 특정소매점에서 구매할 확률을
결정하는 것으로 소비자들의 점포선택과 소매상권의 크기를 예측하는 데 널리
이용되어 온 확률적 점포선택 모형들 중 대표적인 모형이다.

㉢ 허프(David Huff)가 1960년대 초 처음으로 점포의 상권을 추정하기 위한
확률적 모형을 소개했는데 소비자의 특정점포에 대한 효용은 점포의 크기에 비
례   하고 점포까지의 거리에 반비례한다고 가정하였다.

㉣ 소매인력이론이라고도 하며 이후 허프모형은 이론적 및 실제적용력 측면에서의
이점 때문에, 소매기관 연구자들 및 소매업체들에 의해 상권분석에 폭넓게 활용
되고 있다. 매장규모, 매장과의 거리, 접근제약성, 소비자 출발점 등을 고려한다.

② 허프 모형(Huff model)의 내용

㉠ 소비자의 특정점포에 대한 효용은 점포의 크기와 점포까지의 거리에 좌우된다.
즉, 소비자의 점포에 대한 효용은 「점포의 매장이 크면 클수록 증가하고, 점포까
지의 거리는 멀면 멀수록 감소한다」고 보았다.

ⓛ 상권내에서 소비자가 방문을 고려하는 점포대안들의 효용의 총합에 대한 해당 점포의 효용의 비율로 나타내며, 거주지에서 점포까지의 거리나 이동시간 중심으로 상권흡입력의 크기와 소비자 구매가능성을 확률로 모형화 하였다.

ⓒ 신규점포의 예상매출액에 대한 예측에 널리 사용되는 기법으로 최적상업시설 또는 최적매장면적에 대한 유추가 가능하고, 상업시설 또는 점포에 방문할 수 있는 고객수 산정, 상권지도 작성가능, 상업시설간 경쟁구조의 파악이 가능하다.

ⓔ 상권분석에 허프(Huff)모델을 적용할 점포는 슈퍼마켓, 약국, 문구점, 패스트 푸드점 등이고, 전문 오디오제품 점포는 해당이 아니다.

ⓜ 소비자로부터 점포까지의 이동거리는 소요시간으로 대체하여 계산하기도 하며, 소매상권이 연속적이고 중복적인 공간이라는 관점에서 분석한다. 특정점포의 효용이 다른 선택대안 점포들의 효용보다 클수록 그 점포의 선택가능성이 높아진다.

ⓗ 소비자가 매장의 크기와 이동시간을 고려하여 여러 대안 점포중 특정점포를 선택할 확률을 구하는데, 각 점포의 효용을 합한 값과 각 개별점포의 효용값을 비교하여 구매확률을 계산하게 되므로 점포선택에 대한 합리성을 확보할 수 있다.

③ 허프 모형(Huff model)의 전개과정

ㄱ 전체 상권내에서 동일한 제품을 판매하는 각점포의 매장면적을 조사하고, 잠재고객의 점포방문성향을 조사하여 거리에 대한 민감도를 계산한다.

ㄴ 허프모형은 상업시설간 경쟁구조의 파악이 가능하며 여러 점포를 선택할 수 있는 상황에서 특정 점포를 선택할 가능성을 계산한다.

ㄷ 점포의 크기와 거리에 대한 고객민감도(중요도)를 반영할 수 있다. 점포 크기 및 이동거리에 대한 민감도 계수는 상권마다 소비자의 실제 구매행동 자료를 통해 추정한다.

$$P_{ij} = \frac{S_j{}^a D_{ij}{}^b}{\displaystyle\sum_{k=1}^{j} S_k{}^a D_{ik}{}^b}$$

P_{ij} : 소비자 i 가 점포 j 를 선택할 확률
S_j : 점포 i 의 매장 크기
D_{ij} : 소비자 i 가 점포 j까지 가는 데 걸리는 시간 또는 거리
a : 소비자의 점포 크기에 대한 민감도(중요도)를 반영하는 모수(parameter)
b : 소비자의 점포까지의 거리에 대한 민감도(중요도)를 반영하는 모수
j : 소비자가 고려하는 총 점포의 수

ㄹ 허프의 원래 공식에는 점포크기에 대한 민감도계수가 포함되지 않았으며 각 상품별 매출액에 대한 추정이 가능하다.

ㅁ 소매상권이 연속적이고 중복적인 구역이라는 관점에서 분석하며, 특정 점포의 효용이 다른 선택 대안 점포들의 효용보다 클수록 그 점포의 선택 가능성이 높아진다.

ⓑ 다수의 상업시설 이용시 상업시설의 규모와 상업시설까지 걸리는 시간과 거리를 중심으로 상업시설의 흡인력을 계산하는 모델이다. 소비자로부터 점포까지의 이동거리는 소요시간으로 대체하여 계산하기도 한다.

④ 허프 모형(Huff model)의 산식

ⓐ Huff모델에 의한 신규점포의 예상매출액 산식은「특정지역의 잠재수요의 총합×특정지역으로부터 계획지로의 흡인율」로 나타낼 수 있다.

ⓑ Huff모델에 있어서 지역별 또는 상품별 잠재수요를 예측하는 방법은「지역별 인구 또는 세대수×업종별 또는 점포별 지출액」으로 나타낸다.

ⓒ 허프(Huff)모형으로, 신규점포의 전체시장을 나눈 소규모 고객집단에서의 예상매출액을 계산하고자 할 때 '그지역의 인구수', '일인당 식료품 지출비', '전체시장을 나눈 소규모 고객집단지역 거주자의 신규점포에서의 쇼핑확률'이 필요하다.

ⓓ 규범적인 접근방법과 확률적모형의 차이점은 확률적모형에서는 소비자의 효용함수를 결정하기 위하여 실제소비자의 점포선택행동을 이용하는 반면 규범적인 모형에서는 효용함수의 모수(a, b)값이 사전에 결정된다는 차이가 있다.

ⓔ 상품의 성격에 따라 Huff모형에 사용하는 모수의 크기를 변화시키는 것이 필요하다. 전문품의 경우에는 점포크기의 모수가 거리차이의 모수보다 더 중요하다. 일반적으로 점포크기에 대한 모수(민감도)와 점포까지의 거리에 대한 모수는 서로 반대되는 성격을 갖게 되어 역수로 표현되기도 한다.

(2) 허프 모형(Huff model)의 수정모델

① 수정 모델의 개념

ⓐ 허프모형은 신규점포의 매출액 예측에 널리 활용되는 기법인데, 허프모형이 1960년대 초 개발된 이후 허프모형에 대한 수많은 수정모델들이 제시되어 왔다.

ⓑ 허프모형은 점포매력도가 점포의 크기 이외에 취급제품의 가격, 판매원의 서비스 등 다른 요인들로부터 영향을 받을 수 있음을 고려하지 않았다.

② 수정 모델의 내용

ⓐ 수정 허프에서 소비자가 어느 상점에서 구매하는 확률은 그 상점의 '매장면적에 비례하고 그 곳에 도달하는 거리의 제곱에 반비례'한다고 하였다.

ⓑ 수정Huff모델의 역할은 상업시설간의 경쟁구조 파악, 최적상업시설 또는 매장면적 유추, 매출액 추정, 상권지도 작성, 상업시설 또는 점포를 방문할 수 있는 고객 수 산정 등이다.

ⓒ 점포면적과 점포까지의 거리만으로 특정지역 소비자들의 대안이 되는 점포에 대한 선택확률을 계산하며, 실무적 편의를 위해, 점포면적과 거리에 대한 민감도를 따로 추정하지 않는다.

(3) 다항 로짓 함수 모형(MNL: multinormial logit model)

① MNL 모형의 개념
  ㉠ MNL모형은 마케팅 모형에서 시장점유율을 위한 모형으로, 소비자의 선택과정의 불확정성을 잘 반영하고 있다.
  ㉡ 다항로짓모델(MNL)은 루스(R.D. Luce) 교수의 선택공리 이론에 근거한 모델로, 소비자의 집합적 선택자료를 이용하여 공간선택의 행동을 설명하려는 것이다.
  ㉢ MNL모형은 상권내 소비자들의 각점포에 대한 개별적인 쇼핑여행에 대한 관측자료를 이용하여 각점포에 대한 선택확률의 예측은 물론, 각점포의 시장점유율 및 상권의 크기를 추정한 모델이다.

② MNL 모델의 도출 가정
  ㉠ 소비자의 점포선택행위는, 대체적 점포가 갖는 특성중에서 소비자의 특정점포 대안에 대한 효용은 결정적요소(determinant point)와 무작위적요소(random component)에 대한 평가로 결정된다.
  ㉡ 여기서 결정적요소는 관찰가능한 점포대안들의 점포속성들 또는 소비자특성을 반영하고, 무작위요소(오차항)는 서로 독립적이고 결정적요소에서 고려되지 아니한 기타 변수들의 효과를 반영하는 부분들이다.
  ㉢ 확률적 효용극대화이론(stochastic utility maxmization)에 근거하여 소비자는 고려 중인 점포대안 중에서 가장 효용이 높은 점포를 선택한다.
  ㉣ 점포의효용(매력도) 측정과정에서 Huff모형보다 MNL모형을 이용할 때 유리한 점은 점포와의 거리 및 점포의 면적이외에도 다양한 변수를 반영할 수 있다.

(4) Huff 모델과 MNL 모델의 비교

① MNL 모델은 점포의 객관적 특성보다는 소비자의 객관적 평가 자료를 활용한다.
② Huff 모델과 MNL 모델은 모두 상권 분석기법 중에서 확률적 모형에 해당된다.
③ Huff 모델과 달리 MNL 모델은 점포의 이미지 등 다양한 영향 변수를 반영할 수 있다.
④ MNL 모델은 상권분석을 할 때마다 변수의 민감도 계수를 추정하는 절차를 거치게 된다.
⑤ Huff 모델과 MNL 모델은 일반적으로 상권을 소규모의 세부지역(zone)으로 나누는 절차를 거친다.

(5) MCI(Multiplicative Competitive Interaction Model) 모델

① MCI 모델의 개념
  ㉠ MCI모델은 상권분석 및 점포선택 행동을 추정하는데 있어서 여러가지 중요 변수들을 제외시켜 잘못된 결론을 내릴 수 있다는 비판을 고려하여 만든 모델이다.
  ㉡ 점포의 효용(구매흡인력)을 측정하는 데 있어서 점포의 크기와 점포까지의 거리 뿐 아니라 다양한 점포관련 특성을 포함하고 있다.

ⓒ MCI모델의 유인변수(誘因變數)로써 점포규모 외에도 상품구색, 가격, 분위기, 점포장식 등과 같은 변수를 추가하고 저항변수에는 교통시간 외에도 교통비용, 교통안전도, 이동 중의 안락감, 교통편의도 같은 질적특성을 포함하고 있다.

ⓔ MCI에서 소비자가 어느 상업지에서 구매하는 확률은 그상업지역의 '매장면적에 비례하고 그곳에 도달하는 거리의 제곱에 반비례한다'는 것을 공식화한 것이다.

② MCI 모델의 내용과 산식

ⓖ MCI모델은 확률적 인력법칙인데 비해 공간수요의 결정에 유관하게 작용한다고 생각되는 중요변수의 수를 증대시킴으로써 심도깊게 설명하려고 노력하였다.

ⓛ 변수들의 증가로 변수들 사이의 공통성을 제거하고 매장면적과 거리 이외에 변수를 추가하고 있으나 지역간 선택요인과 점포선택을 구별하지 못한다.

$$P(A) = \frac{P_A^{a^1} S_A^{A^{d1}} D_A^{A^b}}{\sum_{j=1}^{3} P_j^{a^1} S_j^{d^2} D_j^{b}} = \frac{\text{점포 A의 효용치}}{\text{점포 A의 효용치} \times \text{점포 B의 효용치} \times \text{점포 C의 효용치}}$$

D : 점포 선택 시 점포까지의 거리

P : 점포의 제품 구색 및 가격

S : 점포 판매원의 판매서비스

$P_j^{a^1}$: 점포 j의 제품 구색에 대한 효용치

$S_j^{d^2}$: 점포 j의 판매원 서비스에 대한 효용치

D_j^{b} : 점포 j까지의 거리에 대한 효용치

(6) Luce 모델

① Luce 모델의 개념

ⓖ 수리심리학에서 널리 알려진 Luce의 선택공리에 이론적 근거를 두고 개발된 것으로 Luce모델은 확률적 점포선택모델이다.

ⓛ 어떤 소비자가 특정한 점포를 선택할 확률은 그가 고려하는 점포 대안들의 개별 효용의 총합에 대한 특정한 점포의 효용의 비율에 의해 결정된다.

ⓒ Luce 모형은 점포성과(매출액)와 소매환경 변수간의 관계를 확률적인 관계로 가정하여 분석하는 확률적모형에 속한다.

ⓔ Luce 모형은 특정점포의 효용이나 매력도가 높을수록 그점포가 선택될 확률이 높아진다고 가정한다.

ⓜ 확률적모형은 거리만 고려하는 소매중력법칙보다 많은 정보를 반영하여 상권의 범위를 예측할 수 있다.

② Luce 모델의 내용과 산식

　㉠ 소비자가 특정점포를 선택할 가능성은 소비자가 해당점포에 대해 인지하는 접근 가능성, 매력 등 소비자행동적 요소로 형성된 상대적효용으로 결정된다고 보았다.

　㉡ 소비자의 특정점포에 대한 구매흡인 패턴은 확률적모형에서는 소비자가 그 점포에 대해 갖는 상대적효용에 있다고 한다. 즉, 특정점포에 대해 지각된 효용이 클수록 소비자가 그점포의 단골이 될 가능성이 크다.

　㉢ 소비자가 A, B, C 등 세 개의 점포를 고려하고 각 점포에 대한 효용이 4, 6, 8이면 그중 B를 선택할 확률은 6/(4+6+8)=0.33이다. 이를 공식으로 하면 다음과 같다.

$$P_{ij} = \frac{U_{ij}}{\displaystyle\sum_{j=1}^{\infty} U_{ij}}$$

D_{ij} : 소비자 i 가 점포 j 를 선택할 확률
U_{ij} : 소비자 i 에 있어서 점포 j 의 효용
j : 소비자가 고려하는 점포의 총합

③ 점포에 대한 소비자의 효용 함수

　㉠ 소비자는 점포까지의 거리가 멀어질수록 그 점포에 대한 효용은 감소하기 때문에 모두 b는 負(—)의 값을 가지게 되며, 이 경우 효용과 거리간의 (—)관계를 거리 증가에 의한 효용 감소효과라고 한다.

　㉡ 특정점포를 평가하는데 있어 모두 a,b는 소비자가 그 점포의 구매흡인력과 거리에 부여하는 상대적 중요성을 반영하며, 만약 b의 절대값이 그 점포의 구매흡인력의 모수인 a값보다 큰 경우에는 소비자가 점포를 선택할 때 일반적으로 거리를 중심으로 평가하고 구매흡인력은 고려하지 않으므로 소비자는 가장 가까운 점포에서 상품을 구매한다.

$$U_{ij} = A_j{}^a D_{ij}{}^b$$

U_{ij} : 소비자 i 가 점포 j 에 대한 효용
A_j : 점포 j 의 효용
D_{ij} : 소비자 i 의 거주지에서 점포 j 까지의 거리
a, b : 각 점포의 구매흡인력(a), 점포까지의 거리(b)에 대한 소비자의 민감도를 반영하는 모수

01 다음 중 상권 규정요인으로 가장 잘못된 설명은?

① 상권을 규정하는 가장 중요한 요인은 소비자나 판매자가 감안하게 되는 시간과 비용요인이지만, 일반적으로 상권을 규정하는 구성요인은 인구, 시간, 거리요인이다.

② 상품가치를 좌우하는 보존성이 강한 재화일수록 오랜 운송에도 견딜수 있으므로 상권이 확대되며, 생산비, 운송비, 판매가격 등이 낮을수록 상권은 확장된다.

③ 구매자 측면에서의 상권은 적절한 가격의 재화 및 용역을 합리적으로 구매할 수 있을 것으로 기대되는 지역적 범위이다.

④ 소비자가 직접 이동하는 경우에는 재화의 종류에 따라 소비자가 투자하는 시간과 비용이 바뀌게 되지만 상권의 크기는 불변이다.

⑤ 판매자 측면에서의 상권은 특정 마케팅 단위나 집단이 상품과 서비스를 판매하고 인도함에 있어 비용과 취급 규모면에서의 특정 경계에 의해 결정되는 경제적인 범위이다.

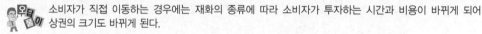 소비자가 직접 이동하는 경우에는 재화의 종류에 따라 소비자가 투자하는 시간과 비용이 바뀌게 되어 상권의 크기도 바뀌게 된다.

02 다음 중 상권(trade area)에 관한 설명으로 올바르지 않은 내용은?

① 소매업은 입지선정 전에 상권에 대한 적합성(규모)에 대한 평가를 통해 상권 가능 후보지를 평가한 후 이들 중에서 가장 유리한 입지를 선택하게 된다.

② 상권(trade area)이란 한 점포뿐만 아니라 점포집단이 고객을 유인할 수 있는 지역적 범위(geographic area)를 의미한다.

③ 판매자측면의 상권, 구매자 측면의 상권, 판매량측면의 상권으로 나누어 정의할 수 있으며 소위 1차상권, 2차상권, 3차상권 및 영향권으로 구분하는 것은 오로지 판매자 측면에서만 상권을 구분한 것이다.

④ 상권은 단순한 몇 Km권이라고 하는 원형의 형태가 아니라 아메바와 같이 정형화되지 않은 형태로 되는 경우가 일반적이다.

⑤ 상권은 지역상권(general trading area), 지구상권(district trading area), 개별 점포상권(individual trading area)등으로 계층적으로 분류될 수 있다.

 점포의 상권은 일반적으로 1차 상권(primary trading area), 2차 상권(secondary trading area), 한계상권 (fringe trading area)으로 구성된다. 한계상권을 3차 상권이라고도 하는 것은 고객흡인율에 따른 상권분류 방법이며, 고객측면에서 구분한 것이다.

해답 **01** ④ **02** ③

03 상권에 대한 일반적 사실들을 설명한 내용으로 가장 옳지 않은 것은?

① 현실에서 상권의 형태는 대부분 점포가 위치한 지점으로부터 일정거리를 반지름으로 하는 동심원이다.

② 상권은 단독점포의 상권과 복수점포의 상권, 현재상권과 잠재상권, 거주상권과 생활상권 등의 기준으로 구분할 수 있다.

③ 한계상권(3차상권)은 일반적으로 점포를 이용하는 전체소비자를 빠짐없이 포괄하는 범위까지를 경계로 하는 것은 아니다.

④ 상권은 점포를 이용하는 소비자들이 분포하는 공간적 범위를 말하는데 점포의 매출이 발생하는 지역범위를 의미하기도 한다.

⑤ 상권은 판매행위가 이루어지는 판매권, 제품과 서비스의 구매자를 포함하는 지역인 시장권, 거래상대방이 소재하는 거래권으로 보기도 한다.

 상권(trade area)이란 한 점포 뿐만 아니라 점포집단이 고객을 유인할수 있는 지역적 범위(geographic area)를 의미하며, 상권은 단순한 몇km권이라고 하는 원형의 형태가 아니라 아메바와 같이 정형화되지 않은 형태로 되는 경우가 일반적이다.

04 다음 아래 설명에서 상권의 설명으로 가장 적합하게 열거된 항목은?

> 가. 동일지역에 출점한 경쟁점포들의 경우 소형점보다 대형점이 상권이 크고, 동일한 업종으로 형성된 상권의 규모가 다양한 업종으로 형성된 상권에 비해 적다.
>
> 나. 소비자가 직접 이동하는 경우에는 재화의 종류에 따라 소비자가 투자하는 시간과 비용이 바뀌게 되어 상권의 크기도 바뀐다.
>
> 다. 상권 설정시 해당지역을 직접 돌아다니면서 자신의 경험적 감각을 활용한 상권 파악방법으로 앙케이트 조사를 통한 상권 설정법이 있다.
>
> 라. 상권은 점포의 매출 및 고객이 창출되는 지리적으로 인접한 구역을 말하는데, 두 세개의 구역으로 분리될 수 있다.
>
> 마. 상권 내의 기생점포만으로 고객이동을 발생시키지 못하며, 이곳의 상권은 해당지역의 쇼핑센터나 소매지역에서 주도적으로 성장하는 소매업체에 의해 결정된다.

① 가, 나, 다   ② 가, 다, 라   ③ 가, 라, 마
④ 나, 다, 마   ⑤ 나, 라, 마

 가. 동일한 업종으로 형성된 상권의 규모가 다양한 업종으로 형성된 상권에 비해 크다.
다. 상권 설정 시 해당 지역을 직접 돌아다니면서 자신의 경험적 감각을 활용한 상권 파악방법으로 실사(實査)에 의한 상권 설정법이 있다.

해답 **03** ① **04** ⑤

05 다음 중 상권분석에 이용할 수 있는 회귀분석 모형에 관한 설명으로 가장 옳지 않은 것은?

① 회귀 분석에서는 표본의 수가 충분하게 확보되어야 한다.
② 모형에 포함되는 독립변수들은 서로 관련성이 높아야 좋다.
③ 소매점포의 성과에 영향을 미치는 요소들을 파악하는 데 도움이 된다.
④ 성과에 영향을 미치는 영향 변수에는 상권내 소비자들의 특성이 포함될 수 있다.
⑤ 성과에 영향을 미치는 영향 변수에는 점포 특성과 상권내 경쟁수준 등이 포함될 수 있다.

 회귀분석(回歸分析,regression analysis)은 관찰된 연속형 변수들에 대해 독립변수와 종속변수 사이의 상관관계를 나타내는 선형 관계식을 구하는 기법 및 이렇게 얻은 모형의 적합도를 측정하는 분석 방법이다 회귀분석은 시간에 따라 변화하는 데이터나 어떤 영향, 가설적 실험, 인과 관계의 모델링 등의 통계적 예측에 이용될 수 있으며 모형에 포함되는 독립변수들은 서로 관련성이 높다고 좋은 것은 아니다.

06 점포 후보지에 대한 상권분석은 일반적으로 기존점포에 대한 상권분석과 신규점포에 대한 상권분석으로 나눌 수 있다. 다음 답항의 상권분석기법 중 나머지 넷과 사용 용도면에서 가장 차이가 나는 것은?

① 상권의 규모에 영향을 미치는 요인에 대한 수집 및 평가를 통해 시장잠재력을 측정하는 Checklist방법
② 점포자료와 기타 다른 목적으로 수행된 조사 자료 등의 기업내 2차자료를 이용하여 측정이 가능한 방법
③ 보행자나 버스, 지하철 등의 타 교통수단을 이용하는 고객에 대해서 면접 등의 방법으로 소비자를 조사하여 상권범위 및 소비행태를 파악하는 소비자조사법
④ 마일리지(mileage)를 통하여 고객의 주소를 확인할 수 있으며 상권범위를 결정하는데 유용하게 사용할 수 있을 뿐만 아니라 고객의 특성 및 개개인의 니즈를 파악할 수있어 마케팅전략수립에 유효적절하게 활용할 수 있는 마일리지 고객주소 활용법
⑤ 승용차를 이용하는 고객에 대하여 차량번호판으로 자동차 소유자의 주소를 확인할 수 있어 상권범위를 파악할 수 있을 뿐만 아니라 거주지역 및 차종에 따라 대략적으로 소득수준을 예측할 수 있는 차량조사법

 체크리스트(checklist) 방법은 신규점포에 대한 상권분석방법이고, 나머지는 기존점포에 대한 상권분석방법이다.

해답 **05** ② **06** ①

07 상권(trade area)이란 한 점포가 고객을 흡인할 수 있는 지역의 한계 범위(geographic area)를 지칭하는 말이다. 점포에 대한 마케팅 전략의 수립에 앞서 기업은 자사 점포의 상권 범위를 어디까지로 할 것인가를 먼저 결정해야 한다. 다음 중 상권의 개념에 대한 설명으로 가장 적합하지 않은 것은?

① 일반적으로 상권은 계층적구조로 형성된 것으로 볼 수 있으며, 지역상권(general trading area), 지구상권(district trading area), 개별점포상권(individual trading area)등으로 계층적으로 분류될 수 있다.

② 상권(trade area)이란 한 점포뿐만 아니라 점포집단이 고객을 유인할 수 있는 지역적 범위(geographic area)를 의미하며, 상권은 단순한 원형의 형태가 아니라 아메바와 같이 정형화되지 않은 형태로 되는 경우가 일반적이다.

③ 상권이란 하나의 점포 또는 점포들의 집단이 고객을 유인할 수 있는 지역적범위를 나타내며, 판매품질에 따라 1차, 2차, 3차 상권 및 영향권으로 구분할 수 있다. 상권의 구매력은 상권내의 가구소득수준과 가구 수에는 영향이 없다.

④ 중소점포의 경우에도 유명전문점은 동일위치의 경쟁점포보다 점포상권의 규모가 크며, 한 점포의 상권은 지역상권, 지구상권, 개별점포 상권을 모두 포함하는 것이지만, 이와 같이 엄격히 구분하지는 않는다.

⑤ 상권은 시장지역 또는 배후지라고도 부르며 점포와 고객을 상행위와 관련하여 흡수할 수 있는 지리적영역이고, 경쟁자의 출현은 상권을 차단하는 중요한 장애물이며 고객밀도는 상권내의 인구밀도와 밀접한 관련이 있다.

 상권이란 판매수량의 크기에 따라 1차, 2차, 3차 상권으로 구분하고, 구매력은 상권 내의 가구소득수준과 가구 수의 함수로 볼 수 있다.

08 다음 중 크리스탈러(Christaller)의 중심지이론(The Central Place Theory)을 구성하는 주요 개념으로 가장 거리가 먼 것은?

① 중심지(the central place)
② 점포의 규모(the square footage)
③ 최소수요(the threshold)
④ 재화의 도달범위(the outer range)
⑤ 배후지(hinterland)

 중심지(the central place) 이론은 독일의 크리스탈러(Christaller)에 의해 1933년에 처음으로 제시되었다. 크리스탈러의 중심지 이론에 의하면 한 도시 또는 지역 내에 여러 상업 중심지가 존재할 때 각 상업 중심지로부터 상업 서비스 기능을 제공받을 수 있는 가장 이상적인 배후 상권의 모양은 정육각형이며, 정육각형의 형상을 가진 상권은 유통 서비스 기능의 도달범위(the outer range)와 수익을 실현하는데 필요한 최소수요 충족 거리(the threshold)가 일치하는 공간 구조이다.

07 ③　　**08** ②

09 다음 중 상권분석에 대한 설명으로 가장 거리가 먼 것은?

① 배후상권고객이란 목표상권의 지역경계내에 거주하는 고객들을 지칭하며 상대적으로 도심지역의 점포보다는 외곽지대의 점포에서 매출기여도가 높다.

② 상권분석을 위해서는 배후상권고객뿐 아니라 점포주변에 근무하는 직장인이나 학생들과 같은 직장(학생)고객들도 분석의 대상에 포함시켜야 한다.

③ 유동고객에 대해서도 분석이 필요하며, 유동고객이란 기타의 목적을 가지고 점포 주변을 왕래하는 거주민과 비거주민 모두를 의미한다.

④ 어느 한 상권에 속한 고객의 특성은 배후 상권고객, 직장(학생)고객, 유동고객에 포함되지 않는 다른 고객유형을 찾아 분석해야 정확하게 찾을 수 있다.

⑤ 상권은 소매업 성공의 중요 요인으로 부적절한 입지는 매출에 지대한 영향을 미치기 때문에 상권분석은 자사점포의 수요예측과 마케팅 전략의 수립을 위한 필수적 단계이다.

> **오답이** 어느 한 상권에 속한 고객의 특성은 배후상권고객, 직장(학생)고객, 유동고객에 포함된 고객유형을 찾아 분석해야 정확하게 찾을 수 있다.

10 다음 중 상권(trade area)의 변화 내용에 대한 설명으로 가장 옳지 않은 것은?

① 한번 설정된 상권은 변동적인 것이 아니라 소비패턴이나 생활패턴의 변화 및 실버계층 증가의 변화에 의해서도 상권이 변화하지 않으므로 상권은 불변이라고 할 수 있다.

② 세대간의 변화, 신세대 내에서의 변화, 사회구조의 변화 등에 의해서도 상권이 변화하며, 라이프사이클의 변화, 새로운소비층의 변화, 계층간의 소비변화 등으로 상권이 변화된다.

③ 상권변화 분석의 방법으로 대형점은 유추법에 의한 분석을, 중소형점은 실지조사법을 많이 이용하고, 상권변화분석의 요령은 현지상황의 정확한 파악과 주민의 성향을 알아야 한다.

④ 상권변화 요인은 대규모점포의 출점과 폐점, 이동에 필요한 교통수단의 발전 등이 아주 중요한요인으로 작용을 하며, 관공서·대규모 회사의 등장 및 이전 등도 포함된다.

⑤ 해당 상권내의 경쟁점포들에 대한 소비자의 지출패턴이나 소비자의 쇼핑여행패턴을 반영함으로써 특정점포의 매출액과 상관규모를 보다 정확하게 예측할 수 있다.

> **오답이** 한번 설정된 상권은 고정적인 것이 아니라 소비패턴·생활패턴 변화 및 실버계층 증가의 변화에 의해서도 상권이 변화를 한다.

11 상권에 영향을 주는 지문에 대한 설명으로 가장 적합하지 않은 것은?

① 판매자 측면에서의 상권은 특정 마케팅 단위나 집단이 상품과 서비스를 판매하고 인도함에 있어 비용과 취급 규모면에서의 특정 경계에 의해 결정되는 경제적인 범위이다.

② 점포상권의 규모는 전문품을 취급하는 점포의 상권은 선매품을 취급하는 점포의 상권보다 적고, 선매품을 취급하는 점포의 상권은 편의품을 판매하는 점포의 상권보다 적다는 것이 일반적인 이론이다.

③ 주요고속도로나 철도가 남북으로 길게 놓여있을 경우에는 상권도 남북으로 긴 타원의 형태가 되고, 상권내의 기생점포만으로는 고객 이동을 발생시키지 못한다는 특징이 있다.

④ 상권내 목적점포는 상품, 상품의 종류, 전시, 가격 혹은 다른 독특한 특징이 고객유인 역할을 하는 점포이며, 상권은 점포의 매출 및 고객이 창출되는 지리적으로 인접한 구역이다.

⑤ 상권의 구매력은 상권내의 가구소득수준과 가구수의 함수이며, 기초자료 요소로는 고객스포팅(customer spotting), 지리정보시스템(GIS) 분석자료, 구매력지수 등을 참고해야 한다.

 점포상권의 규모를 보면 전문품을 취급하는 점포의 상권은 선매품을 취급하는 점포의 상권보다 크고, 선매품을 취급하는 점포의 상권은 편의품을 판매하는 점포의 상권보다 크다.

12 상권조사 방법은 전수조사와 표본조사로 크게 구분할 수 있다. 두 가지 방식에 대한 설명으로 가장 올바르지 않은 것은?

① 경우에 따라서 전수조사 자체가 아예 불가능한 경우 표본조사를 실시한다.

② 조사지역의 대상자가 많을수록 전수조사는 많은 비용과 시간을 필요로 한다.

③ 조사지역의 대상자가 많을수록 전수조사가 어려워 표본 조사가 많이 사용된다.

④ 표본프레임이 없는 경우에 사용할 수 있는 표본추출방법중의 하나는 층화표본추출법이다.

⑤ 모집단을 구성하는 구성원들의 명단이 기재된 표본프레임이 있는 경우 확률표본추출법을 통해 표본을 추출한다.

 층화표본추출법(stratified sampling)으로 상권조사를 할 때 X라는 상표를 소비하는 전체 모집단에 대해 구매량을 중심으로 빈번히 구매하는 사람(heavy users)과 가끔 구매하는 사람(light users)으로 분류하고, 각각의 집단에서 무작위로 일정한 수의 표본을 추출하는 표본추출방식이다.

 11 ② **12** ④

13 다음 중 상권조사를 위한 표본 추출방법으로 가장 올바르지 않은 것은?

① 표본추출단위의 선정은 조사대상이 누구인지를 결정하는 단계로 표적집단을 정의한 후 이루어진다.

② 표본크기의 결정은 조사대상의 수를 결정하는 것으로 일반적으로 큰 표본이 작은 표본보다 신뢰성이 높은 결과를 예측한다.

③ 표본추출절차는 응답자를 선정하는 방법을 결정하는 것으로서 대표성이 있는 표본을 추출하려 노력해야 한다.

④ 단순무작위 추출과 층화표본추출은 확률표본 추출방법으로 표본을 선택할 가능성을 감안하여 사용하는 방법이다.

⑤ 편의표본이나 군집표본은 모집단을 상호배타적인 집단으로 나눈후 집단에 대해 표본을 추출하는 방법이다.

 편의 표본추출방법은 모집단에 대한 정보가 전혀 없거나, 모집단 구성요소 간에 차이가 별로 없다고 판단될 때, 선정의 편리성에 기준을 두고, 조사자가 마음대로 표본을 선정하는 방법이다.

14 다음은 상권분석(trade area analysis)과 조사에 대한 설명으로 가장 적절한 설명이 아닌 것은?

① 상권분석은 상권 전체의 가치에 많은 영향을 주는 요인을 파악하는 것을 말한다. 상권과 입지 조건 분석을 동시에 묶어 상권분석이라 한다.

② 상권은 소매업 성공의 중요 요인으로 부적절한 입지는 매출에 지대한 영향을 미치기 때문에 상권분석은 자사점포의 수요예측과 마케팅 전략의 수립을 위한 필수적 단계이다.

③ 점포의 위치에 대해 고객이 얼마나 쉽게 기억하고 있는가를 평가하는 것을 인지성의 법칙 이라하고, 특정 입지에 다양한 업종이 입점하기 쉬운 정도가 높으면 높을수록 좋은 입지라고 볼 수 있는 것을 입지성의 법칙이라고 한다.

④ 시장조사는 기본적으로 직접조사인 1차 조사와 간접조사인 2차조사로 구분이 되며, 다른 목적에 의해 수집된 자료는 2차 조사의 내용이고, 자신의 목적에 맞게 필요에 조사는 1차조사의 내용이다.

⑤ 1차조사 자료에는 고객의 과거거래 시점이나 구매한 상품, 구매간격 등을 이용하여 구축한 고객생애가치 자료도 이러한 자료에 포함되며, 통계청, 국책연구소, 민간경제연구소, 경제신문사 등의 기관이 수집, 배포 하는 자료가 대표적이다.

 2차 조사 자료에는 고객의 과거거래 시점이나 구매한 상품, 구매간격 등을 이용하여 구축한 고객생애가치 자료도 이러한 자료에 포함되며, 통계청, 국책연구소, 민간경제연구소, 경제신문사 등의 기관이 수집, 배포 하는 자료가 대표적이다.

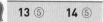 13 ⑤ 14 ⑤

15 한번 설정된 상권은 고정적인 것이 아니라 변화를 한다. 소비패턴·생활패턴 변화 및 실버계층 증가의 변화에 의해서도 상권이 변화하고, 한 세대와 한 세대 간의 변화, 신세대 내에서의 변화, 사회구조의 변화 등에 의해서도 상권이 변화하며, 라이프 사이클의 변화, 새로운 소비층의 변화, 계층 간의 소비 변화 등으로 상권이 변화된다. 다음 중 상권변화 분석에 대한 설명으로 가장 옳지 않은 것은?

① 상권변화 분석의 방법으로 대형점은 유추법에 의한 분석을, 중소형점은 실지조사법을 많이 이용한다. 상권변화 분석의 요령은 현지상황의 정확한 파악과 주민의 성향을 알아야 한다.

② 상권이 변화한다는 것은 기존의 상가 및 점포 사이에 새로운 상가나 점포가 들어서거나 소비자들의 위치가 변화하는 것이다. 고정인구와 유동인구의 변화와 지역주민들의 직업형태에 의해서도 상권이 변화된다.

③ 상권의 변화요인은 대형할인점, 백화점, 지하철의 등장, 버스터미널 및 정류장의 형성은 포함되지만, 관공서·대규모 회사의 등장 및 이전 등은 변화와 관련이 없는 요인이다.

④ 해당 상권내의 경쟁점포들에 대한 소비자의 지출패턴이나 소비자의 쇼핑여행패턴을 반영함으로써 특정점포의 매출액과 상관 규모들보다 정확하게 예측할 수 있는 상권분석 이론이다.

⑤ 고객 내점가능성의 척도 즉 유동인구가 상권내로 진입하는 초입 또는 메인라인에서부터 도보 또는 차량으로 고객들이 점포에 수월하게 진입이 가능한지를 보는 것을 접근성의 법칙이라 한다.

 상권변화는 기존의 상가 및 점포 사이에 새로운 상가나 점포가 들어서거나 소비자들의 위치가 변화하는 것으로, 대형할인점, 백화점, 지하철의 등장, 버스터미널 및 정류장의 형성 및 이전, 관공서·대규모 회사의 등장하는 것이다.

16 상권인구, 교통조건, 지역특성 등이 유사한 상업지구의 업종 및 업태구성, 매출액, 통행량, 구매력 비율, 객 단가 등을 조사하여 상업계획지구의 수요를 추정하는 방법은?

① 원단위법　　　　② 유추법　　　　③ 통계분석법
④ 이론적계산법　　⑤ 모델계산법

 유추법(analog method)은 새로운 점포가 위치할 지역에 대한 판매 예측에 많이 활용되는 방법이다. 하버드 비즈니스 스쿨의 애플바움(Applebaum)이 제안한 것으로 자사의 신규점포와 특성이 비슷한 기존의 유사점포를 선정하여 그 점포의 상하 범위를 추정한 결과 자사점포의 신규 입지에서의 매출액, 즉 상권 규모를 측정하는데 이용하는 방법이다.

 15 ③　　**16** ②

17 점포상권은 상권 내 점포수에 따라 점포부족지역, 점포과밀지역, 점포적정지역 등으로 분류 될 수 있다. 점포상권에 대한 설명 중 가장 올바르지 않은 것은?

① 점포적정지수는 소비자의 지출액과 매장면적과의 관계를 설명하는 지표이다.
② 점포적정지수의 변화를 보면 신규점포의 출점이 미치는 영향을 예측해볼 수 있다.
③ 점포적정지역은 상권 내부의 소비자 수요에 맞게 적정수준의 점포가 개설되어 있다.
④ 점포과밀지역은 현재 상권 내 경쟁이 치열한 지역으로 수익실현이나 유지에 대한 불확실성이 높다.
⑤ 점포생애주기는 점포부족지역이 필연적으로 점포과밀지역으로 변화한 후 점포적정지역으로 바뀌는 현상을 표현하는 개념이다.

 점포생애주기는 점포부족지역이 필연적으로 점포과밀지역으로 변화한 후 점포적정지역으로 바뀌는 현상을 표현하는 개념이 아니라 한 상권에서 점포가 출점으로부터 시작하여 호황점포가 되었다가 쇠퇴를 하는 사이클을 의미한다.

18 독일의 학자 크리스탈러(Christaller)의 중심지 이론에 대한 설명으로 가장 옳지 않은 것은?

① 상업 중심지의 이상적 입지와 이들 간의 분포관계를 이해하기 위해 중심지 기능의 최대 도달거리, 최소수요 충족거리, 육각형형태의 배후지모양 등의 주요개념의 우선적 이해가 필요하다.
② 상업적 중심지가 존재가능하기 위해서는 이론적으로 최소요구치가 최대도달점보다는 커야하며, 중심지기능의 가격과 그것을 확보하기 위한 이동에 드는 교통비가 최대 도달점을 결정할 것이다.
③ 각 상업 중심지로부터 상업서비스기능을 제공받을 수 있는 가장 이상적인 배후상권의 모양은 정육각형이며, 이는 한 지역내에 하나의 중심지가 아니라 여러 상업중심지가 존재할 때 가능하다.
④ 소비자들이 가장 가까운 중심지에서만 중심지 상품을 구매하며, 인구는 공간상에 균일하게 분포되어 있고, 주민의 구매력과 소비패턴은 동일하다는가정이 필요하다.
⑤ 중심지로서 유지되기 위한 최소한의 수요를 발생시키는 상권범위를 최소요구치라고 하며, 중심지기능을 수행하는데 고객을 제공해 주는 배후지의 범위를 의미한다.

상업적인 중심지가 존재가 가능하기 위해서는 이론적으로 최소요구치가 최대도달점보다는 적어야하며, 중심지기능의 가격과 그것을 확보하기 위한 이동에 드는 교통비가 최대 도달점을 결정할 것이다.

해답 **17** ⑤ **18** ②

19 상권을 규정하는 요인에 대한 설명 중 가장 옳지 않은 것은?

① 상권이란 상거래를 함으로써 형성되는 시장지역을 의미한다.

② 상권을 규정하는 가장 중요한 요인은 소비자나 판매자가 감안하는 되는 시간과 비용요인이다.

③ 상품가치를 좌우하는 보존성이 강한 재화일수록 오랜 운송에도 견딜 수 있으므로 상권이 확대된다.

④ 비용요인에는 생산비, 운송비, 판매비용 등이 포함되며 크기가 상대적으로 작을수록 상권은 축소된다.

⑤ 소비자가 직접 이동하는 경우에는 재화의 종류에 따라 소비자가 투자하는 시간과 비용이 바뀌게 되어 상권의 크기도 바뀐다.

 상권(trade area)이란 한 점포가 고객을 흡인할 수 있는 지역의 한계 범위(geographic area)를 지칭하는 말이다. 점포에 대한 마케팅 전략의 수립에 앞서 기업은 자사 점포의 상권 범위를 어디까지로 할 것인가를 먼저 결정해야 한다. 생산비는 공장에서 완성품을 만드는 비용이지 만든 후의 발생하는 비용이 아니다.

20 지역시장의 수요 잠재력을 총체적으로 측정할 수 있는 지표로 많이 이용되는 것이 소매포화지수 (IRS : Index of Retail Saturation)이다. 다음의 자료를 이용하여 소매포화지수를 계산한 결과 값은?

- 지역시장의 총 가구 수=100가구
- 1특정업태의 총 매장면적=100m²
- 1가구당 특정업태에 대한 지출=10만원
- 수요=1,000만원

① 50,000,000원　　　　　　② 100,000원

③ 50,000원　　　　　　　　④ 500,000원

⑤ 10,000원

 $$IRS = \frac{수요}{특정업태의\ 총매장면적}$$
$$= \frac{지역시장의\ 총가구수 \times 가구당\ 특정업태에\ 대한\ 지출비}{특정업태의\ 총매장면적}$$

상권분석

21 5개 지역에서 소매포화지수(IRS)와 시장 확장 잠재력지수(MEP)를 측정한 자료이다. 이 자료로 분석한 결과가 가장 올바른 것은?

지 역	IRS	MEP
A	128	458
B	180	587
C	132	860
D	100	325
E	160	798

① IRS를 고려할때 가장 매력적인 지역은 IRS값이 가장 낮은 D지역이다.
② IRS를 고려할때 가장 매력적인 지역은 B가 되며 이는 IRS값이 가장크기 때문이다.
③ MEP를 고려할때 가장 매력적인 지역은 모든 지역 중 MEP값이 가장 낮은 D지역이 된다.
④ IRS와 MEP를 동시에 고려할때에는 두 지수 값의 차이가 가장 작은 D지역이 가장 선호된다.
⑤ IRS와 MEP를 동시에 고려할 때에는 더 큰 값을 가지고 있는 지수로 평가하기 때문에 MEP만 고려하여 결정한다.

 소매포화지수(Index of Retail Saturation;IRS)는 한시장지역 내에서 특정소매업태 또는 집적소매시설의 단위 면적당 잠재수요를 말하며, 특정시장내에서 주어진 제품계열에 대한 점포면적당 잠재매출액의 크기이고, 신규점포에 대한 시장 잠재력을 측정하는 데 유용하게 사용된다. 문제에서는 현재에 가장 좋은 지문은 ②의 내용이 된다.

22 다음 중 상권 구획 모형의 일종인 티센다각형(Thiessen polygon)에 대한 설명으로 옳지 않은 것은?

① 티센 다각형의 크기는 경쟁 수준과 비례한다.
② 시설간 경쟁정도를 쉽게 파악할 수 있다
③ 최근접상가 선택가설에 근거하여 상권을 설정한다.
④ 상권에 대한 기술적이고 예측적인 도구로 사용될 수 있다.
⑤ 하나의 상권을 하나의 매장에만 독점적으로 할당하는 방법이다.

 티센다각형(Thiessen polygon)은 상권 경계를 분석하는 방법 중에서 각 점포가 차별성이 없는 상품을 판매할 경우 소비자들은 가장 가까운 소매시설을 이용한다는 가정을 기본 전제로 하는 분석방법에 해당하는 것으로 직선으로 연결한 3각형의 각 변의 수직이등분선을 그었을 때 만들어지는 관측점 주위의 다각형을 말하며, 이들 다각형의 면적이 각 관측점의 가중인자로 이용되며, 티센 다각형의 크기는 경쟁 수준과 반드시 비례하지는 않는다.

해답 **21** ② **22** ①

23 소매포화지수(Index of Retail Saturation; IRS)와 시장확장잠재력(Market Expantion Potential; MEP)에 대한 설명으로 가장 옳지 않은 것은?

① 지역시장의 수요잠재력을 총체적으로 측정할수 있는 지표로 많이 이용되는 것이 소매포화지수(IRS)이다. 한 지역시장의 점포포화(store saturation)란 기존점포만으로 고객의 욕구를 충족시킬 수 있는 상태를 의미한다.

② IRS의 값이 크면 클수록 공급보다 수요가 상대적으로 많은 것을 의미하며 따라서 신규점포를 개설할 시장기회는 더욱 커지며, 시장의 포화정도가 낮다는 것을 의미한다.

③ MEP 값은 특정 지역시장이 앞으로 얼마나 신규수요를 창출할 수 있는 가능성이 있는가를 예측할 수 있는 지표이다. MEP값은 타지역에서의 쇼핑지출액을 근거로 계산되며 이 값이 클수록 타지역에서 쇼핑을 더 많이 한다는 의미이다.

④ IRS는 MEP의 단점을 보완하는 지표로서, 구체적으로는 거주자들이 지역시장 외에 다른 시장에서의 쇼핑지출액을 추정하여 계산이 가능하다. 이 경우 다른지역의 쇼핑 정도가 높을수록 시장확장잠재력은 증가하게 된다.

⑤ IRS와 MEP의 점수가 모두높은 지역시장이 가장매력적인(Most Attractive)시장이며, IRS와 MEP의 점수가 모두낮은 지역시장이 가장 비매력적인(Least Attractive)시장이라고 할 수 있다.

 MEP는 IRS의 단점을 보완하는 지표로서, 거주자들이 지역시장 외에 다른 시장에서의 쇼핑 지출액을 추정하여 계산이 가능하다.

24 다음 중 다양한 상권유형과 특성을 연결한 내용으로 옳은 것은?

① 역세권 상권은 지상과 지하의 입체적 상권으로 저밀도 개발이 이루어진다.
② 근린상권은 동네 상권이라고도 하며 도로에 인접한 경우가 많다.
③ 도심상권은 대중교통의 중심지로 접근성이 좋지 않다.
④ 아파트 상권은 단지가 대형 평형일수록 구매력이 크고 매출에 더 유리하다.
⑤ 아파트 상권은 해당 단지를 넘어서는 상권 범위 확대 가능성이 높다.

 ① 역세권 상권은 지상과 지하의 입체적 상권으로 고밀도 개발이 이루어진다.
③ 도심상권은 대중교통의 중심지로 접근성이 좋다.
④ 아파트 상권은 단지가 대형 평형일수록 구매력은 있지만, 매출에는 소형평형보다 불리하다.
⑤ 아파트 상권은 해당 단지를 넘어서는 상권 범위 확대 가능성이 낮다.

 23 ④   **24** ②

25 소매입지에서 어떤 지역 또는 구역을 선택하기 위해서는 소매포화지수(IRS)와 시장확장 잠재력(MEP)을 함께 고려하여야 한다. 다음 중 어느 경우가 가장 매력적이지 못한 지역이라고 할 수 있는가?

① 높은 소매포화지수(IRS)와 높은 시장확장잠재력(MEP)
② 높은 소매포화지수(IRS)와 낮은 시장확장잠재력(MEP)
③ 낮은 소매포화지수(IRS)와 높은 시장확장잠재력(MEP)
④ 낮은 소매포화지수(IRS)와 낮은 시장확장잠재력(MEP)
⑤ 중간 소매포화지수(IRS)와 중간 시장확장잠재력(MEP)

 지역시장매력도는 IRS와 MEP를 함께 사용하여 평가될 수 있는데, 이러한 경우 시장매력도는 네 가지유형으로 분류하고 있다. 낮은 소매포화지수(IRS)와 낮은 시장확장잠재력(MEP)은 모든 면에서 매력적이지 못한 지역이다.

26 다음 자료를 이용하여 지역시장의 수요 잠재력을 총체적으로 측정할 수 있는 소매포화지수(IRS)와 그 설명으로 가장 올바르지 않은 것은?

1. 지역시장의 총가구수 = 100가구
2. 특정 품목판매점들의 예상 매출액 = 5천만원
3. 특정 품목 판매점들의 매장 총합계 면적 = 1,000m²
4. 가구당 특정 품목에 대한 지출금액 = 30만원

① 가구 수와 매장면적 등을 고려한 소매포화지수를 계산하면 30,000원이 계산되며, 이 금액은 가구당 지출금액의 크기에 따라 바뀐다.
② 이 지역은 소매포화지수가 예상매출액보다 작기 때문에 포화가 되지 않은 지역으로 새로운 점포가 입점될 수 있다.
③ 특정점포가 입점했을 때 소매포화 지수는 지금보다 더 커질수 있으며, 이는 가구당 지출금액과 밀접한 관련이 있기 때문이다.
④ 기존 시장의 총가구수가 80가구였다면, 현재시장은 소매포화지수가 상대적으로 높기 때문에 시장 확장잠재력도 좋으면 시장매력도가 매우 높은 시장이 된다.
⑤ 소매포화 지수만을 보고 시장확장잠재력을 예측할 수 없다. 따라서 시장확장잠재력은 향후 발생할 수요를 예측함으로서 계산할 수 있다.

 특정점포가 입점했을 때 소매포화지수의 분자는 동일하고, 분모는 커지기에 전체적인 수는 적어진다.

해답 **25** ④   **26** ③

27 다음 그림은 신규점포 개설시에 신규점포의 시장 잠재력을 측정하는 IRS와 MEP의 매트릭스이다. A~D까지의 각 영역에 대한 시장 매력도를 평가한 설명으로 적합하지 않은 것은?

		시장확장 잠재력(MEP)	
		저	고
소매포화지수 (IRS)	저	A	B
	고	C	D

① A영역은 IRS와 MEP가 모두 낮은지역으로 검토 대상이 되지 않는다.
② B영역은 IRS가 낮고, MEP가 높으므로 향후에 유망한 지역으로 적절한 시기에 개발한다.
③ C영역은 IRS가 높고, MEP는 낮은지역으로 당장 점포를 개설할 수 있는 지역이다.
④ D영역은 IRS와 MEP가 높은 지역으로 부지가격만 적정하다면 아주 좋은 지역이다.
⑤ MEP는 IRS의 단점을 보완하는 지표로서, 구체적으로는 거주자들이 지역시장 외에 다른 시장에서의 쇼핑지출액을 추정하여 계산이 가능하다.

 C영역은 IRS가 높은 지역이기에 지금은 경기가 좋은 지역이지만, MEP는 낮은 지역이기에 앞으로 성장 예측에 따라 점포를 개설해야 한다.

28 다음 중 상권수요와 시장 잠재력에 대한 설명으로 가장 올바르지 않은 것은?

① MEP는 지역시장이 미래에 신규수요를 창출할 수 있는 잠재력을 반영하는 지표이다.
② IRS의 수치를 판단할 때 값이 클수록 공급보다 수요가 상대적으로 더 많다는 것을 의미한다.
③ 특정시장의 MEP값과 IRS값이 모두 높은 경우라면 점포가 입점하기에 가장 좋은 상황이라 볼 수 있다.
④ MEP를 활용하면 IRS의 한계성을 보완할 수 있으므로 이 두가지 지표를 보완적으로 사용하면 좋다.
⑤ IRS에서는 주변상권의 질적 수요를 활용한다는 장점을 지니고 있지만, 상권의 미래 수요를 반영하지 못한다는 단점이 있다.

IRS에서는 주변상권의 양적 수요를 활용한다는 장점을 지니고 있지만, 상권의 질적 수요와 미래수요를 반영하지 못한다는 단점이 있다.

27 ③   **28** ⑤

29 상권분석시 활용하는 소매포화지수(index of retail saturation; IRS)와 시장성장잠재력지수(market expansion potential; MEP)에 대한 설명 중 가장 옳지 않은 것은?

① IRS값은 특정업태가 가지는 시장에서의 단위면적당 잠재수요로서 클수록 신규점포 개설에 유리하다.

② IRS값을 활용하면 지역내에 새로운 주거단지가 추가되어 인구가 증가되었을 때의 수요변화량을 예측할 수 있다.

③ MEP값은 특정 지역시장이 앞으로 얼마나 신규수요를 창출할 수 있는 가능성이 있는가를 예측할 수 있는 지표이다.

④ MEP값은 타 지역에서의 쇼핑지출액을 근거로 계산되며 이 값이 클수록 타지역에서 쇼핑을 더 많이 한다는 의미이다.

⑤ 점포가 비슷한 전통적인 슈퍼마켓 등은 적용이 용이하나 스포츠 용품 또는 가구점 등 전문화된 점포에 적용이 어렵다.

 IRS의 값이 크면 클수록 공급보다 수요가 상대적으로 많은 것을 의미하며 따라서 신규점포를 개설할 시장기회는 더욱 커지며, 시장의 포화정도가 낮다는 것을 의미한다.

30 소매포화지수(Index of Retail Saturation; IRS)는 기존시장의 수요와 공급을 반영하는 현재의 시장 매력성을 평가하는 지표로서 활용을 하고 있다. 다음 중 소매포화지수의 설명으로 가장 적절하지 않은 지문은?

① IRS에서는 점포가 비슷한 전통적인 슈퍼마켓 등은 적용이 용이하나 스포츠 용품 또는 가구점등 전문화된 점포에 적용이 어렵다.

② 지역시장의 총 가구 수=250가구, 특정업태의 총 매장면적=100m², 가구당 특정업태에 대한 지출=15만원이라면 IRS=375,000원이 된다.

③ IRS에서 지역시장에서 특정업태의 수요 잠재력을 측정할 수 있다는 것은 해당 지역의 잠재적인 판매규모를 잘 예측해야 적정한 수준의 매장규모를 선택할 수 있기 때문이다.

④ IRS값은 거주자들이 지역시장 밖에서의 쇼핑정도나 수요를 측정, 파악하기 어렵고, 경쟁의 질적인 측면만 고려되고 양적인 측면에 대한 고려가 되고 있지 않다.

⑤ IRS에서 수요를 측정하기 위해서는 인구수와 가처분 소득을 통한 소매 구매력의 조사, 수요측정지표로 가구구성원의 연령, 구성원 수, 인구밀도, 유동성 등이 있다.

 IRS값은 거주자들이 지역시장 밖에서의 쇼핑정도나 수요를 측정, 파악하기 어렵고, 경쟁의 양적인 측면만 고려되고 질적인 측면에 대한 고려가 되고 있지 않다.

해답 **29** ② **30** ④

31 A지역 유통점들의 총매장 면적은100,000㎡ 이다. 명희는 A지역에 조만간 20,000㎡ 규모의 B할인점을 개점하고자 한다. A지역의 1차 상권내 가구수는 15만이고, 할인점에 지출할 수 있는 금액은 가구당 월20만원이다. 전국할인점의 평균 1㎡당 매출액은 월 20만원이다. A지역은 향후 10년동안 주변에 주택이 3만가구 증가하고, 시청 및 대기업이 인접하여 위치할 예정이라고 한다. B할인점 입점에 대한 의사결정중 가장 적절한 것을 고르시오.

① 신규 B할인점이 개점하더라도 소매포화지수(IRS)는 불포화 상태이고, 시장확장잠재력(MEP)도 양호한 매력적인 시장이다.

② 현재는 소매포화지수(IRS)가 포화상태로 미흡한 상권이지만 시장확장잠재력(MEP)은 양호한 상태로 시기를 보고 진입한다.

③ 현재는 소매포화지수(IRS)가 불포화 상태인 상권으로 좋은 시장이지만 향후 시장확장잠재력(MEP)이 미흡한 시장이다.

④ 현재 소매포화지수(IRS)도 포화상태로 미흡하고, 시장확장잠재력(MEP)도 미흡한 상권으로 고려할 상권이 아니다.

⑤ 현재 소매포화지수(IRS)가 과포화 상태이므로 시장확장잠재력(MEP)과 상관없이 B할인점을 입점시키면 안된다.

A지역의 총 매출액을 구하면 150,000가구×₩200,000=300억이 된다. 이를 총 매장면적은100,000㎡로 나누어 주면 평균1㎡당 매출액은 ₩300,000이 되므로 평균지역인 ₩200,000보다 크기에 현재에는 좋다. 또한 앞으로의 성장 3만 가구가 증가하면 전체적으로 180,000가구가 되고, 3만가구가 지출할 수 있는 금액은 평균1㎡당 매출액은 월20만원이라 하면, A지역의 총 매출액을 구하면 180,000가구×₩200,000=360억이고, 이것을 총 매장면적은 120,000㎡로 나누어 주면 평균1㎡당 매출액은 ₩300,000이 되므로 평균지역인 ₩200,000보다 크다. 따라서 미래에도 좋은 지역이라 말할 수 있다.

32 다음 중 아파트 단지 내 상가의 특성을 설명한 것으로 옳지 않은 것은?

① 단지의 세대수가 수요의 크기에 영향을 미친다.

② 주부의 가사 부담을 덜어줄 수 있는 아이템이 유리하다.

③ 일반적으로 외부고객을 유입하기 어려워 상권의 한정성을 갖는다.

④ 일정한 고정고객을 확보하여 꾸준한 매출이 가능하다는 장점이 있다.

⑤ 일반적으로 대형, 중형, 소형 순으로 평형이 클수록 상가 활성화에 더 유리하다.

단지내상가란 공동주택단지 내 지원시설의 성격으로 들어서는 근린생활시설을 말하며, 아파트 안에 있는 슈퍼마켓이나 세탁소, 편의점 등이 대표적인 사례다. 이들은 여타의 상가들과 달리 확보된 소비수요를 가지고 있다는 것이 가장 큰 장점이다. 일반적인 상가들은 상권의 크기나 명성 등에 따라 매출이 크게 좌지우지 되는데 단지 내 상가는 아파트 단지에 거주하는 입주민이 기본적으로 소비행위를 일으켜주기 때문에 그 만큼 안정적이다. 안정된 소비층이 있는 만큼 상가 임차인들이 선호하기도 한다. 단지내상가란 공동주택단지 내 지원시설의 성격으로 들어서는 근린생활시설을 말하며, 아파트 안에 있는 슈퍼마켓이나 세탁소, 편의점 등이 대표적인 사례다.

 31 ① **32** ⑤

33 소매포화지수(index of retail saturation, IRS)에 관한 설명들이다. 가장 올바르지 않은 것은?

① 해당상품의 과거수요액을 특정업태 총 매장면적으로 나눈 값으로 나타난다.

② 소매포화지수는 새로운 점포에 대한 시장잠재력을 측정할 때 유용하게 사용된다.

③ 소매포화지수는 한 시장지역내에서 특정소매업태 또는 집적소매시설의 단위면적당 잠재수요를 말한다.

④ 점포포화란 기존의 점포만으로 고객의 욕구를 충족시킬 수 있는 상태를 의미하며 한 지역시장에서의 수요와 공급의 현 수준을 반영하는 척도로 활용된다.

⑤ IRS의 값이 적어질수록 점포가 초과 공급되었다는 것을 의미하므로 신규점포에 대 한시장 잠재력은 상대적으로 낮아질 것이다.

 소매포화지수(index of retail saturation; IRS)는 지역시장의 수요 잠재력을 총체적으로 측정할 수 있는 지표로 많이 이용되며 특정 시장내에서의 특정 제품계열에 대한 점포면적당 잠재 매출액을 의미하는 지수이다.

34 다음 중 신규점포에 대한 상권분석방법 중 확률적 모형에 대한 설명으로 가장 옳지 않은 것은?

① 확률적 모형에서는 특정지역내의 다수의 점포중에서 소비자가 특정점포를 쇼핑장소로 선택할 확률을 계산하는 것이므로 충성도가 높은 소비자의 점포선택이라도 확정적인 것이 아니라 확률적인 가능성을 가지고 있다는 것으로 가정하였다.

② 허프(David Huff)가 1960년대초 처음으로 점포의 상권을 추정하기 위한 확률적 모형을 소개했는데 소비자의 특정점포에 대한 효용은 점포의 크기에 비례하고 점포까지의 거리에 반비례한다고 가정하였다.

③ Huff모델에 의한 지역별 또는 상품별 잠재수요를 예측하는 방법은 '특정지역의 잠재수요의 총합×특정지역으로부터 계획지로의 흡인율'로 나타내고, 신규점포의 예상매출액 산식은 '지역별 인구 또는 세대수×업종별 또는 점포별 지출액'으로 나타낸다.

④ MNL 모형은 상권내 소비자들의 각점포에 대한 개별적인 쇼핑여행에 대한 관측자료를 이용하여 각점포에 대한 선택확률의 예측은 물론, 각점포의 시장점유율 및 상권의 크기를 추정한 모델이다.

⑤ Luce의 선택공리에 따르면 소비자가 특정점포를 선택할 가능성은 소비자가 해당점포에 대해 인지하는 접근가능성, 매력 등 소비자 행동적요소로 형성된 상대적효용에 따라 결정된다고 보았다.

 Huff모델에서 신규점포의 예상매출액 산식은 '특정지역의 잠재수요의 총합×특정지역으로부터 계획지로의 흡인율'로 나타내고, 지역별 또는 상품별 잠재수요를 예측하는 방법은 '지역별 인구 또는 세대수× 업종별 또는 점포별 지출액'으로 나타낸다.

정답 **33** ① **34** ③

35 신규점포가 입지할 지역시장의 매력도를 평가할 때 기존점포에 의한 소매포화지수(IRS, index of retail saturation) 뿐만 아니라 시장확장잠재력(MEP, market expansion potential)을 함께 고려하여 평가한다. (소매포화지수와 시장확장잠재력을 기준으로 시장을 구분한 경우)현재에는 치열한 경쟁시장이나 향후 잠재력이 큰 시장이므로 시간을 두고 진출이 요구되는 시장은?

① IRS 및 MEP가 모두 높은 시장 ② IRS와 MEP가 모두 낮은 시장
③ IRS가 낮고 MEP가 높은 시장 ④ IRS가 높고 MEP가 낮은 시장
⑤ IRS와 MEP가 모두 중간인 시장

 지역시장 매력도는 IRS와 MEP를 함께 사용하여 평가될 수 있는데, 이러한 경우 시장 매력도는 네 가지 유형으로 분류하고 있다. IRS와 MEP의 점수가 모두 높은 지역시장이 가장 매력적인 시장이며, IRS 점수가 높은 경우는 시장 포화도(市場飽和度)가 낮아 경쟁이 별로 없는 경우이고, IRS가 낮고 MEP가 높은 시장은 향후 잠재력이 큰 시장이므로 시간을 두고 진출이 요구되는 시장이다.

36 글 상자는 시장조사에 있어서 두가지 유형의 자료 중 한가지를 설명하고 있다. 그 자료의 유형에 대한 설명으로 가장 올바른 것은?

> ㄱ. 조사회사에 의해 표준화된 절차에 따라 정기적으로 수집, 저장, 분석된 소비 패턴에 대한 자료도 포함된다.
> ㄴ. 고객의 과거거래 시점이나 구매한 상품, 구매간격 등을 이용하여 구축한 고객 생애가치 자료도 이러한 자료에 포함된다.
> ㄷ. 통계청, 국책연구소, 민간경제연구소, 경제신문사 등의 기관이 수집, 배포 하는 자료가 대표적이다.

① 다른 목적에 의해 수집된 자료이기 때문에 목적에 맞게 수정/보완하여 사용하여야 한다.
② 직접수집하는 자료로써 설문조사나 인터뷰와 같은 의사소통방법에 의해 자료를 수집한다.
③ 자료수집 목적에 맞는 대상을 미리 설정하고 지속적으로 관찰하여 수집된 자료를 사용한다.
④ 자료의 수집시점과 사용시점이 근접하기 때문에 시기적으로 적절한 분석결과를 얻을 수 있다.
⑤ 조사자가 조사대상을 만나 조사목적을 밝힌 후 표준화된 설문지나 질문을 이용하여 자료를 수집한다.

 문제는 2차 자료에 대한 설명을 하고 있는 것이다.

 35 ③ **36** ①

37

상권분석(trade area analysis)에서는 기존점포와 신규점포에 대한 분석방법이 상당히 중요하다고 하는데, 그 이유는 자료의 유무에 따르기 때문이다. 다음 중 신규점포의 상권분석에 대한 내용으로 가장 적합한 설명이 아닌 것은?

① 체크리스트(checklist)법은 단일점포의 입지를 결정하는데 활용하는 방법이고 상권의 범위에 영향을 미치는 요인들은 매우 많으나 크게 상권내의 제반입지의 특성, 상권 고객 특성, 상권 경쟁구조로 나누어진다.

② 마일리지(mileage)를 통하여 고객의 주소를 확인할 수 있으며 상권범위를 결정하는 데 유용하게 사용할 수 있을 뿐만 아니라 고객의 특성 및 개개인의 니즈를 파악할 수 있어 마케팅전략수립에 유효적절하게 활용할 수 있는 마일리지고객주소활용법이 있다.

③ 유추법(analog method)은 전체 상권을 단위거리에 따라 소규모지역으로 나누고, 각 지역에서의 1인당 매출액을 구하며, 예상상권내의 각지역의 인구수에 유사점포의 1인당 매출액을 곱하여 신규점포의 예상매출액을 구한다.

④ 중심지이론에 의하면 중심지(central place)는 배후 거주지역에 대해 다양한 상품과 서비스를 제공하고 특정점포가 취급하는 상품의 구색과 수요를 추정하며 교환의 편의를 도모하기 위해 상업·행정기능이 밀집된 장소를 말한다.

⑤ 레일리의 소매중력의 법칙(law of retail gravitation)은 이와 같이 다양한 점포들 간의 밀집이 점포의 매력도를 증가시키는 경향이 있음을 고려하고 있으며, 이웃 도시들 간의 상권 경계를 결정하는 데 주로 이용된다.

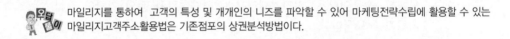 마일리지를 통하여 고객의 특성 및 개개인의 니즈를 파악할 수 있어 마케팅전략수립에 활용할 수 있는 마일리지고객주소활용법은 기존점포의 상권분석방법이다.

38

다음 중 소매 상권에 내용 중 가장 옳지 않은 것은?

① 상권의 구매력은 상권내의 가구소득수준과 가구수의 함수로 볼 수 있다.

② 소비자의 구매력이 증가하게 되면 편의품에 대한 상권범위도 같이 증가하게 된다.

③ 상품이 선매품이나 전문품인 경우 일반적으로 편의품에 비해 상권의 범위가 넓다.

④ 신호등의 위치, 좌회전 로의 존재, 접근로의 경사도 등도 상권의 범위에 영향을 미칠 수 있다.

⑤ 경관이 좋고 깨끗하다든지, 도로주변이 불결하다든지 하는 심리적 요소도 상권범위에 영향을 미친다.

 소비자의 구매력이 증가한다고 하여 편의품의 상권이 증가하지는 않는다.

해답 **37** ② **38** ②

39 두 경쟁 도시(A,B) 그 중간에 위치한 소도시(C)의 거주자들로부터 끌어들일 수 있는 상권규모는, 그들의 인구에 비례하고 각 도시와 중간(위성)도시 간의 거리 제곱에 반비례한다는 레일리(Reilly)의 소매중력(인력)의 법칙에 대한 설명으로 가장 잘못된 항목은?

① 레일리의 소매중력의법칙(law of retail gravitation)은 이와 같이 다양한 점포들 간의 밀집이 점포의 매력도를 증가시키는 경향이 있음을 고려하고 있으며, 이웃 도시들 간의 상권경계를 결정하는 데 주로 이용된다.

② 원거리에 위치한 점포의 상품가격과 교통비를 합한 총가격이 다른 점포를 이용할 경우의 구입비용보다 싸다면 소비자는 보다 싼가격의 상품을 구매하기 위해 기꺼이 먼 거리까지 여행할 수 있다는 것이다.

③ 이론의 핵심내용은 두경쟁도시 혹은 상업시설(A,B)사이에 위치한 소도시 혹은 상업 시설(C)로부터 A, B도시(상업시설)가 끌어들일 수 있는 상권범위 즉, A, B가 중간의 소도시(상업시설) C로부터 각각 자신에게 끌어들이는 매출액을 규정하는 것이다.

④ C에 존재하는 A, B도시 사이의 상권한계점을 구하기 위해서는 A, B각 도시가 인접 도시 C에서 흡인하는 소매판매액의 비를 1로 두면 된다. C에서 A, B까지의 거리의 합은 다른 도시와의 인구비율과 함께 인접도시 C의 상권경계를 형성하는 기준으로 작용하게 된다.

⑤ 인간은 합리적사고로 의사결정하며 최소비용으로 최대의 이익을 추구하는 경제인 (economic man)이다. 지표공간은 균질적인 표면(isotropic surface)이고 공간 거리를 극복하기 위한 교통수단은 유일하고 수송비용은 거리에 비례한다.

 인간은 합리적 사고로 의사 결정하며 최소비용으로 최대의 이익을 추구하는 경제인(economic man) 이 며, 지표공간은 균질적인 표면(isopic surface)이고, 교통수단은 유일하고 수송비용은 거리에 비례한 다는 내용은 중심지이론의 가정이므로 레일리 법칙의 내용이 아니기에 틀리다.

40 도시내의 상업직접시설을 단위로 하여, 다수의 상업시설 이용시 상업시설의 규모와 상업시설까지 걸리는 시간거리를 중심으로 각 상업시설을 방문할 확률을 계산한 것과 가장 관련이 깊은 사람은?

① 레일리(Reilly, W. J)　　　　　② 크리스탈러(Christaller, A.)

③ 허프(Huff, D. C.)　　　　　　④ 애플바움(Applebaum, A.)

⑤ 니에츠크(F. Nietzsche)

 허프 모형(Huff model)의 내용은 소비자의 특정 점포에 대한 효용은 점포의 크기와 점포까지의 거리에 좌우된다. 즉, 소비자의 점포에 대한 효용은 점포의 매장이 크면 클수록 증가하고, 점포까지의 거리는 멀면 멀수록 감소한다고 보았다.

 39 ⑤　　**40** ③

41 다음 중 레일리(Reilly)의 소매인력법칙과 관련한 설명으로 옳지 않은 것은?

① 뉴턴(Newton)의 중력 법칙을 상권분석에 활용한 것이다.
② 광역상권의 경쟁상황에서 쇼핑센터의 매출액 추정에도 활용할 수 있다.
③ 쇼핑시 주변 도시의 매력도는 이동거리의 제곱에 반비례한다고 가정한다.
④ 거리, 인구뿐만 아니라 매장면적, 가격 등 최소한의 변수를 활용할 수 있다.
⑤ 도시규모가 클수록 주변의 소비자를 흡인하는 매력도가 커진다고 가정한다.

 레일리(William J. Reilly)의 소매 인력법칙(low of retail gravitation)에서 두 경쟁도시 혹은 상업시설 A,
B 그리고 이들의 중간에 위치한 소 도시 혹은 상업시설 C와의 관계는 A, B도시(상업시설)가 끌어 들일
수 있는 상권범위는 해당 도시(상업시설)의 인구에 비례하고 도시(상업시설) 간의 거리의 제곱에 반비례
한다. 따라서 매장면적, 가격 등 최소한의 변수를 활용할 수 없다.

42 두 도시(A, B)사이의 거리가 분기되는 중간지점(분기점, breaking point)의 정확한 위치를 결정하기
위한 분기점 공식을 이용한 상권분석 방법으로 인접한 두 도시간의 상권경계는 두 도시간의 인구
비율에 의해 구할 수 있다는 컨버스(Converse)법칙의 내용으로 잘못된 것은?

① A도시의 인구는 80,000명이고, B도시의 인구는 20,000명이며, 두 도시간의
거리가 30km라고 한 다음에 두 도시의 무차별점을 구할 수 있다.
② 전 문항의 내용을 토대로 계산을 한다면, A도시의 무차별점은 10km이고 B도시
의 무차별점은 20km가 되며, 이는 B도시의 상권의 규모가 A도시의 2배가 된다
고 할 수 있다.
③ 도시 A와 B를 연결하는 직선상에서 A와B 각 도시의 주 세력권, 즉 A도시와
B도시의 상권의 분기점을 구하는 모델이다.
④ 경쟁도시인 A와 B에 대해 어느 도시로 소비자가 상품을 구매하러 갈 것인가에
대한 상권분기점을 찾아내는 일이다. 이것은 주로 선매품과 전문품에 적용되는
모델이다.
⑤ 컨버스의 분기점공식도 레일리법칙처럼 인구수와 거리를 근거로 상권을 구분
했기 때문에 실제로는 상권을 정확하게 구분하기 어려운 점이 있다.

 A도시의 무차별점은 20km이고 B도시의 무차별점은 10km가 되며, 이는 A도시의 상권의 규모가 B도시
의 2배가 된다고 할 수 있다.

해답 **41** ④   **42** ②

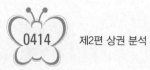

43 다음 중 상권에 대한 아래의 내용 중에서 가장 옳지 않은 것은?

① 상권간에도 다양한 계층성이 존재한다.

② 상권의 크기는 소비자와의 물리적 거리와 밀접한 관련이 있다.

③ 상권의 크기는 주택가에 입지할수록 좁아지고, 주변에 점포가 많으면 넓어진다.

④ 취급하는 상품의 종류에 관계없이 입지조건의 특성에 따라 상권의 크기는 달라진다.

⑤ 상권(trade area)이란 한점포가 고객을 흡인할 수 있는 지역의 한계범위(geographic area)를 지칭하는 말이다.

 매장의 규모가 동일하다고 할지라도 취급하는 상품의 종류에 따라 상권의 범위가 변화할 수 있다. 취급 품목수가 많다면 당연히 그 상권의 범위는 넓게 되고, 취급하는 품목 수가 적다면 상권 역시 좁게 될 것이다.

44 레일리(William J. Reilly)의 두 경쟁도시 혹은 상업시설 A, B 그리고 이들의 중간에 위치한 소도시 혹은 상업시설 C와의 관계를 설명한 소매 인력법칙(low of retail gravitation)을 올바르게 설명하고 있지 못한 내용은?

① 소비자의 특정 도시(상업시설)에 대한 효용(매력도)은 도시(상업시설규모)와 점포 까지의 거리에 좌우되며, 특정 상업시설을 선택할 확률은 개별 상업시설들이 가지고 있는 효용(매력도)의 비교에 의해 결정된다.

② A, B도시(상업시설)가 끌어 들일 수 있는 상권범위는 해당 도시(상업시설)의 인구에 비례하고 도시(상업시설) 간의 거리의 제곱에 반비례한다.

③ 소매인력법칙은 개별점포의 상권파악보다는 이웃도시(상업시설)들 간의 경계를 결정하는데 주로 이용되는 이론이다.

④ 이론의 핵심내용은 두 경쟁도시 혹은 상업시설(A, B)사이에 위치한 소도시 혹은 상업시설(C)로부터 A, B도시(상업시설)가 끌어 들일 수 있는 상권범위 즉 A, B가 중간의소도시(상업시설) C로부터 각각 자신에게 끌어들이는 매출액을 규정하는 것이다.

⑤ 소비자들은 보다 먼거리에 위치한 점포가 보다 나은 쇼핑기회를 제공함으로써 여행의 추가 노력을 보상한다면, 기꺼이 먼거리까지 여행을 하게 될 것이다.

 레일리(William J. Reilly)의 소매 인력법칙(low of retail gravitation)에서 두 경쟁도시 혹은 상업시설 A, B 그리고 이들의 중간에 위치한 소 도시 혹은 상업시설 C와의 관계는 A, B도시(상업시설)가 끌어 들일 수 있는 상권범위는 해당 도시(상업시설)의 인구에 비례하고 도시(상업시설) 간의 거리의 제곱에 반비례한다.

45 미국 UCLA대학 경제학교수인 HUFF박사가 1963년 제창한 모델로 제창되기 전에 도시단위로 행하여 졌던 소매인력론을 소매상권의 개별(상업)단위로 전환하여 전개한 이론인 허프(Huff) 법칙에 대한 내용으로 가장 적합하지 않은 것은?

① 허프(Huff) 모형은 특정지역에 거주하는 소비자가 특정소매점에서 구매할 확률을 결정하는 것으로 소비자들의 점포선택과 소매상권의 크기를 예측하는데 널리 이용되어 온 확률적 점포선택 모형들 중 대표적인 모형이다.

② 우리 동네에는 A, B, C상점이 있고, 'A'상점은 규모가 6,400m²이고 거리는 우리집에서 4km 떨어져 있다. 'B'상점은 규모가 12,500m²이고 거리는 우리집에서 5km 떨어져 있다. 'C' 상점은 규모가 100,000m²이고 거리는 우리집에서 10km 떨어져 있다는 식으로 문제가 형성된다.

③ 상품의 성격에 따라 Huff모형에 사용하는 모수의 크기를 변화시키는 것이 필요하다. 일반적으로 점포크기에 대한 모수(민감도)와 점포까지의 거리에 대한 모수는 서로 반대되는 성격을 갖게 되어 역수로 표현되기도 한다.

④ 문항 2의 내용을 다음과 같은 조건으로 계산한다고 하면, 소비자가 고려하는 규모모수(점포크기에 대해 소비자가 느끼는 민감도)는 1, 거리모수(점포까지의 거리에 대해 소비자가 느끼는 민감도)는 3을 이용하여 A상점과 B상점을 이용할 가능성을 계산하면 약 33%가 된다.

⑤ 허프(Huff)법칙을 수정한 수정Huff모델의 역할은 상업시설간의 경쟁구조 파악, 최적상업시설 또는 매장면적 유추, 매출액 추정, 상권지도 작성, 상업시설 또는 점포를 방문할 수 있는 고객수 산정 등이다.

 A상점과 B상점을 이용할 가능성을 계산하면 약 66.7%가 된다.

46 다음의 상권범위 분석방법들 중에서 신규점포 출점시에 사용하는 기술적조사(descriptivemethod) 방법에 해당하는 것은?

① 허프모형(Huff's model)
② 체크리스트(checklist)방법
③ 거주지 체크방법(spotting technique)
④ 크리스탈러(Christaller)의 중심지이론
⑤ 레일리의 소매중력의 법칙(law of retail gravitation)

 문제의 방법은 모두 신규점포에 대한 분석 방법이고, 기술적(서술적) 방법에 의한 상권분석은 체크리스트(checklist)방법이다.

 45 ④   46 ②

47 다음 중 Huff 모형, MNL 모형 등 공간 상호작용 모델에 관한 설명으로 가장 옳지 않은 것은?

① 소비자의 점포 선택 행동을 확률적 현상으로 인식한다.
② 공간 상호작용이란 개념은 지리학 분야에서 유래되었다.
③ 통행거리 등 영향 변수의 민감도 계수는 상황에 따라 변화하지 않는다.
④ 소비자에게 인지되는 효용이 클수록 그 점포가 선택될 가능성이 커진다.
⑤ 공간상의 지점들 간 모든 종류(사람, 물품, 돈 등)의 흐름을 공간 상호작용이라 한다.

 Huff 모형, MNL 모형 등 공간 상호작용 모델에서는 통행거리나 시간 등의 영향 변수의 민감도 계수는 상황에 따라 변화가 된다고 본다.

48 Huff모델에 의한 신규점포의 예상 매출액은?

① 1인당 소비액(지출액)×상권 내 인구수
② 지역별 인구 또는 세대수×업종(상품)별 또는 점포별 지출액
③ 특정지역의 잠재수요의 총합×특정지역으로부터 계획지로의 흡인률
④ 특정지역의 소비자가 특정지역의 상업시설에서 구매할 확률×특정지역의 소비자 수
⑤ 업종(상품)별 또는 점포별 지출액×특정지역의 소비자가 특정지역의 상업시설에서 구매할 확률

 허프모델(Huff model)은 소비자들의 점포 선택과 소매 상권의 크기를 예측하는 데 널리 이용되어 온 확률적 점포 선택 모형들 중 대표적인 모형이다. 허프모형에서 신규점포의 예상매출액 산식은 특정지역의 잠재수요의 총합을 특정지역으로부터 계획지로의 흡인률에 곱해주는 것으로 나타낼 수 있다.

49 시장 확장 잠재력을 평가하는 모형에 대한 설명으로 가장 옳지 않은 것은?

① 시장이 미래에 신규수요를 창출할 수 있는 잠재력을 반영하는 지표이다.
② 소매 포화지수의 부족함을 보완하여 시장의 상태를 보다 명확하게 판단할 수 있다.
③ 소매 포화지수가 높고 시장 확장 잠재력이 낮으면 미래에 매우 매력적인 시장이 된다.
④ 지역내 고객의 다른 시장 지출액을 활용하면 우리 시장의 잠재력을 확인할 수 있다.
⑤ 소매포화지수와 시장확장 잠재력이 모두 낮으면 신규점포의 진출을 고려하지 않는다.

 소매 포화지수(IRS)가 높고 시장 확장 잠재력(MEP)이 낮으면 현재는 좋지만, 미래에는 매우 불확실한 시장이 된다.

 47 ③ 48 ③ 49 ③

50 Huff 모형은 점포선택과 상권의 크기를 예측할 때 많이 사용되어 온 방법이다. 다음 Huff 모형을 설명한 내용 중 올바르지 않은 것은?

① 점포의 크기와 거리에 대한 고객민감도(중요도)를 반영할 수 있다.
② 여러 점포를 선택할 수 있는 상황에서 특정 점포를 선택할 가능성을 계산한다.
③ 점포의 위치가 가깝거나 점포의 규모가 적은 경우에는 고객이 항상 선호하게 된다.
④ 소비자가 이용하고자 하는 점포의 선택은 점포의 크기와 거리에 의해 결정된다.
⑤ 거주지에서 점포까지의 교통시간을 이용하여 상권을 분석한 모델은 허프의 확률모델이다.

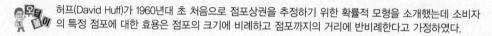 허프(David Huff)가 1960년대 초 처음으로 점포상권을 추정하기 위한 확률적 모형을 소개했는데 소비자의 특정 점포에 대한 효용은 점포의 크기에 비례하고 점포까지의 거리에 반비례한다고 가정하였다.

51 상권분석과 관련된 주요이론들에 대한 아래의 설명 중에서 가장 옳지 않은 것은?

① Christaller의 중심지이론은 소비자들이 가장 가까운 중심지에서만 중심지 상품을 구매한다고 가정하고 있다. 또한 지역간 인구와 구매력이 균등하다고 보고 이론을 설명하고 있다.
② Reilly의 소매인력이론에서는 다양한 점포간의 점포밀집 정도가 점포의 매력도를 증가시킬 수 있어 점포가 밀집될 수 있는 유인요소인 인구는 소비자에게 중요한 기준이된다고 보았다.
③ Huff의 확률모형은 점포규모와 점포까지의 거리와 같은 양적요소와 교통 활용, 편의성과 같은 질적요소에 의해 소비자의 효용이 변화한다는 사실을 모형에 포함시켜 특정점포에 따른 선택확률을 계산한다.
④ Luce의 선택공리에 따르면 소비자가 특정점포를 선택할 가능성은 소비자가 해당 점포에 대해 인지하는 접근가능성, 매력 등 소비자 행동적 요소로 형성된 상대적 효용에 따라 결정된다고 보았다.
⑤ Applebaum의 유추법에 의하면 소비자와의 면접이나 실사를 통하여 유사점포의 상권범위를 추정한 결과를 이용하여 신규점포의 예상매출액을 추정한다.

 허프 모형(Huff model)의 내용은 소비자의 특정 점포에 대한 효용은 점포의 크기와 점포까지의 거리에 좌우된다. 즉, 소비자의 점포에 대한 효용은 점포의 매장이 크면 클수록 증가하고, 점포까지의 거리는 멀면 멀수록 감소한다고 보았다.

해답 **50** ③ **51** ③

52 독일학자 크리스탈러(Christaller)에 의해 처음으로 제시된 중심지이론은 '소비자들이 유사점포 중한 점포를 선택할 때 그 중 가장 가까운 점포를 선택하며', '중심성(centrality)의 크기는 인구규모에 비례한다'고 되어 있다. 다음중 중심지 이론에 대한 설명으로 가장 어색한 것은?

① 중심지이론에 의하면 중심지(central place)는 배후 거주지역에 대해 다양한 상품과 서비스를 제공하고 특정점포가 취급하는 상품의 구색과 수요를 추정하며 교환의 편의를 도모하기 위해 상업·행정기능이 밀집된 장소를 말한다.

② 중심지이론에서 제시된 상업중심지의 이상적입지와 이들간의 분포관계를 이해하기 위해 중심지기능의 최대도달거리, 최소수요 충족거리, 육각형형태의 배후지 모양 등의 주요 개념을 이해해야 한다.

③ 중심지기능의 가격과 그것을 확보하기 위한 이동에 드는 교통비가 최대도달점을 결정할 것이다. 이론적으로 최소요구치가 최대도달점보다는 커야 상업적인 중심지가 존재가 가능하게 된다.

④ 중심지로서 유지되기 위한 최소한의 수요 또는 그 수요를 발생시키는 상권 범위를 최소 요구치라고 하며, 이러한 최소요구치는 중심지기능을 수행하는데 고객을 제공해 주는 배후지의 범위를 의미한다.

⑤ 중심지이론에 의하면 한도시 또는 지역내에 하나의 중심지가 아니라 여러 상업중심지가 존재할 때 각상업 중심지로부터 상업서비스 기능을 제공받을 수 있는 가장 이상적인 배후상권의 모양은 정육각형이다.

 중심지기능의 가격과 그것을 확보하기 위한 이동에 드는 교통비가 최대 도달점을 결정, 최대도달점이 최소요치보다는 커야 상업적인 중심지가 존재가능하게 된다

53 다음 중 실무적인 관점에서 볼 때 상권분석의 목적으로 옳지 않은 것은?

① 임대료 평가 기준 마련　② 지역내 가구 수 파악
③ 매출 추정의 근거 확보　④ 업종선택의 기준마련
⑤ 마케팅전략 수립에 활용

 상권분석의 목적
1) 권역별 상권의 특성을 총체적으로 이해할 수 있다.
2) 업종별 분포 현황을 미리 파악함으로써 공급과잉 및 진입가능 업종을 사전에 예측할 수 있다.
3) 진입 시 입지 선정을 위한 기초 자료로 활용이 가능하다.
4) 예상 매출액 추정을 위한 기초 자료로 활용할 수 있다.
5) 경쟁업소 현황과 차별화 전략 수립에 기초가 된다.
6) 업종의 도입과 쇠퇴 추이 분석을 용이하게 할 수 있다.

 52 ③　**53** ②

54 우리 동네에는 가, 나, 다 상점이 있다. '가'상점은 규모가 6,400m²이고 거리는 우리 집에서 4km 떨어져 있다. '나'상점은 규모가 12,500m²이고 거리는 우리 집에서 5km 떨어져 있다. '다' 상점은 규모가 100,000m²이고 거리는 우리 집에서 10km 떨어져 있다고 할 때 Huff 모형을 이용하여 우리 집에서 '가'상점과 '나'상점을 이용할 가능성을 계산해 보시오. 소비자가 고려하는 규모모수는 1, 거리모수는 3 으로 이용하시오.

① $\dfrac{4}{19}$　　② $\dfrac{5}{19}$　　③ $\dfrac{1}{3}$　　④ $\dfrac{2}{3}$　　⑤ $\dfrac{3}{3}$

 가 $= \dfrac{6,400}{4^3} = 100$　　나 $= \dfrac{12,500}{5^3} = 100$　　다 $= \dfrac{100,000}{10^3} = 100$

가, 나 상점을 이용할 가능성 $= \dfrac{가+나}{가+나+다} = \dfrac{200}{300}$

55 다음 중 상권(trade area)을 언급한 지문으로 올 바른 내용으로만 열거된 것은?

> ㄱ. 한 점포가 고객을 흡인할 수 있는 지역의 한계범위(geographic area)를 지칭하는 말이다.
> ㄴ. 지역상권(general trading area), 지구상권(district trading area), 개별점포상권(individual trading area)등 계층적으로 분류될 수 있다.
> ㄷ. 상권은 단순한 원형의 형태로만 구분하는 것이고, 아메바와 같이 정형화되지 않은 형태로 되는 경우는 없다고 본다.
> ㄹ. 한 점포뿐만 아니라 점포집단이 고객을 유인할 수 있는 지역적범위(geographic area)를 의미하기도 한다.
> ㅁ. 판매품질에 따라 1차, 2차, 3차 상권 및 영향권으로 구분할 수 있다. 상권의 구매력은 상권내의 가구소득수준과 가구 수에는 영향이 없다.
> ㅂ. 경쟁자의 출현은 상권을 차단하는 중요한 장애물이며 고객밀도는 상권 내의 인구밀도와 밀접한 관련이 있다.

① ㄱ, ㄴ, ㄷ, ㄹ　　　　　② ㄴ, ㄷ, ㄹ, ㅁ

③ ㄱ, ㄷ, ㅁ, ㅂ　　　　　④ ㄷ, ㄹ, ㅁ, ㅂ

⑤ ㄱ, ㄴ, ㄹ, ㅂ

 ㄱ, ㄴ, ㄹ, ㅂ는 모두 맞고, ㄷ, ㅁ은 틀리다. 상권은 단순한 원형의 형태로 구분도 하고 분석도 하고, 실무적인 측면에서는 아메바와 같이 정형화되지 않은 형태가 가장 일반적인 내용으로 본다. 1차, 2차, 3차 상권으로 구분은 고객흡인력, 매출액으로 구분을 한 것이다.

 54 ④　　55 ⑤

56 글 상자안의 내용을 Huff 모형으로 설명할 때 가장 올바르지 않은 것을 고르시오.

> 윤희 동네에는 비슷한 제품을 판매하고 있는 세 개의 상점이 있다. '가', '나', '다' 상점은 각각의 규모가 2,700m², 6,400m², 12,500m² 이고 거리는 윤희 집에서 3km, 4km, 5km 떨어져 있다. 모수는 1(규모), 3(거리)을 따른다. 상품 구색의 수는 규모에 비례한다.

① '가', '나', '다' 각 상점에서 판매하는 제품이 전문품일 가능성은 매우 낮다.
② '가', '나', '다'의 상점의 이용가능성은 거리와 규모를 고려할 때 '가', '다', '나' 상점 순으로 선호된다.
③ 모수가 선택확률과 비례하는 경우 양수의 형태로 모형에 적용하고, 반비례하는 경우에는 음수의 형태로 모형에 적용한다.
④ 규모의 모수가 1이기 때문에 실제 계산에는 거리의 모수만 고려해도 되며, 윤희는 규모보다는 거리를 더 중요하게 생각한다는 의미이다.
⑤ Huff 모형을 사용하여 윤희의 선택을 예측하게 되면 거리와 규모만을 고려하기 때문에 실제 윤희의 선택과는 차이가 있을 수 있다.

가 상점 = $\frac{2,700}{3^3}$ = 100, 나 상점 = $\frac{6,400}{4^3}$ = 100, 다 상점 = $\frac{12,500}{5^3}$ = 100

① '가', '나', '다'의 상점의 소비자의 선호가능성은 점포의 거리와 규모를 고려할 때 '가', '나', '다' 상점이 무차별하게 선호된다.

57 다음 상권분석에서 수학적 기법은 규범적 모형과 확률적 모형으로 구분할 수 있다. 다음 중에서 상권분석의 확률적 모형에 해당하는 것은?

① Reilly의 소매인력모형
② Christaller의 중심지모형
③ Applebaum교수의 유추법
④ MNL(Multinominal logit)모형
⑤ CST(Consumer Spotting Technique)모형

CST(Consumer Spotting Technique)모형은 기술적(서술적) 방법에 의한 상권분석이고, Christaller의 중심지모형과 Reilly의 소매 인력모형은 규범적 모형(normative model)에 의한 상권분석방법이다.

 **56** ②   **57** ④

58 소매 점포의 상권범위와 관련한 아래의 내용 중에서 가장 옳지 않은 것을 고르시오.

① 상권의 범위는 고정적인 것이 아니고 영위하고자 하는 복합적요인에 의해 사례별로 결정된다.

② 상품구색이 유사할 때에도 판촉활동이나 광고활동에 따라 점포들 간의 상권범위가 달라진다.

③ 점포의 규모가 비슷하더라도, 취급상품의 종류나 업태에 따라 점포들의 상권범위는 차이를 보인다.

④ 같은 상업지구에 입지한 경우에도, 점포의 규모에 따라 개별점포들 간의 상권범위에는 차이가 있다.

⑤ 상품의 성격이나 종류가 같은 점포들 중에서는 표준화전략을 추구하는 점포가 차별화전략을 추구하는 점포보다 상권의 범위가 넓어진다.

상품의 성격이나 종류가 같은 점포들 중에서는 차별화전략을 추구하는 점포가 표준화 전략을 추구하는 점포보다 상권의 범위가 넓어진다.

59 상권분석(trade area analysis)에서 기존점포와 신규점포에 대한 분석방법에 대한 내용으로 가장 적합한 설명이 아닌 것은?

① 기존점포의 상권은 점포자료와 기타 다른 목적으로 수행된 조사자료 등의 기업내 2차 자료를 이용하여 측정이 가능하다.

② 다양한 점포들 간의 밀집이 점포의 매력도를 증가시키는 경향이 있음을 고려하고 있으며, 이웃 도시들 간의 상권 경계를 결정하는데 주로 이용된다.

③ 신규점포의 상권분석에 대해서는 기존점포의 상권분석에 비해 상권의 크기와 특성 등을 기존 자료를 이용하여 비교적 정확히 분석할 수 있다.

④ 승용차를 이용하는 고객에 대하여 차량번호판으로 자동차 소유자의 주소를 확인할 수 있어 상권범위를 파악할 수 있는 차량조사법이 있다.

⑤ 체크리스트는 상권의 규모에 영향을 미치는 요인들을 수집하여 이들에 대한 목록을 작성하고 각각에 대한 평가를 통해 시장 잠재력과 상권의 구조를 예측해 보는 방법이다.

기존점포의 상권분석에 대해서는 신규점포의 상권분석에 비해 상권의 크기와 특성 등을 기존 자료를 이용하여 비교적 정확히 분석할 수 있다.

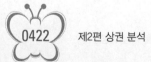

60 Reilly의 소매 인력법칙은 상권의 경계를 구하려는 노력에서 시작되었다. 중심도시 A, B에 인접한 도시 C는 두 도시에 의해 상권이 분할되는 현상을 나타내며 이를 정리하여 방정식으로 표현하였다. 다음 중 Reilly의 소매인력의 법칙에 관련된 설명 중 가장 올바르지 않은 것은?

① A, B각 도시가 인접도시 C에서 흡인하는 소매판매액의 비율은 A, B각 도시 인구의 비에 비례한다.

② A, B각 도시가 인접도시 C에서 흡인하는 소매판매액의 비율은 A, B각 도시와 C와의 거리의 비에 반비례한다.

③ C에 존재하는 A, B도시 사이의 상권한계점을 구하기 위해서는 A, B각 도시가 인접도시 C에서 흡인하는 소매판매액의 비를 1로 두면 된다.

④ C에서 A, B까지의 거리의 합은 다른 도시와의 인구비율과 함께 인접도시 C의 상권 경계를 형성하는 기준으로 작용하게 된다.

⑤ R.L Nelson은 소매인력법칙을 보완하여 매장면적과 거리외 점포의 물리적속성에 해당되는 다른 요인도 흡인력에 영향을 미치고 있다고 보았다.

 A, B 각 도시가 인접도시 C에서 흡인하는 소매판매액의 비율은 A, B 각 도시와 C와의 인구에 비례하고, 거리의 제곱에 반비례한다.

61 상권분석 방법 중 확률적 모형의 활용에 대한 설명으로 가장 올바르지 않은 것은?

① Huff모형은 거주지역에서 점포까지의 거리나 이동시간을 중심으로 상권흡입력의 크기와 소비자 구매가능성을 확률로 모형화 하였다.

② 충성도가 높은 소비자의 점포선택이라도 확정적인 것이 아니라 확률적인 가능성을 가지고 있다는 것을 가정하였다.

③ Luce는 소비자는 특정 점포나 쇼핑센터에 대해 상대적인 효용을 가지고 있고 이를 점포선택에 사용한다는 것을 가정하였다.

④ 모형에서 사용되는 거리와 점포매력도에 대한 지수(민감도)는 학자들에 의해 연구되어진 확정된 수치를 사용하는 것이 안전하다.

⑤ 거리와 점포의 규모, 판매원서비스, 상품구색 등 다양한 요소에 대한 효용을 측정하여 점포선택 확률을 구할 수 있도록 발전되었다.

 소비자가 점포를 선택하는 경우 아무리 충성도가 높은 소비자의 점포선택이라도 확정적인 것이 아니라 확률적인 가능성을 가지고 있다는 것을 가정하였다. 이 모형에서 사용되는 거리와 점포매력도에 대한 지수(민감도)는 가정을 하여 1,2,3의 수치를 대입한다.

 60 ② **61** ④

62 다음 중 상권분석 중 Huff모델에 의한 지역별 또는 상품별 예상 잠재수요를 계산하는 식은?

① 특정지역의 잠재수요의 총합×특정지역으로부터 계획지로의 흡인율
② 지역별 인구 또는 세대수×업종별(또는 상품별) 또는 점포별 지출액
③ 특정지역의 소비자가 특정지역의 상업시설에서 구매할 확률×1회 평균지출액
④ 지역별 인구 또는 세대수×특정지역의 소비자가 특정지역의 상업시설에서 구매할 확률
⑤ 업종별(또는 상품별) 또는 점포별 지출액×특정지역의 소비자가 특정지역의 상업시설에서 구매할 확률

허프(David Huff)가 1960년대 초 처음으로 점포의 상권을 추정하기 위한 확률적 모형을 소개했는데 소비자의 특정 점포에 대한 효용은 점포의 크기에 비례하고 점포까지의 거리에 반비례한다고 가정하였다. 지역별또는 상품별 예상잠재수요를 계산하는 식은 ②이 가장 적합하다.

63 레일리(William J. Reilly)의 소매인력법칙(low of retail gravitation)을 설명한 내용으로 가장 거리가 먼 것은?(단, A와 B는 두 경쟁도시 혹은 상업시설을 나타내며, 이들의 중간에 위치한 소도시 혹은 상업시설 C가 있다고 가정한다.)

① 소비자의 특정도시(상업시설)에 대한 효용(매력도)은 도시(상업시설규모)와 점포까지의 거리에 좌우되며, 특정상업시설을 선택할 확률은 개별상업시설들이 가지고 있는 효용(매력도)의 비교에 의해 결정된다.
② A, B도시(상업시설)가 끌어들일 수 있는 상권범위는 해당도시(상업시설)의 인구에 비례하고 도시(상업시설)간의 거리의 제곱에 반비례 한다.
③ 소매인력의 법칙은 개별점포의 상권파악보다는 이웃 도시(상업시설)들 간의 경계를 결정하는데 주로 이용되는 이론이다.
④ 이론의 핵심내용은 두 경쟁도시 혹은 상업시설(A, B)사이에 위치한 소도시 혹은 상업시설(C)로부터 A, B도시(상업시설)가 끌어들일 수 있는 상권범위, 즉 A, B가 중간의 소도시(상업시설) C로부터 각각 자신에게 끌어들이는 매출액을 규정하는 것이다.
⑤ 다양한 점포들 간의 밀집이 점포의 매력도를 증가시키는 경향이 있음을 고려하고 있으며, 이웃 도시들 간의 상권경계를 결정하는데 주로 이용된다.

레일리(J. W. Reilly)의 소매인력의 법칙은 두 도시 사이에 존재하는 소비자에 대한 영향력을 인력관계로 설명하고 있다. 영향력의 크기는 중심의 크기와는 비례관계에 있으며, 거리상의 길이와는 반비례한다고 했다. 문제에서 ①이 확률적인 내용이 나와서 가장 어울리지 않는 내용이다.

해답 **62** ② **63** ①

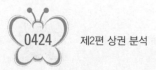

64 하버드 비즈니스 스쿨의 애플바움(W. Apple baum)교수가 개발한 방법으로 점포형태, 매출, 업태, 지역 여건 등이 유사한 기존점포를 확인하여 신규점포의 예상 매출액을 계산해 내는 유추법에 대한 설명으로 가장 옳지 않은 것은?

① 유추법은 분석담당자의 객관적인 판단이 개입하는 부분이 많기 때문에 자칫 오류를 범할 가능성이 있으며, 유사점포를 여러개 선정하여 결과를 비교하여 신설점포의 경우와 비교하는 방식을 택한다면 한군데의 비교보다 혼란스럽고, 부정확한 결과를 가져 온다.

② 유추법은 소비자와의 면접이나 실사를 통하여 유사점포의 상권범위를 추정한 결과를 이용하여 신규점포의 예상매출액을 추정한다. 유추법의 역할은 상권규모, 고객특성, 경쟁정도 등을 파악할 수 있다는 것이다.

③ 상권분석방법 중 자사의 신규점포와 특성이 비슷한 유사점포를 선정하여 그 점포의 상권범위를 추정한 결과를 자사점포의 신규입지에서의 매출액(상권규모)을 추정하는데 이용하는 방법이다.

④ CST 기법은 자사점포를 이용하는 고객들의 거주지를 지도상에 표시한 후 자사점포를 중심으로 서로 다른 동심원을 그림으로써, 자사점포의 상권규모를 시각적으로 파악할 수 있는 방법이라고 할 수 있다.

⑤ 출점하고자 하는 점포와 환경이나 특성이 비슷한 점포를 선정하여 매출액과 상권규모 등을 추정하고, 어떠한 점포를 유추점포로 결정하는지에 따라 상권추정 및 입지가 달라지는 한계성이 많은 방법이다.

 유추법은 유사점포를 실제 자료를 이용하여 고객들의 구매패턴을 반영하기 때문에 매우 현실적인 추정이 가능하며, 유사점포를 여러개 선정하여 결과를 비교하여 신설점포의 경우와 비교하는 효율적이고 정확하다.

65 Christaller의 중심지 이론에 대한 설명 중 가장 잘못된 것은?

① 최대도달 거리의 한계점은 초과이윤공간과 밀접한 관계가 있다.

② 소비자들의 구매형태는 획일적이며 가장 가까운 곳만 선택한다고 가정한다.

③ 인구가 균등하게 분포되어 있고, 잠재구매력도 균등하다는 가정이 전제되어야한다.

④ 여러 상권이 존재하는 경우 상권중심지를 거점으로 배후상권이 다른 상권과 겹치지 않는다.

⑤ 상권의 형성은 중심지를 거점으로 방사 형태로 만들어지며, 하나의 상권에서는 육각형이다.

 64 ① **65** ⑤

중심지이론에 의하면 일정한 공간범위 안에서 소매활동들이 어떤 형태로 분포하게 될 것인지를 상품구색의 관점에서 예측이 가능하다는 이론이다. 지역에 중심지가 한 곳이 존재한다면 가장 이상적인 상권의 형상은 원형이 된다.

66 상권분석을 위한 다양한 방법(도구)들은 신규점포에 대한 상권분석 방법과 기존점포에 대한 상권분석방법으로 분류될 수 있다. 다음 중 특히 기존점포의 상권분석을 위하여 주로 활용되는 방법에 관하여 가장 올바르게 설명한 것은?

① 점포 내부자료와 각종 2차자료를 이용하여 측정할 수 있다.
② 서술적 측정방법으로서 체크리스트법이나 유추법 등이 활용된다.
③ 규범적 측정방법으로서 중심지 이론이나 소매중력의 이론 등을 주로 활용한다.
④ 시뮬레이션을 이용한 측정방법으로서 레일리모델 및 허프모델 등을 들 수 있다.
⑤ 소비자가 특정 소매점에서 구매할 확률을 결정하는 확률적 점포선택 모형에는 MNL 모형도 있다.

 기존점포의 상권분석에 대해서는 신규점포의 상권분석에 비해 상권의 크기와 특성 등을 비교적 정확히 분석될 수 있다. 기존점포의 상권은 점포 내부자료와 기타 다른 목적으로 수행된 조사자료 등인 기업 내 2차 자료를 이용하여 측정이 가능하다.

67 다음 중 상권분석에 사용되는 회귀 모형에 대한 설명으로 옳지 않은 것은?

① 단계적 회귀분석(stepwise regression)은 변수가 너무 많아 해석이 어려워지는 것을 방지할 수 있다.
② 회귀모형의 설명변수들은 서로 상호 연관성 즉, 상관관계가 높을 때 신뢰성 있는 결과를 도출할 수 있다.
③ 과거의 연구결과 혹은 분석가의 판단 등을 토대로 소수의 변수를 선택하여 회귀모형을 도출할 수 있다.
④ 회귀모형을 통해 점포 특성, 상권내 경쟁수준 등 다양한 변수들이 점포성과에 미치는 상대적 영향을 측정할 수 있다.
⑤ 신규점포의 입지 타당성을 분석하는 경우, 유사한 거래 특성과 상권을 가진 표본을 충분히 확보해야 하는 문제점을 해결해야 한다.

 독립변수가 여러개인 다중회귀분석에서의 회귀계수의 해석은 다른 독립변수가 불변일 때(통제된 상태에서), 해당되는 독립변수의 변화에 따른 종속변수의 평균변화량을 나타내는 직접효과(direct effect) 또는 순효과(net effect)를 뜻한다. 이는 독립변수(설명변수)가 여러 개이므로 이들간에 서로 상관관계를 있을 수 있기 때문에 한 독립변수의 값이 다른 독립변수에 영향을 미칠 수 있으므로 상관관계가 없(낮)을 때 신뢰성 있는 결과를 도출할 수 있다.

정답 66 ① 67 ②

68 다음 중 Chtristaller의 중심지 이론에 대한 설명 중 가장 적절치 못한 것은?

① 최대도달거리는 중심지가 수행하는 사업기능이 배후지에 제공할수 있는 최대거리를 의미한다.

② 중심지는 배후지역에 다양한 상품과 서비스를 제공하고 교환의 편의를 도모해 주는 장소로 3차 산업의 기능을 수행한다.

③ 하나의 상권이 형성된 경우와 다수 상권이 서로 모여 있는 경우에 따라 구성된 상권의 형태(모양)가 서로 다르다고 제시하고 있다.

④ 최소수요 충족거리는 상업중심지의 정상이윤 확보에 필요한 최소한의 수요를 발생시키는 상권범위로 상업중심지는 최소수요 충족거리가 최대도달거리 보다 커야 상업시설이 입지할 수 있다.

⑤ 주변에 여러 상권이 존재하는 경우 상업중심지로부터 중심기능을 제공받을 수 있는 가장 이상적인 배후상권의 모양은 정육각형이며, 최대도달거리와 최소수요 충족거리가 일치하는 공간구조이다.

 최소충족거리는 상업중심지의 정상이윤 확보에 필요한 최소한의 수요를 발생시키는 상권범위이다. 상업 중심지는 최소수요충족거리가 최대도달거리 보다 클 수는 절대 없다.

69 Applebaum이 개발한 유추법에 대한 설명으로 가장 올바르지 않은 것은?

① 분석하고자 하는 점포와 특성이 유사한 점포를 선정하여 분석함으로써 분석의 용이성을 높인다.

② 어떠한 대상을 선택했는지에 따라 결과가 다르게 나올 수 있기 때문에 결과의 활용이제한될 수 있다.

③ 대상 지역의 질적 자료보다는 양적자료를 사용하도록 유도함으로써 결과의 객관성을유지할 수 있다.

④ 다른 점포에서 얻은 정보를 이용하여 신규점포에 대한 예측과 벤치마킹 자료로도 활용할 수 있다.

⑤ 유추법은 소비자와의 면접이나 실사를 통하여 유사점포의 상권범위를 추정한 결과를 이용하여 신규점포의 예상매출액을 추정한다.

 유추법은 신규점포의 상권분석뿐만 아니라 기존점포의 상권분석에도 적용될 수 있으며, 쇼핑패턴을 반영하여 적용하기 쉽고, 조사자의 계량적 경험과 주관적 판단을 함께 필요로 한다.

70 한 소비자가 세 점포들 중 하나에서 상품을 구매할 수 있고, 소비자가 부여하는 점포 크기에 대한 모수는 1이라고 가정하자. 또한 점포 A, B, C의 크기 및 소비자의 집으로부터 각 점포까지의 거리가 표와 같다고 하자. Huff 모델 적용시 거리 모수가 −2에서 −3으로 변한다면, 소비자가 점포 C를 이용할 확률은 어떻게 변화하는가?

점포	거리(km)	크기(㎡)
A	4	50,000
B	6	70,000
C	3	40,000

① 약 3.8%p정도 감소한다.　　② 약 3.8%p정도 증가한다.
③ 약 10%p정도 감소한다.　　④ 약 10%p정도 증가한다.
⑤ 변화하지 않는다.

 $A = 50,000/4^2 = 3,125$　　$A = 50,000/4^3 = 781$
$B = 70,000/6^2 = 1,944$　　$B = 70,000/6^3 = 324$
$C = 40,000/3^2 = \underline{4,444}$　　$C = 40,000/3^3 = \underline{1,481}$
　　　　　　9,513　　　　　　　　2,586
$C = 4,444/9,513 = 46.72\%$　　$C = 1,481/2,586 = 57.23\%$

∴ 57.23%−46.72% = 10.51% 증가, 즉 약 10%증가한 것이다.

71 Converse의 제2법칙에 의하면 소비자가 지출하는 금액은 거주자의 시장 크기에 의해 변화할 수 있다고 제시하고 있다. 현재 준선이는 인구 6만 명의 중소도시에 거주하고 있으며 8mile 떨어진 인근에 인구 360만 명의 대도시가 있다. 준선이가 거주하는 도시에서 선매품인 A 제품에 한해 소비하는 금액이 3,000만 원이면 준선이가 도시 외부에서 쓰는 금액은 얼마인가?

① 1,900만 원보다 크고 2,000만 원보다 작다.
② 2,100만 원보다 크고 2,500만 원보다 작다.
③ 2,500만 원보다 크고 2,600만 원보다 작다
④ 2,700만 원보다 크고 2,900만 원보다 작다.
⑤ 2,900만 원 이상이다.

 Converse의 제2법칙을 안다는 전제로 문제를 공식에 한글로 풀이하여 대입하면

$$\frac{외부대도시사용금액}{우리도시사용금액} = \frac{대도시인구}{우리도시인구} \times \left(\frac{4}{d}\right)^2 = (360만/6만) \times (4/8)^2 = (15/1)의\ 비율로$$
3,000만원을 구분하면

∴ 외부 대도시는 28,125,000, 우리 도시는 1,875,000가 된다.

72 다음 중 상권분석에서 쓰이는 중심지 이론에 대한 설명 중 올바르지 않은 것은?

① 중심지를 기준으로 할 때 비용과 수요 모두 거리에 비례하여 증가하는 구조를 가지게 된다.

② 유통서비스 기능의 최대도달거리와 수익을 실현하는 데 필요한 최소수요 충족거리가 일치하는 상권구조를 예측한다.

③ 중심지는 배후 거주지역에 대해 다양한 상품과 서비스를 제공하며 교환의 편의를 제공하는 장소를 의미한다.

④ 한 지역 내에 인구분포와 자연조건이 일정한 여러 상업중심지가 존재할 때 각 상업중심지에서 상업서비스 기능을 제공받을 수 있는 가장 이상적인 배후상권의 모양은 정육각형이다.

⑤ 중심지 이론에 의하면 일정한 공간범위 안에서 소매활동들이 어떤 형태로 분포하게 될 것인지를 상품구색의 관점에서 예측이 가능하다는 이론이다.

 중심지(the central place) 이론은 독일의 크리스탈러(Christaller)에 의해 1933년에 처음으로 제시되었다. 크리스탈러의 중심지 이론에 의하면 한 도시 또는 지역 내에 여러 상업 중심지가 존재할 때 각 상업 중심지로부터 상업서비스 기능을 제공받을 수 있는 가장 이상적인 배후 상권의 모양은 정육각형이며, 정육각형의 형상을 가진 상권은 유통서비스 기능의 도달범위(the outer range)와 수익을 실현하는데 필요한 최소수요 충족거리(the threshold)가 일치하는 공간구조이다. 중심지를 기준으로 할 때 비용은 비례적인 증가 수요는 반 비례하여 증가하는 구조를 가지게 된다.

73 Christaller의 중심지이론에 대한 아래의 기본적인 설명 중에 서 그 내용이 가장 옳지 않은 것은?

① 지역에 중심지가 한 곳이 존재한다면 가장 이상적인 상권의 형상은 원형이 된다.

② 상권범위가 최소수요 충족거리보다 크게 되면 중심지의 상업시설은 초과이윤을 얻게 된다.

③ 최소수요 충족거리가 상업중심지의 최대 도달거리보다 클 때 해당 지역내에 상업시설이 입지할 수 있다.

④ 최소수요 충족거리란 상업중심지의 정상이윤 확보에 필요한 최소한의 수요를 발생시키는 상권범위를 말한다.

⑤ 중심지 이론에 의하면 일정한 공간범위 안에서 소매활동들이 어떤 형태로 분포하게 될 것인지를 상품구색의 관점에서 예측이 가능하다는 이론이다.

 최소수요 충족거리가 상업중심지의 최대 도달거리보다 클 수는 없다.

74 다음 중 상권측정을 위해 '상권실사'를 하는 것과 관련된 아래의 내용 중에서 가장 옳지 않은 것은?

① 항상 지도를 휴대하여 어느 지역에서 고객이 유입되는지에 관심을 가져야 한다.

② 기존점포의 고객을 잘 관찰하여 교통수단별 내점비율을 파악하는 것이 중요하다.

③ 점포에 내점하는 고객의 범위를 파악하는 것이 목적이므로 교외점포에서 도보고객을 조사할 필요는 없다.

④ 상권 설정시 해당지역을 직접 돌아다니면서 자신의 경험적 감각을 활용한 상권파악방법으로 실사 상권설정법이 있다.

⑤ 주로 자동차를 이용하는 고객이 많아지므로 도보에 의한 상권실사 보다는 실제 자동차주행에 의한 실사가 더욱 현실적이고 바람직하다.

 상권 설정 시 해당 지역을 직접 돌아다니면서 자신의 경험적 감각을 활용한 상권파악방법으로 실사 상권설정법이 있다. 자동차를 이용하는 고객이 많아도 실제로 조사를 하기에는 도보를 통한 방법이 가장 적합하다.

75 상권분석에 가장 많이 활용되고 있는 허프모델(Huff model)에 관한 설명으로, 가장 올바르지 않은 것은?

① 미국 UCLA대학 경제학교수인 HUFF박사가 1963년 제창한 모델로 제창되기 전에 도시단위로 행하여 졌던 소매인력론을 소매상권의 개별(상업)단위로 전환하여 전개한 이론이다.

② 소비자의 특정상업시설에 대한 효용(매력도)은 상업시설규모와 점포까지 거리에 좌우된다는 가정하에 진행된다.

③ 신규점포의 예상매출액에 대한 예측에 널리 사용되는 기법으로 최적상업시설 또는 최적매장면적에 대한 유추가 가능하다.

④ 개별점포의 상권경계보다는 이웃 경쟁도시(상권)들간의 상권경계를 결정하는데 이용하는 것으로 즉, 어느 도시로 소비자가 상품을 구매하러 갈 것인가에 대한 상권분기점을 찾아내는데 매우 효과적인 모델이다.

⑤ 상권을 정의하는 레일리법칙 등의 규범적인 접근방법과 확률적 모형의 차이점은 확률적 모형에서는 소비자의 효용함수를 결정하기 위하여 실제 소비자의 점포선택 행동을 이용하는 반면 규범적인 모형에서는 효용함수의 모수(a, b)값이 사전에 결정된다는 차이가 있다.

 개별점포의 상권경계보다는 이웃 경쟁도시(상권)들간의 상권경계를 결정하는데 즉 어느 도시로 소비자가 상품을 구매하러 갈 것인가에 대한 상권분기점을 찾아내는 데 매우 효과적인 모델은 레일리(Reilly)의 소매중력(인력)의 모델이다.

76 다음 자료들 Huff의 중력모델에 대입할 경우 특정지역 주민이 구매할 확률과 그 지역의 주민으로 부터 발생할 수 있는 매출액이 가장 큰 쇼핑센터를 차례대로 올바르게 묶은 것은? (거리는 멀수록, 크기는 작을수록 주민의 선호는 떨어진다고 보고, 거리에 대한 모수는 1, 점포 크기에 대한 모수는 1, 특정지역의 인구수는 10만 명이라고 가정한다.)

쇼핑센터	쇼핑센터의 규모(m^2)	특정 지역으로부터의 거리(km)
A	3,000	5
B	1,200	6
C	600	3
D	4,900	7
E	1,500	5

① A − D ② A − B
③ D − D ④ A − A
⑤ C − D

 거리에 대한 모수는 1, 점포 크기에 대한 모수는1이므로 기본적으로 공식을 단순히 대입을 하면 정답이 도출된다.

$A = \dfrac{3,000m^1}{5^1} = 600$. 이런 식으로 문제를 풀면, 가장 큰 수를 보이는 것은 $D = \dfrac{4,900m^1}{7^1} = 700$이 된다.

77 인접한 두 도시간의 상권경계는 두 도시간의 인구비율에 의해 구할 수 있다는 설명은 누구와 가장 관련이 있으며, 그 사람의 법칙을 적용했을 때 A, B 도시의 상권분기점은 A 도시로부터 얼마나 떨어져 있는지 고르시오.(인구는 A : 360,000명 B : 40,000명이며 A와B 사이의 거리는 12km이다.)

① P. D. Converse , 9km ② D. S. Huff, 10km
③ W. Christaller , 7km ④ A. Losch, 9km
⑤ P. D. Converse , 8km

 컨버스(Converse)의 레일리수정이론에서는 두 도시 사이의 분기점(breaking-point)의 정확한 위치를 결정하기 위해 소매증력의 법칙을 수정하였다. 인구 360,000명의 도시 A는 인구 40,000명의 도시 B보다 상권이 3배이다(고객을 유인하는 거리가 3배). 두 도시 간의 거리가 12km이면, 도시 A에 대한 무차별점은 9km이고, 도시 B에 대한 무차별점은 3km이다. 즉, 도시 A는 9km 내의 거주자들을 상업 중심지로 끌어들일 수 있음을 의미한다.

$$D(A) = \dfrac{12}{1+\sqrt{\dfrac{40,000}{360,000}}} = \dfrac{12}{1+\sqrt{\dfrac{1}{9}}} = \dfrac{12}{1+\dfrac{1}{3}} = \dfrac{12}{\dfrac{4}{3}} = 9km$$

 76 ③ **77** ①

78 A라는 소매업체가 신도시 지역에 신규점포 개점을 신중하게 고려하고 있다. 신규점포 개점시 인근에서 영업중인 B와 C가 경쟁점포가 될 것이다. 만약 특정소비자가 특정점포에 대하여 느끼는 효용은 "점포의 규모에 비례하고 거리의 제곱에 반비례 한다"라고 가정할 경우 아래의 주어진 정보를 바탕으로 이 소비자가 점포 B에서 구매할 확률을 Huff모델을 근거로 계산해 본다면?

	규모(평방미터)	거리(km)
A	15	1
B	40	2
C	100	2

① 0.2   ② 0.25   ③ 0.3   ④ 0.35   ⑤ 0.4

 • 1점포 A의 효용 = $\dfrac{15}{1^2}$ = 15   • 1점포 B의 효용 = $\dfrac{40}{2^2}$ = 10   • 1점포 C의 효용 = $\dfrac{100}{2^2}$ = 25
이러한 각 점포에 대한 효용값을 토대로, 이 소비자의 점포 B에서의 구매확률은 다음과 같이 계산된다.
B = $\dfrac{10}{(15+10+25)}$ = 0.2

79 A도시의 인구는 20만 명, B도시의 인구는 40만 명, 중간에 위치한 C도시의 인구는 6만 명이다. A도시와 C도시의 거리는 5km, C도시와 B도시의 거리는 10km인 경우 Reilly의 소매 인력이론에 의하면 C도시의 인구 중에서 몇 명이 A도시로 흡수되는가?

① 2만 명   ② 3만 명
③ 4만 명   ④ 5만 명
⑤ 6만 명

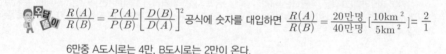 $\dfrac{R(A)}{R(B)} = \dfrac{P(A)}{P(B)}\left[\dfrac{D(B)}{D(A)}\right]^2$ 공식에 숫자를 대입하면 $\dfrac{R(A)}{R(B)} = \dfrac{20만명}{40만명}\left[\dfrac{10km}{5km}^2\right] = \dfrac{2}{1}$

6만중 A도시로는 4만, B도시로는 2만이 온다.

78 ①   79 ③

80 상권분석을 통해 고객수요와 발전가능성이 충분하다는 판단이 섰다면 상권내 가장 적합한 입지선정이 뒤따라야 한다. 좋은 입지에는 기본적인 조건이 필요하다. 다음 설명 내용을 순서대로 올바르게 나열한 것은?

> 가) 고객 내점가능성의 척도 즉 유동인구가 상권 내로 진입하는 초입 또는 메인라인에서부터 도보 또는 차량으로 고객들이 점포에 수월하게 진입이 가능한지를 보는 것
> 나) 점포가 시각적으로 눈에 잘 뛰느냐? 즉 도보고객 뿐만 아니라 차량고객들에게 시각적으로 얼마나 잘 띄느냐에 따라 내 점고객수는 현저하게 차이가 나는 것
> 다) 점포의 위치에 대해 고객이 얼마나 쉽게 기억하고 있는가?
> 라) 특정 입지에 다양한 업종이 입점하기 쉬운 정도가 높으면 높을수록 좋은 입지라고 볼수 있다.

　　　　가)　　　　　나)　　　　　다)　　　　라)
① 접근성의 법칙–가시성의 법칙–인지성의 법칙–입지성의 법칙
② 접근성의 법칙–입지성의 법칙–가시성의 법칙–인지성의 법칙
③ 접근성의 법칙–가시성의 법칙–입지성의 법칙–인지성의 법칙
④ 접근성의 법칙–입지성의 법칙–인지성의 법칙–가시성의 법칙
⑤ 접근성의 법칙–인지성의 법칙–가시성의 법칙–입지성의 법칙

 상권은 소매업 성공의 중요 요인으로 부적절한 입지는 매출에 지대한 영향을 미치기 때문에 상권분석은 자사점포의 수요예측과 마케팅 전략의 수립을 위한 필수적 단계이다. 따라서 좋은 입지에는 기본적인 조건이 필요한데 그것에 따른 것은 ①의 내용이 가장 옳다.

81 소매점 상권의 질(quality)을 평가할 때에는 통행인들을 잘 살펴보아야 한다. 다음 중 상권의 질(quality)에 관한 설명으로 가장 올바른 것을 고르시오.

① 산업도로에 유입되는 차량이 많을수록 상권의 질은 좋다고 평가할 수 있다.
② 목적의식이 분명한 사람들이 많이 유입되는 상권의 질은 좋다고 평가할 수 있다.
③ 관광목적으로 유입되는 사람들이 많은 경우에 상권의 질은 좋다고 평가할 수 있다.
④ 비즈니스 목적으로 유입되는 사람들의 통행량이 많을수록 상권의 질은 좋다고 평가할 수 있다.
⑤ 특별한 목적을 가지고 있지 않는 사람들이 많이 유입되는 상권의 질은 나쁘다고 평가할 수 있다.

 관광목적으로 유입되는 사람들은 관광이라는 목적이 있지만 특정한 비즈니스적인 이유가 아니므로 많은 구매와 연결을 시킬 수 있기 때문에 이 경우에 상권의 질은 좋다고 평가할 수 있다.

해답 **80** ① **81** ③

82 레일리의 수정법칙인 컨버스(Converse)법칙의 내용으로 가장 잘못된 설명은?

① 두 도시(A, B)사이의 거리가 분기되는 중간지점인 분기점(breaking point)의 정확한 위치를 결정하기 위한 인접한 두 도시간의 상권경계는 두 도시간의 인구비율에 의해 구할 수 있다.

② A도시의 인구는 900만 명이고. B도시의 인구는 100만 명이며, 두 도시간의 거리가 80km라고 한다면 각각의 거리를 구하는 분기점을 구하기 위해서는 중요한 자료가 빠져있어 추가적인 자료가 요구된다.

③ 전 문항의 내용을 토대로 계산을 한다면, A도시의 무차별점은 60km이고 B도시의 무차별점은 20km가 되며, 이는 A도시의 상권의 규모가 B도시 상권규모 보다 두배 이상 크다고 말할 수 있다.

④ 전 문항의 내용을 토대로 상권규모를 비교한다면, B도시의 상권규모는 A도시의 상권규모에 비율적으로 25%에 해당한다고 말할 수 있다.

⑤ 인구수와 거리를 근거로 상권을 구분했기 때문에 실제로는 상권을 정확하게 구분하기 어려운 점이 있지만, 편의품보다는 선매품과 전문품에 적용에는 유리한 모델이다.

 A도시의 인구는 900백만명이고. B도시의 인구는 300만명이며, 두 도시간의 거리가 80km라고 한다면 더 이상의 자료가 없어도 두 도시 경계에 있는 무차별점을 구할 수 있다.

83 허프(David Huff)의 확률적 모형에 의한 상권분석방법으로 가장 옳지 않은 것은?

① 확률적 모형을 처음으로 소개한 허프모형이 가장 대표적인 방법으로 소비자의 특정 점포에 대한 효용은 점포의 크기에 비례하고 점포까지의 거리에 반비례한다고 가정하였다.

② 각 점포의 효용을 합한 값과 각 개별 점포의 효용 값을 비교하여 구매확률을 계산하게 되므로 점포선택에 대한 합리성을 확보할 수 있다.

③ 상품의 성격에 따라 Huff모형에 사용하는 모수의 크기를 변화시키는 것이 필요하다. 편의품과 선매품의 경우에는 점포크기의 모수가 거리차이의 모수보다 더 중요하다.

④ 예상매출액을 계산하고자 할 때 '그 지역의 인구수', '일인당 식료품 지출비', '전체 시장을 나눈 소규모 고객집단지역 거주자의 신규점포에서의 쇼핑확률'이 필요하다.

⑤ 실제 소비자의 점포선택행동을 이용하는 반면 규범적인 모형에서는 효용함수의 모수(a,b)값이 사전에 결정된다는 차이가 있다.

 상품의 성격에 따라 Huff모형에 사용하는 모수의 크기를 변화시키는 것이 필요하다. 전문품의 경우에는 점포크기의 모수가 거리차이의 모수보다 더 중요하다.

해답 **82** ② **83** ③

84 점포후보지에 대한 상권분석기법 중 규범형 모형(Normative Model)에 관한 설명이다. 올바른 것은?

① 시뮬레이션을 이용한 측정방법으로서 중심지이론이나 소매중력의이론 등을 주로 활용한다.

② 유사도시 점유율지표이용법은 이전에 도시단위로 행하여 졌던 소매인력론을 소매상권의 개별단위(상업시설)로 전환하여 전개한 이론이다.

③ Christaller의 중심지 이론은 한 지역내의 생활거주지의 입지 및 거주자 분포, 도시간의 거리관계와 같은 생활공간 구조를 중심지 개념에서 설명하는 이론이다.

④ Converse의 법칙의 의의는 Huff의 법칙을 발전시켜 대도시와 중소도시간의 매물에 있어서 중소도시에서 소비되는 부문과 외부 대도시로 유출되는 부문의 관계에 대하여설명하는 법칙이다.

⑤ 소매인력법칙은 개별점포의 상권경계보다 이웃 도시들 간의 경계를 결정하는데 주로 이용되는 이론으로 두 경쟁도시(A, B)사이에 위치한 소도시(C)로부터 A, B도시가 끌어 들일수 있는 상권범위는 도시간의 거리에 비례하고 해당도시의 인구수의 제곱에 반비례한다고 설명하고 있다.

중심지이론은 '소비자들이 유사점포 중의 한 점포를 선택할 때 그 중 가장 가까운 점포를 선택하며', '중심성(centrality)의 크기는 인구규모에 비례한다'고 독일의 크리스탈러(Christaller)에 의해 1933년에 처음으로 제시되었다.

85 다음 중 상권분석시 수행해야 할 여러 분석의 순서가 제대로 배열된 것은?

① 지리적 여건 분석-인구통계분석-상권구조분석-경쟁점 분석
② 상권구조분석-인구통계분석-지리적 여건 분석-경쟁점 분석
③ 인구통계분석-지리적 여건 분석-경쟁점 분석-상권구조분석
④ 지리적 여건 분석-인구통계분석-경쟁점 분석-상권구조분석
⑤ 인구통계분석-지리적 여건 분석-상권구조분석-경쟁점 분석

상권분석이란 상권 전체의 성쇠를 파악하는 것으로 잠재수요를 반영하는 판매예상량을 추정하는데 필요하고, 상권분석을 통한 상권에 대한 올바른 인식과 파악은 고객 지향적인 마케팅 전략의 수립과 전개에 필요하다. 순서가 제대로 배열된 것은 ①이다.

 84 ③　　**85** ①

86 점포의 다양한 매력을 고려한 MCI(Multiplicative Competitive Interaction)모형에서 상품구색 효용, 판매원의 서비스 효용, 상업시설까지의 거리 효용 등이 아래와 같을 때, B백화점을 찾을 확률은?

구분	상품 구색에 대한 효용치	판매원 서비스에 대한 효용치	상업시설까지의 거리에 대한 효용치
A할인점	2	5	10
B백화점	5	4	5
C상점가	5	5	6
D쇼핑센터	10	5	3

① 10%　　② 20%　　③ 25%　　④ 35%　　⑤ 50%

A할인점	2X5X10=100	100/500=20%
B백화점	5X4X5 =100	100/500=20%
C상점가	5X5X6 =150	150/500=30%
D쇼핑센터	10X5X3=150	150/500=30%

87 레일리(Reilly)의 소매중력(인력)의 법칙에 대한 설명으로 가장 적합하지 않은 것은?

① 두 경쟁 도시(A, B)그 중간에 위치한 소도시(C)의 거주자들로부터 끌어들일 수 있는 상권 규모는, 그들의 인구에 비례하고 각 도시와 중간(위성)도시 간의 거리 제곱에 반비례한다.

② 다양한 점포들 간의 밀집된 상황이 점포의 매력도를 더욱 증가시키는 경향이 있음을 고려하고 있으며, 개별 점포의 상권보다는 이웃도시들 간의 상권경계를 결정하는데 주로 이용된다.

③ 다양한 점포간의 점포밀집 정도가 점포의 매력도를 증가시킬 수 있어 점포가 밀집될 수 있는 유인요소인 인구는 소비자에게 중요한 기준이 된다고 보았다.

④ 소비자는 낮은 상품가격 외에도 보다 질 좋은상품, 보다 많은 상품구색, 보다 좋은 이미지를 가진 점포를 애호하기 때문에, 먼 거리의 점포를 언제든지 선택할 수 있다.

⑤ 레일리는 편의품, 선매품, 전문품 등의 상품유형별 차이를 고려할 필요가 없다고 보았으므로 편의품을 구입하러 가는 것이나 선매품 및 전문품을 구입하러 가는 것이 차별없이 동일 하다고 보았다.

레일리는 편의품, 선매품, 전문품 등의 상품유형별 차이를 고려하지 않아 실제 상황에 적용할 때에는 이에 대한 고려가 필요하다

 86 ② 　**87** ⑤

88 A, B 도시는 인구가 각각 36만명, 4만명이며 12km 떨어져 있다. 이 경우 형성되는 상권을 Converse의 제 1법칙으로 설명할 때 가장 올바른 것은?

① A도시와 B도시의 거리간격과 인구를 이용하여 상권경계를 구하며, A도시로부터 9km떨어진 곳이 상권경계가 된다.
② Converse는 이동거리가 길수록 이동인구수는 감소하므로 두 지역의 거리차이가 상권경계 구분에 기여정도는 낮다고 보았다.
③ A도시는 B도시의 인구보다 많기 때문에 내부에 상권이 크게 형성되어 B도시에서 A도시로 쇼핑인구가 많이 이동하게 된다.
④ 매장면적을 포함시켜 계산해야 하므로 실제 상권경계를 구하기는 어렵지만 대략적으로 계산하면 B도시에 가까운 곳에 경계가 형성된다.
⑤ 인구의 비율이 상권경계를 나누는 중요한 요인이 되므로 인구비율에 따라 9:1의 비율로 거리차이를 나누게 된다.

오답풀이 Converse의 공식은 $D(A) = \dfrac{d}{1+\sqrt{\dfrac{P(B)}{P(A)}}} = \dfrac{12km}{1+\sqrt{\dfrac{40,000}{360,000}}} = 9km$

89 의류점포를 창업하고자 현경이는 다음 정보를 수집하였다. 수집된 자료를 이용하여 분석 할 수 없는 방법은?

ㄱ. 타도시의 유사 점포에 대한 규모, 상권(환경), 매출 등의 정보
ㄴ. 판매 제품(의류)을 구매하고자 하는 상권 내 고객 수
ㄷ. 해당 제품에 대한 상권 내 고객의 지출액
ㄹ. 해당 제품을 판매하고 있는 점포의 총 매장면적
ㅁ. 특정 시와 경쟁 상태에 있는 주변 도시의 각각의 인구
ㅂ. 특정 시에서 주변도시까지 이동하는 거리
ㅅ. 중소도시에서 특정 시와 주변도시로 이동하는 각각의 거리

① Reilly의 소매인력 모형
② Converse의 제1모형
③ 소매포화지수(IRS)의 계산
④ Apple baum의 모형
⑤ Luce의 모형

오답풀이
① Reilly의 소매인력 모형 : ㅁ, ㅂ
② Converse의 제1모형 : ㅅ
③ 소매포화지수(IRS)의 계산 : ㄴ, ㄷ, ㄹ
④ Apple baum의 모형 : ㄱ

해답 88 ① 89 ⑤

상권 분석

90 동일한 중소도시에 살고있는 경희와 형준 남매는 모두 쇼핑을 좋아한다. 각각 사는 곳은 도시의 외곽으로 직선상 동쪽 끝과 서쪽 끝이며, 이 직선을 동쪽과 서쪽으로 조금 더 확장시키면 각각 서로 다른 대도시와 연결된다. 남매의 쇼핑상황에 대한 설명으로 바르지 않은 것은?

① Reilly의 관점을 이용하면 경희와 형준이 살고 있는 각각의 지역과 가까운 대도시들의 거리 차이와 인구에 따라 함께 쇼핑하는 것이 일반적인 구매행동인지 아닌지를 평가할 수 있다.

② Converse의 관점에서는 남매가 살고 있는 지역을 연결하는 직선의 어느 곳에서 경희와 형준이네 집쪽에 면해 있는 두 대도시의 상권이 나뉘는 분기점이 존재한다.

③ 경희가 사는 곳에 가장 가까운 대도시의 인구수가 형준이 살고 있는 곳에 가까운 대도시의 인구수보다 많으면 당연히 상권이 나누어지는 분기점은 경희네 집에 더 가깝게 형성된다.

④ 매번 이 남매가 쇼핑하러 가는 점포가 정해져 있다면 이 점포의 매력도는 매우 큰 편이며 실제 남매가 쇼핑하러 이동하는 거리는 남매가 인식하고 있는 거리보다 길 수도 있다.

⑤ Reilly에 의하면 일반적인 상황에서 상권의 규모는 인구에 비례하고 각 대도시와 중소도시와의 거리의 제곱에 반비례한다는 가정을 이용하여 측정 될 수 있다고 하였다.

 Reilly이론과 수정이론인 Converse이론 모두로 구할 수 있다. 경희가 사는 곳에 가장 가까운 대도시의 인구수가 형준이 살고 있는 곳에 가까운 대도시의 인구수보다 많으면 당연히 상권이 나누어지는 분기점은 경희네 집에 더 멀게 형성된다.

91 다음의 내용을 레일리(Reilly)법칙으로 계산한 내용에 대한 설명으로 가장 옳게 설명된 항목은?

> A도시의 인구는 200만명, B도시의 인구는 800만명, 중간에 위치한 C도시의 인구는 60만명이다. A도시와 C도시의 거리는 15km, C도시와 B도시의 거리는 30km인 경우

① C도시의 인구 60만명중 20만명이 A도시로 쇼핑을 하러 간다.
② C도시의 인구 60만명중 20만명이 B도시로 쇼핑을 하러 간다.
③ C도시의 인구 60만명중 30만명이 A도시로 쇼핑을 하러 간다.
④ C도시의 인구 60만명중 40만명이 A도시로 쇼핑을 하러 간다.
⑤ C도시의 인구 60만명중 40만명이 B도시로 쇼핑을 하러 간다.

 $\dfrac{R(A)}{R(B)} = \dfrac{P(A)}{P(B)}\left[\dfrac{D(B)}{D(A)}\right]^2$ 공식에 숫자를 대입하면

60만명 중 A도시로는 30만, B도시로는 30만이 쇼핑을 하러간다.

 **90** ③   **91** ③

92 다음은 허프(Huff)의 모형을 이용하여 점포 선택 가능성을 제시한 것이다. 예시에 적합한 설명으로 옳은 것은?

> 이명품씨는 주변에 있는 3개의 점포 중 하나를 선택하여 상품 '가'를 구매하고자 한다. A 점포는 10㎞ 거리에 있으며 매장 면적은 3개의 점포 중 가장 큰 규모인 200㎡를 가지고 있다. B 점포는 20㎞ 거리에 있으며 매장 면적은 3개의 점포 중 가장 작은 규모인 100㎡를 가지고 있다. C점포는 5㎞ 거리에 있으며 매장 면적은 중간 정도의 크기인 150㎡이다. 이명품씨의 거리와 매장면적에 대한 선호 특성을 감안한 모수는 각각 3과 2이다.

① 상품 '가'의 판매점포 중에서 다른 점포에 비해 절대적 우위에 있는 점포는 없다.

② A 점포는 다른 점포에 비해 거리는 보통이지만 점포 크기가 가장 크기 때문에 비교 우위가 있다.

③ 신규점포 D가 형준에게 선택되려면 매장 면적과 접근성은 각각 300㎡, 10㎞ 떨어진 곳에 입지하면 된다.

④ C점포의 경우 가장 가까운 거리와 중간 규모의 매장을 구비하였기 때문에 선택될 가능성이 가장 크다.

⑤ 각 점포의 경우 전체 상권내에서 동일한 비교우위를 가지고 있다고 분석된다.

 A점포 = $200^2/10^3$ = 40, B점포 = $100^2/20^3$ = 1.25, C점포 = $150^2/50^3$ = 180 C점포가 가장 유리하다.

93 상권분석에 이용할 수 있는 회귀분석 모형에 관한 설명으로 가장 옳지 않은 것은?

① 회귀 분석에서는 표본의 수가 충분하게 확보되어야 한다.

② 모형에 포함되는 독립변수들은 서로 상관성이 높아야 좋다.

③ 소매점포의 성과에 영향을 미치는 요소들을 파악하는 데 도움이 된다.

④ 성과에 영향을 미치는 영향 변수에는 상권 내 소비자들의 특성이 포함될 수 있다.

⑤ 성과에 영향을 미치는 영향변수에는 점포특성과 상권내 경쟁수준 등이 포함될 수 있다.

 '회귀분석(Regression analysis)이란 주어진 데이터를 가장 잘 나타낼 수 있는 수식을 찾아내는 방법' 이라고 정의된다. 회귀분석은 단순히 변수들의 상관관계 뿐만 아니라 하나 혹은 그 이상의 변수가 다른 변수에 미치는 영향의 정도를 파악하는 데 그 목적이 있다. 따라서 회귀분석은 원인 혹은 결과의 인과관계를 이용하여 하나 혹은 그 이상의 변수들의 변화에 따른 다른 변수들의 값을 예측하고자 할 때 유용하게 쓰인다. 회귀분석에서는 서로 관계가 있는 둘 또는 그 이상의 변수들 중에서 서로 영향을 주고받을 수 있는데 이 때 영향을 주는 변수를 독립변수(외생변수, 설명변수, explanatory variable, independent variable)라고 하고 영향을 받는 변수를 종속변수(내생변수, dependent variable)라고 한다. 회귀분석을 위한 함수적 표현은 회귀모형으로 나타나는데 하나의 종속변수와 독립변수로 구성된 것을 단순회귀분석, 두개이상의 설명변수로 구성된 것을 다중회귀분석이라 한다.

 92 ④ **93** ②

94 다음 중 소매포화지수(Index of Retail Saturation : IRS)에 대한 설명으로 가장 적합하지 않은 지문은?

① IRS는 특정 시장 내에서 주어진 제품계열에 대한 점포면적당 잠재매출액의 크기이고, 신규점포에 대한 시장 잠재력을 측정하는 데 유용하게 사용된다.

② IRS의 값이 적다면 그 지역에 많은 점포가 있거나 매장면적이 큰 업태가 출점을 했고, 그지역의 총가구수가 줄어들었거나 가구수는 동일해도 가구당 지출액이 줄어들었다고 추정할 수 있다.

③ IRS에서는 점포가 비슷한 전통적인 수퍼마켓 등이 적용이 용이하며, 전자제품, 스포츠 용품 또는 가구점등 전문화된 점포에 오히려 더 적용이 쉽다.

④ IRS의 값이 크면 클수록 공급보다 수요가 상대적으로 많은 것을 의미하며 따라서 신규점포를 개설할 시장기회는 더욱 커지는 것을 의미한다.

⑤ IRS의 수요를 측정하기 위해서는 인구수와 가처분 소득을 통한 소매 구매력의 조사. 수요측정지표로 가구 구성원의 연령, 구성원 수, 인구밀도, 유동성이 있다.

> IRS에서는 점포가 비슷한 전통적인 수퍼마켓 등은 적용이 용이하지만, 스포츠 용품 또는 가구점등 전문화된 점포에 적용이 어렵다는 한계도 있다.

95 하버드 비즈니스스쿨의 애플바움(W. Apple baum)교수의 유추법에 대한 설명으로 가장 옳지 않은 것은?

① 소비자와의 면접이나 실사를 통하여 유사점포의 상권범위를 추정한 결과를 이용하여 신규점포의 예상매출액을 추정한다.

② 분석담당자의 주관적인 판단을 토대로 특성이 다른 여러 점포를 반복적으로 분석하여 공통요인을 찾아내는 방법으로 비효율적이지만 오류를 최소화 할 수 있는 기법이다.

③ 자사점포와의 점포특성, 고객의 쇼핑패턴, 고객의 사회경제적/인구 통계학적 특성과 유사한 점포 등을 활용하여 상권규모, 고객특성, 경쟁정도 등을 파악할 수 있다.

④ CST 기법은 자사점포를 이용하는 고객들의 거주지를 지도상에 표시한 후 자사점포를 중심으로 서로 다른 동심원을 그림으로써, 상권규모를 시각적으로 파악하여 유추법을 보완할 수 있다.

⑤ 출점하고자 하는 점포와 환경이나 특성이 비슷한 점포를 선정하여 매출액과 상권규모 등을 추정하고, 어떠한 점포를 유추점포로 결정하는지에 따라 상권추정 및 입지가 달라지는 한계성이 많은 방법이다.

> 주관적인 판단을 토대로 분석을 하면 오류의 최소화가 아니라 오류가 증가하며, 객관적인 방법에 의하는 것이 오류를 최소화 할 수 있는 기법이다.

해답 94 ③   95 ②

Chapter 2   도 · 소매입지

01 도매와 소매 입지 개요

1. 입지(立地) 일반

(1) 입지의 개념

① 「소매업에서 가장 중요한 것은 입지이고, 다음으로 중요한 것도 입지이며, 그 다음도 입지」라는 격언이 있다. 이처럼 입지는 사업의 성패를 가르는 가장 중요한 요인이며, 접근성, 가시성, 매장면적, 주차장 등을 평가한다.

② 입지는 고객의 동선과 주변 여건에 따라 상급지, 중급지, 하급지로 유동 분류할 수 있으며, 사업을 영위하게 될 위치나 위치적조건을 포함하며, 입지는 정적이고 공간적 개념인데 비하여, 입지선정은 동적이고 공간적 · 시간적인 개념으로 분류한다.

③ 입지는 점포가 소재하고 있는 위치적인 조건으로 일반적으로 상권의 크기, 교통망, 고객층, 점포의 지세 및 지형과 밀접한 관련을 가지고 있다.

④ 입지는 사업이 지향하는 목적에 따라 결정되어야 하는데, 일반적으로 크게 원료지향형, 수송지향형, 시장지향형 입지로 구분된다.

⑤ 입지선정시 업종과의 부합성을 반드시 검토하여야 하는데, 일반적으로 좋은입지라고 보는 곳도 업종과 부합되지 않으면 나쁜입지가 된다.

⑥ 입지선정시 각종 편익시설과 학교, 관공서, 오락시설, 재래시장 등이 있으면 고객의 유입이 증가하게 된다. 도심지역에서 입지는 대도시나 소도시의 전통적인 도심상업지역으로 중심상업지역이라고도 하며, 소매업에서 가장 성공적인 도심입지는 그 지역에 많은 주민들이 거주하는 지역이다.

(2) 입지선정의 중요성

① 입지선정은 지속적인 경쟁우위를 개발하기 위해 사용될 수 있어 전략적으로 매우 중요하며, 소매업을 입지산업이라고 부를 정도로 입지는 중요한 전략적 결정 요인이다.

② 입지 위치에 따라서는 엄청난 매출과 이익이 보장되므로, 점포의 위치는 사업 성공의 여부를 결정짓는 중요한 요인이 되고 있다. 일반적으로 입지를 선정하고 영업을 시작하는 전략은 장기적이고 고정적인 성격을 가지고 있다.

③ 점포 입지선정시 최대한의 투자수익률과 이익을 보장해 줄 수 있는 곳을 신중하게 결정하여야 하는데 일단 점포의 입지를 결정하게 되면 쉽게 변경을 하기 어렵기 때문이다.

④ 입지의 효용은 영원한 것이 아니다. 한 시기의 좋았던 장소라도 시간이 흐름에 따라 나빠질 수 있고, 나빴던 장소도 상황이나 시간의 흐름에 따라 다시 좋아질 수 있기 때문이다.

⑤ 입지선택에 대한 의사결정에 있어서 가장 중요한 판단 기준은 투입비용과 성과와의 관계를 비교분석하여 가장 경제적 · 효율적인 대안을 찾아내는 것이다.

⑥ 입지의 경쟁우위는 다른 경쟁우위요소들과 비교할 때 중 · 장기적으로 지속할 수 있는 요소이기 때문에 경쟁우위의 지속적인 유지 및 확장관점에서 볼 때 중요하다.

(3) 신규입지의 평가기준

① 부지의 규모와 형태

② 잠재부지의 성장성, 규모 확대의 가능성

③ 건물외관, 심볼 타워 등의 주변도로로부터의 가시성

2. 입지(立地) 선정

(1) 입지선정의 의의

① '입지를 강화한다'는 것은 점포가 더 유리한 조건을 갖출 수 있도록 점포의 속성들을 개선하는 것을 의미한다.

② 입지선정이란 특정한 입지주체가 추구하는 거시적 상권분석 · 평가에서, 미시적으로는 구체적인 토지와 장소를 선정하는 절차를 밟아 입지주체가 추구하는 입지조건을 갖춘 토지를 발견하는 과정이다.

③ 소매업을 입지산업이라고 부를 정도로 입지는 중요한 전략적 결정요인이다. 위치에 따라서는 엄청난 매출과 이익이 보장되므로, 점포의 위치는 사업 성공의 여부를 결정짓는 중요한 요인이 되고 있다.

(2) 입지선정의 기준

① 다른 기업과의 경쟁 정도는 입지 선정에 있어 중요한 요소이다.

② 점포의 운영비용은 지역의 특성, 경쟁 점포의 존재, 규제 등에 의해 영향을 받는다.

③ 소매입지분석은 잠재적성장률이 향후 수요와 점포 판매에 미치는 영향을 분석한다.

④ 입지는 장기적으로 재원을 투자해야 하므로 인구의 증가, 고용률 등을 분석하게 된다.

⑤ 입지는 점포를 경영하기 위해 선택한 장소 또는 그 장소의 부지와 점포주변의 위치적 조건을 의미한다.

(3) 입지선정의 중요 요소

① 입지선정 평가작업에 있어서 접근성, 현재 및 미래의 수익성에 대한 평가작업 이외에도 시장규모의 확장가능성, 자신이 속한 유통단지의 매출액 성장가능성 및 자사 매장의 매출액이 성장할 가능성에 대한 예측이 중요하다.

② 입지의 경제성은 권리금, 임대료, 부지비용등 입지의 코스트를 생산성과 관련하여 분석한다. 입지선정이 잘못되면 경영 관리상 노력의 낭비를 가져와 사업의 실패를 초래하게 되므로, 입지는 사업의 성패를 결정하는 중요한 변수로 작용하게 되었다.

③ 입지선정에는 입지조사를 해야 하는데, 도시입지와 자연환경조사, 토지이용조사, 인구 및 가구조사, 도시권역조사, 도시기능조사 등의 입지를 조사하여야 한다.

④ 입지의 중요성은 아무리 강조해도 지나치지 않다. 좋은 점포를 구하려면 상권전체의 특성을 파악해야 되고, 상권전체의 특성을 파악하고 난 후에 각각 점포의 입지조건을 분석하여 입지의 좋고 나쁨을 가려야 한다.

⑤ 동일한 상권내에서도 장소가 좋으면 상권의 범위가 넓고, 장소가 나쁘면 상권의 범위는 좁다는 특징이 있다. 점포의 입지선정이 잘못되면 고객확보를 위하여 광고나 판매촉진과 같은 추가적인 노력이 필요하다.

⑥ 입지는 고객의 유형에 따라 유동인구 중심의 '적응형(도심의 편의점, 도심의 패스트푸드점)', 목적구매고객 중심의 '목적형(도시외곽의 오디오전문점, 도심의 고급귀금속점)', 주민 중심의 '생활형(근린형 쇼핑센터의 수퍼마켓)' 등으로 분류할 수 있다.

(4) 입지선정 조건

① 도시지역은 토지이용의 목적에 따라 주거지역, 상업지역, 공업지역, 녹지지역으로 구분되며, 상업지역은 중심상업지역, 일반상업지역, 근린상업지역, 유통상업지역으로 세분할 수 있다.

② 일반적으로 우측가시성의 경우 1차선에서는 양호하지만 바깥 차선에서는 가로수, 조경 등의 방해를 받아 가시성이 불량하다.

③ 주거지역의 입지조건을 고려할 때에는 주변환경의 쾌적성, 직장이나 기타 교통조건 등의 편리성, 다른 지역으로의 접근가능성이 높아야 한다.

④ 방사선도로, 정방형도로에는 유동인구가 늘어나고 상업지역의 입지조건은 가장 중요한 요소가 수익성을 우선적으로 고려한다.

⑤ 공업지역의 입지조건은 생산지와 소비자 사이의 운송경로에 있는 거리를 조건으로 하여 생산비와 수송비의 절약을 우선적으로 고려해야 한다.

⑥ 농지와 임업지의 입지조건은 기상상태나 토양이 양호하고 생산성이 높아야 유리한 입지에 해당한다.

(5) 입지선정의 기준

① 안정성 기준

㉠ 안정성은 사업장의 투자규모와 수익성과의 관계라고 볼수있다. 개업에 필요한 투자비용이 수익성보다 적어야 창업은 큰 의미가 있다.

㉡ 수익성이나 사업아이템이 장기적으로 안정적인 궤도를 유지하는 것을 안정성이라 하므로, 안정적인 사업을 한다는 것은 수익성이 있는 사업을 한다는 말과 같다.

② 균형성 기준

㉠ 균형성은 주변에 산재하고 있는 경쟁점과의 균형적인 관계를 말하는 것이다. 유사 점포와의 경쟁에서 우위를 차지할 수 있는 기본적인 여건을 갖추기 위한 일반적인 기준을 말한다.

㉡ 균형성을 추구하는데 필요한 요건으로, 경쟁점과의 점포규모의 차이는 고객의 흡인력에 직접적이고 커다란 영향을 미치고 있다는 것을 염두에 두어야 한다.

③ 조화성 기준
  ㉠ 조화성이란 새로이 사업을 시작하려는 자가 선택한 아이템과 그 주변 상권과의 관계를 말한다.
  ㉡ 유사한 업종이 집중적으로 형성된 상권내에서 고객의 관심을 유도할 수 있는 방법은 메뉴, 서비스, 이벤트 등 모든 영업활동과 관련된 부분에서 차별화될 수 있는 아이템을 구축하는 것이다.

④ 가시성 기준
  ㉠ 가시성은 입지선택 기준에서 중요한 입지요건에 해당하며, 일반적으로 이동 중에 점포가 보이는 거리로 점포의 가시성을 측정한다.
  ㉡ 고객이 다른 목적으로 가는 도중에 또는 운전 중에 그 점포를 인지하고 방문을 결정하여 접근하기까지는 일정한 시간이 필요하다.
  ㉢ 도보로 진행하는 고객도 점포가 쉽게 보여야만 방문을 결정할 수 있으므로 점포의 가시성은 고객이 점포를 쉽게 찾고 신속한 의사결정을 할 수 있도록 고객에게 깊은 인상을 제공해야 한다.

⑤ 접근성 기준
  ㉠ 접근성은 점포의 입지나 상권을 결정하는데 있어서 상당히 중요하게 고려되는 요소이므로 거리상태, 통행량, 통행시간, 매력 등에 의하여 결정된다. 점포를 찾기 쉬운 정도 나 점포 위치를 설명하기 용이한 가는 점포의 접근성에 해당한다.
  ㉡ 접근성의 평가는 도로 구조나 거리에의 진입과 퇴출, 가시도, 장애물 등을 비교 분석하여 평가하여야 정확한 평가를 할 수가 있다.

(6) 입지대안 평가기준

① 유사업종의 밀집성은 유사하고 상호보완적인 점포들이 무리지어 있다면 고객을 유인하기에 용이하다는 설명이다. 다만 너무 많은 점포가 밀집되어 있으면 오히려 고객유인을 저해하는 요인이 된다.
② 입지의 경제성은 점포의 입지를 결정할 때, 점포의 생산성과 성장잠재성을 고려하여 초기의 투입비용과 비교한 후 일정수준의 경제성이 확보되어야 점포입지가 용이하다.
③ 보충가능성의 원칙은 유사하거나 상호보완적인 제품, 또는 관계를 가지고 있는 점포가 인접해 있으면 고객을 공유할 가능성이 높아져 고객을 유인할 수 있다는 점을 설명하는 개념이다. 식당이 많이 몰려있는 곳에 술집이나 커피숍이 모여 있다든지, 극장가 주변에 식당들이 많이 밀집해 있는것 등의 입지원칙이 적용될 수 있다.

(7) 입지적 장점과 단점

① 입지가 좋으면 임대료가 상대적으로 비싸다는 특징이 있다.
② 핵점포(anchor stores)나 목적점포(destination stores)에 가까운 입지일수록 임대료가 비싸다.
③ 충동구매품목의 판매비중이 높은 점포는 유동인구가 많은 입지적장점을 기준으로 입지를 선택해야 한다.

(8) 형태별 입지

① **목적형 입지** : 고객이 특정한 목적을 가지고 이용하는 입지로서 주로 특정한 테마에 따라 고객이 유입되므로 차량을 이용한 접근이나 주차장 등의 시설물 이용에 불편이 없어야 한다. 고객은 단순하게 그 점포에 접근하는 것이 아니고 특정한 목적이 있는 경우에만 그곳에 와서 이용하는 입지를 말한다.

② **적응형 입지** : 주로 패스트푸드나 판매형 아이템사업 등이 유리하므로 도보고객이 접근하기 쉬운 출입구, 시설물, 계단 등 가시성이 좋아야 한다. 일상적인 거리에서 통행하는 유동인구에 의해서 그 점포의 매출이 커다란 영향을 받고, 입지유형 중 거리에서 통행하는 유동인구에 의해 영업이 좌우되는 입지를 말한다.

③ **생활형 입지** : 주로 식당 등이 대부분에 해당되므로 접근성이 쉬우며, 도보나 차량을 이용하는 고객 모두를 흡수할 수 있어야 한다. 일상적인 생활을 주로 하는 고객들이 편리하게 이용하는 입지로서 아파트나 주택 등 지역 주민들이 이용하는 곳을 말한다.

④ **지리적 입지** : 유통서비스업의 거점은 지리적 거리와 규모 등에 따라 계층선을 갖고, 수요자가 재화와 서비스를 제공받는 공간으로서의 각종상권 또는 서비스권이 형성된다. 수요자는 재화와 서비스를 공급받기 위해 이동하며, 이동범위에는 한계가 있고, 이동 비용에도 제약을 받는다.

3. 소매 입지선정

(1) 입지선정 절차

① 거시적인 입지분석으로 주민과 기존소매점 특징과 관련하여 대체적인 상권을 평가하고 정해진 상권에 어떠한 유형의 입지에 출점할 경우가 유리한지를 결정해야 한다.

② 입지가 단독입지인가 집합입지인가를 결정해야 하는데, 특정의 출점입지를 선정하는 데에는 집합입지로 결정하고 입지가 선정되었다면, 선정된 입지 유형내에 출점할 부지를 선택한다. 입지분석의 일반적과정은 지역분석(regional analysis), 지구분석(area analysis), 부지분석(site analysis)으로 구분한다.

(2) 출점을 위한 도미넌트전략(Dominant strategy)

① 시장력이 약한 상태에서 경비절감을 목적으로 출점입지를 특정지역으로 한정하여 그곳에 집중적으로 점포를 개설하는 출점전략이다.

② 도미넌트 출점의 장점은 관리가 용이하고, 물류와 배송이 편리하며, 경쟁점의 출점을 제약시키는데 유리하며, 특정상권에서 시장점유율을 확대하는데 유리하다.

(3) 출점을 위한 입지평가방법

① **주먹구구식방법** : 경영자의 지금까지의 경험이나 주관적인 사업 능력에 의존하는 방법을 말한다.

② **체크리스트방법** : 특정입지에서의 매출 · 비용에 영향을 주는 요인들을 살펴보는 방법을 말한다.

(4) 입지와 부지의 평가 요소

① 보행객의 통행량 : 통행인의 수, 통행인의 유형
② 차량 통행량 : 차량 통행대수, 차종, 교통 밀집 정도
③ 주차시설 : 주차장의 수, 점포와의 거리, 종업원 주차 가능성
④ 교통 : 대중 교통수단의 이용가능성, 주요 도로와 접근성, 상품배달의 용이성
⑤ 점포구성 : 상권내 점포 수와 규모, 인근점포와 자사점포의 유사성, 소매점 구성상의 균형 정도
⑥ 특정의 부지 : 시각성, 입지내의 위치, 대지의 크기와 모양, 건물의 사용연수, 건물의 크기와 모형
⑦ 점유조건 : 소유 또는 임대조건, 운영 및 유지비용, 세금, 도시계획과의 관련 여부
⑧ 상권잠재력 : 시장규모의 정도 상권의 향후 발전가능성

(5) 유통 집적시설에 유리한 입지 조건

① 핵점포의 존재 : 언제든지 누구나 찾아오기 때문에 고객의 집객력이 높다.
② 점포가 부족한 상태 : 그 지역 소비자들이 대형유통시설의 출점을 바라고 있다.
③ 교외 지역 : 인구가 충분하고, 앞으로도 적정한 인구가 증가될 것으로 생각한다.
④ 독립상권의 성격 : 구매력이 다른 상권으로 유출되기 어려운 조건을 갖추고 있다.
⑤ 간선 도로망 : 어디에서든지 자동차로 오는데 장애를 느끼지 못한다.
⑥ 지역에서 가장 큰 주차장 : 누구나 자동차가 있으므로 각종 시설의 편의를 제공한다.

(6) 대형 유통집적시설을 설계할 때 유리한 입지조건

① 누구나 찾아올 수 있는 핵 점포가 있는 것이 유리하다.
② 다수의 전문품 판매점포를 위주로 입점시키는 것이 유리하다.
③ 자동차의 접근이 용이한 간선도로망에 인접하는 것이 유리하다.
④ 주차장을 구비하여 도보상권 뿐만 아니라 차량접근성도 고려해야 한다.
⑤ 인구가 충분히 증가할 가능성이 있고, 잠재적인 성장가능성이 높은 곳이 좋다.

(7) 상업지의 입지조건 중 물리적 조건

① 지반, 노면, 가로구조 등을 물리적조건이라 한다.
② 건물의 외형, 부지의 형상, 인접 건물의 형태, 대기환경 등으로 구분할 수 있다.

(8) 상업지의 입지조건 중 지리적 조건

① 토지와 도로는 이용 측면에서는 한면보다 네면이 활용하기가 좋고, 삼각형 토지의 좁은 면은 좋은 입지가 될 수 없다.
② 일정규모 이상의 면적이라면 좌회전 차량이 많은 가각(可覺)입지와 자동차 출입이 편리한 각지(覺地)가 좋다.
③ 가시성이 높은 입지에서는 구매경험률과 고정고객비율을 동시에 높일 수 있고 직선도로의 경우 시계성이 좋고 좌(左)회전이 용이한 도로변이 좋다.

④ 상권내 자연경계특성, 도로 및 교통 특성, 대형건축물, 인구, 교통유발시설 등은 입지의 지리적특성과 가장 밀접하다.

⑤ 상위계층 중심지는 하위계층 중심지를 지배하는데, 이는 상위계층 중심지가 보다 많은 중심적기능(재화, 서비스)을 갖고 있기 때문이다.

⑥ 유통서비스 산업은 대부분 최종 소비자와 연결된 경제활동으로 개개의 소비가 분산되어 있기 때문에 거시적으로 보면 인구 또는 사업체의 분포와 대응관계가 있다.

(9) 상업지의 입지조건 중 사회 · 경제적 조건
① 번영의 정도
② 고객의 교통수단과 접근성
③ 배후지 및 고객의 양과 질

(10) 점포선정의 고려요인
① 영업거래량 추정
㉠ 부지를 선택하는데 있어서 일반적으로 잠재적 1년여의 매출액을 추정하여야만 한다.
㉡ 그 부지내의 점포가 이익을 내야 하는데, 이익을 낼 수 있는가가 가장 중요한 것은 매출액으로 평가하기 때문이다.

② 잠재고객의 통행량
㉠ 다른 요인이 불변이라 가정하면, 보통 통행량이 많을 경우에 영업의 거래량이 많아진다고 볼 수 있다. 통행량 분석에 이용되는 이론은 교통계수 이론이다.
㉡ 통행량 분석에 필요한 대상 선택시에는 성별 · 연령별 이전 보행인을 대상으로 할 것인지, 이후 보행인을 대상으로 할 것인지에 대해 결정을 해야 하고 날짜별 · 시간별로의 통행량을 구분하는 것도 중요하다.

③ 취급상품의 종류와 고객의 구매 관습
㉠ 부지선정의 중요한 선택 요소는 고객의 구매관습과 취급상품의 종류이다.
㉡ 쇼핑에 대한 편의나 접근성이 양호해야 한다.

④ 위치와 관련된 경쟁자와 타 점포
㉠ 소매업자는 인근의 경쟁점에 대하여 면밀히 연구주시해야 하고 중심쇼핑구역 내에 또는 큰 쇼핑센터 내에 자리잡는 것이 좋다.
㉡ 일부 형태의 점포는 쇼핑센터나 쇼핑의 중심구역을 벗어나야 성공할 수 있다.

⑤ 고객의 접근 가능성
㉠ 계획점포까지 이르게 하는 교통시설의 구축망이 잘 되어 있는지 여부를 잘 살피고 잠재적 고객들과 종업원들의 주거지로부터의 거리를 평가해야 한다.
㉡ 계획점포가 위치한 지역의 교통 혼잡과 하루 혼잡시간, 주중 가장 혼잡한 일의 변화를 검토해야 한다.
㉢ 계획점포로부터 도보로 가까운 곳에 위치한 주차시설과 요금 정도를 살피고 방문하려는 잠재고객들이 도로의 혼잡과 여타의 제반시설에 의하여 방해받을 가능성이 있는지를 알아본다.

(10) 점포선정 시 부지의 특성

① 소매점 판로에 저해되는 부지의 특징
  ㉠ 매연, 악취, 먼지, 소음
  ㉡ 창고, 병원, 술집과 그와 유사한 장소와 인접
  ㉢ 오래되고 낡은 인접 건축물, 초라하게 보이는 길

② 부지의 유용성
  ㉠ 건물의 형태와 구조가 현상태로 만족을 주어도 기타의 사정으로 불리
  ㉡ 토지 사용규제, 토지 매입비용, 건축비, 세금 등을 면밀히 검토

③ 부지 선택에 영향을 주는 기타 요인
  ㉠ 계획된 구성단위의 거리, 광고비의 증가
  ㉡ 효과적인 감독을 실시하고 서비스를 가능하도록 하는 것

(11) 점포신축

① 용적률(floor area ratio, 容積率)은 전체 부지(대지)면적에 대한 건물의 연면적의 비율을 뜻하며 백분율로 표시하며, 건축기준법에서 용도지역에 의한 비율이 규정되어 있으며, 중요한 것은 지하는 포함되지 않는다는 것이다. 건폐율은 대지면적에 대한 건축면적의 비율로 건축물의 과밀을 방지하고자 설정된다.

② 대지 면적이 $100㎡$인 곳에 바닥 면적이 $70㎡$인 건물을 지하 1층, 지상 3층으로 짓고 1층 전체를 주차장으로 만들었다고 하면 이 건물의 용적율은 140% $[(140m^2 \div 100m^2) \times 100]$가 되며, 건폐율은 70%$[(70m^2 \div 100m^2) \times 100]$가 된다.

③ 용적률과 건폐율은 입지결정시 해당 지역의 개발밀도를 가늠하는 척도로 활용하며, 최대 한도는 관할 구역의 면적과 인구 규모, 용도지역의 특성 등을 고려하여 「국토의 계획 및 이용에 관한 법률」에서 정한다.

02 업태 및 업종과 입지

1. 소매점의 입지 유형

(1) 도심형입지

① 고급백화점, 고급전문점 등이 입지하고 있는 전통적인 상업집적지로, 도심번화가(CBDs)형은 다양한 분야에 걸쳐 고객흡입력을 지닌다.

② 역사(驛舍)백화점 또는 터미널 빌딩등이 핵점포 역할을 하는 철도 환승지점을 중심으로 발달한 도심터미널형 상업집적지이다.

③ 인구 밀집지역으로, 원래부터 상점가가 있어 대규모 소매점의 출점이 매우 곤란한 지역은 도심주택지이다.

(2) 교외형입지

① 외곽 도시의 관문으로까지 발전한 상업집적지로서 양판점, 소규모 백화점, 대규모 전문점 체인 등이 다수 입지하고 있는 상업직접지이다.

② 대부분 젊은세대가 많은 지역으로, 원래부터 상점가가 적고 저렴한 가격과 새로운 감각이 요구되어지는 교외주택지역이다.

(3) 외곽형입지

① 간선 도로변은 대부분 쇼핑센터를 중심으로 주말이나 휴일에 특히 번성하는 지역으로, 주요 고객층은 교외를 왕래하는 자동차고객을 대상으로 한다.

② 대규모 유통단지는 독점적 상업활동을 영위하기 위하여 저비용, 정가 판매를 하는 곳으로, 단지내 중심지에 위치한 상업집적지를 말한다.

2. 소매점의 입지형태

(1) 소매입지조건

① 수익가능성, 접근성, 가시성(可視性), 고객의 교통수단 형태

② 배후지 및 고객의 양과 질, 지역, 지구제에 따른 토지공간이용에 대한 행정적 규제

(2) 유통서비스 산업의 지리적 입지

① 유통서비스업의 거점은 지리적 거리와 규모 등에 따라 계층선을 갖는다.

② 수요자가 재화와 서비스를 제공받는 공간으로서의 각종상권 또는 서비스권이 형성된다.

③ 유통서비스산업은 대부분 최종 소비자와 결부된 경제활동으로 개개의 소비가 분산되어 있어, 거시적으로 보면 인구 또는 사업체의 분포와 대응관계가 있다.

(3) 점포입지의 중요성

① 점포입지는 소비자를 유인하기 위한 주요한 수단이고, 그 효과가 장기간에 걸쳐서 발생하고, 이전하지 않는 한 지속된다.

② 일반적으로 소매점의 입지결정에 영향요인은 자동차의 보급률, 주택단지의 분포, 소매단지의 분포, 소매상권의 계층화 정도 등을 살핀다.

③ 점포입지의 선정이 이루어지기 전에는 통제가능한 마케팅 의사결정변수이지만, 일단 선정된 후에는 통제가 어려운 환경요인의 성격을 갖는다.

(4) 백화점

① 국내 백화점 입지유형은 도심(입지)형 백화점(중심상업지역)이나 부심권입지형(지역쇼핑센터) 또는 신도시 입지형과 버스터미널 및 기차역과 연계된 역사 입지형 등으로 나누어 본다. 백화점은 전통적인 도심지 중심상업지역 뿐만 아니라 신생부도심지 중심상업지역에서도 목적점포로서의 역할을 하고 있는 핵심업태의 하나이다.

② 백화점은 중심상업지역과 (슈퍼)쇼핑센터지역을 위해 그들만의 유동인구를 만들어 낸다. 가장 유리한 입지로는 일반적으로 중심상업지역이나 혹은 지역 쇼핑센터 또는 슈퍼지역 쇼핑센터를 들 수 있지만, 최근의 소비자의 성향에 맞게 자동차의 접근가능성이 높고 대중교통을 쉽게 활용할 수 있는 교통이 편리한 지역을 선호하게 된다.

③ 입지의 지리적, 환경적 요인을 분석하여 소비자의 흡인률을 높일 뿐만 아니라 강한 집객력을 배경으로 제품구색의 폭이 넓으며 건물의 층별 제품구색 차별화를 구현하는 MD구성 및 문화레저산업과의 연계 등을 통한 차별화전략이 요구된다.

④ 중심상업지역에 위치한 도심(입지)형 백화점의 경우 신업태의 출현과 교통체증, 주차공간의 부족 등에 의해 고객들이 구매를 기피하는 경향이 높아지고 있으며 이러한 문제를 해결하기 위해 많은 백화점들이 도시외곽으로 입지를 옮기거나 지방에 지점을 개설하는 다점포경영(multi store operation)전략을 시도하고 있다.

⑤ 최근의 백화점은 상품의 다양성과 원스톱쇼핑의 편리성을 뛰어 넘어 소비자에게 차별화되고 고급화된 매장분위기를 통한 상품체험쇼핑을 제공함으로 대형할인점 및 신업태와의 경쟁에서 우위를 확보하고자 노력하고 있다.

(5) 식료품점

① 식료품점의 규모는 점포입지와 표적고객의 주거지역 사이의 거리에 비례한다.

② 식료품을 판매하지만 고객흡인력이 높은 슈퍼스토에는 노면독립입지에 입지해도 무방하다.

③ 우유, 빵, 부식 등 일용식료품을 주로 판매하는 소매점은 가능한 한 표적고객의 주거지로부터 가까운 곳에 입지해야 한다.

④ 무, 배추, 과일 등과 같이 부피가 크고 무거운 식료품을 주로 판매하는 소매점은 농산물의 도매시장에 먼 곳에 입지해야 한다.

3. 소매점의 집적특성

(1) 소매집적의 개념

① 소매집적(小賣集積, retail cluster)이란 대형 및 중·소형의 동종 및 이종 소매업종과 소매업태가 공통적인 목표하에 서로 관련성을 가지고 한 장소에 모인 집단 소매시스템을 말한다.

② 소매점이 집적하게 되면 경쟁과 양립의 이중성을 가지게되므로 가능하면 양립을 통해 상호이익을 추구하는 것이좋다. 양립성(兩立性)을 증대시키기 위한 접근순서는 '취급품목-가격범위-적정가격-적정가격 대비 품질'의 순서가 적절하며, 양립의 원인으로는 보충효과, 집적효과, 상승효과, 차별화효과 등이 있다.

③ 일정한 어떤 구역에 있어서 한 소매점의 매출액 점유율은 그 지역 전체의 소매매장면적에 대한 해당점포의 매장면적의 비율에 직접적으로 비례할 것이라는 가정 하에서 수행하는 것을 점포공간 매출액비율법 이라한다.

(2) 소매집적의 기능

① 소매상이 집적기능을 수행하기 위해서는 그 지역사회의 커뮤니티기능을 수행할 수 있어야 한다. 커뮤니티기능은 그 지역주민이 그 지역에 입지하고 있는 소매집적시설에 대해 요구하는 여러가지 지역편의기능을 말한다.

② 우리점포에서 제공되는 상품 외에도 다른 점포에서 판매되는 상품의 종류에 의해서도 고객의 크기가 결정 될 수 있다고 볼 수 있는 원칙은 중간저지성의 원칙, 동반유인의 원칙, 보충가능성의 원칙, 점포밀집의 원칙이고, 접근용이성의 원칙은 해당되지 않는다.

(3) 소매집적의 효과

① 매장면적의 증대효과, 다양한고객 흡입력증가

② 공간적인접성 확보, 구매자의 집중력확보

(4) 소매집적의 커뮤니티 기능

① 편의적기능 : 셀프서비스나 원스톱쇼핑기능을 말한다.

② 지역적기능 : 그 지역의 발전과 자연을 충실히 보존하는 기능을 말한다.

③ 인간적기능 : 그 지역 번화가에 많은 사람이 모여 오락성과 인간적 친밀성을 교환하는 기능을 말한다.

④ 상징적기능 : 그 지역의 중심 특성을 표현하는 것으로 유명백화점, 유명토산품점, 유명음식점 및 유명서비스점 등의 기능을 말한다.

(5) 누적유인의 원리

① '누적유인의 원리(the principle of cumulative attraction)'는 유사하고 상호보완적인 점포들이 함께 무리지어 있는 것이 독립적으로 있는 것보다 더 큰 유인력을 갖는다는 주장으로 특정입지를 매력적으로 만들수 있으며 상호보완상품을 판매하는 점포들은 의류점과 액세서리점, 야채가게와 정육점, 음식점과 카페, 제과점과 꽃집간에 적용할 수 있는 원리이다.

② 유사하고 상호보완적인 점포들이 함께 모여 있는 것이 독립적으로 있는 것보다 더 큰 유인력을 가지고, 동일한 제품을 판매하는 점포의 수가 많을수록 상권내 매출이 높아진다. 동일업종의 선매품 소매점포 들이 서로 인접하여 입지하는 경향을 설명하는 이론이다.

③ 골동품점, 자동차대리점, 신발 및 의류점 등이 서로 인접해 있을 때 경영성과가 독립적으로 있을 경우보다 좋다면 누적유인의 원리로 설명할 수 있다.

④ 서로 직접 경쟁하는 점포들에게 적용이 될 수 있으며, 선매품, 전문품, 목적구매품이 적용가능하고, 누적유인의 원리와 관계가 가장 적은 상품유형은 편의품이다.

⑤ 식당이 많이 몰려있는 곳에 술집이나 커피숍이 모여 있다든지, 극장가 주변에 식당들이 많이 밀집해 있는 것은 '보충가능성의 원칙'의 입지원칙이 적용된 것이다.

(6) 동반유인의 원칙(principle of cumulative attraction)

① 유사하거나 보완적인 소매상들이 군집하고 있는 경우가, 분산되어 있거나 독립되어 있는 경우보다 고객을 끌 수 있는 더 큰 잠재력을 갖는다는 이론이다.

② 귀금속상점이나 떡볶이 가게들이 몰려있어 엄청난 집객력을 갖는 경우 이 원칙으로 설명할 수 있다.

③ 잠재경쟁구조분석을 위해서는 업태내경쟁분석과 업태별경쟁분석, 위계별경쟁구조분석, 잠재경쟁구조분석, 업체간 경쟁/보완관계분석이 모두 시행되어야 한다.

④ 우리점포에서 판매되는 상품 외 다른 점포에서 판매되는 상품의 종류에 의해서도 고객 크기가 결정 될 수 있다는 원칙으로는 중간저지성의 원칙, 동반유인의 원칙, 보충가능성의 원칙, 점포밀집의 원칙 등을 볼 수 있다. 하지만, 점포밀집의 원칙(principle of store congestion)은 군집입지의 매력도를 낮추는 것으로 알려져 있다.

(7) 중심성지수(Centrality Index)

① 소매업의 공간적 분포를 설명하는데 도움을 주는 지표로써 유 · 출입지수라고도 한다. 도시의 소매판매액을 1인당 소매구매액으로 나눈 값을 상업인구라 한다.

② 소매업의 공간적분포를 설명하는 중심성지수는 상업인구를 지역의 거주인구로 나누어 구하며, 해당지역 중에서 중심이 되는 지역이 어딘지를 알기위해 지수를 개발하여 각 지역에 부여한 것을 말한다.

③ 소매업이 불균등하게 분포한다는 것은 소매업이 외곽지역보다 중심지에 밀집된 형태로 구성됨을 의미한다.

4. 도매업의 입지

(1) 입지선정

① 도매업의 입지는 소매업의 입지와 달리 유통인구나 통행조건이나 환경에 영향을 덜 받지만 도매업의 경우에도 입지의 결정은 매우 중요하며, 생산구조와 소비구조의 특징에 따라 입지유형이 달라진다.

② 생산구조가 소수의 대량집중생산이고 소비구조도 소수에 의한 대량집중 소비구조라면 입지선택기준은 수집기능이나 분산기능보다 중계기능의 수행이 용이한 곳에 입지한다.

(2) 입지특성

① 공급물량과 수요물량이 적고 개별화 정도가 높으면 수집 및 분산 모두 공간적 접근성이나 정보적 접촉이 유리한 지역이 선정된다.

② 공급물량은 크고 수요물량이 적으며, 중량이 무겁고 부피가 큰 생산재인 경우 상물(商物)분리가 명확하여 소매업보다는 입지선정이 쉽다.

③ 도매업의 입지는 수집과 분산의 기능을 수행하기에 적합한 지역을 선택해야 하고, 생산지나 소비지의 입지를 판단하여 적합한 지역을 선택한다.

④ 수요물량과 공급물량 모두 크며 규격화 정도가 높은 상품의 경우 운송물량이 많지만 규격화되어 있기에 모두 멀리 떨어져 입지하는 것도 큰 문제가 되지 않는다.

⑤ 생산구조가 다수의 소량분산생산이고 소비구조 역시 다수에 의한 소량분산소비 구조일 때의 입지 특성은 수집기능의 수행이 용이하고 분산기능의 수행도 용이한 곳에 입지한다.

⑥ 소매상의 입지, 점포 수 및 판매액, 경쟁 도매상의 입지, 분포 및 집적도, 취급 상품 및 상품 군, 로지스틱스(Logistics) 비용은 고려대상이 되지만, 도매상의 가시성은 크게 중요하지 않다.

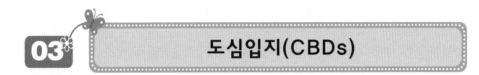

03 도심입지(CBDs)

1. 도심입지(CBDs)

(1) 도심입지의 개념

① 도심입지는 중심업무지구이며, 대도시와 중·소도시의 전통적인 도심의 상업지역을 말하며 이러한 곳은 다양한 상업 활동으로 인해 많은 사람들을 유인하는 지역이다.

② 도심입지(CBD: Central Business District)는 전통적 도심상업지역이며, 입지를 조성을 위해서는 계획성보다는 무계획성으로 인하여 조성되어 있는 것이 일반적이다.

(2) 도심입지의 특징

① 도심입지의 상업활동은 많은 사람들을 유인하고, 그 곳이 대중교통의 중심지이며 도시 어느 곳에서든지 접근성이 가장 높은 지역이다. 상업활동으로도 많은 사람을 유인하지만 출·퇴근을 위해서도 이곳을 통과하는 사람이 많다.

② 부도심과 외곽도심의 급격한 발달, 중상류층의 거주 지역 이전, 교통체증 등의 원인으로 과거와 같이 고객 흡인력이 없다. 부도심상권은 간선도로의 결절점이나 역세권을 중심으로 형성되는 경우가 많으나, 도시전체의 소비자를 유인하지는 못한다.

③ 도심입지의 경우 충분한 잠재고객과 동일 업종군의 분포, 접근성 등을 감안하여 입지를 선정하는 것이 좋다. 백화점, 전문점, 은행 등이 밀집되어 있으며, 주차문제, 교통혼잡 등이 교외 쇼핑객들의 진입을 방해하기도 한다.

④ 도심입지는 대체로 중상류층 이상의 사람들이 다니며 오피스타운이 인근지역에 발달해 있고 지가와 임대료가 매우 비싼지역으로 볼 수 있으며, 주·야간의 인구차이가 있고, 핵심지구(core)와 주변지구(frame)로 구별된다.

⑤ 대형유통점의 입지평가기준으로 사업지의 유인성이 양호한 것은 전면 신호등의 거리가 대략 50m이내가 좋고, 사업지형태는 직사각형(4:3)인 부지, 주변지형은 저지대 평지가 좋은 입지이며, 주변 주택구성은 아파트가 중심인 경우가 좋은 입지이다.

2. 일반입지 종류

(1) 일반입지

① 입지는 점포가 소재하고 있는 위치적인 조건으로, 보통 상권의 크기, 교통망, 고객층, 가게의 지세 및 지형과 밀접한 관련이 있고, 상권의 특성에 따라 도심, 부심, 역세권, 주택가, 아파트단지, 대학가 등으로 세분화된다.

② 입지는 사업이 지향하는 목적에 따라 결정되는데, 크게 원료지향형, 수송지향형, 시장지향형 입지로 구분된다.

③ 사업자는 원료생산지와 시장과의 관계속에서 최소비용을 추구하기 때문에, 원료가 중요한 업종의 경우에는 원료생산지에 가까운 위치에 입지하게 된다.

④ 입지를 선정할 때 산업재 도매상, 현금거래 도매상, 제조업자 도매상, 트럭도매상은 취급상품의 물류비용을 고려해야 한다.

⑤ 유통가공을 수행하는 도매업체의 입지선정에는 공업입지 선정을 위한 베버(A. Weber)의 "최소비용이론"을 준용할 수 있다. 총 물류비만을 고려하여 이 이론을 적용할 때, 원료지향형이나 노동지향형 대신 시장지향형입지를 택하는 것이 유리한 조건은 부패하기 쉬운 완제품을 가공·생산하는 경우이다.

(2) 일반 입지의 구분

① 주거 입지

  ㉠ 우리나라는 예부터 집을 지을 때 남향으로 집의 구조를 형성하는 것을 원칙으로 하였다. 즉, 지형의 모양을 보면 남향은 트이고 경사도 완만하며, 배수도 잘 되고 땅이 건조하기 때문에 위생적이며 환경이 좋아 주거지로는 가장 적합한 입지이다.

  ㉡ 주거입지는 직장인의 출퇴근 거리를 고려해야 하며 자녀들의 학교 통학거리가 알맞아야 하고, 쇼핑센터나 각종 편의시설의 이용을 위한 교통수단이 발달되고 접근성이 편리해야 한다.

  ㉢ 쓰레기장 등의 각종 혐오시설이나 공항, 고속도로, 철도변, 번화가의 유흥밀집지대는 주거지로서는 가장 부적합한 지역이다.

② 상업 입지

  ㉠ 도매업, 소매업, 백화점, 대형 슈퍼마켓, 구멍가게, 보험업, 증권업, 광고업, 대리점 입지 등 상업활동이 이루어지는 장소와 그 위치를 말한다.

  ㉡ 사회적·경제적 성격, 상업집적상태, 배후지의 인구와 경제력, 소비자의 생활상태, 교통편의, 자연적기후, 장래개발계획 등을 고려해야 한다.

  ㉢ 국토의 계획 및 이용에 관한 법률 시행령에 따라 정한 상업지역은 중심, 일반, 근린, 유통상업지역으로 구분할 수 있다.

  ㉣ 상업입지가 갖추어야 할 조건으로는 '가시권내 식별이 용이한가?', '점포 앞 차량소통은 원활한가?', '점포를 찾기가 용이한가?' 등을 살펴야 한다.

  ㉤ 독립적상권을 형성하기 어려운 소규모점포의 경우 점포가 소재한 모점포의 상권 형성능력에 의해 상권의 규모가 결정된다.

③ 산업 입지
- ㉠ 산업입지 조건은 제조품목에 따라 달라지고, 동일업종이라도 제조방법의 차이 및 기업의 사정에 따라 달라진다.
- ㉡ 건설과 조업에 제일 유리한 조건을 갖추고 있는 지역·지점을 선정한다.
- ㉢ 산업이 영위되고 있는 장소와 위치로, 일종의 공업입지라고 한다.

④ 공장 입지
- ㉠ 공장을 설립하는데 적당한 일정한 범위의 지역을 공장입지라 한다.
- ㉡ 공장소재지와 직접관계가 있는 용지의 면적, 가격, 지내력 등을 살펴야 한다.
- ㉢ 지역의 양상이 바뀌면 제조공정의 기술혁신이 이루어져 입지 조건도 변경된다.

⑤ 농업 입지
- ㉠ 농업입지에서의 생산은 작물·가축 등의 재배·사육에 의거한 유기적생산이며, 기상·토양·지형 등에 의하여 영향을 받는다.
- ㉡ 농업입지는 수송이나 저장등이 중요하게 작용하므로, 소비지와 생산지와의 거리가 중요한 입지 조건으로 작용한다.

(3) 일반 입지 형태

① 근린형 입지
- ㉠ 분산적근린형 입지는 소상권을 기반으로 하여 편의적서비스를 제공하고, 거주는 주택에 근접되어 분산되는 특징이 있다.
- ㉡ 편의품 중심으로 상가가 집결되어 편의품의 비교 선택이 가능하고, 1차 상권의 생선 및 육류 등 생식품에 대한 집객력이 높고 타 업종에도 파급이 용이하다.

② 지구(sector) 중심형 입지
- ㉠ 지방의 소도시 중심부에 형성되는 상점가, 시행정(市行政) 등의 중심블록으로 형성되는 커뮤니티형 상점가를 말한다.
- ㉡ 지구중심적 상권을 형성하여 실용적인 준선매품 및 가족형 식당이 합쳐진 2차 상권을 형성하여 생활전체의 기능이 충족되는 지역을 말한다.

③ 지역과 광역 중심형 입지
- ㉠ 중도시 및 지방도시 중심부에 지역상권을 가진 상업지 양판점, 지역소비자의 다양한 요구와 지역산업의 욕구에 대응, 지역적특성을 유지하고 지역주민의 생활에 밀착, 제3상권을 형성하는 곳을 지역중심형 입지라 한다.
- ㉡ 도청소재지 중심상업지와 신도시 및 부도심(副都心) 상업지, 광역권의 중심도시를 중심으로 상권을 구성하고 대규모상업집적을 형성하는 곳을 말한다.

④ 거점형과 특화형 입지
- ㉠ 다수의 대량 교통망을 거점으로 형성된 상업지 그리고 하나의 상업시설로 상기능(商機能)을 충족하는 곳을 거점형 입지라고 한다.
- ㉡ 일반고객이 대상이 아니라 특수고객층을 대응하여 소수상점이 집적된 특화상점가를 특화형입지라고 한다.

(4) 부지매력도 평가 일반적기준

① 곡선형 자동차도로에서는 커브의 안쪽보다는 바깥쪽 점포가 유리하다.

② 접근성을 평가하기 위해서 주변의 버스 노선수, 지하철역과의 거리를 고려한다.

③ 인스토어형 점포는 에스컬레이터, 주차장 출입구 등 고객유도시설에 인접하면 좋다.

④ 일반적으로 경사지보다는 평지가 고객접근성에 유리하지만, 부지의 가시성 때문에 경사지를 선호하는 경우도 있고, 방사형도로의 교차점에 가까운 입지는 좋다.

⑤ 직사각형점포의 경우 동일면적이라면 접면에서 후면까지의 길이(깊이)가 긴 형태 도로보다 도로와 접한 접면길이(폭)가 좋다.

⑥ 주도로에서 안쪽으로 떨어져 있는 내부획지, T형 교차로의 막다른 길에 있는 입지, 중앙분리대가 있어 교통안전성이 있는 입지는 피해야 한다.

04 쇼핑센터(Shopping Center)

1. Shopping Center의 개요

(1) 쇼핑센터의 의의

① 쇼핑센터는 도심지역의 소비자들이 교외로 이전하면서 전문적인 개발업자에 의한 지역상황과 수요분석을 통해 규모·레이아웃·점포구성·만족 등이 계획적으로 개발·관리·운영되는 대표적인 집합형 소매점을 말한다.

② 쇼핑센터는 상업기업의 지리적집단으로, 특정의 상권에 대해 입지규모 형태 등에 관하여 전체적으로 계획·개발·관리되고 있다. 쇼핑센터는 도심밖 커뮤니티시설로 계획되기도 하며, 우리나라에서는 번화한 상점가를 의미하기도 한다.

③ 쇼핑센터는 점포유형과 상품구색의 다양성, 쇼핑과 오락의 결합으로 고객흡인력이 높다. 영업시간, 입주점포들의 외관 등에서 동질성을 유지할 수 있으며 입점업체의 구성을 전체적 관점에서 계획하고 통제할 수 있다.

④ 쇼핑센터는 도시근교의 광대한 토지를 확보하여 드라이브인 극장 등의 시설을 갖추고, 백화점등 규모가 큰 소매점을 중심으로 하여 연쇄점, 전문점, 소매점 등을 모아 원스톱쇼핑(one-stop shopping)이 가능하도록 계획적으로 만들어진 대규모상점이라고 할 수 있다.

⑤ 역빌딩, 전문점빌딩, 지하거리 등 핵점포가 없는 전문점집단의 쇼핑센터를 의미하며 입지적으로는 도시지나 유동인구 및 고객집객력이 높은지역에 위치하며 대형전문점이 마그넷역할을 하는 업태는 쇼핑센터라기 보다는 스페셜리티센터(Speciality Center)라 한다.

(2) 쇼핑센터의 분류

① 전통적타입의 쇼핑센터 유형분류는 근린형, 커뮤니티형, 지역형, 수퍼지역형(광역형)으로 분류한다.

② 도심형쇼핑센터는 대부분 지가가 높으므로 넓은면적을 차지할 수가 없으며, 소규모의 면적에 고층화를 추구하고, 지역적으로 주로 도심중심부에 위치하고 있다.

③ 교외형쇼핑센터의 지역적인 특색은 비교적 낮은 층수와 대규모 주차시설을 보유하고 있어야 하며, 특정상권의 사람들을 구매층으로 한다.

④ 지역쇼핑센터(regional shopping center)는 원스톱쇼핑을 가능하게 해주며 또한 식당 및 오락시설 등이 공존함으로써 매력적이다. 임대료와 상가점포의 수익률 모두 높은 것이 특징이다.

(3) 쇼핑센터의 테넌트 믹스(Tenant mix for shopping center)

① 테넌트(tenant) : 상업시설의 일정한 공간을 임대하는 계약을 체결하고 해당 상업시설에 입점하여 영업하는 임차인(임차점포)을 말한다.

② 트래픽풀러 : 원래는 백화점을 일컫는 말이지만 최근에는 주로 전문점 빌딩 등의 스페셜리티 센터(speciality center)에 배치되어 흡인력이 높은 임차인을 말한다.

③ 앵커스토어 : 일반적으로 쇼핑센터의 성격이나 경제성에 가장 큰 영향력을 가진 대형소매업으로서 쇼핑센터 가운데서도 매장면적을 최대로 점하여 일반에게 지명도가 높은 유명기업의 점포를 말한다.

(4) 현대식 쇼핑센터

① 소도시센터는 소규모의 지역사회와 그 주변지역을 상권으로 하는 일종의 미니몰(mini- malls)로서 커뮤니티 센터를 본떠 규모를 압축한 형태이다.

② 전문점(Speciality)센터는 입주점배치시 백화점을 핵점포로 하지않고 전문점·식당·극장·야외극장 등으로만 구성되는 중역형(中域型) 쇼핑센터이다.

③ 혼용(Mixed-use)센터는 소매점과 오락 및 커뮤니티 시설을 혼용한 쇼핑시설로서 전통적인 입주점 믹스 외에 아이스 스케이트장·민속박물관·디스코텍·사회평생교육원·간이 테마파크 등을 입주시켜 문화적·종합 생활적 유형을 갖춘 쇼핑센터이다.

(5) 테마센터(Theme Center)

① 각각의 소매업체들은 점포의 외부환경에 대한 고민을 해당 관리업체에게 위임할 수 있다.

② 초기 해당 점포형태를 계획할때 입점업체에 대한 믹스를 계획하여 균형잡힌 상품구색을 제시할 수 있다.

③ 다양한 형태의 점포와 다양한 구색의 상품을 제공하며 쇼핑과 오락을 결합시킬 수도 있으며, 최근 우리나라에서도 많이 설립되고 있으며, 고객의 요구에 맞게 진화하고 있다.

(6) 쇼핑센터 신규출점 시 검토사항

① 점포의 크기

② 쇼핑센터 개발업자의 개발경험

③ 쇼핑센터 개발의 타당성 분석에 대한 신뢰성

(7) 쇼핑센터 내에서 점포의 위치를 결정

① 비슷한 표적시장을 가지고 있는 점포들은 서로 가까이 위치시키는 것이 좋다.

② 의류와 같은 선매품 판매점포는 비교점포들이 많이 몰려 있는 장소가 유리하다.

③ 취급상품이 고객의 충동적인 구매성향을 유발하는지를 감안하여 점포위치를 정한다.

④ 고객은 전문품과 같이 상품구매에 대한 목적이 뚜렷하면 점포 위치에 상관없이 점포를 찾기도 한다.

(8) 범위에 따른 쇼핑센터

① 편의형(Convenience type) 쇼핑센터

ㄱ 규모가 작은 5~10개의 입주점으로 구성되며, 서비스점이 동시에 입주하고 있다.

ㄴ 핵점포는 대개 편의점이며 주로 통행량이 많은 거리를 따라 형성된다.

② 근린형(Neighborhood type) 쇼핑센터

ㄱ 10~25개 정도의 입주점을 가지는 중규모의 쇼핑센터를 지칭한다.

ㄴ 드럭스토어(drug store)나 슈퍼마켓이 핵점포가 되며, 상권은 계획적으로 배치되고 고객들은 대부분의 불특정 대상자를 구매층으로 한다.

③ 분산적 근린형(Neighborhood type) 쇼핑센터

ㄱ 고객의 구매관습과 동기는 쇼핑센터의 위치가 가깝고 편리하여 매일 구매한다.

ㄴ 일상에서 사용되는 실용품과 생활용품 중심의 상품구매, 고객의 욕구 분류는 생활 조건의 욕구로서 구입상품은 주로 실용품이다.

④ 집결적 근린형(Neighborhood type) 쇼핑센터

ㄱ 고객의 구매 관습은 주 2~3회 정도이다. 근거리, 편리성, 친밀성에 의한 점포를 선택하며, 규격품과 신도심 상품을 선호하고, 욕구 분류는 생활의 합리성 욕구이다.

ㄴ 상업형태는 재래시장·기합점포·선매품점 등이며 약 80여개 이상의 점포가 집결하고, 업종구성은 선매품점 40%, 편의품점 20%, 음식점 30%, 기타 서비스점 10%로 구성된다.

2. 지구형과 광역형 쇼핑센터

(1) 지구형(Community type, 커뮤니티형) 쇼핑센터

① 입지 특성

ㄱ 상권 및 인구는 반경 약 2~5킬로미터로 인구는 6~10만 명 정도, 내점 수단은 도보 50%, 자전거 15%, 승용차 20%, 대중교통기관 15% 정도로 구성되어 있다.

ⓛ 가장 다양한 포맷의 소매 점포를 포함하는 쇼핑센터로서 고객층은 뉴패밀리층과 샐러리맨층, 통행량은 평일 약 1만 명 선이고 일요일과 휴일은 고객이 급증하는 특징이 있다.

② 구매 특성

ⓐ 구매 관습과 동기는 주 1회, 월 2~4회 정도이다.

ⓛ 상품구색과 품질의 양호성·다양성·신뢰성이 있을때 단골점포에서 구매하고, 구입 상품은 주로 준고급품과 준유행상품이다.

③ 상업지의 상업기능

ⓐ 쇼핑센터의 전형적인 테넌트(tenant)들은 소형 백화점, 할인백화점, 수퍼마켓, 잡화점, 가족의류점, 약국, 스포츠용품점, 사무용품점, 할인 수퍼스토아, 가구점 등으로 구성이 되어있다.

ⓛ 업종 구성은 선매품점 20%, 편의품점 40%, 음식점 30%, 기타 서비스점 10% 정도이다.

ⓒ 가장 일반적인 형태로서 백화점과 슈퍼마켓을 포함하여 25~50개의 입주점이 들어가는 중역형(中域型) 쇼핑센터로서 주로 보행자 광장의 주변에 입지하고 있다.

(2) 광역형(거점형, Regional type)쇼핑센터

① 입지 특성

ⓐ 반경 약 10킬로미터로 인구는 약 30만 명 정도, 버스 및 전철 이용객보다는 승용차 이용자가 80% 이상이며, 고객층은 하이틴·관광객·청년층·상류 주부층·도시 샐러리맨층·인텔리층·상류 계층이다.

ⓛ 전문점, 고가품 등의 제품을 판매하는 점포가 유리하고, 멀리서 온 원격지 지원 고객은 약 5%이며 고정 고객은 약 30% 정도이고, 통행량은 평일 약 2만 명 선이다.

② 구매 특성

ⓐ 구매관습과 동기는 월 1~2회이다. 연간 수차에 걸쳐 주로 전문품을 구매하며, 신용과 성실성에 따라 점포를 선택한다. 욕구분류는 사회적욕망, 개성, 탁월성, 신기성, 유행성, 문화성, 정보성 중심 욕구이다.

ⓛ 구입 상품은 주로 전문품, 구급품, 고가품, 유행품, 선물 등을 구매하되 세일 기간에는 일용품도 구매 가능하다.

③ 상업지의 상업기능

ⓐ 상업 형태는 대형 백화점 및 양판점, 유명 백화점, 패션 전문점, 부띠끄, 문화품점, 고급 음식가, 유흥 및 오락가가 있으며, 업종 구성은 선매품점 10%, 편의품점 60%, 음식점 30%이다.

ⓛ 대형 유명백화점과 대형전문점 그리고 200개 내외의 쇼핑전문점을 포함하는 대형 쇼핑센터로서 각종 편의시설을 갖추고 지역사회의 범위를 넘어선 넓은 지역의 고객을 흡수할 수 있는 지역에 입지한다.

3. Shopping Center의 입지

(1) 입지선정 및 입지의 접근성

① 쇼핑센터 및 쇼핑몰내부의 입지평가에 있어서 접근성은 중요하다. 독립점포 입지평가에서와 마찬가지로 쇼핑몰이나 쇼핑센터의 입지평가에 있어서도 접근성은 중요하다. 접근성은 물리적, 심리적 요인을 모두 포함하는 개념이다.

② 쇼핑센터 내에서의 점포위치는 표적시장이 겹치는 경쟁점포들과 보완상품을 판매하는 점포들은 서로 근접해서 입지해야 한다.

③ 주차시설의 양과 질은 쇼핑센터, 쇼핑몰 및 주차시설을 개별적으로 갖춘 단독매장들에 대한 접근성을 평가하기 위한 중요한 요인의 하나이다.

④ 주차공간의 크기와 같은 양적요인도 중요하지만 교통의 상대적인 혼잡도와 같은 질적 요인도 고려하여야 한다.

⑤ 쇼핑센터 신규입지에 대한 평가기준으로는 부지의 규모와 형태, 용도규제와 주변의 환경, 주변도로로부터의 가시성(건물외관, 심벌타워 등)을 중요하게 평가를 해야 한다.

⑥ 인접 소매업체가 동일한 표적고객을 대상으로 상호보완적인 구색을 제공하고 있다면 매우 좋은 점포위치라고 할 수 있다.

(2) 쇼핑센터 내부의 입지 전략

① 목적구매점포(destination stores)는 쇼핑센터의 핵점포(anchor stores)에서 가까운 곳 보다는 임대료가 낮은 곳에 입지해도 무방하다.

② 충동구매상품이 구색에서 차지하는 비율이 높은 소매점포는 가능하면 핵점포에 근접한 곳에 입지해야 한다.

③ 혼잡도는 사람들이 밀집되어 복잡한 정도뿐만 아니라 자동차의 밀집에 따른 복잡한 정도를 모두 포함하고 있는 개념이다.

④ 혼잡도가 일정수준을 넘어 너무 혼잡하면 쇼핑속도가 떨어지고 고객 불만을 야기하여 매출이 하락하지만, 적정수준의 혼잡도는 오히려 고객에게 쇼핑의 즐거움을 더해 주기도 한다.

(3) 쇼핑센터의 외부입지 전략

① 쇼핑센터의 이용자가 주거지로부터 쇼핑센터까지 이르는 데 소요되는 시간과 거리, 이용 교통수단을 고려하여 입지를 선정해야 한다. 교외형과 도심형의 쇼핑센터를 확실하게 구분하여, 각각의 특성에 맞게 목표를 설정하고 있어야 한다.

② 핵점포, 몰, 코트, 전문상가, 사회·문화 시설 등 쇼핑센터를 구성하는 시설의 연계체계를 자세히 고려하여야 하며 고객을 위한 휴식공간, 사회시설, 문화시설의 제공을 고려해야 한다.

③ 인접 소매업체가 동일한 표적고객을 대상으로 상호보완적인 구색을 제공하고 있다면 매우 좋은 점포위치라고 할 수 있다. 주차공간의 크기와 같은 양적요인도 중요하지만 교통의 상대적인 혼잡도와 같은 질적요인도 고려하여야 한다.

(4) 쇼핑센터내 점포의 위치결정

① 의류와 같은 선매품 판매점포는 비교점포들이 많이 몰려 있는 장소가 유리하다.

② 고객은 전문품과 같이 상품구매에 대한 목적이 뚜렷하면 점포 위치에 상관없이 점포를 찾기도 한다.

③ 목적점포는 매장내 가장 좋은위치에 입점하여야 하고, 비슷한 표적시장을 가지고 있는 점포들은 서로 가까이 위치시키는 것이 좋다.

(5) 쇼핑센터내 점포위치평가시 고려요소

① 쇼핑센터 내에서의 점포위치는 표적시장이 유사한 점포들과의 근접정도를 살펴보고 평가하는 것이 좋다.

② 주차 공간의 크기와 같은 양적 요인도 중요하지만 교통의 상대적인 혼잡도와 같은 질적 요인도 고려하여야 한다.

③ 인접 소매업체가 동일한 표적고객을 대상으로 상호보완적인 구색을 제공하고 있다면 좋은 점포위치라 평가한다.

4. Shopping Center의 기능

(1) 쇼핑센터의 기능적 구성

① 핵점포 : 쇼핑센터의 중심점포로서 고객을 끌어들이는 기능을 수행하는 점포로 백화점, 대형할인점, 대형전문점 등을 말한다.

② 전문상가 : 대두분 단일의 전문성이 높은 상품을 취급하는 상점과 음식점 등 서비스점 등으로 구성되며 주로 몰(Mall)을 축으로 양옆에 배치된다.

③ 코트 : 쇼핑센터의 곳곳에 고객이 머물 수 있는 공간을 둔 것으로 분수, 전화부스, 식수대, 벤치 등을 설치하여 고객의 휴식처로 조성함과 동시에 각종 정보를 안내하는 기능을 수행한다. 코트의 크기는 점점 대형화되는 경향이 있으며 데크와 같은 의미다.

④ 사회문화시설 : 쇼핑센터의 또 하나의 중요한 기능으로 커뮤니티에 대한 기여와 고객 유치의 2차적 요소인 레저시설, 은행, 우체국 등의 사회시설과 미술관, 각종 강좌 등의 문화시설을 갖추고 있다.

⑤ 몰 : 쇼핑센터의 가장 특징적인 요소인 주요 동선은 고객을 각 점포에 균등하게 유도하는 보행자 도로이며, 동시에 고객의 휴식처로서의 기능도 갖고 있다.

(2) 쇼핑센터의 사회적 기능

① 상업기능 : 쇼핑센터의 기본 기능이며 규모나 형태, 입지 등에 맞는 소매기능이 발휘될 수 있도록 하여야한다.

② 커뮤니티기능 : 공공서비스를 제공하는 장소 또는 축제나 클럽 등 지역생활자가 필요로 하는 장소를 제공한다.

③ 공공적 기능 : 금융서비스, 오락, 행정 및 공공서비스 등과 같은 다양한 공적 서비스를 제공한다.

④ **고용의 창출** : 소매업은 대면판매를 하기 때문에 이에 필요한 다수 고용인을 확보함
으로써 지역경제에 이바지한다.

(3) 쇼핑센터의 핵 점포(Anchor stores)

① **지역별 쇼핑센터** : 하나 혹은 두 개의 (대형)백화점, 일부 선매품 및 일부 전문품에 중점
② **커뮤니티 쇼핑센터** : 양판점 또는 종합 할인점, 편의품 및 일부 선매품에 중점
③ **초광역형 쇼핑센터** : 다수의 백화점, 선매품 및 전문품에 중점

(4) 스트립 쇼핑센터의 유형

① **네이버후드 센터(Neighborhood Center)**
　㉠ 네이버후드센터는 말 그대로 '이웃의 가게'라는 뜻의 지역을 말한다.
　㉡ 소비자와 가장 가까운 지역에서 소비자들의 일상적인 욕구를 충족시키기 위하여
　　편리한 쇼핑장소를 제공하도록 설계된 곳을 말한다.

② **커뮤니티 센터(Community Center)**
　㉠ 커뮤니티 센터는 지구중심으로 위치하고 있으며, 네이버후드 센터보다는 좀 더
　　다양한 범위의 일반적인 상품을 제공하고 있다.
　㉡ 커뮤니티센터내의 주요 소매업태는 일반적인 슈퍼마켓과 대형 드럭스토어, 할인
　　백화점 등으로 분류할 수 있다.
　㉢ 커뮤니티센터내의 입점업체들은 흔히 의류, 가정용품, 가구, 장난감, 신발,
　　애완동물용품, 전자 및 스포츠용품을 판매하는 카테고리 전문점이나 할인점이
　　주를 이루고 있다.

③ **파워 센터(Power Center)**
　㉠ 할인점, 할인백화점, 창고형 클럽 또는 홈디포 등 카테고리킬러를 포함하는 일부
　　대형점포들로 구성되며, 회원제 도매클럽의 입지로 가장 적합하다.
　㉡ 소매업의 업태분류 중 카테고리킬러, 대형마트를 핵점포(anchor store)로 유치
　　하는 것이 가장 적절하며, 일용식품점은 입지가 부적합하다.

(5) 키오스크(Kiosk)

① 쇼핑몰의 공용구역(common area)에 설치되는 판매공간으로서 새로운 제품을 판매
　하거나 정규점포를 개장하기전 시험적인 판매정보를 얻기위해 쉽게 고객을 확보할
　수 있는 통행인들이 많은 대형점포의 공용장소에 위치하는 경우가 많다.
② 쇼핑몰내 다른유형의 다른점포들에 비해 단위면적당 임대료가 낮고 디스플레이
　공간이 넓어 충분한 창의성을 발휘할 수 있다.
③ 주로 쇼핑몰의 공용장소에 제품을 진열하는 독립매대가 있으며, 빈공간을 활용할
　수 있어 쇼핑몰 운영자에게 선호되는 점포이다. 정상적인 점포를 임대하는것 보다
　적은 위험으로 상권정보를 얻을 수 있다.

(6) 테넌트(Tenant)

① 테넌트(tenant)는 상업시설의 일정한 공간을 임대하는 계약을 체결하고 해당 상업 시설에 입점하여 영업을 하는 임차인을 일컫는 말이다.

② 앵커테넌트(anchor tenant)는 상업시설 전체의 성격을 결정짓는 요소로 작용하며 해당 상업시설로 많은 유동인구를 발생시키기도 한다. 핵 점포(key tenant)라고도 하며 백화점, 할인점, 대형서점 등 해당 상업시설의 가치를 높여주는 역할을 한다.

③ 마그넷스토어(magnet store)는 쇼핑센터의 이미지를 높이고 쇼핑센터의 회유성을 높이는 점포를 말한다.

5. Shopping Mall

(1) 쇼핑몰(Shopping-Mall)의 정의

① 몰(mall)형 쇼핑센터는 서로 마주보는 점포들이 선형으로 배치되고 그 사이로 보행 자 통로가 존재하는 형태이며, 보행자 통로의 양쪽 끝에 백화점과 같은 핵심 점포를 배치하는 쇼핑센터의 건물배치 유형을 말한다.

② 쇼핑몰은 쇼핑센터 내의 모든 입주점을 한 지붕과 건물 내에 수용하고 중앙부에서 공기를 조절함으로써 전천후(全天候)로 쾌적한 구매환경을 제공하는 상점가이다.

③ 복합쇼핑몰은 쇼핑을 하면서 여가도 즐길 수 있도록 의류 및 잡화를 판매하는 매장은 물론 영화관, 식당 등을 포함한 대규모 상업시설을 의미하는 소매업태이다.

④ ICSC(International Council of Shopping Centers)에서는 쇼핑몰의 개념을 8개로 나누고 있는데 네이버후드센터, 커뮤니티 센터, 리저널 센터, 슈퍼리저널 센터, 패션·스페셜티 센터, 파워센터, 테마·페스티발 센터, 아울렛 센터 이렇게 총 8개로 나눈다.

(2) 쇼핑몰(Shopping-Mall)입점의 장점

① 규모가 크고 다양한 점포를 구성할 수 있는 장점이 있어 개별점포에 비해 고객 흡인력이 매우 크다. 많은 다양한 형태의 점포와 다양한 상품구색, 그리고 쇼핑과 오락을 결합시킨다.

② 쇼핑몰 조직본부에서 모든 입점업체들의 매장경영전반에 대해 계획, 실행, 관리를 해주기 때문에 개별업체들 입장에서는 투자의 위험성이 상대적으로 낮고, 점포의 외부 환경을 관리해주기 때문에 쾌적한 쇼핑환경을 유지할 수 있다.

(3) 쇼핑몰(Shopping-Mall)입점의 단점

① 쇼핑몰에 목적점포가 입점해 있는 경우에는 기생점포보다 더 큰 상권범위를 형성하게 된다. 목적점포 없이 기생점포만으로 쇼핑몰을 구성하게 되면 많은 고객을 유인하는 데 한계가 있다.

② 쇼핑몰에 대한 전체적인 관점에서 본 최적의 업종 및 업체 믹스가 쇼핑몰 전체성과에 중요하게 영향을 미칠 수 있기 때문에 쇼핑몰운영조직본부에 의해 개별 쇼핑몰 입점업체에 대한 통제를 한다.

05 노면독립입지와 복합용도개발지역

1. 노면 독립입지(Freestanding Sites)

(1) 노면 독립입지의 개념

① 노면 독립입지란 여러 업종의 점포가 한곳에 모여 있는 군집 입지와 달리, 전혀 점포가 없는 곳에 독립하여 점포를 운영하는 형태를 말한다.

② 독립지역은 다른 소매업체들과는 지리적으로 떨어진 지역을 의미하며, 통상적으로 독립지역에 위치한 소매점은 다른 소매업체들과 고객을 공유하지 않는다.

③ 독립입지는 군집입지의 상반되는 개념으로 중심시가지 보다 토지 및 건물의 가격이 싸고, 대형점포를 개설할 경우 소비자의 일괄구매(one-stop shopping)를 가능하게 하며, 비교구매를 원하는 소비자에게는 그다지 매력적이지 않다.

④ 노면 독립입지의 장점은 넓은 주차공간, 영업시간, 제품에 대한 규제의 완화, 고객을 위한 큰 편의성 등이 있다. 다른 소매업체들과 지리적으로 떨어진 지역을 의미한다.

⑤ 하이퍼마켓이나 슈퍼센터형 대형할인점이 흔히 독립지역에 위치하는데, 대학교 교내에 위치한 서점 등도 대표적인 독립지역의 예이다.

(2) 노면독립입지에 적합한 업종

① 통행인들에 대하여 가급적 가시성이 높은 위치에 있어야 하고 특정입지안에 직접 경쟁하는 점포가 비교적 적어야 한다.

② 토지 및 건물의 가격이 상대적으로 싸므로 점포경영자가 점포의 간판, 영업시간, 상품구색에 대해 결정권을 가지고 있는 영업이 좋다.

③ 다른 업체와 비교우위에 있는 확실한 기술력을 보유하고 있는 전문성이 있는 업종이나 다른 업체와 비교하여 뛰어난 마케팅능력을 보유하고 있으며, 충분히 능력을 발휘할 자신이 있는 업종이 적합하다.

④ 대규모 자본을 투자하여 다른 업체와 확실한 비교우위를 설정하여 고객 스스로 찾아올 수 있도록 할 수 있는 서비스와 시설 규모가 갖춰진 업종이 적합하다.

⑤ 뚱뚱한 사람들에게 맞는 청바지를 파는 유일한 점포, 특정상권 안에서 가장 낮은 가격으로 식품을 판매하는 대형슈퍼마켓, 수많은 종류의 장난감을 판매하는 카테고리킬러 등은 목적점포(destination stores)가 적합하다.

(3) 상권분석 시 주의사항

① 점포가 입점할 곳을 조사하여, 창업업종의 특색에 적합하고 시장개발 가능성이 높은 상권을 선택해야 한다.

② 창업업종의 성장가능성 및 지역개발가능성 등 상권에 영향을 줄 수 있는 요인을 파악하고 중·장기적으로 유리한 상권을 선택한다.

③ 창업업종에 맞는 적절한 상권선택에 필요한 주요 수요층과 유동인구, 주변의 경쟁점 등을 면밀히 분석하고, 고려해야 한다.

(4) 노면 독립입지의 선택

① 독자상권에 진입하는 경우

    ㉠ 창업자는 점포의 입지선정에서 독자적인 상권을 개발한다.

    ㉡ 점포 신설지역에서 창업 품목이나 업종에 대해 새로운 경영환경을 창조한다.

    ㉢ 새로운 고객층을 형성하기 위한 공격적마케팅전략을 수립하여, 확장위주의 경영계획을 추진하여야 한다.

② 기존상권에 진입하는 경우

    ㉠ 창업자가 진입하기 전에 이미 상권이 형성되어 있는 것을 말한다.

    ㉡ 기존의 고객을 새로운 점포에 흡인하기 위해서는 특별한 마케팅 서비스를 고객의 기호와 요구에 알맞은 전략을 수립해야 한다.

    ㉢ 신설점포의 차별성을 부각시키기 위한 점포의 면적, 점포간의 거리는 물론 광고, 홍보전략도 달라야 한다.

(5) 노면 독립입지의 장 · 단점

① 장 점

    ㉠ 임대료가 낮으며, 높은 가시성을 가지고 있다.

    ㉡ 직접적으로 당면하는 경쟁업체가 없다.

    ㉢ 주차공간이 넓어서 고객에게 편의성을 제공하고, 새로운 확장에 용이하게 작용한다.

    ㉣ 영업시간과 광고간판 등에 대한 규제가 비교적 완화된다.

② 단 점

    ㉠ 노면독립입지의 단점은 다른점포와의 시너지효과가 결여되어 있기 때문에 고객을 유인하기 위해 상품, 가격, 판촉 혹은 서비스를 특별하게 제공해야 한다.

    ㉡ 직접적인 경쟁업체가 없으므로, 경쟁을 통한 시너지효과를 얻기가 힘들며, 고객을 지속적으로 유인하기 위해서는 가격, 홍보, 상품, 서비스 등을 차별화해야 하므로 비용적인 측면에서 증가한다.

(6) 노면 독립입지에 적합한 정책

① 주변에 인접한 점포가 없는 큰길가에 위치한 자유입지를 '고립된 점포입지' 라 한다. 규모의 정책을 실시하여 저비용 · 저가격으로 대규모 판매를 실시해야 하는 경우에 적합하며, 일정한 크기의 토지와 형태가 요구되는 업종의 경우에 적합하다.

② 시간이나 장소적제약을 받는 쇼핑몰이나 쇼핑센터의 운영규제와는 상이한 독자적인 점포정책을 실시할 필요가 있는 경우에 적합하며, 물적유통의 네트워크상에서 비용절감을 위하여 특정한 위치가 필요한 경우에 적합하다.

2. 복합용도 개발(MXDs : MiXed-use Developments)

(1) 복합용도 개발의 정의

① 1972년 Gurney Breckenfeld가 처음으로 '복합용도 개발'이라는 용어를 사용하였다. 소매점들이 복합용도개발입지를 선호하는 이유는 통상적인 고객 외에 추가적인 구매고객의 유인에 있다.

② 주거, 업무, 여가 등 다수의 용도가 물리적, 기능적으로 복합된 건물을 말하며, 상권을 조성하기 위한 단순한 개발방법이 아닌 상권과 함께 생활에 필요한 여러 편의시설을 복합적으로 개발하기 위한 방법이다.

③ 개발업체들은 넓은 보도나 대규모진열창 등에 세세한 주의를 기울여 특별히 인간적인 느낌이 있어야 한다.

④ 주거와 상업, 업무, 문화 등 3가지 이상의 기능들을 상호 밀접하게 연관시켜 편리성과 쾌적성을 제고시킨 건물 또는 건물군의 개발을 말한다.

⑤ 복합용도개발이 필요한 이유는 도시공간의 활용 효율성 증대를 위하거나 도심지의 활력을 키우고 다양한 삶의 기능을 제공하는 장소로 바꾸기 위해서이며, 도시내 상업기능만의 급격한 발전보다는 도시의 균형적 발전을 위해서이다.

⑥ 복합용도개발은 하나의 복합건물에 다양한 용도 즉 쇼핑센터, 오피스타워, 호텔, 주상복합건물, 컨벤션센터 등을 복합적으로 결합시킨 것을 말한다. 복합용도 건축물은 다수의 용도를 수용할 수 있고, 물리적, 기능적규합과 통일성 있는 개발이 필요하다.

(2) 복합용도 개발의 특징

① 복합용도개발은 개발업체들이 공간을 보다 생산적으로 사용할 수 있기 때문에 복합용도개발을 선호하며, 용도들 간의 상호보완적인 지원 관계를 유지하면서 다양한 목적을 가진 이용대상 자 범위를 증대시킨다.

② 특정한 지역에 같은 기능을 하는 점포들이 몰려 있어서 많은 고객들을 점포로 유인할 수 있기 때문에 소매업체들에게 인기가 높다.

③ 오피스개념의 도심지에 주거기능을 도입함으로써 도넛현상인 도심공동화 현상을 어느 정도 방지할 수 있어 도시에 활력소가 된다.

④ 개발가능성이 높기 때문에 재개발을 수행함으로써 도심지역의 토지이용 효율성을 높일 수 있고, 구성 요소들 간에 견고한 물리적 기능 통합에 의한 고도의 토지이용을 창출한다는 특징이 있다.

⑤ 도심지내 주거생활에 필요한 근린생활시설, 각종 생활 편의시설의 설치가 가능해 도심지 활성화의 수단으로 활용되기도 하며, 도시내에서 살고자 하는 사람들에게 양질의 주택을 공급할 수 있으며, 도심지가 서비스 기능위주의 지역으로 변화하는 것을 방지할 수 있다는 장점이 있다.

(3) 복합용도 개발의 기능

① 주거기능 : 도심재개발에 적용될 경우 도심공동화 현상을 방지하며, 도심을 재생시키는 데 이바지한다. 정책적인 차원에서 주거기능을 수용하도록 장려하며, 다른기능들에 비해 투자비가 많이 소요되는 반면, 수익성이 낮다.

② 업무기능 : 업무기능은 다른 기능과 결합되어 상승하는 효과가 있고, 복합용도 개발에서 업무기능은 상호경쟁적이며, 특별한 내부시설의 구비 없이도 건물내에 수용이 가능하다.

③ 상업기능 : 건물내에 다른 이용자가 있으며, 이러한 이용자로 하여 상권이 형성되고 있으므로 유리하다.

④ 호텔기능 : 건물의 이미지를 창조하며, 호텔을 이용하는 자들의 야간 이동 인구를 확보하게 된다. 경제적 측면에서 가장 수익성이 높은 기능이다.

⑤ 부가적 기능 : 음식점 등을 판매하는 상점가를 형성할 수 있으며, 스포츠시설의 입주가 가능하고, 오락실 등의 위락시설 등이 존재한다. 우체국, 은행 등의 공공시설 등이 있거나 극장이나 전시실 같은 문화시설이 있다.

(4) 위더스푼(Witherspoon)의 주장

① 3가지 이상의 용도

㉠ 호텔, 오피스, 상가, 주거 등 도심 속 인간생활의 기본요소인 주거, 작업, 여가의 각 활동을 동시에 수용할 수 있는 건물로, 3가지이상의 용도가 한 건물 안에 물리적·기능적으로 복합된 건물을 의미한다.

㉡ 용도면에서 다양한 측면을 강조하여 상호보완적 상승작용을 유지하면서, 다양한 목적을 가진 이용대상자의 범위를 증대시키고 비업무 시간대의 활용을 유도한다.

② 물리적·기능적 통합

㉠ 구성요소들간에 견고한 물리적기능의 통합에 의한 높은 토지이용을 창출하여야 한다.

㉡ 수직적·수평적 동선체계의 집중적인 연결로 긴밀하게 통합되어야 한다.

③ 통일성 있는 개발계획

㉠ 단위개발 프로젝트에 비해 관련 전문분야와의 협력은 복합용도 개발에 꼭 필요하다.

㉡ 전체 프로젝트의 규모, 형태, 용도, 공정, 구성, 용도들간의 상대적인 관계, 오픈페이스, 인프라 등의 일관된 계획에 의해 이루어진다.

(5) 복합용도 개발의 필요성

① 젊은독신자나 젊은부부처럼 도시 내·외에서 살고자 하는 사람들에게 양질의 주택을 공급할 수 있고, 수요자의 다양한 요구를 충족시키기 위해서 필요하다.

② 도심지내에서 반드시 필요한 근린생활시설 및 각종 편의시설의 설치가 가능하게 되어, 도심지가 생동감이 넘치고 다양한 삶의 장소로 변화가 가능하다.

③ 도심지발전에 있어서 복합기능의 수용에 따라 상업기능전용의 증가현상을 억제함으로써 도시의 균형잡힌 발전을 도모할 수 있다.

④ 도심지역내에 주거기능이 도입됨으로써 도넛현상인 공동화현상을 감소시킬 수 있고, 도심지의 활력을 키우고 다양한 삶의 장소로 바꾸기 위해서 필요하다.

⑤ 주거지와 직장의 거리가 단축됨으로 인해 개인적으로 출퇴근 시 교통비용과 시간의 절약이라는 이점이 있으며, 교통 혼잡도 완화할 수 있다.

⑥ 도심지 주변에 소재하고 있는 소규모 개인업체인 도소매업, 광고업, 인쇄업 등이 서비스 역할을 담당하는 유흥지역으로 변경되는 것을 억제할 수 있다.

⑦ 주상복합용도 건물의 건설로 인하여 기존 시가지 내의 공공시설을 활용함으로써 신시가지 또는 신도시의 도시기반시설과 공공서비스 시설 등에 소요되는 공공 재정이나 민간 자본을 절감할 수 있다.

⑧ 각종 업무나 주거시설 등 기능별로 주차자의 집중 이용시간대가 분산되기 때문에, 한정된 주차공간을 효율적으로 이용할 수 있다.

⑨ 저밀도로 이용되고 있는 도심지역을 재개발함으로써 토지이용의 효율성을 높이고, 아울러 쾌적한 녹지공간의 확보와 기존의 도시시설을 편리하게 이용할 수 있다.

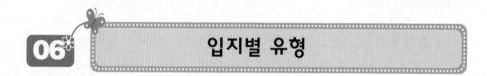

06 입지별 유형

1. 백화점(Department store)

(1) 백화점의 개념

① 백화점(百貨店)은 의류, 가정용품, 장식품 등 다양한 상품을 폭넓게 취급하는 점포 또는 각종 상품을 부문별로 구성하여 최종 소비자가 일괄 구매할 수 있도록 직영 형태로 운영되는 대규모 점포이다.

② 우리나라의 경우 매장면적이 1,000평(지방의 경우 700평) 이상이고 50% 이상이 직영으로 운영되어야 하며, 통합적인 대규모 소매상으로는 가장 오래된 소매 업태이다.

③ 백화점은 하나의 매장내에 일괄구매와 비교구매가 가능하도록 선매품을 중심으로 편의품에서 전문품에 이르기까지 다양한 상품구색을 갖추고 대면판매, 현금 및 신용에 의해 정찰 판매한다.

④ 대규모경영이라는 규모의 경제성을 통해 집중적경영을 수행하며, 점포의 입지를 대도시 중심, 부도심 및 철도역, 터미널 등에 전략적으로 정하고 있다.

⑤ 풍부한 자금력, 인적자원 그리고 거대한 점포를 보유하고 부분적 자원을 유용하게 활용하며, 교통소통이 원활한 곳에 입지를 정하고 있다.

⑥ 독립채산제를 원칙으로 합리적 부분별 조직을 통해 집합적 경영을 수행하며,

각 부문별로 상품의 매입, 구색, 가격, 각종 서비스를 제공함으로써 각 부 상호간에 위험을 분산한다.

⑦ 각 백화점은 입지의 지리적·환경적 요인을 분석하여 소비자의 흡인을 높일 뿐만 아니라, 고객 모집력이 높은 층을 고려한 MD개편, 문화·레저산업과의 연계 등 차별화된 마케팅전략이 요구된다.

⑧ 잘 알려진 백화점으로는 신세계, 롯데, 현대백화점 등이 있으며, 새로운 업태의 출현과 교통체증, 주차공간의 부족 등에 의해 주로 도심에 입지한 백화점에서의 구매를 기피하는 경향이 있다.

(2) 백화점의 발전 요인

① 대도시와 교외의 발전 : 구매력이 큰 대도시 인구의 교외로의 이전과 도심과 주변 인구의 증가로 인한 구매력이 증가하였다.

② 고객에 대한 편의시설 : 지하철과 버스 노선이 복합된 편리한 입지선정, 자동차 이용의 대중화로 주차장 완비, 건물의 리뉴얼정책을 통한 시각적 이미지를 증가시키므로 고객의 호응을 얻게 되었다.

③ 다양한상품의 구색제공 : 상품구색 갖추기와 저렴한 자사상표개발(private brand), 각종서비스 제공에 중점을 두었다.

④ 정보화의 영향 : 정보화 산업의 진입에 따라 각종 정보통신수단을 통해 소비자에게 상품 정보를 신속하고 정확하게 전달하므로 소비자가 직접 반응하게 되었다.

⑤ 다양한 소비문화 : 가처분 소득의 증가로 소비자 라이프스타일이 고도화·개성화·차별화·다양화되면서 소비자들의 욕구를 충족시킬 상품이 제공되었다.

(3) 백화점의 입지

① 백화점은 3차산업으로 전형적인 시장중심형 입지패턴을 가진 시장지향적 입지로서 입지 형태는 상업입지이다.

② 입지를 구성하는 토지는 정사각형에 가까운 직사각형으로 1변이 주요 도로에 면하고, 다른 1변 또는 2변이 상당한 폭을 가진 도로에 면하는 것이 가장 이상적이라 할 수 있다. 주도로에서 오는 고객의 교통로와 상품의 입고 및 발송을 위한 교통로를 분리하여야 한다.

③ 백화점내 매장은 매장내의 교통체계가 정리되어야 하고, 주통로와 부통로의 유기적 관계가 중요하다. 또한 고객이 상품을 보기 쉽도록 구성해야 하며, 가능하면 장방형으로 하고 벽면을 최대한 사용하여 공간을 활용하여야 한다.

(4) 백화점의 입지선정 시 고려사항

① 백화점은 규모면에서 대형화를 추구하기 때문에 상권내 소비자의 경제력 및 소비 형태의 예측을 근거로 적정한 입지를 선정해야 한다. 백화점입지의 선정은 주요 산업, 유동인구, 대중교통 연계성 등 장기적인 발전을 고려하여 선정해야 한다.

② 국내 백화점의 경우 신업태의 출현과 교통체증, 주차공간의 부족 등으로 주로 도심지에 위치한 백화점에서의 구매를 기피하는 경향이 점차 발생하여 백화점 또한 도시 외곽의 부도심지로 옮기거나 지방에 지점을 여러개 두는 다점포영업을 시도하고 있다.

③ 상점과 상호간의 관계, 상점가 업종구성 및 성격구분 등 백화점은 중심상업지역과 지역쇼핑센터 등의 좋은 입지여건을 고려해야 하고, 고객을 유치하기 위해서는 주차장, 교통시간, 백화점의 인지도, 가격의 합리성 등 기타 환경조건 등을 고려해야 한다.

(5) 입지별 백화점 유형

① **도심형 백화점** : 가장 전형적인 형태로, 도심중심상업지역에 위치하고 있으며, 대규모의 상품을 취급하는 곳이다.

② **터미널형 백화점** : 대도시내의 교외교통망과 시내교통망과의 접속점을 중심으로 한 상업지구에 위치하며, 역사의 건축물과 결합된 형태도 있다.

③ **교외형 백화점** : 미국에서 발달한 형태로, 교외주택지역의 교통 중심지역에 위치하는 것으로 건물은 2~3층의 저층이지만 대규모이며 넓은 주차장을 갖고 있는 것이 특징이다. 앞으로 우리나라의 경우도 이러한 입지형이 발전될 것이다.

2. 의류패션전문점(fashion specialty stores)

(1) 의류패션 전문점의 개념

① 패션전문점(fashion specialty stores)의 상품구색에서 가장 비중이 높은 상품유형은 선매품이다.

② 의류패션 전문점은 도심중앙이나 쇼핑몰에 다수가 포진하고 있으므로, 지나가는 통행인들을 유인하기 위하여 항상 좋은 상품을 진열하는 전략을 세우고 실행해야 한다.

③ 패션이란 유행풍조, 양식을 일컫는 말로, 어느 일정한 시대나 시기에 특정한 사회현상이나 생활양식 등이 일반적으로 받아들여져 널리 퍼지는 과정을 말하며, 주로 의복이나 복식품의 유행을 정의한 것이다.

④ 소비자들이 여러 점포를 다니면서 비교구매를 할 수 있도록 배려하므로 중심상업지역, 중심상업지역 인근지역 또는 슈퍼지역 쇼핑센터 등 대부분의 쇼핑센터, 의류·전문 센터, 테마·페스티벌 센터에서 영업성과가 좋다.

(2) 의류패션 전문점의 입지

① 오락과 즐거움을 제공할 수 있고, 비교구매가 가능한 중심상업지역 또는 인근 지역의 입지, 상권 내 소비자들의 소득수준이 높은 입지가 좋은 입지이다.

② 의류패션전문점은 백화점보다 더 인기가 있는 곳이라 생각되는 곳에 주로 위치하지만 백화점에서 인기를 끄는 것과 같은 이유로 전문점의 특성과는 부합된다.

③ 입지는 주로 중심상업지역(CBD), 중심상업지역 인근쇼핑센터, 의류전문센터 등이 가장 유리하고, 수도권과 같은 메갈로폴리스(megalopolis)의 중심지이다.

④ 인구통계변수들 가운데 패션전문점의 입지선정에 대한 영향력으로는 상권내 가구들의 평균소득, 상권내 가구수와 가구평균 구성원의 숫자, 상권내 현재 인구수와 인구수의 증감 여부를 고려해야 한다.

(3) 의류패션 전문점의 영업

① 기본환경 조사

　㉠ 패션점포의 형태와 규모나 점포의 위치, 도로와의 접근성과 주변 환경 및 주차 용이성의 평가기준에 따라 적절하게 평가한다.

　㉡ 점포가 위치한 지역의 특성과 경쟁점포 현황, 각종규제 여부 등을 조사하여 평가 기준에 따라 평가한다.

② 상권의 분석

　㉠ 의류패선전문점의 위치를 나타내는 상세한 지도를 구입한 후 핵심 상권과 전략 상권을 정한 후 해당 상권별 인구나 세대수, 대형 주거단지 여부 및 상권 내 고객의 소비수준, 주요 교통수단과 주요 공중접객시설을 조사하고 분석해야 한다.

　㉡ 경합점포 및 상호 보완업종, 고객흡인시설의 유무와 대형 백화점 또는 할인점의 유무, 학교, 향후 발전 가능성, 도시계획의 변경 등을 조사하고 분석하여야 한다.

③ 주변 상권과의 관계

　㉠ 주변상권과의 관계를 고려해야 하는 이유는, 특히 의류점의 경우 선매품으로 고객이 여러 점포를 다니면서 가격이나 디자인, 색감이나 품질 등을 비교하여 구매하는 특성을 지녔기 때문이다.

　㉡ 의류상권이 밀집된 지역이 의류패션 전문점의 지역적인 입지조건으로는 가장 좋다. 의류업의 경우에 잡화점이나 액세서리, 인테리어 소품점 등과의 관계는 상호 보완적인 업종형태의 관계를 형성하고 있다.

　㉢ 점포의 핵심 고객층을 설정하려면 점포주변과 상권의 유동인구수는 물론 연령대, 성별구성비, 주요 통행시간과 통행방향 및 주(主)출입구 등을 조사하여야 한다.

④ 접근성과 편의성의 고려

　㉠ 점포의 입지와 상권에 대한 세부적인 분석이 이루어지면, 구체화된 점포에 접근하는 데 불편함을 최소화시켜야 한다.

　㉡ 구체화된 점포가 있는곳이 유동고객을 유인할 수 있는 지역인지, 고객이 편리하게 모든 시설 등을 이용할 수 있는 지역인지를 고려하여 결정한다.

(4) 의류패션 전문점의 운영전략

① 시장상황의 신속하고 철저한 파악

　㉠ 유명한 영화배우나 TV스타의 옷 입는 스타일과 패션을 연구하여 파악해야 한다.

　㉡ 공급업자는 시장조사를 통한 트렌드 파악과 함께 도매상인과 같은 유통 단계상의 상인들과 친밀한 관계 유지 여부를 파악해야 한다.

　㉢ 인터넷의 패션사이트나 외국의 유명패션잡지 등을 둘러보며, 유행패션 파악 및 연구를 수행하여야 한다.

② 효율적인 매장 구성 및 관리

㉠ 매장의 컨셉을 명확히 하여 상품에 일관된 이미지를 부여하고 브랜드 매장 구성을 위하여 VMD와 MD의 개념을 도입하여야 한다.

㉡ 콘셉트를 명확히 하여 고객들에게 강한 구매충동을 일으키고, 제품에 대한 일관된 이미지를 부여하여야 한다.

(5) 의류패션 전문점의 특징

① 의류패션전문점은 경영성과, 즉 매출액 및 수익측면에서 우위에 있는 군집(도심)입지를 선호하는 경향이 강하다.

② 의류패션전문점의 강력한 경쟁업태의 하나인 백화점이 있으며, 백화점의 인근지역 혹은 백화점 내부에 입점하여 상호 시너지효과를 획득하고자 하는 경향이 있다.

③ 의류패션전문점은 중심상업지역, 중심상업지역 인근, (슈퍼)지역 쇼핑센터 등 대부분의 쇼핑센터, 의류 · 전문 센터,테마 · 페스티벌 센터에서 영업성과가 좋다.

④ 지속적인 경쟁력 우위의 확보를 위한 전략적방안의 하나로 의류패션전문점 또는 체인화사업과 자사상표 패션상품의 개발을 강화할 수 있다.

⑤ 일반적으로 효율적인 재고관리 기법인 ABC 분석 등의 방법을 이용하여 재고비용을 절감하여야 한다. 약간 높은 가격에 구입하고 마진폭을 줄이더라도, 검증된 제품을 구입하고 인기상품을 파악하여 매장의 상품구색을 맞추어야 할 필요가 있다.

3. SPA & VMD

(1) SPA(Speciality retailer's store of Private label Apparel)

① SPA의 개념

㉠ SPA는 1986년에 미국 청바지회사인 갭(GAP)이 도입한 개념이다. 전문점(Speciality retailer)과 자사상표(Private label) 그리고 의류(Apparel)라는 합성어로 '제조직매형 전문점'이라 한다.

㉡ SPA기업은 의류제조업자가 브랜드 제품의 기획과 생산 및 소매활동에 이르기까지를 일괄적으로 시스템화하여 전개하는 기업을 의미하기도 한다.

㉢ 패션전문점의 확산과 함께 합리적인 가격의 중요성이 대두되면서 직영 또는 반직영 체제인 SPA유통망 형태의 점포가 점차 확산되고 있다.

㉣ 최근 가두매장의 대형화로 의류업체나 요식업 등이 종전의 프랜차이즈 시스템에서 직접 경영하는 직영점 형태로 변화를 시도하고 있다.

② SPA의 특징

㉠ SPA는 기획에서부터 판매에 이르기까지 하나로 연결되어 있기 때문에, 이곳에서는 이미 판매하여 소비자들에게 검증된 상품만을 만들어 판매가 이루어진다.

㉡ SPA는 매장내에서 모든 팔 수 있는 상품을 만들기 위해 정확하게 예상을 해야 한다. 기획, 생산, 유통의 합리화를 이루며 비용 절감을 통하여 가격경쟁력

을 갖추고, 소비자가 원하는 상품을 찾아내어 적시에 적정한 장소에 공급함을 목표로 한다.

ⓒ SPA는 비용의 절감을 통하여 소비자의 부담을 줄이는 합리적인 패션유통의 한 형태이기 때문에, 소비자가 원하는 스타일을 파악해 신속한 기획과 생산, 반품과 매장관리가 이루어져 재고부담이 감소한다.

ⓔ SPA에서는 대형매장을 직영하는 형태로 하기 때문에 백화점 등에 상당액의 수수료를 주는 것보다는 정확한 의사결정의 기능을 수행하는 통합 물류 시스템의 구축을 통해 기획, 생산, 유통 간의 저비용 운영체계를 구축하여 비용 절감을 통한 원가 인하를 할 수 있다.

(2) VMD(Visual Merchandising)

① VMD의 개념

ⓐ 비주얼(visual)과 머천다이징(merchandising)의 합성어이다.

ⓑ 비주얼(visual)은 고객이 어느 곳에서든 볼 수 있는 장소에 상품을 배치하여, 그 상품의 장점과 매력을 고객에게 시각적으로 호소하기 위한 것을 말한다.

ⓒ 머천다이징(Merchandising)은 기업의 마케팅 목표를 실현하기 위해 특정의 상품과 서비스를 장소, 시간, 가격, 수량별로 시장에 내놓았을 때에 따르는 계획과 관리를 말하는 것으로, 마케팅핵심을 형성하는 활동을 말한다.

② VMD의 활동

ⓐ VMD는 특정한 목표에 적합한 특정의 상품과 서비스를 조합하여 적절한 장소, 시간, 수량, 가격 등을 계획적·조직적으로 조정하고 체계화하는 활동이다.

ⓑ VMD는 마케팅의 목적을 효율적으로 달성할 수 있도록 하는 활동이다.

ⓒ VMD는 마케팅 목적의 효율화를 위하여 정보수집, 재고관리, 판매촉진을 통해 매력적으로 진열·판매하는 활동이다.

(3) 고급 패션전문점의 입지

① 도심의 중심상업지역이 유리하다.
② 번화가, 쇼핑몰·지역쇼핑센터가 유리하다.

4. 식(食)생활품점(店)

(1) 식료품점

① 식료품점의 의의

ⓐ 식료품점은 음식의 재료가 되는 물품으로 육류, 어류, 채소류, 곡식류, 과실류 따위와 같이 주식품 외의 것을 파는 점포를 의미한다.

ⓑ 식료품점은 일반적으로 네이버후드 스트립 센터에 입지한다. 카테고리 킬러처럼 식료품점은 가격으로 경쟁하며, 네이버후드 스트립센터는 상대적으로 임대료가 비싸지 않다.

ⓒ 주차장이 가까운 것도 식료품점 고객에게 중요하다. 사람들은 일반적으로 일용품을 구입하기 위해 멀리 가려고 하지 않으며, 식료품점은 일반적으로 가로변에 위치하다.

② **식료품점의 특징**

㉠ 표적고객으로부터 거리가 멀어질수록 식료품점의 규모는 커진다.

ⓛ 식료품점에서는 선도가 중요한 상품인 빵, 우유, 두부, 마요네즈, 냉동식품 등은 신선도의 보존과 유지가 항상 가장 중요한 요인이 되고 있다.

ⓒ 식료품점에서는 선도와 보존기간이 중요한 버터, 치즈, 커피, 염간물, 청주, 맥주, 안주류와 같은 상품은 수일간의 보존은 가능하지만 포장상태 또는 점포 진열 상태에 따라 품질의 변화를 일으키는 경우가 많은 상품은 보존기간의 명시 여부에 주의해야 한다.

ⓔ 식료품점에서는 선도와 보존기간의 문제가 약한 간장, 화학조미료, 식용류, 통조림 등 비교적 보존성이 높은 가공식품은 저위보존식품으로 분류한다.

③ **식료품점의 입지선정 고려사항**

㉠ 점포의 취급품의 종류와 품질에 대한 소비자의 구매만족도, 예상된 고객의 시간대별 통행량, 통행인들의 속성 및 분포 상황, 경쟁점포와 기타 상점들 간의 입지선정문제를 판매가능성 요소로 고려해야 한다.

ⓛ 교통의 편리성인데 고객의 거주지역과 점포까지의 운송수단과 소요시간의 내용을 고려하여 불편함이 없어야 한다.

ⓒ 위치측면에서는 상점가의 위치, 주차장소, 시간대별·요일별로 변화 가능성, 도로의 폭, 비탈이나 경사진 면, 상가의 좌우에 편성되어 있는 건물 등의 요소 등을 면밀히 고려해야 한다.

④ **식료품점에 적합한 입지**

㉠ 일용식료품점은 주거지 인근에 입지하며, 대부분이 1층에 위치해야 하며, 점포의 규모는 10평 정도가 가장 적합하다.

ⓛ 일반적인 주거 밀집지역, 아파트 또는 주거 밀집지역에 있는 상가나 쇼핑센터가 적당한 위치이다.

ⓒ 맞벌이 부부가 많은 2,000세대 이상의 아파트지역과 독신 남녀들이 많이 모여 사는 오피스텔 주변, 사무실 밀집지역이 식료품점으로는 가장 적합한 지역이다.

(3) 입지조건의 점포의 건물구조

① 도시형 점포에서는 출입구의 넓이, 층수와 계단, 단차와 장애물 등을 건물구조의 주요 요인으로 고려해야 한다.

② 교외형 점포에서는 주차대수, 부지면적, 정면너비, 점포입구, 주차장 입구 수, 장애물 등을 건물구조의 주요 요인으로 들 수 있다.

③ 정면너비가 넓으면 외부에서 점포에 대한 가시성이 높아져 고객의 내점률을 높이는 데 도움을 준다.

③ 점포의 정면너비는 시계성과 점포출입의 편의성에 크게 영향을 미치며, 점포의 형태로 인해 집기나 진열선반을 효율적으로 배치하기 어려운 경우가 있는데 이때 사용하지 못하는 공간을 죽은 공간(dead space)이라 한다.

(2) 청과물

① 청과물의 개념

　㉠ 청과물은 채소, 과실 등 식용 원예작물을 총칭하는 말로 무, 당근, 토란, 감자 등과 같은 채소와 나무 열매인 사과, 배, 복숭아, 밤, 호두, 포도, 무화과 등이 있다.

　㉡ 청과물은 크기, 수분, 영양가, 성숙도 등의 품질의 균형성을 기하기가 어렵고, 청과물의 크기나 부피에 비하면 가격적인 면에서 낮기 때문에 원거리 수송에서는 경제성이 떨어진다.

② 청과물상의 입지와 특징

　㉠ 무·배추 등과 같이 부피가 크고 무거운 식료품의 소매점은 농산물 도매시장에 가까운 곳에 입지할수록 불리하다.

　㉡ 청과물의 수확에는 대량으로 언제든지 생산하는 제품과는 달리 인력의 능력으로는 한계가 있기 때문에 예측가능성이 상당히 낮다.

(3) 수산물

① 수산물은 바다에서 생산되는 물고기, 삼치 등의 어류 뿐만이 아니라 미역, 해삼, 멍게 등을 포괄하는 개념이다.

② 수산물을 취급하는 수산물점은 신선도가 가격을 크게 좌우하므로 저장시설이 필수적인 조건이다.

③ 수산물은 바다에서 잡은 어류 등을 항만시설이 있는 특정지역을 통하여만 입고되므로 유통구조 면에서 다른 것보다 복잡한 면이 있다.

5. 생활용품점

(1) 생활용품점의 의의

① 생활용품 전문점은 주로 일상적인 가정생활에서 사용하는 다기·다양한 상품들로서 무수히 많은 종류로 나눌 수 있다.

② 생활용품 전문점도 일종의 소매점의 형태를 취하고 있으며, 점포의 위치 선정에 상당한 주의를 하여야 한다. 이는 소매업은 입지가 매출과 직결되기 때문이다.

(2) 업종유형과 상권과의 관계

① 동일업종이라 하더라도 점포의 규모나 품목의 구성에 따라 상권의 범위가 달라진다.

② 선매품을 취급하는 소매점포는 보다 상위의 소매 중심지나 상점가에 입지하여 넓은 범위의 상권을 가지는 것이 좋다.

③ 상품구성의 폭과 깊이를 크게 하여 다목적구매와 비교구매를 가능하게 하는 것도 상권의 범위를 넓히는 요인이 된다.

④ 생필품의 경우, 소비자는 구매거리가 짧고 편리한 장소에서 구매하려 하기 때문에 이런 상품을 취급하는 업태는 주택지에 근접한 입지를 취하는 것이 좋다.

(2) 생활용품점의 입지선택요인

① 상품 요인
- ㉠ 주변에 대형할인점 등과 취급하는 품목이 다수 겹치게 되면 인근에 대형 유통 센터가 없는 지역에 입지해야 한다.
- ㉡ 주방기구나 생활용품, 인테리어 소품, 수입용품을 전문적으로 판매할 경우 주요 고객층은 주부이다. 따라서 대단위 아파트 밀집지역, 주택가 밀집지역 등 주거지 인접지역으로 출점하여야 하며, 도로변이나 재래시장 근처, 통행량이 많은 곳이 나 슈퍼마켓 근처에 입지를 선택하는 것이 유리하다.

② 접근성 요인
- ㉠ 일반적인 지역에서는 1층에 위치하는 것이 접근성이 유리하다.
- ㉡ 전문상가 건물내에 입점할 경우 상가건물이 활성화되어 있고, 흡인력도 좋다면 반드시 1층이 아니어도 접근성에서 긍정적인 편이다.
- ㉢ 생활용품 전문점의 입지조건으로 대형마트 등과 취급품목이 겹치지 않는 틈새 상품이라면 대형마트 인근에 출점하는 것이 오히려 유리하다.

③ 소득 수준 요인
- ㉠ 생활용품 할인점은 서민생활 밀집주거지역에 위치하는 것이 접근성이 유리하다.
- ㉡ 백화점이나 대형 할인점은 중산층 이상의 소비수준을 유지하는 곳에 위치하는 것이 좋다.
- ㉢ 아이디어나 기능성 상품 판매점, 수입용품 판매점은 중산층 거주지가 적합하다.

(3) 아파트 단지 내 상가의 특성

① 단지내 상가란 공동주택단지 내 지원시설의 성격으로 들어서는 근린생활시설을 말 하며, 아파트 안에 있는 슈퍼마켓이나 세탁소, 편의점 등이 대표적인 사례다. 이들 은 여타의 상가들과 달리 확보된 소비수요를 가지고 있다는 것이 가장 큰 장점이다.

② 단지의 세대수가 수요의 크기에 영향을 미치고, 일정한 고정고객을 확보하여 꾸준 한 매출이 가능하다는 장점이 있다.

③ 주부의 가사 부담을 덜어줄 수 있는 아이템이 유리하며, 일반적으로 외부고객을 유입하기 어려워 상권의 한 정성을 갖는다.

④ 일반적인 상가들은 상권의 크기나 명성 등에 따라 매출이 크게 좌지우지 되는데 단 지 내 상가는 아파트 단지에 거주하는 입주민들이 기본적으로 소비행위를 일으켜주 기 때문에 그 만큼 안정적이다.

⑤ 안정된 소비층이 있는 만큼 상가 임차인들이 선호하기도 하며, 일반적으로 소형, 중 형, 대형 순으로 평형이 중형평형 이상 일수록 상가 활성화에 더 유리하다고 본다.

(4) 업종별 입지

① 액세서리전문점 : 이들은 주로 10대 후반에서 20대 후반의 연령대에서 여성들이 주고객이므로, 여학교나 번화하고 유동인구가 많고, 접근성이 용이한 지역으로 입지를 선정하는 것이 중요하다.

② 가방전문점 : 대부분의 수요층이 특정되어 있으므로 중 · 고등학교나 대학교 인접 지역과 유동인구가 많은 환승지역이나 대로변에 입지하는 것이 적합하다.

③ 문구점 : 문구를 사용하는 계층은 특정되어 있기 때문에, 학교 앞이나 사무실이 밀집된 지역에 입지를 선정한다.

④ 고깃집 : 주로 가족들이나 단체로 오는 손님들을 대상으로 하기 때문에, 일반음식점과는 구분되어 넓은 지역에 입지하는 것이 유리하며 주차시설은 필수조건이다.

⑤ 신발점 : 학교 근처나 재래시장 및 주택가에 입지를 선정한다.

⑥ 안경점 : 중 · 고등학교나 대학교 및 주택가에 입점하는 것이 좋다.

(5) 상가의 종류와 상가별 특성

① 근린상가 : 입점업종으로 생활편의 소매 · 서비스와 선매품 등의 입점이 이루어진다.

② 복합상가 : 동일 건축물 안에 판매시설과 공동 주택, 근린생활시설, 업무 시설 등이 건설된다.

③ 단지내 상가 : 아파트단지나 주택단지에 형성되며 상권의 한 정성으로 인해 단지의 규모가 중요하다.

④ 재래시장 : 유통환경의 급격한 변화에 대처하지 못하였고 시설의 노후화 등으로 경쟁력을 상실하고 있다.

⑤ 쇼핑센터 : 도심지역의 소비자들이 교외로 이전하면서 전문적인 개발업자에 의한 지역 상황과 수요 분석을 통해 규모 · 레이아웃 · 점포구성 · 만족 등이 계획적으로 개 발 · 관리 · 운영되는 대표적인 집합형 소매점을 말한다.

6. 패션잡화점

(1) 패션의 개념과 특징

① 패션의 개념

㉠ 패션은 보는 시각에 따라 '특정기간 동안에 지배적인 스타일' 혹은 '시대적으로 적절하다고 인정되는 발상과 구성'으로 풀이한다.

㉡ 패션은 '특정 사회적 역할에 적절한 것으로 사회적으로 규정되거나 수용되는 특정스타일' 및 '새로운 스타일이나 제품이 사업적으로 소개된 후, 소비자들이 수용하는 사회적 전염과정'이라고 풀이한다.

㉢ 패션 스타일로서 의복 스타일이나 가구의 스타일, 또는 어떤 신기하거나 새로운 품목을 들 수 있으며, 가장 일반적인 패션은 하나의 행동이나 양식이 될 수도 있다.

② 패션의 특징

㉠ 패션이라고 하는 것은 일시적으로 수용되는 일정한 기간이 있다. 어떤 특정 모드나 현대적인 추세 및 유행하는 스타일들은 일시적으로는 어떤 특정한 기간 동안에 수용되지만 궁극적으로는 바뀌는 것이다.

㉡ 패션은 특정사회집단이나 또는 그 집단 구성원의 전부는 아닐지라도 적지 않은 비율에 의하여 수용된다.

㉢ 여기에 사회집단은 한 사회의 전 구성원 혹은 특정 하위집단의 구성원일수도 있고 친구 사이와 같은 비공식적인 집단일 수도 있다.

㉣ 패션잡화점의 최적입지는 상호보완적인 상품을 제공하는 다양한 점포들이 모여 있는 곳이다.

(2) 패션상품의 수명주기

① 도입기

㉠ 신제품이 도입되면 새로운 제품이기 때문에 소비자들은 아직 관심이 없으며 또한 그 제품에 대하여 잘 알지도 못한다.

㉡ 기업에서는 신제품을 알리기 위하여 여러가지 판매촉진 정책을 마련해야 한다.

㉢ 신제품 개발을 위한 시험연구비, 판매촉진비용 등으로 판매액보다는 비용이 많아 결손을 보는 단계이다.

② 성장기

㉠ 기존고객들은 이 제품을 다시 구매하며, 광고 등으로 인하여 망설이던 고객들이 시험적으로 구매를 시작하기 때문에 매출이 급격히 증가한다.

㉡ 매출증대는 이익증대로 연결되고, 따라서 경쟁자들이 이 제품시장에 뛰어들어 유사한 제품이 생기게 된다.

㉢ 매출이 증대되면 기업은 투자를 무리하게 확대하려는 경향이 강하게 작용하는데, 이 경우 기존업체 의사결정자는 전략적 계획수립에 신중을 기하여야 한다.

③ 성숙기

㉠ 초기 성숙기에서는 매출은 계속 증가하지만 많은 경쟁자들이 시장에 나타나고, 유통조직의 확장이 포화상태가 되어 새로운 고객은 창출되지 않으므로 결국 매출은 최고조에 이르러 더 이상 증가하지 않는다.

㉡ 후발업체도 제품의 품질향상과 적극적인 마케팅을 하기 때문에 제품에 차별화가 없어지고, 업체간 경쟁은 격렬하게 되며, 제품의 가격을 인하하여 새로운 고객을 찾으려 한다. 이 시기의 마지막에 즈음하여 고객들은 다른 대체 상품을 찾기 시작한다.

④ 쇠퇴기

㉠ 제품이 쇠퇴기에 접어들면 새로운 제품이 출현하게 되고, 새로운 것을 추구하는 소비자들은 기존 제품을 구입하지 않고 신제품으로 바꾸게 된다.

㉡ 매출은 감소하게 되지만 새로운 변화를 원하지 않는 보수적인 소비자들은 아직 기존 제품을 사용하며 매출은 겨우 명맥을 유지하고 있다.

ⓒ 매출의 감소로 이익이 감소되고, 이러한 결과로서 다른 경쟁자들도 이 시장을 떠나게 된다.

(3) 패션잡화점의 입지

① 패션잡화점의 최적 입지는 상호보완적인 상품을 제공하는 다양한 점포들이 모여 있는 곳으로 대학가나 젊은층이 자주 찾는 지역이 좋은 입지이다.

② 여러층으로 구성된 매장에서 고객의 주된 출입구가 있는 층, 쇼핑몰 내부입지에서 핵점포(anchor store)의 통로나 출입구 근처의 입지가 적합하다.

07 소매입지이론

1. 넬슨(R. L. Nelson)의 소매입지이론

(1) 넬슨(R. L. Nelson)이론의 개념

① 오늘날 소비자의 욕구가 다양화 · 개성화 · 전문화하는 추세하에서 소매점도 이에 대응하여 대형화 · 시스템화 · 전문화되고 있다.

② 넬슨은 최대의 이익을 얻을 수 있는 매출고를 확보하기 위하여 점포가 어디에 위치하고 있어야 하며, 어디에 입지해야 하는지를 알기 위하여 입지선정을 위한 8가지 평가 원칙을 제시하였다.

(2) 넬슨(R. L. Nelson)의 입지선정의 8가지 평가방법

① **상권의 잠재력** : 현재 관할 상권내에서 취급하는 상품, 점포 또는 상업시설의 수익성 확보가 가능한가에 대한 검토가 이루어져야 한다.

② **접근 가능성** : 동일한 상권내의 고객들을 자신의 점포로 유인하는 데 있어서 어떠한 장애요소가 고객들이 접근할 수 있는 가능성을 방해하는지를 살펴보는 것으로 고객이 찾아오기 쉬운 점포로 대중교통과 주차장 등을 고려해야 한다.

③ **성장 가능성** : 주변의 인구증가와 일반 고객들의 소득증가로 인하여 시장규모나 선택한 사업장과 유통상권이 어느정도로 성장할 수 있겠는가를 평가하는 방법이다.

④ **중간 저지성** : 상권지역내의 기존점포나 상권지역이 고객과 중간에 위치하여 경쟁점포나 기존의 상권으로 접근하려는 고객을 중간에서 저지할 수 있는 가능성을 평가하는 방법으로 잘 알려진 점포로 가는 길목에 있는 입지를 선택하는 것도 좋다.

⑤ **누적적 흡인력** : 동일업종의 집적에 의해 고객을 끌어들일 수 있는 가능성으로 경영자가 속한 상권지역 내에 영업형태가 비슷하거나 동일한 점포가 집중되어 있어 고객의 흡인력을 극대화할 수 있는 가능성 및 사무실, 학교, 문화시설, 체육시설 등에 인접함으로써 고객의 흡수가 유리한 조건인가를 평가하는 방법이다.

⑥ **양립성** : 상호 보완관계가 있는 점포들이 근접하여 입지해 있으면 고객이 흡입될 가능성이 높다는 것으로, 서로 업종이 다른점포가 인접해 있으면서 서로 보완관계를 통해 상호매출을 상승시키는 효과를 발휘하는 것을 말한다.

⑦ **경쟁 회피성** : 장래 경쟁점이 신규 입점함으로써 고려대상 점포나 유통단지에 미칠 영향 정도나 경쟁점(경쟁 유통단지)의 입지, 규모, 형태 등을 감안하여 고려대상 점포나 유통단지가 기존점포와의 경쟁에서 우위를 확보할 수 있는 가능성의 정도를 평가하는 방법으로 가능하다면 주변에 경쟁점포가 없는 입지를 선택하고 경쟁점의 규모 등을 감안해야 한다.

⑧ **용지 경제성** : 경영자가 진입할 상권의 입지 가격이나 비용 등으로 인한 수익성과 생산성의 정도를 검토 평가하여 수익성 및 생산성이 가장 확실하게 보장되는 용지를 선택해야 한다.

2. 상업 입지 이론

(1) 상업 입지의 의의

① 상업입지는 상업활동이 행하여지는 지역적인 장소 또는 그 범위를 지칭하며 상업지(개별매장, 쇼핑몰 혹은 쇼핑센터)의 선택은 시간 및 거리에 크게 영향을 받는다.

② 부지의 매력도를 평가하는 일반적기준은 일반적으로 경사지보다는 평지가 고객접근성에 유리하지만, 부지의 가시성 때문에 경사지를 선호하는 경우도 있고, 접근성을 평가하기 위해서 주변의 버스노선 수, 지하철역과의 거리를 고려한다.

③ 토지의 이용 및 건축물의 용도 등을 제한하는 용도지역 중 "국토의 계획 및 이용에 관한 법률 시행령"에 따른 상업지역에 해당하는 것은 중심상업지역, 일반상업지역, 근린상업지역, 유통상업지역 등이다.

④ 고객 유도시설은 고객을 모으는 자석과 같은 역할을 한다고 하여 소매자석(customer generator : CG)이라고 하며, 점포의 매출예측을 위한 실사원칙(實査原則)에는 예측습관의 원칙이나 비교 검토의 원칙, 가설검증의 원칙 현장확인 우선의 원칙 등이 이용된다.

⑤ 중개상(브로커, 거간, broker)은 주로 거래를 알선하는 중개기능을 수행하는데, 소유권이 없기 때문에 위험을 부담하지 않으며, 금융기능도 수행하지 않는다. 소유권을 취득하지 않고 제3자의 입장에서 구매자와 판매자를 찾아서 거래를 성사시켜 거래 양 당사자로부터 수수료를 받는 전문적인 도매상이며, 입지를 선정할 때 취급상품의 물류비용을 고려할 필요성이 가장 낮은 도매상이다.

(2) 상업지의 입지 조건

① 물리적 조건

㉠ 지반, 노면, 건물의 외형, 가로구조 등을 물리적 조건이라 한다.

㉡ 부지의 형상, 인접 건물의 형태, 대기환경 등으로 구분할 수 있다.

② 사회적 조건

    ⊙ 고객들이 존재하는 배후지는 최고로 중요하다. 따라서 인구밀도와 지역면적이 크고, 고객의 소득수준이 높아야 상업지의 입지로 적합하다.

    ⓛ 배후지가 아무리 발달되어 있고 소득수준이 높더라도, 교통수단의 발전이 없다면 고객을 흡인할 수 없기 때문에 접근성이 나빠 불리하다.

③ 경제적 조건

    ⊙ 해당지역 경영자의 창의력과 자금력이 어떤 국면에 처해 있으며, 현재 얼마나 활발하게 번영하고 있는가를 살펴야 한다.

    ⓛ 해당지역의 지가 수준, 임대료 수준, 급료 수준, 매상고, 교통량, 입지경쟁을 살펴보면 파악이 가능하다.

(3) 상업지의 물리적 요인

① 가로의 구조

    ⊙ 동(東) · 서(西)로 된 가로는 서쪽이, 커브를 이룬 가로의 경우에는 바깥쪽이 유리하다. 커브의 내부입지는 가시성과 접근성이 모두 낮으므로 피하는 것이 좋다.

    ⓛ T자형 도로와 한 편이 막힌 막다른 도로입지는 오직 한 방향의 고객을 잃은 것처럼 보이나 실제로는 고객이 막다른 도로의 진행을 꺼리므로 사방의 모든 고객을 잃는다.

    ⓒ 역이나 정류장 등을 향한 가로는 우(右)측이 유리하고, 비탈길의 경우에는 하부(下部)가 유리하지만, 구체적인 업종에 따라 다르다.

    ⓔ 음식점은 양지바른 쪽이 유리하고 양품점, 서점, 가구점은 도로의 남쪽 · 서쪽의 대지를 정하여 직사광선에 의해 상품이 퇴색되는 것을 방지하는 것이 유리하다.

② 도로의 구조

    ⊙ 토지와 도로는 한 면보다 네 면이 활용하기가 좋고, 곡선형 자동차도로('C'자)에서는 커브의 안쪽보다는 바깥쪽 점포가 시계성측면에서 유리하다. 보조로보다는 주도로에 접한 내부획지(inside parcels)가 유리한 입지이다.

    ⓛ 우회전이 많은 가각입지는 앞 차량이 운전자의 시야를 가리므로 가시성이 불량하다. 운전자는 주행신호를 받아 이미 가속한 이후에야 입지를 인지할 수 있다.

    ⓒ 주도로의 제한속도가 높을수록, 예를 들어 제한속도 40km보다는 60km에서 전면은 더 넓어야 한다. 도로의 중앙 분리대가 있는 경우에는 조심해야 한다. 중앙분리대는 교통안전을 위해 설치를 한 것이지만 접근성을 방해하는 경우가 있다.

③ 소매점 경영 시 나쁜 도로형태

    ⊙ 로프(loop)형태의 도로는 곳곳에 커브가 많아 소매업 경영에 좋은 조건은 아니다.

    ⓛ 뱀(serpentine)형태의 도로는 기본적으로 굴곡이 많은 도로이며, 산과 언덕의 경사가 많아 소매업 경영에 좋은 조건은 아니다.

    ⓒ 도로가 서로 평행(parallel)한 형태로 놓여있는 도로는 소매업 경영에 좋은 조건이 아니며, 점포와 접한 도로에 중앙분리대가 있는 경우에는 불리한 입지이다.

④ 소매점 경영시 좋은 도로형태

 ㉠ 큰도로를 중심에 두고서 양쪽 옆으로 생선가시처럼 수없이 갈라지는 생선가시(fishbone)형 도로는 소매업 경영에 좋은 도로 형태이다.

 ㉡ 방사형도로가 나뭇가지처럼 사방으로 뻗쳐있는 나뭇가지(tree branch)형 도로는 소매업 경영에 좋은 도로 형태이다.

 ㉢ 모든 도로가 특정지역으로 이어져 있는 별(stellar)형 도로는 소매업 경영에 좋은 도로 형태이다. 이는 사방에서 오는 고객의 접근성이 유리하고, 고객을 한 곳으로 모을수 있는 형태이기 때문이다.

⑤ 점포의 입지조건 도로 평가

 ㉠ 부지가 접하는 도로의 특성과 구조 등 '도로조건'을 검토해야 한다.

 ㉡ 점포의 면적이 같다면 일반적으로 도로의 접면이 넓은 경우가 유리하다.

 ㉢ 중앙분리대가 있는 경우 건너편 소비자의 접근성이 떨어지므로 불리하다.

 ㉣ 차량이 다니는 도로가 굽은 경우 커브 안쪽보다는 바깥쪽 입지가 유리하다.

 ㉤ 경사진 도로에서는 일반적으로 상부보다는 하부 쪽에 점포가 위치하는 것이 유리하다.

(4) 구매 관행에 따른 상업지분류

① 편의품점

 ㉠ 일반인들이 언제 어디서든 시간과 장소에 제약없이 쉽게 구매할 수 있는 생활필수품을 판매하는 점포로, 주로 저차원 중심지에 입지한다.

 ㉡ 편의품의 경우 소규모 점포의 상권 범위는 대개 도보로 5분 정도의 거리 범위 내라고 볼 수 있다. 일상의 편의품을 취급하는 경우 임대료와 지가가 높지 않은 곳에 입지하여야 한다.

 ㉢ 소비자가 구매하고자 하는 제품은 상표에 대한 충성도가 거의 없는 일반적 제품이 많아 가격과 서비스품질이 상대적으로 뛰어난 점포를 찾아 이용하는 경우도 있지만 가까운 거리에 있는 점포도 많이 이용한다.

② 선매품점

 ㉠ 선매품점은 고객이 상품의 가격, 스타일 등 여러상품과 비교하여 최종구매를 결정하는 상품을 말한다.

 ㉡ 구매횟수는 적으나 편의품에 비해 가격 수준이나 이윤은 높다는 특징이 있다.

 ㉢ 선매품을 파는 상점은 원거리에서 찾아오는 손님도 많으므로, 교통수단과 접근성이 좋아야 한다.

 ㉣ 선매품의 경우 승용차와 대중교통을 이용한 접근성이 상권범위를 결정하는 영향요인이 되기도 한다.

③ 전문품점

 ㉠ 전문품은 고객이 특수하고, 브랜드에 대한 애호도가 강하여 높은 목표로 한 매력을 찾으려고 하기 때문에 구매에 비용을 아끼지 않는다.

ⓒ 전문품에는 고급 양복, 고급 시계, 고급 자동차, 고급 보석 등이 해당된다.

ⓒ 전문품을 취급하는 점포의 경우 고객이 지역적으로 밀집되어 있으므로 상권의 밀도는 높고 범위는 넓은 특성이 있어 상권범위는 도시 전체로 넓어질 수 있다.

ⓔ 전문품은 가격수준이 높으며 광고된 유명상표 상품을 갖춘 상점으로 주로 고차 원 중심지에 위치한다.

(5) 새로운 입지의 수요예측방법

① 새로운 입지의 수요예측방법에는 유사성방식, 다중회귀분석, Huff모델을 이용한 방식 등이 있다.

② 가장 폭넓게 사용되는 방법으로 유사성방식이 있으며, 유사성방식의 보다 공식적인 통계적 버전으로서 다중회귀분석방식을 사용한다.

③ 다중회귀분석방식은 획득가능한 자료를 가진 점포의 수가 많으면 많을수록 수요예 측에 더욱 적합하다.

④ 다중회귀분석방식은 우선, 성과예측을 위해 점포의 성과 및 설명변수를 찾아낸 다음 회귀방정식을 도출하여 미래의 점포성과를 예측하게 된다.

⑤ Huff의 중력모델에서 점포가 가진 경쟁의 매력도는 고객으로부터 점포나 쇼핑센터 까지의 거리나 이동시간을 고려한다.

3. 주거 입지

(1) 주거지의 개념

① 주택은 배산임수(背山臨水)라 하여 언덕에 형성되어 왔다. 주거지의 입지는 각종 주거시설이 위치하고 있는 장소를 말한다.

② 주거입지를 선정할 때에는 입지대상이 내포하고 있는 토지의 자연적 · 인문적인 조건을 감안하여 선정하여야 한다.

(2) 주거지의 입지선정 요인

① 주변환경과 더불어 쾌적한 상태를 지니고 있어야 한다.

② 주거지로부터 직장이나 학교까지의 교통수단 등의 편리성을 지니고 있어야 한다.

③ 학교, 병원 등 각종 편의시설이나 문화시설에의 접근 가능성이 높아야 한다.

(3) 주거지의 사회 · 행정적 조건

① 주거지역을 정할 때 그 지역의 범죄 발생건수, 우범지역 여부, 치안담당 관서의 유무 등도 충분히 살펴야 한다.

② 도로는 거주자가 특정한 지역을 방문할 경우에 접근 가능성을 뒷 받침하고, 교통상태 역시 지하철인가 버스인가 또는 역세권인가 멀리 떨어져 있는가에 따라 달라진다.

③ 교육시설, 의료시설, 문화시설, 구매시설, 스포츠시설, 가스공급시설, 하수도 · 오물 처리시설 등 편의시설 존재유무 등을 종합적으로 살펴보아야 한다.

④ 공해나 위험시설, 혐오시설, 공항인접지, 공장인접지, 철도, 유흥가, 경기장 주변 불리한 시설물의 상태 등을 세심하게 고려하여야 한다.

⑤ 주거지역 거주자들의 직업, 지위, 소득 수준도 고려하여야 한다.

(4) 주거지의 입지 조건

① 지형 조건

   ㉠ 남(南)·동(東)쪽은 트이고 완만하게 경사진 곳이 유리하다.

   ㉡ 북(北)·서(西)쪽은 차가운 계절풍을 막아주는 산과 숲이 있는 것이 유리하다.

② 지세 조건

   ㉠ 붕괴 위험성이 높은 언덕배기나 절벽 밑은 피해야 한다.

   ㉡ 우뚝 솟은 봉우리는 바람받이가 되고, 움푹 파여 들어간 소형 분지도 주거지의 입지 조건으로는 적합하지 않다.

③ 토지 상태와 지반 상태의 조건

   ㉠ 집터는 단단하고 강하며 땅이 좁고, 지질은 습도가 적당히 스며들어 보존할 수 있는 점토와 사토가 약간씩 섞인 토양이 있어야 훌륭하다.

   ㉡ 점토, 암석, 모래지역이나 과거에 논, 수면, 늪을 매립하여 개토한 지질은 좋은 상태라고 할 수 없다.

④ 기상 조건

   ㉠ 강수량이나 풍향, 일조시간, 기온 등 입지에 상당한 영향을 줄 수 있다.

   ㉡ 요소들의 파악이 제대로 되어야 주택의 쾌적성에 영향을 줄 수 있다.

4. 공장 입지

(1) 시장 지향형

① 신선도의 유지가 절대적으로 필요한 제품이나 부패성이 높은 제품일 경우에 적합하다.

② 교통비용을 절대적으로 절감해야 하는 경우에 추구하는 조건이 된다.

③ 중량이나 부피가 늘어나는 산업이 유리하다.

④ 재고의 확보가 필요한 제품을 생산하는 공장에 적합하다.

⑤ 일반 소비자와 접촉이 많이 필요한 제품을 생산하는 경우에 필요하다.

⑥ 원재료가 단순하고 동일하며 중량이 많이 나가는 제품인 경우에 유리한 조건이다.

⑦ 생산과정에 투입되는 원재료와 재공품의 생산이 복잡한 제품을 생산하는 공장에 필요하다.

(2) 노동 지향형

① 의류·신발산업, 인쇄, 섬유, 출판업 등이 가장 적합하다.

② 변동비와 고정비 중 고정비가 차지하는 비중이 가장 최저점인 경우가 유리하다.

(3) 원료 지향형

① 특정장소에서만 생산되는 원료인 편재원료를 많이 사용하는 공장에 필요하다.
② 총 비용 중에서 원료의 수송비 비중이 상당한 제품을 생산하는 공장에 적합하다.
③ 생산과정에서 원재료의 중량이 상당히 감소하는 제품을 만드는 공장에 적합하다.
④ 부패하기 쉬운 원료로 제품을 만드는 경우에 유리하다.

(4) 운송비 지향형

① 운송비를 최소화할 수 있는 곳에 입지해야 한다.
② 공항, 항만, 철도, 고속도로 등의 접근성이 중요하다.
③ 농작물을 밭떼기하여 농공단지 내에서 가공하는 공장에 가장 적합하다.
④ 바다에 위치한 제철공장과 제련공장의 경우에도 필요한 입지이다.
⑤ 어선에 의한 항구의 물고기 가공공장의 경우 적합하다.

입지 영향 인자

1. 라이프스타일(Life style)

(1) 라이프스타일의 의의

① 라이프스타일(Life style)은 개인이나 가족의 가치관 때문에 나타나는 다양한 생활양식 · 행동양식 · 사고양식, 생활의 모든 측면의 문화 · 심리적 차이를 전체적인 형태로 나타낸 말로서 최근에 마케팅과 소비자의 행동 연구 분야에서 관심을 가지게 되었다.
② 소매업의 개점시 라이프스타일의 특성을 고려하는 것은 매우 중요하다. 해당지역 인구의 라이프스타일 특징은 특정 소매업체가 추구하고 있는 표적시장과 일치해야 하고, 한지역의 인구수와 소득이 구매력을 결정짓는 중요한 요건일 수 있기 때문이다.
③ 인구 및 라이프스타일 변수 분석의 초점은 표적고객들의 특징을 파악하는 것으로 나타날 수 있다. 인구 통계와 라이프스타일의 특성은 소득문제, 가족문제, 교육문제 등 인구의 특색을 나타낼 수 있는 모든변수들은 인구학적인 특징에 포함할 수 있다.
④ 소매점포 입지선정과정에서 상권내 소비자들의 라이프스타일의 변화 동향을 의류패션전문점, 스포츠용품점, 문화용품점 등을 통해 파악할 수가 있다.

(2) 라이프스타일의 특징

① 사람들이 세상을 살아가는 방식이며, 개인마다 갖는 톡특한 삶의 양식이다. 상당히 많은 제품들이 고객들의 라이프스타일에 의해 영향을 받으며, 구매된상품은 구매자 라이프스타일을 표현한 것임을 알 수 있다. 예술, 패션, 음악, 디자인, 카페 등을 함께 판매하는 문화 공간형 복합매장의 입지를 물색하고 있는 소매점에 가장가치 있는 상권정보이다.

② 라이프스타일에 의한 시장세분화는 심리분석적 세분화기법 중 가장 대표적인 방법이다. 라이프스타일의 변수는 주로 사람들의 활동(Activity), 관심(Interest), 의견(Opinion)을 기준으로 몇개의 집단으로 구분하는데, 영문표기의 머릿글자를 따서 AIO 분석이라고 한다.

【 라이프 스타일 세분화를 위한 AIO 변수 】

활동(Activity)	관심(Interest)	의견(Opinion)
일	가 족	자기자신
취 미	가 정	사회적 관심사
사회적 사건	직 업	정 치
휴 가	지역사회	사 업
오 락	여가활동	경 제
클럽회원활동	여 행	교 육
지역사회	음 식	상 품
쇼 핑	대중매체	장 래

(3) 전체 인구의 변화

① 현재 우리나라 총인구의 증가율은 세계에서 최저에 속하지만, 절대적인 총인구의 증가는 미약하게나마 계속 증가하고 있는 상황이다.

② 총인구의 증가는 개인의 소득증가와 함께 유통업의 계속적인 발전 가능성을 의미한다. 따라서 특정 거래지역에서 소매점을 개설하는 경우에는 그 지역 총인구의 증가 요인을 면밀히 검토하여 거기에 맞는 대책을 수립해야 한다.

(4) 인구 구조의 변화

① 연령별로 인구의 구조가 어떻게 형성되어 있으며 어떠한 계층의 인구가 가장 많은지를 파악하는 것은 연령별 세분시장의 동향을 파악하는 데 중요한 요인이 되고 있다.

② 과거에 우리나라의 인구 구조는 피라미드 구조였다. 하지만 지금은 항아리 형으로 바뀌었는데, 이러한 전체적인 인구 구조의 변경사항은 새로운 시장의 탄생과 기존 시장의 쇠퇴를 말한다고 할 수 있다.

(5) 핵가족화

① 우리나라의 가구당 가족 수는 지속적으로 감소하고 있다. 기존의 1가구당 5~7명에 비해 지금은 1가구당 1~2명에 불과하니 상당히 감소한 것이다. 부모들은 1~2명의 자녀에게 많은 투자를 하기 때문에, 어린이용품의 수요나 질적인 면에서 점점 고급화되어 가는 추세에 있다.

② 결혼의 거부로 인한 비혼자들의 증가, 이혼으로 인한 독신과 노후독신 등 독신자들의 증가는 여행용품, 부엌용품, 인스턴트 식품류, 소형 아파트, 원룸 등의 수요를 증대시키고 있다.

(6) 베드타운(bed town)의 발전

① 흔히 서울을 중심으로 주변의 신도시를 위성도시라 하는데, 이를 또 다른 말로 베드타운이라고 한다. 이들 지역에 거주하는 사람들의 직장은 대부분이 대도시 내에 있으며, 단지 잠만 그곳 거주지에서 잔다 하여 붙여진 이름이다.

② 베드타운에는 젊은 맞벌이 부부들이 계속 유입되므로, 이러한 지역에 진출을 희망하는 소매업체들은 인스턴트류, 세탁류 등의 업종과 상황에 맞는 신업종을 개발하여 입지해야 한다.

(7) 맞벌이 부부의 증가

① 개인주의에 의한 가치관의 변화, 독신자나 맞벌이 부부들의 증가로 인하여 쇼핑센터나 식료품점에서도 남성 고객들의 시장보는 모습을 빈번하게 목격할 수 있다.

② 맞벌이 가정은 소득이 상대적으로 여유가 있기 때문에 사치품에 대한 구매 가능성이 높은 반면에 시간은 부족하다. 이들을 대상으로 상품을 판매하려는 소매업체는 편리함과 시간절약을 강조하는 것이 우선조건에 해당한다.

③ 맞벌이 부부는 시간의 제약을 받기 때문에 인터넷을 통한 각종 상품 구매 등으로 인하여 무점포 소매업의 발전을 수반하게 될 것이다.

(8) 자가용 소비자증가

① 소비자의 이동성을 높여 저밀도의 넓은 영역으로 주택 분산이 가능해지고 인구의 교외화가 진행되며, 소비수요가 중심도시로부터 교외로 이동하고 다양한 상업기회가 교외에서 생겨난다.

② 자가용차 이용은 유류비와 차량 유지비용 발생으로 다목적 쇼핑외출과 같은 새로운 쇼핑패턴을 생성하여 유통시스템에 영향을 미친다. 자가용차 이용으로 소비자가 여러 도시를 자유롭게 이동할 수 있어 소매상의 시장범위가 비약적으로 확대 된다.

2. 비즈니스 환경

(1) 비즈니스 환경의 의의

① 비즈니스환경은 최고경영자가 의사결정을 내려야 할 때 고려해야 하는 외부요인을 말한다. 이곳에 입지해야 하는지 저곳에 입지해야 하는지의 판단은 그 기업의 총매출과 기업의 운명에 지대한 영향을 주기 때문에 최고경영자의 신중한 판단이 요구된다.

② 기후나 지형 같은 자연적인 조건과 정치·경제·사회·문화·기술과 같은 일반적인 환경 및 경쟁업체, 소비자, 정부 등의 구체적인 환경으로 구성되어 있다.

(2) 일반적인 환경

① 경제 환경

㉠ 경제환경에서 국내외의 경기변동, 물가수준, 이자율이나 세율, 환율, 정부의 산업정책은 개별기업의 의지와는 상관없이 경영성과에 지대한 영향을 가져올 것이다.

    ⓛ 지금도 전세계적인 금융위기로 각국이 경제위기에 심각한 타격을 받고 있으며 이러한 위기는 한나라만의 사정이 아니라 모든 나라의 공통적인 상황이다.

② 기술 환경

    ㉠ 현재의 새로운 기술은 기존의 시설이나 인력을 상당히 낮추는 작용을 하게 된다. 지금처럼 급속하게 발전되는 기술환경 속에서 경영자는 항상 기술발전에 관심을 가지고, 신기술의 도입과 개발에 적극적이고 개방적인 자세를 취해야 한다.

    ㉡ 기술발전의 영향은 단순기능 휴대폰이 고화소의 카메라기능을 첨가하여 인기를 얻고, 시시각각 기술환경이 급변하고 있다.

③ 정치와 사회 환경

    ㉠ 사회가 발전하면 발전할수록 경영과 관련되는 법률이 새로 제정되거나 폐지되는 경우가 많이 있다. 그것은 현재의 경제상황에 맞지 않는 것을 맞게 변화하는 과정에서 발생하는 것이다.

    ㉡ 소비자들의 발언권이 강화되어 있다. 소비자보호원이나 소비자보호법의 강화, 소비자보호에 대한 법률이 제정되어 기업이 올바로 대응하지 못하면 회사의 존립이 위태로운 상황에 처할 수 있다.

④ 사회적 · 문화적 환경

    ㉠ 사회나 문화적 환경은 총인구와 인구구성의 변화, 지역간 이동, 세대 수의 변화, 의식주 생활, 여가생활 등이 있으며, 최근에는 시골이나 일부 도심지에서 한국남성과 결혼한 외국여자들을 흔히 볼 수 있고, 한국의 중소기업에서 일하는 외국인 이주노동자들도 쉽게 눈에 띈다.

    ㉡ 인간의 행동은 가치관의 변화에 의하여 바뀌어지게 된다. 즉, 가치관이 무엇이며 어느 방향으로 나아가는지의 여부에 따라 정치가나 기업가에게 상당한 영향을 미치게 된다.

    ㉢ 현재의 정치 상황처럼 사회의 주류가 대다수의 진보적인 성격을 가지고 있는 권력자들이라면, 정치나 기업 경영자들의 마인드를 가급적 혁신적인 방향에 맞추려고 노력할 것이다.

(3) 고객과 기업환경

① 고객 환경

    ㉠ 고객이란 자신의 상품과 서비스를 유상적인 가치를 지불하고 사주는 상대를 지칭한다. 여기에서 말하는 고객은 현재의 고객 및 미래의 잠재적인 고객까지 포함되는 개념이다.

    ㉡ 시장에서는 고객의 기호가 어떻게 변하고 있는지, 자신의 상품이나 서비스에 대해 고객들이 어떤 평가를 내리고 있는지를 정확하게 조사하여 신상품 개발에 이를 반영하여야 한다.

② 접근가능성의 원칙

    ㉠ 입지대안을 평가하기 위한 어떤 원칙으로 고객의 입장에서 점포를 방문하는 심리적, 물리적 특성과 관련된 원칙이다.

    ㉡ 지리적으로 인접해 있거나 교통이 편리하다든지, 점포이용이 시간적으로 편리하다든지 하면 입지의 매력도가 높아진다.

③ 유통기업환경

    ㉠ 유통기업은 도매상이나 소매점, 대리점처럼 기업과 최종 고객 사이에서 상품이나 서비스가 제대로 도달할 수 있도록 도와주는 역할을 수행하는 기업이라 할 수 있다.

    ㉡ 유통기업과 상품을 공급하는 업체 간에는 갈등이 발생할 소지가 많이 있는데, 이 경우 누가 더 큰 영향력을 행사하느냐에 따라서 결과가 달라진다. 따라서 유통기업은 자사의 경쟁력과 상표력(PB)을 향상시켜 갈등의 소지를 최소화하도록 해야 한다.

④ 경쟁기업환경

    ㉠ 유사한 상품으로 동일 시장을 겨냥하는 경쟁기업들 간에는 가격정책, 광고활동, 유통경로 과정에서 치열한 경쟁이 생기고, 경영자는 경쟁기업에 어떻게 대응하느냐의 결과에 따라 경영자의 능력을 발휘할 수도 있고, 그냥 소멸할 수도 있다.

    ㉡ 새로운 경쟁자의 위협도 경쟁 환경에 포함되어야 한다. 특히 기술력이 있는 업체는 언제든지 확실하고 막강한 기술로 무장하여 기존의 업체에 대항하게 되면, 기술력이 강한 기업만이 최종적으로 생존하게 될 것이다.

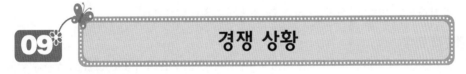

09 경쟁 상황

1. 경쟁 상황의 분석

(1) 경쟁자 분석의 의의

① 경쟁자분석은 경쟁업체들의 행태, 비용구조, 이익률, 시장점유율, 재무구조에 대한 분석을 말하는데, 경쟁점포의 수, 새로운 참여업체의 수, 시장안정성 등의 공급측면에서의 분석도 경쟁자분석으로 보아야 한다.

② 경쟁자분석은 상권내의 업종별 점포수, 업종비율, 업종별, 층별 분포를 파악한다. 업종별 분류에는 판매업종과 서비스업종으로 구분할 수 있는데, 판매업종은 식품류, 신변잡화류, 의류, 가정용품류, 문화용품류, 레포츠용품류, 가전·가구류 등으로 분류할 수 있다.

③ 경쟁자분석은 동일상권내의 서비스업종을 외식서비스, 유흥서비스, 레저오락서비스, 문화서비스, 교육서비스, 의료서비스, 근린서비스로 구분할 수 있다. 일정한 형태의 소매업체들이 직접경쟁자이고 또는 잠재적경쟁자인지를 파악하여야 한다.

(2) 경쟁자 분석의 전략

① 경쟁자분석에서 판매업종과 서비스업종의 구조를 파악하고, 전국에 걸쳐 수많은 점포를 개설한 프랜차이즈 편의점 등이 가장 용이하게 경쟁자분석을 실시할 수 있다.

② 상품구색, 가격, 품질이 유사할수록 경쟁강도가 높은 경쟁점포이고, 경쟁점포 및 경쟁구조를 분석할 때는 상권의 계층적 구조를 고려해야 한다.

③ 경쟁자분석에서는 경쟁업체들이 사용하고 있는 전략이 무엇이며 어떠한 공격방법을 사용하고 있는지를 살펴야 하는데 공격을 측면으로 하는가 정면으로 하는가, 틈새공략인가 아니면 교두보 확보전략인가를 잘 주시해야만 한다.

④ 경쟁자분석에서는 건물은 층별로 분석한다. 건물의 1층 구성비가 너무 높으면 상권이 나쁘고, 구성비가 고르면 상권이 좋다고 판단한다.

⑤ 경쟁자분석에서는 경쟁 소매업체를 운영하고 있는 경영자의 과거 경력, 경영스타일, 출신지역, 인간성, 학벌, 미혼유무 등도 면밀히 파악하여 분석하여야 한다.

(3) 경쟁 상황 파악

① 경쟁소매업체와 경쟁을 시작하기 전에 경쟁 상황을 파악하기 위하여 동일상권 내의 업종별 점포 수, 업종의 비율, 업종별 층별 분포도 등을 상세하게 파악하여야 한다.

② 직접적인 경쟁점포뿐만 아니라 잠재적인 경쟁점포를 포함하여 조사·분석해야 하며, 경쟁분석의 궁극적 목적은 효과적인 경쟁전략의 수립이다.

③ 점포의 경쟁상황을 분석할 때는 경쟁의 다양한 측면을 다루어야 한다. 대도시의 상권을 도심, 부도심, 지역중심, 지구중심 등으로 분류하고 각 수준별 및 수준간 경쟁관계의 영향을 함께 위계별 경쟁구조 분석해야 한다.

(4) 경쟁점 분석

① 경쟁점 분석은 상품구성 분석, 가격대 분석, 부문별 상품배치상태 분석 등을 포함한다.

② 경쟁점의 상품구성 분석의 주요 대상은 상품계열구성, 품목구성, 상품구성의 기본정책 등이다.

③ 경쟁점의 상품구성은 고객의 구매동기와 구매빈도수, 가격대, 가격대비 품질 등을 중심으로 분석한다.

④ 상품을 세분화하여 경쟁점과 상생할 수 있도록 차별성과 양립성을 동시에 추구해야 한다.

2. 경쟁 우위 전략

(1) 경쟁 우위의 구축

① 다른 점포와 경쟁시 경쟁우위를 구축한다는 것은 매우 중요한 전략 중의 하나이다.

② 단순히 좋은 소매시장을 개척하는 것만으로 경쟁 우위가 확보되는 것으로 볼 수 없다.

③ 장기적인 이익을 실현하기 위해서는, 개척한 소매시장에서 유지 가능한 경쟁우위의 전략을 구축하여 실행하여야 한다.

(2) 경쟁 우위 전략의 종류

① 가격 우위 전략

㉠ 제품단위당 원가를 낮추어 이익의 폭을 유지하면서 가격경쟁에서 유리한, 이른바 경험곡선을 이용하여 시장경쟁을 약화시키는 전략이다.

㉡ 회원제 창고형 할인매장, 가격파괴점 등이 가격 우위전략의 일종이다. 생산비용이나 관리비용을 절감하여 비용 측면에서 다른 업체보다 비교우위에 있는 업체에서 수행하는 전략을 말한다.

㉢ 가격 우위 전략에는 규모의 경제활용, 기술의 독점이나 기술적 노하우 등이 있으며, 만약 경쟁업체에서 당해 기업이 수행하고 있는 전략을 그대로 모방하여 사용하고, 그 결과 효과도 동일하게 나타난다면 가격 우위 전략은 실패한 전략이 되고 말 것이다.

② 차별화 전략

㉠ 차별화전략이란 여러 세분시장을 목표로 하여 각각의 시장에 독특한 제품을 차별화하여 제공하는 전략을 말한다.

㉡ 차별화전략은 많은 고객의 요구를 충족시켜 줄 수 있기 때문에, 비차별화 마케팅에 비해 상대적으로 매출액을 증대시킬 수 있다.

㉢ 차별화전략은 백화점이나 전문점이 하나의 사례가 될 수도 있다. 경쟁 소매업체는 가지고 있지 않으나 소비자들이 가치가 있다고 보는 점포의 장점으로 비싼 가격을 보상하려는 전략을 말한다.

㉣ 차별화전략을 사용하는 점포는 소비자들이 지불하는 높은 가격이 적당하고 합리적으로 인정될 만큼의 가치를 제공하여야만 소비자들을 지속적으로 유인할 수 있는 동기가 발생된다.

㉥ 차별화전략의 대상에는 여러 가지가 있는데 서비스, 점포이미지, 점포 위치, 취급상품의 구색이나 디자인 등이 그 대상으로 사용되고 있다.

③ 차별화 전략 실패의 경우

㉠ 차별화를 실시함으로 인하여 소비자가 얻는 만족도보다 더 높은 가격을 설정하여 가격 차이를 극복할 수 없는 상황

㉡ 기존의 경쟁업체가 자사의 차별화정책에 대응하여 더 효율성 있는 차별화정책을 수립하여 대응하는 상황

㉢ 소비자들의 계절적인 변화와 환경적 요인에 의하여, 차별화에 영향을 미치지 못하는 기호의 변화나 경쟁자가 자사의 제품이나 서비스를 모방하여 동일한 정책으로 나오는 상황

④ 집중적인 전략

㉠ 집중적인 전략이란 표적시장을 전체시장의 일부분이라 생각하여, 틈새시장이나 세분시장에 집중적인 공략을 함으로써 경쟁업체보다 비교우위에 서게 되는 전략을 말한다.

ⓛ 기업의 자원이 제한되어 있을 때의 대안으로 수행하는 전략이기 때문에, 큰 시장에서 낮은 점유율을 추구하는 대신에 하나 혹은 몇 개의 세분시장에서 보다 높은 점유율을 확보하는 것을 목적으로 한다.

ⓒ 선정한 세분시장의 욕구에 대해 보다 많은 지식을 갖게 되고, 그 세분시장에 인기를 집중시킬 수 있기 때문에 강력한 시장지위를 누릴 수 있다.

ⓔ 집중적인전략은 그들이 추구하는 세분시장이 약화될 수 있기 때문에, 다소의 높은 수준의 위험을 감수할 수밖에 없다.

ⓜ 집중적인전략이 실패할 가능성이 큰경우는 표적시장이 전체시장의 크기와 비슷하거나, 경쟁업체의 표적시장이 자사의 표적시장보다 더작게 설정되어 집중전략을 실행할 상황을 말한다.

3. 공간균배의 원리

(1) 공간균배의 의의

① 상업입지에서 경쟁관계에 있는 점포들끼리 경쟁이 일어난 후 오랜 기간이 지나면 공간을 서로 균등하게 나누어 입지하게 된다는 주장이 있다.

② 이 주장에 따르면 배후지시장이 좁고 교통비에 대한 수요의 탄력성이 작은 경우에는 점포가 중심부에 입지하고, 배후지시장이 넓고 교통비에 대한 수요의 탄력성이 크면 점포가 분산해서 입지하는 경향이 나타나게 된다고 본다.

③ 공간균배의 원리가 성립되기 위해서는 경쟁관계가 성립되어야 하고, 인근지역에 유인되면 안되고, 운송비 등에 대한 소비자들의 반응이 전혀 없어야 한다.

(2) 공간균배원리에 의한 점포의 분류

① 집심성점포

ㄱ 입지조건 : 상권이 도심 배후지의 중심지에 입지되는 것이 경영상 유리하다.

ㄴ 대상점포 : 극장, 백화점, 귀금속점, 고급음식점, 고급의류점, 대형서점 등이 있다.

② 집재성점포

ㄱ 입지조건 : 동일상권 내에 동일한 업종이 서로 한곳에 모여 입지하여야 유리하다.

ㄴ 대상점포 : 은행, 보험회사, 가구점, 중고서점, 전자제품, 기계점 등이 있다.

③ 산재성점포

ㄱ 입지조건 : 동일 업종이 모여 있으면 불리한 입지로서, 동일상권 내나 다른상권으로 서로 분산 입지를 하고 있어야 유리하다.

ㄴ 대상점포 : 약국, 잡화점, 이발소, 세탁소, 대중목욕탕 등이 있다.

④ 국부적 집중성점포

ㄱ 입지조건 : 일정한 지역에 동종업종끼리 국부적 중심지에 입지하고 있어야 경영상 유리하다.

ㄴ 대상점포 : 농기구점, 철공소, 비료점, 어구점, 석재점 등이 있다.

01 중심상업지역(CBD)은 전통적인 상업집적지이다. 다음 중 중심상업지역(central business districts)의 설명으로 옳은 것은?

① 중심상업지역은 대도시를 제외한 중소도시의 도심상업지역을 말한다.
② 복잡한 상업활동으로 인해 도심입지 지역은 많은 사람을 유인하기 곤란하다.
③ 중심상업지역은 도보 통행량도 많고, 대중교통의 중심지역이며, 사람들은 직장에 가기 위해서도 중심상업지역에 가야 한다.
④ 소매업체에게 가장 성공적인 중심상업지역은 그 지역에 많은 주민이 거주하기보다는 주민이 적게 거주하더라도 안락한 지역이 유리하다.
⑤ CBD는 대도시와 중·소도시의 전통적인 도심의 상업지역을 말하며 이러한 곳은 다양한 상업 활동을 하지만 소수의 사람들만을 유인하는 지역이다.

 중심상업지역(CBD)은 전통적인 상업 집적지로서 고급 전문점이나 백화점 등이 입지하고 있어 다양한 분야에 걸쳐 고객 흡인력을 지니고 있다. 이 곳은 무계획적으로 조성되었으며, 중심상업지역이기 때문에 상업활동으로 인해 많은 사람들을 유인하여 지가(地價)가 최대에 이른다.

02 전통적인 도심 상업지역인 중심상업지역(central business districts)에 대한 설명과 가장 거리가 먼 것은?

① 도심입지 지역으로서 많은 사람을 유인한다.
② 건물의 고층화, 과밀화로 토지 이용이 집약적이다.
③ 중심상업지역은 대중교통의 중심지이고 도보 통행량도 많다.
④ 중심상업지역은 대도시나 소도시의 전통적 도심상업지역을 말한다.
⑤ 중심 상업지역은 일반적으로 계획성에 의하여 조성되므로 보다 체계적인 입지구조를 가지게 된다.

 중심상업지역(CBD)은 전통적인 상업 집적지로서 고급 전문점이나 백화점 등이 입지하고 있어 다양한 분야에 걸쳐 고객 흡인력을 지니고 있다. 이 곳은 무계획적으로 조성되었으며, 중심상업지역이기 때문에 상업활동으로 인해 많은 사람들을 유인하여 지가(地價)가 최대에 이른다.

 01 ③   **02** ⑤

03 소매집적이란 다양한 크기의 동종 또는 이종 소매업종과 소매업태가 서로 관련성을 가지고 한 장소에 모인 집단 소매시스템을 의미한다. 이렇게 집중화(집단화)됨으로써 얻을 수 있는 효과를 바르게 나열한 것은?

> ㉠ 매장 면적의 증대효과 　　　　　㉡ 고객흡입력 증가
> ㉢ 공간적 인접성 확보 　　　　　　㉣ 구매자의 집중력 확보
> ㉤ 점포내 취급상품의 다양성 증가 　㉥ 선매품 취급 증가

① ㉠, ㉡, ㉢, ㉣ 　　　　　　　　　② ㉠, ㉢, ㉤, ㉥
③ ㉡, ㉢, ㉤, ㉥ 　　　　　　　　　④ ㉠, ㉡, ㉤, ㉥
⑤ ㉡, ㉢, ㉣, ㉤

 소매집적(小賣集積, retail cluster)이란 대형 및 중·소형의 동종 및 이종 소매업종과 소매업태가 공통적 인목표하에 서로 관련성을 가지고 한 장소에 모인 집단소매시스템을 말한다. 이러한 이유는 매장 면적의 증대효과나 고객흡입력 증가, 공간적 인접성 확보 및 구매자의 집중력 확보가 가능하기 때문이다.

04 도심입지(CBD: Central Business District)는 대도시와 중·소도시의 전통적인 도심 상업지역을 말하며 이러한 곳은 다양한 상업활동으로 인해 많은 사람들을 유인하는 지역이다. 다음 중 도심입지에 대한 설명으로 가장 옳지 않은 것은?

① 고급백화점, 고급전문점 등이 입지하고 있는 전통적인 상업집적지로, 도심번화가(CBDs)형은 다양한 분야에 걸쳐 고객흡입력을 지닌다.
② 도심입지는 대체로 중상류층 이상의 사람들이 다니며 오피스타운이 인근지역에 발달해 있고 지가와 임대료가 매우 비싼지역으로 볼 수 있다.
③ 도심입지는 최근에 부도심과 외곽도심의 급격한 발달, 중상류층의 거주지역 이전, 교통체증 등의 원인으로 과거와 같이 고객 흡인력이 없다.
④ 도심입지의 상업활동은 많은 사람들을 유인하고, 그 곳이 대중교통의 중심지이며 도시 어느 곳에서든지 접근성이 가장 높은 지역이다.
⑤ 도심입지는 지역의 핵심적인 상업시설을 가지고 있으며, 입지를 조성할 때 무계획성보다는 계획성으로 인하여 조성되어 있는 것이 일반적이다.

 도심입지는 지역의 핵심적인 상업시설을 가지고 있으며, 입지를 조성할 때 계획성보다는 무계획성으로 인하여 밀집되어 있는 것이 일반적 이다.

해답 **03** ① 　 **04** ⑤

05 도매업의 경우에도 입지의 결정은 매우 중요하며, 생산구조와 소비구조의 특징에 따라 입지유형이 달라진다. 다음 중 다수의 소량분산 생산구조이며 소비구조 또한 소수에 의한 대량집중 소비구조일 때의 입지 요건을 가장 잘 설명한 것은?

① 대량집중 소비구조임으로 분산기능의 수행이 용이한 곳에 입지를 선정한다.
② 분산기능의 수행보다는 수집 기능의 효율적 수행을 위한 입지선정이 중요하다.
③ 수집은 단순하지만, 분산을 담당하는 전문적인 상인들을 따로 모집해야 하는 어려움이 있다.
④ 수집기능수행과 분산기능수행에 대한 의사결정과정에서 우선순위에 차이가 없이 동등하다.
⑤ 수집기능과 분산기능 모두 동일하게 중요하지만 실제적 의사결정과정에서는 중계기능을 수행하기 쉬운 곳이 보다 우선한다.

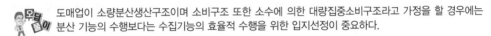 도매업이 소량분산생산구조이며 소비구조 또한 소수에 의한 대량집중소비구조라고 가정을 할 경우에는 분산 기능의 수행보다는 수집기능의 효율적 수행을 위한 입지선정이 중요하다.

06 복합용도개발(Mixed-use Developments: MXDs)의 특징을 설명한 아래의 내용 중에서 가장 옳지 않은 것은?

① 주거, 업무, 여가 등 다수의 용도가 물리적, 기능적으로 복합된 건물을 말한다.
② 도심지역내에 주거기능이 도입됨으로써 도넛현상인 공동화현상을 감소시킬 수 있다.
③ 도심지내 주거생활에 필요한 근린생활시설, 각종 생활편의시설의 설치가 가능해 도심지 활성화의 수단으로 활용되기도 한다.
④ 쇼핑몰의 형태로 구성되기 때문에 쇼핑몰에 입점가능한 다양한 업태를 모두 포함하는 점포위주로 건물내부가 구성된다.
⑤ 상권을 조성하기 위한 단순한 개발방법이 아닌 상권과 함께 생활에 필요한 여러 편의시설을 복합적으로 개발하기 위한 방법이다.

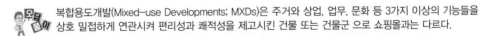 복합용도개발(Mixed-use Developments; MXDs)은 주거와 상업, 업무, 문화 등 3가지 이상의 기능들을 상호 밀접하게 연관시켜 편리성과 쾌적성을 제고시킨 건물 또는 건물군 으로 쇼핑몰과는 다르다.

 05 ② **06** ④

07 다음 소매업 점포들 가운데 입지선정과정에서 상권내 가계(Family)의 숫자를 가장 중요하게 고려해야 할 점포는?

① 가구용품 전문점   ② 스포츠 전문점
③ 화장품 전문점   ④ 의류패션 전문점
⑤ 신변용품(액세서리) 잡화점

 소매점포를 가운데 입지선정과정에서 상권 내 소비자들의 라이프스타일의 변화 동향을 의류패션전문점, 스포츠용품점, 가구용품 전문점, 화장품 전문점, 신변용품(액세서리) 잡화점 등을 통해 파악 할 수가 있다. 입지선정과정에서 상권내 가계(Family)의 숫자를 가장 중요하게 고려해야 할 점포는 가구용품 전문점이다.

08 '소매업에서 가장 중요한 것이 입지이고, 다음으로 중요한 것도 입지이며, 그 다음도 입지'라는 격언이 있다. 이처럼 입지는 사업의 성패를 가르는 가장 중요한 요인이다. 다음 중 입지(location)에 대한 설명으로 가장 옳지 않은 것은?

① 입지는 고객의 동선과 주변 여건에 따라 상급지, 중급지, 하급지로 유동 분류할 수 있으며, 입지는 동적이고 공간적·시간적인 개념인데 비하여, 입지선정은 정적이고 공간적인 개념이다.
② 도심지역에서 입지는 대도시나 소도시의 전통적인 도심 상업지역으로 중심 상업지역이라고도 하며, 소매업에서 가장 성공적인 도심입지는 그 지역에 많은 주민들이 거주하는 지역이다.
③ 입지 위치에 따라서는 엄청난 매출과 이익이 보장되므로, 점포의 위치는 사업 성공의 여부를 결정짓는 중요한 요인이 되고 있다. 일반적으로 입지를 선정하고 영업을 시작하는 전략은 장기적이고 고정적인 성격을 가지고 있다.
④ 입지의 효용은 영원한 것이 아니다. 한 시기의 좋았던 장소라도 시간이 흐름에 따라 나빠질 수 있고, 나빴던 장소도 상황이나 시간의 흐름에 따라 다시 좋아질 수 있기 때문이다.
⑤ 입지선정에는 입지조사를 해야 하는데, 도시입지와 자연환경 조사, 토지이용 조사, 인구 및 가구 조사, 도시 내부구조 조사, 도시권역 조사, 도시기능 조사 등의 입지를 조사하여야 한다.

 입지는 정적이고 공간적 개념인 데 비하여, 입지선정은 동적이고 공간적·시간적인 개념 이다.

09 백화점은 의식주에 대한 다양한 상품 및 서비스를 판매하는 각 부문별로 전문화된 대규모 소매점을 말한다. 이에 대한 특징을 설명한 것 중 가장 올바른 것은?

① 다양한 상품구색이 필요하지만 편의품, 선매품, 전문품, 고급품 중 하나에 집중하여 제품을 구성하게 된다.
② 대규모경영이기 때문에 규모의 경제가 중요하게 되어 점차 도심지역과 떨어진 곳에서 넓은 부지를 확보하여 운영하기 시작하였다.
③ 최근의 소비자의 성향에 맞게 자동차의 접근가능성이 높고 대중교통을 쉽게 활용할 수 있는 교통이 편리한 지역을 선호하게 된다.
④ 다양한 서비스와 제품을 구성함으로써 항상 상품구색에 있어 전문점을 뛰어넘는 만족을 제공해줄 수 있다.
⑤ 중심상업지역에 위치한 도심(입지)형 백화점의 경우 신업태의 출현과 교통체증, 주차공간의 부족 등이 있지만, 고객들이 구매를 선호하는 경향이 높아지고 있다.

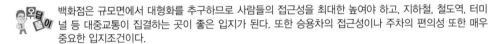 백화점은 규모면에서 대형화를 추구하므로 사람들의 접근성을 최대한 높여야 하고, 지하철, 철도역, 터미널 등 대중교통이 집결하는 곳이 좋은 입지가 된다. 또한 승용차의 접근성이나 주차의 편의성 또한 매우 중요한 입지조건이다.

10 다음 박스 안의 설명내용과 가장 관련이 깊은 것은?

1. 주거, 업무, 여가의 각 활동을 동시에 수용하는 건물
2. 물리적, 기능적통합에 의한 고도의 토지이용 창출
3. 규모, 용도, 형태, 밀도, 구성, 공정 등에 있어 일관된 계획하에 추진 됨

① 도심활성화 프로젝트 ② 도시공간 재배치
③ 복합용도 개발 ④ 상권활성화 지역
⑤ 노면독립입지

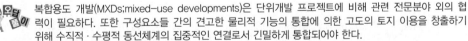 복합용도 개발(MXDs;mixed-use developments)은 단위개발 프로젝트에 비해 관련 전문분야 외의 협력이 필요하다. 또한 구성요소들 간의 견고한 물리적 기능의 통합에 의한 고도의 토지 이용을 창출하기 위해 수직적·수평적 동선체계의 집중적인 연결로서 긴밀하게 통합되어야 한다.

 09 ③ **10** ③

11 다음 중 상권에 대한 인구통계 및 라이프스타일 분석에 대한 설명으로 옳지 않은 것은?

① 한 지역의 인구수와 소득이 구매력을 결정짓는 중요한 요건일 수 있다.

② 소매업의 개점을 준비할 때 인구통계 및 라이프스타일의 특성을 고려하는 것은 매우 중요하다.

③ 해당지역 인구의 라이프스타일 특징은 특정 소매업체가 추구하고 있는 표적시장과 일치해야 한다.

④ 상권 내 소비자들이 얼마나 많은 돈을 버는가 하는 것은 중요하지 않으며, 정말 중요한 것은 돈을 소비하는 방식이다.

⑤ 다양한 생활양식 · 행동양식 · 사고양식 등 생활의 모든 측면의 문화적 · 심리적 차이를 전체적인 형태로 나타낸 말이 라이프스타일이다.

 라이프스타일(life style)은 개인이나 가족의 가치관 때문에 나타나는 다양한 생활양식 · 행동양식 · 사고양식 등 생활의 모든 측면의 문화적 · 심리적 차이를 전체적인 형태로 나타낸 말로서 최근에는 마케팅과 소비자의 행동 연구 분야에서 관심을 가지게 되었다. 상권 내 소비자들이 얼마나 많은 돈을 버는 것 중요하며, 돈을 소비하는 방식 역시 중요하다.

12 핵 점포(anchor stores)란 소매단지 안으로 고객을 유인하는 역할을 담당하는 입점점포를 가리킨다. 아래 네모 상자 안에 적힌 쇼핑센터 유형들 가운데, 일반적으로 뚜렷한 핵점포가 존재하지 않는 유형들만을 모두 골라 놓은 문항은?

가. 패션/전문품 센터	나. 아웃렛 센터
다. 테마/페스티벌 센터	라. 네이버후드 센터
마. 목적점포 센터	

① 가

② 가, 나

③ 가, 나, 다

④ 가, 나, 다, 라

⑤ 가, 나, 다, 라, 마

 핵 점포(anchor stores)란 언제든지 누구나 찾아오기 때문에 고객의 집객력이 높다. 네이버후드 센터는 근린형 쇼핑센터를 뜻하며 출점수는 통상 10점~15점으로 인근 소비자에게 필요한 식품, 의약품, 화장품 등의 편의품과 세탁, 이발, 구두수리 등의 인적 서비스를 제공하는 것으로 핵 점포는 대부분의 경우 슈퍼마켓이다.

해답 **11** ④   **12** ③

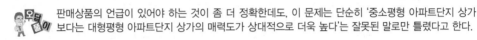
13 아파트 단지 상가에 대한 아래의 설명 중에서 가장 거리가 먼 것은?

① 단독 주택지안의 아파트단지의 경우 단지내 상가의 매력도가 떨어진다.
② 가능하면 이질적인 업종들이 결합하여 서로 경쟁을 피하도록 하여야 한다.
③ 중소평형 아파트단지 상가보다는 대형평형 아파트단지 상가의 매력도가 상대적으로 더욱 높다.
④ 단지별 연계성이 떨어지기 때문에 단지내 인구가 유효인구가 되며, 더 이상의 수요창출을 기대하기는 어렵다.
⑤ 대규모 아파트 단지들은 주변에 근린생활시설과 같은 편익시설이 갖추어지지 않았기 때문에 주거와 상가를 동시에 공급할 수밖에 없는 상황에서 건설되었다.

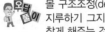 판매상품의 언급이 있어야 하는 것이 좀 더 정확한데도, 이 문제는 단순히 '중소평형 아파트단지 상가보다는 대형평형 아파트단지 상가의 매력도가 상대적으로 더욱 높다'는 잘못된 말로만 틀렸다고 한다.

14 미국의 경우에는 이미 쇼핑몰들이 다양한 유형의 소매입지들과의 경쟁에 직면하고 있다. 쇼핑몰 경영자들은 쇼핑몰의 경쟁력을 향상시키기 위해 다양한 시도를 하고 있다. 다음 중 이러한 시도의 하나인 '몰 구조조정(de malling)'을 가장 올바르게 설명한 것은?

① 기존의 쇼핑몰을 파워센터나 아웃렛센터 등 업태가 다른 새로운 유형의 쇼핑공간으로 개조하는 활동이다.
② 전체 쇼핑몰에 대해 매장수와 규모를 축소하고, 매출이 낮은 쇼핑몰 내부의 점포를 통합·합병하는 활동이다.
③ 작은점포나 공동용도의 구역을 없애거나 조정하여 쇼핑공간이나 유희시설을 넓히는 등 쇼핑몰의 공간구성을 개선하는 활동이다.
④ 매출이 낮은 쇼핑몰에 대해 건물이나 점포를 철거하고 주거지역, 행정시설 등 쇼핑몰과는 관련이 없는 용도로 변경하여 개발하는 활동이다.
⑤ 백화점의 일정공간을 고객들을 위한 휴식공간으로 새롭게 개발하여 고객들의 흥미를 유발하는 오락활동이다.

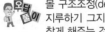 몰 구조조정(de-malling)은 전용상점가의 해체를 의미하며, 이는 기존의 대다수의 쇼핑몰들이 보여주는 지루하기 그지없는 동일성이라든가 무미건조함에 소비자들이 흥미를 잃었던 것을 무언가 새로운 것을 찾게 해주는 것을 말한다.

15 입지 배정 모형(location-allocation model)에 대한 설명으로 옳지 않은 것은?

① 기존 점포의 재입지 또는 폐점을 결정하는데 활용할 수 있다.

② 새 점포들을 기존 네트워크에 추가하는데 따른 편익을 분석할 수 있다.

③ 소비자의 구매 통행패턴을 토대로 소비자들을 개별 점포에 배정하게 된다.

④ 두 개 혹은 그 이상의 소매점포 네트워크를 설계할 때 유용하게 활용할 수 있는 분석 기법이다.

⑤ 입지 배정모형의 주요 구성요소는 소비자 분포, 지점 간 거리 데이터, 수요 지점, 실행 가능한 부지, 배정 규칙 등 5가지로 이루어진다.

 입지 배정 모형은 현실적으로 이용 가능한 데이터의 양과 입지대상 서비스의 형태에 따라 기업은 접근성 같은 간단한 척도로부터 수익성 같은 복잡한 척도까지 다양한 목적함수를 설정할 수 있다. 일반적으로 수요지점을 의미하는 공간좌표의 집합에 의해 위치가 표현되며, 각각의 수요지점은 존을 중심으로 나타내며, 재화와 용역에 대한 수요 데이터를 가지고 있다. 지점간 거리 데이터, 수요지점에서 점포 입지까지의 거리, 통행시간, 교통체계에서 두 지점 사이에 최소통행거리, 최소통행시간을 의미하며, 실제 통행시간을 비교적 정확히 반영하기 위해서 는 통행에 대한 물리적, 사회적 장벽, 이용교통수단, 교통지체를 고려해야 한다.

16 다음 중 의류패션전문점에 대한 설명으로 옳지 않은 것은?

① 의류패션전문점은 경영성과, 즉 매출액 및 수익측면에서 우위에 있는 독립입지를 선호하는 경향이 강하다.

② 의류패션전문점의 강력한 경쟁업태의 하나로 백화점이 있으며, 백화점의 인근지역 혹은 백화점내부에 입점하여 상호 시너지효과를 획득하고자 하는 경향이 있다.

③ 의류패션전문점은 중심상업지역, 중심상업지역 인근, (슈퍼)지역 쇼핑센터 등 대부분의 쇼핑센터, 의류·전문 센터, 테마·페스티벌 센터에서 영업성과가 좋다.

④ 지속적인 경쟁력우위의 확보를 위한 전략적방안의 하나로 의류패션전문점 또는 체인화사업과 자사상표패션상품의 개발을 강화할 수 있다.

⑤ 의류패션 전문점의 입지는 자신들의 고객에게 오락과 즐거움의 기회를 제공하여 많은 사람을 유인하고, 소비자들이 여러 점포를 다니면서 비교구매를 할 수 있도록 배려한다.

 의류패션전문점의 입지는 오락과 즐거움을 제공할 수 있고, 비교구매가 가능한 중심상업지역 또는 인근 지역의 입지가 좋은 입지이다. 입지는 주로 중심 상업지역(CBD), 중심 상업지역 인근 쇼핑센터, 의류 전문센터 등이 가장 유리하다.

해답 **15** ⑤ **16** ①

17 다음 중 입지유형 선정에 필요한 소매전략에 대한 설명으로 올바르지 않은 것은?

① 소비자들이 구매상황에 따라 점포를 선택하는데 있어 편의구매의 경우 고객이 점포에 가급적 접근하기 쉽게 점포를 입지하는 것이 좋다.

② 비교구매의 경우 고객들이 점포나 브랜드에 대한 충성도가 낮아 가급적 여러 제품을 비교할 수 있는 넓은 공간을 확보하는 것이 좋다.

③ 전문구매의 경우에는 고객 스스로 필요한 물품에 대한 정확한 정보가 없어 충동적으로 구매하는 경우가 많으므로 입지 위치가 중요하다.

④ 소매업체의 근처의 표적시장 크기가 클수록 입점하기에 좋은 장소가 된다. 보통 편의품이나 선매품의 경우에 더 유리하다고 볼 있다.

⑤ 독특하고 차별화된 제품을 제공하는 소매업체들의 경우에는 차별화가 떨어지는 제품을 판매하는 업체보다 입지의 편의성이 떨어져도 무방하다.

 전문구매의 특징은 판매자나 구매자 모두가 그 상품에 대해 어느 정도는 전문적인 식견을 가지고 있는 것을 말하는 것이다.

18 입지 후보지의 상권규모를 측정하기 위해 시장 잠재력 평가 중 올바르지 않은 설명은?

① 시장잠재력은 수요측정, 시장확장 잠재력을 통한 공급측정, 경제적기반측정 등으로 평가한다.

② 수요를 측정하는 방법은 인구수와 가처분소득을 통해 소매구매력을 조사하는 방법을 의미한다.

③ 지역시장의 수요잠재력을 총체적으로 측정하기 위해서 소매포화지수(IRS)를 활용할 수 있다.

④ 소매포화지수는 특정 소매업태의 단위매장 면적당 잠재수요를 포함하고 1에 근접할수록 좋다.

⑤ 소매포화지수가 낮으면 수요에 비해 특정업태의 매장면적이 상대적으로 더 작다는 것을 의미한다.

 소매포화지수(Index of Retail Saturation;IRS)공식을 참고하면, 소매포화지수가 낮으면 수요에 비해 특정업태의 매장면적이 상대적으로 더 크다는 것을 의미한다.

 17 ③ **18** ⑤

19 기존과 다른 독특한 지역을 대상으로 입지를 결정하는 비전통적 입지에 대한 설명 중 올바르지 않은 것은?

① 공항내의 입점점포는 일반소비자들이 접근하기 어려웠고, 영업시간이 길어 선호되지 않지만 해외 여행객이 늘고, 노선이 많아지면서 각광받고 있다.

② 신제품이나 몇몇 제품군에 집중하고자 한시적인 임시 팝업점포는 사람을 유인하고, 활력과 매출을 유발 할 수 있다.

③ 리조트와 같은 관광시설에 입점하는 경우, 지역의 소매업체들과 연계하여 지역특산품 등을 판매할 수 있는 장소로 활용할 수 있다.

④ 특정대규모 쇼핑센터내에 입점하는 신규점포는 개설에 필요한 마케팅비용을 줄일 수 있다.

⑤ 다른 점포내에 입점하는 형태에서 입점대상 점포와 목표고객이 겹치는 경우 구매고객이 분산되어 매출액이 감소할 수 있는 위험이 있다.

> **오답풀이** 다른 점포내에 입점하는 형태에서 입점대상 점포와 목표고객이 겹치는 경우 구매고객이 분산되어 매출액이 감소할 수 있는 위험을 파악하는 것은 전통적인 입지를 평가하는 방법이다.

20 도시의 내부구조를 토지 이용측면에서 고찰하려는 목적에서 발전한 토지 이용입지이론에 대한 설명 중 올바르지 않은 것은?

① 토지이용은 지리적 제반여건이나 경제발전의 수준, 사회적변화, 기술진보 등 자연적, 사회경제적, 문화적조건에 의해 변화하고 있다.

② 도시의 토지이용유형은 현재 공간수요의 필요성을 반영하기 보다는 오랜시간을 통해 누적된 공간수요의 필요성을 반영한다고 본다.

③ 도시적 기능이 집중하려는 현상인 구심력에는 흡인력, 기능적편의성, 기능적인력, 기능상특권, 인간적 교환관계 등의 요인이 있다고 하였다.

④ C. Colby과 E. Hoover는 도심의 입지적 이점 중 배후지로부터의 근접용이성이 높을수록 입지경쟁을 통해 고밀도 토지이용을 유발한다고 본다.

⑤ 고밀도 토지이용에 의한 높은 임대료를 부담하지 못하게 되면 해당 기능은 점차 도심의 중심부 방향으로 이동하게 된다.

> **오답풀이** 고밀도토지이용에 의한 높은 임대료를 부담하지 못하게 되면 해당기능은 점차 도심의 중심부 방향과는 멀어지게 된다.

해답 **19** ⑤   **20** ⑤

21 다음은 특정지역에 대한 상권 혹은 입지를 분석하는데 영향을 미치는 요소들에 관한 설명 내용들이다. 올바르지 않은 내용은?

① 인구가 증가하고 있는 지역이 인구가 하락하는 지역보다 일반적으로 더욱 매력적이다.

② 특정 지역의 고용율은 구매력에 영향을 미칠 수 있으므로, 시장의 고용동향을 지속적으로 분석 및 파악하는 것이 중요하다.

③ 성공을 결정짓는 중요 요소의 하나로서 특정지역의 가족의 유형, 가족의 규모, 가족의 구성, 가구당수입 등에 관한 분석이 필요하다.

④ 특정지역에 관한 소비자의 라이프스타일분석은, 시장세분화를 위한 중요기준의 하나 이지만 상권분석단계에서 고려해야 할 분석요소로 볼 수는 없다.

⑤ 입지를 구성하는 토지는 정사각형에 가까운 직사각형으로 1변이 주요 도로에 면하고, 다른 1변 또는 2변이 상당한 폭을 가진 도로에 면하는 것이 가장 이상적이라 할 수 있다.

 특정지역에 관한 소비자의 라이프스타일분석은 시장세분화를 위한 중요기준이며 상권분석단계에서 고려해야 할 분석요소로도 보아야 한다.

22 쇼핑센터 내에서 특정 점포의 위치를 평가할 때 고려해야 하는 요소에 대한 설명 중 가장 옳지 않은 것은?

① 주차공간의 크기와 같은 양적요인도 중요하지만 교통의 상대적인 혼잡도와 같은 질적요인도 고려하여야 한다.

② 상표충성도가 높은 고객은 쇼핑센터의 외관에 대해 민감하게 반응하므로 어떠한 형태로 쇼핑센터 외관을 구성했는지에 대한 평가도 중요하다.

③ 인접 소매업체가 동일한 표적고객을 대상으로 상호보완적인 구색을 제공하고 있다면 매우 좋은 점포위치라고 할 수 있다.

④ 쇼핑센터 내에서의 점포위치는 표적시장이 유사한 점포들이 가까이 위치되어 있는가를 살펴보고 평가하는 것이 좋다.

⑤ 충동구매상품이 구색에서 차지하는 비율이 높은 소매점포는 가능한 한 핵점포에 근접한 곳에 입지해야 한다.

 상표충성도가 높은 고객은 쇼핑센터의 외관에 대해 민감하게 반응하지 않는다. 따라서 어떠한 형태로 쇼핑센터 외관을 구성했는지에 대한 평가도 크게 중요하지 않다.

 21 ④ **22** ②

23 오락과 즐거움의 기회를 제공하여 많은 사람을 유인하는 의류패션전문점의 입지에 대한 설명으로 가장 적합한 것은?

① 의류패션전문점의 입지는 오락과 즐거움을 제공할 수 있고, 비교구매가 가능한 중심상업지역 또는 인근 지역의 입지가 좋은 입지이다.

② 의류패션전문점의 업체들은 백화점과 같이 규모가 큰 경쟁자가 입주해 있는 쇼핑몰은 피해야 한다.

③ 소비자들이 상품들을 비교하며 시간을 보낼 수 있는 입지는 점포의 시간당 매출이 저조하므로 의류패션전문점을 위한 좋은 입지가 될 수 없다.

④ 의류패션전문점은 소비자들이 판매대상 고객이 주로 여성이므로 식료품점과 가까울수록 좋은 입지이다.

⑤ 중심상업지역, 중심상업지역 인근, 도심지역 또는 슈퍼지역 쇼핑센터 등 대부분의 쇼핑센터, 의류전문 센터, 테마페스티벌 센터에서는 영업성과가 낮다.

 의류패션전문점의 위치를 나타내는 상세한 지도를 구입한 후 핵심 상권과 전략 상권을 정한 후 해당 상권별 인구나 세대 수, 대형 주거단지 여부 및 상권 내 고객의 소비수준, 주요 교통수단과 주요 공중접객시설을 조사하고 분석해야 한다. 의류패션 전문점은 중심 상업지역(CBD), 중심 상업지역의 인근지역 또는 슈퍼지역 쇼핑센터, 의류. 전문센터 등에서 영업성과가 가장 유리하다.

24 패션잡화점의 입지선정에 관한 다음 기술들 가운데 가장 옳은 것은?

① 경쟁하는 점포들이 모여 있는 입지는 패션잡화점에 적합하지 않다.

② 비교구매가 가능한 중심상업지역 또는 인근 지역의 입지가 가장 좋은 입지이다.

③ 패션잡화점은 전문점이기 때문에 굳이 임대료가 비싼 입지를 선정할 필요가 없다.

④ 패션잡화점의 최적입지는 상호보완적인 상품을 제공하는 다양한 점포들이 모여 있는 곳이다.

⑤ 패션잡화점은 목적점포(destination stores)이기 때문에 임대료가 비싸다면 굳이 목이좋은 입지를 선정할 필요가 없다.

 패션의 스타일로서 의복의 스타일이나 가구의 스타일 또는 어떤 신기하거나 새로운 품목을 들 수 있으며,가장 일반적인 패션은 하나의 행동이나 양식이 될 수도 있다. 따라서 패션잡화점의 최적 입지는 상호보완적인 상품을 제공하는 다양한 점포들이 모여 있는 곳이 최적이다.

해답 **23** ① **24** ④

25 점포의 입지조건 평가에 대한 내용으로 옳지 않은 것은?

① 부지가 접하는 도로의 특성과 구조 등 '도로조건'을 검토해야 한다.
② 점포의 면적이 같다면 일반적으로 도로의 접면이 넓은 경우가 유리하다.
③ 중앙분리대가 있는 경우 건너편 소비자의 접근성이 떨어지므로 불리하다.
④ 차량이 다니는 도로가 굽은경우 커브 안쪽보다는 바깥쪽 입지가 유리하다.
⑤ 경사진 도로에서는 일반적으로 하부보다는 상부 쪽에 점포가 위치하는 것이 유리하다.

경사진 도로에서는 일반적으로 상부보다는 하부 쪽에 점포가 위치하는 것이 유리하다. 그 이유는 무거운 짐을 들고 내려가는 것 보다는 올라가는 것이 심리적으로 안정성이 있다는 측면에서 고려를 한 것이다.

26 소매업에서의 입지의 중요성은 상당하다. 따라서 각 업태나 업종은 입지선정에 상당한 중점을 두고 있는 데, 아래 문항에서 각 업태나 업종의 입지에 대한 내용을 설명한 것으로 가장 옳지않은 것은?

① 백화점은 규모면에서 대형화를 추구하기 때문에 상권 내 소비자의 경제력 및 소비 형태의 예측을 근거로 적정한 입지를 선정해야 한다. 백화점 입지의 선정은 주요산업, 유동인구, 대중교통 연계성 등 장기적인 발전을 고려하여 선정해야 한다.
② 의류패션전문점의 입지는 자신들의 고객에게 오락과 즐거움의 기회를 제공하여 많은 사람을 유인하고, 소비자들이 여러 점포를 다니면서 비교구매가 가능한 중심상업지역(CBD), 중심상업지역 인근 쇼핑센터보다 노면독립지역이 입지로서는 가장 유리하다.
③ 식료품점의 입지는 점포의 취급품의 종류와 품질에 대한 소비자의 구매만족도, 예상된 고객의 시간대별 통행량, 통행인들의 속성 및 분포 상황, 경쟁점포와 기타 상점들, 일반적인 주거 밀집지역, 아파트 또는 주거 밀집지역에 있는 상가나 쇼핑센터가 적당한 위치이다.
④ 생활용품 중 주방기구나 생활용품, 인테리어 소품등 대단위 아파트 밀집지역, 주택가 밀집지역 등 주거지 인접지역으로 출점하여야 하며, 도로변이나 재래시장 근처, 통행량이 많은 곳이나 슈퍼마켓 근처에 입지를 선택하는 것이 유리하다.
⑤ 패션잡화점의 최적입지는 상호보완적인 상품을 제공하는 다양한 점포들이 모여 있는 곳으로 다양한 상품을 판매하고 유통인구가 많이 있으며, 주로 젊은세대들이 자주 찾는 지역이 입지로는 가장 적합한 장소이다.

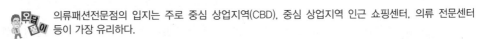

의류패션전문점의 입지는 주로 중심 상업지역(CBD), 중심 상업지역 인근 쇼핑센터, 의류 전문센터 등이 가장 유리하다.

 25 ⑤   **26** ②

27 다음 중 Central Business District에 대한 설명으로 가장 옳지 않은 것은?

① 도심입지는 대도시와 중·소도시의 전통적인 도심상업지역을 말하며 이러한 곳은 다양한 상업 활동으로 인해 많은 사람들을 유인하는 지역이다.

② 도심입지를 조성할때 계획성보다는 무계획성으로 인하여 조성되어 있는 것이 일반적이며 이는 오랜 기간동안 자연적으로 인구의 증가에 따라 성장했기 때문이다.

③ 도심입지는 대체로 중상류층 이상의 사람들이 다니며 고급백화점, 고급전문점 등이 입지하고 있는 전통적인 상업집적지로, 다양한 분야에 걸쳐 고객흡입력을 지닌다.

④ 인근지역이 발달해 있고 지가와 임대료가 매우 비싼 지역이며, 부도심과 외곽도심의 급격한 발달, 중상류층의 거주지역 이전, 교통체증 원인으로 과거보다 더 많은 고객 흡인력을 가진다.

⑤ 도심입지의 상업 활동은 많은 사람들을 그 지역에 유인하고, 그 곳이 대중교통의 중심지이며 도시 어느 곳에서든지 접근성이 가장 높은 지역이다.

 인근지역이 발달해 있고 지가와 임대료가 매우 비싼 지역이며, 부도심과 외곽도심의 급격한 발달, 중상류층의 거주 지역 이전, 교통체증 등의 원인으로 과거와 같은 고객 흡인력은 없다.

28 입지선정 및 입지의 접근성과 관련된 설명으로 올바르지 않은 내용은?

① 허프모델(Huff Model)이 나타내고 있는 바와 같이 경쟁점포와의 상호관계에서 고객흡인력은 유통매장의 규모에 반비례하고 시간·거리에는 비례한다.

② 주차시설의 양과 질은 쇼핑센터(쇼핑몰) 및 주차시설을 개별적으로 갖춘 단독매장들에 대한 접근성을 평가하기 위한 중요한 요인의 하나이다.

③ 혼잡도는 사람들이 밀집되어 복잡한 정도뿐만 아니라 자동차가 밀집되어 복잡한 정도를 모두 내포하고 있는 개념이다.

④ 일정수준을 넘어가는 매장내 혼잡도는 쇼핑속도를 떨어뜨리고 고객 불만을 야기하여 매출하락으로 연결될 수 있는 반면, 적정수준의 혼잡도는 오히려 고객에게 쇼핑의 즐거움을 더해 주기도 한다.

⑤ 접근성의 평가는 도로구조나 거리에의 진입과 퇴출, 가시도, 장애물 등을 비교 분석하여 평가하여야 정확한 평가를 할 수가 있다.

 허프(David Huff)가 1960년대 초 처음으로 점포의 상권을 추정하기 위한 확률적 모형을 소개했는데 소비자의 특정 점포에 대한 효용은 점포의 크기에 비례하고 점포까지의 거리에 반비례한다고 가정하였다.

해답 **27** ④ **28** ①

29 노면독립입지(Freestanding Sites)란 여러 업종의 점포가 한곳에 모여 있는 군집 입지와달리, 전혀 점포가 없는 곳에 독립하여 점포를 운영하는 형태를 말한다. 다음 중 노면독립입지에 대한 설명으로 가장 어울리지 않은 것은?

① 노면독립입지란 여러 업종의 점포가 한곳에 모여 있는 군집입지와 달리, 전혀 점포가 없는 곳에 독립하여 점포를 운영하는 형태로서 지리적으로 떨어진 지역을 의미하며, 통상적으로 독립지역에 위치한 소매점은 다른 소매업체들과 고객을 공유하지 않는다.

② 주거, 업무, 여가 등 다수의 용도가 물리적, 기능적으로 복합된 건물을 말하며, 상권을 조성하기 위한 단순한 개발방법이 아닌 상권과 함께 생활에 필요한 여러 편의시설을 복합적으로 개발하기 위한 방법이다.

③ 독립입지는 군집입지의 상반되는 개념으로 중심시가지 보다 토지 및 건물의 가격이 싸고, 대형점포를 개설할 경우 소비자의 일괄구매(one-stop shopping)를 가능하게 하며, 비교구매를 원하는 소비자에게는 그다지 매력적이지 않다.

④ 다른 업체와 비교우위에 있는 확실한 기술력을 보유하고 있는 전문성이 있는 업종이나 다른 업체와 비교하여 뛰어난 마케팅능력을 보유하고 있으며, 충분히 능력을 발휘할 자신이 있는 업종이 적합하다.

⑤ 뚱뚱한 사람들에게 맞는 청바지를 파는 유일한 점포와 특정 상권 안에서 가장 낮은 가격으로 식품을 판매하는 대형 슈퍼마켓과 수많은 종류의 장난감을 판매하는 카테고리 킬러와 같은 목적점포(destination stores)가 적합하다.

 주거, 업무, 여가 등 다수의 용도가 물리적, 기능적으로 복합된 건물을 말하며, 상권을 조성하기 위한 단순한 개발방법은 복합용도개발지역임

30 다음 중 소매(상업)입지가 갖추어야 할 조건으로 그 중요성이 가장 낮은 요인은?

① 점포를 찾기가 용이한가?
② 가시권내 식별이 용이한가?
③ 점포앞 차량소통은 원활한가?
④ 점포운영에 수익가능성은 높은가?
⑤ 점포내 쇼핑공간의 쾌적성은 어느 정도인가?

 상업입지는 전형적인 시장 중심형 입지 패턴을 가진 시장 지향적 입지이다. '가시권 내 식별이 용이한가?', '점포 앞 차량소통은 원활한가?', '점포를 찾기가 용이한가?' 등을 살펴야 한다. '점포 내 쇼핑공간의 쾌적성은 어느 정도인가?'는 점포설계적인 측면이 강하다.

 29 ② **30** ⑤

31 독립입지란 여러 업종의 점포가 한곳에 모여 있는 군집 입지와 달리, 전혀 점포가 없는 곳에 독립하여 점포를 운영하는 형태를 말한다. 다음 중 독립입지의 특징으로 가장 옳지 않은 것은?

① 통행인들에 대하여 가시성이 높은 곳에 위치한다.
② 특정입지 안에 직접 경쟁하는 점포가 비교적 적다.
③ 간판, 영업시간, 상품구색에 대한 점포경영자의 결정권이 크다.
④ 쇼핑센터의 입지들에 비해 단위면적당 임대료가 상대적으로 높다.
⑤ 독립지역에 위치한 소매점은 다른 소매업체들과 고객을 공유하지 않는다.

 노면 독립입지(free standing sites)란 여러 업종의 점포가 한곳에 모여 있는 군집입지와 달리, 전혀 점포가 없는 곳에 독립하여 점포를 운영하기 때문에 쇼핑센터의 입지들에 비해 단위면적당 임대료가 상대적으로 저렴하다.

32 다음은 백화점의 입지선정 및 백화점경영에 관한 설명이다. 옳지 않은 내용은?

① 국내 백화점의 입지유형은 도심(입지)형 백화점(중심상업지역)이나 부심권 입지형(지역쇼핑센터) 또는 신도시 입지형과 버스터미널 및 기차역과 연계된 역사입지형 등으로 나누어 볼 수 있다.
② 중심상업지역에 위치한 도심(입지)형 백화점의 경우 신업태의 출현과 교통체증, 주차공간의 부족 등에 의해 고객들이 구매를 기피하는 경향이 높아지고 있으며 이러한 문제를 해결하기 위해 많은 백화점들이 도시외곽으로 입지를 옮기거나 지방에 지점을 개설하는 다점포경영(multi store operation)전략을 시도하고 있다.
③ 최근의 백화점은 상품의 다양성과 원스톱쇼핑의 편리성을 뛰어 넘어 소비자에게 차별화되고 고급화된 매장분위기를 통한 상품체험쇼핑을 제공함으로써 대형할인점 및 신업태와의 경쟁에서 우위를 확보하고자 노력하고 있다.
④ 백화점은 전통적인 도심지 중심상업지역 뿐만 아니라 신생 부도심지 중심상업지역에서도 목적점포로서의 역할을 하고 있는 핵심업태의 하나이다.
⑤ 도시외곽에 위치하게 되는 대형쇼핑센터 입지에는 일반적으로 백화점의 경쟁업태인 대형마트(대형할인점) 및 다양한 전문점들이 입점하게 되므로 백화점의 입지로서는 타당하지 않다.

 도시외곽에 위치하게 되는 대형쇼핑센터 입지에는 일반적으로 백화점의 경쟁업태인 대형마트(대형할인점)및 다양한 전문점들이 입점하여 있다면 백화점의 입지로서도 가장 적합한 입지가 될 수가 있을 것이다.

33 소매점이 집적하게 되면 경쟁 또는 양립의 상호작용이 발생할 수 있다. 따라서 가능하면 양립을 통해 상호 이익을 추구하는 것이 좋다. 다음 중 양립성(兩立性)을 증대시키기 위한 접근 순서가 올바르게 나열된 것은?

① 가격 범위 – 취급 품목 – 적정가격 – 적정가격 대비 품질
② 취급 품목 – 가격 범위 – 적정가격 – 적정가격 대비 품질
③ 적정 가격 – 가격 범위 – 취급 품목 – 적정가격 대비 품질
④ 취급 품목 – 적정가격 – 적정가격 대비 품질 – 가격 범위
⑤ 가격 범위 – 적정가격 – 적정가격 대비 품질 – 취급 품목

 소매점이 집적하게 되면 경쟁과 양립의 이중성을 가지게 되므로 가능하면 양립을 통해 상호이익을 추구하는 것이 좋다. 양립성을 증대시키기 위한 접근순서는 '취급 품목 – 가격범위 – 적정가격 – 적정가격 대비품질'의 순서가 적절하다.

34 다음 중 입지선정 및 입지의 접근성과 관련된 설명으로 옳지 않은 것은?

① 소매업을 입지산업이라고 부를 정도로 입지는 중요한 전략적 결정요인이다. 위치에 따라서는 엄청난 매출과 이익이 보장되지만, 점포의 위치는 사업성공의 여부를 결정짓는 중요한 요인이라고 할 수 없다.

② 입지선정시 업종과의 부합성을 반드시 검토하여야 하는데, 일반적으로 좋은입지라고 보는 곳도 업종과 부합되지 않으면 나쁜입지가 된다.

③ 도심지역에서 입지는 대도시나 소도시의 전통적인 도심 상업지역으로 중심 상업지역이라고도 하며, 소매업에서 가장 성공적인 도심입지는 그 지역에 많은 주민들이 거주하는 지역이다.

④ 독립점포 입지평가에서와 마찬가지로 쇼핑몰이나 쇼핑센터의 입지평가에 있어서도 접근성이 중요하다. 또한 쇼핑센터 및 쇼핑몰내부에서의 입지평가에 있어서 접근성은 중요한 평가의 대상이 된다.

⑤ 독립점포 입지평가에서와 마찬가지로 쇼핑몰이나 쇼핑센터의 입지평가에 있어서도 접근성은 중요하다. 또한 쇼핑센터 및 쇼핑몰내부에 대한 입지평가에 있어서 접근성은 평가의 대상이 될 수 있다.

 소매업을 입지산업이라고 부를 정도로 입지는 중요한 전략적 결정 요인이다. 위치에 따라서는 엄청난 매출과 이익이 보장되므로, 점포의 위치는 사업 성공의 여부를 결정짓는 중요한 요인이 되고 있다.

35 쇼핑센터(Shopping Center)에 대한 일반적인 설명으로 가장 적합하지 않은 설명을 고르시오.

① 전통적형태의 범위적인 규모의 쇼핑센터 유형분류는 근린형, 커뮤니티형, 지역형, 수퍼지역형 혹은 광역형으로 분류한다.

② 도심형쇼핑센터지역은 대부분 지가가 높지만 가급적이면 넓은 면적을 추구하며, 대규모의 면적에 고층화를 추구하고, 지역적으로 주로 도심 중심부에 위치하고 있다.

③ 교외 쇼핑센터는 지역적인 특색은 비교적 낮은 층수와 대규모 주차시설을 보유하고 있어야 하며, 특정 주변상권의 사람들을 구매층으로 해야한다.

④ 지역쇼핑센터는 원스톱쇼핑을 가능하게 해주며 또한 식당 및 오락시설 등이 공존함으로써 매력적이고, 임대료와 상가 점포의 수익률 모두 높은 것이 특징이다.

⑤ 쇼핑센터의 입지평가에 있어서 접근성은 중요한데, 독립점포의 입지평가에서와 마찬가지로 쇼핑몰이나 쇼핑센터의 입지평가에 있어서도 접근성은 중요하다.

> 도심형쇼핑센터지역은 대부분 지가가 높으므로 넓은 면적을 차지할 수가 없으며, 소규모의 면적에 고층화를 추구하고, 지역적으로 주로 도심중심부에 위치하고 있다.

36 다음 중 노면 독립입지(Free standing Sites)에 대한 설명으로 가장 옳지 않은 것은?

① 여러 업종의 점포가 한곳에 모여 있는 군집입지와 달리, 전혀 점포가 없거나 소수인 지역에 독립하여 점포를 운영하는 형태를 말한다.

② 다른 소매업체들과 고객을 공유하지 않으며, 동종업태의 다른 점포와 경쟁을 하지 않으므로 점포경영에 상당한 유연성을 가질 수 있다.

③ 군집입지와는 반대로 작용되는 개념으로 중심시가지 보다 토지 및 건물가격이 싸고, 대형점포를 개설할 경우 소비자의 일괄구매가 가능하다.

④ 비교구매를 원하는 소비자에게는 가장 매력적이므로 특정상권 안에서 영업을 수행하는 카테고리 킬러와 같은 목적점포가 적합하지 않다.

⑤ 다른 업체와 비교우위에 있는 확실한 기술력을 보유하고 있는 전문성이 있는 업종이나 뛰어난 마케팅능력을 보유하거나 능력을 발휘할 자신이 있는 업종이 적합하다.

> 비교구매를 원하는 소비자에게는 그다지 매력적이지 않으므로 특정 상권 안에서 영업을 수행하는 카테고리 킬러와 같은 목적점포가 적합하다.

해답 **35** ②   **36** ④

37 다음 중 넬슨(R. L. Nelson)이 선정한 입지선정의 평가방법에 대한 내용으로 가장 적합하게 연결된 내용을 고르시오.

> 가. 경영자가 속한 상권지역 내의 기존점포나 상권지역이 고객과 중간에 위치하여 경쟁점포나 기존의 상권으로 접근하려는 고객을 중간에서 저지할 수 있는 가능성을 평가하는 방법이다.
> 나. 장래 경쟁점이 신규 입점함으로써 고려대상 점포나 유통단지에 미칠 영향 정도나 경쟁점의 입지, 규모, 형태 등을 감안하여 고려대상 점포나 유통단지가 기존 점포와의 경쟁에서 우위를 확보할 수 있는 가능성의 정도를 평가하는 방법이다.
> 다. 동일한 상권 내의 고객들을 자신의 점포로 유인하는 데 있어서 어떠한 장애요소가 고객들이 접근할 수 있는 가능성을 방해하는지를 살펴보는 것이다.
> 라. 주변의 인구증가와 일반 고객들의 소득증가로 인하여 시장규모나 선택한 사업장과 유통상권이 어느 정도로 성장할수 있겠는가를 평가하는 방법이다.
> 마. 상호보완관계가 있는 점포들이 근접하여 입지함으로써 고객이 흡입될 가능성으로 경영자가 진입할 상권에 상호보완관계에 있는 점포가 서로 인접해 있어서 고객의 흡인력을 얼마나 높아지게 할 수 있는가의 가능성을 검토하는 방법이다.

① 가-중간 저지성
② 나-성장 가능성
③ 다-경쟁 회피성
④ 라-양립성
⑤ 마-접근 가능성

 나-경쟁 회피성, 다-접근 가능성, 라-성장 가능성, 마-양립성

38 다음 중 노면 독립입지(free standing sites)의 장점이라고 보기 힘든 것은?

① 낮은 임대료
② 높은 가시성
③ 확장의 용이성
④ 다른 점포와의 시너지효과
⑤ 직접 경쟁업체의 부재 또는 상대적으로 약한 직접경쟁의 정도

 노면독립입지(Freestanding Sites)란 여러 업종의 점포가 한곳에 모여 있는 군집 입지와 달리, 전혀 점포가 없는 곳에 독립하여 점포를 운영하는 형태를 말한다. 따라서 다른 점포와의 시너지효과는 찾아 볼 수 없다.

 37 ① **38** ④

39 다음의 가, 나, 다, 라 내용 중에서 일반적인 중심상업지역(CBD)의 특징들만을 모두 골라 놓은 답 항은?

> 가. 대중교통의 중심지이며 도보통행인구(보행자)도 많은 편이다.
> 나. 건물의 고층화, 과밀화로 토지 이용이 집약적이다.
> 다. 비계획적으로 조성되어 비체계적인 입지구조를 가진다.
> 라. 심각한 교통문제가 발생하기 때문에 지가가 비교적 저렴하다.

① 가
② 가, 나
③ 가, 다
④ 가, 나, 다
⑤ 가, 나, 다, 라

 중심상업지역(CBD)은 전통적인 상업집적지로서 고급전문점이나 백화점 등이 입지하고 있어 다양한 분야에 걸쳐 고객흡인력을 지니고 있다. 이 곳은 무계획적으로 조성되었으며, 중심상업지역이기 때문에 상업활동으로 인해 많은 사람들을 유인하여 지가(地價)가 최대에 이른다.

40 다음 중 복합용도 개발(mixed-use developments ; MXDs) 지역의 설명이 아닌 것은?

① 복합용도개발의 좋은 예는 도시변두리의 신개발지역에서 찾아볼 수 있다.
② 개발업체들은 공간을 생산적으로 사용하기 때문에, 복합용도개발을 좋아한다.
③ 복합용도개발은 많은 쇼핑객들을 점포로 유인하기 때문에 소매업체에게 인기가 있는 지역이다.
④ 단순한 개발방법이 아닌 상권과 함께 생활에 필요한 여러 편의시설을 복합적으로 개발하기 위한 방법이다.
⑤ 복합용도개발은 쇼핑센터, 오피스 타워, 호텔, 주상복합건물, 시민회관, 컨벤션센터 등 하나의 복합건물에 다양한 용도를 결합시킨 것을 의미한다.

 복합용도개발(MXDs)은 1972년 Gurney Breckenfeld가 처음 사용한 용어이다. 이는 호텔, 오피스, 상가, 주거 등 도시 속 인간생활의 기본 요소인 주거, 작업, 여가의 각 활동을 동시에 수용하는 건물로서 세 가지이상의 용도가 하나의 건물 안에 물리적·기능적으로 복합된 건물을 말한다. 이러한 복합용도 개발을 도심지 주변에 건설할 경우, 도심지 내의 주생활에 필요한 근린 생활시설 및 각종 편익시설의 설치가 가능하게 되어 도심지가 생동감이 넘치고 다양한 삶의 장소로 변화될 것이다.

해답 **39** ④   **40** ①

41 다음 소매업(태)의 다양한 유형들 가운데 네모상자안의 열거된 입지의 모든 특성들을 종합적으로 가장 잘 내포하고 있는 것은?

> 가. 전통적인 도심상업지역 나. 대중교통의 중심지
> 다. 많은 도보통행 고객 라. 심각한 주차문제

① 쇼핑몰 ② 스트립쇼핑센터
③ 노면독립입지 ④ 아웃렛쇼핑센터
⑤ 중심상업지역(CBD)

 중심상업지역은 전통적인 도심 상업지역이며, 계획성보다는 무계획성으로 인하여 밀집되어 있는 것이 일반적이다. 이곳은 대중교통의 중심지이며 많은 도보통행 고객이 통행을 하며 심각한 주차문제를 야기하고 있다.

42 새로운 입지의 수요예측방법들에 대한 설명내용이다. 다음 중 올바르지 않은 설명은?

① 새로운 입지의 수요예측방법에는 유사성방식, Huff모델을 이용한 방식, 다중회귀 분석 등이 있다.
② 유사성방식 및 Huff모델을 이용한 방식은 획득 가능한 자료를 가진 점포의 수가 많으면 많을수록 더욱 적합하다.
③ 다중회귀분석방식은 우선 성과예측을 위해 점포의 성과 및 설명변수를 찾아낸 다음 회귀방정식을 도출하여 미래의 점포성과를 예측하게 된다.
④ Huff의 중력모델에서 점포가 가진 경쟁의 매력도는 고객으로부터 점포나 쇼핑센터 까지의 거리나 이동시간을 고려한다.
⑤ 다중회귀분석방식은 획득가능한 자료를 가진 점포의 수가 많으면 많을수록 수요 예측에 더욱 적합하다.

 유사성방식은 획득 가능한 자료를 가진 점포의 수가 많으면 많을수록 더욱 적합하지만 Huff모델을 이용한 방식은 그렇지 않다.

43 입지는 주요 대상고객의 유형에 따라 유동인구 중심의 '적응형', 목적구매고객 중심의 '목적형', 주민 중심의 '생활형' 등으로 분류할 수 있다. 다음 중 소매점 유형과 적합한 입지유형을 연결한 것으로 가장 옳지 않은 것은?

① 도심의 편의점 – 적응형
② 도심의 고급 귀금속점 – 적응형
③ 도심의 패스트푸드점 – 적응형
④ 도시외곽의 오디오전문점 – 목적형
⑤ 근린형 쇼핑센터의 수퍼마켓 – 생활형

 도심의 고급귀금속점은 고객이 일부러 찾아가는 목적형이 된다.

44 소매업을 입지산업이라고 할 정도로 입지선정은 중요한 전략적 결정 요인이다. 다음 중 입지에 대한 설명으로 옳지 않은 것은?

① 입지는 동적이고 시간적 개념인데 비하여 입지선정은 정적이고 공간적인 개념이다.
② 입지는 유동고객의 동선과 주변 여건에 따라 상급지, 중급지, 하급지로 분류할 수 있다.
③ 입지가 좋으면 그만큼 임대료가 비싸기 때문에 소매업체들은 이것의 중요성을 고려해야 한다.
④ 입지는 점포가 소재하고 있는 위치적인 조건으로 상권의 크기, 교통망, 고객층, 점포의 지세 및 지형과 밀접한 관련을 맺고 있다.
⑤ 입지는 상권과 밀접한 관련성을 지니며, 사업의 지향목표와 일치해야하며, 입지주체가 정하는 경제활동의 장소를 말한다.

 입지는 점포가 소재하고 있는 위치적인 조건으로 일반적으로 상권의 크기, 교통망, 고객층, 점포의 지세나 지형 등과 밀접한 관련을 맺고 있다. 이러한 입지는 정적이고 공간적 개념인 데 비하여, 입지선정절차는 동적이고 시간적 개념이라 정의할 수 있다.

해답 **43** ② **44** ①

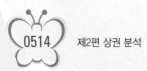

45 다음은 쇼핑몰(shopping mall)의 장점에 대한 설명들이다. 가장 거리가 먼 내용은?

① 쇼핑몰이나 쇼핑센터의 입지평가에 있어서도 접근성이 중요하다. 또한 쇼핑센터 및 쇼핑몰내부에서의 입지평가에 있어서 접근성은 중요한 평가의 대상이 된다.

② 쇼핑몰조직본부에서 모든 입점업체들의 매장경영전반에 대해 계획, 실행, 관리를 해주기 때문에 개별업체들 입장에서는 투자의 위험성이 상대적으로 낮다.

③ 쇼핑몰에 대한 전체적인 관점에서 본 최적의 업종 및 업체믹스가 쇼핑몰 전체성과에 중요하게 영향을 미칠 수 있기 때문에 쇼핑몰 운영조직본부에 의해 개별 쇼핑몰 입점업체에 대한 통제가 중요하다.

④ 쇼핑몰은 다양한 유형의 수많은 점포와 다양한 구색의 상품, 그리고 쇼핑을 오락과 결합하여 전천후 쇼핑을 가능하게 하는 쇼핑의 중심지가 되어가고 있다.

⑤ 도심지형 쇼핑몰은 주로 편의성컨셉을 중심으로 형성된다. 따라서 슈퍼마켓이나 편의점이 키테넌트(key tenant)가 되며 핵점포가 차지하는 비율은 다른 쇼핑센터 유형보다 상대적으로 낮을 수밖에 없다.

 쇼핑몰(Shopping-Mall)은 쇼핑센터 내의 모든 입주점을 한지붕과 건물 내에 수용하고 중앙부에서 공기를 조절함으로써 전천후(全天候)로 쾌적한 구매환경을 제공하는 상점가이다. 도심지역의 지가 상승과 폭발적인 인구 증가로 인하여 비교적 적은 면적에 고층화한 대형 백화점이나 쇼핑센터들이 생기게 되었다. 도심지역은 선매품 중심의 백화점이 키테넌트가 된다.

46 다음 중 노면독립입지(freestanding sites)와 관련된 설명으로서 가장 거리가 먼 것은?

① 노면독립입지는 다른 소매업체들과 지리적으로 떨어진 지역을 의미한다.

② 통상적으로 독립지역에 위치한 소매점은 다른 소매업체들과 고객을 공유하지 않는다.

③ 노면독립입지의 장점은 넓은 주차공간, 영업시간, 제품에 대한 규제의 완화, 고객을 위한 큰 편의성 등이 있다.

④ 노면독립입지에서 독자적 상권개발을 하기 위해서는 고객층을 새로 형성하기 위한 공격적 마케팅전략보다는 기존에 형성되어 있는 환경에의 적응이 필요하다.

⑤ 노면독립입지의 단점은 다른 점포와의 시너지효과가 결여되어 있기 때문에 고객을 유인하기 위해 상품, 가격, 판촉 혹은 서비스를 특별하게 제공해야 한다.

 노면독립입지(freestanding sites)는 단점도 있지만, 장점도 있기에 거기에 맞는 전략을 세워야 하는데 무엇보다 고객층을 새로 형성하기 위한 공격적 마케팅전략이 필요하다.

 45 ⑤ **46** ④

47 다음 중 입지(立地)의 일반적인 설명으로 가장 적합하지 않은 설명을 고르시오.

① 입지는 점포가 소재하고 있는 위치적인 조건으로, 보통 상권의 크기, 교통망, 고객층, 가게의 지세 및 지형과 밀접한 관련이 있으며, 특성에 따라 도심, 부심, 역세권, 주택가, 아파트단지, 대학가 등으로 세분화된다.

② 개별유통업자로서 적정입지선정에 있어서 중요하게 생각해야 할 판단기준으로는 교통의 연결성 및 편리성, 매장(사용)비용 즉 전세 혹은 월세비용, 고객방문 횟수ㆍ빈(번)도 등을 고려해야 한다.

③ 물류의 중요성이 부각되면서 2차 산업을 중심으로 교통 중심지에 입지하는 경향이 뚜렷해지고 있으며, 입지는 사업이 지향하는 목적에 따라, 원료지향형, 수송지향형, 시장지향형 입지로 구분된다.

④ 집을 지을 때는 남향으로 집의 구조를 형성하는 것을 원칙으로 지형의 모양을 보면 남향은 트이고 경사도 완만하며, 배수도 잘 되고 땅이 건조하기 때문에 위생적이며 환경이 좋아 주거지로는 가장 적합한 주거입지이다.

⑤ 시장 입지에서의 생산은 작물ㆍ가축 등의 재배ㆍ사육에 의거한 유기적 생산이며, 기상ㆍ토양ㆍ지형 등에 의하여 영향을 받고, 수송이나 저장 등이 중요하게 작용하므로, 소비지와 생산지와의 거리가 중요한 입지 조건으로 작용한다.

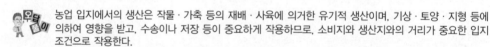 농업 입지에서의 생산은 작물ㆍ가축 등의 재배ㆍ사육에 의거한 유기적 생산이며, 기상ㆍ토양ㆍ지형 등에 의하여 영향을 받고, 수송이나 저장 등이 중요하게 작용하므로, 소비지와 생산지와의 거리가 중요한 입지 조건으로 작용한다.

48 다음 중 특정 상권내 고객들에 대하여 라이프스타일을 기준으로 시장세분화 작업을 하고자 할 때 측정해야 할 요소와 가장 거리가 먼 것은?

① 소비자들의 관심사(interests)
② 소비자들의 활동(activities)
③ 소비자들의 연령분포(ages)
④ 소비자들의 의견(opinions)
⑤ 심리 분석적 세분화기법(psychological analysis)

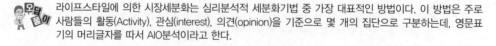 라이프스타일에 의한 시장세분화는 심리분석적 세분화기법 중 가장 대표적인 방법이다. 이 방법은 주로 사람들의 활동(Activity), 관심(interest), 의견(opinion)을 기준으로 몇 개의 집단으로 구분하는데, 영문표기의 머리글자를 따서 AIO분석이라고 한다.

49 다음 중 입지대안을 확인하고 평가하기 위한 기준에 대한 설명 중 가장 잘못된 것은?

① 유사업종의 밀집성은 유사하고 상호보완적인 점포들이 무리지어 있다면 고객을 유인하기에 용이하다는 설명이다. 다만 너무 많은 점포가 밀집되어 있으면 오히려 고객유인을 저해하는 요인이 된다.

② 입지의 경제성은 점포의 입지를 결정할 때, 점포의 생산성과 성장잠재성을 고려하여 초기의 투입비용과 비교한 후 일정수준의 경제성이 확보되어야 점포입지가 용이하다는 설명이다.

③ 보충가능성의 원칙은 유사하거나 상호보완적인 제품, 또는 관계를 가지고 있는 점포가 인접해 있으면 고객을 공유할 가능성이 높아져 고객을 유인할 수 있다는 점을 설명하는 개념이다.

④ 접근가능성의원칙은 고객이 점포를 방문하기에 용이한 물리적 특성만을 설명하는 개념이다. 고객이 심리적으로 느끼는 접근의 불편함은 객관화의 어려움으로 평가에서 제외된다.

⑤ 목적형입지는 주로 특정한 테마에 따라 고객이 유입되므로 차량을 이용한 접근이나 주차장 등의 시설물 이용에 불편이 없어야 한다. 접근성의 평가는 도로구조나 거리에의 진입과 퇴출, 가시도, 장애물 등을 비교 분석하여 평가하여야 정확한 평가를 할 수가 있다.

 점포의 접근가능성은 점포로의 도달하는데 어느정도의 노력을 요하는지가 중요한 요소가 된다. 이것에는 물리작인 요소와 비물리적인 요소를 모두 포함한다. 객관화의 어려움도 당연히 포함된다.

50 다음 중 입지선정을 위한 8가지 원칙 내용으로 볼 수 없는 것은?

① 경쟁 유발성   ② 중간 저지성
③ 접근 가능성   ④ 누적적 흡인력
⑤ 용지 경제성

 입지선정을 위한 8가지 평가방법(R. L. Nelson)
1. 상권의 잠재력
2. 접근하는 데 장애요소(접근 가능성)
3. 성장 가능성
4. 중간의 장애요인(중간 저지성)
5. 누적적 흡인력
6. 양립성
7. 경쟁의 회피
8. 용지 경제성

 49 ④   **50** ①

51 다음 중 입지(location)에 대한 설명으로 가장 옳지 않은 것은?

① 소매업에서 가장 중요한 것이 입지이고, 다음으로 중요한 것도 입지이며, 그 다음도 입지라는 격언이 있듯이 입지는 사업의 성패를 가르는 가장 중요한 요인이라고 볼수 있다.

② 입지는 정적이고 공간적인 개념인데 비하여, 입지선정은 동적이고 공간적·시간적인 개념이며, 고객의 동선과 주변 여건에 따라 상급지, 중급지, 하급지로 분류할 수 있다.

③ 입지를 선정하고 영업을 시작하는 전략은 장기적이고 고정적인 성격을 가지고 있으며, 소매업에서 가장 성공적인 도심입지는 그 지역에 많은 거주민들이 거주하는 지역이다.

④ 한 시기의 좋았던 장소라도 시간이 흐름에 따라 나빠질 수 있고, 나빴던 장소도 상황이나 시간의 흐름에 따라 다시 좋아질 수 있지만, 입지의 효용은 고정적인 것이 특징이다.

⑤ 입지선택에 대한 의사결정에 있어서 가장 중요한 판단 기준은 투입비용과 성과와의 관계를 비교분석하여 가장 경제적·효율적인 대안을 찾아내는 것이다.

> 한 시기의 좋았던 장소라도 시간이 흐름에 따라 나빠질 수 있고, 나빴던 장소도 상황이나 시간의 흐름에 따라 다시 좋아질 수 있기 때문에 입지의 효용은 고정적인 것이 아니다.

52 넬슨(R.L Nelson)이 제시한 입지선정에 있어 8가지 원칙에 대한 설명 중 가장 올바르지 않은것은?

① 잠재력은 현재 관할 상권내에서 취급하는 상품, 점포 또는 유통단지의 수익성 확보 가능성을 분석하는 것이다.

② 누적흡인력은 점포, 학교, 문화시설, 행정기관 등이 많이 몰려있어 고객을 끌어들일 수 있는 가능성을 분석하는 것이다.

③ 경쟁회피성은 경쟁점의 입지, 규모, 형태 등을 감안하여 고려대상 점포가 기존점포와 경쟁에서 우위를 확보할 수 있는 가능성을 분석하는 것이다.

④ 상권접근성은 접근가능성이라고도 하며, 상호 보완관계가 있는 점포가 근접하고 있어 고객이 자기 점포로 흡인될 가능성을 분석하는 것이다.

⑤ 성장가능성은 인구증가, 소득수준 향상으로 시장규모나 자점, 유통단지의 매출액이 성장할 가능성을 분석하는 것이다.

> 접근가능성은 동일한 상권내의 고객들을 자신의 점포로 유인하는데 있어서 어떠한 장애요소가 고객들이 접근할 수 있는 가능성을 방해하는지를 살펴보는 것이다.

 **51** ④ **52** ④

53 Nelson이 제시한 입지선정의 원칙 중 경쟁회피성과 중간저지성에 해당하는 것을 가장 올바르게 묶은 것은?

> 가. 장래 경쟁점이 신규 입점함으로써 고려대상 점포나 유통단지에 미칠 영향 정도
> 나. 인구증가 또는 소득수준 향상으로 고려대상 점포, 유통단지, 시장규모 등의 매출액이 성장할 가능성
> 다. 기존점포 또는 유통단지가 고객과의 중간에 위치하여 기존점포로 접근하는 고객을 중간에서 차단할 수 있는 정도
> 라. 점포가 많이 몰려있어 고객을 끌어들일 수 있는 가능성
> 마. 상호 보완관계가 있는 점포가 위치하고 있어 고객이 흡입될 가능성
> 바. 경쟁점(또는 경쟁 유통단지)의 입지, 규모, 형태 등을 감안하여 고려대상 점포나 유통단지가 기존 점포와의 경쟁에서 우위를 확보할 수 있는 가능성.
> 사. 현재 관찰 상권내에서 취급하는 상품, 점포 또는 유통단지의 수익성 확보 가능성

① 경쟁 회피성: 가, 바 / 중간저지성: 다
② 경쟁 회피성: 가, 마 / 중간저지성: 다
③ 경쟁 회피성: 마, 바 / 중간저지성: 사
④ 경쟁 회피성: 가, 바 / 중간저지성: 나
⑤ 경쟁 회피성: 라, 바 / 중간저지성: 마

 넬슨(R. L. Nelson)은 입지선정의 평가를 위하여 자신이 제작한 체크리스트에 의거하여, 입지의 잠재력, 접근가능성, 성장가능성, 중간저지성, 누적적 흡인력, 양립성, 경쟁회피성, 경제성 등의 항목을 분석하여 입지의 적정성을 개략적으로 살펴볼 수 있도록 하였다. 문제에서 가장 적합한 정답은 ①이 된다.

54 넬슨(R. L. Nelson)은 입지선정의 평가를 위하여 자신이 제작한 체크리스트에 의거하여, 입지잠재력, 접근가능성, 성장가능성, 중간저지성, 누적적 흡인력, 양립성, 경쟁회피성, 경제성 등의 항목을 분석하여 입지의 적정성을 개략적으로 살펴볼 수 있도록 하였다. 이들에 대한 개별설명 내용 중 "상호보완 관계가 있는 인접 점포들의 점포 흡인가능성"이란 무엇을 말하고 있는가?

① 양립성
② 입지의 경제성
③ 누적적 흡인력
④ 경쟁 회피성
⑤ 성장 가능성

 양립성은 경영자가 진입할 상권에 상호 보완관계에 있는 점포가 서로 인접해 있어서 고객의 흡인력을 얼마나 높아지게 할 수 있는가의 가능성을 검토하는 방법이다.

55 쇼핑센터는 많은 소비자가 상품에 대해 가지고 있는 니즈를 충족시키기 위하여 각 업종 및 업태에 속한 소매업들이 서로 모여 있는 집합체를 의미한다. 이러한 쇼핑센터가 가지고 있어야하는 사회적 기능에 대한 설명 중 가장 올바르지 않은 것은?

① 공공적 기능: 금융서비스, 오락, 공공서비스 등과 같은 다양한 공적 서비스를 제공한다.

② 커뮤니티기능: 공공서비스를 제공하는 장소 또는 축제나 클럽 등 지역생활자가 필요로 하는 장소를 제공한다.

③ 상업기능: 쇼핑센터의 기본기능이며 규모나 형태, 입지 등에 맞는 소매기능이 발휘 될 수 있도록 하여야한다.

④ 고용의 창출: 소매업은 대면판매를 하기 때문에 이에 필요한 다수 고용인을 확보함 으로써 지역경제에 이바지한다.

⑤ 지역개발기능: 일반적으로 쇼핑센터를 개발하면서 동시에 지역사회에 보탬이 될 수 있는 공공시설을 건립하여 기부한다.

 쇼핑센터의 기능에는 상업기능만이 있는 것이 아니고 지역사회에 공헌하며 커뮤니티 문화를 높이는 생 활문화시설, 여가활동이나 건강관리를 위한 스포츠 레저기능 등도 포함돼야 한다. 지역개발기능으로서 일반적으로 쇼핑센터를 개발하면서 동시에 지역사회에 보탬이 될 수 있는 공공시설을 건립하여 기부한 다는 말은 틀린 것이다. 어느 지역에 쇼핑센터를 한다고 하여 지역시회에 문화시실을 만들어 기부를 할 수는 있어도 강제사항이 아니다.

56 소매점포의 입지선택을 지원할 수 있는 다양한 지리정보시스템(GIS: Geographical Information System)들이 상업화되어 있다. 이에 대한 설명 중 가장 옳지 않은 것을 고르시오.

① 표적고객집단을 파악하는데 사용할 수 있다.

② 상권의 경계선을 추정하는데 사용할 수 있다.

③ 판매시점에서 수집한 정보를 데이터웨어 하우스에 저장하여 활용한다.

④ 고객의 인구통계정보, 구매행동 등을 포함하는 지리적 데이터베이스이다.

⑤ 다양한 소매점포 유형들의 매출액을 입지별로 추정하는데 사용할 수 있다.

 GIS(Geographic Information System)는 지리적으로 참조 가능한 모든 형태의 정보를 효과적으로 수 집, 저장, 갱신, 조정, 분석, 표현할 수 있도록 설계된 컴퓨터의 하드웨어와 소프트웨어 및 지리적 자료 그리고 인적자원의 통합체를 말하며, 지표면에 위치한 장소를 설명하는 자료를 모으고, 이를 이용할 수 있게 하는 컴퓨터 시스템이라고 할 수 있다.

 **55** ⑤   **56** ⑤

57 쇼핑센터 내에서 특정 점포의 위치를 평가할 때 고려해야 하는 요소에 대한 설명 중 가장 옳지 않은 것은?

① 주차공간의 크기와 같은 양적요인도 중요하지만 교통의 상대적인 혼잡도와 같은 질적 요인도 고려하여야 한다.

② 고객의 상표충성도에 따라 쇼핑센터의 외관에 대한 반응은 없으므로 어떠한 형태로 쇼핑센터 외관을 구성했는지에 대한 평가는 중요 하지 않다.

③ 인접 소매업체가 동일한 표적고객을 대상으로 상호보완적인 구색을 제공하고 있다면 좋은 점포위치라 평가한다.

④ 쇼핑센터내에서의 점포위치는 표적시장이 유사한 점포들과의 근접정도를 살펴보고 평가하는 것이 좋다.

⑤ 인접 소매업체가 동일한 표적고객을 대상으로 경쟁적인 구색을 제공하고 있다면 나쁜 점포위치라고 평가한다.

 쇼핑센터내에서 특정점포의 위치를 평가하는 경우 인접소매업체가 동일한 표적고객을 대상으로 경쟁적인 상품의 구색을 제공하고 있다면 고객들의 입장에서는 아주 좋은 점포이고, 따라서 매출의 증대로 연결되어 점포측면에서도 좋은 위치에 입지한 경우가 된다.

58 네모상자 안에 나열된 입지들 가운데 패션잡화점의 입지로서 적합한 것 만을 모두 골라 놓은 문항은?

> 가. 여러층으로 구성된 매장에서 고객의 주된 출입구가 있는 층
> 나. 쇼핑몰 내부입지에서 핵점포(anchor store)의 통로/출입구 근처의 입지
> 다. 상호보완적인 상품을 판매하는 다양한 점포들이 함께 모여 있는 입지
> 라. 경쟁자로부터 멀리 떨어져서 독점적지위를 확보할 수 있는 입지
> 마. 패션잡화점은 전문점이기 때문에 가급적 임대료가 비싼 입지를 선정

① 가, 다   ② 가, 나
③ 가, 나, 다   ④ 가, 나, 다, 라
⑤ 가, 나, 다, 라, 마

 패션잡화점의 최적입지는 상호보완적인 상품을 제공하는 다양한 점포들이 모여 있는 곳이다. 경쟁자로부터 멀리 떨어져서 독점적 지위를 확보할 수 있는 입지는 노면독립입지의 특성이다.

59 다음 점포의 입지선정에 대한 설명 중 올바른 것만 묶인 것은?

> ㄱ. 목표소비자와 특정점포사이의 거리가 증가할수록 특정점포에서 구매가능성이나 빈도가 감소하게 된다.
> ㄴ. 점포의 입지선정이 잘못되면 고객확보를 위하여 광고나 판매촉진과 같은 추가적인 노력이 필요하다.
> ㄷ. 점포의 입지선정에 관심 대상이 되는 '거리'는 도보나 자동차 등으로 이동하는데 소용되는 시간을 포함한 개념이 된다.
> ㄹ. 소비자의 접근이 용이한 위치에 점포의 입지가 있어야 점포의 수익성이나 시장점유율이 높아진다.
> ㅁ. 점포에서의 판매촉진은 상품의 성격이나 종류가 같은 경우에 더욱 효과를 볼 수 있으며 입지를 결정하는 요인이 된다.
> ㅂ. 점포의 물리적속성에 가장 중요한 요인은 점포의 입지가 되며 이로 인해 점포의 유인적 즐거움이 발생한다.

① ㄱ, ㄴ, ㄹ ② ㄱ, ㄷ, ㅁ
③ ㄴ, ㄹ, ㅁ ④ ㄹ, ㅁ, ㅂ
⑤ ㄴ, ㄹ, ㅂ

 '소매업에서 가장 중요한 것이 입지이고, 다음으로 중요한 것도 입지이며, 그 다음도 입지'라는 격언이 있다. 이처럼 입지는 사업의 성패를 가르는 가장 중요한 요인이다. 점포에서의 판매촉진은 상품의 성격이나 종류가 다른 경우에 더욱 효과를 볼 수 있으며, 점포의 물리적속성에 가장 중요한요인은 점포의 내부적 구조나 레이아웃이 된다.

60 누적유인의 원리를 가장 적절하게 설명한 것을 고르시오.

① 20%의 고객이 소매점포 매출의 80%를 창출한다.
② 만족도가 높은 고객일수록 해당 점포를 방문하는 횟수가 증가한다.
③ 동일한 제품을 판매하는 점포의 수가 많을수록 상권 내 매출이 높아진다.
④ 고객이 같은 점포를 자주 방문할수록 해당 점포에 대한 충성도가 증가한다.
⑤ 전문품보다는 선매품이나 편의품일 때 더 많은 효과를 볼 수 있는 개념이다.

 '누적유인의 원리(the principle of cumulative attraction)'는 유사하고 상호보완적인 점포들이 함께 무리지어 있는 것이 독립적으로 있는 것보다 더 큰 유인력을 갖는다는 주장이다.

 **59** ① **60** ③

61 다음 중 입지선정과 관련된 설명으로 가장 바르지 않은 것은?

① 입지의 경제성은 권리금, 임대료, 부지비용 등 입지의 코스트를 생산성과 관련하여 분석한다.

② 입지선정 평가작업에 있어서 접근성, 현재 및 미래의 수익성에 대한 평가작업 이외에도 시장규모의 확장가능성, 자신이 속한 유통단지의 매출액성장가능성 및 자사 매장의 매출액이 성장할 가능성에 대한 예측이 중요하다.

③ 입지란 특정상품이나 서비스를 구매할 의사가 있는 고객을 포함하고 있는 지역을 의미하며 입지선정시 고려요인으로 특정지역내 표적시장의 규모, 인구성장, 소득분포 및 규모와 안정성 및 경쟁수준 등을 들 수 있다.

④ 경쟁회피는 경쟁점과의 경쟁상황을 고려하는 것으로 경쟁점포의 입지, 성격, 규모, 형태를 감안한 입지를 선택하여 매출액을 예측한다.

⑤ 입지선정이 잘못되면 경영관리상 노력의 낭비를 가져와 사업의 실패를 초래하게 되므로, 입지는 사업의 성패를 결정하는 중요한 변수로 작용하게 되었다.

 소매업을 입지산업이라고 부를 정도로 입지는 중요한 전략적 결정 요인이다. 위치에 따라서는 엄청난 매출과 이익이 보장되므로, 점포의 위치는 사업성공의 여부를 결정짓는 중요한 요인이 되고 있다. 입지 선정 시 고려요인으로 특정지역 내 표적시장의 규모, 인구성장, 소득분포 및 규모와 안정성 및 경쟁수준 등보다는 수익성, 접근가능성, 가시성 등을 우선 고려해야 한다.

62 다음은 입지 대안을 평가하기 위한 어떤 원칙에 대한 설명인가?

> 유사한 점포와 보완점포가 너무 많이 모여 있어 교통 혼잡과 같은 문제가 발생할 수 있다.

① 고객차단원칙(principle of interception)
② 동반유인 원칙(principle of cumulative attraction)
③ 점포밀집의 원칙(principle of store congestion)
④ 보완가능성의 원칙(principle of compatibility)
⑤ 접근가능성의 원칙(principle of approach possibility)

 점포밀집의 원칙(principle of store congestion)은 동일상권내에 동일한 업종이 서로 한곳에 모여 입지하여야 유리하다는 원칙이지만 유사한 점포와 보완점포가 너무 많이 모여 있어서 교통 혼잡과 같은 문제가 발생할 수 있다.

 61 ③　　**62** ③

63 '누적유인의 원리(the principle of cumulative attraction)'는 유사하고 상호보완적인 점포들이 함께 무리지어 있는 것이 독립적으로 있는 것보다 더 큰 유인력을 갖는다는 주장이다. '누적유인의 원리'와 관계가 가장 적은 상품유형은?

① 편의품 　　　　② 선매품 　　　　③ 전문품
④ 목적구매품 　　⑤ 비 탐색품

 유사하고 상호보완적인 점포들이 함께 모여 있는 것이 독립적으로 있는 것보다 더 큰 유인력을 가진다는 원리로서 특정 입지를 매력적으로 만들 수 있으며 상호 보완상품을 판매하는 점포들 간에 적용할 수 있는 원리이다. 편의품은 이러한 상품분류에서 가장 멀다.

64 다음 박스 안에서 설명하고 있는 원리에 의해 입지를 올바르게 분류한 것은?

> 상업입지에서 경쟁관계에 있는 점포들끼리 경쟁이 일어난 후 오랜 기간이 지나면 공간을 서로 균등하게 나누어 입지하게 된다는 주장이 있다. 이 주장에 따르면 배후지시장이 좁고 교통비에 대한 수요의 탄력성이 작은 경우에는 점포가 중심부에 입지하고, 배후지시장이 넓고 교통비에 대한 수요의 탄력성이 크면 점포가 분산해서 입지하는 경향이 나타나게 된다고 본다.

① 공간균배에 따른 분류 : 집심성입지, 집재성입지, 산재성입지
② 이용 목적에 따른 분류 : 적응형입지, 목적형입지, 생활형입지
③ 상권 범위에 따른 분류 : 1급지(A급지), 2급지(B급지), 3급지(C급지)
④ 점포 유형별 분류 : 고객 창출형 입지, 근린 고객 의존형, 통행량 의존형
⑤ 소비자 구매 습관에 따른 분류 : 편의품점 입지, 선매품점 입지, 전문품점 입지

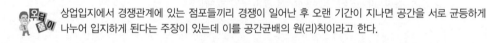 상업입지에서 경쟁관계에 있는 점포들끼리 경쟁이 일어난 후 오랜 기간이 지나면 공간을 서로 균등하게 나누어 입지하게 된다는 주장이 있는데 이를 공간균배의 원(리)칙이라고 한다.

65 넬슨의 소매입지선정 원리 중 '서로 업종이 다른 점포가 인접해 있으면서 보완관계를 통해 상호 매출을 상승시키는 효과를 발휘하는 것'을 의미하는 것은?

① 중간 저지성 　　② 성장 가능성 　　③ 양립성
④ 누적적 흡인력 　⑤ 경쟁회피성

 유사하고 상호보완적인 점포들이 함께 모여 있는 것이 독립적으로 있는 것보다 더 큰 유인력을 가진다는 원리로서 특정 입지를 매력적으로 만들 수 있으며 상호 보완상품을 판매하는 점포들 간에 적용할 수 있는 원리이다. 편의품은 이러한 상품분류에서 가장 멀다.

 63 ① 　**64** ① 　**65** ③

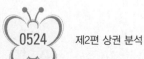

66 다음은 한국식 쇼핑센터(Shopping Center)에 대한 일반적인 설명으로 가장 적합하지 않은 설명을 고르시오.

① 쇼핑센터는 도심지역의 소비자들이 교외로 이전하면서 전문적인 개발업자에 의한 지역 상황과 수요분석을 통해 규모·레이아웃·점포구성·만족 등이 계획적으로 개발·관리·운영되는 대표적인 집합형 소매점을 말한다.

② 쇼핑센터는 상업기업의 지리적 집단으로, 특정의 상권에 대해 입지규모 형태 등에 관하여 전체적으로 계획·개발·관리되고 있다. 이는 계획적·집합적인 소매상점의 지리적 집합체로서 계획적인 것만을 지칭한다.

③ 쇼핑센터는 점포유형과 상품구색의 다양성, 쇼핑과 오락의 결합으로 고객흡인력이 높다. 영업시간, 입주점포들의 외관 등에서 동질성을 유지할 수 있으며 입점업체의 구성을 전체적 관점에서 계획하고 통제할 수 있다.

④ 쇼핑센터는 도시 근교의 광대한 토지를 확보하여 드라이브인 극장 등의 시설을 갖추고, 백화점 등 규모가 큰 소매점을 중심으로 하여 연쇄점, 전문점, 소매점 등을 모아 원스톱쇼핑(one-stop shopping)이 가능하도록 계획적으로 만들어진 대규모 상점이라고 할 수 있다.

⑤ 커뮤니티쇼핑센터(Community Shopping Center)는 스트립쇼핑센터의 유형으로 가장 크고, 입점 업체들은 흔히 의류, 가정용품, 가구, 장난감, 신발, 애완동물용품, 전자 및 스포츠용품을 판매하는 카테고리 전문점이나 할인점이 주를 이루고 있다.

> 커뮤니티쇼핑센터(Community Shopping Center)는 지구중심으로 위치하고 있으며, 네이버후드센터보다는 크고, 파워센터보다는 적다.

67 다음 중 점포입지의 중요성에 대한 설명으로 옳지 않은 것은?

① 점포입지는 소비자를 유인하기 위한 주요한 수단이다.
② 점포입지는 그 효과가 장기간에 걸쳐서 발생하고, 이전하지 않는 한 지속된다.
③ 점포입지는 업종과는 관계가 없으므로, 좋은 입지는 업종에 무관하게 점포의 성공 가능성을 높인다.
④ 구색, 인테리어 등의 소매활동 수단은 경쟁사에 의해 곧 모방이 되지만 점포입지는 모방이 불가능한 경쟁 수단이다.
⑤ 점포입지의 선정이 이루어지기 전에는 통제가능한 마케팅의사결정변수이지만, 일단 선정된 후에는 통제가 어려운 환경요인의 성격을 갖는다.

> 점포입지는 업종의 종류나 형태에 따라 성공여부가 밀접한 관계가 있으므로, 좋은 입지는 업종에 관련이 있어야 점포의 성공 가능성을 높인다.

Chapter 3 점포개점전략

01 점포개점계획

1. 점포개점(開店)

(1) 개점(開店)의 의의

① 점포개점이란 경영자가 자신의 창업환경을 분석한 후 자신이 가장 잘 할 수 있는 혹은 가장 하고 싶은 아이템은 선정, 아이템과 가장 적합한 입지를 골라 영업을 하기 위한 과정으로 적합한 업종을 선정한 후에 점포를 구하는 단계를 거친다.

② 개점에 대한 이해가 부족하거나 잘못 진행 할 경우 불필요한 비용의 손실을 가져올 뿐만 아니라 창업의 기회를 놓쳐버리는 경우가 발생하며, 위험요소를 줄이기 위해서 개점 프로세스에 대한 이해가 필요하다.

③ 출점할 점포에 대한 부지조사의 기본항목에는 소유권, 소유자의 신용, 거래 당사자의 법적자격, 토지대장, 실제측정도, 도시계획도, 등기부 등본 등 면적, 형태, 지목, 수로, 고압선, 마을길 등의 장애물, 상하수도, 전력, 가스 등 공공시설 현황 등이 고려대상이 된다.

(2) 적합한 아이템선정

① 대부분의 창업 결심은 '하다 안 되면 장사나 하지 뭐' 하는 식이 상당하다. 경영자는 자신에게 가장 적합한 아이템을 선정하여 치밀한 분석으로 시장에서 개점을 해야만 성공여부를 가늠할 수 있다.

② 창업자는 우선적으로 철저한 자기분석이 먼저이고, 주변 환경분석(적성, 자금, 시기)을 해야 한다. 그리고 가용 가능한 창업자금을 고려하고 시기를 정해야 하고, 무엇보다도 아이템선정시 적성에 맞거나 하고 싶은 일을 선택하는 것을 최우선에 두어야 한다.

③ 실질적인 내용으로 사업계획서를 직접 작성하고, 창업방법 결정하는데, 특별한 노하우나 기술을 보유하고 있는 경우나 유경험자인 경우 전문가의 도움을 받아 독립적으로 창업이 가능하지만 초보자인 경우 프랜차이즈 창업이 유리하다.

(3) 적합성 분석순서

① 상권분석을 해야 하는데 업종에 따라서 적합 상권과 입지는 다르다. 배달업 같은 경우는 3급상권이라든가, 커피전문점 같은 경우에는 1급상권이 좋다는 분석이 필요하며, 자신의 능력에 맞는 상권과 입지 그리고 점포 크기를 정하는 절제가 필요하다.

② 입지선정을 해야 하는데 입지는 상권에서 가장 좋은 곳이어야 한다. 즉, 1급 상권의 3급지 보다는 차라리 3급 상권의 1급지가 유리하다.

③ 출점할 점포의 예상매출액을 계산하기 위해서 상권내 총판매면적중 예정된 입지의 판매 공간비율을 고려한다. 점포 출점을 결정한 후 가장 먼저 준비해야 할 것은 점포의 포지셔닝 주제(아이덴티티, Identity)의 설정이다.

(4) 소매상의 점포개설 시 고려사항

① 교통문제, 소비자의 구매습관 전망 및 경쟁분석 등을 포함한 입지평가를 위한 다양한 방법들을 활용하여 소매상에 적합한 입지를 선정한다.

② 점포는 도시형점포, 교외형점포, 인스토어형점포로 구분하며, 인스토어형점포의 고객유도시설에 일반적으로 주출입구, 주차장 출입구, 에스컬레이터, 엘리베이터 등이 있다.

③ 획지는 건축용으로 구획정리를 할 때 한 단위가 되는 땅을 말하며, 획지 중에서 두 개 이상의 도로에 접한 경우를 각지라고 한다. 각지는 일조와 통풍이 양호하고 출입이 편리하며 광고효과가 높지만 상대적으로 소음, 도난, 교통 등의 피해를 받을 가능성이 높다는 단점이 있다.

2. 점포출점(出店)을 위한 준비

(1) 출점을 위한 외부준비

① 소매점 출점형태 중 '부지매입'을 하는 경우에는 자산가치 상승과 영업에 대한 안정, 점포의 내부와 외부, 외관에 대한 계획성 있는 조정 등의 장점은 있지만 초기 투자비용이 높고 상권변화에 대한 대응이 문제가 되는 형태이다.

② 소매점 출점형태 중 '출점되어 있는 기존점포를 인수'하는 경우에는 점포확보를 위한 비용은 상대적으로 낮은 편이고 지속적 영업도 가능하다는 장점은 있지만, 입지 여건이나 점포구조 등이 이미 정해져 있어 출점조건이 열악할 가능성이 높다. 건물을 매입하여 출점하는 경우에는 안정적 영업을 지속할 수 있고, 영업활성화를 통해 자산가치 증식을 기대할 수 있지만, 상권환경 변화에 대응하기가 어렵다.

(2) 출점을 위한 내부준비

① 실내인테리어 및 점포 꾸미기 : 아이템에 맞는 인테리어라야 시너지 효과를 얻을 수가 있다. 점포의 인테리어 비용은 매몰비용(sunk cost)의 성격이 강한 고정비에 해당하므로 업종 전환이 잦은 입지에 위치한 점포에 출점할 때, 계약기간을 정해서 임차한 점포에 출점할 때, 합작하여 출점할 때, 매각 후 매입자가 임대한 점포에 출점할 때는 심각하게 고려해야한다.

② 기자재 : 업종에 따라 필요기자재는 차이가 있다. 자신이 선택한 업종에서 필수적으로 필요한 기자재는 사전에 충분한 시장조사를 한 후에 결정을 해야 하는데, 마찬가지로 프랜차이즈 창업인 경우 본사에서 이미 최적의 기자재가 선정되어 있어 크게 고민할 필요가 없지만 독립점인 경우에는 직접 확인하는 것이 좋다.

③ 초도 물품준비 : 장사를 하기 위해서는 판매할 상품을 구비해야 하는데, 판매업종인 경우 도매상을 통해 매입 계획을 세워야 하고 외식업종인 경우 수많은 종류의 식자재를 구입 혹은 구입처를 사전에 확보해 두어야 한다. 프랜차이즈 창업인 경우에는 일괄 공급이 되기 때문에 수월하다.

(3) 점포운영준비

① 장기간 안정적인 점포를 운영하고 있는 곳을 살펴보면 나름대로 독특한 특색을 지니고 있는데, 예를 들면 하루 300그릇만 파는 칼국수 집이 맘만 먹으면 500그릇도 충분히 팔 수 있지만 300그릇만 고집하기에 항상 먹지 못하고 돌아가는 손님이 있다. 점주는 그날 준비한 만큼만 팔기 때문에 최상의 제품을 팔 수 있으며, 이런 것이 바로 자기만의 개성 연출이지만 결코 쉽지 않은 결정이다.

② 식당 종사자들도 일하는 재미가 나고 즐겁게 오래도록 할 수 있으며, 경기가 아무리 나빠도 매출은 크게 문제없으니 어쩌면 이것이 식당 창업자들의 가장 큰 꿈일지도 모른다. 돈보다는 정성스런 음식준비 그것이 점주의 사업 철학이라 할 수 있으며, 점포 운영 전략은 특별한 공식이 있는 것이 아니고, 중요한 것은 자기 개성을 최대한 살리는 것입니다. 그래야 오랫동안 안정적인 매출을 올릴 수가 있다.

(4) 오픈준비 및 오픈

① 매장운영에 필요한 교육 및 인허가를 인지하고, 매장운영에 필요한 교육을 사전에 충분히 받아야 하고, '하면서 배우지 뭐' 라는 안일한식은 금물이다. 가능하면 배우고 배워서 몸에 익히는 것이 좋다.

② 오픈은 완벽한 준비가 되지 않으면 오픈을 하지 않는 다는 마음으로 사전 준비를 철저히 해야 하고, 대부분 오픈이 가까워 오면 돈을 벌수 있다는 욕심으로 맘이 급해지고 준비가 부족한 상황에서 오픈을 하는데 이는 삼가야 한다.

(5) 개별점포에 대한 분석

① 고객들이 먼 곳에서도 쉽게 점포를 찾을 수 있는 정도를 가시도라 하는데, 가시도가 좋은 위치에 점포가 출점하고 있으면 좋은 입지라 할 수 있다.

② 충성도가 높은 고객들을 대상으로 할 때에는 점포의 가시도는 크게 중요하지 않다. 그것은 즉, 점포 자체가 유명하거나 충성심도가 좋은 점포는 가시도가 별로 중요하지 않다는 것을 말한다. 하지만 불특정 다수인이나 일반 통행인을 대상으로 하는 점포는 가시도가 높아야 유리하다.

③ 점포 확보를 위한 비용은 상대적으로 낮은 편이고 지속적 영업이 가능하지만, 입지여건이나 하드웨어 조건이 열악할 가능성이 높다면 기존 점포 인수하여 출점을 해야 한다. 신규점포의 개설과정에서 소매점포의 일반적인 전략수립과정은 「상권분석→ 입지선정 → 점포계획 → 소매믹스설계」 과정이다.

(6) 판매시설

① 제1종 근린생활시설 : 슈퍼마켓, 일용품(식품, 잡화, 의류, 의약품, 완구, 서적 등) 등의 소매점, 휴게음식점, 이용원, 미용원, 목욕장, 세탁소, 의원, 치과의원, 한의원, 침술원, 접골원 및 조산소, 지구대, 소방서, 우체국, 보건서, 마을회관, 변전소 등으로 우리 생활에서는 없어서는 안되는 필수적인 시설들로 해당 용도로 쓰는 바닥면적의 합계가 1,000㎡ 미만인 것을 말한다.

② 제2종 근린생활시설 : 일반음식점, 기원, 테니스장, 체력단련장, 에어로빅장, 볼링장, 당구장, 실내낚시터, 골프연습장, 종교집회장 및 공연장, 비디오물 감상실, 금융업소, 부동산중개업소, 제조업소, 수리점 등으로 우리 생활에 1종보다는 약간 덜 친숙하고 덜 필요한 시설이다.

3. 매출과 수익성분석

(1) 매출분석

① 대부분의 창업자는 창업 전단계에 많은 관심이 집중되어 있다. 그러나 매출을 발생시키는 부분은 점포운영이다. 아무리 훌륭한 아이템을 선정 최고의 상권 최상의 입지에서 오픈을 하더라도 점포운영에 차질이 생기면 성공하기 어렵다.

② 점포운영에 대한 중요성을 새롭게 인식을 해야 하고, 장사가 잘 되는 점포의 운영형태나 노하우를 벤치마킹하는 것은 기본이고 거기에 자기만의 개성을 가미시켜야한다. 자연스러운 점포운영을 위한 나름대로의 노력이 필요하다.

③ 매출이란 사전적으로 물건을 내다 파는 일로 정의하는데 매출은 판매행위로 인해 발생된 재화의 총칭이다. 물건을 팔고자 하는 상품과 판매자, 그리고 사려는 사람 즉, 구매자가 가격을 두고 이뤄지는 상행위의 결과로서 매출에는 상품, 판매자, 구매자, 가격, 행위의 비용이 포함된다. 매출이 많을수록 수익성도 많을 가능성이 높지만 반드시 그런 것은 아니다.

(2) 수익성 분석

① 판매상품의 가격을 정해야 하는데 기본적으로 각 메뉴나 상품별 원가나 매입가를 기준으로 책정을 하면 된다. 원가에 임대료 인건비 기타 지출 비용, 감가상각 등에 순 이익률을 포함해서 정하는 것이 기본인데, 업종에 따라 차이가 있기 때문에 동일 상권의 경쟁 점포의 가격을 파악한 후 판매가격을 정하는 것이 좋다.

② A사는 부지를 임차하여 A사가 신축하고 10년 사용 후 토지주에게 돌려주는 방식으로 슈퍼마켓을 출점할 계획이라면 A사의 점포 컨셉을 구현하기 용이하고, 장기적인 상권 변화에 신축적으로 대응할 수 있으며, 수익성 검토시 반드시 점포와 설비의 감가상각이 고려되어야 한다.

(3) 수익성 영향요소

① 원재료비요소로서 가장 바람직한 것은 최상의 제품을 최저가로 구입, 최고가로 파는 것이다. 업종에 따라 다르지만 외식업의 경우 이 비중이 매출대비 35%를 넘지 않도록 관리하는 것이 좋다.

② 인건비요소로서 이 비용은 고정지출 비용으로 매출에 관계없이 지출되는 비용으로 매출대비 20%를 넘지 않아야 한다.

③ 임대료요소로서 이 비용은 당연히 임차를 하는 점주에게 적용을 하지만, 자가 점포라면 기회비용을 고려해야 한다. 이 비용은 적을수록 유리하며, 매출의 10% 미만으로 관리해야 한다.

④ 관리비 · 공과금 · 세금 · 카드수수료 등도 수익성에 영향을 주는 부분이다. 이 중 관리비는 고정경비지만 나머지는 매출에 따라 변하는 변동경비이다. 전체적으로 매출대비 10% 선으로 관리 한다는 기준을 마련할 필요가 있으며, 이런 방식으로 하면 매출의 25%는 순이익을 가져 갈 수 있고, 업종의 차이는 있겠지만 대체적으로 경비를 줄이면 순이익이 늘어난다.

⑤ 매출은 수익의 원천이기 때문에 특별히 신경을 써야 한다. 점포 운영 시 매월 손익분기점을 정해 놓고 철저한 매출 관리를 통해 안정적인 점포 운영을 할 수 있도록 해야 수익성도 높여 갈 수 있는 여지가 생긴다.

(4) 매출과 수익관계

① 매출이 높다고 반드시 수익성이 좋은것은 아니다. 일반적으로 매출이 크면 수익도 크지만, 반드시 그런 것은 아니다. 이럴 때는 반드시 수익성에 영향을 미치는 요소를 점검해 보고 수정 보완해 가는 지혜가 필요하다.

② 매출상승보다 수익성상승에 초점을 두어야 하는데 장사가 잘되느냐 보다 얼마나 남느냐에 관심을 가질 필요가 있다. 하루 매출이 100만원인데 순수익은 10만원인 경우와 하루 매출은 50만원 인데 순수익 역시 10만원이라고 하면 후자가 훨씬 경쟁력 있는 점포운영이라는 것이다.

③ 그렇다고 매출을 소홀히 해서는 곤란하다. 수익성이 큰 구조로 점포 운영을 하면서 그 다음은 매출을 극대화 시키는데 전력을 해야 하는 것이다. 매출이 없으면 지출은 있지만 수익은 전혀 존재하지 않기 때문이다. 수익의 원천은 매출이라는 사실을 기억해야 한다.

④ 고객의 점포방문 동기를 제품구매(buying)동기 중에서 개인적(personal)동기, 사회적(social)동기로 크게 구분을 하고, 사회적인 지위와 권위를 위한 것은 사회적인 동기로 자기만족, 기분전환, 새로운 유행 추구 등은 개인적 동기로 분류한다.

⑤ 매출은 차별화된 상품의 가치가 주도 한다. 매출의 상승은 간단히 상품을 많이 팔면 되지만, 단순한 판매라기보다는 그 상품에 가치를 부여하는 기술이 필요하다.

4. 신규출점과 매출액

(1) 작업진행프로세스
① 출점방침 결정
② 출점지역 결정
③ 점포 물색
④ 수익성 및 자금조달계획과 같은 사업계획 수립
⑤ 점포매입 또는 건설
⑥ 개점(開店)

(2) 매출액추정
① 상품회전율을 중심으로 산출하는 방식으로 매출액 : 재고금액×상품회전율
② 평당 년간 매출액을 기초로 산출하는 방식으로 매출액 : 평당 연간판매액×총 평수
③ 객 단가를 기초로 산출하는 방식의 매출액 : 내점객수×매출율×평균단가×구입개수
④ 종업원 1인당 매출액 기초 산출방식의 매출액 : 종업원 1인당 매출액×종업원 수
⑤ 상권 내 예상 소비지출총액 : (1+평균소비성장율)×상권 내 총가구수×가구당 평균 가처분소득

(3) 입지요인과 상권요인
① 점포가 특정 상권에 입지할 때, 업종이나 업태에 따라 입지 의존형인지 또는 상권 의존형인지를 구분할 필요가 있다.
② 입지는 점포를 경영하기 위해 선택한 장소(부지, 위치)를 말하고, 상권은 점포를 이용하는 소비자들이 분포하는 공간적 범위를 나타낸다.
③ 소매점의 매출을 결정하는 입지요인으로는 시계성(視界性) 과 주지성(周知性)을 중점으로 한 인지성이 있고, 상권요인으로는 통행량 규모, 타사점포와의 경쟁, 시장의 규모 등이 있다.
④ 점포입지를 분석할 때 상권보다 입지에 더욱 의존하는 타입의 업태로는 의류업, 식료품업, 슈퍼마켓, 음식업 등이 있고, 택배업이나 목적점포는 상권에 의존을 하게 된다.

(4) 입지 배정 모형(location-allocation model)
① 기존 점포의 재입지 또는 폐점을 결정하는데 활용할 수 있으며, 새 점포들을 기존 네트워크에 추가하는데 따른 편익을 분석할 수 있다.
② 소비자의 구매 통행패턴을 토대로 소비자들을 개별 점포에 배정하게 되며, 두 개 혹은 그 이상의 소매점포 네트워크를 설계할 때 유용하게 활용할 수 있는 분석기법이다.

5. 상가건물 임대차보호법

(1) 상가건물 임대차보호법의 목적

① 상가건물임대차보호법은 상가건물 임대차에 관하여 「민법」에 대한 특례를 규정하여 국민 경제생활의 안정을 보장함을 목적으로 한다.

② 임차권등기명령 절차에 관한 규칙은 주택임대차보호법과 상가건물임대차보호법이 임차권등기명령절차의 시행에 관하여 대법원규칙에 위임한 사항 및 기타 주택임대차보호법과 상가건물임대차보호법의 시행에 필요한 사항을 규정함을 목적으로 한다.

(2) 상가건물 임대차보호법의 적용대상 보증범위

① 상가건물임대차보호법은 상가건물(사업자등록의 대상이 되는 건물)의 임대차(임대차 목적물의 주된 부분을 영업용으로 사용하는 경우를 포함)에 대하여 적용한다. 단, 대통령령으로 금액초과액은 적용하지 않으며, 차임액은 포함한다.

② 대통령령으로 정하는 (환산)보증금액, 서울특별시(6.1억), 수도권정비계획법에 따른 과밀억제권역(서울특별시 제외) 및 부산시 5억, 광역시(수도권정비계획법에 따른 과밀억제권역에 포함된 지역과 군지역, 부산시 제외, 세종시, 파주시, 화성시, 안산시, 용인시, 김포시, 광주시는 포함) 3.9억, 그 밖의 지역(2.7억)을 초과하는 임대차에 대하여는 그러하지 아니하다. 환상보증금은 「보증금+월세×100」계산된다.

③ 우선변제를 받을 임차인의 변제금은 서울특별시(6천5백만), 수도권정비계획법에 따른 과밀억제권역(서울특별시는 제외, 5천5백만), 광역시(수도권정비계획법에 따른 과밀억제권역에 포함된 지역과 군지역은 제외, 3천8백만), 그 밖의 지역 (3천만)금액 이하인 보증금과 차임의 임차인으로 한다.

(3) 상가건물 임대차보호법의 임대기간

① 기간을 정하지 아니하거나 기간을 1년 미만으로 정한 임대차는 그 기간을 1년으로 본다. 다만, 임차인은 1년 미만으로 정한 기간이 유효함을 주장할 수 있다.

② 임대차가 종료한 경우에도 임차인이 보증금을 돌려받을 때까지는 임대차 관계는 존속하는 것으로 본다.

(4) 상가건물 임대차보호법의 계약갱신요구권

① 임대인은 임차인이 임대차기간이 만료되기 6개월 전부터 1개월 전까지 사이에 계약 갱신을 요구할 경우 정당한 사유 없이 거절하지 못한다.

② 임차인의 계약갱신요구권은 최초의 임대차기간을 포함한 전체 임대차기간이 10년을 초과하지 아니하는 범위에서만 행사할 수 있다.

③ 갱신되는 임대차는 전 임대차와 동일한 조건으로 다시 계약된 것으로 본다. 다만, 차임과 보증금은 차임 또는 보증금이 임차건물에 관한 조세, 공과금, 그 밖의 부담의 증감이나 경제 사정의 변동으로 인하여 상당하지 아니하게 된 경우에는 당사자는 장래의 차임 또는 보증금에 대하여 증감을 청구할 수 있다.

(5) 계약갱신을 요구할 경우 거절의 정당한 사유

① 임차인이 거짓이나 그 밖의 부정한 방법으로 임차한 경우
② 서로 합의하여 임대인이 임차인에게 상당한 보상을 제공한 경우
③ 임차인이 임차한 건물의 전부 또는 일부를 고의나 중대한 과실로 파손한 경우
④ 임차인이 임대인의 동의 없이 목적 건물의 전부 또는 일부를 전대(轉貸)한 경우
⑤ 임차한 건물의 전부 또는 일부가 멸실되어 임대차의 목적을 달성하지 못할 경우
⑥ 임차인이 3기의 차임액에 해당하는 금액에 이르도록 차임을 연체한 사실이 있는 경우

6. 권리금(fore gift, 權利金)

(1) 권리금(權利金)의 개념

① 권리금이란 임대차 목적물인 상가건물에서 영업을 하는 자 또는 영업을 하려는 자가 경쟁상황(영업시설·비품, 거래처, 신용, 영업상의 노하우)상가건물의 위치에 따른 영업상의 이점 등 유형·무형의 재산적 가치의 양도 또는 이용대가로서 임대인, 임차인에게 보증금과 차임 이외에 지급하는 금전 등의 대가를 말한다.
② 권리금 계약이란 신규임차인이 되려는 자가 임차인에게 권리금을 지급하기로 하는 계약이며, 상가임대차 과정에서 다루게 되는 권리금을 산정할 때 근거가 되는 유무형의 재산적가치는 영업시설·비품, 거래처, 신용, 상가건물의 위치 등이다.
③ 권리금은 바닥권리금, 영업권리금, 시설권리금으로 나뉜다. 바닥권리금은 말 그대로 상권과 입지를 말하며, 역세권이나 유동인구가 많은 곳일수록 바닥권리금이 높다.
④ 영업권리금은 사업자가 얼마나 많은 단골을 확보했는지의 여부다. 단골이 많을수록 기본매출이 높아지는데, 참고로 영업권리금이 높은 업종은 학원이다.
⑤ 시설권리금은 감가상각후 남은 시설의 가치로, 권리금은 상가를 매입하거나 임차할 때 관행적으로 인정되며, 권리금의 회수기회 보호 등은 법의 규정에 따른다.

(2) 권리금(權利金)회수 기회 보호

① 임대인은 임대차기간이 끝나기 3개월 전부터 임대차 종료 시까지 임차인이 주선한 신규임차인이 되려는 자에게 권리금을 요구하거나 임차인이 주선한 신규임차인이 되려는 자로부터 권리금을 수수하는 행위를 방해하여서는 아니 된다.
② 임차인이 주선한 신규임차인이 되려는 자로 하여금 임차인에게 권리금을 지급하지 못하게 하는 행위를 방해하여서는 아니된다.
③ 임차인이 주선한 신규임차인이 되려는 자에게 상가건물에 관한 조세, 공과금, 주변 상가건물의 차임 및 보증금, 그 밖의 부담에 따른 금액에 비추어 현저히 고액의 차임과 보증금을 요구하는 행위를 방해하여서는 아니 된다.
④ 그 밖에 정당한 사유 없이 임대인이 임차인이 주선한 신규임차인이 되려는 자와 임대차계약의 체결을 거절하는 행위에 해당하는 행위를 함으로써 권리금 계약에 따라 임차인이 주선한 신규임차인이 되려는 자로부터 권리금을 지급받는 것을 방해하여서는 아니된다.

(3) 임대인(賃貸人)의 계약거부 부정

① 정당한 사유 없이 임대인이 임차인이 주선한 신규임차인이 되려는 자와 임대차 계약의 체결을 거절하는 행위란 임차인이 주선한 신규임차인이 되려는 자가 보증금 또는 차임을 지급할 자력이 없는 경우를 말한다.

② 임차인이 주선한 신규임차인이 되려는 자가 임차인으로서의 의무를 위반할 우려가 있거나 그 밖에 임대차를 유지하기 어려운 상당한 사유가 있는 경우를 말한다.

③ 임대차 목적물인 상가건물을 1년 6개월 이상 영리목적으로 사용하지 아니한 경우, 임대인이 선택한 신규임차인이 임차인과 권리금 계약을 체결하고 그 권리금을 지급한 경우를 말한다.

④ 권리금 적용 제외에 해당하는 상가건물 임대차의 경우에는 임대차 목적물인 상가건물이「유통산업발전법」에 따른 대규모점포 또는 준대규모점포의 일부인 경우와 임대차 목적물인 상가건물이「국유재산법」에 따른 국유재산 또는「공유재산 및 물품 관리법」에 따른 공유재산인 경우를 말한다.

⑤ 국토교통부장관은 임차인과 신규임차인이 되려는 자가 권리금 계약을 체결하기 위한 표준권리금계약서를 정하여 그 사용을 권장할 수 있다.

02 다점포 경영 성향

1. 다점포 경영

(1) 다점포 경영의 의의

① 다점포경영은 일부 기업들이 추구하고 있는 소매전략으로 동일지역에 여러 점포를 개설하여 총수익을 늘리고자 하는 전략이다.

② 다점포경영은 본점을 통한 대량매입과 각 지점을 통한 대량판매의 동시 실현을 목표로 규모의 이익과 효율을 고려하여 계획적으로 여러 지역에 출점하는 것을 말한다.

③ 다점포경영은 동일업종이나 업태의 수를 증가시킴으로써 구매자에 대한 구매력을 향상시킬 수 있다.

④ 단일점포를 운영할 때와는 달리, 여러 소매점포를 체인화하는 과정에서는 모든 점포가 골고루 잘 운영되도록 하는 점포망 구성이 중요한 과제가 되며, 점포망 분석에 입지할당모델을 적용한다.

⑤ 유통기업이 특정상권에 다점포전략을 사용하는 것은 자사점포들 사이에 경쟁을 유발하여 전체적 성과를 높임과 동시에 경쟁점포의 출점에 대한 장벽을 구축하기 위한 목적이다.

⑥ 다점포경영의 발생요인은 유통업계의 대형화와 집중화 현상, 소비자행동의 변화 및 정보기술 발달 등의 환경적 변화에서 비롯된다.

⑦ 특정 상권내에서 다점포경영은 점포들 간의 경쟁을 촉진하고, 자사점포들의 개별 이익을 보장하지 못하는 단점을 지닌다.

⑧ 전국적인 소매체인본부에서 새로운 소매점포를 어디에 개설하는 것이 바람직한지를 알기 위해 공간분석을 실시하였다. 공간분석의 순서는 「지역분석 → 상권분석 → 입지분석」이 가장 적합하다.

(2) 다점포전략의 영향

① 추가점포를 개설하여 얻게 되는 한계이익이 한계비용보다 크다면, 추가로 점포를 개설하는 유인이 된다.

② 동일한 상권안에 새로운 점포를 출점하는 전략은 내부경쟁을 통해 성과가 나쁜 자사(自社) 점포의 성과를 개선하는 효과를 가져올 수 있다.

③ 동일한 상권을 자사점포로 포화시키는 전략은 점포간 시너지를 통해 경쟁점포의 고객을 자사고객으로 전환하는 효과를 가져올 수 있다.

④ 프랜차이즈시스템의 다점포 출점전략은 가맹점과 본부 사이의 갈등을 야기할 수 있다. 같은 회사의 점포들 사이의 경쟁을 유발하여 각 점포경영의 성과를 더욱 촉진할 수 있다.

⑤ 소매점이 동일한 상권안에 복수의 점포를 출점하는 경우 물류, 광고 등의 공동 활동에서 규모의 경제를 누릴 수 있고 점포신설에 따른 한계이익이 한계비용을 초과 하는 범위 안에서는 회사 전체적인 입장에서 더 큰 이익을 얻을 수 있다.

⑥ 동일상권 내에 복수 및 다수의 점포운영은 고객의 접근성 및 편리성을 보다 높일 수 있을 뿐만 아니라 단수의 점포로는 규모가 지나치게 비대해져서 발생할 수 있는 비 효율적인 경영을 막을 수 있다.

⑦ 두개 이상의 점포를 운영하는 경우 소매점포 네트워크의 설계, 신규점포 개설시 기존 네트워크에 대한 영향 분석, 기존점포의 재입지 또는 폐점 의사결정 등의 상황에서 유용하게 활용될 수 있는 분석방법을 결정 한다.

(3) 소매업태의 다점포 경영

① **할인점** : 할인점은 규모의 대규모화로 인해 백화점이나 기타 다른 경쟁업체들과 경쟁이 치열하여 각 지방에 할인점을 설치하여 다점포 경영을 수행하고 있다.

② **프랜차이즈** : 프랜차이즈는 직접 본사에서 각 지방이나 인근지역에 새로운 점포를 신설하는 것보다는, 기존의 상인을 대상으로 새로운 사업 아이템에 의하여 사업을 수행하는 것이라 할 수 있다. 이는 유통업, 학원, 패스트푸드점 등 전국적으로 점차 증가하고 있는 추세에 있다.

③ **백화점** : 백화점은 다른 대형 백화점이나 대규모 할인점과의 경쟁이 날로 치열해지고 있다. 따라서 백화점은 위성도시나 지방에 본점을 설치하여 다점포 경영을 수행하고 있다.

④ **농산물시장** : 초기단계에서의 농산물 구매전략은 농산물에 대한 소비자의 인식부족과 물류기반의 미비로 인해서 산지 직구매 또는 도매시장을 통한 로컬소싱 위주가 되었으며, 이런 비슷한 신유통업태가 전국적으로 확산 추세에 있다.

2. 다점포 경영의 장·단점

(1) 다점포 경영의 장점

① 지점은 본사의 경영이나 관리기법을 그대로 지점에서 수행하기 때문에 지점의 실패 가능성이 상대적으로 낮아진다.

② 동일한 상권 안에 새로운 점포를 출점하는 전략은 내부경쟁을 통해 성과가 나쁜 자사(自社) 점포의 성과를 개선하는 효과를 가져올 수 있다.

③ 본사에서 대량으로 매입하여 지점에 공급하기 때문에 같은 물건이라도 단독경영 을 수행하는 경쟁의 관계에 있는 업체보다 상대적으로 적은 비용으로 공급받을 수 있어 비용을 절감하여 원가에서 우위를 점할 수 있다.

④ 촉진 및 유통활동에 있어서 규모의 경제를 실현할 수 있고, 해당 상권이 포화되어 경쟁업체에 대해 진입장벽을 형성할 수 있으며, 기업의 브랜드 가치를 높이고 사회 적 이미지를 강화할 수 있다.

(2) 다점포 경영의 단점

① 소매업체 체인이 하나의 지역에 너무 많은 점포를 개설하는 경우에는 매출의 자기 잠식이 발생할 수 있다.

② 본사의 일관된 운영방식과 동일한 간판 및 인테리어 등으로 인하여 각 지역마다 특색이 있는 상권에 대응하기가 불리하게 된다.

③ 동일한 상호로 운영되기 때문에 다른 가맹점의 잘못이 발생하게 되면 전체적인 상호를 사용하는 다른 가맹점이 직접적인 영향을 받을 수도 있다.

④ 본사의 영업확대와 사업 확장으로 도산이나 부도가 발생하게 되면 본사의 지원으로 유지되는 가맹점들은 다른 업종과의 경쟁에서 상당히 불리한 위치에 처하게 된다.

⑤ 다점포 경영전략은 동종업종의 경쟁악화로 인해 제살 깎아 먹기라는 비난을 면하 기 어렵다. 본사에서는 상품과 유니폼 등을 본부 운영방침대로 정하여 획일적으 로 공급하기 때문에 지점 운영의 독립성과 다양성이 제한될 수밖에 없다.

3. 다점포 경영의 성공 조건

(1) 세분시장 마케팅

① 기업은 세분시장이 선택한 공급자(supplier of choice)가 되어 최고의 시장 점유율과 마진율을 향유할 기회를 가질 것이다.

② 소비자 욕구가 변함에 따라 세분시장의 규모가 줄어들거나, 너무 많은 경쟁자를 끌어들여 모든 경쟁자의 수익성이 감소할 수도 있는 위험이 있다.

③ 기업이 세분시장의 개별 소비자들을 더욱 쉽게 분별하고 만날 수 있으며, 포커스 그룹 인터뷰를 할 수도 있을 뿐만 아니라 매우 집중적이고 호소력 있는 상품을 설계할 수 있다.

(2) 공부서류

① 개념 : 현 소유주의 취득일과 매매과정, 압류, 저당권 등의 설정, 해당 건물의 기본내역 등이 기록되어 있다.

① 등기사항전부증명서 : 말소된 등기사항을 포함하여 등기기록에 기록된 사항의 전부를 증명하는 증명서를 말한다.

② 건축물대장 : 건물의 소재 · 번호 · 종류 · 구조 · 면적, 소유자의 주소 · 성명 등을 등록하여 건물의 상황을 명확하게 하는 장부. 건물의 소재 · 번호 · 종류 · 구조 · 면적, 소유자의 주소 · 성명 등을 등록하여 건물의 상황을 명확하게 하는 장부.

③ 토지대장 : 토지의 소재지와 지번, 지목, 면적, 소유자 주소와 성명, 주민등록번호 등. 토지에 대한 기초사항들이 수록된 지적공부

④ 토지이용 계획확인서 : 지역 · 지구 등의 지정내용, 그 지역 · 지구 등 안에서의 행위제한 내용 및 토지거래계약에 관한 허가구역 등이 기재되어 토지의 이용 및 도시계획 시설 결정여부 등을 알 수 있는 서류로서 토지이용계획확인서를 통해 해당 부동산의 용도지역 · 용도지구, 앞으로의 개발계획수립여부 등을 확인할 수 있습니다

⑤ 지적도(地籍圖, cadastral map): 지적도란 지적공부의 일종으로 필지별 소재, 경계, 지목, 면적 등을 도형으로 표시한 것이다. 토지대장에 등록된 토지에 대하여 작성된 도면이라는 뜻으로 토지대장의 부도(付圖)라 한다.

03 접근성(Accessibility)

1. 접근성의 개념과 분석

(1) 접근성의 개념

① 접근성(accessibility)은 점포로의 진입과 퇴출의 용이성을 말한다. 대다수의 고객들이 통행 발생지역으로부터 자기가 원하는 특정한 지역이나 장소로 이동하는 데 있어서의 어떠한 장애요인이나 방해 없이 진입과 퇴출이 자유로운 상황을 말한다.

② 접근성은 입지의 매력도에 영향을 미치는 요소로 점포의 입지나 상권을 결정하는 데 있어서 상당히 중요하게 고려된다. 접근성은 거리상태, 통행량, 통행시간, 매력 등에 의하여 결정되며, 접근가능성이 높을수록 교통량이 증가하는 특징이 있다.

③ 접근성의 평가는 도로의 차선 수, 신호등 수, 혼잡도, 교차로 등도 접근성에 영향을 미친다. 도로 구조나 거리에의 진입과 퇴출, 가시도, 장애물 등을 비교 분석하여 평가하여야 정확한 평가를 할 수가 있다.

④ 소득격차도 점포입지를 선정하는데 접근성에 대한 장애물로 작용할 수 있다. 철도나 6차선 이상의 도로 등 인공 지형물은 상권의 단절요인이 되는 경우가 많다.

⑤ 소규모 소매점포의 상권단절 요인으로 폭 100m의 하천, 담으로 둘러싸인 공장, 지상을 지나는 철도, 운동장만 있는 체육공원 등의 요인이 있지만, 왕복 2차선 도로 같은 경우는 접근성을 위한 요소로 단절요인이 아니다.

(2) 접근성의 거시적 분석

① 거래지역 내에서 자신의 점포와 연결되는 주요한 도로 구조나 도로의 상태, 장애물 등의 존재로 인하여 점포로의 접근 가능성이 얼마나 있는가를 분석하는 것을 의미한다.

② 접근성에서 도로구조를 분석해보면 동일한 상권내에서 자신의 점포로 연결되는 주 도로의 존재 여부를 분석하는 것이다. 주 도로에서 자신의 점포로 쉽게 접근할 수 있으면 경쟁력이 있고 매력적인 입지라고 할 수 있다.

③ 접근성분석에서 도로 상태의 분석은 도로의 차선 수, 신호등의 수, 도로상의 교통 혼잡도, 도로상에 교차로의 존재 유무 및 위치 등에 관한 분석을 의미한다.

④ 접근성에서 장애물은 점포입지의 자연장애인 산, 강이 있고 인공장애인 조형물, 육교, 철도, 공원 등이 있으며, 통행로가 없는 곳 또는 고속도로, 강의 건너편 지역 등은 점포로 접근하는 것에 불리하게 작용하기 때문에 점포의 입지로는 적당하지 않다.

(3) 접근성의 미시적 분석

① 미시적분석은 점포주변에서의 가시도, 교통흐름, 도로여건, 주차장으로의 진입과 퇴출, 쇼핑센터의 접근성, 센터 내 고객의 흐름 등으로 분석할 수 있다.

② 미시적분석측면의 내용을 상가에서 찾아보면, 점포가 위치한 층 등에 대한 분석으로 나타날 수 있다.

(4) 시계성을 평가하는 4가지 요소

① 기점, : 어디에서 보이는가?

② 대상 : 무엇이 보이는가?

③ 거리 : 어느 정도의 간격에서 보이는가?

④ 주제 : 어떠한 상태로 보이는가?

2. 입지 유형과 접근성

(1) 입지와 접근성

① 쇼핑몰이나 쇼핑센터의 입지평가에 있어서도 접근성이 중요하다. 쇼핑센터 및 쇼핑몰 내부에서의 입지평가에 있어서도 접근성을 평가해야 한다.

② 주차시설의 양과 질은 쇼핑센터, 쇼핑몰 및 주차시설을 개별적으로 갖춘 단독 매장들에 대한 접근성을 평가하기 위한 중요한 요인의 하나이다.

③ 혼잡도는 사람들이 밀집되어 복잡한 정도 뿐만 아니라 자동차의 밀집에 따른 복잡한 정도를 모두 포함하고 있는 개념이다.

④ 혼잡도가 일정수준을 넘어 너무 혼잡하면 쇼핑속도가 떨어지고 고객 불만을 야기하여 매출이 하락하지만, 적정수준의 혼잡도는 오히려 고객에게 쇼핑의 즐거움을 더해 주기도 한다.

(2) 주차시설과 접근성

① 주차시설의 위치를 평가할 때는 고객 쇼핑동선의 일반적 길이를 고려하고, 적정수준의 혼잡도는 매출을 촉진시키기 때문에 전혀 문제될 것이 없다.

② 주차장의 혼잡도를 추정할 때 직원용 주차공간은 항시 일정하더라도 적정 주차공간 추정시 고려해야 하고 고객 위주의 적정 주차공간을 산출해야 한다.

③ 적정 주차공간을 추정할 때는 일별(주중과 주말), 주별, 계절별로 다양한 시점에서 주차차량을 조사하여 추정해야 하며, 전체적으로 시점에 관계없이 평균을 산출하여 추정하면 불확실하다.

(3) 적응형 입지의 접근성

① 적응형입지는 도보자의 접근성을 고려하여야 하기 때문에 도보로도 접근하기가 쉬운 계단과 출입구는 물론이고, 가시성이 충분해야만 한다.

② 통상적으로 대부분의 고객들이 대중교통을 이용하기 때문에 점포의 위치는 대중교통 시설물과 연계되어 있는 것이 상황적으로 적합하다.

③ 상당수의 고객들은 차량을 소유하고 있기 때문에 도심의 최적입지로서 주차시설을 갖추는 데에는 한계를 지니고 있다. 요즘 일부 점포들은 이러한 문제를 해결하기 위하여 1층에는 주차시설을 설치하고, 2층 이상을 점포로 사용하는 추세에 있다.

04 내점객 조사

1. 내점객(來店客) 조사

(1) 내점객 조사의 개념

① 내점객조사는 방문자에 대하여 조사원이 질문지상의 일정한 항목을 기초로 고객에게 직접 청취조사를 한다. 이러한 경우에 표본수는 점포규모와 방문자 수에 따라 차이가 발생할 수 있다.

② 내점객조사에 대응하는 점포 규모와 방문자수는 절대적인 숫자보다는 보통 점포 방문객 수의 15~20% 정도가 가장 타당한 비율이라 할 것이다.

③ 내점객조사는 내점한 조사대상자의 주소를 알 수 있으므로, 그러한 자료를 근거로 표적된 상권범위를 파악할 수 있다.

④ 내점객조사의 목적은 상권의 범위를 알기 위한 것이 아니다. 이러한 조사의 근본 목적은 좀 더 발전적으로 점포운영전략을 계획하기 위한 것이 목적이기 때문에 상당히 중요한 조사이다.

(2) 내점객 조사의 내용

① 방문 빈도

ㄱ 방문빈도는 점포의 특성에 따라 차이가 있다. 자기점포에서 조사하고 싶은 방문 빈도의 범위를 분류한 뒤 조사표에 미리 기입해 놓으면 조사하기가 훨씬 편하다.

ㄴ 고객의 정보보호를 위해 이름을 묻는 대신 일련번호를 사용할 수 있다.

ㄷ 고객이 만족했다는 만족도의 결과를 기초로 만족과 불만족의 이유를 질문한다.

② 방문 사유

ㄱ 조사대상자의 이름을 물어보면 답을 회피하거나 다른 가명을 대는 경우가 있으므로 이름 대신에 다른 방법을 사용하기도 하지만, 이 조사는 기대에 부합하지 못한다.

ㄴ 조사대상자의 연령층을 몇 개의 범주로 구분하고 관찰에 의해서 연령을 기입, 항목을 선택하는데, 이는 자기점포의 목표시장인 고객층을 세심하게 관찰해야 한다.

(3) 내점객 이동파악

① 교통수단과 소요시간

ㄱ 점포까지 오는데 이용한 교통수단을 묻는 것으로 도보, 자전거, 자동차, 버스, 전철 등 이용한 수단을 분류 기록한다.

ㄴ 보증실현의 법칙은 원하는 상품을 구매하기 위해 방문하려는 점포를 사전에 정하고 이동하는 상황이라고 가정하자. 이 때 길을 건너야 하는 상황에서 선택할 수 있는 복수의 횡단보도가 있다면 사람들은 일단 최초로 만나는 횡단보도를 이용하려는 성향이 있다.

② 만족과 불만족 이유

ㄱ 내점한 고객에게 자기점포에 대한 만족도를 묻는 것으로, 질문 내용에는 '매우 만족', '그럭저럭 만족', '불만' 등으로 대답하는 것이다.

ㄴ 조사하는 조사원의 태도나 장소 등에 따라 달라질 수 있으므로, 조사원은 답변자가 '불만'이라는 답을 하는 데에 있어서 자신의 감정을 개입시켜서는 곤란하다.

2. 내점객 조사 방법

(1) 고객점표법(Customer Spotting Technique)

① 고객점표법의 개념

ㄱ 윌리엄 애플바움(William Applebaum)이 내점객을 조사하기 위해서 개발한 내점객 조사방법으로 상권의 지리적 경계를 분석할 때 활용한다.

ㄴ 기존 점포를 이용하는 소비자의 공간적 분포 분석에 주로 활용되는 방법이다.

② 고객점표법의 이용순서

ㄱ 점포에 출입하는 고객들을 무작위로 인터뷰한다.

ㄴ 인터뷰 내용으로 고객들의 거주지나 출발지를 확인하여, 이를 격자 도면상에 표시하여 점표도를 완성한다.

ⓒ 격자별 인구를 계산한다. 이 경우 격자의 크기는 필요에 따라 조절이 가능하다.

ⓔ 격자별 매상고를 추정하여 계산한다.

ⓜ 몇 개의 격자를 그룹화하여 상권을 확정하며, 이로써 고객점표도가 완성된다.

(2) 실제조사 방법의 개념과 종류

① 실제조사 방법의 개념

ⓐ 실제조사 방법이란 조사자가 직접 고객을 만나서 필요한 사항을 질문하고, 그 내용을 분석하여 상권을 분석하는 것을 말한다.

ⓑ 실제조사 방법은 고객을 직접 만나서 조사를 하기 때문에 정확성이 높지만 조사자의 주관적인 개입이나 비용의 증가가 예상된다.

② 점두조사법

ⓐ 점두조사는 방문하는 소비자의 주소를 파악하여 자기 점포의 상권을 조사하여, 상품구매를 위해 점포를 방문한 소비자를 대상으로 상권분석에 필요한 자료를 수집하는 방법으로 내점객조사법과 조사대상과 조사장소가 유사하다.

ⓑ 매시간별로 구분해서 조사하며, 평일, 주말, 휴일, 경축일, 일요일 등으로 구분 조사하고, 소비자를 지도상에 분포되게 할 수 있도록 주소 단위로 한다.

③ 드라이브테스트법

ⓐ 조사자가 직접 차를 타고 다니면서 만나는 사람들에게 조사하는 것이다.

ⓑ 시간이 절감된다는 장점을 가지고 있으나 세심한 내용까지는 조사할 수 없다.

④ 직접면접조사법

ⓐ 직접면접조사는 조사자가 직접 가정을 방문하여 개별로 대면하여 상권을 조사하는 기법이다.

ⓑ 부재자를 포함한 표본 수를 준비하여야 한다. 표본은 주민등록 기본대장에 의거하며 표본의 편중을 지양하고, 질문항목도 15개 정도로 제한하여야 한다.

(3) 타임페어법

① 점포에서 역까지의 전철과 버스노선별 소요시간 및 요금을 조사하여 상권을 파악하는 방법이다.

② 타임페어법은 소비자들의 이용도가 높은 교통수단일수록 조사 방법에 유리하다

(4) 점포 객단가와 내점률

① 객단가 : 매출액을 고객수로 나누어 계산하며, 고객 1인당 평균구매액을 의미한다.

② 내점률 : 내점객수를 점포상권 범위 내에 거주하는 사람들 수로 나누 거나, 점포 앞을 지나가는 통행객 수 중에서 몇명이 점포에 들어왔는지를 나타내는 비율이다.

(5) 유동 인구 조사

① 조사의 개념

ⓐ 요일, 기후, 절기 등 여러 상황에 따른 다양한 기준을 활용하여 통행량을 수집하는 것이 좋다.

ⓛ 다른 시간대도 중요하지만 해당 업종에 고객이 가장 많이 몰리는 시간대의 통행량 조사에 특히 신경을 써야 한다.

② 조사 방법

㉠ 유동 인구 조사층은 남녀별, 연령별, 계층별로 이루어져야 한다.

㉡ 조사대상은 주말 통행인구와 주중 통행인구로 구분하여 조사해야 한다.

㉢ 유동인구의 조사시간은 특정시간보다 영업시간대를 고려하는 것이 좋다.

㉣ 주중, 주말, 휴일 등을 구분해서 조사일정을 편성하는 것이 바람직하다.

㉤ 유동인구의 수보다 인구 특성과 이동방향 및 목적 등이 더 중요할 수도 있다.

㉥ 유동인구의 동선은 일반적으로 출근동선 보다 퇴근동선을 중시해서 조사하는 것이 좋다.

㉦ 조사시간은 출근시간인 8시경과 출근시간 후인 10시, 점심시간인 12시, 오후 2·4시경과 퇴근시간인 6시, 퇴근시간 후인 20시, 22시, 24시, 익일 2시경에 체크하는 것이 일반적인 기준이다.

㉧ 조사소요시간은 대략 15분을 체크한 후 파악된 통행인구 수에 4를 곱한 것이나 20분을 체크한 후 파악된 통행인구 수에 3를 곱한 것을 한 시간의 통행인구로 추정한다. 일반적인 1시간인 60분 동안 계속 조사해야 하는 것이 아니다.

3. 시장점유율법(Market Share Approach)

(1) 시장점유율법의 개념

① 총시장잠재력은 상권의 시장잠재력의 척도인 1인당 소비액(지출액)과 상권 내 인구 수를 곱한 값이다.

② 시장점유율은 시장의 총 잠재 매출액 중에서 점포가 차지하는 매출비율이며 '점포의 가구당 판매액/가구당 잠재판매액'의 수식으로 표현된다.

③ 상권별 시장점유율 자료인 시장점유율법에서 고려할 사항은 상권내 인구수와 1인당 소비액 또는 가구당 소비액을 계산하는 것이다.

④ 슈퍼마켓 연구의 내용과 일치하며, 다른 점은 선행연구에서 '상품의 질'을 예비조사 결과를 참고하여 '식품의 신선도'로 바꾼 것이다.

(2) 매출추정의 절차

① 경쟁지역과의 접근성 등의 변수를 고려하여 업태의 상권을 추정한다.

② 인구조사자료를 기초로 하여 상권내 인구수를 파악한다.

③ 상권의 시장잠재력 척도인 1인당 소비액을 추정한다.

④ 인구수와 1인당 지출액을 곱하여 총 시장 잠재력을 구한다.

⑤ 상권내의 총면적대비 신규점포의 비율을 구한다.

◈ 매출액 추정공식 = 1일 평균 내점객수 × 객 단가 × 월간영업일수
◈ 서비스 매출액 추정공식 = 죄석수 × 좌석점유율 × 회전율 × 객단가 × 영업일수

01 계획된 점포유형과 입지에 맞는 전략을 시행하기 위하여 소매상은 전략에 영향을 미치는 요소를 고려 해야 한다. 이에 대한 설명으로 가장 올바르지 않은 것은?

① 전략을 수립하기 위해서 고려해야하는 상황적 요소로는 시장요소, 경쟁요소, 환경요소, 경쟁업체에 대해 상대적인 강점과 약점의 분석 등이 있다.

② 시장요소는 시장의 규모와 성장가능성, 매출규모 등을 고려하게 되는데, 성장 중인 시장은 포화상태의 시장보다 경쟁이 적어 매출이익이 높을 수 있다.

③ 소매시장에서의 경쟁은 진입장벽, 공급업체의 교섭력, 경쟁자 등에 의해 영향을 받는데, 높은 진입장벽을 가지고 있는 시장에서 기회획득은 기선점한 기업이 더 유리하다.

④ 기업이 가지고 있는 강점과 약점을 정확히 파악하는 이유는 시장을 분석하였을 때 확인할 수 있는 기회와 위협을 활용하여 기업에게 맞는 경쟁우위를 확립할 수 있기 때문이다.

⑤ 전문점은 편의점에 비해 시장포화도와 진입장벽은 더 낮지만 상권의 범위가 좁아 시장 불확실성이 더 높다는 특징을 가진다.

 전문점은 편의점에 비해 시장포화도와 진입장벽이 더 높고 상권의 범위가 넓어 시장 불확실성에 민감하게 대응할 수 있다.

02 치료 및 명상용 음악, 아로마 향초, 약초 등을 판매하는 소매점이 추가로 신규점포를 출점하려한다. 신규점포의 상권을 분석할 때 가장 관심을 기울여야 할 자료는?

① 기존점포의 매출을 잠식할 가능성
② 상권내 소비자들의 라이프스타일
③ 상권내 소비자들의 소득 및 학력
④ 상권내 가구들의 크기와 구성
⑤ 상권내 소비자들의 직업 및 성별 분포

 상권분석은 기본적으로 자신이 시장에 진입하여 판매를 하려는 품목의 기준으로 정해야 한다. 치료 및 명상용 음악, 아로마향초, 약초 등은 기본적으로 식품이 아니기에 소비자들의 소비기준이 명확하게 구분이 가능하며, 이 경우 상권 내 소비자들의 라이프스타일을 자세하게 분석해야 한다.

 01 ⑤   **02** ②

03 A와 B라는 두 쇼핑센터가 있다고 가정하고 각 쇼핑센터에 대한 정보는 다음 상자 안의 내용과 같을 때, 잠재 매출이 더 큰 쇼핑센터와 그 쇼핑센터의 잠재 매출액으로 올바르게 나열된 것은?

	A	B
○ 정보(A, B장소에 대한평가)		
○ 15분내의 거리에 거주하는 인구	12,000명	15,000명
○ 상권내가계중 15세 이하 어린이 비율	70%	20%
○ 쇼핑센터의 면적	25,000	20,000
○ 거리에서 볼 수 있는지의 여부	볼 수 있음	보이지 않음
○ 센터 내 대형 할인매장의 존재여부	없음	있음

■ 세부영향내용
○ 15분 이내의 거리에 거주하는 주민이 많으면 많을수록 좋으며 1인당 200원의 가치가 있다.
○ 가계 내 15세 이하의 어린이 비율이 높을수록 매출이 증가하며 10%당 10만원의 가치가 있다.
○ 쇼핑센터의 면적이 넓을수록 면적당 10원의 가치가 있다.
○ 거리에서 보이는 경우 월 20만원의 매출증가가 가능하다고 본다.
○ 쇼핑센터 내 대형할인매장이 있으면 월 30만원의 매출증가가 가능하다.

① A 쇼핑센터, 355만 원
② A 쇼핑센터, 985만 원
③ B 쇼핑센터, 370만 원
④ B 쇼핑센터, 550만 원
⑤ 동일한 잠재 매출액이 계산된다. A, B 모두 동일하다.

구 분	A 쇼핑센터	B 쇼핑센터
15분내의 거리에 거주하는 인구	12,000명×200원	15,000명×200원
15세 이하 어린이 비율	100,000×7배	100,000×2배
쇼핑센터의 면적	25,000×10원	20,000×10원
볼 수 있는지의 여부	200,000	–
할인매장의 존재여부	–	300,000
계	3,550,000	3,700,000

04 점포의 신축을 계획하고 있다. 대지 면적이 200㎡인 곳에 바닥 면적이 150㎡인 건물을 지하 1층, 지상 4층으로 짓고 1층 전체를 주차장으로 만들었다고 하면 이 건물의 용적률은?

① 120%
② 150%
③ 210%
④ 215%
⑤ 225%

해답 **03** ③ **04** ⑤

용적률(容積率)은 전체 대지면적에 대한 건물 연면적의 비율을 뜻하며 백분율로 표시한다. 여기서 중요한 것은 지하는 포함되지 않는다는 것이다. 용적률 = (건물연면적㎡÷대지면적㎡)×100(%) = 450㎡÷200㎡ = 225%

05 글 상자 안의 설명에 가장 적합한 점포관련 투자 형태는?

> ▶일반적으로 자산가치가 상승하는 경우가 많다.
> ▶점포형태, 진입로, 주차장, 구조 등 하드웨어에 대한 계획을 새롭게 세울 수 있다.
> ▶다른 경우에 비해 초기에 투자해야하는 비용이 많은 편에 속한다.
> ▶주변지역(상권)의 환경변화에 빠르게 대응하기가 어렵다.

① 점포 출점을 위한 건물매입　　　② 점포 신축을 위한 부지임대
③ 점포 출점을 위한 건물임대　　　④ 점포 신축을 위한 부지매입
⑤ 이미 존재하고 있는 점포매입

점포출점에는 다양한 형태가 존재하지만 점주의 상황에 따라 구분을 해야 한다. 신축을 하면 시간이 걸리기에 대부분 임차를 선택하는데 자산가치가 상승을 고려한다면 부지를 매입하여 신축을 하는 것 역시 좋은 선택이지만 어느 것이 가장 좋다고 할 수는 없다.

06 한 지역에서 몇 개의 점포를 동시에 운영하는 다점포경영에 해당되는 내용이 아닌 것은?

① 대부분의 소매업체 체인은 촉진활동과 유통에 대해 규모의 경제를 얻을 수 있기 때문에 다점포 경영을 한다.
② 소매업체 체인이 하나의 지역에 너무 많은 점포를 개설하는 경우에는 매출의 자기잠식이 발생할 수 있다.
③ 추가점포를 개설하여 얻게 되는 한계이익이 한계비용보다 크다면, 추가로 점포를 개설하는 유인이 된다.
④ 다점포경영으로 인한 계획된 자기잠식은 점포내 혼잡함을 감소시킬 수 있어 소비자의 쇼핑경험을 강화시킬 수 있다.
⑤ 다점포경영은 해당상권에 대한 진입장벽 보다 개별점포에 대한 퇴거장벽 형성효과를 얻을 수 있다 .

중심상업지역에 위치한 도심(입지)형 백화점의 경우 신업태의 출현과 교통체증, 주차공간의 부족 등에 의해 고객들이 구매를 기피하는 경향이 높아지고 있으며 이러한 문제를 해결하기 위해 많은 백화점들이 도시외곽으로 입지를 옮기거나 지방에 지점을 개설하는 다점포경영(multi store operation)전략을 시도하고 있다. 진입장벽을 형성할 수는 있어도 개별 점포에 대한 퇴거장벽 형성효과를 얻을 수 없다 .

　05 ④　　**06** ⑤

07 한 지역내 여러 점포를 동시에 개설하는 형태인 다점포 경영에 대한 설명 중 올바르지 않은 것은?

① 동일 지역내에 점포를 새로 개설할 때마다 점포별 신규수요를 창출할 수 있어 효과적이다.

② 다점포경영은 촉진과 유통 등의 과정에서 규모의 경제 효과를 얻을 수 있어 많이 사용하게 된다.

③ 한 지역내에 동일한 제품을 판매하는 점포가 많아져 개별점포에서는 판매량이 감소할 수 있다.

④ 동일제품을 판매하는 점포들이 광고, 원자재 구입 등의 비용을 공유하여 비용절감 효과가 있다.

⑤ 한 지역내에 추가적으로 입점하는 점포는 한계이익이 한계비용보다 높을때 까지 입점할 수 있다.

 동일 지역내에 점포를 새로 개설할 때마다 점포별 신규수요는 감소하게 된다. 그 이유는 그 상권의 수요는 일정한데 점포수만 증가를 하기 때문이다.

08 점포의 입지 이론을 단일 점포입지 이론과 다 점포입지 이론으로 구분할 때 해당되는 설명으로 옳지 않은 것은?

① 단일점포의 최적 입지를 조사하는 방법 중 가장 간단하면서 체계적인 방법은 체크리스트를 활용하는 방법이다.

② 체크리스트 방법에는 점포경쟁구조 분석이 포함되며 위계별, 업태별 및 업태내, 잠재 경쟁구조, 경쟁 및 보완관계 등을 분석하게 된다.

③ 단일점포 입지이론에는 자사 점포와 유사한 점포를 선정하여 신규 입지에서의 매출액과 상권 규모를 추정하는 유추법이 있다.

④ 다점포입지 모형은 한 도시 전체 점포수에서 차지하는 비율과 시장 점유율과의 관계를 선형으로 볼 때 사용할 수 있는 개념이다.

⑤ 다점포입지 모형은 기본적으로 MCI이론을 연장시킨 것으로 하나의 상권 내에서 복수의 점포를 어떻게 배치하는 것이 좋은지를 찾는 방법이다.

 다점포입지는 일부 기업들이 추구하고 있는 소매전략으로 동일지역에 여러 점포를 개설하여 총수익을 늘리고자 하는 전략으로 본점을 통한 대량매입과 각 지점을 통한 대량판매의 동시 실현을 목표로 규모의 이익과 효율을 고려하여 계획적으로 여러 지역에 출점하는 입지를 말한다.

해답 **07** ① **08** ④

09 신규점포의 매출예측 방법의 하나인 시장점유율법(Market Share Approach)과 관련된 설명 내용들이다. 올바르지 않은 내용은?

① 시장점유율은 시장의 총 잠재 매출액 중에서 점포가 차지하는 매출 비율이며 점포의 가구당 판매액/가구당 잠재판매액의 수식으로 표현된다.
② 시장점유율법에서 사용하는 매출추정방법을 통해 상권 외부의 소비자 유입 및 상권 내 소비자의 점포선호성향을 파악할 수 있다는 점이 특히 장점으로 부각되고 있다.
③ 상권별 시장점유율 자료인 시장점유율법에서 고려할 사항은 상권내 인구수와 1인당 소비액 또는 가구당 소비액을 계산하는 것이다.
④ 총시장잠재력은 상권의 시장잠재력의 척도인 1인당 소비액(지출액)과 상권 내 인구수를 곱한 값이다.
⑤ 슈퍼마켓 연구의 내용과 일치하며, 다른 점은 선행연구에서 '상품의 질'을 예비조사 결과를 참고하여 '식품의 신선도'로 바꾼 것이다.

 시장점유율법(Market Share Approach) 또한 신규점포의 매출 예측방법이다. 시장점유율은 시장의 총 잠재매출액 중에서 점포가 차지하는 매출 비율이며, '시장점유율=점포의 가구당 판매액/가구당 잠재 판매액'의 수식으로 표현한다.

10 신규점포에 대한 매출예측방법의 하나인 시장점유율법(Market Share Approach)에 있어서 매출추정의 절차를 순서대로 가장 올바르게 나열한 것은?

> 가) 상권내의 총면적 대비 신규점포의 비율을 구한다.
> 나) 인구조사자료를 기초로 하여 상권 내 인구수를 파악한다.
> 다) 상권의 시장잠재력 척도인 1인당 소비액을 추정한다.
> 라) 경쟁지역과의 접근성 등의 변수를 고려하여 업태의 상권을 추정한다.
> 마) 인구수와 1인당 지출액을 곱하여 총 시장 잠재력을 구한다.

① 가-나-다-라-마　　② 다-라-나-마-가
③ 나-다-라-가-마　　④ 라-나-다-마-가
⑤ 라-가-나-다-마

 시장점유율법(Market Share Approach) 또한 신규점포의 매출 예측방법이다. 시장점유율은 시장의 총 잠재매출액 중에서 점포가 차지하는 매출 비율이며, '시장점유율=점포의 가구당 판매액/가구당 잠재 판매액'의수식으로 표현한다. 매출추정의 절차를 순서대로 가장 올바르게 나열한 것은 ④의 내용이다.

 09 ② 　 **10** ④

11 서울시에 거주를 하고 있고, 커피전문점을 하려고 하는 이혜빈씨(임차인)는 우선 주변의 상권을 분석하고, 입지를 선정하여 건물을 임차하려는 마지막 단계에 들어서 있다. 건물주(임대인)와의 계약에 앞서 커피전문점을 영위하려 할 때 상당한 시설비용이 투자해야 한다는 것을 알았다. 그런데 많은 비용을 지출하고 시설을 다완비 했는데 건물주의 일방적인 계약을 해지하는 것을 방지하기 위해 '상가건물임대차 보호법'을 읽어가는 순간 잘못된 지문을 알았다. 그 내용은 무엇인가?

① 상가건물 임대차보호법은 상가건물(사업자등록의 대상이 되는 건물)의 임대차(임대차 목적물의 주된 부분을 영업용으로 사용하는 경우를 포함)에 대하여 적용한다.

② 임대기간을 정하지 아니하거나 기간을 1년 미만으로 정한 임대차는 그 기간을 1년으로 본다. 다만, 임차인은 1년 미만으로 정한 기간이 유효함을 주장할 수 있다.

③ 임차인의 계약갱신요구권은 최초의 임대차기간을 포함한 전체 임대차기간이 2년을 초과하지 아니하는 범위에서만 행사할 수 있다.

④ 임차인이 잘못되어 건물이 경매에 넘어 갔을 경우에는 우선변제를 받을 임차인은 보증금과 차임(借賃)이 있는 경우에는 5천만이하인 경우이다.

⑤ 임차인이 전(前)임차인에게 일정한 권리금을 주고 점포를 사용하고 난후에 계약기간 종료의 사유로 인하여 지불한 권리금반환을 임대인에게 청구할 수 있다.

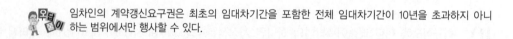 임차인의 계약갱신요구권은 최초의 임대차기간을 포함한 전체 임대차기간이 10년을 초과하지 아니하는 범위에서만 행사할 수 있다.

12 다점포 경영은 일부 기업들이 추구하고 있는 소매전략으로 동일지역에 여러 점포를 개설하여 총 수익을 늘리고자 하는 전략이다. 다음 중 소매업체가 다점포 경영을 할 때의 장점이라고 가장 보기 어려운 것은?

① 촉진 및 유통활동에 있어서 규모의 경제를 실현할 수 있다.

② 기업의 브랜드 가치를 높이고 사회적 이미지를 강화할 수 있다.

③ 해당 상권이 포화되어 경쟁업체에 대해 진입장벽을 형성할 수 있다.

④ 유사규모의 소매 업태에 비해 시장 변화에 발 빠르게 대응이 가능하다.

⑤ 수요에 대한 자기 잠식 현상을 사전에 방지함으로써 총수익을 증가시킨다.

다점포 경영 전략은 동종업종의 경쟁악화로 인해 제살 깎아 먹기라는 비난을 면하기 어렵다. 따라서 총 수익을 증가시킨다는 말은 옳지 않다.

13 다음은 소매상들이 자사의 점포를 개설하고자 할때 고려해야 하는 관점 및 다양한 형태의 상업 지역에 관한 설명이다. 올바르지 않은 설명은?

① 중심상업지역(central business districts)은 집약적 토지이용으로 인한 건물의 고층화, 과밀화로 주거기능 및 상업기능 모두 점차 약화되고 있다.

② 소매상들은 우선적으로 점포입지선정에 있어서 거리에 따른 장/단점과 매장 임대료의 고/저 사이의 상쇄관계관점에서 최고로 유리한 점포위치를 선정해야 한다.

③ 교통문제, 소비자의 구매습관 전망 및 경쟁분석 등을 포함한 입지평가를 위한 다양한 방법들을 활용하여 입지를 선정한다.

④ 일반적으로 다음의 4가지 요소 즉 평균점포 통행고객 수(%), 방문고객 수(%), 구매고객 수(%), 구매고객 1인당 평균구매액을 통해 어떤 특정 점포의 판매효과성을 평가 할 수 있다.

⑤ 지역쇼핑센터(regional shopping center)는 원스톱쇼핑을 가능하게 해주며 또한 식당 및 오락시설 등이 공존함으로써 매력적이다. 임대료와 상가 점포의 수익률 모두 높은 것이 특징이다.

 도심입지(CDBs)는 대도시와 중·소도시의 전통적인 도심의 상업지역을 말하며 이러한 곳은 다양한 상업 활동으로 인해 많은 사람들을 흡인하는 지역이다. 도심입지의 상업 활동은 많은 사람들을 유인하고, 그곳이 대중교통의 중심지이며 도시 어느 곳에서든지 접근성이 가장 높은 지역이다. 주거기능은 약화됐다고 할 수 있지만 상업기능은 아직도 활성화되고 있다.

14 다음 중 다점포 경영의 장점에 가장 부적합하게 되는 내용은?

① 촉진 및 유통활동에 있어서 규모의 경제를 실현할 수 있다.

② 지점은 적은 비용으로 공급받을 수 있어 비용 절감에 유리하다.

③ 지점은 자신들의 경영을 나름대로 수행할 수 있는 독립성이 있다.

④ 본사에서 훈련된 전문 인력을 파견하기 때문에 지점은 시장변화에 능동적 대응이 가능하다.

⑤ 본사의 경영이나 관리기법이 그대로 지점에서 수행되기 때문에 지점의 실패 가능성이 상대적으로 적다.

 다점포 경영은 본부에서 상품과 유니폼 같은 것을 본부 운영방침대로 정하여 획일적으로 시행하므로, 지점운영에 있어 독립성이 보장되지 않는 단점을 내포하고 있다. 따라서 지점은 본부의 경영방침대로 점포를 운영할 수밖에는 없다.

 13 ① **14** ③

15 다음은 소매점 창업이나 경영 시 고려해야 할 도로 형태에 관한 설명들이다. 가장 옳지 않은 것은?

① 큰 도로를 중심에 두고서 양쪽 옆으로 생선가시처럼 수없이 갈라지는 생선가시 (fishbone)형 도로는 소매업 경영에 좋은 도로 형태이다.

② 도로가 나뭇가지처럼 사방으로 뻗쳐있는 나뭇가지(tree branch)형 도로는 소매업 경영에 좋은 도로 형태이다.

③ 여러 갈래의 도로가 평행한 형태로 놓여있는 평행(parallel)형 도로는 소매업 경영에 좋은 도로 형태이다.

④ 모든 도로가 특정지역으로 이어져 있는 별(stellar)형 도로는 소매업 경영에 좋은 도로형태이다.

⑤ 뱀(serpentine)형태의 도로는 기본적으로 굴곡이 많은 도로이며, 산과 언덕의 경사가 많아 소매업 경영에 좋은 조건은 아니다.

 여러 갈래의 도로가 서로 평행(parallel)한 형태로 놓여있는 도로는 소매업 경영에 좋은 조건이 아니다.

16 다음 중 소매점의 경쟁점에 대한 대책으로 가장 적합한 것은?

① 상품을 세분화하여 경쟁점과 상생할 수 있도록 차별성과 양립성을 동시에 추구해야한다.

② 경쟁이 격화되는 것을 피하기 위해 경쟁점의 전략변화에 대해서 즉각 대응하지 않는다.

③ 상대적인 경쟁적 지위를 불문하고 자기 점포의 주력상품은 경쟁점의 주력상품과 동일해야 한다.

④ 가격은 상품품질을 반영하는 척도이므로, 저가정책을 기본으로 삼지 않는 한 경쟁점보다 높은 가격대를 설정한다.

⑤ 상품 분석을 세분화하여 상호 간에 주력상품이 다르다면 이는 양립할 수 있는 업체로 볼 수 있지만, 이를 통하여 소매업의 시너지 효과는 창출할 수 없다.

 업종이 같다고 하여 모두 경쟁업체가 되는 것은 아니다. 상품 분석을 세분화하여 상호 간에 주력상품이 다르다면 이는 양립할 수 있는 업체로 볼 수 있으며, 이를 통하여 소매업의 시너지 효과를 창출할 수가 있고, 상품을 세분화하여 경쟁점과 상생할 수 있도록 차별성과 양립성을 동시에 추구해야 한다.

해답 **15** ③ **16** ①

17 다음 중 신규 출점에 관한 아래의 작업진행 프로세스 중에서 가장 적합한 것은?

① 출점방침 결정 → 출점지역 결정 → 점포 물색 → 사업계획(수익성 및 자금조달계획) 수립 → 점포매입/건설→ 개점

② 출점방침 결정 → 사업계획(수익성 및 자금조달계획) 수립 → 점포 물색 → 출점지역 결정 → 점포매입/건설→ 개점

③ 출점방침 결정 → 사업계획(수익성 및 자금조달계획) 수립 → 출점지역 결정 → 점포 물색 → 점포매입/건설→ 개점

④ 출점방침 결정 → 점포 물색 → 출점지역 결정 → 사업계획(수익성 및 자금조달계획) 수립 → 점포매입/건설 → 개점

⑤ 출점방침 결정 → 점포 물색 → 사업계획(수익성 및 자금조달계획) 수립 → 출점지역결정 → 점포매입/건설 → 개점

 특정한 지역에 점포를 신규로 출점을 하기위해서는 우선 출점방침을 결정하고, 출점지역을 결정하며, 점포를 물색, 수익성의 판단 및 자금조달계획을 수립한 뒤 점포를 매입하거나 건설하여 개점을 하는 것이 일반적인 방법이다.

18 다음은 한 유통기업이 특정 상권 내에서 다점포전략을 추구하는 경우에 대한 설명이다. 가장 거리가 먼 것은?

① 유통기업이 특정 상권에 다점포전략을 사용하는 것은 자사 점포들 사이에 경쟁을 유발하여 전체적 성과를 높임과 동시에 경쟁점포의 출점에 대한 장벽을 구축하기 위한 목적이다.

② 유통기업이 특정 상권에 다점포전략을 사용할 경우 경쟁점포가 출점할 수 있는 입지를 미리 선점할 수 있고, 고객충성도 향상과 불량고객의 퇴출에 기여한다.

③ 다점포경영의 발생요인은 유통업계의 대형화와 집중화 현상, 소비자행동의 변화 및 정보기술 발달 등의 환경적 변화에서 비롯된다.

④ 특정 상권 내에서 다점포경영은 점포들 간의 경쟁을 촉진하고, 자사 점포들의 개별 이익을 보장하지 못하는 단점을 지닌다.

⑤ 동일한 상권 안에 새로운 점포를 출점하는 전략은 내부경쟁을 통해 성과가 나쁜 자사(自社) 점포의 성과를 개선하는 효과를 가져 올 수 있다.

 유통기업이 특정 상권에 다점포전략을 사용할 경우 경쟁점포가 출점할 수 있는 입지를미리 선점할 수 있지만, 고객충성도 향상은 같은 업종이 많으므로 충성도는 낮다.

 17 ①　　**18** ②

19 고객 점포로 얼마나 내점하는가를 조사하는 내점객조사의 방법으로 가장 타당하지 않은 설명은?

① 방문자에 대하여 조사원이 질문지상의 일정한 항목을 기초로 고객에게 직접 청취 조사하고, 표본수는 점포 규모와 방문자 수에 따라 차이가 발생할 수 있다.

② 내점객 조사에 대응하는 점포 규모와 방문자 수는 절대적인 숫자보다는 보통 점포 방문객 수의 15~20% 정도가 가장 타당한 비율이라 할 것이다.

③ 조사대상자 직업은 초 · 중 · 고학생, 학원생, 직장인, 대학생 등으로 하고 직업의 구별은 자기점포의 목표 고객층과의 관련성을 고려하여 세심하게 파악해야만 한다.

④ 고객점표법은 애플바움(W.Applebaum)이 내점객을 조사하기 위해서 개발한 방법 으로 고객점표도에는 대상점포에서 쇼핑을 하는 고객들의 지리적 분포가 나타난다.

⑤ 점두조사법은 점포에서 역까지의 전철과 버스노선별 소요시간 및 요금을 조사하여 상권을 파악하고, 소비자들의 이용도가 높은 교통수단일수록 조사 방법에 유리하다.

 타임페어법은 점포에서 역까지의 전철과 버스노선별 소요시간 및 요금을 조사하여 상권을 파악하고, 소비 자들의 이용도가 높은 교통수단일수록 조사 방법에 유리하다.

20 동일 지역 혹은 동일상권 내에 다점포를 출점하는 전략 및 이 전략이 소매점의 입지선정에 미치는 영향에 대한 다음의 기술들 가운데 가장 옳지 않은 것은?

① 프랜차이즈 시스템의 다점포 출점전략은 가맹점과 본부 사이의 갈등을 야기할 수 있다.

② 동일한 상권 안에 새로운 점포를 출점하는 전략은 내부경쟁을 통해 성과가 나쁜 자사(自社) 점포의 성과를 개선하는 효과를 가져 올 수 있다.

③ 동일한 상권을 자사 점포로 포화시키는 전략은 점포 간 시너지를 통해 경쟁점포의 고객을 자사 고객으로 전환하는 효과를 가져 올 수 있다.

④ 유통시장 전면 개방에 대한 대응책으로 기존 중소 업체를 인수하거나 수도권 및 신도시 지역으로 신규점포를 출점하고 있다.

⑤ 특정상권 안에 다수의 점포를 출점하는 개별점포의 입지선정은 체인 전체보다 개별 점포의 관점에서 최적의 입지를 선정해야 하기 때문에 더욱 어렵다.

 다점포 출점이란 각 지역의 발전성이나 상권 자체가 갖고 있는 이점 등을 자사의 이익과 연계시키기 위 한수단으로서 각 해당지역에 자사의 지점을 출점케 하는 경영관리를 말한다. 특정상권 안에 다수의 점 포를 출점하는 개별점포의 입지선정은 체인 전체보다 개별점포의 관점에서 최적의 입지를 선정해야 하 지만 쉽다고 할 수가 있다.

해답 **19** ⑤ **20** ⑤

21 다음의 설명과 가장 밀접한 소매점포의 전략은?

> 유통시장 전면 개방에 대한 대응책으로 기존 백화점들은 유통망의 경쟁력 강화와 경쟁우위를 확보하기 위해 지방도시의 기존 중소 업체를 인수하거나 수도권 및 시·도시지역으로 신규점포를 출점하고 있다. 이로 인해 동종업종간의 경쟁 악화가 하나의 문제점으로 부각되고 있다.

① 다각화 전략　　　　　　　　　　② 광역형 입지전략

③ 다점포화 경영전략　　　　　　　④ 사업 확장전략

⑤ 도심 집중화 전략

 다점포 경영은 자사의 이익과 상권 자체의 이익을 연결하기 위하여 각 해당지역마다 자사의 지점포를 입지하게 하는 것으로서, 다점포 정책에 의해 만들어진 각 지점들의 영업활동에 관한 경영관리를 의미한다. 하지만 이러한 전략은 동종업종의 경쟁악화로 인해 제살 깎아 먹기라는 비난을 면하기 어렵다.

22 소매점업태나 업종의 입지에 대한 내용을 설명한 것으로 가장 적합하지 않은 설명은?

① 백화점 입지의 선정은 주요산업, 유동인구, 대중교통 연계성 등 장기적인 발전을 고려하여 선정해야 하며, 규모면에서 대형화를 추구하기 때문에 상권 내 소비자의 경제력 및 소비형태의 예측을 근거로 적정한 입지를 선정해야 한다.

② 의류 패션 전문점의 입지를 주변 상권과의 관계를 고려해야 하는 이유는, 특히 의류점의 경우 선매품으로 고객이 여러 점포를 다니면서 가격이나 디자인, 색감이나 품질 등을 비교하여 구매하는 특성을 지녔기 때문이다.

③ 패션잡화점의 최적 입지는 상호대체적인 상품을 판매하는 다양한 점포들이 모여 있는 곳을 우선적으로 선택하고, 패션상품을 판매하고 유동인구가 적으며, 유동인구의 상당수가 젊은 세대들이 찾는 지역이 입지로서 가장 적합한 장소이다.

④ 식료품점의 입지는 위치 측면에서는 상점가의 위치, 주차장소, 시간대별·요일별로 변화 가능성, 도로의 폭, 비탈이나 경사진 면, 상가의 좌우에 편성되어 있는 건물 등의 요소 등을 면밀히 고려해야 한다.

⑤ 생활용품 중 주방기구나 생활용품, 인테리어 소품등 대단위 아파트 밀집지역, 주택가 밀집지역 등 주거지 인접지역으로 출점하여야 하며, 주변에 대형 할인점 등과 취급하는 품목이 다수 겹치게 되면 인근에 대형 유통센터가 없는 지역에 입지해야 한다.

 패션잡화점의 최적 입지는 상호보완적인 상품을 판매하는 다양한 점포들이 모여 있는 곳을 우선적으로 선택하고, 패션상품을 판매하고 유동인구가 많이 있으며, 유동인구의 상당수가 젊은 세대들이 찾는 지역이 입지로서 가장 적합한 장소이다.

해답 **21** ③　　　**22** ③

23 다음 중 유동인구조사를 통해 유리한 입지조건을 찾을 때 적합하지 않은 것은?

① 조사 시간은 영업시간대를 고려하여 설정한다.
② 교통시설로부터의 쇼핑동선이나 생활동선을 파악한다.
③ 주중 또는 주말 중 조사의 편의성을 감안하여 선택적으로 조사한다.
④ 유동인구의 수보다 인구특성과 이동 방향 및 목적 등이 더 중요할 수도 있다.
⑤ 같은 수의 유동인구라면 일반적으로 출근동선 보다 퇴근동선에 위치하면 유리하다.

 유동인구조사에서 유동인구는 항상 일정하지 않다. 평일이나 주말 또는 공휴일에 따라서 차이가 발생할 수 있으며, 낮과 밤 또는 날씨에 따라서도 차이가 발생하고 또한 근무하는 형태도 5일제로 하는지 6일제로 하는지에 따라서 차이가 발생할 수 있다.

24 다음 중 점포매출 예측방법에 대한 설명 중 가장 거리가 먼 것은?

① 판매원예측법은 지역별 소비자의 성향을 예측에 반영할 수 있는 방법이나 판매원의 기억에 의해 왜곡될 가능성이 있다.
② 델파이법은 시장 전반적인 환경이나 신제품에 대한 장기 예측이 가능한 방법이지만 시간과 비용이 상대적으로 많이 소요된다.
③ 시계열분석은 신제품출시 이전에 대한 상황을 판단하거나 그 제품에 대한 장기적인 예측에 적합한 방법이다.
④ 시장조사방법은 소비자에게 직접 의견을 확인함으로써 보다 정확하고 다양한 정보를 수집할 수 있는 방법이다.
⑤ 중역의견법은 소비자패널을 활용하기 어려운 상황에서 시장에 대한 장기적 예측이나 신제품에 대한 예측이 가능한 방법이다.

 시계열분석은 시간의 흐름에 따라 상황이나 매출 등을 분석하는 이론이다. 더구나 이런 문제는 유통마케팅에서 나와야지 상권분석에서 나올 문제는 아니다.

25 점포의 매출 예측을 위한 실사원칙(實査原則)에 속하지 않는 것은?

① 예측 습관의 원칙　　　　② 비교 검토의 원칙
③ 현장 확인 우선의 원칙　　④ 정성적 분석의 원칙
⑤ 가설 검증의 원칙

 정성적분석이라는 것은 특수한 상황을 자연스런 상태에서 주관적 체험에 의하여 자연언어(natural language)에 의하여 묘사한 연구 분석을 말한다. 이는 실사원칙에 해당되지 않는다.

 | 23 ③ | 24 ③ | 25 ④ |

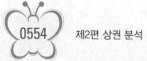

26 점포입지를 분석할 때, 흔히 입지의존 타입과 상권의존 타입으로 분류한다. 다음의 여러 업종 중에서 상권의존 타입에 가장 적합한 것은?

① 택배업　　　② 슈퍼마켓　　　③ 식당　　　④ 식품점　　　⑤ 의류점

 점포가 특정 상권에 입지할 때, 업종이나 업태에 따라 입지의존형인지 또는 상권의존 형인지를 구분할 필요가 있다. 점포입지를 분석할 때 상권보다 입지에 더욱 의존하는 타입의 업태로는 의류업, 식료품업, 음식업 등이 있고, 택배업이나 목적점포는 상권에 의존을 하게 된다.

27 다음 내용들 가운데 소매점이 동일한 상권 안에 복수의 점포를 출점하는 경우에 얻을 수 있는 효과만을 모두 골라 놓은 문항은?

> 가. 물류, 광고 등의 공동 활동에서 규모의 경제를 누릴 수 있다.
> 나. 점포 신설에 따른 한계이익이 한계비용을 초과하는 범위 안에서는 회사 전체적인 입장에서 더 큰 이익을 얻을 수 있다.
> 다. 같은 회사의 점포들 사이에 불필요한 경쟁을 유발하여 개별 점포의 성과는 악화된다.
> 라. 전체적인 최적규모 달성에 초점을 맞추기 때문에 개별점포들을 적정규모로 운영하기는 어렵다.

① 가　　　　　　　　　　　　　② 나
③ 가, 나　　　　　　　　　　　④ 가, 나, 다,
⑤ 가, 나, 다, 라

 소매점이 동일한 상권에 복수의 점포를 출점하는 경우 물류센터, 광고 등의 공동 활동을 통해 규모의 경제를 누릴 수 있으며 점포 신설에 따른 한계 이익이 한계 비용을 초과하는 한, 회사 전체로는 더 큰 이익을 얻을 수 있다. 또한 같은 회사의 점포들 사이에 경쟁을 유발하여 각 점포의 성과를 개선할 수 있다

28 아래 내용은 어느 소매 출점유형의 특징인가?

> 점포 확보를 위한 비용은 상대적으로 낮은 편이고 지속적 영업이 가능하지만, 입지여건이나 하드웨어 조건이 열악할 가능성이 높다.

① 건물 매입 출점　　　　② 건물 임차　　　　③ 기존 점포 인수
④ 부지 매입 후 신축　　　⑤ 부지임차 후 신축

 26 ①　　**27** ③　　**28** ③

점포 확보를 위한 비용은 상대적으로 낮은 편이라는 말은 임차나 이미 지어진 건물을 인수하는 것이고, 지속적 영업이 가능하지만, 입지여건이나 하드웨어 조건이 열악할 가능성이 높다는 것은 건물의 형태가 자신이 의도하는 내용과 일치하지 않는 것이다. 따라서 기존점포를 인수하는 것이 가장 타당하다.

29 다음 중 산업의 경쟁적 구조에 대한 상황별 설명이 옳지 않은 것은?

① 독점은 하나의 판매자가 해당시장의 전체를 지배하는 것이다.

② 완전경쟁은 판매자들과 구매자들이 다수이고, 같은 종류의 상품들이 많으며, 시장 활동에 최소한의 제약이 있을 때를 말한다.

③ 독점적 경쟁은 여러 기업들이 경쟁자의 상품과 몇 가지 면에서 차별화된 상품을 파는 것이다. 상품들은 독자적인 외양, 상표, 포장방법 등으로 차별화되어진다.

④ 불완전경쟁은 완전경쟁도 독점도 아닌 상태로 생산물의 차별화를 수반하는 독점적 경쟁의 경우와 과점의 경우가 있다. 현실의 경제계는 대부분 불완전경쟁의 상태에 있다.

⑤ 과점은 다수의 큰 기업의 지배를 받는 시장구조이다. 매우 높은 상품 차별화가 이루어지며, 시장에 있는 기업의 수가 비교적 많기 때문에 경쟁행동은 상호의존성이 눈에 띌 정도로 현저한 것이 특징이다.

 과점은 다수의 큰 기업의 지배를 받는 시장구조이다. 매우 높은 상품 차별화가 이루어지며, 시장에 있는 기업의 수가 적기 때문에 경쟁행동은 상호의존성이 눈에 띌 정도로 현저한 것이 특징이다.

30 소매점이 동일한 상권에 복수의 점포를 출점하고자 하는 경우 특징에 대한 기술들 가운데 가장 옳지 않은 것은?

① 물류센터, 광고 등의 공동 활동을 통해 시너지 효과를 획득할 수 있다.

② 소비자들은 동일한 상호를 가지 업체이지만 서비스 경쟁에서 얻는 소비자 만족효과가 있다.

③ 같은 회사의 점포들 사이의 경쟁을 유발하여 각 점포 경영의 성과를 더욱 촉진할 수 있다.

④ 동일 상권내 점포별 차별화 특히 가격차별화 및 서비스 차별화를 통해 다양한 소비자계층간의 다양한 욕구를 더욱 잘 충족시키기 위한 점포확장 전략으로 주로 사용된다.

⑤ 동일 상권내에 복수 및 다수의 점포운영은 고객의 접근성 및 편리성을 보다 높일 수 있을 뿐만 아니라, 단수의 점포로는 규모가 지나치게 비대해져서 발생할 수 있는 비효율적인 경영을 막을 수 있다.

해답 **29** ⑤ **30** ④

복수의 점포 출점이란 각 지역의 발전성이나 상권 자체가 갖고 있는 이점 등을 자사의 이익과 연계시키기 위한 수단으로서 각 해당지역에 둘 이상의 지점을 출점케 하는 경영관리를 말한다. 하지만 동일지역에서는 차이가 있는 가격이나 서비스를 제공하기는 어려울 것이다.

31 다음은 접근성에 대한 설명이다. 이 중 옳지 않은 것은?

① 접근성은 고객들이 원하는 장소로의 이동에 불편함이 없다는 것을 말한다.
② 점포의 입지나 상권을 결정하는데 있어서 접근성은 상당히 중요하게 고려되는 요소이다.
③ 자동차보급률 증가에 따라 차량접근성이 소매점 선택에 있어서 그 중요성이 강화되고 있다.
④ 접근성의 평가는 도로 구조나 거리의 진입과 퇴출, 가시도, 장애물 등을 비교 분석하여 평가하여야 한다.
⑤ 접근성은 거리상태, 통행량, 통행시간 등에 의하여 결정되며 이러한 접근 가능성이 낮을수록 교통량이 증가한다.

 접근성은 고객들이 원하는 장소로 이동하는 데 불편함이 없어야 한다는 것으로 점포의 입지나 상권을 결정하는 데 있어서 상당히 중요하게 작용하고 있다. 이러한 접근성은 거리상태, 통행량, 통행시간 등에 의해 결정되며, 접근 가능성이 높을수록 교통량이 증가한다.

32 특정 입지(site)의 접근성에 대한 주차시설의 영향 평가와 관련된 다음의 기술들 가운데 가장 옳지 않은 것은?

① 혼잡도는 사람들이 밀집되어 복잡한 정도뿐만 아니라 자동차의 밀집에 따른 복잡한 정도를 모두 포함하고 있는 개념이다.
② 적정수준의 혼잡도는 매출을 촉진시키기 때문에 적정수준의 혼잡도는 전혀 문제될 것이 없다.
③ 주차장의 혼잡도를 추정할 때 직원용 주차공간은 항시 일정하기 때문에 적정 주차 공간 추정시 고려 사항에서 제외하고 고객을 위주로 적정 주차공간을 추정하여 산출해야 한다.
④ 적정 주차공간을 추정할 때는 일별(주중과 주말), 주별, 계절별로 다양한 시점에서 주차차량을 조사하여 추정해야 하며, 전체적으로 시점에 관계없이 평균을 산출하여 추정하면 불확실하다.
⑤ 주차시설의 위치를 평가할 때는 고객 쇼핑동선의 일반적 길이를 고려해야 한다.

 직원용 주차공간은 항시 일정하기 때문에 적정 주차 공간 추정 시 주차장의 혼잡도를 추정할 때 고려 사항에서 포함하여 적정 주차공간을 추정하여 산출해야 한다.

31 ⑤   **32** ③

33 다음 중 편의품을 판매하는 점포에 대한 설명 중 가장 적합한 것은?

① 편의품을 취급하는 소매점포는 보다 상위의 소매 중심지나 상점가에 입지하여 넓은 범위의 상권을 가져야 한다.

② 소비자는 복수의 점포를 둘러보고 여러 제품들을 비교 검토한 후에 제품을 구매하게되므로 일정 범위에 걸쳐 유사하거나 같은 업종의 점포가 조밀하게 모여 있을수록 좋은 입지이다.

③ 가까운 곳에 상주하고 있는 소비자도 있지만 원거리에 거주하는 소비자도 있고, 이들이 이동하여 제품을 구매하는 경우가 많기 때문에 주차장이 있거나 다양한 대중교통수단을 활용할 수 있는 곳이어야 한다.

④ 소비자가 구매하고자 하는 제품은 상표에 대한 충성도가 거의 없는 일반적 제품이 많아 가격과 서비스품질이 상대적으로 뛰어난 점포를 찾아 이용하는 경우도 있지만 가까운 거리에 있는 점포도 많이 이용한다.

⑤ 소비자는 진열된 상품 중에서 가장 목적에 적합한 제품을 구매하게 되므로 품질, 가격, 스타일, 유행 등의 여러 요소들을 비교하게 된다. 따라서 여러 상품에 대한 구색을 맞출 수 있는 곳이 유리하다.

 편의품점은 일반인들이 언제 어디서든 시간과 장소에 제약 없이 쉽게 구매할 수 있는 생활필수품을 판매하는 점포로, 주로 저차원 중심지에 입지한다.

34 소매점이 동일한 상권에 복수의 점포를 출점하고자 하는 경우의 특징에 대한 다음의 기술들 가운데 가장 옳지 않은 것은?

① 물류센터, 광고 등의 공동 활동을 통해 시너지 효과를 획득할 수 있다.

② 같은 회사의 점포들 사이의 경쟁을 유발하여 각 점포경영의 성과를 더욱 촉진할 수 있다.

③ 동일 상권내 복수 및 다수의 점포운영은 고객의 접근성 및 편리성을 보다 높일 수 있다.

④ 단수의 점포로는 규모가 지나치게 비대해져서 발생할 수 있는 비효율적인 경영을 막을 수 있다.

⑤ 동일 상권내 점포별 차별화 특히 가격차별화 및 서비스차별화를 통해 다양한 소비자계층 간의 다양한 욕구를 더욱 잘 충족시키기 위한 점포확장전략으로 주로 사용된다.

 복수의 점포 출점이란 각 지역의 발전성이나 상권 자체가 갖고 있는 이점 등을 자사의 이익과 연계시키기 위한 수단으로서 각 해당지역에 둘 이상의 지점을 출점케 하는 경영관리를 말한다. 하지만 동일지역에서는 차이가 있는 가격이나 서비스를 제공하기는 어려울 것이다.

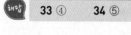 **33** ④   **34** ⑤

35 다음 중 넬슨(R. L. Nelson)이 선정한 입지선정의 평가방법에 대한 내용으로 가장 옳지 않은 것은?

① 경영자가 진입할 상권의 입지 가격이나 비용 등으로 인한 수익성과 생산성의 정도를 검토 평가하여 수익성 및 생산성이 가장 확실하게 보장되는 용지를 선택해야 하는 것이 성장 가능성이다.

② 장래 경쟁점이 신규 입점함으로써 고려대상 점포나 유통단지에 미칠 영향 정도나 고려대상 점포가 기존점포와의 경쟁에서 우위를 확보할 수 있는 가능성의 정도를 평가하는 방법이 경쟁 회피성이다.

③ 동일한 상권 내의 고객들을 자신의 점포로 유인하는 데 있어서 어떠한 장애요소가 고객들이 접근할 수 있는 가능성을 방해하는지를 살펴보는 것이 접근 가능성이다.

④ 상호보완관계가 있는 점포들이 근접하여 입지함으로써 고객이 흡입될 가능성으로 경영자가 진입할 상권에 고객의 흡인력을 얼마나 높아지게 할 수 있는가의 가능성을 검토하는 방법이 양립성이다.

⑤ 경영자가 속한 상권지역 내의 기존 점포나 상권 지역이 고객과 중간에 위치하여 경쟁점포나 기존의 상권으로 접근하려는 고객을 중간에서 저지할 수 있는 가능성을 평가하는 방법이 중간 저지성이다.

 경영자가 진입할 상권의 입지 가격이나 비용 등으로 인한 수익성과 생산성의 정도를 검토 평가하여 수익성 및 생산성이 가장 확실하게 보장되는 용지를 선택해야 하는 것이 용지 경제성이다.

36 고객 흡인력을 창출하는 점포의 접근성(accessibility)에 대한 설명으로 가장 옳지 않은 것은?

① 고객들이 통행 발생지역으로부터 자기가 원하는 특정한 지역이나 장소로 이동하는 데 있어서의 어떠한 장애요인이나 방해 없이 진입과 퇴출이 자유로운 상황을 말한다.

② 점포의 접근성은 거리상태, 통행량, 통행시간, 매력 등에 의하여 결정되며, 접근가능성이 높을수록 점포주변의 교통량이 증가하는 특징이 있다.

③ 접근성의 장애물로는 산, 강, 인조 조형물, 철로, 공원 등의 존재유무를 의미하며, 지역 내 소득의 격차는 점포입지를 선정하는데 접근성에 대한 장애물로 작용할 수 없다.

④ 자신의 점포와 연결되는 주요한 도로 구조나 도로의 상태, 장애물 등의 존재로 인하여 점포로의 접근 가능성이 얼마나 있는가를 분석하는 것이 접근성 분석이다.

⑤ 접근성에서 적정 주차공간을 추정할 때는 일별, 주별, 계절별로 주차차량을 조사하여 추정해야 하며, 시점에 관계없이 평균을 산출하여 추정하면 불확실하다.

접근성의 장애물로는 산, 강, 인조 조형물, 철로, 공원 등의 존재유무를 의미하며 지역 내 소득의 격차도 점포입지를 선정하는데 접근성에 대한 장애물로 작용할 수 있다.

35 ① 36 ③

37 점포 상권의 범위와 유통전략의 수단 사이에 존재하는 관계에 대한 설명으로 옳지 않은 것은?

① 동일한 상업 지구에 위치한 경우에는 점포의 규모에 따라 점포 상권의 차이가 존재한다.
② 소비자의 이동거리는 상품구색의 다양성 정도에 따라 정비례하여 지속적으로 증가한다.
③ 점포의 규모가 비슷한 경우에는 취급하는 상품의 종류 및 특성에 따라 점포 상권의 범위가 차이가 난다.
④ 유통전략 수단의 내용이나 수준이 동일한 조건인 경우에는 교통수단의 활용 용이성 정도가 상권의 크기를 결정할 수 있다.
⑤ 편의품 위주의 상품 계열을 취급하는 소규모 점포보다 다양한 상품구색을 갖추고 있는 대규모 점포의 상권 범위가 더 넓다.

 소비자의 이동거리는 상품구색의 다양성 정도에 따라 정비례하여 지속적으로 증가하지는 않는다. 전문품은 한가지나 두 가지의 깊은 구색을 갖추고 있지만, 구색이 다양한 편의품을 판매하는 점포보다는 넓은 상권을 가지고 있다.

38 다음 중 대형 소매점포가 어떤 지역에 신규출점을 할 경우 입지 분석의 일반적 과정은?

① 부지분석(site analysis)-지구분석(area analysis)-지역분석(regional analysis)
② 부지분석(site analysis)-지역분석(regional analysis)-지구분석(area analysis)
③ 지역분석(regional analysis)-지구분석(area analysis)-부지분석(site analysis)
④ 지역분석(regional analysis)-부지분석(site analysis)-지구분석(area analysis)
⑤ 지구분석(area analysis)-지역분석(regional analysis)-부지분석(site analysis)

 일반적상권은 지리적 범위에 따라 계층적구조로 형성된 것으로 보는 경향이 있다. 즉, 상권은 지역상권(general trading area), 지구상권(district trading area), 개별점포 상권(individual trading area) 등으로 계층적으로 분류될 수 있고, 입지 분석의 일반적 과정은 지역 분석(regional analysis), 지구 분석(area analysis), 부지 분석(site analysis)으로 구분한다.

39 상품구매를 위해 점포를 방문한 소비자를 대상으로 상권분석에 필요한 자료를 수집하는 방법으로 알맞게 짝지어진 것은?

① 점두조사법, 고객점표법 　　② 방문조사법, 고객점표법
③ 방문조사법, 내점객조사법 　　④ 내점객 조사법, 점두조사법
⑤ 고객점표법, 내점객조사법

 내점객 조사법으로 방문하는 소비자의 주소를 파악하여 자기 점포의 상권을 조사하는 방법인 점두조사법이 있다.

 37 ② 　38 ③ 　39 ④

40 다음 중 소매업의 입지 선정 시 고려해야 할 요소에 대한 설명으로 옳지 않은 것은?

① 출점할 점포의 예상 매출액을 계산하기 위해 상권내 총판매 면적중 예정된 입지의 판매 공간비율을 고려한다.

② 총자산에 대한 투자액에는 입지, 제품의 입고, 고정물, 조명, 주차시설 등에 대한 비용과 초기 자금 등이 포함된다.

③ 주변 점포와 관련하여 좋은 여건이란 주변 점포와 경쟁하지 않고, 고객을 서로 공유하여 총매출액을 증가시킬 수 있는 곳을 말한다.

④ 교통수단의 다양성, 편의성, 보행자 수 등을 조사하고 주차규모를 결정하기 위해 점포규모, 예상고객 수 및 방문빈도 등을 파악해야 한다.

⑤ 비어 있는 점포에 출점을 할 경우 그 이전 점포가 실패하였다 하더라도, 예정된 점포와는 관련성이 없기에 그 실패 원인에 대해 상세하게 조사할 필요는 없다.

 소매업의 입지 선정 시 고려해야 할 요소 중 비어 있는 점포에 출점을 할 경우 그 이전 점포가 실패하였다면 예정된 점포와는 관련성이 없다고 해도 왜 실패를 했는지를 면밀히 검토하여 그 실패 원인에 대해 상세하게 조사할 필요는 있다.

41 다음 중 입지의 유형을 분류한 것이다. 입지의 유형과 설명이 올바르게 짝지어 지지 않은 것은?

① 산재성입지 - 동일 업종이 모여 있으면 불리한 입지
② 생활형입지 - 아파트, 주택가의 주민들이 이용하는 입지
③ 목적형입지 - 고객이 특정한 목적을 가지고 이용하는 입지
④ 집재성입지 - 배후지의 중심지에 위치하는 것이 유리한 입지
⑤ 적응형입지 - 거리를 통행하는 유동인구에 의해 영업이 좌우되는 입지

 집재성입지(集在性立地)은 여러 점포가 개별적으로 떨어져 있는 것 보다는 모여(집재)있는 것이 유리하다는 입지이론이다.

42 컴퓨터를 이용한 지도작성(mapping) 체계와 데이터베이스 관리시스템의 결합을 통해 공간 데이터의 수집, 생성, 저장, 분석, 검색, 표현 등의 다양한 기능을 기반으로 상권분석에 활용되고 있는 것은?

① AI　　② POS　　③ EDI　　④ GIS　　⑤ DBMS

 GIS(Geographic Information System)는 지리적으로 참조 가능한 모든 형태의 정보를 효과적으로 수집, 저장, 갱신, 조정, 분석, 표현할 수 있도록 설계된 컴퓨터의 하드웨어와 소프트웨어 및 지리적 자료 그리고 인적자원의 통합체를 말하며, 지표면에 위치한 장소를 설명하는 자료를 모으고, 이를 이용할 수 있게 하는 컴퓨터 시스템이라고 할 수 있다.

40 ⑤　**41** ④　**42** ④

43 점포의 인테리어 비용은 매몰비용(sunk cost)의 성격이 강한 고정비로 볼 수 있다. 다른 모든 조건이 동일하다고 할 때, 다음 중 점포를 개설할 때 인테리어비용의 심각성이 가장 낮은 경우는?

① 합작하여 출점할 때
② 직접 소유한 점포에 출점할 때
③ 매각 후 매입자가 임대한 점포에 출점할 때
④ 계약기간을 정해서 임차한 점포에 출점할 때
⑤ 업종 전환이 잦은 입지에 위치한 점포에 출점할 때

 점포의 인테리어 비용은 매몰비용(sunk cost)의 성격이 강한 고정비에 해당하지만, 이 경우는 다른 업종으로 전환하는 경우이지만, 동종업종을 유지하는 경우는 반드시 그렇지는 않다. 이와 같은 경우에 해당하는 것은 직접점포를 소유한 출점을 하는 경우가 있다.

44 다음 중 소매업의 입지 선정 시 고려해야 할 요소에 대한 설명으로 옳지 않은 것은?

① 출점할 점포의 예상 매출액을 계산하기 위해 상권내 총판매 면적 중 예정된 입지의 판매 공간비율을 고려한다.
② 총자산에 대한 투자액에는 입지, 제품의 입고, 고정물, 조명, 주차시설 등에 대한 비용과 초기 자금 등이 포함된다.
③ 주변 점포와 관련하여 좋은 여건이란 주변 점포와 경쟁하지 않고, 고객을 서로 공유하여 총매출액을 증가시킬 수 있는 곳을 말한다.
④ 교통수단의 다양성, 편의성, 보행자 수 등을 조사하고 주차규모를 결정하기 위해 점포 규모, 예상 고객수 및 방문빈도 등을 파악해야 한다.
⑤ 비어 있는 점포에 출점을 할 경우 그 이전 점포가 실패하였다 하더라도, 예정된 점포와는 관련성이 없기에 그 실패 원인에 대해 상세하게 조사할 필요는 없다.

 소매업의 입지 선정 시 고려해야 할 요소 중 비어 있는 점포에 출점을 할 경우 그 이전 점포가 실패하였다면 예정된 점포와는 관련성이 없다고 해도 왜 실패를 했는지를 면밀히 검토하여 그 실패 원인에 대해 상세하게 조사할 필요는 있다.

해답 43 ②   44 ⑤